公安高等教育职业核心课程系列教材
中国人民公安大学组织编写

刑法学
（第二版）

莫开勤　主编

中国人民公安大学出版社
·北　京·

图书在版编目（CIP）数据

刑法学 / 莫开勤主编. -- 2 版. -- 北京 ：中国人民公安大学出版社，2024. 10. --（公安高等教育职业核心课程系列教材）. -- ISBN 978-7-5653-4882-2

Ⅰ. D924. 01

中国国家版本馆 CIP 数据核字第 2024KL7122 号

公安高等教育职业核心课程系列教材

刑法学（第二版）

莫开勤　主编

责任编辑：梁立
责任印制：李铁军

出版发行：中国人民公安大学出版社
地　　址：北京市西城区木樨地南里
邮政编码：100038
经　　销：新华书店
印　　刷：天津嘉恒印务有限公司

版　　次：2019 年 9 月第 1 版
　　　　　2024 年 10 月第 2 版
印　　次：2025 年 8 月第 5 次
印　　张：37. 5
开　　本：787 毫米×1092 毫米　1/16
字　　数：710 千字

书　　号：ISBN 978-7-5653-4882-2
定　　价：110. 00 元

网　　址：www. cppsup. com. cn　www. porclub. com. cn
电子邮箱：zbs@ cppsup. com　zbs@ cppsu. edu. cn

营销中心电话：010-83903991
读者服务部电话（门市）：010-83903257
警官读者俱乐部电话（网购、邮购）：010-83901775
教材分社电话：010-83903084

刑 法 学

（第二版）

主　编： 莫开勤

副主编： 陈志军　黄　娜

撰稿人：（按姓氏笔画排序）

史丹如　付立忠　刘宇萍　孙树光

李　淼　杨金彪　陈志军　邵博文

张　拓　张冬霞　张伟珂　莫开勤

栾　莉　黄　娜

第二版说明

党的二十大报告指出，我们要坚持走中国特色社会主义法治道路，建设中国特色社会主义法治体系、建设社会主义法治国家。同时，还强调完善以宪法为核心的中国特色社会主义法律体系。

本教材第一版出版以来，我国刑法立法和司法实践有了一定的发展，《中华人民共和国刑法修正案（十一）》、《中华人民共和国刑法修正案（十二）》和新的司法解释的颁布，对诸多刑法适用问题作出了新的规定，刑法理论研究也有了一定的进展。为了及时反映最新刑事立法、刑事司法的发展变化与理论研究成果，更好地适应刑法学教学科研的需要，在中国人民公安大学出版社的支持下，本书编写组对本教材进行了修订。

本次修订以习近平法治思想为指导，将习近平总书记给中国人民公安大学在读英烈子女的重要回信精神融入教材，秉承第一版教材的编写宗旨，在准确反映近年来我国刑法立法和司法解释的发展变化与司法实践经验的基础上，进一步研究和合理吸纳刑法理论研究的新进展、新成果，对全书内容进行了调整，体系结构更加完整，理论知识更趋成熟。

本次修订由莫开勤主持，由张拓、孙树光、邵博文、李淼执笔修订，最后由莫开勤、陈志军、黄娜共同审定。

今后，我们要积极推动教学科研深度融合，不断强化科研原创能力，改进教育教学方法，努力打造高质量刑事法律教育课程，为推进强国建设、民族复兴伟业贡献更多智慧力量。

囿于时间和经验，书中难免存在缺点和不足，敬请读者批评指正。

《刑法学》编写组

2024 年 6 月

2019年第一版编写说明

刑法是国家的基本法律。以刑法及其所规定的犯罪、刑事责任和刑罚为研究对象的刑法学是法学的一个重要门类，是公安法学教育中的一门重要课程。

当前，我国正全面推进依法治国方略。2019年5月，习近平总书记在全国公安工作会议上发表重要讲话强调，要推进公安队伍革命化正规化专业化职业化建设，锻造高素质过硬公安队伍，以履行好党和人民赋予的新时代职责使命。高素质过硬，不仅政治素质要过硬，法律业务素质同样要过硬。提高公安队伍的法律素质，离不开公安法学教育，离不开高质量的法学教材。本教材坚持四项基本原则，适应依法治国和新时代公安工作形势，理论联系实际，吸收刑法学研究的新成果和刑事立法、刑事司法的新进展，突出公安特色，以提高本教材在公安法律人才培养中的应用价值。

本教材分上下两编，上编为刑法总论，由16章组成，分别是：刑法概说、刑法的基本原则、刑法的效力，犯罪与犯罪构成，犯罪客体，犯罪客观方面，犯罪主体，犯罪主观方面，正当行为，故意犯罪的停止形态，共同犯罪，罪数，刑罚概说，刑罚裁量，刑罚执行制度，刑罚消灭制度。下编为刑法各论，由11章组成，分别是：刑法各论概述，危害国家安全罪，危害公共安全罪，破坏社会主义市场经济秩序罪，侵犯公民人身权利、民主权利罪，侵犯财产罪，妨害社会管理秩序罪，危害国防利益罪，贪污贿赂罪，渎职罪，军人违反职责罪。

刑法学是一门理论性和实践性极强的学科，本教材力求对刑法学的基本原理进行系统阐释，同时注意从实际出发，针对实践中的常见、重点、疑难问题，提出分析和解决的思路和方法，为公安刑事执法工作提供帮助。

根据中国人民公安大学教务处《关于职业核心课程教材出版前修改事宜的请示》精神，与中国人民公安大学过去使用的《刑法学》教材相比，本教材对编章体例进行了微调，将“犯罪概述”与“犯罪构成”合并为“犯罪与犯罪构成”一章，“刑罚概述”与“刑罚的体系和种类”合并为“刑罚概说”

一章，删减了“刑罚的创制和演进”“犯罪的本质”等内容，增加了“非刑罚处理方法”和《关于在中华人民共和国成立七十周年之际对部分服刑罪犯予以特赦的决定》等内容，对一些有争议的观点进行了删除，对一些陈旧的内容进行了更改，旨在更充分地体现刑法学的专业性和课程思政要求。

本教材撰写分工如下（以撰写章节顺序为序）：

刘宇萍（中国人民公安大学讲师，法学硕士）：第一章，第二章，第五章，第十八章，第二十三章第六、八、九节，第二十四章，第二十六章；

付立忠（中国人民公安大学副教授，法学硕士）：第三章，第二十章第三、四节；

陈志军（中国人民公安大学教授，法学博士）：第四章、第九章、第十四章；

黄娜（中国人民公安大学副教授，法学硕士）：第六章、第二十二章、第二十五章；

莫开勤（中国人民公安大学教授，法学博士）：第七章，第八章，第十章，第二十章第二、六、八节，第二十三章第一节；

杨金彪（中国人民公安大学副教授，法学博士）：第十一章、第二十章第五节；

张伟珂（中国人民公安大学副教授，法学博士）：第十二章、第十九章；

史丹如（中国人民公安大学副教授，法学博士）：第十三章、第十七章、第二十章第七节、第二十三章第五节、第二十七章；

栾莉（中国人民公安大学副教授，法学博士）：第十五章，第十六章，第二十三章第三、四节；

张冬霞（中国人民公安大学副教授，法学博士）：第二十章第一节，第二十一章，第二十三章第二、七节。

本教材由莫开勤、孙茂利任主编，陈志军、黄娜任副主编。

本教材在编写过程中，参考和吸收了国内外相关论著文献，除在书中注明外，在此一并向有关著译者表示衷心的感谢！

由于时间仓促，加之水平有限，书中难免存在不妥之处，敬请读者指正。

《刑法学》编写组

2019 年 7 月

目　录

上　编　刑法总论

第一章　刑法概说 …………………………………………………… (3)
　第一节　刑法的概念 ………………………………………………… (3)
　第二节　刑法的性质、任务和机能 ………………………………… (5)
　第三节　刑法的体系和解释 ………………………………………… (8)
第二章　刑法的基本原则 …………………………………………… (11)
　第一节　刑法基本原则概述 ………………………………………… (11)
　第二节　罪刑法定原则 ……………………………………………… (12)
　第三节　刑法面前人人平等原则 …………………………………… (16)
　第四节　罪责刑相适应原则 ………………………………………… (19)
第三章　刑法的效力 ………………………………………………… (22)
　第一节　刑法的效力概述 …………………………………………… (22)
　第二节　刑法的空间效力 …………………………………………… (22)
　第三节　刑法的时间效力 …………………………………………… (32)
第四章　犯罪与犯罪构成 …………………………………………… (35)
　第一节　犯罪的概念 ………………………………………………… (35)
　第二节　犯罪的分类 ………………………………………………… (39)
　第三节　犯罪构成的概念 …………………………………………… (42)
　第四节　犯罪构成的要件 …………………………………………… (45)
第五章　犯罪客体 …………………………………………………… (47)
　第一节　犯罪客体概述 ……………………………………………… (47)
　第二节　犯罪客体的种类 …………………………………………… (49)
　第三节　犯罪对象 …………………………………………………… (51)

第六章　犯罪客观方面 …………………………………………………………（55）
第一节　犯罪客观方面概述 ……………………………………………………（55）
第二节　危害行为 ………………………………………………………………（56）
第三节　危害结果 ………………………………………………………………（61）
第四节　危害行为与危害结果之间的因果关系 ………………………………（63）
第五节　犯罪客观方面的其他要素 ……………………………………………（67）
第七章　犯罪主体 ………………………………………………………………（69）
第一节　犯罪主体概述 …………………………………………………………（69）
第二节　刑事责任能力 …………………………………………………………（70）
第三节　影响刑事责任能力的因素 ……………………………………………（72）
第四节　犯罪主体的特殊身份 …………………………………………………（80）
第五节　单位犯罪 ………………………………………………………………（83）
第八章　犯罪主观方面 …………………………………………………………（87）
第一节　犯罪主观方面概述 ……………………………………………………（87）
第二节　犯罪故意 ………………………………………………………………（88）
第三节　犯罪过失 ………………………………………………………………（92）
第四节　无罪过事件 ……………………………………………………………（95）
第五节　犯罪目的和犯罪动机 …………………………………………………（96）
第六节　刑法上的认识错误 ……………………………………………………（98）
第九章　正当行为 ………………………………………………………………（102）
第一节　正当行为概述 …………………………………………………………（102）
第二节　正当防卫 ………………………………………………………………（103）
第三节　紧急避险 ………………………………………………………………（110）
第四节　刑法中的其他正当行为 ………………………………………………（114）
第十章　故意犯罪的停止形态 …………………………………………………（118）
第一节　故意犯罪的停止形态概述 ……………………………………………（118）
第二节　犯罪既遂 ………………………………………………………………（119）
第三节　犯罪预备 ………………………………………………………………（121）
第四节　犯罪未遂 ………………………………………………………………（125）
第五节　犯罪中止 ………………………………………………………………（130）
第十一章　共同犯罪 ……………………………………………………………（134）
第一节　共同犯罪概述 …………………………………………………………（134）
第二节　共同犯罪的形式 ………………………………………………………（137）
第三节　共同犯罪人的分类及其刑事责任 ……………………………………（140）

第十二章　罪数 …………………………………………………… (147)
第一节　罪数的认定标准 ……………………………………… (147)
第二节　一罪的分类 ………………………………………… (148)
第三节　数罪的分类 ………………………………………… (156)
第十三章　刑罚概说 …………………………………………… (158)
第一节　刑罚的概念 ………………………………………… (158)
第二节　刑罚的功能和目的 …………………………………… (159)
第三节　刑罚的体系 ………………………………………… (162)
第四节　非刑罚处理方法 ……………………………………… (174)
第五节　从业禁止 …………………………………………… (175)
第十四章　刑罚裁量 …………………………………………… (177)
第一节　刑罚裁量概述 ……………………………………… (177)
第二节　刑罚裁量情节 ……………………………………… (180)
第三节　累犯 ……………………………………………… (185)
第四节　自首、坦白和立功 …………………………………… (187)
第五节　缓刑 ……………………………………………… (194)
第六节　数罪并罚 …………………………………………… (198)
第十五章　刑罚执行制度 ……………………………………… (203)
第一节　刑罚执行概述 ……………………………………… (203)
第二节　减刑 ……………………………………………… (205)
第三节　假释 ……………………………………………… (211)
第十六章　刑罚消灭制度 ……………………………………… (215)
第一节　刑罚消灭概述 ……………………………………… (215)
第二节　时效 ……………………………………………… (215)
第三节　赦免 ……………………………………………… (217)

下　编　刑法各论

第十七章　刑法各论概述 ……………………………………… (223)
第一节　刑法分则的体系 ……………………………………… (223)
第二节　刑法分则的条文结构 ………………………………… (225)
第三节　法条竞合 …………………………………………… (229)
第十八章　危害国家安全罪 …………………………………… (232)
第十九章　危害公共安全罪 …………………………………… (243)

第二十章　破坏社会主义市场经济秩序罪 ……………………（274）
第一节　生产、销售伪劣商品罪 ……………………（275）
第二节　走私罪 ……………………（284）
第三节　妨害对公司、企业的管理秩序罪 ……………………（290）
第四节　破坏金融管理秩序罪 ……………………（302）
第五节　金融诈骗罪 ……………………（317）
第六节　危害税收征管罪 ……………………（324）
第七节　侵犯知识产权罪 ……………………（331）
第八节　扰乱市场秩序罪 ……………………（339）
第二十一章　侵犯公民人身权利、民主权利罪 ……………………（348）
第二十二章　侵犯财产罪 ……………………（387）
第二十三章　妨害社会管理秩序罪 ……………………（425）
第一节　扰乱公共秩序罪 ……………………（426）
第二节　妨害司法罪 ……………………（447）
第三节　妨害国（边）境管理罪 ……………………（458）
第四节　妨害文物管理罪 ……………………（462）
第五节　危害公共卫生罪 ……………………（467）
第六节　破坏环境资源保护罪 ……………………（477）
第七节　走私、贩卖、运输、制造毒品罪 ……………………（488）
第八节　组织、强迫、引诱、容留、介绍卖淫罪 ……………………（504）
第九节　制作、贩卖、传播淫秽物品罪 ……………………（507）
第二十四章　危害国防利益罪 ……………………（513）
第二十五章　贪污贿赂罪 ……………………（521）
第二十六章　渎职罪 ……………………（547）
第二十七章　军人违反职责罪 ……………………（571）
主要参考文献 ……………………（586）

上编　刑法总论

第一章

刑法概说

第一节　刑法的概念

一、刑法的定义

刑法是我国的基本法律之一。就本质含义而言，刑法就是掌握政权的统治阶级，为了维护本阶级政治上的统治和经济上的利益，根据自己的意志，以国家名义颁布的，规定什么行为是犯罪，并给犯罪人以何种刑事处罚的法律。就刑法所规定的内容而言，可以认为刑法是规定犯罪、刑事责任与刑罚的法律。

除了“刑法”这一定义之外，还有另一个与之较为相近但又有区别的定义——刑事法。所谓刑事法，是指关于规定犯罪及运用国家刑罚权的一切刑事法律规范的总称。刑事法在狭义上，仅指刑法和刑事诉讼法，前者为实体法，后者则为程序法；在广义上，不仅包括刑法和刑事诉讼法，还包括刑事审判机构的组织法、监狱法、司法警察法等。由此可知，刑法只是刑事法的一个组成部分。

二、刑法的分类

在刑法理论研究上，从不同角度，用不同标准，可以对刑法作不同的分类，这有助于进一步理解和适用刑法。

（一）狭义刑法与广义刑法

以刑法本身涵盖法律规范范围的大小为依据，可以将刑法分为狭义刑法和广义刑法。

狭义刑法即指刑法典，是国家最高立法机关以法典形式制定的完整、系统的有关犯罪、刑事责任和刑罚的法律规范。对于狭义刑法，有些国家明确标明是刑法典，如《法国刑法典》；也有些国家没有明确标明是刑法典，而是称为刑法，如《日本刑法》。我国亦如后者，1979 年制定的《中华人民共和国刑法》与 1997 年修订的《中华人民共和国刑法》[1] 都是狭义的刑法，但在法律名称中都没有称为刑法典，这也是我国立法的一贯做法。在一般情形下，当人们说“根据《刑法》第××条”都是指狭义的刑法即刑法典。

广义刑法，是指一切规定犯罪、刑事责任和刑罚的法律规范的总和。广义刑法包括刑法典、刑法修正案、单行刑法、附属刑法。所谓刑法修正案，是指在刑法典生效后，国家最高立法机关在保持刑法典原有体系结构不变的基础上，以修正案的形式集中对刑法典的内容作出修改、补充的法律规范。我国的刑法典自 1997 年修订以来，全国人大常委会共制定了十个刑法修正案。所谓单行刑法，是指由国家最高立法机关为补充、修改刑法典，以决定、规定、补充规定、条例等形式公布的，规定某一类犯罪、某几种相关犯罪或者刑法的某一事项的法律规范。例如，在 1997 年《刑法》颁布后，全国人大常委会于 1998 年颁布了《关于惩治骗购外汇、逃汇和非法买卖外汇犯罪的决定》，这是目前为止唯一现行有效的单行刑法。所谓附属刑法，是指附带规定于经济法、行政法、民法等非刑事法律中关于犯罪、刑事责任和刑罚的法律规范。在这些法律中，刑法规范不是法律的主体内容，因而称为附属刑法。例如，《专利法》第 80 条规定，从事专利管理工作的国家机关工作人员以及其他有关国家机关工作人员玩忽职守、滥用职权、徇私舞弊，构成犯罪的，依法追究刑事责任……这一条文规定的内容属于刑法规范，但它不是规定在刑事法律之中，而是规定在经济法之一的《专利法》之中。因此，它属于附属刑法条文。我国的附属刑法与国外有些国家（如日本）的附属刑法不同。我国经济法、行政法等法律中的一些附属刑法条文，一般都表述为“构成犯罪的，依法追究刑事责任”，即没有在刑法典之外另行创设有实质意义的犯罪构成要件和法定刑，实际只是在形式上重申了刑法的相关规定，而不对刑法典予以补充、修改和解释。

（二）普通刑法与特别刑法

根据刑法适用范围的大小，可以将刑法分为普通刑法与特别刑法。

普通刑法，是指适用于一国领域内所有地区和所有人的刑法规范。普通刑法的主要表现形式是刑法典，还包括与刑法典具有相同效力范围的刑法修正案、单行刑法和附属刑法。

特别刑法，是指在某一时间和空间内，适用于一定范围的人或者事项的刑法规范。特别刑法可以分为以下几种：第一，适用于特别人的特别刑法，

---

① 本书后续内容中引用的我国法律法规名称均省略“中华人民共和国”。

如军事刑法。第二，适用于特别时间的特别刑法，如战时特别刑法。第三，适用于特别地区的特别刑法，如特定地区的戒严刑法。第四，适用于特别事项的特别刑法，如禁毒法。

当普通刑法与特别刑法发生竞合或者冲突时，应根据特别法优于普通法的原则，优先适用特别刑法。如果某一行为同时符合两个同等效力的特别刑法时，应根据新法优于旧法的原则适用新的特别刑法。

（三）形式刑法与实质刑法

根据刑法规范形式的不同，可以将刑法分为形式刑法与实质刑法。

形式刑法，是指从法律规范的外形或者名称上就可以得知其为刑法的法律，也即指使用“刑法”这一名称的法律，如刑法典。由于形式刑法的内容全部或者主要是关于犯罪、刑事责任与刑罚的法律规范，所以又称为单一刑法。

实质刑法，是指外形或者名称上不是刑法，但其内容中有关于犯罪、刑事责任与刑罚的法律条款。由于实质刑法一般是附属规定在经济法、行政法等非刑事法律中，所以又称为附属刑法。

（四）国内刑法和国际刑法

根据刑法内容是否涉及国际关系，可以将刑法分为国内刑法与国际刑法。

国内刑法，是指由一主权国家制定，在其本国内适用的刑法。在一般情况下，所说的刑法都是指国内刑法。

国际刑法，是规定国际社会公认的国际犯罪和其他国际禁止行为，调整各国之间刑事合作关系的规范、原则、制度的总称，主要通过各国共同制定的国际公约予以体现。

第二节 刑法的性质、任务和机能

一、刑法的性质

在任何一个国家的法律体系中，刑法都是一个非常重要的组成部分，与民法、行政法、刑事诉讼法等都是依据国家宪法制定的基本法。但与其他法律相比，刑法有着四个显著特征：

第一，刑法所调整和保护的社会关系的范围更为广泛。刑法所调整和保护的是所有受到犯罪侵犯的社会关系，也即凡是为犯罪所侵犯的各个方面的社会关系，刑法都要调整和保护。这些社会关系包括政治、经济、人身、财产、婚姻家庭、社会秩序等诸多方面。而一般部门法都只是调整和保护社会关系的某一方面，如民法仅调整和保护平等主体间的人身关系和财产关系；婚姻法仅调整和保护婚姻家庭关系。

在法理学上，民法等部门法的划分以调整对象为标准，而由于刑法调整社会关系的广泛性，无法以调整对象作为划分标准，而是以特殊的调整手段作为划分的标准。

第二，刑法是其他部门法的保障法。一般部门法调整和保护的社会关系都必须借助刑法的调整和保护，即当一般部门法不能充分调整和保护某种社会关系，不足以制裁某种危害行为时，就需要求助刑法的调整和保护。正如国外有学者认为的那样，刑法是对第一次规范（如民法规范、行政法规范等）所保护的法益进行强有力的第二次保护，是对不服从第一次规范的行为规定科处刑罚的第二次规范。① 例如，故意伤害造成轻微伤的行为，属于违反治安管理的一般违法行为，由公安部门处理。但如果故意伤害造成轻伤、重伤的，则构成了故意伤害罪，由司法机关依照刑法的有关规定论处。因此从这个意义上，刑法是其他部门法的保障法，没有刑法作后盾和保障，其他部门法往往难以得到彻底的贯彻实施。法国著名启蒙思想家卢梭指出："刑法在根本上与其说是一种特别的法律，还不如说是其他一切法律的制裁。"②

刑法的这一特点表明，刑法具有补充性或者称为最后手段性。刑法规定的法律后果主要是刑罚，而刑罚是最具严厉性、强制性与痛苦性的法律制裁手段，如两刃之剑，用之不得其当，则国家与个人两受其害。因此如果能够以刑罚以外的法律手段有效制裁不法行为时，应避免使用刑罚。只有当以其他法律手段不能有效制裁不法行为时，才可以使用刑罚手段，这就是刑法的最后手段性。

第三，刑法的强制性最为严厉。强制性是所有法律规范的特征之一，任何侵犯法律所保护的社会关系的行为人，都要承担相应的法律责任，受到国家强制力的干预。例如，违反民法，要承担赔偿损失等民事责任；违反行政法律，要承担罚款、行政拘留等行政法律责任。但是一般法律所规定的这些强制，都远不如刑法对犯罪人适用刑罚这种强制方法严厉。刑法规定的法律后果主要是刑罚，刑罚是国家最严厉的强制方法。刑罚不仅可以剥夺犯罪人的财产，限制或者剥夺犯罪人的人身自由，剥夺犯罪人的政治权利，而且还可以剥夺犯罪人的生命。这种强制方法的严厉性是其他任何法律所没有的。

第四，刑法在立法主体上的单一性。根据我国 2000 年 7 月 1 日起施行的《立法法》第 8 条第 4 项的规定，犯罪和刑罚的事项即刑法立法权只能由最高立法机关即全国人大及其常务委员会行使，其他任何机关都不能制定关于犯

① ［日］宫本英修．刑法大纲（总论）．弘文堂，1935：3.

② ［法］卢梭．社会契约论．何兆武，译．商务印书馆，1980：73.

罪和刑罚的法律规范。而其他部门法的立法主体在一定条件下可以是多元、多层次的。

二、刑法的任务

刑法的任务，是指刑法所担负的职能和应发挥的作用。它是一部刑法的性质和历史使命的体现，制约和支配着刑法的其他规定，在刑法中居于突出地位。

一个国家刑法任务的具体内容，受该国家自身的性质所制约。因为刑法属于国家法律上层建筑的一部分，是掌握国家政权的统治阶级根据自身的意志和利益制定并为其统治服务的。我国是人民民主专政的社会主义国家，国家的性质和历史任务决定了我国刑法任务的具体内容。我国《刑法》第2条规定："中华人民共和国刑法的任务，是用刑罚同一切犯罪行为作斗争，以保卫国家安全，保卫人民民主专政的政权和社会主义制度，保护国有财产和劳动群众集体所有的财产，保护公民私人所有的财产，保护公民的人身权利、民主权利和其他权利，维护社会秩序、经济秩序，保障社会主义建设事业的顺利进行。"

三、刑法的机能

刑法机能，是指刑法现实以及可能发挥的作用。一般认为，刑法具有以下三种机能：

第一，规制机能，是指刑法具有使对犯罪行为的规范评价得以明确的机能。刑法具有通过将一定的行为规定为犯罪，并对该行为科处一定刑罚，表明该行为为法所不许可的机能。同时，具有要求人们不要实施该种行为的机能。实际上所有的法律都具有这一机能。

第二，保护机能，是指刑法具有保护法益不受犯罪侵犯与威胁的机能。刑法要在社会中发挥作用，就必须保护人们公认的、对于社会存续有意义的法律上的利益，唯有如此，才能在整体上维持社会秩序。刑法的保护机能表明，由于犯罪的本质是侵犯刑法所保护的法益，刑法的最终目的就应当定位于保护法益。

第三，保障机能，是指刑法具有保障公民个人权利不受国家刑罚权不当侵害的机能。刑法的保障机能主要是通过罪刑法定原则实现的，根据该原则，任何个人，如果没有犯罪行为，就不会受到刑罚的打击。由此，一方面可以实现对普通人权利的保障，使刑法成为"善良人的大宪章"；另一方面由于刑法对每一种犯罪的构成要件、刑罚都作了明确规定，这可以保障犯罪人免受不当刑罚。在这个意义上，刑法又是"犯罪人的大宪章"。

第三节 刑法的体系和解释

一、刑法的体系

刑法的体系，是指刑法的组成和结构。

如前所述，刑法有广义和狭义之分，广义刑法的体系，是指刑法由哪些刑法规范组成，各刑法规范之间的相互关系如何。我国的广义刑法是由一系列刑法规范组成的整体，包括刑法、刑法修正案、单行刑法和附属刑法四个部分。其中，刑法是核心，刑法修正案和单行刑法一般是对刑法的补充和修改，而附属刑法则主要是对刑法有关内容的重申。

本节所说的刑法体系，特指狭义刑法即我国刑法的组成和结构。我国现行《刑法》由总则、分则和附则三部分组成。其中，总则、分则各为一编，在编之下，再根据刑法规范的性质、内容和体例需要有序地划分为章、节、条、款、项等各个层次。《刑法》的体系就是由上述各层次组成的一个有机整体。

（一）总则、分则与附则

1810 年的《法国刑法典》首创总则与分则分立的刑法体系。刑法总则是关于刑法的指导思想、目的、任务和适用范围，以及关于犯罪和刑罚一般原理、原则的规范体系，这些规范是定罪量刑所必须遵守的共同的规则。分则是关于具体犯罪和具体法定刑的规范体系，是解决具体定罪量刑的标准。总则与分则之间的关系是一般与特殊、抽象与具体的关系。总则不仅适用于分则，而且还适用于其他有犯罪与刑罚规定的法律（但其他法律有特别规定的除外），分则是总则中一般原理、原则的具体体现。只有将总则与分则结合起来，才能正确地认定犯罪，适用刑罚。

我国《刑法》的第一编为总则，第二编为分则。总则共五章，分别为刑法的任务、基本原则和适用范围；犯罪；刑罚；刑罚的具体运用；其他规定。分则共十章，规定了十类犯罪，即危害国家安全罪；危害公共安全罪；破坏社会主义市场经济秩序罪；侵犯公民人身权利、民主权利罪；侵犯财产罪；妨害社会管理秩序罪；危害国防利益罪；贪污贿赂罪；渎职罪；军人违反职责罪。

附则是关于刑法的生效时间等非实体性内容的规定。我国《刑法》的附则部分只有一个条文，规定了修订后的《刑法》开始施行的时间和修订后的《刑法》与此前单行刑法的关系。

（二）编、章、节、条、款、项

编是我国《刑法》的第一级单位。《刑法》共有总则和分则两编。编下设章，章下为节，但只是总则的第二、三、四章以及分则的第三、六章之下设节，总则的第一、五章和分则的第一、二、四、五、七、八、九、十章之下均没有设节。节（章）下是条。条是表达刑法规范的基本单位，刑法规范通常都是以条文的形式出现。刑法典的全部条文用统一的顺序号码进行编号。编号自成系统，不受编、章、节的影响。以刑法修正案在刑法典中增加规定时，在相关的条文后采取第××条之一、二的编号方式。条下为款。款是条的组成单位，没有编号，用另起一段来标志。有的条文只有一款，如刑法典第1、2条，在这种情况下只称作“第×条”，而不是“第×条第1款”。款下为项，是在条或者款下设立的单位，其标志是另起一段并且用括号内的基数号码编写。一般来说，列为项的内容之间往往具有并列关系，并共同从属于条或者款。

二、刑法的解释

刑法的解释，是指对刑法规范含义的阐明。刑法的解释之所以有必要，主要有三方面的原因：一是刑法作为一种法律规范，具有抽象性，刑法条文规范的含义尤其是一些专门的术语，需要通过解释阐明；二是刑法具有稳定性，而客观社会现实是发展变化的。要使刑法适应不断发展变化的形势，就需要依赖解释；三是刑法由于文字表述、立法思想等原因会客观存在某些缺陷，有必要运用解释这种法律技术手段在一定程度上消除刑法规范的缺陷。

刑法的解释，可以按不同的标准进行划分：

（一）以解释的效力为标准，可分为立法解释、司法解释和学理解释

1. 立法解释。立法解释，是指立法机关即全国人大及其常委会所作的解释。在1997年《刑法》颁布后，全国人大常委会对刑法第30条、第93条、第228条、第266条、第294条、第313条、第342条、第384条第1款、第410条等条款中的有关定义以及渎职罪的主体等内容均作出过立法解释。

2. 司法解释。司法解释，是指司法机关对刑法含义所作的解释。有权进行司法解释的司法机关只能是最高人民法院和最高人民检察院。根据1981年6月10日全国人大常委会《关于加强法律解释工作的决议》的规定，凡属于法院审判工作中具体应用法律、法令的问题，由最高人民法院进行解释。凡属于最高人民检察院工作中具体应用法律、法令的问题，由最高人民检察院进行解释。司法解释的效力等级虽然低于法律和立法解释，但对全国审判、检察机关的刑事司法活动有着重要的指导意义和法定的约束力，各级司法机关必须遵照执行。

3. 学理解释。学理解释，是指国家宣传机构、社会组织、教学科研单位、

专家学者等单位、个人从理论、学术上对刑法的含义所作的解释。例如，学者编写的刑法教科书、学术论文、案例分析研究、刑法适用指南等，都属于学理解释。相对于立法解释和司法解释这两种有权解释，学理解释属于无权解释，不具有法律约束力，不能作为刑事司法的法律依据。但是科学、合理的学理解释有助于正确理解刑法规范的含义，对司法实践和立法工作具有重要的参考意义。

（二）以解释的方法为标准，可分为文理解释和论理解释

1. 文理解释。文理解释，是指对刑法条文中的“字词”、概念、术语的字义从文理上所作的解释。文理解释的根据主要是语词的含义、语法、标点及标题。刑法第 91 条至第 99 条的解释，从第二分类的角度看，也都属于文理解释。我国的立法解释和司法解释绝大部分都属于文理解释，文理解释在刑法解释中居于主导地位。如果文理解释的结论合理，则没有必要采取论理解释。

2. 论理解释。论理解释，是指按照立法精神，联系有关情况，从逻辑上所作的解释。论理解释又可分为扩张解释、限制解释和当然解释。

（1）扩张解释。扩张解释，是指根据立法原意，对刑法条文作超过其字面含义的解释，使其符合刑法的真正含义。例如，《刑法》第 312 条规定：“明知是犯罪所得及其产生的收益而予以窝藏、转移、收购、代为销售或者以其他方法掩饰、隐瞒的”，这里“明知”从字面上看，是“明明知道”的意思，但是在司法实践中，对它还应解释为包括“应当知道”的含义。但是扩张解释不能超出用语可能具有的含义，否则就是与罪刑法定原则相违背的类推解释。

（2）限制解释。限制解释，是指根据立法原意，对刑法条文作窄于其字面含义范围的解释。例如，故意杀人罪中的“人”应解释为除自己之外的其他自然人。

（3）当然解释。当然解释，是指刑法规范虽然没有明文规定某一事项，但依规范目的、事物属性和形式逻辑，将该事项当然包括在该规范适用范围之内的解释。例如，根据《刑法》第 153 条第 1 款第 1 项的规定，一年内曾因走私普通货物、物品被给予二次行政处罚后又走私的，构成走私普通货物、物品罪。那么，一年内曾因走私被给予三次、四次行政处罚后又走私的，也应认定为走私普通货物、物品罪，这就是当然解释。

第二章

刑法的基本原则

第一节 刑法基本原则概述

一、刑法基本原则的定义和特征

刑法基本原则，是指贯穿于全部刑法规范而对刑事立法和刑事司法活动具有全局性指导作用，并体现我国刑事法治的基本性质和基本精神的基本准则。

刑法的基本原则具有如下重要特征：

第一，刑法的基本原则是贯穿于刑法始终的准则。刑法中存在许多原则，但很多原则只是刑法局部的具体原则，即仅适用于刑法的某一方面，如我国刑法规定的对未成年人犯罪从宽处罚的原则、自首从宽处罚的原则、累犯从重处罚的原则等，都不是刑法的基本原则。

第二，刑法的基本原则对刑事立法和司法活动具有全局性、根本性的指导意义。也就是说，这些原则应当是对刑事法律活动一般规律的揭示，体现我国刑事法治的基本性质和基本精神。

第三，刑法的基本原则主要是刑法所特有的，而不是各个部门法所共有的原则。在我国的法律体系中，既有所有法律共同具有的基本原则，如法律面前人人平等原则，又有各个部门法所特有的原则，如民法的意思自治、平等协商原则。既然是刑法的基本原则，就应当体现刑法的特殊要求。但是这也有例外，“法律面前人人平等”这一所有法律共有的原则也被立法者规定为刑法的基本原则，这主要是考虑到这一原则在刑法中的极端重要性而在刑法中再次强调和重申。

二、刑法基本原则的内容

刑法的基本原则可以分为两类，即刑法明文规定的基本原则和刑法未明文规定的基本原则。

1997 年修订的现行《刑法》在第 3 条、第 4 条和第 5 条分别明文规定了我国刑法的三大基本原则，即罪刑法定原则、刑法面前人人平等原则、罪责刑相适应原则。这是我国刑事立法观念和立法技术的进步，必然会有力地推动这些基本原则在我国刑法立法和司法中的贯彻，从而促进我国的刑事法治水平和整个国家的法治进程加快。

除了上述三大法定基本原则外，刑法理论总结出来的未明文规定的基本原则尤其是罪责自负、主客观相统一、惩罚与教育相结合这三个原则，对刑事立法和司法活动也具有重要的指导意义。罪责自负，是指一人犯罪一人当，即只能由犯罪者本人对其犯罪行为承担刑事责任，而不能株连没有参与其犯罪活动的亲属、朋友等其他任何人。主客观相统一，是指犯罪的成立不仅要求在客观上实施了危害社会的行为，而且要求主观上具有犯罪的故意或者过失，还要求主客观的内容具有一致性；刑事责任程度的确定不仅要考虑行为的客观危害，还要考虑行为人的主观罪过及其人身危险性。惩罚与教育相结合，是指认定和处罚犯罪时要将惩罚与教育结合起来，通过惩罚达到教育的效果，反对单纯惩罚和教育万能的错误观点。

第二节　罪刑法定原则

一、罪刑法定原则的历史沿革

一般认为，罪刑法定的最先来源是 1215 年英王约翰签署的《大宪章》第 39 条的规定，即“对于任何自由人，不依同一身份的适当的裁决或者国家的法律，不得逮捕、监禁、剥夺领地、剥夺法的保护或者放逐出境，不得采取任何方法使之破产，不得施加暴力，不得使其入狱。”该规定已经蕴含了罪刑法定、保障自由人权利的思想。英国 1628 年的《权利请愿书》、1688 年的《人身保护法》也从不同角度巩固了罪刑法定的思想。在 17、18 世纪，罪刑法定的思想经过启蒙思想家洛克、孟德斯鸠等人系统的阐述，成为对抗封建刑法中罪刑擅断、滥施刑法、践踏人权的思想潮流。在这一时期，较为明确地表述罪刑法定思想的是意大利刑事古典学派的创始人贝卡利亚，他在其名著《论犯罪与刑罚》中指出：“只有法律才能为犯罪规定刑罚……超越法律限度的刑罚就不再是一种正义的刑罚。”“当一部法典业已厘定，就应逐字遵守，法官惟一的使命就是判定公民的行为是否符合成文法律。”① 当然，罪刑法定真正成为刑法的基本原则，还是近代刑法学家费尔巴哈倡导的结果，其在《刑法教科书》（1801 年）中开始明确记载了关于“罪刑法定”这一明确的法律科学术语。

法国大革命胜利后，罪刑法定由理论学说转变为现实中的法律。法国 1789 年的《人权宣言》第 8 条规定：“法律只应规定确实需要和显然不可少的刑罚，而且除非根据在犯罪前已制定和公布的且系依法施行的法律，不得处罚任何人。”美国 1791 年修改的宪法第 5 条规定：“不依法律规定，不得剥夺任何人的生命、自由和财产。”1810 年的《法国刑法典》第 4 条则首次以刑事立法的形式明确规定了罪刑法定原则，从而使罪刑法定原则从宪法中的宣言式规定转变为刑法中的实体性规定。该条规定：“没有在犯罪行为时以明文规定刑罚的法律，对任何人不得处以违警罪、轻罪和重罪。”受这部刑法典的影响，大陆法系的国家在刑法典中纷纷规定了罪刑法定原则。由于这一原则符合现代社会民主和法治的发展趋势，因而也为现代绝大多数国家的刑法所采纳。联合国的一些人权国际条约，如《世界人权宣言》《公民权利和政治权利国际公约》等也规定了罪刑法定原则，从而使其成为当今国际社会最普遍、最重要的刑法基本原则，并且是一个国家刑事法治的标志之一。

二、罪刑法定原则的资产阶级理论基础

罪刑法定原则不仅有着深刻的历史背景，而且有其坚实的理论基础。罪刑法定原则的理论基础可以归结为以下三点：

第一，天赋人权学说。天赋人权是人人生而具有生存、自由、平等、财产和追求幸福的权利，此权利不得侵犯。总其要义不外是反对暴君专制和刑罚专擅。罪刑法定可以约束君主的刑罚权的行使，保障公民权利不受侵犯，这符合天赋人权的精神实质，天赋人权也成为罪刑法定最根本的理论来源。

第二，三权分立学说。三权分立最早是由英国哲学家洛克为防止封建专制而提出的一种分权学说，是近代西方最重要的政治理论之一。三权分立就是指立法权、司法权和行政权应由三个不同的机关来行使，互相制衡，防止专制统治。只有在立法与司法分立的前提下，才有可能和必要将罪与刑明文规定下来，杜绝罪刑擅断，保障公民的正当权益，因而三权分立学说为罪刑法定原则提供了政治制度上的理论基础。

第三，心理强制学说。德国刑法学家费尔巴哈首倡心理强制说，以论证罪刑法定原则的实际效用。他认为，人的违法精神动向的形成并非无中生有，

① ［意］贝卡利亚．论犯罪与刑罚．黄风，译．中国大百科全书出版社，1993：11-13.

而是受了潜在于违法行为中的快乐以及不能得到该快乐所带来的不快的诱惑与驱使。人们会在违法行为可能带来的乐与苦之间进行细致的权衡，根据趋利避害的原则来选择自己的行为。为此，必须使人们建立这样一种确信，即一定的犯罪行为必将招致一定的刑罚制裁。法律明确规定各种犯罪应受的刑罚，同时也就宣布了任何犯罪都必将受到惩罚。这样试图犯罪的人不管他具有何种犯罪动向，都面临着刑罚的威吓，就会因该种威吓而不敢实施任何犯罪，从而达到国家预防犯罪发生的目的。因此费尔巴哈认为罪刑法定对于遏制犯罪具有重要作用。

三、罪刑法定原则的含义

罪刑法定原则的经典表述是“法无明文规定不为罪，法无明文规定不处罚”。具体地说，就是什么样的行为构成犯罪，对构成犯罪的行为应当如何处罚，都必须由刑法预先明文规定；对刑法中没有明文规定的行为，不得定罪处罚。我国《刑法》第 3 条将其概括为“法律明文规定为犯罪行为的，依照法律定罪处刑；法律没有明文规定为犯罪行为的，不得定罪处刑。”本条从正反两个方面阐明了罪刑法定原则的双重价值蕴含：一是强调犯罪及其刑罚的法定性，体现法律的权威和国家对危害行为的定罪处罚权；二是强调非罪行为的自由性，即对国家刑罚权的限制，保障公民的权利和自由。因此刑法既是“善良人的大宪章”，又是“犯罪人的大宪章”。

从罪刑法定原则的基本要求出发，罪刑法定原则派生出以下四个原则：

第一，习惯法不能作为刑法的渊源。习惯法曾经是古代社会刑法的重要渊源之一，但习惯法是不成文法，没有被书面形式明确表达出来（如果习惯已经被国家所认可而制定为法律，则不应再称为习惯法），人们难以据此预测自己行为的性质和后果，更重要的是，习惯法的不确定性难以起到限制国家刑事司法权力、保障人权的作用。罪刑法定原则要求刑事司法必须依据成文的刑法，而排斥习惯法的运用。

第二，刑法的效力禁止溯及既往。罪刑法定要求定罪量刑都必须根据犯罪行为发生时有效的刑法进行，不能以事后颁行的法律来惩罚以前的行为，而溯及既往则意味着国民必须遵守行为时根本不存在的法律，国家为了行使刑事司法权，可以随时根据需要，颁布新的法律来惩罚在此之前的行为，刑事司法权实际上便成了不受限制的权力，这显然与罪刑法定的要求相违背。但是本着有利于被告人的原则，禁止溯及既往是禁止不利于被告人的事后法，如果新法有利于被告人，则可以溯及既往适用新法，这就是刑法时间效力中的从旧兼从轻原则。

第三，禁止类推。类推，是指对刑法上没有明文规定的行为，可以比照刑法中最相类似的条文定罪量刑的制度。类推的本质是在法无明文规定的情况下寻求法外治罪，这与罪刑法定的基本含义是相互矛盾的。

第四，禁止绝对不定期刑。绝对不定期刑，是指对某种犯罪只笼统地规定应予惩处，而不规定具体的刑种和量刑幅度，刑期的长短则根据服刑人在行刑阶段的表现确定。罪刑法定要求刑罚必须法定，法定刑必须要有特定的刑种和刑度，如果刑法只是规定对某种行为追究刑事责任，但没有规定特定的刑种和刑度，司法机关因为没有适用刑罚的标准，事实上也不可能追究刑事责任；即使可以适用刑罚，也会导致适用刑罚的任意性，而这正是罪刑法定原则所要反对的。因此现代各国的刑法都规定了相对确定的法定刑。

除了上述四个派生原则外，罪刑法定原则还要求刑法规范必须具有明确性。这里所谓明确性，就是要求规定犯罪的法律条文必须清楚明确，使人能确切地了解违法行为的内容，准确地确定犯罪行为与非犯罪行为的范围，以保障该规范没有明文规定的行为不会成为该规范适用的对象。① 刑法规范的明确性是保障人权、防止罪刑擅断和国家刑事司法权恣意行使的基本要求。不明确的刑法往往成为国家侵犯国民自由的形式上的法律根据，这与罪刑法定原则的实质精神是背道而驰的。当然，明确性只能是一种相对的要求，不可能绝对要求刑法明确到无须解释的程度。

四、罪刑法定原则在我国刑法立法中的体现

罪刑法定原则包括罪之法定和刑之法定两部分。我国刑法在刑事立法上实现了罪刑法定，这不仅体现在《刑法》第 3 条明确规定了罪刑法定原则，而且在刑法的具体规范中也体现了这一原则。

第一，罪之法定。罪之法定是刑之法定的基本前提。我国刑法中的罪之法定，主要是通过以下三个层次的内容体现出来的：一是《刑法》第 13 条从形式和实质相结合上对犯罪作了完整、科学的定义，揭示了犯罪的社会本质和法律特征，为划分罪与非罪的界限确定了原则性的标准。二是对犯罪构成要件的规定。《刑法》第 14 条规定了故意犯罪、第 15 条规定了过失犯罪、第 16 条规定了无罪过的意外事件与不可抗力、第 17 条规定了刑事责任年龄、第 18 条规定了刑事责任能力等，这些都为认定犯罪提供了一般的标准。三是刑法分则对具体犯罪的规定。我国刑法分则条文对各种具体犯罪都作了明文规定，从而为司法实践的定罪活动提供了具体标准。

第二，刑之法定。刑之法定是罪之法定的后续和自然延伸，也是罪刑法定原则在刑事立法中的重要内容。我国刑法中的刑之法定，也主要是通过以下三个层次的内容体现出来的：一是刑法总则中对刑罚种类的规定。根据我国《刑法》的规定，刑罚分为主刑和附加刑。主刑包括管制、拘役、有期徒

① ［意］杜里奥·帕多瓦尼. 意大利刑法学原理. 陈忠林，译. 法律出版社，1998：24.

刑、无期徒刑和死刑。附加刑包括罚金、剥夺政治权利、没收财产和驱逐出境。二是刑法总则中对量刑一般原则和具体量刑原则的规定。例如，未成年人犯罪的量刑原则，防卫过当、避险过当的量刑原则，犯罪预备、未遂与中止的量刑原则，主犯、从犯、胁从犯与教唆犯的量刑原则，累犯、自首的量刑原则，等等。三是刑法分则对具体犯罪法定刑的规定。

五、罪刑法定原则的司法适用

罪刑法定原则的意义不仅在于立法，而且还在于在司法实践中如何贯彻罪刑法定原则的立法精神。从我国刑事司法的历史和现实情况来看，对于罪刑法定原则的实际贯彻，需要着重注意以下几个方面：

第一，正确认识罪刑法定原则的意义，转变陈旧落后的司法观念。罪刑法定原则不是简单的罪与刑的法定化，其主旨是保障公民的权利和自由，限制国家刑事司法权力的行使，防止司法机关滥用刑罚权，避免对法无明文规定行为的刑事追究。因此罪刑法定原则下的刑事司法是内缩性的，而非扩张性的。罪刑法定原则的确立，可能使某些具有一定的社会危害性而刑法却无明文规定的行为得不到刑事追究，但是为了维护社会公正，实现刑事法治，这是一种必须付出的代价。应当充分认识到，对于整个社会而言，罪刑法定原则所带来的利益要远远大于类推所带来的利益，罪刑法定原则的缺陷则远远小于类推的缺陷。

第二，正确、合理地解释刑法。罪刑法定虽然要求刑法规范必须明确，但仍然需要对刑法作出解释。无论是立法解释还是司法解释，都不能超出刑法用语可能具有的含义，不能取代立法，不能为了打击那些法无明文规定的危害社会的行为而通过类推解释等途径而变相破坏罪刑法定原则。

第三，正确定罪量刑。对于危害社会的行为是否认定为犯罪，一定要以事实为根据，以刑法为准绳，严格区分罪与非罪、此罪与彼罪、一罪与数罪，并适用合法、合理的法律后果。对于刑法没有明文规定为犯罪的行为，不能以任何方式定罪量刑。

第三节　刑法面前人人平等原则

一、刑法面前人人平等原则的含义

刑法面前人人平等是法律面前人人平等原则在刑法领域的具体体现。法律面前人人平等原则，通常是指将法律作为同一尺度适用于全体公民，使全体公民平等地享有法律规定的权利，履行法律规定的义务，不因民族、种族、性别、职业、家庭出身、教育程度、宗教信仰等差别而有所不同。法律面前人人平等原则是法治的基本原则之一，同样也是现代刑法的基本原则之一。

平等的要求在人类历史上始终存在，并成为推动社会进步的重要动力，同时也是评价社会进步的重要标志之一。随着原始社会的结束、私有制的出现，社会不平等也由此产生，并相继被奴隶制和封建制国家的法律公开认可。在反对这种不平等制度的斗争中，古代思想家们产生并传播了法律面前人人平等的思想观念。例如，我国古代一些思想家就主张“王子犯法与庶民同罪”“不别亲疏贵贱一断于法”“法无等级”“法不阿贵”等。古希腊的政治学家伯里克利也指出，我们面对的法律，将在私人生活的各个不同方面，为人们提供平等、公正的待遇。近代意义上的法律面前人人平等原则，则是资产阶级为反对封建专制和等级特权而提出的天赋人权理论的合理延伸。资产阶级在一系列政治法律文件中明确规定了法律面前人人平等。例如，法国 1789 年的《人权宣言》第 6 条规定：“法律对于所有的人，无论是施行保护或处罚都是一样的。在法律面前，所有的公民都是平等的。”许多国际条约也相继规定了这一原则，如 1948 年的《世界人权宣言》第 7 条规定：“法律面前人人平等，并有权享受平等保护。”

法律面前人人平等原则是我国确立的社会主义法治的基本原则。现行《宪法》第 33 条第 2 款规定：“中华人民共和国公民在法律面前一律平等。”1979 年《刑法》中虽并未明确规定刑法面前人人平等原则，但其作为宪法的子法，也必然在刑法中体现出这一原则。1997 年修订后的现行《刑法》则明确规定了这一原则。《刑法》第 4 条规定：“对任何人犯罪，在适用法律上一律平等。不允许任何人有超越法律的特权。”这对于法律面前人人平等的宪法原则在刑法领域中的贯彻、维护刑法适用的公正性，具有十分重要的意义，同时也具有很强的现实意义。

刑法面前人人平等，是指对任何人犯罪，无论其身份、地位、功劳、性别、职业、民族、宗教信仰、财产状况等有何不同，都应一律平等地适用刑法追究刑事责任；对一切人的合法权益，都应一律平等地加以保护。不允许任何人有超越法律之外的特权，也不能歧视任何人。

应当指出，从法理上说，法律面前人人平等原则包括立法平等、司法平等、守法平等三个方面。但《刑法》第 4 条规定的刑法面前人人平等原则是一项司法原则，强调的是任何人在适用刑法上的平等。

需要特别指出的是，对平等的理解不能绝对化，也就是说，不能仅仅从形式上理解，而应从实质上理解平等的含义。平等可以用此句格言来表达

“同样情况同样对待”，当然，还可以补上“不同情况不同对待”。[①] 平等并不否认差别。平等的要旨是实现公正，而只有建立在对不同情况的正确区别的基础之上的平等才是公正的平等，如果没有差别，也就不可能存在公正的平等。具体到刑法中，平等并不意味着绝对的同罪同罚，由于社会危害性和人身危险性的大小不同，同罪也有可能不同罚，这不仅是刑法面前人人平等原则的要求，而且也是罪责刑相适应原则的要求。

二、刑法面前人人平等原则的要求

刑法面前人人平等原则贯穿于刑事司法的全过程，它要求刑事司法必须做到定罪平等、量刑平等和行刑平等。

第一，定罪平等，即对犯罪的任何人，无论其身份贵贱、职务高低、金钱多少等，都一律平等对待，适用相同的定罪标准追究刑事责任。对没有犯罪的任何人，也必须平等对待，而不能随意追究刑事责任。

第二，量刑平等，即对犯相同的罪且有相同犯罪情节者，应适用相同的量刑标准。应当强调的是，不同的犯罪情节可能使相同的犯罪有不同的刑罚，如累犯从重、自首从轻等。量刑平等不同于不考虑犯罪情节的绝对的同罪同罚，也不同于因金钱、地位而导致的同罪异罚。平等不意味着没有差别，而在于导致差别的原因是否合法、合理。因此不考虑犯罪情节的绝对的同罪同罚，或者因不应当考虑的身份、地位等情况而导致的同罪异罚，都不是真正、实质意义上的平等。

第三，行刑平等，即在执行刑罚时，应给予相同罪行、相同主观恶性的犯罪人以相同的刑罚处遇，不能因身份、地位的不同而有所差异。特别是在减刑、假释等方面，应根据犯罪人的悔改、立功表现和刑法规定的其他因素进行，而不能考虑金钱、犯罪人曾经的社会地位等不合法的因素。行刑平等也包括根据罪行轻重、主观恶性、改造表现等差异而给予的差别处遇，这种差别正是行刑平等和刑法公正的体现。

三、刑法面前人人平等在我国刑法中的立法体现

我国《刑法》不仅在第 4 条规定了刑法面前人人平等原则，而且在刑法规范中也具体体现了这一原则，主要是：

第一，明确规定刑法的适用范围。《刑法》第 6 条至第 11 条分别对刑法的空间效力范围作出了明确规定。根据这些规定，除法律有特别规定的外，无论是中国人还是外国人，凡在我国领域内犯罪的，都一律适用我国刑法。

第二，明确规定犯罪的定义。《刑法》第 13 条对犯罪这一概念作了科学

---

① ［英］哈特．法律的概念．张文显，等，译．中国大百科全书出版社，1996：157.

界定。根据这一定义，任何人只要实施了危害社会的行为，触犯刑律，就构成犯罪，就会受到应有的刑事处罚，而不得有例外。

第三，明确规定单位犯罪及处罚。《刑法》第30条、第31条规定了单位犯罪及其处罚原则。根据这些规定，不论单位的所有制形式如何，都应受到同等的法律保护；构成犯罪的，也都应受到同等的法律制裁。

第四，具体犯罪的规定。我国刑法在1997年修订时，为适应社会主义市场经济体制的要求，由过去仅重视对国有财产的法律保护，发展到对公私财产的平等保护，为多元市场主体参与市场竞争提供法律保障。例如，将1979年《刑法》第125条的破坏集体生产罪，修改为1997年《刑法》第276条的破坏生产经营罪，将保护范围由全民和集体经济组织扩大到所有市场经济主体。此外，刑法还根据权利、义务相一致的原则，对国家工作人员等特殊主体规定了职务犯罪，并规定某些犯罪如非法拘禁罪，如果是由国家机关工作人员利用职权实施的，要从重处罚。

刑法面前人人平等原则并不因为有了宪法和刑法的明文规定，就会自然而然地在司法实践中得以实现，真正贯彻、实现这一原则仍是一个任重而道远的艰难过程。

第四节　罪责刑相适应原则

一、罪责刑相适应原则的历史沿革

罪责刑相适应[①]作为刑法基本原则是近代刑法确立的，但这种观念最早可以追溯到原始社会的同态复仇。“以血还血、以眼还眼、以牙还牙”，是罪刑相适应思想最原始、最直接的表现形式。罪刑相适应成为刑法的基本原则，是17、18世纪启蒙思想家倡导的结果。例如，孟德斯鸠在其《论法的精神》中指出：“惩罚应有程度之分，按罪大小，定惩罚轻重。”[②] 意大利刑法学家贝卡利亚最为系统地阐述了罪刑相适应的思想，甚至为实现罪刑相适应，还设计了一个罪刑阶梯。但是贝卡利亚主张的是刑罚与犯罪行为对社会的客观

---

① 根据刑事责任在刑法中地位的不同理解，罪责刑相适应原则也被有的学者和教材称为罪刑相适应原则，本书认为，罪责刑相适应比罪刑相适应的称谓更为准确、合适。在我国现行的刑法制度中，二者的本质含义是一致的。但在有些情况下，尤其是在不同的历史阶段，二者的含义也存在一定程度的区别，本书为了叙述和引用的方便，在某些地方也使用罪刑相适应的称谓。

② ［法］孟德斯鸠．波斯人信札．梁守锵，译．商务印书馆，1962：141.

危害性相适应。罪刑相适应的这些思想在近代西方的刑事立法中得到了充分体现。例如，法国 1789 年的《人权宣言》第 8 条指出："法律只应当制定严格的、明显的、必需的刑罚。" 1793 年法国宪法所附的《人权宣言》第 15 条规定："刑罚应当与犯法行为相适应，并应有益于社会。" 1810 年的《法国刑法典》也贯彻了罪刑相适应的原则。当今世界各国虽然对罪刑相适应的理解可能有所差别，法律对犯罪与刑罚的规定也不完全相同，但罪刑相适应仍是刑法的基本原则之一。

二、罪责刑相适应原则的含义

罪责刑相适应原则是从传统的罪刑相适应原则发展而来的。传统的罪刑相适应在刑事古典学派和刑事社会学派中存在不同的理解。刑事古典学派着眼于行为的社会危害性，认为刑罚的轻重应当与犯罪行为的客观危害性相适应；而刑事社会学派着眼于行为人的人身危险性，认为刑罚的轻重应当与犯罪行为人的人身危险性相适应。在现代刑事立法中，罪刑相适应的内容包括刑罚与犯罪行为的社会危害性及与行为人的主观恶性和人身危险性相适应，而不再只是与其中的某一个方面相适应。

我国《刑法》第 5 条规定了罪责刑相适应原则，即"刑罚的轻重，应当与犯罪分子所犯罪行和承担的刑事责任相适应"。其基本含义是犯重罪，并且在应承担较重的刑事责任时，就应处以重刑；犯轻罪，并且在应承担较轻的刑事责任时，就应处以轻刑。也可以概括为重罪重责重刑，轻罪轻责轻刑，罪责刑相称，罚当其罪责。也就是说，刑罚的轻重首先要与犯罪行为的性质和社会危害性的严重程度相适应；其次要与犯罪人所应承担的刑事责任相适应。刑事责任是一个综合评价指标，其轻重受罪行的客观事实、行为的罪过形式、动机、目的、罪前和罪后的表现如前科、自首、立功等表现行为人主观恶性、人身危险性大小的事实的影响。

三、罪责刑相适应原则在我国刑法中的立法体现

我国刑法除在总则中将罪责刑相适应规定为基本原则之一外，还将罪责刑相适应这一思想贯穿于刑法规范中，使得这一原则在刑事司法中的实践得以成为可能。主要是：

第一，确立了科学的刑罚体系。我国刑法总则确立了一个由不同刑罚方法构成的刑罚体系。这个刑罚体系按各种刑罚方法的轻重次序加以排列，并且各个刑罚方法互相区别而又互相衔接，结构严密，能够根据犯罪的各种情况灵活地运用，为实现罪责刑相适应奠定了基础。

第二，规定了多种区别对待的处罚原则。这种区别对待可以分为两个方面：一是刑法总则根据各种犯罪行为的社会危害性和主观恶性的大小规定了

轻重有别的处罚原则，如关于犯罪预备、未遂、中止的处罚原则的规定；关于防卫过当、避险过当的处罚原则的规定；各共同犯罪人的处罚原则的规定，等等。二是刑法总则根据犯罪人的人身危险性大小规定了一系列的刑罚制度，如累犯、自首、立功、缓刑、减刑和假释，等等。

第三，对具体犯罪规定了轻重不同的量刑幅度。我国刑法分则各类罪的排列和各类罪名体系的建立，基本上是按照犯罪的社会危害性的大小、罪行的轻重决定的。同时我国刑法分则又对各种犯罪规定了可以选择适用、幅度较大的相对确定的法定刑，并且根据情节轻重，对某些罪分别规定了多个量刑幅度，为司法工作人员根据犯罪人的犯罪性质、社会危害性、主观恶性和人身危险性的不同，正确适用刑罚，真正做到罪责刑相适应，提供了条件和保障。

第三章 刑法的效力

第一节 刑法的效力概述

刑法的效力，也称刑法的适用范围，是指一个国家的刑法适用于什么地域、什么人和什么时间，以及是否有追溯既往的效力。刑法效力分为刑法的空间效力和刑法的时间效力。前者主要涉及国内刑法与国际刑法以及国外刑法的关系；后者主要涉及本国新旧刑法的关系。

由于刑法的适用效力事关国家主权，既涉及实体（如刑事管辖权冲突）问题，又涉及程序（如引渡适用规则）问题，而且波及国际关系和民族关系，影响罪与非罪、刑事责任轻重以及新旧刑法的关系。因此各国刑法一般都通过刑法明文规定的方式来原则性解决上述有关问题。我国现行《刑法》第 6 条至第 12 条对刑法的效力范围等原则性问题均作了明确规定。

第二节 刑法的空间效力

刑法的空间效力，是指刑法在什么地域和对什么人具有效力。犯罪是由人实施的，而人又是在一定区域内实施犯罪行为的，因而刑法对地域和对人的效力紧密关联，由此带来的问题是：当行为人在国外实施犯罪或者其犯罪行为跨越了两个或两个以上的国家，应当适用哪一个或者哪几个国家的刑法，即哪个或者哪些国家有权管辖该行为人的犯罪。因此刑法的空间效力实际上是国家的刑事管辖权问题。

一、管辖原则

刑事管辖权是在刑法发展过程中逐渐形成的。最初产生的是属人管辖，后来管辖范围逐渐扩大，又产生了属地管辖和其他管辖原则。从各国刑法规定看，管辖原则主要包括以下四种类型：

第一，属地原则，又称领土原则或属地主义，是指以地域为标准，主张只要在本国领域内犯罪，不论犯罪人为何国籍，均适用本国刑法；反之，在本国领域外犯罪，都不适用本国刑法。由于犯罪有行为地与结果地之分，所以这一原则又可分为行为地原则、结果地原则和行为地兼结果地原则。它是基于属地最高权而产生的刑事管辖权原则，其形成与国家主权观念的发达具有密切的关系，因而是刑事管辖权最古老的国际法原则，也是一切法系国家行使管辖权的最基本原则。这一原则体现了对国家主权的维护，为绝大多数国家所采用。从历史上看，英美法系国家多采用这一原则。但是由于它未能解决在国外的本国人或外国人实施的危害本国国家或公民利益的犯罪行为的刑法适用问题，所以单纯采取这一原则的国家很少。

第二，属人原则，又称国籍原则或属人主义，是指以人的国籍为标准，主张凡是本国公民，无论在本国领域内还是领域外犯罪，都适用本国刑法。它是基于国家对其本国公民的属人优越权而产生的。从历史上看，西方大陆法系国家多采用这一原则。根据这个原则，外国人即使在本国领域内犯罪，也不适用本国刑法，这显然与国家主权原则有所抵触，因而几乎没有一个国家单纯采用。

此外，在根据国籍管辖原则行使刑事管辖权时，还存在一个双重国籍问题。双重国籍，是指一个人同时具有两个不同国家的国籍。双重国籍的产生主要有两个原因：一是由于各国国籍法对于国籍取得的不同规定而引起的。例如，有的国家实行血缘主义，有的国家却实行出生地主义，由此便会形成原始国籍的冲突，即所谓生来冲突。二是由于移民归化等原因发生国籍的转换，而在转换后原国籍又没有被取消，由此便形成继有国籍的冲突。一般来说，各国对于拥有本国国籍的双重国籍人都有刑事管辖权，其中所在国往往具有事实上的优先管辖权，但另一国籍的所属国也有可能在一定限制下行使刑事管辖权。①

第三，保护原则，又称安全原则、自卫原则或保护主义，主张凡是侵害本国国家或公民利益的，不论犯罪发生在本国领域内还是领域外，也不论犯罪人是本国人还是外国人，均适用本国刑法。这个原则在保护本国利益方面较为优越，因而已得到各国的普遍承认。其中，对于侵犯本国国家利益而适

① 陈兴良．本体刑法学．商务印书馆，2001：126.

用本国刑法的称为国家保护原则；对于侵犯本国公民法益而适用本国刑法的称为国民保护原则。不过，若将这一原则适用于在国外犯罪的本国人或外国人，因犯罪地在本国外，就涉及国与国之间的关系和刑事管辖权冲突的问题，实行有一定的困难。因而各国在采用这一原则时，都自觉地加以限制。

第四，普遍原则，又称世界原则、普遍管辖原则或世界主义、普遍管辖主义，是指以保护国际社会共同利益为标准，主张无论犯罪人是本国人还是外国人，也不论犯罪发生在本国领域内还是领域外，只要侵害了由国际公约、条约所维护的各国共同利益，都适用本国刑法。这一原则的根据是犯罪世界性说或国际犯罪说，只要是国际罪行，任何国家都有权管辖。这一原则是由国际条约规定的，要求各有关国家对于各国国民公认的普遍地危害国际和平与安全、破坏国际社会良好秩序和危害全人类利益的犯罪均实行普遍管辖。采取这一原则的目的是为了加强国际社会的刑事司法协作，更有利地打击和预防国际犯罪。① 但是由于各国的利益、政治立场以及法律观念不同，对所有犯罪都实行普遍管辖权是难以做到的，因此并未为世界所有国家所采用。

需要指出的是，为了扩大刑事管辖权的范围，任何一个国家，都不会只采取一个管辖原则，而是一般同时采取上述四种原则，为不同案件解决管辖权的根据。

二、我国刑法中的属地管辖

（一）基本规定

《刑法》第 6 条第 1 款规定：“凡在中华人民共和国领域内犯罪的，除法律有特别规定的以外，都适用本法。”该款规定表明我国刑法在一般情形下，是普遍适用于我国全部领域的。对此应当把握：

1. 关于中华人民共和国领域的含义。所谓领域，是指一国主权所及的空间范围，包括领陆、领水和领空（传统上主要指“地”，但在现代意义上还应包括拟制领土、网络空间）及底土。中华人民共和国领域，是指我国国境以内的全部区域，是国家行使主权的所有空间，具体包括：（1）领陆，即国境线以内的陆地、岛屿及其地下层。它是我国领域的主要或基本组成部分。（2）领水，即一国疆界内所有的水域，包括内水和领海。内水包括内河、内湖、内海以及同国外之间的界河、界湖的国内部分。如果是两国之间的界水，通常以河流中心线为界。如果是可航行的河道，则以主航道中心线为界。领海，是指与一国海岸或内水相连的在领海基线以外、领海线以内的属于该国

① 2001 年 6 月 18 日，比利时国内刑事法庭判决四个卢旺达人犯有战争罪，被认为是国际法历史上开启该原则的首例适用。

主权之下的一定宽度。[1] 领海还包括某些海湾、海峡等。根据我国政府1958年9月4日发表的声明，我国领海的宽度为12海里。根据1992年我国颁布的《中华人民共和国领海及毗连区法》的规定，我国领海外宽度为12海里的毗连区也应属于我国领域内。根据有关直基线划法，我国渤海海湾、琼州海峡属于中国内海。另外，应当注意的是，根据有关国际公约的规定，中国在太平洋位于夏威夷群岛东南海域，以150度W为界，分东、西两区的7.5万平方公里的“中国地”，应当是中国永久的开采区，中国将永久拥有这一区域的海底的主权。[2]（3）领空及底土。领空，即领陆、领水之上空，主要是指大气层[3]以内的空气空间。领空的高度应当有限制，但一般无确定标准，普遍认为只及空气空间，不包括大气层以外的外层空间，外层空间属于国际公共空间，目前还不存在任何国家主张行使刑事管辖权的情形。一般可认为，空气空间的外边界大体在100~110公里的高度（飞机一般在十几或几十公里的高度飞行）。底土，即领陆和领水之地下层[4]或者地壳以下的底土领域，包括地下水、土、矿等（地球半径6000多公里，理论上直至地心）。根据国际法，我国对中国领空及底土享有完全的排他性的主权。

2. 关于“法律有特别规定”的理解。因法律有特别规定，而不适用“本法”的情况主要有四种情形：

（1）享有外交特权和豁免权的外国人的刑事责任的特别规定。我国《刑法》第11条规定：“享有外交特权和豁免权的外国人的刑事责任，通过外交途径解决。”这是因法律有特别规定，不适用中国刑法的情形之一。这里所说的中国刑法，既包括我国刑法、刑法修正案、单行刑法、附属刑法等全国性刑法，也包括香港、澳门和台湾的地区性“刑法”。根据上述规定，享有外交特权和豁免权的外国人在我国领域内犯罪的，其刑事责任问题不能通过适用

---

① “领海”这一概念最早是在1930年3月13日召开的海牙国际法编纂会议上正式使用的。后来1958年的《领海及毗连区公约》规定，领海是国家主权扩展于其陆地领土及其内水以外邻接其海岸的一带海域。联合国第三次海洋法会议又补充了群岛国领海的内容，即如果是群岛国，国家主权则及于群岛水域以外邻接的一带海域。

② 1991年，中国成为全世界第五个深海采矿先驱投资者，并获准了位于东北太平洋国际海底区域的15万平方公里多金属结核开辟区。按照《联合国海洋法公约》的有关规定，中国必须在1999年3月前放弃一半开辟区，另外一半即7.5万平方公里，就是中国永久的商业开采区域。

③ 大气层分为对流层（距地面0~12公里，常产生云雨等天气现象）、平流层（距地面12~50公里，基本没有水汽，适于飞行）、中间层（距地面50~85公里）、热成层（距地面85~500公里，空气处于高度电离状态，常有极光、流星等现象）和散逸层（又称外大气层，距地面500~3000公里，航天飞机、卫星、火箭等活动空间）。

④ 地球由地壳、地幔、地核组成。最外面的地壳指地面以下至75公里的区域，地下层应当在这个范围之内。

我国刑法的法律途径解决，而只能通过外交途径加以解决；与此相反，不享有外交特权和豁免权的外国人在我国领域内犯罪的，则应一律适用我国刑法，依法追究其刑事责任。所谓外交特权和豁免权，是指根据国际公约，在国家互惠的基础上，为保证驻在本国的外交代表正常执行职务，由驻在国给予的相关外交人员的一种特殊权利和优遇。这种特权和优遇是建交国家之间按照相互尊重和对等的原则给予的。当然，对于享有外交特权和豁免权的外国人在我国领域内的犯罪并非坐视不管，而是应当依照《刑法》第 11 条的规定，不得通过司法程序对其追究刑事责任，只能通过外交途径去解决其刑事责任问题。例如，可以要求派遣国召回，或者建议派遣国依法处理。对于其中罪行严重的，可以由政府宣布其为不受欢迎的人，限期出境或驱逐出境。这条规定既维护了我国的主权和法律的尊严，又尊重了有关国家，有利于协调我国与他国之间正常的外交关系。

（2）香港和澳门特别行政区基本法的特别规定。这是因法律有特别规定，不适用中国刑法的第二种情形。我国政府已分别于 1997 年 7 月 1 日和 1999 年 12 月 20 日恢复对香港和澳门两个特别行政区行使国家主权。根据《香港特别行政区基本法》和《澳门特别行政区基本法》的规定，全国人民代表大会授权香港特别行政区和澳门特别行政区依照基本法的规定实行高度自治，享有行政管理权、立法权、独立的司法权和终审权。原有的法律、法令、行政法规和其他规范性文件，除同基本法相抵触或经特别行政区的立法机关或其他有关机关依照法定程序作出修改外，予以保留。因此香港特别行政区和澳门特别行政区不适用我国刑法（即《中华人民共和国刑法》）、刑法修正案、单行刑法、附属刑法等全国性刑法，而适用本地区的刑法。另外，我国台湾地区的政治状况及法律地位不同于香港、澳门，两岸统一的具体方式及进程还不能准确预测，但根据“一国两制”的基本构想，其未来的刑事立法和司法可能是独立的，那么也不适用中国刑法。

（3）民族自治地方所制定的刑法变通或补充的特别规定。这是因法律有特别规定，不适用中国刑法的第三种情形。我国《刑法》第 90 条规定：“民族自治地方不能全部适用本法规定的，可以由自治区或者省的人民代表大会根据当地民族的政治、经济、文化的特点和本法规定的基本原则，制定变通或者补充的规定，报请全国人民代表大会常务委员会批准施行。”这项规定是属地原则的补充规定，适用少数民族自治地方的特别规定仍然是我国刑事法律的组成部分之一，而不是例外规定。目前，我国在立法上还没有少数民族地区出台这种例外规定的情形。[①] 当然，如果民族自治地方制定了刑法变通或

① 但在司法领域却存在具有一定规模的变通司法适用或者判例，如强奸、滥伐林木、寻衅滋事等案件的非罪处理实践。

补充的特别规定，那么一经全国人大常委会批准施行，民族自治地方即不适用刑法的有关规定。但批准施行的变通或者补充的规定，仍属于我国刑事法律的组成部分。

（4）特别刑法的特别规定。这是因法律有特别规定，不适用中国刑法的第四种情形。在1997年《刑法》实施后，由国家立法机关制定的特别刑法（主要是单行刑法、刑法修正案）的规定与1997年《刑法》的规定发生法规竞合或者冲突的，应按“特别法优于普通法”的原则处理，即适用特别刑法，而不能适用1997年《刑法》的有关规定。

（二）拟制领土的特别规定

我国《刑法》第6条第2款规定：“凡在中华人民共和国船舶或者航空器内犯罪的，也适用本法。”根据国际条约和惯例，航行或飞行于公海及其上空，或者停泊于外国港口、机场的悬挂或标示我国国旗的船舰和航空器，是我国的“拟制领土”或“流动领土”，属于我国领域的范畴。[①] 该款中的船舶或者航空器，既可以是军用的，也可以是民用的；既指航行途中，也指停泊状态；既指在公海或公海的上空，也指在别国的领域内（当然在别国领域内犯罪的，别国也有权管辖）。总之，凡在我国船舶或者航空器内犯罪的，不论该船舶或者航空器在何地点，我国均有刑事管辖权。由此可见，我国是通过“旗国主义”对属地管辖原则进行了补充规定。

另外，我国驻外使领馆也视为我国的“拟制领土”。一般来讲，根据对等互惠原则所确立的国际惯例，本国驻外使领馆也属本国司法管辖范围之内（同时有关人员在所在国也具有相应的刑事豁免权）。而且根据我国1975年承认的《维也纳外交关系公约》的规定，[②] 以及按对等互惠原则所确立的国际惯例，本国驻外使领馆在所在国具有刑事豁免权。这表明驻外使领馆也视为一国的“拟制领土”或视为一国的“领土延伸”。因此在我国驻外使领馆内发生的犯罪，我国具有刑事管辖权，也应当适用我国的刑法。应当说明的是，尽管现实存在个别否定的主张，但肯定“拟制领土”的学说仍是学界的主流观点。

（三）属地冲突的特别规定

我国《刑法》第6条第3款规定：“犯罪的行为或者结果有一项发生在中华人民共和国领域内的，就认为是在中华人民共和国领域内犯罪。”犯罪的行为和结果通常发生在同一个地方，但有时行为实施地和结果发生地也可能彼此脱离而形成跨国犯罪的现象。[③] 对此问题的解决，我国刑法采取的是行为地

---

① 拟制领土实际上并不属于领土主权范围，而是法律上的拟制。

② 我国1961年4月18日加入了该公约。

③ 此种现象属于刑法理论中的隔地犯，即实行行为与犯罪结果之间存在场所间隔的犯罪。

兼结果地原则，即综合说或遍在说。这里的行为地、结果地也应当包括部分行为地、部分结果地。据此，以下三种情况都适用我国刑法：一是犯罪行为与犯罪结果均发生于我国境内的。二是犯罪行为发生于我国境内而犯罪结果发生于国外的。三是犯罪行为发生于国外而犯罪结果发生于我国境内的。

三、我国刑法中的属人管辖

属人管辖，是指以自然人的国籍为标准的刑法适用原则，因而我国刑法的属人管辖，是指对中国公民而言的刑法适用原则。中国公民，即通常所说的中国人，是指具有中华人民共和国国籍的自然人，包括虽有外国血统但已取得中国国籍的自然人。但是取得外国国籍的具有中国血统的华人是外国人，不属于中国公民。

我国刑法对中国公民的适用有两种情况：

第一，根据《刑法》第6条的规定，中国公民在中华人民共和国领域内犯罪，一律适用我国的刑法。这既是属地管辖的内容，也符合属人管辖的要求。

第二，根据《刑法》第7条的规定，中国公民在中华人民共和国领域外实施犯罪，有条件或有限制地适用我国刑法。中华人民共和国公民在中华人民共和国领域外，既受到我国法律的保护，享受应有的权利，也要遵守我国的法律，承担一定的义务。他们在国外犯了罪，原则上适用我国刑法。但是中华人民共和国公民在中华人民共和国领域外犯罪的情况，毕竟与在中华人民共和国领域内犯罪的情况有所差别，因此我国刑法对我国公民在我国领域外犯罪的，实行有选择、有重点的属人管辖权，具体分三种情形加以限定：

其一，对我国一般公民的域外管辖。我国《刑法》第7条第1款规定："中华人民共和国公民在中华人民共和国领域外犯本法规定之罪的，适用本法，但是按本法规定的最高刑为三年以下有期徒刑的，可以不予追究。"也就是说，对我国的一般公民而言，在国外因触犯我国刑法而犯罪的，无论按照当地法律是否认为是犯罪，亦无论罪行是轻是重，以及是何种罪行，也不论其所犯罪行侵犯的是何国或何国公民的利益，原则上都适用我国刑法，只有法定最高刑为3年以下有期徒刑的犯罪（如最高刑为2年有期徒刑的重婚罪、最高刑为1年有期徒刑的侵犯通信自由罪等），才可以不受追究。适用该款规定应同时具备两个条件：一是我国公民在我国领域外犯的是我国刑法规定之罪。二是所犯的罪在我国刑法中规定的法定最高刑为3年以上有期徒刑。因此如果我国公民在国外所实施的行为并非我国刑法所规定之罪的，不应当予以追究；如果属于我国刑法所规定之罪，但按刑法的规定属于最高法定刑为3年以下有期徒刑的，可以不予追究。但需要注意的是，"可以不予追究"意味着我国刑法仍保留追究的可能性，必要时仍可以追究。

其二，对我国特殊公民的域外管辖。我国《刑法》第7条第2款规定："中华人民共和国国家工作人员和军人在中华人民共和国领域外犯本法规定之罪的，适用本法。"这意味着我国的国家工作人员和军人因具有特殊的身份，代表国家权威和形象，如在国外犯罪，其危害性比一般的中国公民更为严重，因而应当一律适用我国刑法。

其三，对我国港、澳、台地区公民的域外有限管辖。我国港、澳、台地区公民在我国领域外犯罪，原则上不适用我国《刑法》第7条的规定，而分别由香港、澳门特别行政区和台湾地区行使刑事管辖权。但是如果港、澳、台地区公民在我国领域外实施分裂国家、煽动叛乱、颠覆中央政府和窃取国家机密的行为，危害到整个国家利益的，我国内地司法机关可以依据属人原则行使刑事管辖权。必须指出的是，惩治香港、澳门特别行政区公民在我国领域外实施的危害国家利益的犯罪，也是香港、澳门特别行政区基本法有关规定的要求。根据《香港特别行政区基本法》第23条和《澳门特别行政区基本法》第23条的规定，香港、澳门特别行政区均应自行立法禁止任何分裂国家、煽动叛乱、颠覆中央政府和窃取国家机密的行为。因此对香港、澳门特别行政区来说，惩治香港、澳门特别行政区公民在我国领域外实施的危害国家利益的犯罪，不仅是国家主权的表现，更是一种职责义务。一般来说，基于特别行政区具有独立司法权和终审权的特殊地位以及此类犯罪的特殊性质，对于香港、澳门特别行政区公民在我国领域外实施的危害国家利益的犯罪，香港、澳门特别行政区司法机关和我国内地司法机关具有平行的刑事管辖权，可以按照实际控制和优先受理的原则解决管辖权的冲突。

四、我国刑法中的保护管辖

我国《刑法》第8条规定："外国人在中华人民共和国领域外对中华人民共和国国家或者公民犯罪，而按本法规定的最低刑为三年以上有期徒刑的，可以适用本法，但是按照犯罪地的法律不受处罚的除外。"由于对外国人在我国领域内的犯罪和对中国公民在我国领域外的犯罪分别是通过属地管辖和属人管辖来解决的，因此我国刑法的保护管辖所涉及的只是外国人在我国领域外的犯罪管辖问题。

外国人在我国领域外对我国国家或者公民犯罪，只有同时符合下列三个条件的，才可以适用我国刑法：一是在犯罪性质上属于侵犯本国利益的情形，即所犯之罪必须是针对我国国家或者我国公民的犯罪，既包括危害我国国家利益的犯罪，也包括侵害我国公民人身、财产等权利的犯罪。二是在犯罪程度上属于严重犯罪的范畴，即所犯之罪必须是依照我国刑法规定的最低刑为3年以上有期徒刑的犯罪。三是在犯罪属性上属于双重犯罪的性质，即所犯之罪必须是按照犯罪地法律也应当受到处罚的犯罪。这里的处罚应当是刑法处罚。另外，还应注意的是，对于符合上述条件的，是“可以”适用我国刑法，即不是要求必须适用我国刑法。在司法实践中，对于不宜适用我国刑法的，也可不适用我国刑法。可见，我国保护原则的上述规定具有一定宣示性的色彩，但凸显国家主权的基本立场。

五、我国刑法中的普遍管辖

我国《刑法》第9条规定：“对于中华人民共和国缔结或者参加的国际条约所规定的罪行，中华人民共和国在所承担条约义务的范围内行使刑事管辖权的，适用本法。”这一规定表明，我国刑法普遍管辖原则的含义是：凡是我国缔结或者参加的国际公约中规定的罪行，不论犯罪分子是中国人还是外国人，不论其罪行发生在我国领域内还是我国领域外，也不论其具体侵犯的是哪一个国家或公民的利益，只要犯罪分子在我国境内被发现，同时又不引渡给有关国家的，我国就有权力也有义务在所承担条约义务的范围内行使刑事管辖权。

根据有关国际公约和上述规定，我国适用普遍管辖权，应当具备以下条件：一是犯罪未发生在我国领域内，犯罪者也非中国人，否则，适用属地原则或属人原则就可对其管辖。二是犯罪并未直接侵害到我国国家或者我国公民的利益，否则，适用保护原则就可对其进行管辖。三是犯罪的性质必须是绝大多数国家公认的危害人类共同利益的国际犯罪。四是必须是我国缔结或者参加的国际条约所规定的犯罪，而且只能在我国承担条约义务的范围内行使管辖权。五是犯罪人出现在我国领域内。满足上述条件的，我国就有权依照我国刑法追究犯罪人的刑事责任。当然，对于我国有权行使普遍管辖权的犯罪，我国也可以放弃刑事管辖权而将犯罪人引渡给有关国家。但如不引渡给有关国家，就应当行使刑事管辖权，对犯罪人予以惩处。

目前，我国已先后缔结或者参加的有关国际条约主要有：1978年加入的《关于在航空器内的犯罪和犯有某些其他行为的公约》（又称《东京公约》）、1980年加入的《关于制止非法劫持航空器的公约》（又称《海牙公约》）和《关于制止危害民用航空安全的非法行为的公约》（又称《蒙特利尔公约》）、1982年加入的《联合国海洋法公约》、1983年加入的《防止及惩治灭绝种族罪公约》和《禁止并惩治种族隔离罪行的国际公约》、1985年加入的《1971年精神药物公约》和《经（修订1961年麻醉品单一公约议定书）修订的1961年麻醉品单一公约》、1987年加入的《关于防止和惩处侵害应受国际保护人员包括外交代表的罪行的公约》、1988年加入的《禁止酷刑和其他残忍、不人道或有辱人格的待遇或处罚公约》、1989年加入的《禁止非法贩运麻醉药品和精神药品公约》、1991年加入的《制止危及海上航行安全非法行为公约》《制止危及大陆架固定平台安全非法行为议定书》和2003年加入的《联合国反腐败公约》[①] 等国际公约。据此，我国对上述条约中规定的国际性犯罪，如劫持航空器犯罪、危害海上航行安全犯罪、海盗犯罪、劫持人质犯罪、国际贩卖人口犯罪、酷刑犯罪、毒品犯罪、贿赂国际公共组织官员犯罪等，可以在所承担条约义务的范围内行使普遍刑事管辖权。

六、外国刑事裁判的效力

由于世界上绝大多数国家在刑事管辖权上都采用了综合原则，因而国与国之间必然会产生管辖冲突，即数个国家对同一犯罪都具有刑事管辖权。这样，各国都将面对是否承认外国刑事判决的问题。

对外国刑事判决的承认，分积极承认和消极承认两种。积极承认，是指将外国的刑事判决与本国的刑事判决同等看待，即本国具有刑事管辖权的行为，如果在外国已经受过刑事判决，本国就不再追诉。主张积极承认的人所强调的是国际协同原则。欧洲许多国家实行积极承认。消极承认，是指对本国具有刑事管辖权的行为，即使在外国已经受过刑事判决和刑罚执行，本国仍然要行使审判权，但对已在外国受过刑事判决的事实，给予考虑。主张消极承认的人所强调的是国家主权原则。我国刑法对外国判决采取的是消极承认的做法。

我国《刑法》第10条规定："凡在中华人民共和国领域外犯罪，依照本法应当负刑事责任的，虽然经过外国审判，仍然可以依照本法追究，但是在外国已经受过刑罚处罚的，可以免除或者减轻处罚。"这条规定表明，我国强调刑事管辖权是国家主权原则的体现，作为一个独立自主的主权国家，中国的法律具有独立性，外国的裁决不能取代我国的刑事管辖权，外国的审理与判决对我国没有约束力，因而即使犯罪人已经过外国审判甚至在外国已受过刑法处罚的，我国司法机关对其仍然可以依照我国刑事法律进行追诉。当然，从实际情况及国际合作角度出发，考虑到该犯罪人已经在国外接受过审判或执行过刑罚，为了使被告人免受过重的双重处罚，在我国司法机关再次审理该案件时，根据罪责刑相适应原则，可予以从宽处理。这样既维护了我国的国家主权，又从人道主义出发对被告人的具体情况做了实事求是的考虑，体现了原则性与灵活性的统一。

① 我国于2005年经全国人大常委会批准了该公约，同时声明中国不受该公约第66条第2款的约束。

第三节　刑法的时间效力

刑法的时间效力，是指刑法的生效时间、失效时间以及对刑法生效以前的行为是否具有溯及既往的效力。

一、刑法的生效时间

刑法的生效时间，是指刑法发生法律效力的时间。刑法的生效时间与刑法颁布时间是有所不同的。我国刑法的生效时间一般分两种情况：一是在刑法批准或公布之日起即生效。我国制定的一些单行刑法的生效时间大都属于这种情况。例如，1990 年 12 月 28 日通过的《全国人民代表大会常务委员会关于禁毒的决定》第 16 条规定："本决定自公布之日起施行。"二是公布后经过一段时间再生效。例如，我国现行《刑法》1997 年 3 月 14 日通过并公布，1997 年 10 月 1 日才正式施行，期间也有半年多。从有利于了解、遵守和实施规范的角度看，后一种生效情形更为适宜。

二、刑法的失效时间

刑法的失效时间，是指刑法丧失法律效力或终止施行的时间。刑法的失效时间基本上有三种情况：一是明令废止，即立法机关明确废止的时间，包括部分失效和全部失效。前者如 1997 年《刑法》第 452 条第 2 款规定："列于本法附件一的全国人民代表大会常务委员会制定的条例、补充规定和决定，已纳入本法或者已不适用，自本法施行之日起，予以废止。"后者如第六届全国人大第二十三次会议通过决议，宣布 1978 年以前颁布的包括《惩治反革命条例》《惩治贪污条例》在内的 111 件法律失效。二是限时废止，即刑法明文规定有失效的时间，即所谓限时法的废止。[①] 通常是为特定时期之需而公布的法律，由于特定的时期届满，即使没有新法替代，其法律效力亦自行丧失。三是自然废止，即由于新法的实施而旧法自然失效，或者由于原来特殊的立法条件已经消失而旧法自行废止。

三、刑法的溯及力

刑法的溯及力，是指刑法生效以后，对于其生效以前未经审判或者判决

---

① 限时法，是指在一定时期内实施的法律，属于一种特别法。例如，《德国刑法典》第 2 条第 4 项的规定就涉及限时法的废止问题，我国现行刑法中还没有严格意义上的限时法。

尚未确定的行为是否适用的效力。如果适用，就有溯及力；如果不适用，就没有溯及力。

关于刑法有无溯及力，各国刑事立法中有不同的规定，概括起来主要有以下五种：一是从旧原则，即一律适用旧法。也就是说，新法对其生效前的行为一律没有溯及力，完全适用旧法。二是从新原则，即一律适用新法。也就是说，新法有溯及力，对新法生效前的行为凡未经审判或判决未确定的，都适用新法。三是从轻原则，即不管适用新法还是旧法，应一律适用对行为人有利的法律。四是从旧兼从轻原则，即新法原则上没有溯及力，但新法不认为是犯罪或处刑较轻时（对行为人有利），新法有溯及力。五是从新兼从轻原则，即新法原则上具有溯及力，但旧法不认为是犯罪或处刑较轻时（对行为人有利），则适用旧法。在刑事立法中，对于以上原则的取舍应主要考虑的是如何真正体现罪刑法定原则的实质精神。因此从旧原则、从新原则、从轻原则和从新兼从轻原则都存在一定的不足。相比较而言，从旧兼从轻原则较为合理，它基本上既能在形式上体现罪刑法定原则的规定，又能在实质内容上体现罪刑法定原则的价值取向，而且也比较符合实际需要。因此很多国家都采用从旧兼从轻原则。

我国 1979 年《刑法》和 1997 年《刑法》对于溯及力的规定均采用了这一原则。我国 1997 年现行《刑法》第 12 条第 1 款规定：“中华人民共和国成立以后本法施行以前的行为，如果当时的法律不认为是犯罪的，适用当时的法律；如果当时的法律认为是犯罪的，依照本法总则第四章第八节的规定应当追诉的，按照当时的法律追究刑事责任，但是如果本法不认为是犯罪或者处刑较轻的，适用本法。”第 2 款规定：“本法施行以前，依照当时的法律已经作出的生效判决，继续有效。”根据这一规定，对于 1949 年 10 月 1 日至 1997 年 9 月 30 日刑法生效前这段时间内所发生的行为，如果未经审判或者判决未确定，又未超过追诉时效的，应按以下不同情况分别处理：

第一，当时的法律不认为是犯罪，无论现行刑法认为是犯罪或认为不是犯罪的，都适用当时的法律，即不认为是犯罪，不能追究刑事责任，因而现行刑法没有溯及力。但根据司法解释，[①] 当行为连续或者继续到 1997 年 10 月 1 日以后，对于 10 月 1 日以后构成犯罪的行为，应适用现行刑法追究刑事责任。

第二，当时的法律认为是犯罪，而现行刑法不认为是犯罪的，只要这种行为未经审判或判决尚未确定，并且未过追诉时效，则适用现行刑法，即不认为是犯罪，因而现行刑法具有无条件的溯及力。

---

① 1997 年最高人民检察院《关于检察工作中具体适用修订刑法第十二条若干问题的通知》。

第三，当时的法律和现行刑法都认为是犯罪，并且未过刑法规定的追诉时效，原则上适用当时的法律，即现行刑法没有溯及力。但如果现行刑法规定的处刑轻于当时的法律的，则适用现行刑法，即现行刑法有溯及力。

第四，对跨越现行刑法施行日期的继续犯罪、连续犯罪以及其他同种数罪的行为，应统一按现行刑法处理。但当时的法律处罚较轻的，量刑时可适当从轻。

第五，刑法施行以前，依照行为时的法律已作出的生效判决继续有效，即使刑法不认为是犯罪或者处罚较轻的也不能适用现行刑法。

此外，关于司法解释的效力，有关司法解释也作了明确的规定①，即司法解释自发布或者规定之日起施行，效力适用于法律的施行期间。对于司法解释实施前发生的行为，行为时没有相关司法解释，司法解释施行后尚未处理或者正在处理的案件，依照司法解释的规定办理。对于新的司法解释实施前发生的行为，行为时已有相关司法解释，依照行为时的司法解释办理，但适用新的司法解释对犯罪嫌疑人、被告人有利的，适用新的司法解释。对于在司法解释施行前已办结的案件，按照当时的法律和司法解释，认定事实和适用法律没有错误的，不再变动。

① 2001 年最高人民法院、最高人民检察院《关于适用刑事司法解释时间效力问题的规定》。

第四章

犯罪与犯罪构成

第一节　犯罪的概念

一、犯罪的定义

犯罪的定义，是指从宏观上对犯罪各种内在和外在特征所作的界定。因下定义的角度和方法不同，对犯罪有不同理解。例如，犯罪体系论范围内的犯罪定义，强调犯罪的本质特征和规范要素；犯罪原因论中的犯罪定义，重视犯罪的历史性特征和社会特征；构成要件论中的犯罪定义，则突出犯罪的形式性定义和解释要素；证据法意义上的犯罪定义，强调犯罪的证据特征和证明要素；程序意义上的犯罪定义，则突出犯罪的查证特征和庭审要素。其中具有重要理论意义的是犯罪体系论中的犯罪定义。

（一）各国刑法中犯罪定义的类型

在当今各国所制定的刑法中，大多数都规定了犯罪的定义，但也有不规定犯罪定义的。立法上规定犯罪定义的类型主要可以归纳为如下三种：

1. 形式定义，即仅从法律特征上对犯罪下定义，而不涉及犯罪的实质特征。犯罪的形式定义多见之于资本主义国家的刑法。例如，1810 年的《法国刑法典》第 1 条规定："法律以违警刑所处罚之犯罪，称违警罪。法律以惩治刑所处罚之犯罪，称轻罪。法律以身体刑或名誉刑所处罚之犯罪，称重罪。" 1944 年的《西班牙刑法典》第 1 条第 1 款规定："依自由意志及疏忽之行为而为法律所处罚者谓之犯罪及过失罪。"这类定义突出地说明了犯罪是违反刑法和应受刑法处罚的行为，强调犯罪的法律形式特征，即犯罪的刑事违法性。应当看到，犯罪的形式定义是资产阶级反对封建刑法罪刑擅断主义的产物，更是罪刑法定主义的重要体现，对于推动历史的发展具有重要的意义。

2. 实质定义，即从犯罪的实质特征上对犯罪下定义，而不强调或很少涉及犯罪的法律特征。最早以此种方法给犯罪下定义的是苏联的刑法。例如，1922 年的《苏俄刑法典》第 6 条规定：“威胁苏维埃制度基础及工农政权向共产主义过渡时期所建立的法律秩序的一切危害社会的作为和不作为，都认为是犯罪。”又如，1950 年的《朝鲜刑法》第 7 条规定：“凡是侵害朝鲜民主主义共和国及其所建立的法律秩序，具有危害社会性质的、故意或因过失而应受惩罚的行为，都是犯罪。”这类定义强调犯罪的实质特征，即犯罪的社会危害性，比犯罪的形式定义深化了一步。

3. 实质与形式相统一的定义，即从法律特征和实质特征上对犯罪下定义。由于犯罪的形式定义和实质定义各自具有一定的片面性，未能对犯罪进行全面而准确的定义表述，因此出现了法律特征和实质特征相统一的犯罪定义。最早以此种方法给犯罪下定义的仍然是苏联的刑法。例如，根据 1958 年的《苏联和各加盟共和国刑事立法纲要》第 7 条的规定，凡是刑事法律规定的危害苏维埃社会制度或国家制度，破坏社会主义经济体系和侵犯社会主义所有制，侵犯公民的人身权利、政治权利、劳动权利、财产权利和其他权利的危害社会的行为（作为或不作为），以及刑事法律规定的违反社会主义法律秩序的其他危害社会的行为，都是犯罪。又如，1960 年的《苏俄刑法典》第 7 条、1961 年的《蒙古刑法》第 4 条和 1985 年的《越南刑法》第 8 条等都有类似的规定。

（二）我国刑法中的犯罪定义

我国刑法以宪法为根据，在借鉴国外立法经验的基础上，从我国的实际情况出发，规定了实质与形式相统一的犯罪定义。尽管 1997 年《刑法》第 13 条与 1979 年《刑法》第 10 条在犯罪定义的表述上略有不同，但都属于实质特征与法律特征相统一的犯罪定义。《刑法》第 13 条规定：“一切危害国家主权、领土完整和安全，分裂国家、颠覆人民民主专政的政权和推翻社会主义制度，破坏社会秩序和经济秩序，侵犯国有财产或者劳动群众集体所有的财产，侵犯公民私人所有的财产，侵犯公民的人身权利、民主权利和其他权利，以及其他危害社会的行为，依照法律应当受刑罚处罚的，都是犯罪，但是情节显著轻微危害不大的，不认为是犯罪。”这一规定不仅揭示了犯罪的实质特征与法律特征，而且通过“但书”将犯罪与普通违法行为进行了严格的区别，因而是一个较为完备和科学的犯罪定义。

在对《刑法》第 13 条高度概括的基础上，通常将犯罪的定义简明地表述为：犯罪是指一切严重危害社会，触犯刑事法律，依法应当受刑事处罚的行为。

我国刑法中犯罪的定义具有体现和强化罪刑法定原则、正确认定犯罪、区分罪与非罪界限的功能，对于正确适用刑法具有重要意义。

二、犯罪的基本特征

从我国刑法的犯罪定义中，可以归纳出犯罪的三个基本特征：

（一）严重的社会危害性

所谓严重的社会危害性，即相当的社会危害性，是指犯罪行为对法律所保护的国家、社会或个人的利益即法益的严重有害性。严重的社会危害性是犯罪的最基本的特征，如果行为不具有社会危害性，或者危害性尚不严重，法律就不会将其规定为犯罪并以刑罚手段予以禁止。对于这一基本特征，可以从以下几个方面来理解：

第一，犯罪的严重社会危害性是质与量的辩证统一。从质上看，严重的社会危害性表现为行为对国家安全的危害，对社会秩序、经济秩序的破坏，对国有、集体、公民私人财产以及公民人身权利、民主权利和其他权利的侵犯，等等。从量上看，只有当行为对社会的危害达到了相当严重的程度时，才是犯罪。因此《刑法》第 13 条不仅高度概括了犯罪的社会危害性的实质内容，而且又明确规定："但是情节显著轻微危害不大的，不认为是犯罪。"在司法实践中，根据有无社会危害性，将违法行为和合法行为相区分；而社会危害性的大小，则是区别犯罪行为与一般违法行为的关键。

第二，犯罪的严重社会危害性是稳定与变化的辩证统一。一方面，犯罪的严重社会危害性是相对稳定的，这集中表现在法律对于放火、故意杀人、强奸、抢劫、盗窃等传统犯罪的严重社会危害性始终具有稳定的评价上；另一方面，社会危害性又是一个历史的范畴，社会的政治、经济、文化、生活方式等方面的发展和变化，会引起法律对于某种行为的社会危害性的有无或大小具有不同的评价。一些行为过去由于不具有社会危害性，或者虽然具有社会危害性但并不严重，现在则因具有严重的社会危害性而被规定为犯罪。反过来，有些行为过去具有严重的社会危害性，但随着社会的发展和变化，现在却因其不具有社会危害性或社会危害性较为轻微，而被法律排除于犯罪之外。

第三，犯罪的严重社会危害性是侵害性与否定性的辩证统一。犯罪的侵害性，既可以表现为犯罪行为对一定法益造成实际危害的实害性，也可以表现为犯罪行为对一定法益具有相当威胁的危险性。但是某种行为虽然具有了侵害性，还不能说其必然具有了严重社会危害性，只有当该行为与社会主体意志的否定性相一致时，才具有了严重的社会危害性，也才会被法律评价为犯罪。如果该行为与社会主体意志的否定性并不一致时，其并不具有严重的社会危害性，自然不会被法律评价为犯罪。这表明犯罪的严重社会危害性是侵害性与否定性的辩证统一。例如，正当防卫行为和紧急避险行为虽然也会对他人的人身或财产造成一定的损害，但由于社会的主体意志作出的是肯定性评价而不具有否定性，因此不具有严重社会危害性。

（二）刑事违法性

所谓刑事违法性，是指犯罪是违反刑法规范即触犯刑律的行为。犯罪不仅是严重危害社会的行为，同时还必须是刑法明令规定为犯罪而予以严厉禁止的行为。因此确定某个行为是不是犯罪，不仅在实质内容上必须以相当的社会危害性为基础，而且在形式上必须以刑事法律规定为犯罪作为依据。如果一个危害社会的行为并没有被刑法规范所禁止，即使其具有严重的社会危害性，也不是犯罪，不能追究其刑事责任。正是从这个意义上说，刑事违法性也是犯罪的一个基本特征。

刑事违法性作为犯罪的法律属性，直接源于罪刑法定原则的要求，即“法无明文规定不为罪，法无明文规定不处罚”。因此行为的严重社会危害性固然是刑法规范确定犯罪的依据，但在刑事司法中，行为是否违反刑法规范，则成为了区分罪与非罪的基本标准。

（三）应受刑法惩罚性

所谓应受刑法惩罚性，是指犯罪应当受到刑事处罚。任何违法行为都应当承担相应的法律后果，而对于刑事违法行为即犯罪来说，行为人应当承担的法律后果就是必须受到刑事处罚。

将应受刑法惩罚性作为犯罪的基本特征之一具有积极意义。从刑事立法角度来考察，犯罪的应受刑法惩罚性具有完全独立的地位，立法者首先考虑的是行为的应受刑法惩罚性，即应当用刑罚对某一严重危害社会的行为进行制裁，然后再考虑如何对其予以犯罪化，即赋予其刑事违法性的特征。从刑事司法角度看，确立犯罪应受刑法惩罚性的特征，可以明确犯罪应承担的法律后果。因此应受刑法惩罚性也是犯罪的基本特征之一。

应当指出的是，犯罪的应受刑法惩罚性与在司法实践中对具体的犯罪人免除刑事处罚并不矛盾。免除刑事处罚是在行为已经构成犯罪，应当受到刑事处罚的情况下，综合考虑各种从宽因素，对行为人作出的处理决定。因此免除刑事处罚是以应受刑事处罚为前提。

犯罪的上述三个基本特征是紧密结合、缺一不可的。其中，严重的社会危害性是犯罪的最基本的特征，是其他两个特征的前提和基础；刑事违法性是严重的社会危害性的法律表现；应受刑法惩罚性是行为严重危害社会、违反刑事法律应当承担的法律后果。这三个基本特征是犯罪同其他违法行为的实质区别，因而也是犯罪定义的全部结构要素。

第二节　犯罪的分类

对犯罪分类主要可以从刑法立法和刑法理论两个角度进行。

一、犯罪的立法分类

第一，危害国家安全犯罪与普通犯罪。以犯罪是否侵害国家政权、社会制度与安全为标准，可将其分为危害国家安全犯罪与普通犯罪。

危害国家安全犯罪，是指危害国家的政权、社会制度与安全的犯罪。对危害国家安全犯罪，各国立法的表述不尽相同，有的称“国事罪”，有的称“危害国家安全罪”，有的称“侵害国家法益罪”，我国刑法分则第1章将之称为“危害国家安全罪”。

普通犯罪，是指危害国家安全罪之外的犯罪，所危害的是社会的公共安全、经济秩序、公民的人身权利和财产权利或社会管理秩序等。我国刑法分则第2章至第10章规定的犯罪，相对于危害国家安全罪而言属于普通犯罪。

应当说明的是，我国刑法分则第10章所规定的“军人违反职责罪”属于普通犯罪中的一类特殊犯罪。如果从是否侵害特殊利益上看，也可以认为，我国刑法是将犯罪分为危害国家安全犯罪、军事犯罪与普通犯罪。

第二，故意犯罪与过失犯罪。以犯罪行为人主观心理态度为标准，可将其分为故意犯罪与过失犯罪。

故意犯罪，是指行为人出自犯罪故意（包括直接故意和间接故意）所实施的犯罪。过失犯罪，是指行为人出自犯罪过失（包括疏忽大意的过失和过于自信的过失）所实施的犯罪。我国刑法以处罚故意犯罪为原则，以处罚过失犯罪为例外，因而故意犯罪在全部犯罪中所占比重较大，而过失犯罪所占比重较小。在现行刑法所规定的400多种犯罪中只有50多种过失犯罪。

第三，国内犯罪与国际犯罪。以犯罪行为侵犯的是国内利益还是国际利益为标准，可将犯罪分为国内犯罪与国际犯罪。

国内犯罪，是指侵犯某国或其公民利益并违反某国国内刑法的犯罪。刑法一般意义上的犯罪都是指国内犯罪。国际犯罪，是指危害国际社会的共同利益而为国际社会以公约等国际法律文件确认的应当追究有关个人刑事责任的，各缔约国承诺加以预防和惩治的，有两个以上国家具有管辖权并相互提供刑事司法协助的犯罪。

一般认为，国际犯罪主要具有以下三个基本特征：（1）国际危害性，即国际犯罪不仅是危害某个国家及其国民利益的犯罪，而且是危害国际社会共同关注的重大利益的行为。例如，对国际社会的和平与秩序的破坏，对人类共同的生存安全的严重威胁，等等。（2）国际公认性，即国际犯罪是违反国际公约中的禁止性规范或国际社会公认的行为规则的行为。如果仅仅违反某个国家的刑法，或者虽然同时符合若干国家国内刑法中规定的犯罪构成要件，但是没有经过国际社会条约立法确认为危害国际社会共同利益的犯罪，就不是国际犯罪。（3）应受刑事惩罚性，即国际犯罪是在个人的故意或过失心理支配下实施的、应当对个人追究刑事责任的行为。目前，经国际法律文件规定的国际犯罪大体可分为四类：一是侵犯国际和平秩序的犯罪，如侵略罪等；二是侵犯人类生存与尊严的犯罪，如种族灭绝罪、种族隔离罪等；三是侵犯国际正常关系的犯罪，如劫持航空器罪、侵犯包括外交代表在内的受保护人员罪等；四是侵犯国际友好往来的犯罪，如海盗罪、干扰海底电缆罪等。

国际犯罪的刑事责任，在任何情况下都应当由实施犯罪的个人承担，在与国家行为有关的场合，除了行为者个人对自己的国际犯罪行为承担刑事责任外，有关国家也应当对这种犯罪的危害结果承担相应的责任。个人的刑事责任一般由对其进行审判的刑事司法当局根据本国的刑法确定，但是有关的国际公约通常都要求对国际犯罪按照国内法中对同样严重性质的普通刑事犯罪规定的刑罚进行追诉。国家的刑事责任，根据联合国大会确认的纽伦堡审判原则，主要是由国际军事法庭在审判战争罪犯时判处罚金刑。对于国际犯罪，有关国际公约一般都规定了普遍管辖的原则，要求各缔约国采取必要措施对这类犯罪行使刑事管辖权，而不论该犯罪是否发生在本国领域之内，也不论其犯罪人和受害人的国籍如何。

第四，自然人犯罪与单位犯罪。以犯罪主体的属性特征为标准，可将其分为自然人犯罪与单位犯罪。

自然人犯罪，是指由有自然生命的人类之独立个体所实施的犯罪，即传统意义上的由有自然生命的人所实施的犯罪。自然人犯罪包括一般主体的自然人犯罪和特殊主体的自然人犯罪。

单位犯罪，即由公司、企业、事业单位、机关、团体实施的犯罪。从刑法分则的规定来看，自然人犯罪主体的犯罪占了绝大多数，而可以由单位作为犯罪主体的犯罪则有 100 多种。

第五，亲告罪与公诉罪。以犯罪是否告诉才处理为标准，可将其分为亲告罪与公诉罪。

亲告罪，是指刑法明文规定的告诉才处理的犯罪，即以被害人或有告诉权的人直接向法院告诉作为诉讼提起的必要条件的犯罪。根据《刑法》第 98 条的规定，告诉才处理的犯罪一般是由被害人告诉，如果被害人因受强制、威吓无法告诉的，人民检察院和被害人的近亲属也可以告诉。我国刑法分则只规定了五种亲告罪，即侮辱罪、诽谤罪、暴力干涉婚姻自由罪、虐待罪和侵占罪。

公诉罪，也称为非亲告罪，是指不需要被害人等告诉而由国家公诉机关直接提起诉讼的犯罪。对于公诉罪，被害人自己无权提起告诉，也无权干预国家公诉机关提起公诉。

第六，轻罪与重罪。以犯罪的法定刑轻重为标准，可将其分为轻罪与重罪。我国《刑法》没有明确规定轻罪与重罪的标准，但从我国刑法对于缓刑的适用条件、涉外犯罪的管辖条件、自首从宽处理的条件等规定看，均以3年有期徒刑为界定标准之一，这大体反映出我国刑法对于犯罪是区分轻重的。因此可以认为，轻罪是指法定最高刑为3年以下有期徒刑的犯罪，重罪则是指法定最低刑为3年以上有期徒刑的犯罪。

需要说明的是，在西方，最早的立法犯罪分类是以受侵犯的法益为标准将犯罪分为公罪与私罪的罗马法。由于公法益又可以分为社会法益与国家法益，故也可以把犯罪分为侵害个人法益的犯罪、侵害社会法益的犯罪和侵害国家法益的犯罪。这是大陆法系刑法理论中最为通行的犯罪分类方法。在现代刑法与刑法理论中，由于与犯罪作斗争的复杂化和研究领域的不断开拓，对犯罪的分类也趋向多元化，以适应不同的要求。1993年的法国刑法典分则又将犯罪依次分为侵犯公民人身权利罪、侵犯财产罪和危害国家根本利益罪三大类型，体现出犯罪分类的强烈的价值取向。在我国，刑法理论界最近的教材对犯罪的划分大都采用以法益为标准的分类方法，将犯罪分为侵害个人法益的犯罪、侵害社会法益的犯罪和侵害国家法益的犯罪，这种趋向极有可能成为我国今后刑法修改发展的模式。

二、犯罪的理论分类

第一，自然犯与法定犯。以犯罪是否侵害最基本的社会伦理道德关系为标准，可将其分为自然犯与法定犯。

自然犯，又称刑事犯，是指侵害最基本的社会伦理道德关系的传统型犯罪，如故意杀人罪、强奸罪、盗窃罪等。此类犯罪的行为本身就自然蕴含着犯罪性，因而其危害性容易被一般人所认识，根据人类生活的基本准则及一般伦理观念就可以判断出其行为的犯罪性质，即使法律不将其规定为犯罪，也会受到社会伦理的非难。因此自然犯的社会危害性的变易性较小，任何时代、任何国家都将其规定为犯罪。

法定犯，又称行政犯，是指基于行政的目的而由国家特别规定的现代型犯罪，如危险驾驶罪、逃税罪、受贿罪等。此类犯罪并没有明显地侵害最基本的社会伦理道德关系，以人类生活的基本准则及一般伦理观念来衡量，其行为本身并不自然蕴含着“恶”，如果国家不以法律将它们规定为犯罪，便不会受到社会伦理的非难，因而法定犯的危害性难以被一般人认识。因此法定犯的社会危害性具有较大的变易性，法律对于其社会危害性的评价会随着国家行政需要的变化而发生变化。

应当注意的是，自然犯与法定犯的区分是相对的，相互之间是可以转化的。在社会伦理道德演变过程中，环境犯罪等法定犯越来越具有自然犯的色彩，这就是所谓法定犯的自然犯罪化。

第二，身份犯与非身份犯。以犯罪主体是否必须具备特殊身份为标准，可将犯罪分为身份犯与非身份犯。

身份犯，是指以特殊身份作为犯罪主体要件的犯罪，如重大飞行事故罪、刑讯逼供罪、贪污罪、受贿罪、玩忽职守罪等。理论上还可将身份犯再分为真正身份犯和不真正身份犯。真正身份犯，是将特殊身份作为犯罪构成的要素的犯罪，如前例。不真正身份犯，是指以特殊身份作为处罚轻重的法定条件的犯罪。

非身份犯，是指不以特殊身份作为犯罪主体要件的犯罪，如放火罪、故意杀人罪、故意伤害罪、抢夺罪、聚众斗殴罪等。

第三，隔隙犯与非隔隙犯。以犯罪的实行行为与犯罪结果之间是否存在时间、空间上的间隔为标准，可将犯罪分为隔隙犯与非隔隙犯。

隔隙犯，是指实行行为与犯罪结果之间存在时间间隔或场所间隔的犯罪。隔隙犯又可分为隔时犯、隔地犯和双隔犯。隔时犯，是指实行行为与犯罪结果之间存在时间间隔的犯罪；隔地犯，是指实行行为与犯罪结果之间存在场所间隔的犯罪；双隔犯，是指实行行为与犯罪结果之间既隔时又隔地的犯罪。隔时犯存在犯罪时间的确定问题，这对于解决溯及力问题和追诉时效问题都有意义，原则上应以行为时为犯罪时。隔地犯一般也存在犯罪地的确定问题，但由于我国刑法规定行为地与结果地均为犯罪地，所以隔地犯不必确定犯罪地。

非隔隙犯，是指犯罪的实行行为与犯罪结果之间不存在时间上和场所上间隔的犯罪。

第三节　犯罪构成的概念

一、犯罪构成的定义和特征

根据我国刑法理论的通说，犯罪构成是指我国刑法规定的，决定某一行为的社会危害性及其程度而为该行为成立犯罪所必须具备的一切客观要件和主观要件的有机统一的整体。

根据上述定义，我国刑法中的犯罪构成具有如下基本特征：

第一，犯罪构成是一系列客观要件和主观要件的有机统一。在构成犯罪的众多要件中，既包含犯罪主体要件和反映行为人主观方面特征的要件，又包含犯罪客体要件和反映行为客观方面特征的要件。例如，一项故意杀人犯罪的成立，必定存在一个以上的达到刑事责任年龄、具备刑事责任能力的自然人。同时，该自然人必定实施了剥夺他人生命的行为，侵犯了刑法所保护的生命权，而且主观上是希望或者放任他人死亡结果的发生。在刑法理论上，有时将犯罪主体要件和犯罪主观方面的要件统称为主观要件，将犯罪客体要件和犯罪客观方面的要件统称为客观要件。主观要件和客观要件有机结合在一起，就形成了犯罪构成。

犯罪构成之所以必须是主客观要件的有机统一，其内在根据在于：一方面，法律制裁的只能是行为，主观罪过如果不通过客观危害行为表现出来，就不会对社会造成危害，而仅仅属于由道德管辖的思想。另一方面，造成危害的客观行为如果不是在主观罪过支配下实施的，就缺乏对行为人进行刑事制裁的心理和道义基础。因此仅凭主观犯意而不考虑客观危害的主观归罪，或仅凭客观实害而不考虑主观罪过的客观归罪，都有违现代法治社会的基本原则和刑法的任务与目的。

第二，犯罪构成要件能够反映行为的社会危害性及其程度。任何一个犯罪，都可以有很多事实来表明，但并非每一个事实都可以成为犯罪构成的要件，只有那些对行为的社会危害性及其程度具有决定性意义，从而是该行为成立犯罪所必需的那些事实，才属于犯罪构成的要件。

第三，犯罪构成的要件由刑法加以规定。行为成立犯罪所必需的犯罪构成要件，我国刑法都作出了规定，其中，刑法总则规定了一切犯罪都必须具备的条件，刑法分则规定了具体犯罪成立而特别需要具备的条件。这一特征可称为犯罪构成要件的法定性，其与罪刑法定原则的要求正好相吻合。罪刑法定原则中“罪”之法定，是指某一行为是否属于犯罪，只能由法律来规定。而法律对犯罪的界定，必须通过对犯罪构成要件的规定来实现，因此罪刑法定原则决定了犯罪构成要件必然是由刑法加以规定的。

二、犯罪构成的分类

按照不同的标准，可以对犯罪构成作出不同的分类。目前，刑法理论对犯罪构成的分类主要有以下几种：

第一，基本的犯罪构成与修正的犯罪构成。这是根据犯罪构成的形态所作的划分。基本的犯罪构成，是指刑法分则所规定的既遂犯的犯罪构成。修正的犯罪构成，是指刑法总则根据犯罪的不同形态，对基本犯罪构成中个别要件的具体要求作相应的修改或者变更后形成的犯罪构成。修正的犯罪构成包括预备犯、未遂犯、中止犯等故意犯罪未完成形态的犯罪构成，以及主犯、从犯、胁从犯、教唆犯等共同犯罪人所实施犯罪行为的犯罪构成。

第二，标准的犯罪构成和派生的犯罪构成。这是根据犯罪行为的社会危害程度所作的划分。标准的犯罪构成，又称独立的犯罪构成，是指刑法分则条文对具有标准的社会危害程度的行为所规定的犯罪构成。例如，《刑法》第234条第1款有关故意伤害罪所规定的就是标准的犯罪构成。派生的犯罪构成，是指在标准犯罪构成的基础上，根据刑法分则条文对标准犯罪构成个别方面的特别规定而形成的犯罪构成。派生的犯罪构成包括加重的犯罪构成和减轻的犯罪构成。加重的犯罪构成，是指犯罪行为符合刑法分则在犯罪主体、犯罪情节或危害结果等方面的特别规定，由于行为的社会危害性因此增大，法律相应地规定加重刑罚或从重处罚的犯罪构成。例如，对于故意伤害罪，《刑法》第234条第2款规定："犯前款罪，致人重伤的，处三年以上十年以下有期徒刑；致人死亡或者以特别残忍手段致人重伤造成严重残疾的，处十年以上有期徒刑、无期徒刑或者死刑……"其所规定的犯罪构成，就属于加重的犯罪构成。减轻的犯罪构成，是指犯罪行为符合刑法分则在犯罪情节方面的特别规定，由于行为的社会危害性因此减小，法律相应地规定减轻刑罚的犯罪构成。例如，对于故意杀人罪，《刑法》第232条后半段规定"情节较轻的，处三年以上十年以下有期徒刑"，其所规定的犯罪构成，就属于减轻的犯罪构成。

第三，简单的犯罪构成和复杂的犯罪构成。这是根据犯罪构成对犯罪构成各要件的不同要求而作的划分。简单的犯罪构成，又称单一的犯罪构成，是指刑法条文规定的犯罪构成的诸要件均属单一的犯罪构成。例如，《刑法》第232条规定的故意杀人罪，其犯罪客体、危害行为、犯罪主体、罪过形式诸要件都是单一的，因此故意杀人罪的犯罪构成就属于简单的犯罪构成。复杂的犯罪构成，是指刑法条文规定的犯罪构成的诸要件并非均属单一的犯罪构成。复杂的犯罪构成又可分为两类：一类可以称为选择的犯罪构成，是指由可供选择的要件构成的犯罪构成。例如，《刑法》第347条关于走私、贩卖、运输、制造毒品罪的规定，便提供了走私、贩卖、运输、制造四种行为要件，只要行为人实施了其中一种行为，便构成该罪，该罪的犯罪构成便属于可选择的犯罪构成。另一类可以称为混合的犯罪构成，是指具有复合行为，或者两个罪过形式，或者两个犯罪客体的犯罪构成。例如，《刑法》第175条规定的高利转贷罪，存在套取金融机构信贷资金以及高利转贷给他人两个行为；《刑法》第263条规定的抢劫罪，存在暴力、威胁等手段行为和夺取财物的目的行为两个行为，因此这两个罪的犯罪构成都属于混合的犯罪构成。又如，《刑法》第238条第2款规定的非法拘禁致人死亡的情形，行为人存在故意（对拘禁行为而言）和过失（对死亡结果而言）两个罪过形式，因而这种派生的犯罪构成同时也属于混合的犯罪构成。

第四，完结的犯罪构成和待补充的犯罪构成。这是根据刑法是否完整地规定了犯罪构成的所有要件而作的划分。完结的犯罪构成，也称封闭的犯罪构成或者叙述的犯罪构成，是指刑法完整地规定了所有要件的犯罪构成。例如，《刑法》第 232 条所规定的故意杀人罪的犯罪构成，就属于完结的犯罪构成。待补充的犯罪构成，也称开放的犯罪构成或者空白的犯罪构成，是指刑法仅规定了部分构成要件，其他要件需要法官适用时根据其他法律的规定或者通过行使自由裁量权进行补充的犯罪构成。例如，《刑法》第 344 条所规定的非法采伐、毁坏国家重点保护植物罪以及非法收购、运输、加工、出售国家重点保护植物、国家重点保护植物制品罪的犯罪构成，需要法官根据《森林法》等法律的规定来确定其行为是否违反了法律的规定，是否构成犯罪，因而属于待补充的犯罪构成。又如，《刑法》第 114 条关于以危险方法危害公共安全罪的规定，没有指明究竟哪些方法属于危险方法，需要法官根据实际情况进行确定，因此该罪的犯罪构成也属于待补充的犯罪构成。

第四节　犯罪构成的要件

一、犯罪构成的要件的定义和分类

犯罪构成的要件，是指组成犯罪构成这一有机整体（即成立犯罪）必须具备的条件。作为犯罪构成的要件，首先，必须是由刑法所规定的，这是罪刑法定原则的要求。其次，必须能够说明行为的社会危害性及其程度，从而为犯罪成立所必需。如果某一事实对犯罪的成立没有影响，则不可能成为犯罪构成要件。

根据不同的标准，可以对犯罪构成的要件作不同的分类。

根据犯罪构成的要件是属于外部和客观的抑或属于内部和主观的，可以将犯罪构成的要件分为客观的要件和主观的要件。所谓客观的要件，是指存在于犯罪主体及其意识之外的犯罪构成要件。犯罪客体、犯罪对象、危害行为、危害结果以及犯罪的时间、地点、方法等都属于客观的要件。所谓主观的要件，是指说明犯罪主体及其内在心理态度的犯罪构成要件。刑事责任年龄、辨认和控制能力、犯罪故意、犯罪过失等都属于主观的要件。

根据犯罪构成的要件是否为每一犯罪成立所必须具备，可以将犯罪构成的要件区分为犯罪构成的必备要件和犯罪构成的选择要件。所谓犯罪构成的必备要件，是指每一犯罪成立都必须具备的犯罪构成要件。犯罪客体、危害行为、刑事责任年龄、辨认和控制能力、罪过等都属于犯罪构成的必备要件。所谓犯罪构成的选择要件，是指仅为部分犯罪成立所必须具备的要件。犯罪对象以及犯罪的时间、地点、方法等都属于犯罪构成的选择要件。

根据犯罪构成的要件层次的不同，可以将犯罪构成的要件区分为犯罪构成的具体要件和犯罪构成的一般要件。犯罪构成的具体要件，是指某一具体犯罪成立必须具备的要件。每一个犯罪都有其独有的具体构成要件，据此可以将这种犯罪与其他犯罪区分开来。犯罪构成的一般要件，是指通过对犯罪构成的具体要件进行抽象、归纳而形成的犯罪构成要件。由于犯罪构成的一般要件为所有犯罪的成立都必须具备，因此也可以称为犯罪构成的共同要件。犯罪构成的一般要件虽然不是认定具体犯罪的法律依据，但对具体犯罪的认定具有重要的指导作用。

二、犯罪构成的一般要件及其排列顺序

目前，我国刑法理论普遍认为，犯罪的一般要件包括四个方面的要件：(1）犯罪客体，即表明犯罪侵害了什么法益的要件。在我国，犯罪客体是指我国刑法所保护，而为犯罪行为所侵害的法益（亦有观点认为是社会主义社会关系)。(2）犯罪客观方面，即表明犯罪是在什么条件下，用什么行为，使客体遭受到什么危害的要件。犯罪客观方面中最主要的是危害行为，此外还包括危害结果以及犯罪的时间、地点、方法。(3）犯罪主体，即表明行为必须由什么人实施才构成犯罪的要件。(4）犯罪主观方面，即表明行为人犯罪时主观心理状态的要件。

对犯罪构成的一般要件排列顺序的研究，有助于明确犯罪构成体系的内在逻辑结构。犯罪构成的一般要件的排列顺序取决于从何种角度考察这些要件。从司法机关认定犯罪的顺序、途径角度出发，应当将犯罪构成的一般要件按犯罪客体、犯罪客观方面、犯罪主体、犯罪主观方面的顺序排列。司法机关总是先判断有无刑法所保护的法益受到侵犯，然后查证是什么行为侵犯了法益，再查证是谁实施了危害行为，最后查证行为人是在什么心理支配下实施了危害行为。从犯罪构成的要件在实际犯罪中发生作用而决定犯罪成立的逻辑顺序角度出发，应当将犯罪构成的一般要件按犯罪主体、犯罪主观方面、犯罪客观方面、犯罪客体的顺序排列。因为犯罪总是这样发生的：符合犯罪主体条件的人，在其犯罪心理态度的支配下，实施一定的犯罪行为，危害一定的客体。

本书将犯罪构成的一般要件按犯罪客体、犯罪客观方面、犯罪主体、犯罪主观方面的顺序排列。这主要是考虑到刑法规定任何犯罪构成都是为了保护法益，将犯罪客体排在首位，有助于明确刑法规定某一犯罪构成的具体目的，从而科学地确定犯罪构成的其他要件的具体内容。

第五章

犯罪客体

第一节　犯罪客体概述

一、犯罪客体的定义

对于什么是犯罪客体，我国刑法理论界有不同的观点。本书采取法益说，即犯罪客体是刑法所保护的，而为犯罪行为所侵犯的利益。① 具体理由如下：②

第一，虽然在某种意义上说，刑法所保护的利益都可以用社会关系或社会主义社会关系来概括，但不免有些牵强。例如，刑法分则第六章第六节的破坏环境资源保护罪，其犯罪客体是生态环境与自然资源，用社会关系来概括就显得比较牵强，用法益来概括则比较合适。因为生态环境与自然资源，无论对于个人还是对于社会与国家，都是一种利益，而且它受到了刑法的保护。

第二，从刑法总则第 13 条关于犯罪的定义和第 2 条关于刑法的任务来看，犯罪所侵犯的和刑法所保护的都是法律所保护的利益，故将犯罪客体理解为法益，与犯罪的本质和刑法的目的相吻合。

第三，从刑法分则的具体规定来看，没有一个章节名称或者具体条文明文将“社会关系”作为犯罪客体的内容，相反，有的章节明确将“权利”作为犯罪客体，如刑法分则第四章规定的客体内容是公民的人身权利、民主权利，而权利是法益的一部分。又如，有的章节明确将“秩序”作为犯罪客体，如分则第三章的章名清楚地表明“社会主义市场经济秩序”是该章所规定犯

---

① 另一种主要观点是社会主义关系说，即认为犯罪客体是指我国刑法所保护的，而为犯罪行为所侵犯的社会主义社会关系。

② 张明楷．刑法学（上）．法律出版社，1997：114-115；张明楷．法益初论．中国政法大学出版社，2000：181-185.

罪的同类客体，而秩序也是法益的一部分。这表明，将犯罪客体的内容理解为法所保护的利益具有法律根据。

二、理解犯罪客体应注意的问题

第一，犯罪客体应当作为犯罪构成的要件，一个行为不侵犯任何合法权益，就意味着不危害社会，也就不构成犯罪。所以犯罪客体有其作为犯罪构成要件之一独立存在的意义。

第二，法律所保护的利益范围十分广泛，但并非所有的合法利益都属于犯罪客体，只有那些为刑法所保护并受到犯罪行为侵犯的合法利益，才成为犯罪客体。

第三，我国刑法对犯罪客体的规定采取了多种方式。刑法分则的各章对该章规定的犯罪所侵犯的同类客体都作了明确的揭示。比如，危害国家安全罪的章罪名揭示该章所规定的犯罪的同类客体是国家安全，危害公共安全罪的章罪名揭示该章所规定的犯罪的同类客体是公共安全，侵犯公民人身权利、民主权利罪的章罪名揭示该章所规定的犯罪的同类客体是公民的人身权利、民主权利，等等。刑法分则的具体条文对犯罪的直接客体的揭示方式是多种多样的。有的条文直接规定了犯罪的直接客体。例如，《刑法》第 238 条则直接规定了非法拘禁罪的犯罪客体是人身自由。有的条文通过对犯罪对象的规定来揭示犯罪的直接客体。例如，《刑法》第 232 条规定故意杀人罪的犯罪对象是人，揭示出该罪的犯罪客体是人的生命权。还有的条文既没有直接规定犯罪客体，也没有规定犯罪对象，需要通过对条文所规定的危害行为进行分析来确定犯罪客体。例如，《刑法》第 279 条关于招摇撞骗罪的规定和第 292 条关于聚众斗殴罪的规定，都没有指明犯罪客体和犯罪对象，必须通过对招摇撞骗行为和聚众斗殴行为的分析，才能确定两罪的犯罪客体分别为国家机关的威信和正常活动以及公共秩序。

三、犯罪客体的意义

犯罪客体的意义主要体现在以下几个方面：

第一，有助于划分犯罪的类型，建立刑法分则的科学体系。只有以犯罪的同类客体为主要依据，按照一定标准和顺序，才能对犯罪作科学的分类，建立起科学有序的刑法分则体系。例如，以犯罪所侵犯的同类客体的性质及其重要性为标准，可以建立起脉络清晰、主次分明的刑法分则章层次体系，并在章层次体系之下建立起主次分明的节层次体系，还可以将纷繁复杂的各种犯罪按性质的同异归入刑法分则的各章节之中。

第二，有助于认定犯罪的性质，分清此罪与彼罪的界限。任何犯罪都会侵犯刑法所保护的一定权益，亦即都有明确的犯罪客体。一般来说，犯罪所侵犯的合法权益不同，所构成的犯罪性质就不相同，因而在多数情形下，根据犯罪客体的不同就能够将此罪与彼罪予以严格区分。例如，行为人放火焚烧有多家人居住的住宅群，构成放火罪，放火焚烧无人居住的独家独院，则构成故意毁坏财物罪，原因在于前一行为侵犯的客体是公共安全，后一行为侵犯的客体是财产权利。

第三，有助于评价犯罪行为的社会危害程度，正确裁量刑罚。一般来说，犯罪客体的性质影响着犯罪的性质，进而影响危害行为破坏力的大小，因此通过对犯罪客体性质的把握，可以对犯罪行为的社会危害程度作出基本判断。犯罪客体越重要，侵犯这种客体的犯罪行为的社会危害性就越严重，其罪行也就越严重。因此对犯罪客体的研究，有助于准确把握犯罪行为的社会危害程度，进而对犯罪给予适当刑罚。

第二节　犯罪客体的种类

犯罪客体体现的是刑法所保护而被犯罪行为所侵犯的法益，而根据刑法所保护的法益范围大小，可以对犯罪客体进行不同层次的归纳。目前刑法理论将犯罪客体分为三个层次或者说三种类型，即犯罪的一般客体、犯罪的同类客体和犯罪的直接客体。

一、犯罪的一般客体

犯罪的一般客体，是指我国刑法所保护而被一切犯罪所共同侵害的合法利益的整体。它是犯罪客体的最高层次。我国《刑法》第 2 条关于刑法任务的规定，第 13 条关于犯罪定义的规定都说明了犯罪一般客体的主要内容包括国家安全，人民民主专政的政权和社会主义制度，国有财产和劳动群众集体所有的财产，公民私人所有的财产，公民的人身权利、民主权利和其他权利以及社会秩序、经济秩序等。

二、犯罪的同类客体

犯罪的同类客体，是指我国刑法所保护而为某一类犯罪行为所共同侵害的某一类合法权益。犯罪同类客体的划分，是根据犯罪行为所危害的整体法益的不同方面所进行的分类。从一般客体的内容可以看到犯罪客体是可以进行分类的，有一些犯罪所侵犯的权益是相近甚至是相同的，可以被归入同一类犯罪之中。比如，故意杀人罪和故意伤害罪所侵犯的法益相近，都可以归入侵犯公民人身权利这类犯罪之中；盗窃罪和诈骗罪所侵犯的法益相同，都是财产所有权，都可以归入侵犯财产罪这类犯罪之中。这样将犯罪客体划分出同类客体这一层次就成为顺理成章之事。

我国刑法分则主要是根据犯罪的同类客体，将犯罪分为十大类，这十大类犯罪分别是：第一类，危害国家安全罪；第二类，危害公共安全罪；第三类，破坏社会主义市场经济秩序罪；第四类，侵犯公民人身权利、民主权利罪；第五类，侵犯财产罪；第六类，妨害社会管理秩序罪；第七类，危害国防利益罪；第八类，贪污贿赂罪；第九类，渎职罪；第十类，军人违反职责罪。必须注意的是，上述第三类犯罪即破坏社会主义市场经济秩序罪和第六类犯罪即妨害社会管理秩序罪，由于所包括的具体犯罪数量众多、种类复杂，可以而且有必要根据这些犯罪所侵犯的法益作进一步的分类，因此刑法分则对这两大类犯罪又进行了进一步的细化分类，分别分为八小类犯罪和九小类犯罪。破坏社会主义市场经济秩序罪之下的八小类犯罪分别为：生产、销售伪劣商品罪；走私罪；妨害对公司、企业的管理秩序罪；破坏金融管理秩序罪；金融诈骗罪；危害税收征管罪；侵犯知识产权罪；扰乱市场秩序罪。妨害社会管理秩序罪之下的九小类犯罪分别为：扰乱公共秩序罪；妨害司法罪；妨害国（边）境管理罪；妨害文物管理罪；危害公共卫生罪；破坏环境资源保护罪；走私、贩卖、运输、制造毒品罪；组织、强迫、引诱、容留、介绍卖淫罪；制作、贩卖、传播淫秽物品罪。这实际上是在一个大同类客体之下又设置了“次层次”的小同类客体。

三、犯罪的直接客体

犯罪的直接客体，是指我国刑法所保护而为某一犯罪行为所直接侵害的某种具体的合法权益。例如，故意杀人罪直接侵犯的是人的生命权，非法拘禁罪直接侵犯的是他人的人身自由权，因而故意杀人罪和非法拘禁罪的同类客体虽然相同，直接客体则不同，分别是人的生命权和他人的人身自由权。犯罪的一般客体和犯罪的同类客体仅仅对于从整体上认识犯罪的性质和对犯罪进行科学分类提供帮助，并不能解决某一具体犯罪侵犯了何种法益的问题，而廓清每一具体犯罪所侵犯的法益，对于解决罪与非罪、此罪与彼罪的界限问题具有重要意义，这就必然要求划分出第三层次的犯罪客体，即犯罪的直接客体。

刑法理论根据一种犯罪行为所侵犯的具体合法权益的简单与否，将犯罪直接客体划分为简单客体和复杂客体。所谓简单客体，又称单一客体，是指只直接侵犯一种特定合法权益即可成立的犯罪的直接客体。例如，故意伤害罪只须行为直接侵犯他人身体健康权即可构成，因而该罪的犯罪客体属于简单客体；又如，盗窃罪只须行为直接侵犯公私财产所有权即可构成，因而该罪的犯罪客体也属于简单客体。所谓复杂客体，是指必须直接侵犯两种以上的特定合法权益才能成立的犯罪的直接客体。例如，抢劫罪只有行为同时侵犯了公私财产所有权和他人人身权利才可能构成，因而该罪的犯罪直接客体属于复杂客体。

在把握犯罪的直接客体时，必须注意以下两方面的问题：

第一，只有具体犯罪必然会侵犯的合法权益，才可能成为该种犯罪的直接客体。在实践中，相同性质的具体犯罪所实际侵犯的合法权益经常是不同的。例如，在强奸案件中，有的行为人在犯罪过程中将受害妇女打伤，这不但侵犯了妇女的正当性交行为的自由权，还侵犯了妇女的身体健康；而有的行为人则在大庭广众之下实施强奸行为，这不但侵犯了妇女的正当性交行为的自由权，还损害了妇女的名誉。但是不能因为上述两种情形的存在而说妇女的身体健康权和名誉权属于强奸罪的犯罪客体。这是因为，作为强奸罪的直接客体，必须是任何形式的强奸行为都必然会侵犯的合法权益，才可能成为任何形式的强奸犯罪成立的必不可少的条件。很显然，妇女的正当性交行为的自由权是任何形式的强奸行为（特指以已满 14 周岁的女性为对象的强奸行为）都必然会侵犯的合法权益，而妇女的身体健康权和名誉权则不具备这一特点。在没有采取暴力方法的强奸犯罪中，受害妇女的身体健康通常并不会受到伤害；在非公然的强奸犯罪中，受害妇女的名誉权也往往没有受到损害。可见，受害妇女的身体健康权或者名誉权并非任何形式的强奸行为都必然会侵犯的合法权益，自然也不能成为任何形式的强奸犯罪成立的必不可少的条件，即不可能成为强奸罪的犯罪客体。即使在实际的强奸案件中，受害妇女的身体健康或名誉受了损害，也不能认为强奸罪的犯罪客体是复杂客体。

第二，一旦某种合法权益为任何形式下的某种具体犯罪所必然侵犯，就必须认定为该种犯罪的直接客体。某种具体犯罪的直接客体并非由立法者随意确定，而是由这种犯罪自身所决定。一旦某种合法权益为任何形式下的该种具体犯罪所必然侵犯，就表明如果行为没有侵犯这种合法权益，就不可能构成该种犯罪，这种被侵犯的合法权益也就显然属于该种犯罪的直接客体。

第三节　犯罪对象

一、犯罪对象的定义和特征

犯罪对象，是指犯罪行为所直接作用的具体人或物。犯罪对象中的人，是指犯罪行为所直接作用的自然人。例如，故意杀人罪中杀人行为所直接加害的人员，就属于犯罪对象。犯罪对象中的物，是指不以人的意志为转移而客观存在的一切有价值和归属关系的物质。例如，在盗窃罪中，盗窃行为所直接作用的财物，就属于犯罪对象。作为犯罪对象的物，既包括有形物，如房屋、土地、森林、有形矿产，也包括无形物，如电、气、信息等。人或者物之外的其他存在，如人的行为，物的位置、状态，国家、国家机关、企业、事业单位、团体等，都不属于犯罪对象。

作为犯罪对象，必须具备以下三方面特征：

第一，犯罪对象只能是具体的人或者物。之所以要将犯罪对象限制在具体的人或物的范围内，是因为研究犯罪对象的目的在于帮助我们理解犯罪客体，进而把握犯罪性质。犯罪客体从内容上来说是一种合法权益，它是比较抽象的，将犯罪对象界定为犯罪行为直接作用的具体的人或物，就可以通过对这些具体的、可以感知的人或物的认识和把握，来帮助我们理解犯罪客体，使我们的认识过程遵循由感性认识上升到理性认识这一认识规律，如此则能较好地达到研究犯罪对象的目的。相反，如果把犯罪对象扩大到诸如“人的行为”“物的位置、状态”或是“机关、企业、团体”等方面，由于这些方面本身就是抽象的，犯罪行为并不能直接作用于其上，意图用它们去说明犯罪客体，并不能使犯罪客体这种抽象的事物具体化，只能使问题变得更加复杂，难免与我们研究犯罪对象的目的背道而驰，显然由于缺乏现实意义而不可取。可见，如果不能将犯罪对象的范围界定在具体的人和物的范围内，不但会导致关于犯罪对象范围的观点花样繁多，而且会使对犯罪对象的研究失去实际意义。

第二，犯罪对象必须是犯罪行为直接作用的人或物。作为犯罪对象的人或物，在犯罪行为实施前就已经客观存在，但此时这些人或物还不是犯罪对象，只有当犯罪行为直接作用于这些人或物时，它们才成为犯罪对象。所谓“直接作用于的人或物”，是指犯罪行为所具有的原因力直接施加于其上，从而使其性质、状态、位置或者数量发生变化的人或物。比如，盗窃罪的犯罪对象是被盗窃的财物，因为盗窃行为直接作用于被盗窃的财物之上，使其位置发生变化。又如，故意杀人罪的犯罪对象是被杀害的人，因为杀人行为直接施加于被杀害的人，使其从具有生命变为丧失生命，以致性质发生变化。犯罪对象所具有的这一特点，能够将犯罪对象与犯罪所得之物和犯罪所用之物区别开来。所谓犯罪所得之物，是指犯罪分子通过实施犯罪行为所获得的财物。犯罪所得之物有时就是犯罪对象。例如，盗窃犯罪所得之物通常就是犯罪行为直接指向的对象——被盗财物。但有时犯罪所得之物与犯罪对象属于完全不同的两种物品。例如，贩卖毒品罪的犯罪对象是毒品，犯罪所得之物则是赃款。所谓犯罪所用之物，是指犯罪分子为了顺利实施犯罪行为所使用的金钱或者物品。例如，行贿犯罪活动中用于贿赂相关人员的赃款赃物，就属于犯罪所用之物，而不属于犯罪对象。

第三，犯罪对象必须是刑法所规定的人或物。大量的刑法条文都是通过对犯罪对象加以规定来体现这种犯罪所侵犯的合法权益，从而体现该罪的犯罪客体。在存在犯罪对象的情况下，犯罪的性质必然要通过犯罪主体以犯罪行为作用于犯罪对象才能得以体现，而刑法分则在规定存在犯罪对象的犯罪时，都必然要揭示该种犯罪的性质，也就必然会对犯罪对象作出规定。因此所有的犯罪对象，都必然由刑法作出规定。换言之，只有被刑法所规定的人或物，才可能成为犯罪对象。

二、犯罪对象与犯罪客体的关系

犯罪对象与犯罪客体是两个既有联系又有区别的概念。大多数具体的犯罪行为，都直接作用于一定的人或物即犯罪对象，使之发生损毁、灭失等功能、性质的变化或者归属、位置、状态等的改变，使刑法所保护的合法权益受到损害，进而对社会造成危害，因此通过研究犯罪对象，有助于把握犯罪客体的性质。人类对事物的认识遵循一条从感性认识到理性认识之路，正是基于对认识规律的这种把握，才有必要在对犯罪客体的探讨过程中开展对犯罪对象的研究。由于犯罪对象具有客观实在性和可感知性的特征，便于进行认识和把握，人们对于某种行为是否构成犯罪的认定过程，往往开始于对犯罪对象的感知，通过对其受犯罪作用情况的检验分析，进而认识到其所代表的、受刑法保护的合法权益受损害的情况，在此基础上确定该行为是否构成犯罪，构成何种性质的犯罪。可见，犯罪对象是我们认识犯罪客体的一把钥匙。

（一）犯罪对象与犯罪客体的联系

犯罪对象与犯罪客体的联系在于：

1. 作为犯罪对象的具体物是作为犯罪客体的具体合法权益的物质表现。例如，盗窃罪的客体，即被盗窃行为所侵犯的财产权利，就是通过犯罪对象，即盗窃行为直接作用的具体财物体现出来的。

2. 作为犯罪对象的具体人是作为犯罪客体的具体合法权益的享有者或者掌控者。例如，故意杀人罪的客体，即被杀人行为所侵犯的人的生命权，就是通过犯罪对象即杀人行为直接作用的具体人体现出来。

（二）犯罪对象与犯罪客体的区别

犯罪对象与犯罪客体的区别主要表现在以下几个方面：

1. 犯罪对象表现为可以被感官所感知的外部事物，犯罪客体反映的则是只能为抽象思维所认识的事物内在属性。前者是具体的，后者是抽象的。例如，在诈骗罪中，作为犯罪对象的被诈骗财物是具体的，可以被观察和触摸到，而作为犯罪客体的财产所有权，则必须通过抽象思维才能明白其性质。

2. 犯罪客体是任何犯罪成立的必要条件，犯罪对象则只是某些犯罪成立的必要条件。任何行为只有侵犯一定的合法权益，才可能危害社会，进而具备犯罪的本质属性，构成犯罪，因此犯罪客体是任何犯罪成立的必备要件。犯罪对象并非所有犯罪中都存在，某些犯罪，如非法集会、游行、示威罪，脱逃罪，就可能不存在犯罪对象，在这种情况下，犯罪对象当然不是犯罪成立的要件。可见，犯罪对象不是所有犯罪成立的必备条件。

3. 任何犯罪都会使犯罪客体受到危害，犯罪对象则不一定受到损害。犯罪客体就是刑法所保护而为犯罪行为所侵害的合法权益，因此所有的犯罪客体都必然受到损害。犯罪对象也可能受到损害，如在故意毁坏财物罪中，犯罪对象即公私财物就会受到损害。但并非所有的犯罪对象都会受到损害，如在盗窃罪中，犯罪客体即财产所有权虽然受到侵犯，犯罪对象即公私财物却通常不会受损。

4. 犯罪客体是犯罪分类的基础，犯罪对象则不是。犯罪客体反映了犯罪的性质，因此可以根据犯罪客体将性质相同的犯罪归入同一类中，同时将犯罪客体不同的犯罪划分为不同类型，从而对犯罪进行科学分类。而犯罪对象相同的犯罪性质可能不同，犯罪对象不同的犯罪性质却可能相同。例如，犯罪对象都是交通工具，具体犯罪行为却既可能构成危害公共安全罪中的破坏交通工具罪，也可能构成侵犯财产罪中的故意毁坏财物罪、盗窃罪或者诈骗罪。又如，犯罪对象是货币、电器、家具等不同物品，犯罪性质却都可能是盗窃。因此犯罪对象不能作为犯罪分类的根据或基础。

第六章

犯罪客观方面

第一节　犯罪客观方面概述

一、犯罪客观方面的定义和特征

犯罪客观方面，是指刑法规定的，说明行为对法益造成侵害及其程度的客观外在事实特征。犯罪客观方面具有以下几个特征：

（一）客观性

犯罪客观方面是由说明危害行为对法益的侵害及其程度的各种客观外在事实特征组成的。其核心内容即危害行为是行为人在其意识和意志支配下实施的危害社会的行为，是其意识和意志的最直接的外在表现；危害结果则是危害行为在特定的时间、地点，采用特定的方法所造成的。而不论危害行为还是危害结果都是客观存在，不以人的意志为转移的。

（二）多样性

犯罪客观方面的内容（即犯罪客观方面的要件）是多样的，包括危害行为、危害结果、危害行为与危害结果之间的因果关系以及特定的时间、地点和方法等。犯罪客观方面内容的作用也是多样的，其中有的是犯罪客观方面的必要要件，即一切犯罪的成立都必须具备的要件，如危害行为；有的则是犯罪客观方面的选择要件，即由刑法规定只能为特定犯罪成立所必须具备的要件，如特定的时间、地点、方法。

（三）法益侵害性

虽然犯罪的表现多种多样，但是只有具有严重社会危害性这一基本特征的行为才可能是犯罪，而严重的社会危害性在客观上则表现为危害行为对法益造成侵害，如伤害他人身体的行为侵犯了他人的健康权、盗窃行为侵害了他人的财产所有权。可见，能够在客观上说明行为对法益造成侵害的客观事实特征，才属于犯罪客观方面。也就是说，成为犯罪客观方面的各种事实特征必须具有法益侵害性，不具有法益侵害性的事实不能成为犯罪客观方面要件。

（四）法定性

犯罪客观方面作为犯罪构成要件必须是刑法明文规定的。这是罪刑法定原则的要求和体现。我国刑法不仅在总则概括地规定了危害行为，还在刑法分则具体规定了具体犯罪的客观方面内容。刑法分则条文有的详细描述犯罪客观方面的内容，不仅规定了具体的犯罪行为还规定了犯罪手段甚至特定的时间、地点；有的简明地描述犯罪客观方面的内容，只规定了具体犯罪行为，通过刑法规定我们可以全面、准确把握相应犯罪客观方面的要件。

（五）必要性

犯罪客观方面是犯罪构成的必要要件，即所谓“无行为即无犯罪”。如果没有具有严重社会危害性的行为，具体法益就不会受到严重侵害，犯罪也就无从谈起。因而以危害行为为核心内容的犯罪客观方面是一切犯罪成立所必须具备的要件，在犯罪构成四个要件中，犯罪客观方面居于核心地位。

二、犯罪客观方面的要素

犯罪客观方面的要素，也称犯罪客观方面的内容，是指组成犯罪客观方面的因素。犯罪客观方面的内容包括：危害行为、危害结果、危害行为与危害结果之间的因果关系、犯罪对象以及犯罪的时间、地点和方法（手段）。其中，犯罪对象因与犯罪客体的联系比较紧密，通常在犯罪客体领域进行阐述，但其具有的客观外在事实的特征表明其为犯罪客观方面的内容。

犯罪客观方面的这些具体要素，因刑法分则性条文的规定，在具体犯罪构成中的作用有所不同，有的是犯罪构成的必要要素，如危害行为；有的是犯罪构成的选择要素，如特定的时间、地点。

第二节　危害行为

根据《刑法》第 13 条的规定，犯罪是一切严重危害社会，触犯刑事法律，应当受到刑事处罚的行为。行为是犯罪的表现形式，也是犯罪的核心要素。任何犯罪构成都是以危害行为为基础的，没有危害行为就没有犯罪构成，也就没有刑事责任。

一、危害行为的定义和特征

危害行为，是指人在其意识和意志支配下实施的危害社会的其身体的动或静。危害行为具有以下基本特征：

（一）危害行为是人的身体的动或静

这是刑法意义上危害行为所具有的直观、外在的特征，称为有体性特征。这里的“动”，也称积极行为，是指人的身体举动；这里的“静”，也称消极行为，是指人的身体的相对静止。人的身体的动或静不仅表现了危害行为是客观存在，也体现了其之于客观世界和社会生活的价值和意义。首先，只有表现于外在的、可以感知的人的身体的动或静，才有危害行为的存在和对危害行为的认识；没有人的身体的动或静，就失去了判断危害行为是否发生、是否完成的客观标准。其次，只有表现于外在的、客观的人的身体的动或静，才能对客观事物产生一定的影响，才具有社会意义，才能对法益造成一定的侵害。正是这一特征，才把人的单纯思想活动排除于刑法意义上的危害行为之外，从而彻底摈弃了对“思想犯罪”的处罚。

（二）危害行为是人在其意识和意志支配下的身体的动或静

这是刑法意义上危害行为的主观内在特征，即心理特征，称为有意性特征。“推动人们去从事活动的一切，都要通过人的头脑”①，刑法意义上的危害行为与人类社会生活中的一般行为一样，不仅表现于客观外在，还必须是行为人基于其意思决定即在其某种意识和意志支配下而发生和进行的。任何缺乏主观意识或者意志支配的人的身体的动或静，都不是刑法意义上的危害行为，如人在精神错乱状态下的身体举动、人在其身体完全受到外力强制情况下的静止、人在不可预见情况下或者不可抗力作用下的身体动或静，均因缺乏人的意识和意志支配，而不属于刑法意义上的危害行为。

（三）危害行为是具有社会危害性的行为

这是刑法意义上危害行为的价值评价特征，称为社会性特征。作为犯罪构成客观方面核心内容的危害行为必然是社会否定性评价的结果，必须符合犯罪的最本质的基本特征——社会危害性。只有那些已经或者可能给社会造成危害后果的行为，即具有社会危害性的行为，才是刑法意义上的危害行为。社会危害性有两种不同的表现形式：一种表现为已经造成了侵害法益的实际危害结果，如发生了被害人死亡结果的杀人行为；另一种表现为造成了侵害法益的危险性，当然，这种危险性必须是现实、客观存在的，是由行为本身的性质所决定的，而不是人们的主观想象或者臆测，如会造成火灾危险的放火行为、可能造成交通事故危险的醉酒驾驶机动车行为。不具有社会危害性

---

① 马克思恩格斯选集（第四卷）. 人民出版社，1972：228.

的行为不是刑法意义上的危害行为，是不可能成立犯罪的。

危害行为的这一特征，决定了现代刑事立法和刑法理论一致认为“迷信犯”不为罪。所谓“迷信犯”，是指行为人因愚昧无知、极端迷信而采用在任何情况下都不可能产生侵害法益的任何客观危险性的方法和手段来实施企图实现其犯罪意图的情形，如采取诅咒的方法意图杀人。迷信犯不为罪、不受刑事处罚的根本原因在于不存在犯罪构成客观方面之核心内容——危害行为，那么即使存在犯罪意图，也因不具备主观客观相统一的犯罪构成而缺乏追究刑事责任的根据。①

二、危害行为的表现形式

刑法意义上危害行为的表现复杂多样，但其基本表现形式只有两种：作为与不作为。从刑事立法来看，大多数犯罪行为都表现为作为形式，只有少数犯罪行为只能表现为不作为形式。从司法实践来看，大多数犯罪行为是由作为实施的，一部分犯罪行为既可以由作为实施也可以由不作为实施，而少数犯罪行为只能由不作为实施。

（一）作为

作为，是指行为人以某种身体举动实施的刑法所禁止的行为。作为即积极行为，属于不当为而为之。

作为具有以下两个特征：第一，作为表现为人的某种具体的身体举动，是积极的行为。该举动直接对外部世界造成一定的影响，引起了外部世界的某种变化，如持刀砍向被害人的行为，盗窃他人财物的行为等。第二，行为人的具体的身体举动是刑法所禁止的，即作为违反刑法的禁止性规范，未履行消极义务。

作为的具体表现通常如下：第一，行为人自己的身体动作直接表现的作为，如拳打脚踢；第二，利用工具的作为，如持枪抢劫、投毒杀人等；第三，利用无刑事责任能力人的作为，如唆使不满16周岁的人盗窃、诱使精神病人杀害他人等；第四，利用动物的作为，如放狗咬人；第五，利用某种客观条件的作为，如借洪水之势决水、监守自盗等。值得注意的是，虽然作为通常表现为行为人的某种身体举动，但是并不排除其利用他人行为；事实上，绝大多数的作为都是行为人在某种犯罪意图支配下在某种具体条件下实施的行为。

---

① 对于迷信犯不受刑事处罚的原因，在外国刑法理论中存在着“客观说”和“纯主观说”之争。“客观说”认为，迷信犯的行为不具备侵害法益的任何客观危险性，因而不是刑法意义上的行为；“纯主观说”则认为，因迷信犯在主观上缺乏犯罪故意所要求的对现实因果关系的认识，因而不具备犯罪故意。我们认为，“客观说”的观点是正确的。

（二）不作为

1. 不作为的定义和特征。不作为，是指行为人负有实施某种积极行为的特定法律义务，能够履行该义务而不履行从而危害社会的情形。不作为即消极行为，属于当为且能为而不为之。

不作为具有以下基本特征：第一，行为人负有特定的法律义务，这是不作为成立的前提条件。这里的法律义务是指行为人必须作出一定积极行为的约束，否则将承担法律责任。这里的法律义务是积极义务，也称作为义务，即当为之。第二，行为人具有履行特定法律义务的可能却未履行，这是不作为成立的客观条件。履行特定法律义务的可能既包括行为人具有履行的能力，也包括客观上具备履行的现实可能性；而未履行则包括不履行和没有完全履行，即能为而不为之。第三，行为人未履行特定的法律义务具有社会危害性。这是不作为成立的本质特征。

2. 不作为中特定作为义务来源。行为人负有特定作为义务是不作为成立的前提条件，特定作为义务来源，是不作为犯罪理论的核心问题。不作为中的特定作为义务是具有法律意义的义务，应当严格区别于道德义务、宗教义务等一般社会意义上的义务，但又不应以法律明文规定为限。一般认为，不作为的特定法律义务来源包括以下几个方面：

第一，法律明文规定的义务，即法定义务。这里的法律包括国家根据立法法制定的一切具有约束力的法律。包括刑法在内的一切法律所规定的作为义务，都可能成为不作为成立的前提，如婚姻法规定的抚养、赡养义务，税法规定的纳税义务，等等。当然，不履行非刑事法律规定的作为义务是否成立刑法意义上的不作为，必须有刑法的明确规定或者确认。

第二，职务或者业务上的要求，即职责。从严格意义上讲，职务、业务上的要求属于法律明文规定的义务，多见于法律、法规、条例或规章中。但是与一般的法律明文规定的义务相比，有着显著的特征：首先，职务或者义务上的要求以行为人担任某种职务或者从事某种业务为前提；其次，职务或者义务上的要求有时限要求，即只有在行为人担任相应职务或者从事相应业务之时，才可能产生成立不作为的作为义务；最后，职务或者义务上的要求必须限于职务或者业务范围之内。

第三，先前行为引起的义务。先前行为引起的义务，是指由于行为人的行为使刑法所保护的法益处于危险状态时所产生的、行为人负有的采取积极行为有效防止危害结果发生或者有效排除危险的特定义务。

第四，法律行为引起的义务。法律行为引起的义务，是指在法律上能够设定权利和义务的行为所引起的义务，如保姆履行雇佣合同的行为产生了其负有照顾孩子的义务。

3. 不作为犯罪的分类。由不作为形式构成的犯罪为不作为犯罪。在刑法理论上，不作为犯罪一般分为两种类型：一种是真正的不作为犯，又称纯正的不作为犯，即刑法明文规定只能由不作为形式构成的犯罪，如遗弃罪、侵占罪；另一种是不真正的不作为犯，又称不纯正的不作为犯，即不以作为形式实施的刑法规定由作为形式构成的犯罪，如母亲不尽抚养义务致婴儿饿死所构成的故意杀人罪。

（三）持有行为的归属

刑法中的持有，是指对于特定物品事实上或法律上的控制。我国刑法规定了不少以持有为行为方式的犯罪，理论上称之为持有犯。

对于持有行为的属性，我国有学者认为作为与不作为并未穷尽危害行为的表现形式，提出在作为与不作为之外还存在第三种表现形式——持有。[①] 认为持有形式的危害行为既有作为又有不作为，两种形式紧密结合，就是持有形式的特点。[②] 但对此观点持否定态度的观点亦非常鲜明，认为持有型犯罪作为一种立法现象确实有其特点，但在刑法行为论上，持有并无特殊意义。从我国内地刑法规范对持有型犯罪的规定来看，持有型犯罪有两种类型：一种只能由作为构成；另一种只能由不作为构成，因而不存在超然于作为与不作为形式之外的形式。例如，《刑法》第 128 条规定的非法持有、私藏枪支、弹药罪，第 348 条规定的非法持有毒品罪。[③]

我们认为，作为与不作为的划分已经完全涵盖了刑事立法和司法实践中的危害行为，"在实质基础上，作为与不作为两者的关系，则有如 A 与非 A，而相互对立排斥"[④]。一个刑法意义上的危害行为，要么因符合作为的特征而被认定为作为，要么与不作为的特征相符而认定为不作为；在作为与不作为之间，并不存在所谓既非作为也非不作为的中间地带，持有行为的归属亦是如此。

至于持有行为属于作为还是不作为，有观点认为持有是不作为，其主要理由包括：首先，持有违反了法定义务，即行为人持有管制物品、违禁物品等而负有及时交出的义务；其次，持有的行为人完全具备履行法定义务的可能性而没有履行。我们认为，持有行为的归属不能一概而论，应当根据刑法规范对持有型犯罪的规定来确定。在我国刑法中，持有型犯罪存在作为与不作为两种不同的表现形式。第一种是作为形式的持有型犯罪。规定作为形式

---

① 陈正云，李泽龙．持有行为——一种新型的犯罪行为态样．法学，1993（5）；储槐植．三论第三犯罪行为形式"持有"．中外法学，1994（5）；谢家友，唐世月．论持有型犯罪．法律科学，1995（4）；陈正云，孙林．论刑法上的持有行为．法制日报，1996-07-06 理论版.

② 马克昌，杨春洗，吕继贵．刑法学全书．上海科学技术文献出版社，1993：64.

③ 赵秉志．海峡两岸刑法总论比较研究（上卷）．中国人民大学出版社，1999：539.

④ 赵秉志．海峡两岸刑法总论比较研究（上卷）．中国人民大学出版社，1999：540.

的持有型犯罪的罪状表述为“非法持有……”，如《刑法》第348条规定“非法持有……”；或者表述为“明知是……而非法持有”，《刑法》第120条之六规定“明知是宣扬恐怖主义、极端主义的图书、音频视频资料或者其他物品而非法持有”。这类持有型犯罪的行为对象只能是管制物品、违禁物品，持有行为必须是非法持有，即法律禁止非法持有毒品、枪支等管制物品、违禁物品。可见，这类持有型犯罪的行为人违反的是法律规定的禁止性义务，即消极义务，其行为表现形式只能是作为。第二种是不作为形式的持有型犯罪。例如，《刑法》第270条规定“将代为保管的他人财物非法占为己有，数额较大，拒不退还的”。又如，《刑法》第395条规定“国家工作人员的财产、支出明显超过合法收入，差额巨大的，可以责令该国家工作人员说明来源，不能说明来源的”，都是不作为形式的持有型犯罪。这类持有型犯罪的共性是：首先，行为人负有特定的积极义务，如前者行为人应当退还占有的代为保管的他人财物，后者国家工作人员应当能够说明自己财产的来源；其次，行为人能够履行该特定的积极义务却不履行。这也是刑法规定持有型犯罪的原因所在。

第三节 危害结果

一、危害结果的定义和特征

刑法意义上的危害结果可以从狭义与广义两个层面理解。狭义的危害结果，是指行为人实施的危害行为对犯罪直接客体造成的损害事实，即作为犯罪客观方面要件的危害结果；广义的危害结果，则是指行为人实施的危害行为所引起的一切损害事实。狭义的危害结果直接体现危害行为的法益侵害性，是定罪的主要根据之一，是定罪结果，是界定罪与非罪的法律标准；广义的危害结果自然包括定罪结果，还包括体现危害行为的危害性程度的、影响量刑轻重的量刑结果。这里所讲的危害结果是指广义的危害结果。

危害结果具有以下特征：

第一，客观性。危害结果是客观存在的事实，既不以人的意志为转移，也不是人们的推断或者主观臆测。

第二，因果性。危害结果是危害行为所引发的结果，与危害行为相对应而存在，没有危害行为的实施，就无所谓刑法意义上的危害结果。

第三，侵害性。刑法意义上的危害结果表明刑法所保护的法益即犯罪客体受到了危害行为的侵害。如果某种危害结果是犯罪客观方面要件，该危害结果便决定着是否具有犯罪的社会危害性，是定罪的依据；如果某种危害结果不是犯罪客观方面要件，该危害结果则只影响犯罪的社会危害性程度，可以作为量刑的因素。

第四，多样性。由于刑法保护的法益、危害行为、行为对象、方法和手段等均具有多样性，危害结果作为危害行为对刑法保护的法益的侵害事实也具有多样性，可以表现为实害结果，如故意杀人行为造成的被害人死亡结果；也可以表现为对社会秩序的破坏，如倒卖文物行为对文物管理秩序的妨害。

二、危害结果的分类

以不同的标准，对危害结果可以进行不同的分类，这里主要介绍几种对定罪、量刑具有重要意义的分类。

（一）直接结果与间接结果

这是以危害结果与危害行为联系的紧密程度为标准而对危害结果进行的分类。

直接结果，是指由危害行为直接造成的侵害事实。直接结果是由危害行为直接造成的，二者之间不存在独立的另一现象作为中介，如盗窃行为造成的被害人财产损失。间接结果，是指由危害行为间接造成的侵害事实，间接结果与危害行为之间存在着独立的另一现象作为联系的中介，如负有环境保护监督管理职责的国家机关工作人员严重失职行为，导致发生重大环境污染事故致使公私财产遭受重大损失或者造成人身伤亡的结果，这里的危害结果与失职行为之间必然存在着他人污染环境的行为作为中介，否则该危害结果就不会发生。直接结果与间接结果都可能是区分罪与非罪界限的定罪结果，也都有可能是影响量刑轻重的量刑结果。

（二）物质性结果与非物质性结果

这是以危害结果的表现形态为标准进行的分类。物质性结果又称有形的结果，是指危害行为造成的，可以具体确定、可以计算或测量的、有形的危害结果。物质性结果是通过感知直接认知的，如造成的被害人的伤亡、财产损失等。非物质性结果又称无形的结果，是指危害行为引起的不能具体确定、不能计算或测量的、无形的危害结果。非物质性结果虽然无形，看不见、摸不着，但是它是客观存在的，是能够被认识和理解的，如造成的对个人名誉、人格的损害，对社会秩序的破坏等。物质性结果与非物质性结果都有可能是确定罪与非罪界限的定罪结果，也都有可能是影响量刑轻重的量刑结果。

（三）构成结果与非构成结果

这是以危害结果是否犯罪构成要件为标准进行的分类。

构成结果，即作为犯罪构成要件的危害结果，是指犯罪成立必须具备的犯罪客观方面要件的危害结果。构成结果就是狭义的危害结果，如对被害人生命权的侵害是故意杀人罪成立的要件。应当注意的是，刑法明文规定以物质性危害结果为构成结果的情形下，构成结果是过失犯罪和间接故意犯罪的必备要件，没有构成结果，过失犯罪与间接故意犯罪就不能成立；但却不是直接故意犯罪成立与否的标志，构成结果往往只是直接故意犯罪是否完成的标志，即区分犯罪完成形态与未完成形态的标志。非构成结果，是指不属于犯罪构成要件的危害结果。非构成结果不是犯罪成立的必备要件，对定罪没有直接的影响，但可能影响着量刑的轻重。

第四节　危害行为与危害结果之间的因果关系

一、危害行为与危害结果之间的因果关系的定义

危害行为与危害结果之间的因果关系，即刑法上的因果关系，是指行为人实施的某种危害行为与所发生的某种物质性危害结果之间的引起与被引起的关系。应当注意，由于非物质性危害结果的不可确定性，对造成非物质性危害结果的犯罪，在刑事立法中都规定为行为（举动）犯，因而无须考察因果关系。

刑法上的因果关系是刑法理论上的一个非常复杂的问题。该问题并非研究危害行为或者危害结果本身，而是研究某种所发生的危害结果是由某种危害行为如何造成的，并通过其确定某种危害行为与某种危害结果之间的因果关系。按照现代刑法的罪责自负原则，一个人只能对自己实施的行为及其造成的危害结果承担刑事责任。因此查明刑法上的因果关系，对解决行为人的刑事责任具有极其重要的意义，是奠定行为人承担刑事责任的客观基础。

二、危害行为与危害结果之间的因果关系的特征

对刑法上的因果关系的研究和把握，应当以辩证唯物主义因果关系理论为指导。一般认为，刑法上的因果关系应当具有以下特征：

第一，客观性。因果关系是客观世界中客观事物之间的引起与被引起的关系，是客观存在，不涉及任何主观内容。虽然因果关系可以被人们认识和利用，但是它却不以人的意志为转移。刑法上的因果关系亦然，它既不以行为人主观上是否预见为转移，也不以司法人员的主观判断而改变。因此在认定刑法上的因果关系时，必须从实际出发，根据客观存在的事实和规律进行认定和判断，而不能仅凭抽象分析，更不能主观臆断。

第二，相对性。客观世界的一切事物（现象）都是普遍联系和相互制约

的。在普遍联系的客观世界中，某一对现象中的原因可能是另一对现象中的结果；而某一现象引起的结果又可能是另一现象的原因。因而在普遍联系的事物链条中，因果关系只具有相对的意义。刑法上的因果关系也一样，其相对性表现在只是刑法意义上的危害行为与刑法意义上的危害结果之间的因果关系。

第三，时间顺序性。从因果关系的发生时间来看，原因在先，结果在后，二者的顺序不能颠倒。因此在刑法上的因果关系中，只有在危害结果发生以前实施的危害行为才有可能是原因，也只有在危害行为实施以后发生的危害结果才有可能是结果；危害结果发生后的危害行为与危害结果之间，危害行为与其实施前发生的危害结果之间，均不具有刑法上的因果关系。

第四，条件性。因果关系的发生通常依赖于一定的条件。在一般情况下某一危害行为不会引发某种危害结果，但在特定的时间、环境、对象等因素等存在时就有可能发生；甚至相同的危害行为在不同的具体条件（时间、地点、对象）下会发生不同的危害结果。因此刑法上的因果关系的认定，表现为结合危害行为与危害结果发生的具体时间、地点等因素综合分析认定。

第五，复杂性。客观事物普遍联系的多样性决定了因果关系的复杂性。危害行为和危害结果的表现形式以及二者相互作用方式的多样型决定了刑法上的因果关系同样具有复杂性，刑法上的因果关系的复杂性表现为其表现形式的多样性。具体表现形式如下：（1）一因一果，即一个危害行为引起一个危害结果的情形。这是最简单的因果关系形式。（2）一因多果，即一个危害行为统一引起多个危害结果的情形。在这种情形下，应当区分主要结果与次要结果、直接结果与间接结果，才能正确定罪量刑。（3）多因一果，即某一个危害结果是由多个危害行为共同造成的情形。主要表现在以下两种情况：一种情况是责任事故类犯罪。这类犯罪案件的发生往往是多人的过失行为所致，还多与主客观因素交织在一起，因果关系非常复杂。必须分清主要原因与次要原因、主观原因与客观原因、直接结果与间接结果等，才能正确解决刑事责任。另一种情况是共同犯罪。在共同犯罪案件中，每个共同犯罪人的危害行为的共同作用造成了危害结果，因而每个共同犯罪人的危害行为都与发生的危害结果之间存在因果关系，但是应当分清主要原因与次要原因，划分各共同犯罪人的刑事责任。根据我国刑法规定，根据共同犯罪人在共同犯罪中所起的作用的主次确定其刑事责任的大小。（4）多因多果，即多个危害行为同时或者先后引起多个危害结果的情形。在这种情形下，应当不仅要分清主要原因与次要原因、主要结果与次要结果等，还应查明多个危害行为之间、多个危害结果之间的关系，确定一罪与数罪的认定、责任事故类犯罪的刑事责任，或者共同犯罪人的刑事责任大小等。

三、刑法上的因果关系与刑事责任的关系

罪责自负是现代刑法理论的基本原则，也是我国刑法主张的追究行为人刑事责任的基本原则。该原则要求，一个人只能对自己实施的危害行为及其所造成的危害结果承担刑事责任。据此，要使某人对已经发生的某种危害结果承担刑事责任，就必须查明他所实施的危害行为与该危害结果之间具有刑法上的因果关系。刑法上的因果关系是在危害结果发生时追究刑事责任的必要条件，即只有行为人的危害行为与所发生的危害结果之间存在刑法上的因果关系，才可能追究行为人的刑事责任；如果行为人的危害行为与所发生的危害结果之间不存在刑法上的因果关系，则行为人不应当对该危害结果承担刑事责任。

值得注意的是，危害行为与危害结果之间存在刑法上的因果关系，只具备了追究行为人刑事责任的客观基础，并非意味着行为人一定对该危害结果承担刑事责任。因为行为人承担刑事责任的充分条件是其行为符合犯罪构成，而犯罪构成是主观与客观相统一的有机整体。行为人的危害行为与危害结果之间存在刑法上的因果关系，只是具备了犯罪客观方面，行为人对自己的危害行为造成的危害结果承担刑事责任，还必须在主观上具备犯罪的故意或者犯罪的过失，还必须具有刑事责任能力。如果仅因危害行为与危害结果之间具有因果关系就追究行为人的刑事责任，则违背了主观与客观相统一的犯罪构成原理，会陷入客观归罪的错误。

四、因果关系的必然联系与偶然联系

由于因果关系的复杂性决定了事物之间的引起与被引起的形式也复杂多样，据此在刑法学理论界存在着两种不同的观点。

一种观点为必然因果关系说，该观点认为，刑法上的因果关系是指危害行为与危害结果之间的内在的、必然的合乎规律的引起与被引起的联系，即因果关系的必然联系。也就是说，刑法上的因果关系只有必然因果关系，偶然因果关系是不存在的，在必然因果关系以外的与其有关联的事物或现象都是条件，只有内在的必然联系才是行为人负刑事责任的客观基础。主要根据是：第一，马克思主义哲学确认因果关系是内在的必然联系，其运用于刑法上的因果关系，即危害行为与危害结果之间的因果关系，也只能是内在的必然联系。第二，客观事物的发展规律说明了因果关系是必然的联系。客观世界的事物之所以能发展成为另一事物，是存在着自身变化发展的客观规律的。在充分满足了其客观规律要求的全部条件时，一种事物就一定会引起某种结果。如果这一事物不具备使之变化发展的全部条件，就不会引起某种结果，是不可能偶然地引起某种结果的。第三，因果关系的性质决定其必然联系是

在一定条件下的必然性。事物的变化发展是在一定条件下发生的，缺少了相应的条件，事物就不会发生变化发展；在不同的条件下，事物会发生不同的变化发展进而产生不同的结果。因此因果关系的必然性是在一定条件制约下的必然性。但是不能把条件与因果关系混为一谈。

另一个观点为偶然因果关系，该观点认为，刑法上的因果关系，既有作为基本形式的必然因果关系，也有作为补充形式的偶然因果关系。所谓偶然因果关系，是指某一行为本身并不包含产生某种危害结果的内在必然性，但在其发展过程中，由于偶然地同另一个因果关系发展过程相交错，而由后来介入的这一原因合乎规律地引起了该危害结果，因而该行为与所发生的危害结果之间存在联系，这种联系即因果关系的偶然联系。偶然因果关系也可以作为负刑事责任的客观基础。其主要根据是：第一，原因与结果、必然性与偶然性是两个不同的范畴，无论是必然性还是偶然性都包含着因果性。如果认为因果关系之内是必然联系，就是将因果性与必然性混为一谈。第二，因果关系的必然性与偶然性是辩证统一的。一切事物的必然性都不能脱离偶然性的存在，必然性是产生某一事物的内在根据，偶然性则是事物发展过程中可能出现，也可能不出现某一现象，或者可以出现这样的现象，也可以出现那样的现象。第三，刑法上因果关系的必然联系和偶然联系都是客观存在的、不以人的意志为转移的事实。某行为虽然不含有产生某种危害结果的必然性，却因偶然与某一因果过程交错而发生了该危害结果，那么行为与所发生的危害结果之间就是偶然因果关系。只有承认偶然因果关系与必然因果关系并存，才能正确解决刑事责任问题。

我们认为，绝对否认偶然因果关系与绝对肯定偶然因果关系作为刑事责任的客观基础都有其片面性。首先，偶然因果关系与必然因果关系一样是不以人的意志为转移的客观存在；其次，并非所有的偶然因果关系都可以作为行为人负刑事责任的客观基础。实际上，只有由行为人积极促使其行为与危害结果形成的偶然因果关系，才可以作为其负刑事责任的客观基础；如果行为人的行为只是消极地与某因果进程交叉而与某种危害结果形成偶然因果关系，则不能作为行为人负刑事责任的客观基础。

五、不作为犯罪的因果关系

对于不作为犯罪的因果关系，刑法理论上存在不同的观点。

“否定论”认为，不作为是人的消极静止的行为，对外界事物不起任何变更作用，是“无”，“无不能生有”，因此在不作为犯罪中不存在因果关系问题。

“准因果关系说”认为，不作为犯罪在客观事实上不存在因果关系，但在法律上将不作为视为引起危害结果的原因，与作为犯罪同等看待，它是一种法律拟制的因果关系。

我们认为，不作为是危害行为的表现形式之一，它与危害结果之间存在刑法上的因果关系，而且不作为危害行为与危害结果之间的因果关系并非法律拟制，而是客观存在的。不作为危害行为的原因性，在于其应当阻止却没有阻止危险发展的进程，从而引起危害结果的发生。事实上，不作为犯罪的因果关系与作为犯罪的因果关系一样是客观存在的，否认不作为犯罪因果关系的客观性，就是否认了不作为犯罪负刑事责任的客观基础。

第五节　犯罪客观方面的其他要素

犯罪客观方面的其他要素，是指危害行为、危害结果以外的，说明行为对法益造成侵害及其程度的客观因素。其主要包括特定的时间、地点和方法（手段）等客观条件。任何犯罪都发生在一定的时间、地点，采取一定的方法（手段）实施的，但是只有刑法明文规定必须具备特定的时间、地点或者方法（手段）时，该特定的时间、地点或者方法（手段）才是特定犯罪的构成要件，即犯罪的时间、地点和方法（手段）是犯罪构成的选择要件。根据在犯罪中的作用不同，可以将其分为构成要件的时间、地点、方法与作为量刑情节的时间、地点、方法。

一、构成要件的时间、地点、方法（手段）

构成要件的时间，是指刑法分则条文规定的，成立某具体犯罪必须具备的具体时间。例如，《刑法》第 421 条规定的战时违抗命令罪，要求违抗命令行为必须在战时实施。如果行为人实施的违抗命令行为不是在战时，则不能成立本罪。在这种情况下，法定的犯罪时间就是犯罪构成要件的时间，是区分罪与非罪的界限。

构成要件的地点，是指刑法分则条文规定的，成立某具体犯罪必须具备的具体地点。例如，《刑法》第 444 条规定的遗弃伤病军人罪，犯罪地点必须是在战场上。如果遗弃伤病军人的行为不是在战场上实施的，就不能成立本罪。在这种情况下，法定的犯罪地点是犯罪构成要件的地点，是区分罪与非罪的界限。

构成要件的方法（手段），是指刑法分则条文规定的，成立某具体犯罪必须具备的具体方法（手段）。例如，《刑法》第 262 条之一规定的组织残疾人、儿童乞讨罪，必须以暴力、胁迫方法实施，否则，便不成立本罪。在这种情况下，法定的方法（手段）是犯罪构成要件的方法（手段），是区分罪与非罪的界限。特定的方法（手段）也可能是区分此罪与彼罪的界限，如抢劫罪、盗窃罪、抢夺罪、诈骗罪等侵犯财产犯罪的区分，主要是以实施犯罪的手段为标准的。

二、作为量刑情节的时间、地点、方法（手段）

虽然对多数犯罪而言，犯罪的时间、地点和方法（手段）并不是犯罪成立所必须具备的客观要件，但因其在客观上影响到犯罪行为的社会危害性大小，甚至还能在一定程度上反映出行为人主观恶性的大小，所以应当作为影响量刑轻重的犯罪情节，以实现罪责刑相适应原则的要求。作为量刑情节的时间、地点和方法（手段），有的是由刑法明文规定影响处罚轻重，如《刑法》第263条对入户抢劫、在公共交通工具上抢劫的，规定了更为严厉的法定刑；有的虽然没有刑法的明文规定，但犯罪的时间、地点和方法（手段）反映了行为的社会危害程度和行为人主观恶性大小，如盗窃行为在灾害发生的地区、时期还是正常地区、时期实施相比，杀人行为实施的地点是公共场合还是偏僻地方相比，抢劫行为以实施暴力的方法还是以胁迫的方法相比，前者的社会危害程度显然大于后者，所以对量刑也应当有一定的影响。

第七章

犯罪主体

第一节 犯罪主体概述

一、犯罪主体的定义

我国刑法理论一般认为，犯罪主体是指实施危害社会的行为，依法应当负刑事责任的自然人和单位。据此，我国刑法规定的犯罪主体分为两大类：自然人犯罪主体和单位犯罪主体。根据我国《刑法》第30条的规定，单位成为犯罪主体，必须以刑法分则条文有明确规定为限。因而单位犯罪主体在我国刑法中并不具有普遍性，只有自然人才是我国刑法中最基本、具有普遍意义的犯罪主体。鉴于此，本章除第五节专门对单位犯罪进行阐述外，其余各节内容均为有关自然人犯罪主体的问题。

所谓自然人犯罪主体，是指具备刑事责任能力，实施危害社会的行为，依法应当负刑事责任的自然人。因此仅仅具备了刑事责任能力的自然人还不能称之为犯罪主体，只有在其实施了危害社会的行为并触犯刑事法律，依法应当负刑事责任时，该自然人才能成为犯罪主体。

二、自然人犯罪主体的共同要件

犯罪主体的要件是与犯罪主体的定义既密切相关又有所区别的一个范畴。犯罪主体的定义概括地揭示犯罪主体的本质特征，犯罪主体的要件则具体地反映其本质特征。确定犯罪主体的要件应以犯罪主体的定义为基本依据。但是并非犯罪主体定义包括的所有内容都是犯罪主体的要件，对于自然人犯罪主体而言，只有自然人的人身特征才属于犯罪主体要件的范畴。至于实施危害社会行为的内容，则属于犯罪客观方面研究的范围。从中外各国刑法规定看，犯罪主体常有一般犯罪主体与特殊犯罪主体之分。对于特殊犯罪主体的要件，本章第四节中将有专门论述，这里仅论述一般犯罪主体的要件，即一切犯罪主体都必须具备的共同要件。

我国刑法中，自然人犯罪主体具备以下两个共同要件：

（一）犯罪主体必须是自然人

所谓自然人，是指具有生命存在的人类之独立个体。自然人的人格即资格，始于出生，终于死亡。这一要件表明，在古代中外刑法或刑事司法中曾出现过的刑及禽兽、昆虫，罚及风雨、物品，甚至对尸体定罪处刑的现象在我国刑法中是不存在的。这主要是因为，犯罪是在人的一定意识和意志支配下实施的行为，是主客观要件的统一，刑罚也只有加之于有生命的人才能达到预防犯罪的目的。因此将自然人以外之物乃至自然现象作为犯罪主体不仅有悖于主客观相统一原则，也没有任何实际意义。当然，如果人利用动物来实现其犯罪意图的，并非不能以犯罪予以惩罚。但这时的犯罪主体是作为利用者的人，动物则不过是犯罪工具而已。

（二）作为自然人的犯罪主体必须具备刑事责任能力

刑事责任能力，是指人辨认和控制自己行为的能力。这种能力与犯罪的成立密切相关，属于法律规定的一种犯罪能力或资格。人并非生而具有犯罪主体资格，而是受其年龄、精神状况等因素的制约与影响。只有那些达到一定的年龄、精神正常因而具备刑事责任能力的自然人才能成为犯罪主体。因此刑事责任能力是犯罪主体的核心要件。

第二节　刑事责任能力

一、刑事责任能力的定义和内容

（一）刑事责任能力的定义

刑事责任能力，简称责任能力，是指行为人构成犯罪所必须具备的刑法意义上的辨认和控制自己行为的能力。

刑事责任能力的本质，在于人实施行为时具备相对自由的意志能力，即行为人实施刑法所禁止的危害社会的行为时，具备相对自由的认识和抉择的能力。因此刑事责任能力首先是一种犯罪能力。同时由于犯罪的当然后果是承担刑事责任，因此刑事责任能力也是行为人承担刑事责任的能力。

一般来说，人达到一定年龄之后，智力发育正常，就自然具备了刑事责任能力。但是因精神状况、生理功能缺陷、年龄变化等原因，也可能导致刑事责任能力不具备、丧失或者减弱。具备刑事责任能力的人，只要实施了刑法所禁止的行为，就成为犯罪主体并承担刑事责任；不具备刑事责任能力的人，即使实施了客观上危害社会的行为，也不能成为犯罪主体，不能对其追究刑事责任；刑事责任能力减弱的人，刑事责任相应地适当减轻。因此刑事责任能力对于犯罪主体的成立与否以及行为人的责任轻重，有着至关重要的作用。

(二) 刑事责任能力的内容

刑事责任能力的内容，包括刑法意义上的辨认能力与控制能力两个方面。辨认能力，是指行为人理解自己的行为在刑法意义上的性质、后果、意义的分辨认识能力；控制能力，是指行为人是否实施触犯刑法的行为的选择和决定能力。

刑事责任能力是辨认能力与控制能力的有机统一。一方面，辨认能力是刑事责任能力的基础。只有具备刑法上的辨认能力，才谈得上具有选择和决定是否实施触犯刑法的危害行为的能力。不具备辨认能力，就不具备控制能力，自然也不存在刑事责任能力。例如，幼儿对客观世界基本上没有认识能力，所以就谈不上具有选择、决定实施什么行为的能力，当然也就没有刑事责任能力。另一方面，控制能力是刑事责任能力的关键。控制能力的存在以具备辨认能力为前提，但是具有辨认能力并不必然意味着具有控制能力。如果不具备控制能力，即使具有辨认能力，仍然没有刑事责任能力。如因不可抗力而不能履行法律义务，即使造成了严重危害，也不能追究其刑事责任，因为行为人缺乏控制自己行为的能力，所以没有刑事责任能力。总之，辨认能力与控制能力缺一不可，才具备刑事责任能力。

二、刑事责任能力的程度

人的刑事责任能力的有无及大小，受两个方面因素的影响：一是人的知识和智力成熟程度，二是人的精神即人的大脑功能正常与否的状况。前者主要受年龄因素的制约，此外也会受某些重要生理器官功能的影响；后者则受人是否患精神疾病及精神疾病的种类、程度的影响。只有知识和智力成熟而且精神正常的人，才具有刑事责任能力。

一般来说，人到了一定的年龄，其知识和智力大多都能发展到一定的成熟程度，因而也就具备了相应程度的刑事责任能力。所以各国刑法一般以年龄为基本标志，规定了正常的自然人的刑事责任能力的界限。同时考虑到有的人尽管达到一定年龄，但由于精神不正常等因素影响其刑事责任能力，所以往往还对精神病患者以及某些重要生理器官功能丧失者的刑事责任能力具备与否作出专门规定。

根据人的年龄、精神状况等因素影响刑事责任能力的实际情况，我国

《刑法》将刑事责任能力程度划分为以下四种类型：

（一）完全刑事责任能力

完全刑事责任能力，简称完全责任能力，是指行为人具备完全正常的辨认和控制自己行为的能力。根据我国《刑法》规定，凡年满 18 周岁、精神正常并且重要生理功能健全的人，都属完全刑事责任能力人。完全刑事责任能力人实施犯罪行为的，应当依法负全部的刑事责任。

（二）完全无刑事责任能力

完全无刑事责任能力，简称完全无责任能力或无责任能力，是指行为人完全不具备刑法意义上的辨认或控制自己行为的能力。完全无责任能力的人包括两类：一类是未达到最低刑事责任年龄的幼年人；另一类是行为时因精神疾病而不能辨认或控制自己行为的精神病人。根据我国《刑法》规定，不满 12 周岁的人和行为时因精神疾病而不能辨认或者控制自己行为的人为完全无责任能力人。完全无刑事责任能力人实施刑法禁止的危害行为的，不负刑事责任。

（三）相对无刑事责任能力

相对无刑事责任能力，也称相对有刑事责任能力，是指行为人仅仅对刑法所明确限定的某些严重犯罪具有刑事责任能力，而对未明确限定的其他危害行为没有刑事责任能力。根据我国《刑法》规定，相对无责任能力人是已满 12 周岁未满 16 周岁的人。

（四）减轻刑事责任能力

减轻刑事责任能力，也称限制刑事责任能力、部分刑事责任能力，是指行为人因年龄、精神状况等原因，致使其在实施刑法所禁止的危害行为时，辨认能力或控制能力有所减弱但又并未完全丧失的情况。限制刑事责任能力是介于完全无刑事责任能力与完全刑事责任能力之间的中间状态，对限制刑事责任能力人追究刑事责任时，应当或可以从宽处罚。我国刑法规定的减轻刑事责任能力人包括五种：一是已满 12 周岁不满 18 周岁的未成年人；二是已满 75 周岁的人；三是尚未完全丧失辨认和控制自己行为能力的精神病人；四是又聋又哑的人；五是盲人。

第三节　影响刑事责任能力的因素

一、刑事责任年龄

（一）刑事责任年龄的定义和意义

刑事责任年龄，简称责任年龄，是指法律规定的行为人对自己所实施的刑法所禁止的危害行为承担刑事责任必须达到的年龄。

犯罪是具备辨认和控制能力的人在其主观意识和意志支配下实施的危害社会的行为，由于辨认和控制能力取决于人的知识和智力以及人的精神状况，因此它必然首先要受到人的年龄的制约。达到一定的年龄，是行为人具备刑事责任能力而成为犯罪主体的前提条件。

随着年龄的变化，人的辨认和控制能力存在一个从无到有、从不完备到完备再到逐渐减弱的过程。根据人的年龄与刑事责任能力的这种关系，我国刑法确立了刑事责任年龄制度，从年龄上划定了负刑事责任的范围，以解决不同年龄人刑事责任的有无及其轻重问题。对于正确认识刑事责任年龄与刑事责任能力的关系，对于在司法实践中正确定罪量刑具有重要意义。

（二）刑事责任年龄阶段的划分

责任年龄在古今中外刑事立法中都有所规定，但内容各有不同。按照对少年儿童危害行为实行教育为主、惩罚为辅的刑事政策，结合我国政治、经济、文化教育状况以及少年儿童的成长过程，我国《刑法》第 17 条、第 17 条之一对刑事责任年龄作了集中规定，把刑事责任年龄划分为以下四个阶段：

1. 完全不负刑事责任年龄阶段。根据《刑法》第 17 条的规定，不满 12 周岁，是完全不负刑事责任年龄阶段。不满 12 周岁的人尚处于幼年时期，身心发育尚未成熟，还不具备必要的辨认是非善恶和控制自己行为的能力，即使他们实施危害社会的行为，也主要是年幼无知的表现。因此不满 12 周岁的人实施任何刑法所禁止的行为，均不能追究刑事责任。当然，对此并非一概不管，而应当责令其父母或者其他监护人加强管教，必要时也可依法进行专门矫治教育。

2. 相对负刑事责任年龄阶段。根据《刑法》第 17 条第 2 款、第 3 款的规定，已满 12 周岁不满 16 周岁，是相对负刑事责任年龄阶段。具体分为两种类型：（1）已满 12 周岁不满 14 周岁。这一年龄阶段的人仅对伤害、杀人等极其严重的犯罪行为具有辨认控制能力，因此法律仅规定这类人“犯故意杀人、故意伤害罪，致人死亡或者以特别残忍手段致人重伤造成严重残疾，情节恶劣，经最高人民检察院核准追诉的，应当负刑事责任。（2）已满 14 周岁不满 16 周岁。达到这一年龄段的人，对一些严重危害行为具备一定的辨认与控制能力，因此法律要求他们对“故意杀人、故意伤害致人重伤或者死亡、强奸、抢劫、贩卖毒品、放火、爆炸、投放危险物质罪”这些严重危害社会行为，承担刑事责任。当然，对实施其他危害行为不予刑事处罚的，同样应责令其父母或者其他监护人加以管教，在必要的时候也可以依法进行专门矫治教育。

3. 完全负刑事责任年龄阶段。根据《刑法》第 17 条第 1 款的规定，已满 16 周岁的人犯罪，应当负刑事责任。因此已满 16 周岁，是完全负刑事责任年龄阶段。由于已满16周岁的人的生理和智力已有相当的发展，具有了一定的社会知识和分辨是非善恶的能力，我国刑法要求他们对自己实施的刑法所禁止的一切危害行为承担刑事责任。

4. 减轻刑事责任年龄阶段。根据《刑法》第17条第4款、第17条之一的规定，已满12周岁不满18周岁的人和已满75周岁的人，是减轻刑事责任年龄阶段。前者犯罪的，应当从轻或者减轻处罚。后者故意犯罪的，可以从轻或者减轻处罚，过失犯罪的，应从轻或者减轻处罚。

（三）刑事责任年龄的计算

刑事责任年龄，是指实足年龄即周岁。对于刑事责任年龄的计算，根据有关司法解释[①]，应注意以下几点：第一，周岁应当一律按照公历的年、月、日计算。第二，1周岁以12个月计算，每满12个月即为满1周岁。第三，每满12个月即满1周岁应以日计算，而且是过了几周岁生日，从第二天起，才认为已满几周岁。例如，被告人1987年5月1日出生，至1999年5月2日为已满12周岁，至2003年5月2日为已满16周岁，至2005年5月2日为已满18周岁。因此对12周岁生日当天实施危害行为的，应视为不满12周岁，不能追究刑事责任；对16周岁生日当天实施危害行为的，应视为不满16周岁，只能令其对法定的严重犯罪负刑事责任；对18周岁生日当天犯罪的，应视为不满18周岁，对其适用“从轻或者减轻处罚”的原则，并且不得适用死刑。这里尤其要强调，法律规定的刑事责任年龄界限，不容许存在任何弹性，这是罪刑法定原则的必然要求。如果允许突破这种界限，刑法关于刑事责任年龄的规定就失去了限制作用，这必然使法治遭到破坏。

遇到行为人实施危害行为时年龄不清的案件，司法实践一般采取的查核被告人年龄的具体做法是：第一，认真讯问被告人并核实其供述的内容。第二，查阅被告的档案、户口簿、现在派出所的户口底册、出生地派出所的户口底册等证件关于年龄的文字记载。第三，深入调查了解，到被告人的出生地、出生医院、所在单位、学校了解，向被告人的四邻、同学、同事、同时出生的人询问，等等。在此基础上，对调查了解到的有关证据材料进行去伪存真的审查判断和精确的计算，从而准确有据地认定被告人的真实年龄。针对行为人不讲真实姓名、住址，年龄不明这类情况，根据司法解释[②]，可以委托进行骨龄鉴定或其他科学鉴定，经审查，鉴定结论能够准确确定犯罪嫌疑人实施犯罪行为时的年龄的，可以作为判断犯罪嫌疑人年龄的证据使用。如果鉴定结论不能准确确定犯罪嫌疑人实施犯罪行为时的年龄，而且鉴定结论

① 2006年最高人民法院《关于审理未成年人刑事案件具体应用法律若干问题的解释》；2013年最高人民检察院《人民检察院办理未成年人刑事案件的规定》。

② 2000年最高人民检察院《关于“骨龄鉴定”能否作为确定刑事责任年龄证据使用的批复》。

又表明犯罪嫌疑人行为时年龄在刑法规定的应负刑事责任年龄上下的，应当依法慎重处理。根据司法解释[①]，对于没有充分证据证明被告人实施被指控的犯罪时已经达到法定刑事责任年龄且确实无法查明的，应当推定其没有达到相应法定刑事责任年龄。相关证据足以证明被告人实施被指控的犯罪时已经达到法定刑事责任年龄，但是无法准确查明被告人具体出生日期的，应当认定其达到相应法定刑事责任年龄。

（四）未成年人犯罪案件的处理

《未成年人保护法》第 2 条规定："本法所称未成年人是指未满十八周岁的公民。"根据我国《刑法》的规定，不满 12 周岁的人实施的任何行为均不存在构成犯罪的问题，所以我国的未成年人犯罪是指已满 12 周岁不满 18 周岁的人依法构成的犯罪。

1. 未成年人犯罪案件的处理原则。未成年人具有不同于成年人的生理和心理特点，其既有容易受影响、诱骗而走上犯罪道路的一面，又有可塑性大、容易接受教育改造的一面。因此各国都对未成年人犯罪采取与成年人犯罪有所区别的处理方式。我国根据刑事政策和贯彻刑罚目的的需要，对未成年人犯罪案件采取以下三项特殊的处理原则：

（1）从宽处罚的原则。根据我国《刑法》第 17 条第 4 款的规定，已满 12 周岁不满 18 周岁的人犯罪，应当从轻或者减轻处罚。这是对未成年人犯罪从宽处罚原则的规定。这一原则是基于未成年人刑事责任能力不完备的特点而确立的，反映了罪责刑相适应原则以及刑罚目的的要求。所谓应当，是指凡是未成年人犯罪都必须予以从宽处罚。从宽处罚是相对成年人犯罪而言的，即在犯罪性质和其他犯罪情节相同或基本相同的情况下，对未成年人犯罪要比照对成年人犯罪的处罚予以从轻或减轻处罚。至于是从轻还是减轻以及从轻或减轻的幅度，则由司法机关根据案件的具体情节确定。

（2）不适用死刑的原则。根据《刑法》第 49 条的规定，犯罪的时候不满 18 周岁的人和审判的时候怀孕的妇女，不适用死刑；根据这一规定，对于犯罪时尚未满 18 周岁的未成年人，不管其受审判时是否已满 18 周岁，一律不得适用死刑。所谓不适用死刑，是指不允许判处死刑，包括不允许判处死刑宣告缓期 2 年执行，而不仅仅是"不执行死刑"，也不是说等满 18 周岁再判决、执行死刑。此外，《刑法》第 49 条第 2 款还规定，审判的时候已满 75 周岁的人，不适用死刑，但以特别残忍手段致人死亡的除外。

（3）免除前科报告义务。根据《刑法》第 100 条第 1 款的规定，依法受过刑事处罚的人，在入伍、就业的时候，应当如实向有关单位报告自己曾受过刑事处罚，不得隐瞒。这是我国刑法所规定的前科报告义务。为了有利于

① 2006 年最高人民法院《关于审理未成年人刑事案件具体应用法律若干问题的解释》。

未成年人的教育改造，《刑法》第100条第2款规定，犯罪的时候不满18周岁被判处5年有期徒刑以下刑罚的人，免除前科报告义务。

2. 跨年龄段的危害行为的刑事责任问题。所谓跨年龄段的危害行为，是指行为人实施的刑法所禁止的危害行为从一个刑事责任年龄阶段延续到另一个刑事责任年龄阶段，或者行为人在不同的刑事责任年龄阶段均实施了刑法所禁止的危害行为。由于在不同的刑事责任年龄阶段所实施的危害行为的刑法意义各不相同，所以对跨年龄段的危害行为的刑事责任问题需慎重处理。

对于跨年龄段的危害行为的刑事责任，总的来说，应该按照不同刑事责任年龄阶段分别认定和处理。因为刑法规定不同刑事责任年龄阶段的目的之一，就是要求根据行为人的年龄大小分别确定其行为是否应当负刑事责任以及负多大的刑事责任。具体地说，行为人在已满12周岁不满16周岁期间实施了《刑法》第17条第2款规定的八种犯罪行为或者第3款规定的两种犯罪行为，并且在未满12周岁时也实施过相同的危害行为，对此不能一并追究刑事责任，而只能追究已满12周岁以后实施的犯罪的刑事责任。行为人年满16周岁后实施了某种犯罪，并在已满12周岁不满16周岁期间也实施过相同的危害行为，如果已满12周岁不满16周岁期间实施的行为属于《刑法》第17条第2款规定的八种犯罪行为或者第3款规定的两种犯罪行为的，应一并追究刑事责任；如果不属于，则只能追究已满16周岁以后实施的犯罪的刑事责任。行为人在年满18周岁实施了某种犯罪，并在不满18周岁期间也实施过相同性质的犯罪的，虽然可以按同种犯罪一并追究刑事责任，但由于部分罪行是在未满18周岁期间实施的，所以在处罚时应适当从宽；如果实施的犯罪属于可以判处死刑的，是否适用死刑取决于其年满18周岁以后的罪行是否极其严重，而不能将未满18周岁期间的罪行作为判断因素。

二、精神障碍

达到一定年龄而精神正常的人，由于其知识和智力得到一定程度的发展，因而一般来说就具备了相应的刑事责任能力。但是如果存在精神障碍，尤其是存在精神病性精神障碍，就可能影响其刑事责任能力，使其刑事责任能力减弱甚至不具备，进而影响其实施危害行为时的刑事责任。

判断行为人是否存在精神障碍并影响其责任能力，必须借助一定的标准，即医学标准和心理学标准。

医学标准也称为生物学标准，是指以是否具有精神障碍作为判定行为人刑事责任能力的标准。依据这一标准，认定为完全无刑事责任的精神病人，要求行为人必须患有精神病。所谓精神病，是人体内外各种致病因素导致大脑机能失调而引起的各种严重精神障碍性疾病的总称。在司法精神病学上，一般将精神病分为两类：一类是因脑部发生明显病理性变化所导致的器质性精神病，如癫痫性精神病、中毒性精神病等；另一类是因心理因素引起而脑部并无明显病理变化的功能性精神病，如精神分裂症、偏执性精神病（即妄想症）、情感性精神病（即躁郁症）、严重精神发育迟滞（如先天性痴呆）等。

心理学标准也称为法学标准，是指以是否具有辨别是非、控制自己行为的能力作为判定行为人是否具有刑事责任能力的标准。依据这一标准，认定为完全无刑事责任的精神病人，要求行为人必须在行为时丧失了辨认或者控制自己行为的能力。也就是说，行为人实施危害行为时必须正处于精神病的发病期，而不是缓解或间歇期。而且由于其精神病理的作用，使其行为人行为时丧失或减弱了辨认或者控制自己行为的能力。

以上述两种标准判断刑事责任能力，结果可能并不一样。一般来说，依医学标准判断得出的结果较为宽泛，因为只要行为人患有精神病，就可以判定为无刑事责任能力者。但精神病本身极为复杂，难以成为判断刑事责任能力的唯一标准，而且刑事责任能力的核心内容是行为人的辨认和控制能力，精神病人刑事责任能力的判断不能摒弃心理学标准。因此包括我国在内的世界上多数国家都兼采包括医学标准和心理学标准在内的混合标准。

我国《刑法》第 18 条专门规定了精神病人的刑事责任问题。根据这一规定，精神病人的刑事责任包括完全无刑事责任的精神病人、完全负刑事责任的精神病人和限制刑事责任的精神病人三种情况。

（一）完全无刑事责任的精神病人

《刑法》第 18 条第 1 款规定："精神病人在不能辨认或者不能控制自己行为的时候造成危害结果，经法定程序鉴定确认的，不负刑事责任，但是应当责令他的家属或者监护人严加看管和医疗；在必要的时候，由政府强制医疗。"

根据这一规定，对完全无刑事责任的精神病人的认定，首先应查明行为人是否存在某种法定的精神病，然后再进一步考证行为人是否由于这种精神病导致其丧失辨认能力或控制能力。对于是否存在精神病的查证，不能轻信行为人及其家属提供的医疗证明，而必须由司法精神病学专家或懂得司法精神病鉴定理论与实践的医生作出专门鉴定。对于鉴定结论，司法人员不能否认或推翻。如果鉴定结论是行为人没有精神病，司法人员就必须肯定行为人有辨认和控制能力；如果鉴定结论是行为人患有精神病，司法人员则要进一步判断行为人在实施危害行为时是否具有辨认和控制自己行为的能力。经上述法定程序鉴定确认行为人在行为时没有辨认或控制能力后，才能得出行为人不具有刑事责任能力的结论。在实践中，有的司法人员对经鉴定患有精神病的人不进一步考察其行为时有无辨认和控制能力，就一概认定为无刑事责任能力，这种做法并不符合混合标准的要求，因而是不恰当的。

（二）完全负刑事责任的精神病人

《刑法》第 18 条第 2 款规定："间歇性的精神病人在精神正常的时候犯

罪，应当负刑事责任。”因此间歇性精神病人在精神正常时属于具有完全刑事责任能力的人。

根据司法精神病学，所谓间歇性精神病，是指在发作时间上具有间歇性特点的精神病，如精神分裂症、癫痫性精神病、周期性精神病、分裂情感性精神病、躁狂症、抑郁症等。间歇性精神病人在精神正常的时候自然是指上述精神病人在非发病期。由于间歇性精神病人在非发病期与正常人并无任何不同，因此其辨认和控制自己行为的能力完全具备，所以法律要求其对自己所实施的危害行为承担完全刑事责任。这里需要注意的是，间歇性精神病人的行为是否构成犯罪，应以其实施行为时精神是否正常，是否具有辨认和控制自己行为的能力为标准。至于在侦查、起诉或审判时是否精神正常，虽然可能影响刑事诉讼程序的进行，但对其刑事责任的有无并无影响。

（三）限制刑事责任的精神病人

《刑法》第18条第3款规定：“尚未完全丧失辨认或者控制自己行为能力的精神病人犯罪的，应当负刑事责任，但是可以从轻或者减轻处罚。”这是关于限制刑事责任的精神病人的规定。

限制刑事责任的精神病人是介于完全无刑事责任的精神病人与完全负刑事责任的精神病人中间状态的精神病人。这类精神病人一般是处于早期或部分缓解期的精神病患者，由于精神病理的作用，他们的辨认或控制自己行为的能力通常会有所减弱。但这并非绝对，所以《刑法》只是规定“可以”从轻或者减轻处罚。在实践中，是否从轻或者减轻处罚，从轻或者减轻处罚的幅度如何，要根据行为人所实施的犯罪是否与其辨认与控制能力减弱有关以及关联的程度如何。如果并无关联，也可以不予从轻或者减轻处罚。

需要指出的是，除了精神病性精神障碍外，非精神病性精神障碍也属于精神障碍的范畴。我国刑法理论一般认为，非精神病性精神障碍人一般不会因为精神障碍而丧失辨认或控制行为的能力，所以非精神病性精神障碍人不属于我国刑法中所指的精神病人。在患非精神病性精神障碍的人当中，大多数人的辨认或控制能力与正常人无异，因而具有完全刑事责任能力，对其所实施的危害行为原则上要负完全的刑事责任。这类精神障碍主要包括：第一，神经官能症，如癔症（不包括癔症性精神错乱）、焦虑症、神经衰弱、神经症性抑郁、疑病症、强迫症等。第二，性变态，如性虐待癖、恋童癖、露阴癖等。第三，人格障碍式变态人格，如器质性人格障碍。第四，未达到精神病程度的反应性精神障碍（即情绪反应）。第五，未达到精神病程度的成瘾药物中毒或戒断反应。第六，轻躁狂与轻性抑郁症。第七，脑震荡后遗症、癫痫性心境恶劣以及其他未达到精神病程度的精神疾患。第八，轻微精神发育不全。在少数情况下，患非精神病性精神障碍的人可以成为限制刑事责任能力的人。例如，轻至中度的精神发育不全者、（脑炎、脑外伤等）脑部器质性病变或（精神分裂症、癫痫症等）精神病后遗症所引起的人格变态者、比较严重的强迫症和癔症等神经官能症，等等。

三、生理醉酒

《刑法》第18条第4款规定："醉酒的人犯罪，应当负刑事责任。"一般来说，这里所说的醉酒仅指生理醉酒，而不包括病理性醉酒。

所谓生理醉酒，又称为普通醉酒，是指因过量饮酒而导致精神过度兴奋甚至神志不清的情况。生理醉酒属于一种急性酒精中毒，一般出现于大量饮酒之后。生理醉酒的发生与否及其程度取决于人体内血液中的酒精浓度及个体对酒精的耐受力。按醉酒人的生理、心理和精神变化的不同，生理醉酒大致可以分为兴奋期、共济运动失调期和昏睡期三个阶段。在兴奋期和共济运动失调期，醉酒者既可能以作为方式实施危害行为，也可能以不作为方式实施危害行为。在实践中，对他人进行暴力性攻击的行为尤为常见。而在昏睡期，醉酒者因通常已不具有行动能力，因而往往因不履行义务的不作为而构成犯罪。

我国刑法规定生理醉酒人犯罪仍然要承担刑事责任的根据主要在于：第一，医学证明，虽然生理醉酒人辨认和控制自己行为的能力有所减弱，但并未完全丧失，仍然具有刑事责任能力。第二，生理醉酒人在醉酒前对自己醉酒后可能实施危害行为应当预见到或已经有所预见，更有甚者，还有不少是借酗酒壮胆而作案者。因此实施危害行为时具有故意或者过失。第三，醉酒是人为所致，本身是可以控制的。当然，在实践中，处理生理醉酒人犯罪案件时，仍然要注意考察醉酒人醉酒的具体原因、醉酒人在犯罪时的行为表现、醉酒犯罪与行为人一贯品行的关系等因素，正确判断生理醉酒人的刑事责任能力程度，给予轻重适当的处罚。

与生理醉酒不同，病理性醉酒属于精神病的范畴，多见于通常并不饮酒或对酒精无耐受性，或并存感染、过度疲劳、脑外伤、癫痫症者，在偶然一次饮酒后发生。病理性醉酒者常常出现行为紊乱、记忆丧失，并伴有幻觉、妄想等精神状态，并因此实施一定的攻击性行为。对于病理性醉酒状态下实施的危害行为应否承担刑事责任，理论上看法不一。一般认为，如果行为人不知道自己有病理性醉酒疾病（一般是首次病理性醉酒），偶尔少量饮酒后即陷入病理性醉酒状态，并在这种状态下实施了危害行为，对其应适用刑法关于精神病人刑事责任能力的规定处理，不应追究刑事责任；如果行为人明知自己醉酒后会陷入丧失辨认能力或控制能力的境地而故意饮酒，进而实施危害行为造成损害后果的，则属于刑法理论上的原因自由行为，应追究其刑事责任。

四、重大生理缺陷

一般来说，精神正常的人达到一定刑事责任年龄，就开始具有刑事责任能力，进入成年时期，即具备完全的刑事责任能力。但是存在重大生理缺陷的人，则可能因重要生理功能的丧失或减弱而影响其知识的学习和智力的开发，从而影响其辨认或控制自己行为的能力。因此我国《刑法》第 19 条规定："又聋又哑的人或者盲人犯罪，可以从轻、减轻或者免除处罚。"按此规定，聋哑人、盲人实施刑法所禁止的危害行为的，依然构成犯罪，要承担刑事责任，但可以从轻、减轻或者免除处罚。

适用《刑法》第 19 条追究聋哑人、盲人的刑事责任时，需要注意以下三点：第一，这一条文所针对的对象仅限于两种人，即又聋又哑的人和盲人。前者是指既丧失听能又丧失语能的人，要求"聋"与"哑"必须同时具备；后者是指丧失视能的人。第二，对聋哑人或者盲人犯罪应坚持追究刑事责任与适当从宽处罚相结合的原则。也就是说，在是否追究刑事责任这一点上，对聋哑人与盲人犯罪并无特殊优待，但在处罚时原则上要从宽。虽然法律规定的是"可以"而不是"应当"从宽处罚，但这仍表明了法律的一种倾向性态度。因为其生理上的重大缺陷使其在智力、体力等方面与身体健全者存在差异，从而影响其辨认、控制自己行为的能力。同时这也符合人道主义原则。第三，具体处理时，要综合考虑其接受教育的程度和智力发展水平等情况。如果其知识和智力水平不低于正常人，犯罪与其生理缺陷没有任何关联，刑事责任能力完全具备，则应坚决不从宽处罚。

第四节　犯罪主体的特殊身份

一、犯罪主体特殊身份的定义

就一般意义而言，身份是指人的出身、地位和资格。身份可以是终身的，也可以是在一定期间甚至是临时具有的。作为在社会关系中的地位象征，人人皆有身份。作为刑法上所要研究的犯罪主体的特殊身份，则是指刑法所规定的、决定刑事责任存在或影响刑事责任程度的行为人人身方面的特定资格、地位或状态。

按照是否要求具备特殊身份为标准，自然人犯罪主体可以分为一般犯罪主体与特殊犯罪主体。一般犯罪主体，又称一般主体，是指刑法规定只要具备刑事责任能力，不要求以特殊身份为要件的主体。特殊犯罪主体，又称特殊主体，是指除了刑事责任能力外，刑法还规定了特殊身份作为要件的主体。

在刑法理论上，常常将以特殊身份作为犯罪主体构成要件或者刑罚加减根据的犯罪称之为身份犯。身份犯有纯正身份犯与不纯正身份犯之分。纯正身份犯，是指以特殊身份作为主体要件的犯罪，不具备该特殊身份就不成立犯罪或不构成该种特定犯罪。不纯正身份犯，是指不以特殊身份为主体要件，但特殊身份影响量刑的犯罪。这种犯罪的成立与特殊身份的有无并没有关系，但如果行为人具有特殊身份，量刑时比不具有这种身份的人要重或轻一些。

把握犯罪主体的特殊身份的时候，需要注意以下两个问题：第一，犯罪主体的特殊身份只能是行为人自身所具有的，而不是通过行为反映出来的。也就是说，犯罪主体的特殊身份只限于行为人在实施危害行为之前已经具有的特殊资格或已经形成的特殊地位或状态。对于行为人在实施犯罪行为过程中或在犯罪完成后才形成的特殊地位，并不属于特殊身份。例如，《刑法》第290 条的聚众扰乱社会秩序罪、聚众冲击国家机关罪和第 292 条的聚众斗殴罪都规定只处罚首要分子和其他积极参加的人，但不能认为这三种犯罪的主体属于具有特殊身份的犯罪主体。因为聚众犯罪的首要分子和积极参加这种地位或资格是行为人在实施犯罪过程中形成的，所以并不属于特殊身份。第二，作为犯罪主体要件的特殊身份，只是针对犯罪的实行犯来说的。如果是教唆犯和帮助犯，则并不受特殊身份的限制。也就是说，不具有特殊身份的教唆犯和帮助犯，并不影响其构成需要具备特殊身份才能构成的犯罪。

二、犯罪主体特殊身份的类型

犯罪主体的特殊身份的形式多种多样，从不同的角度，主要可以分为以下两类：

（一）自然身份与法定身份

这是以特殊身份的形成方式为标准进行的划分。所谓自然身份，是指因出生、血缘等自然因素所赋予而形成的身份。例如，人按性别不同有男女之分，强奸罪只有男子可以单独成为犯罪的主体。又如，人因血缘关系而形成亲属身份，虐待罪的主体只能由具有亲属身份的人才能构成。所谓法定身份，是指根据法律规定而形成的身份。例如，司法工作人员是一种法定身份，具有司法工作人员身份的人总是由法律赋予一定的从事司法活动的权利和义务，刑讯逼供罪、徇私枉法罪的主体依法只能由司法工作人员构成。

（二）定罪身份与量刑身份

这是以特殊身份对刑事责任的影响为标准进行的划分。所谓定罪身份，也可以称为犯罪构成要件身份，是指决定刑事责任存在的身份。作为某些具体犯罪构成中犯罪主体要件成立的必备要素，具备定罪身份才有可能构成该种犯罪；而不具备定罪身份，就缺乏犯罪主体要件，因而也就不构成该种犯罪，不存在承担该种犯罪的刑事责任问题。所谓量刑身份，也称为刑罚加减身份，是指影响刑事责任轻重的身份。量刑身份对刑事责任的存在与否不发生作用，但会影响刑事责任的大小，成为量刑时从重、从轻、减轻甚至免除处罚的根据。

三、犯罪主体特殊身份的意义

根据我国刑法规定和司法实践经验，犯罪主体的特殊身份对正确定罪量刑具有重要意义。

（一）犯罪主体特殊身份对定罪的意义

犯罪主体的特殊身份影响行为的社会危害性的有无及其性质，因此犯罪主体的特殊身份在以下三个方面影响行为的定罪：

1. 决定犯罪成立与否。特殊身份的具备与否是区分罪与非罪的标准之一。刑法规定某些犯罪的成立以犯罪主体具备特殊身份为条件，目的在于限制追究刑事责任的范围，从而准确打击那些达到犯罪程度的严重危害行为及行为人。例如，国家机关工作人员非法剥夺公民宗教信仰自由和侵犯少数民族风俗习惯，情节严重的，构成非法剥夺公民宗教信仰自由罪和侵犯少数民族风俗习惯罪，如果不具有国家机关工作人员身份的人实施上述行为的，则不构成犯罪。又如，国家机关工作人员滥用职权、假公济私，对控告人、申诉人、批评人、举报人实行报复陷害的，构成报复陷害罪，而不具有该身份的人员实施上述行为的，同样不构成犯罪。

2. 区分此罪与彼罪。有些犯罪性质之所以不同，主要在于犯罪主体方面存在差异，即有的犯罪的主体为一般主体，有的犯罪的主体则需要具备特殊身份才能构成。同为特殊犯罪主体，其所要求具备的特殊身份也可能有所不同。例如，同是隐匿、毁弃或者非法开拆他人信件的行为，如果是一般公民实施的，构成侵犯通信自由罪；而具有邮政工作人员身份者实施的，则构成私自开拆、隐匿、毁弃邮件、电报罪。同为盗窃、诈骗财物数额较大的行为，如果是一般公民实施的，分别构成盗窃罪、诈骗罪；而公司、企业或者其他单位的工作人员利用职务上的便利实施的，构成职务侵占罪；具有国家工作人员身份者利用职务上的便利实施的，则构成贪污罪。

3. 影响无特殊身份者的定罪。在单人犯罪的场合，无特殊身份者是不可能构成要求特殊犯罪主体的犯罪的。但是在共同犯罪的情况下，无特殊身份者则可以与有特殊身份者共同构成要求特殊犯罪主体的犯罪。例如，普通公民可以与国家工作人员一起构成要求以国家工作人员为主体要件的贪污罪、受贿罪、挪用公款罪等犯罪。

（二）犯罪主体特殊身份对量刑的意义

犯罪主体的特殊身份不仅影响行为社会危害性的有无，而且还反映社会危害性程度，进而影响行为人承担刑事责任的轻重。犯罪主体的特殊身份对量刑的影响主要体现在两个方面：

1. 刑法对行为类似的特殊主体的犯罪通常都较一般主体的犯罪规定了相

对重一些的刑罚。例如，同样包含有窃取、骗取、侵吞行为，必须具有国家工作人员身份才能构成的贪污罪的刑罚，要重于一般主体可以构成的盗窃罪、诈骗罪、侵占罪。又如，具有军人身份才能构成的阻碍执行军事职务罪的刑罚，也重于妨害公务罪的刑罚。主体的特殊身份，无疑是影响行为社会危害程度并进而影响其刑罚轻重的重要原因之一。

2. 刑法分则条文中，规定某些犯罪在行为人具有特殊身份时要从重处罚。例如，《刑法》第 243 条第 2 款的规定，国家机关工作人员犯诬告陷害罪的，从重处罚。《刑法》第 245 条第 2 款的规定，司法工作人员滥用职权，犯非法搜查罪、非法侵入住宅罪的，从重处罚。

需要指出的是，在司法实践中，常常会遇到一些刑法并未明确规定在量刑时需要考虑的身份的情况，如行为人为领导干部、执法人员、华侨等。对此，一般认为，既不能因法无明文规定就一概不予考虑，也不能不加分析地一律从重或从轻量刑，而是应当考察不同的身份对刑事责任的程度有无影响，以此决定在量刑时是否需要酌情予以考虑，使刑罚的轻重与刑事责任的程度大小相适应。

第五节　单位犯罪

一、单位犯罪的定义

我国《刑法》第 30 条规定："公司、企业、事业单位、机关、团体实施的危害社会的行为，法律规定为单位犯罪的，应当负刑事责任。"根据这一规定，所谓单位犯罪，是指由公司、企业、事业单位、机关、团体实施的依法应当承担刑事责任的危害社会的行为。

单位犯罪是自然人犯罪的对称。我国刑法分则规定单位犯罪可以分为两种类型：一类是纯正的单位犯罪，另一类是不纯正的单位犯罪。

所谓纯正的单位犯罪，是指依法只能由单位构成而不能由自然人构成的犯罪。如单位行贿罪，单位受贿罪，违规制造、销售枪支罪，非法出售、私赠文物藏品罪等，依法都属于纯正的单位犯罪。

所谓不纯正的单位犯罪，是指依法既可以由单位构成，也可以由自然人构成的犯罪。我国刑法中规定的绝大多数单位犯罪都是不纯正的单位犯罪，如生产、销售伪劣商品犯罪，走私犯罪，侵犯知识产权犯罪，等等。对不纯正的单位犯罪，有的是在本条或本节之后规定，并对单位中的直接负责的主管人员和其他直接责任人员处以与自然人犯罪相同之刑。例如，《刑法》第

288条第1款规定："违反国家规定，擅自设置、使用无线电台（站），或者擅自使用无线电频率，干扰无线电通讯秩序，情节严重的，处三年以下有期徒刑、拘役或者管制，并处或者单处罚金；情节特别严重的，处三年以上七年以下有期徒刑，并处罚金。"第2款规定："单位犯前款罪的，对单位判处罚金，并对其直接负责的主管人员和其他直接责任人员，依照前款的规定处罚。"又如，《刑法》第150条规定："单位犯本节第一百四十条至第一百四十八条规定之罪的，对单位判处罚金，并对其直接负责的主管人员和其他直接责任人员，依照各该条的规定处罚。"另外一种情况是，在本条之后规定不纯正的单位犯罪的同时，对单位中的直接负责的主管人员和其他直接责任人员处以较自然人犯罪为轻的刑罚。例如，《刑法》第160条第1款规定："在招股说明书、认股书、公司、企业债券募集办法等发行文件中隐瞒重要事实或者编造重大虚假内容，发行股票或者公司、企业债券……数额巨大、后果严重或者有其他严重情节的，处五年以下有期徒刑或者拘役，并处或者单处罚金……"第3款规定："单位犯前两款罪的，对单位判处……罚金，并对其直接负责的主管人员和其他直接责任人员，依照第一款的规定处罚。"

二、单位犯罪的主要特征

单位犯罪是一种特殊的犯罪形态，其具有不同于自然人犯罪的特征。

（一）主体特征

自然人犯罪是以自然人为主体的犯罪，单位犯罪是以单位为主体的犯罪。作为一个在社会生活中被广泛使用的语词，单位比法人的外延更广，除法人以外还包括非法人组织。根据《刑法》第30条的规定，单位犯罪中的单位，包括公司、企业、事业单位、机关、团体。

1. 公司。根据《公司法》的规定，公司是指依法定程序设立，以营利为目的的法人组织，它包括有限责任公司和股份有限公司。有限责任公司，是指股东以各自的出资额为限对公司的债务承担责任的公司。股份有限公司，是指其全部资本分为等额股份，股东以其所持股份为限对公司承担责任的公司。在实践中，有的单位名义上是公司，但其并不具备公司成立的形式条件和实质条件，不是这里所说的公司。

2. 企业。企业，是指依法成立并具备一定的组织形式，以营利为目的独立从事生产经营活动的公司以外的经济组织。

3. 事业单位。事业单位，是指依照法律或行政命令成立，从事各种社会职能活动的组织。按照职能划分，事业单位主要包括教学事业单位、科研事业单位、医疗事业单位、文化事业单位、新闻事业单位等。按照所有制性质划分，事业单位主要有国家事业单位、集体事业单位、私营事业单位。一般来说，国家事业单位和集体事业单位都具有法人资格，而私人事业单位多不具有法人资格。能成为单位犯罪主体的，主要是国家事业单位和集体事业单位。

4. 机关。从广义上理解，机关可以包括所有的国家立法机关、行政机关、司法机关、党的机关以及军队等。从狭义上理解，机关主要是指国家行政机关，一般是地方国家行政机关。

5. 团体。团体，是指各种群众团体组织，如人民群众团体（工会、共青团、妇联等）、社会公益团体、学术研究团体、文化艺术团体、宗教团体等。与公司、企业、事业单位和机关相比，团体具有结构相对松散、履行社会职能特殊、有广泛的群众基础和影响等特点。

在认定单位犯罪主体时，还需要注意三个问题：第一，并非所有单位犯罪的主体都可以由公司、企业、事业单位、机关、团体构成，某种单位犯罪的主体类型以刑法分则条文的具体规定为限。例如，《刑法》第126条规定的违规制造、销售枪支罪的主体仅限于依法被指定、确定的枪支制造企业、销售企业，而不包括事业单位、机关等其他单位。第二，私营单位也有可能构成单位犯罪的主体。司法解释指出[①]，《刑法》第30条规定的“公司、企业、事业单位”既包括国有、集体所有的公司、企业、事业单位，也包括依法设立的合资经营、合作经营企业和具有法人资格的独资、私营等公司、企业、事业单位。但是个人为进行违法犯罪活动而设立的公司、企业、事业单位实施犯罪的，或者公司、企业、事业单位设立后，以实施犯罪为主要活动的，不以单位犯罪论处。因此私营单位只要具有法人资格，就可以成为单位犯罪的主体。第三，公司、企业、事业单位、机关、团体等单位实施刑法规定的危害社会的行为，刑法分则和其他法律未规定追究单位的刑事责任的，对组织、策划、实施该危害社会行为的人依法追究刑事责任。[②]

（二）主观特征

单位犯罪的主观罪过形式，刑法总则中没有明文规定，因此在理论上存在争议。争论的焦点主要在于单位犯罪是否可以由过失构成，对于可以由故意构成则是没有疑义的。

从刑法分则关于单位犯罪的具体规定看，虽然大多数为故意犯罪，但不可否认也存在少数过失犯罪。例如，《刑法》第229条第3款规定了出具证明文件重大失实罪，根据《刑法》第231条的规定，单位也可以构成该种犯罪。

单位犯罪的故意不同于自然人犯罪的故意，主要表现为单位犯罪的故意是单位整体意志的体现。而单位犯罪的过失虽然也具有个人性，但这种过失往往与职务行为相联系，而且导致过失常常不仅仅是行为人的个人因素所致，

① 1999年最高人民法院《关于审理单位犯罪案件具体应用法律有关问题的解释》。

② 全国人大常委会《关于〈中华人民共和国刑法〉第三十条的解释》。

因而属于一种单位过失。

（三）客观特征

单位犯罪在客观方面表现为由单位决策机构决定或者由负责人决定实施的行为。这里的单位决策机构，是指单位的权力机构，如董事会、股东大会、经理办公会等。这里的负责人，一般是指公司、企业的法定代表人或者有关机关、团体、事业单位的行政领导。这些人有权就本单位的事项作出决定，因此其个人决定也视为单位行为。

三、单位犯罪的处罚原则

各国对单位犯罪的处罚，一般存在双罚制与单罚制之分。所谓双罚制，是指在单位犯罪中，对单位和单位直接责任人员都予以处罚。所谓单罚制，是指在单位犯罪中，对单位和其直接责任人员只处罚其中之一。

我国《刑法》第 31 条规定："单位犯罪的，对单位判处罚金，并对其直接负责的主管人员和其他直接责任人员判处刑罚。本法分则和其他法律另有规定的，依照规定。"因此我国刑法对单位犯罪的处罚原则是一般采取双罚制，即单位犯罪的，既要对单位判处罚金，还要对单位直接负责的主管人员和其他直接责任人员判处刑罚。在刑法分则和其他法律另有规定的情况下，对单位犯罪也可以采取单罚制，即对单位不判处罚金，只对直接责任人员判处刑罚。例如，《刑法》第 137 条规定："建设单位、设计单位、施工单位、工程监理单位违反国家规定，降低工程质量标准，造成重大安全事故的，对直接责任人员，处五年以下有期徒刑或者拘役，并处罚金；后果特别严重的，处五年以上十年以下有期徒刑，并处罚金。"此外，我国刑法对教育设施重大安全事故罪、提供虚假财会报告罪、强迫职工劳动罪、私分国有资产罪等犯罪采取的也是单罚制。

在实践中，单位直接负责的主管人员一般是单位的主要负责人，如董事长、总经理等，有时也可能是主管负责人。其他直接责任人员一般是指单位犯罪的主要实施者和积极参加者。对于虽然参与了单位犯罪的行为，但所起作用不大的，一般不宜认定为单位犯罪的直接责任人员。

第八章

犯罪主观方面

第一节　犯罪主观方面概述

一、犯罪主观方面的概念与要素

犯罪主观方面，是指犯罪主体对自己的行为及其危害社会的结果所抱的心理态度。它指明了处罚犯罪主体的主观依据，揭示了犯罪主体在怎样的罪过心理支配下实施了客观上危害社会的行为。

犯罪主观方面包括罪过（犯罪故意或者犯罪过失）以及犯罪的目的和动机等内容。其中罪过是一切犯罪都必须具备的犯罪主观方面的要素，而犯罪的目的和动机只是部分犯罪构成所必备的主观要件的要素。此外，与犯罪的主观方面密切相关的内容是无罪过事件和刑法中的认识错误，这些内容一并在本章讲授。

二、犯罪主观方面的特征

犯罪主观方面作为犯罪构成的四个要件之一，它具有以下三个方面的特征：

第一，犯罪主观方面必须是犯罪主体实施犯罪时的主观心理状态。犯罪主观方面必须是犯罪主体在实施犯罪时所具备的主观心理态度，即犯罪主观方面必须要求危害行为与犯罪主观方面的同时性和同步性，这是意志自由原则的要求。任何犯罪，都是行为人在一定罪过心理支配下实施的危害社会的行为，危害行为是犯罪主观方面的外在表现，而犯罪主观方面是危害行为在犯罪主体内心的投射。只有保证一定的危害行为确实是由犯罪主体的主观意志支配实施的，才能符合认定犯罪的主客观相一致。例如，行为人甲因琐事对乙怀恨在心，意图对乙实施报复杀人行为，但是甲未来得及实施犯罪就因交通肇事将乙撞死。尽管造成了乙死亡的结果，甲只能定交通肇事罪而不能定故意杀人罪，因为和乙的死亡结果对应的主观方面是过失而不是故意。

第二，犯罪主观方面是犯罪主体对危害结果所持的心理状态。在一个具体犯罪中具有很多要素，犯罪主观方面也有很多内容，根据我国《刑法》第14条和第15条的规定，犯罪主观方面是犯罪主体对危害结果所持的心理状态而不是针对其他事物的心理状态。这里的“危害结果”指的是行为对社会关系的侵害性，它是刑法分则具体犯罪主观方面认定的基础，但是前者并不能代替后者。另外，这里的“危害结果”与结果犯中的结果也并不是同一个含义，这一点需要注意。

第三，犯罪主观方面是刑法明文规定的心理状态。犯罪主观方面必须是刑法明文规定的心理状态，这是罪刑法定原则在犯罪构成中的应有之义。换句话说，犯罪主观方面应当具备法定性的特征。我国刑法总则第14条和第15条分别规定了犯罪故意和犯罪过失的心理态度，刑法分则具体条文又存在着大量的“故意”“明知”“以……为目的”“过失”等用语来具体说明各条犯罪的心理状态。尽管理论上对一些犯罪的犯罪主观方面存在争议，但是这不能否认犯罪主观方面的法定性。

第二节　犯罪故意

一、犯罪故意的定义

我国《刑法》第14条第1款规定：“明知自己的行为会发生危害社会的结果，并且希望或者放任这种结果发生，因而构成犯罪的，是故意犯罪。”根据该规定，犯罪故意是指行为人明知自己的行为会发生危害社会的结果，并且希望或者放任这种结果发生的一种心理态度。犯罪故意与故意犯罪不同，犯罪故意是指行为人实施犯罪行为具有故意的主观心理态度，而故意犯罪则是指行为人在犯罪故意的主观心理支配下实施的犯罪行为。

成立犯罪故意，必须同时具备犯罪故意的认识因素和犯罪故意的意志因素。

（一）犯罪故意的认识因素

根据《刑法》第14条的规定，“明知自己的行为会发生危害社会的结果”是犯罪故意的认识因素，简称“明知”，它是一切犯罪故意都必须具备的因素。

1. 认识的内容。认识的内容是案件包含的犯罪构成要件事实，不属于犯罪构成要件事实的，不属于明知的对象范围。例如，在一起杀人案件中，杀人的时间不是故意杀人罪的犯罪构成要件的内容，因而行为人是否明确知道杀人的具体时间不影响犯罪的认定。具体而言，犯罪故意的认识内容包括：

（1）对行为本身的认识，包括对行为的内容以及性质的认识，前者如行为的手段、行为的方法，后者是指对行为的危害社会的属性的认识。例如，行为人知道向人群中投掷石块会造成他人受伤甚至死亡，对此行为的性质具有清晰认识。对行为本身的认识是行为结果认识的基础，如果连行为的性质都不认识，那么更谈不上对行为的危害结果的认识。

（2）对行为造成的危害结果的认识，即行为人认识到自己的行为会产生危害社会的结果。例如，盗窃罪的行为人认识到自己的行为会导致他人财物被非法丧失的事实，故意杀人罪的行为人认识到自己的行为会发生他人生命被剥夺的事实。需要注意到，认识代表了预见的可能性，至于危害结果是否真实发生，不影响行为性质的认定。另外，这里的危害结果是广义的危害结果，包括物质性结果和非物质性结果、直接结果和间接结果等，但是必须都是犯罪构成要件的结果。

（3）其他构成要件事实。其他构成要件事实要在刑法分则的具体犯罪中考察。有的犯罪存在犯罪对象，就需要行为人认识到犯罪对象，如生产、销售、提供假药罪要求行为人知道犯罪对象是假药。有的犯罪将特定的时间、地点、方法等作为犯罪的构成要件的内容，也需要行为人对特定的时间、地点、方法具有认识。例如，非法捕捞水产品罪要求行为人认识到是在禁渔区或者禁渔期，或者使用禁用的工具、方法实施捕捞行为。

2. 认识的程度。即明知自己的行为“会发生”危害社会的结果。所谓明知“会发生”，一般有两种情况：一是行为人明知自己的行为必然导致某种危害结果的发生，二是行为人明知自己的行为可能导致某种危害结果的发生。在以上两种情况下，无论行为人认识到危害结果的必然发生或是可能发生，均符合犯罪故意的认识特征。

（二）犯罪故意的意志因素

犯罪故意的意志因素，是指行为人对自己行为导致的危害结果所抱的希望或者放任的心理态度。这种心理态度表明了行为人对法秩序的敌视和漠视态度，因此也是行为可罚性的根基之一。犯罪故意的意志因素包括希望与放任。希望，是指对危害社会的结果采取一种积极追求、渴望的心理态度。“希望”意味着行为人存在特定的犯罪动机，并会在此犯罪动机的支配下排除妨碍，创造条件，积极促使犯罪向着自己期望的方向发展，行为的目的明确、态度坚决。放任，是指虽然行为人并不希望和积极追求危害结果的发生，但是也不排斥、不阻止危害结果的发生，而是采取了听之任之和容忍的心理态度。尽管放任对危害结果的追求弱于希望，但是行为人依然有能力控制行为走向，放任的结果并不违背行为人的主观意志，因此放任也属于犯罪故意的意志因素的一种。

二、犯罪故意的类型

根据行为人对危害结果所持的心理态度即犯罪故意的意志因素的不同，刑法理论上将犯罪故意分为直接故意和间接故意。

（一）直接故意

直接故意，是指行为人明知自己的行为会发生危害社会的结果，并且希望这种结果发生的心理态度。根据犯罪故意的认识因素的不同，可以把直接故意分为两种形式。一种形式是：行为人明知自己的行为必然发生危害社会的结果，并且希望这种结果发生的心理态度。用公式表示就是“必然发生+希望发生”。例如，甲明知近距离开枪必然会导致他人死亡而仍然为之，导致他人死亡的结果。另一种形式是：行为人明知自己的行为可能发生危害社会的结果，并且希望这种结果发生的心理态度。用公式表示就是“可能发生+希望发生”。例如，甲在远处向乙瞄准开枪，甲知道子弹有可能打偏，但是不愿意放弃这个机会而仍然开枪，乙中弹死亡，甲对乙的死亡持直接故意的心理态度。

（二）间接故意

间接故意，是指行为人明知自己的行为可能会发生危害社会的结果，并且放任这种结果发生的心理态度。间接故意用公式表示就是“可能发生+放任发生”。间接故意的认识因素只有一种可能性，即认识到危害结果可能发生，但是间接故意和直接故意的区别主要体现在意志因素上。间接故意的放任，是指并非积极追求和希望，但也未有意识地避免危害结果发生，而是对危害结果听之任之，对危害结果的发生采取一种不计后果、不加干涉、我行我素的心态。间接故意的意志因素虽然弱于直接故意，但是它对法秩序的态度仍是漠视的，危害结果的发生没有违背其主观意志，因而间接故意属于犯罪故意的范畴。

需要注意的是，“必然发生+放任发生”的组合是不存在的，也就是说，如果行为人认识到危害结果必然发生，则它的意志因素一定是希望危害结果发生。

在实践中，属于间接故意的主要有以下几种情形：

第一，行为人追求某一犯罪结果而放任另一危害结果的发生。例如，甲为了毒死乙，就在乙的饭中下毒，虽然甲认识到丙可能与乙同时吃饭，但是为了达到毒死乙的目的而没有对丙做出任何暗示，结果乙和丙双双毒发身亡。甲对乙的死亡的心理态度是直接故意，对丙的死亡的心理态度是间接故意。

在本案中，如果甲认识到丙必然和乙同时吃饭，并且丙和乙确实同时吃饭而毒发身亡，则甲对乙和丙的死亡的心理态度都是直接故意。

第二，行为人追求某一非犯罪结果而放任另一危害结果的发生。例如，甲为了猎杀远处的兔子而丝毫不顾及在兔子附近玩耍的儿童，且甲明知有可能打中儿童，为了不失去猎杀兔子的机会，甲决意开枪，结果子弹打偏，击中了儿童，导致儿童死亡。甲追求猎杀兔子这一非犯罪结果，放任儿童死亡这一危害结果，对儿童的死亡属于间接故意。

第三，在突发性犯罪中，没有明确的目的，或者出于藐视法纪、逞能等动机，临时起意，不计后果，放任危害结果的发生。例如，甲与乙因在公园售票处排队发生争执，两人相互推搡，甲恼羞成怒突然拿出匕首向乙刺去，致乙重伤。

（三）直接故意与间接故意的区别

直接故意和间接故意同属犯罪故意的范畴，从认识因素上说，两者都认识到自己的行为会发生危害社会的结果，从意志因素上说，都对危害结果持容纳和接受的心理态度，这些共同点决定了它们的共同性质，但是直接故意和间接故意还是存在一些差别。

1. 在认识因素上，直接故意和间接故意对危害结果的认识程度有所不同，直接故意的认识因素包括行为人认识到自己的行为必然会发生危害社会的结果，以及行为人认识到自己的行为可能会发生危害社会的结果两种情况，而间接故意的认识因素只有行为人认识到自己的行为可能会发生危害社会的结果一种情况。

2. 从意志因素上看，直接故意和间接故意对危害结果发生的态度不同。直接故意对危害结果持积极追求的态度，通常犯罪动机明确，犯罪意志坚决，对法秩序是直接的藐视态度。而间接故意则对危害结果持放任、无所谓的态度，行为人既不主动创造条件追求结果的发生，也不排斥和阻碍结果的出现，危害结果发生了，也不违背行为人的本意，对法秩序是漠不关心的态度。意志因素是直接故意与间接故意区分的关键，很显然，直接故意的主观恶性要大于间接故意，间接故意的放任心态决定了它的主观恶性要低于直接故意。

3. 特定的危害结果是否发生对两种故意支配下的行为定罪的影响不同。在直接故意中，危害结果是否发生，不会影响犯罪的成立，危害结果不是直接故意犯罪成立的条件，但在以危害结果作为既遂标志的直接故意犯罪中，危害结果出现意味着犯罪既遂。例如，实施故意杀人行为，如果因外力阻碍而未将人杀死的，仍然构成故意杀人罪（但只能构成犯罪未遂）；如果将人杀死的，构成犯罪既遂。但是在间接故意中，危害结果出现的，犯罪成立，危害结果未出现的，犯罪不成立。因为在间接故意中，危害结果是否出现，都不违背行为人的主观意志，基于主客观相统一原则，仅有行为而无危害结果的，无法认定犯罪成立。实际上，在间接故意犯罪中，只有犯罪成立与否的问题，而无犯罪既遂或者未遂的问题。

第三节　犯罪过失

一、犯罪过失的定义

我国《刑法》第15条规定："应当预见自己的行为可能发生危害社会的结果，因为疏忽大意而没有预见，或者已经预见而轻信能够避免，以致发生这种结果的，是过失犯罪。"根据该规定，所谓犯罪过失，就是应当预见自己的行为可能发生危害社会的结果，因为疏忽大意而没有预见，或者已经预见而轻信能够避免的心理态度。犯罪过失是刑法规定的重要的罪过类型。对犯罪过失，应当明确以下几个问题：

第一，犯罪过失是行为人对危害结果所持的心理态度。犯罪过失也是行为人对危害社会的结果所持的一种心理态度，并且这里的危害社会的结果只限于法定的危害结果，即刑法分则具体条文规定的结果，如果无此结果，则犯罪过失就不成立。例如，在交通肇事罪中，行为人因严重违反交通规则导致发生交通事故进而产生了危害后果，行为人对违反交通规则的行为通常具有故意的形态，但是对危害后果的出现具有过失的心态，而犯罪过失正是行为人对危害结果所持的心理态度，因此交通肇事罪是过失犯罪而非故意犯罪。

第二，犯罪过失以行为人具有对危害结果的预见可能性为前提。法律不强人所难，犯罪过失的可罚性体现在，它对法秩序以及刑法保护的社会利益采取了忽视态度，而导致相应的危害结果发生，而只有行为人对危害结果的出现具有一定的预见可能性，才能证明他对法律所保护的社会利益具有忽视态度。法律不强人所难，这种忽视态度也是犯罪过失可罚性的根基。

第三，犯罪过失的主观恶性程度明显低于犯罪故意。从认识因素上说，犯罪故意表现为行为人明知危害结果必然发生或者可能发生，而犯罪过失表现为行为人应当预见自己的行为可能发生危害社会的结果，因为疏忽大意而没有预见，或者已经预见但是自认为不会发生。从意志因素上说，犯罪故意表现为行为人对危害结果是希望或者放任的心态，危害结果的发生不违背行为人的主观心态，而犯罪过失表现为行为人对危害结果持排斥、反对的心理态度，危害结果的出现与行为人的心理背道而驰。这表明犯罪过失的主观恶性明显小于犯罪故意。至于犯罪的整体社会危害性的比较，还要考虑犯罪造成的危害后果才能确定。

二、犯罪过失的类型

根据《刑法》第 15 条的规定，犯罪过失分为疏忽大意的过失和过于自信的过失。

（一）疏忽大意的过失

疏忽大意的过失又称无认识的过失，是指行为人应当预见自己的行为可能发生危害社会的结果，因为疏忽大意而没有预见，以致发生了危害结果的心理状态。简言之，疏忽大意的过失就是应当预见而没有预见。

疏忽大意的过失具有以下两个特征：

第一，行为人应当预见。疏忽大意的过失以行为人应当预见结果发生为前提。“应当预见”，是指行为人在行为时负有预见结果发生的义务。至于预见义务的来源，一是法律包括行政法规、部门规章、条例等规定的义务，二是社会习惯、生活常理产生的义务。但仅有预见义务还不够，行为人还应当具有预见能力。预见能力是预见义务的基础，对于没有预见能力的人，法律是不会强行要求其履行预见义务的。关于预见能力的判断，理论上有不同观点。主观说认为，应当以行为人当时具体条件下的能力和水平来判断是否具有预见能力。客观说认为，应当以社会上一般人的平均水平来衡量。折中说认为，行为人的注意能力高于一般人时应以一般人的注意能力为标准，行为人的注意能力低于一般人时应以行为人的注意能力为标准。本书认为，在通常情况下，应当以行为人所处的特定社会行业或者社会地位的一般人的认识能力为标准。但是在特殊情况下，行为人的注意能力可能高于本领域的正常人的水平的，那么就以行为人当时的注意能力为标准。这样做既有利于行为人努力提升自己的认识能力使之达到社会一般人的程度，又能避免对行为人施加过重的注意义务。

第二，行为人没有预见而导致危害结果发生。行为人应当预见到危害结果可能发生，却由于疏忽大意而没有预见到，这是成立疏忽大意的过失的关键。没有预见到，是指行为人根本没有意识到自己的行为会发生危害结果，危害结果完全出乎行为人的认识范围之外。疏忽大意意味着行为人对自己的预见义务采取了不负责任的态度，而这正是法律惩罚行为人的主观根据。还需要注意，必须是行为人没有预见而导致危害结果发生，危害结果与没有预见之间具有内在的因果关联。没有危害结果，行为就不具有可罚性，行为人是否预见到危害结果也就不需查明。

（二）过于自信的过失

过于自信的过失，又称有认识过失，是指行为人已经预见到自己的行为可能发生危害社会的结果并且轻信能够避免，以致发生这种结果的心理态度。

1. 过于自信的过失的特征。第一，行为人已经预见自己的行为可能发生危害社会的结果。这是过于自信的过失成立的前提。过于自信的过失的行为人对危害结果的发生的预见可分为两种情况：一是认识到了自己行为发生危害社会结果的抽象危险，即行为人根据常识或经验已经认识到了自己的行为可能产生危害结果，只是这种预见比较抽象，尚未具体化到特定的犯罪样态。二是认识到自己的行为可能发生危害社会结果的具体危险，即行为人在实施某种行为时，已经预见到危害结果的具体形式，并指向特定的对象。

第二，行为人轻信能够避免危害结果的发生以致发生了危害结果。这是过于自信过失的意志因素。具体来说，轻信能够避免一般包含以下三层含义：一是行为人相信危害结果不会发生，即对危害结果的发生，行为人持否定的态度。二是相信能够避免危害结果的发生有一定的实际根据。行为人不是毫无根据地认为不会发生危害社会的结果，而是有实际的根据才相信可以避免，如行为人本人的熟练技巧或较强的体力，行为人对客观环境或自然规律的熟悉，等等。三是相信能够避免危害结果的发生的根据并不可靠。即行为人过高地估计有利于自己的条件，或者过低地估计不利于自己的条件，包括个人能力因素和外界客观条件，以至于最终还是发生了危害结果。例如，甲在市区主干道超速行驶，尽管甲意识到会撞伤人，但是甲认为自己驾驶技术高超、车况良好，即使有意外情况也会很好避免，最终甲对横穿马路的行人避之不及而将其撞伤。甲对违反交通规则的事实是故意的，但是对危害结果的出现则是一种过于自信的过失。

2. 过于自信的过失与间接故意的区分。过于自信的过失与间接故意具有相似性，在认识因素上，两者都认识到危害结果可能发生，在意志因素上，两者都不希望危害结果发生。但是在性质上却是截然不同的两种罪过形式。

第一，两者的认识因素不同。间接故意和过于自信的过失虽然都认识到危害结果可能发生，但两者对这种可能性转化为现实性的估计是不同的。间接故意认识到这种可能性在正常情况下会转化为现实性，结果的发生具有较大可能性，无论结果是否发生都在行为人的认识范围之内；而过于自信的过失虽然也承认结果的发生具有一定的可能性，但是考虑到自己的能力、技术、经验以及客观条件等方面的因素，主观上还是认为危害结果发生的可能性较低。而危害结果一旦发生，又出乎了行为人的预料。间接故意偏向认为危害结果可能发生，过于自信的过失偏向认为危害结果不可能发生。

第二，两者的意志因素有所不同。尽管间接故意与过于自信的过失虽然都不希望危害结果的发生，但是两者对危害结果的态度还是有本质不同的。间接故意对危害结果采取听之任之的态度，虽不希望危害结果出现，但是更不排斥、不拒绝危害结果发生。而为了实现其他犯罪或者非犯罪的目的，间接故意一般不会采取任何措施去刻意阻止或者防止危害结果成为现实，也表明间接故意在内心中是接纳危害结果存在的。过于自信的过失对危害结果采取抗拒、有意避免的心理态度，并且通常也会凭借个人自认为有利的条件采取积极措施有意识地规避危险。危害结果发生，对间接故意的行为人是可以接受的，但是对过于自信的过失的行为人则是无法接受的，这种对危害结果背道而驰的心理态度，是间接故意与过于自信的过失的根本区别。

第四节　无罪过事件

主客观相统一原则要求，行为人承担刑事责任既要有客观的危害行为，还要有主观的罪过，且主观罪过与客观行为要有对应关系，即客观行为必须是主观罪过支配下的行为。我国《刑法》第 14 条和第 15 条分别规定了犯罪故意和犯罪过失。成立任何犯罪，都必须具备犯罪故意或者犯罪过失。反过来讲，如果行为人在主观上不具有犯罪的故意或者过失的情况下，实施了客观上具有社会危害性的行为，那么这种行为只能称为无罪过事件，不能对其进行刑事处罚。我国《刑法》第 16 条规定："行为在客观上虽然造成了损害结果，但是不是出于故意或者过失，而是由于不能抗拒或者不能预见的原因所引起的，不是犯罪。"我国刑法规定了意外事件与不可抗力这两种无罪过事件。

一、意外事件

意外事件，是指行为在客观上虽然造成了损害结果，但是不是出于故意或者过失，而是由于不能预见的原因引起的。意外事件具有两个特征：第一，行为在客观上造成了一定的损害结果。该损害结果与行为人的行为之间具有客观的因果关系，与行为人无关的其他事件造成的损害结果不是刑法中的意外事件。因为意外事件首先是一种"行为"，不是行为的话刑法没必要进行讨论。例如，山洪、雷电、自然林火等属于自然灾害，不是人力所驱使或决定的，不是刑法中的意外事件。第二，损害结果是由于不能预见的原因造成的。也就说是，行为人对损害结果的发生主观上不是出于故意或者过失。"不能预见"，是指根据行为人当时的实际能力和客观条件，无法对损害结果做出预估，行为人也不具有相应的能力。

意外事件与疏忽大意的过失具有相似之处，在司法实践中更要注意区分。两者的共同之处在于都没有预见到损害结果会发生，但是两者的区别是本质的。意外事件，是行为人不可能预见，法律也不强求行为人预见，因此法律追究行为人刑事责任也就失去了主观根据。而疏忽大意的过失，则是行为人应该预见到而没有预见到，法律惩罚的，就是行为人对法秩序与法规范不负责任的态度。疏忽大意的过失中的未预见，是行为人应该做到的；意外事件中的未预见，是行为人不可能预见到的。例如，行为人开车走在山区，突然暴发地震导致山体松动，山上滚落巨石砸中汽车。

二、不可抗力

不可抗力，又称不可抗力事件，是指行为在客观上虽然造成了损害结果，但是不是出于故意或者过失，而是由于不能抗拒的原因引起的。不可抗力具有三个特征：第一，行为客观上造成了损害结果；第二，行为人不具有故意或者过失；第三，损害结果是由不能抗拒的力量引起的。不能抗拒，意味着危害结果的出现不是行为人主观促成的，行为人也无法改变危害结果的走向，危害结果与行为人没有因果关系。不可抗力免罚的基础在于欠缺主观罪过的意志因素。

不可抗力与过于自信的过失具有相似之处，两者都预见到了有害结果发生的可能性，在意志因素上，两者都不希望危害结果发生。但是在不可抗力中，危害结果的出现是行为人无法左右的，也是无法避免的。而在过于自信的过失中，尽管行为人也不希望危害结果出现，但是因为行为人过高估计了对自己有利的因素，过低估计了对自己不利的因素，因此采取了错误措施或者未采取措施，以致发生有害结果。不可抗力中，危害结果凭人力难以避免，在过于自信的过失中，危害结果并不是必然会发生的。

第五节　犯罪目的和犯罪动机

在犯罪主观方面中，犯罪目的和犯罪动机是与犯罪故意密切相关的范畴，并且犯罪目的和犯罪动机只存在于直接故意中。不是所有的故意犯罪都需要查明犯罪目的和犯罪动机，但是在有些犯罪中，犯罪目的和犯罪动机是不可缺少的要素。

一、犯罪目的

犯罪目的，是指犯罪人希望通过实施犯罪行为达到某种犯罪结果的心理态度。在直接故意中，行为人认识到危害结果会发生，并具有决意追求和希望某种危害结果发生的心理态度。这种决意追求和希望的态度就是行为人的主观目的。犯罪目的表现为对结果的希求，目的内容即为结果的实现。因此犯罪直接故意都是具有犯罪目的的，对这种犯罪目的刑法不再作专门规定，分析构成要件即可以确定犯罪目的。例如，故意杀人罪的犯罪目的是非法剥夺他人人身自由，对这种杀人犯罪目的，刑法并不需要作出规定。

刑法中还有一些犯罪，在犯罪故意之外，还另外有特定的犯罪目的，犯罪目的不能被犯罪故意所包容，因此需要刑法专门作出规定。例如，《刑法》第363条的制作、复制、出版、贩卖、传播淫秽物品牟利罪，刑法还特别规定需要“以牟利为目的”，制作、复制、出版、贩卖、传播淫秽物品的犯罪故意本身是无法包容“以牟利为目的”的，因而需要刑法专门规定，其意义也在于限制本罪的处罚范围，即只有以牟利为目的的制作、复制、出版、贩卖、传播淫秽物品的行为才处罚，非出于牟利目的的上述行为不予处罚。

二、犯罪动机

犯罪动机，是指刺激行为人实施犯罪行为以达到犯罪目的的内心冲动和内心起因。犯罪动机是促使行为人实施犯罪的，属于行为人的更深层次的内心动因，是支配行为人实施犯罪的最根本的心理因素，也是行为人实施犯罪的内心需要和满足。犯罪动机的种类非常复杂，如贪财动机、报复动机、嫉妒动机、性动机等，动机总是和一定的内心欲望联系在一起的。一个犯罪可以有多种动机，同一动机也可以产生多种犯罪，如就故意杀人罪而言，其动机可能是报复杀人、可能是嫉妒杀人，就报复动机而言，可能催生故意杀人罪，也可能催生故意伤害罪。犯罪动机反映了行为人的主观恶性，虽然不会影响定罪，但是对量刑会产生影响。

三、犯罪目的与犯罪动机的关系

犯罪动机与犯罪目的具有密切的关系。两者的联系在于：（1）犯罪目的和犯罪动机都是行为人实施犯罪行为过程中的主观心理活动，都反映了行为人实施犯罪的主观恶性及其行为的社会危害程度。（2）犯罪动机是犯罪目的的前提和基础，犯罪动机促使犯罪目的的形成，犯罪目的是犯罪动机的进一步发展和现实化。（3）犯罪目的和犯罪动机有时表现为直接的联系，它们所反映的需求是一致的，如基于贪利动机实施的以非法占有为目的的财产犯罪。

犯罪动机与犯罪目的的区别在于：（1）犯罪动机是支配行为人的更深层次的心理因素，是实施犯罪的更为内在的原因和心理动机，它一般是抽象的，而犯罪目的是客观危害结果的主观表现，是在犯罪动机驱使下具体化的犯罪主观因素，它指向的犯罪对象和犯罪客体是具体的。（2）犯罪动机可以脱离具体的犯罪行为，表现在犯罪动机往往形成于犯罪之前，而犯罪目的不能脱离具体的犯罪行为，犯罪目的只能在具体的犯罪中查明。（3）一个犯罪中只能有一个犯罪目的，但是可能有多个犯罪动机。例如，盗窃罪只有一个非法占有目的，行为人却可能出于报复、嫉妒等多种动机。一个犯罪动机可能会驱使很多犯罪目的。（4）犯罪动机和犯罪目的有时反映的需求并不一致。例如，故意伤害罪，行为人的犯罪目的是故意伤害他人健康和身体，而犯罪动机可能是报复泄愤。

第六节　刑法上的认识错误

刑法上的认识错误，是指行为人对自己行为的法律性质，以及行为后果、行为方式等其他有关的事实情况的认识与实际情况不一致。认识错误对行为人的刑事责任、犯罪的未完成形态以及量刑等，都可能受到影响。在理想状态下，行为人主观认知的事物与实际发生的事物相一致，但是在司法实践中，由于各种主客观因素的影响，行为人的主观认知与客观实际情况总会发生偏差，即产生认识错误。在此情况下，刑法理论需要研究什么情况下会对犯罪认定产生影响。刑法上的认识错误包括两种：法律认识错误和事实认识错误。

一、法律认识错误

法律认识错误，是指行为人对自己行为的法律性质的认识错误。具体而言，包括对自己行为是否构成犯罪，构成何种犯罪的认识错误。具体包括三种情况：

第一，假想的犯罪。假想的犯罪，是指行为人的行为依照法律不构成犯罪，而行为人误认为构成犯罪。例如，在实践中行为人容易把自己的婚外性行为、小偷小摸等不道德行为或者违反行政法规的行为误认为构成犯罪，或者行为人把意外事件、正当防卫、紧急避险等行为认为构成犯罪。对于刑法取消的某些罪名也可能出现假想犯罪的情况。例如，1997 年刑法修改时废除了投机倒把行为，某人实施了“投机倒把”行为后因惧怕受到法律制裁而主动到公安机关自首。此时，判断行为人是否构成犯罪应当严格依照刑法的规定进行，而不能以行为人的主观认识为依据。

第二，假想的不犯罪。假想的不犯罪，是指行为人的行为依照法律构成犯罪，而行为人误认为不构成犯罪。法律格言有云“不知法者不免责”。在通常情况下，行为人不知道自己行为构成犯罪不是免除刑事责任的理由，因为知法懂法是公民的基本义务，如果不懂法就可以免除刑事责任，则会使公民怠于懂法。但是在特殊场合，行为人确实不了解国家法律的规定，可以不承担刑事责任。

第三，对罪名和刑罚轻重的认识错误。即行为人知道自己行为构成犯罪，但是对构成何罪以及处以何种刑罚产生错误认识。例如，行为人盗割高压电线，认为只是构成盗窃罪而实际上构成了破坏电力设备罪，或者行为人认为自己只是盗窃数额较大而实际上已经达到“盗窃数额巨大”的量刑标准。对此只能按照行为人实际构成的犯罪定罪量刑，行为人对法律的这种认识错误不影响其刑事责任。

二、事实认识错误

事实认识错误，是指行为人对自己实施的危害行为的事实情况的认识错误，即出现了主观认识与客观现实不相符合的情况。事实认识错误，必须是对犯罪构成要件事实的认识错误，如果是对犯罪构成要件事实以外的其他案件事实的认识错误，不影响行为性质的认定。例如，在一起故意杀人案件中，行为人对具体案发时间的认识错误，不影响故意杀人罪的成立。

（一）事实认识错误的基本判断规则

关于事实认识错误的判断规则，理论上有具体符合说、抽象符合说与法定符合说等几种观点。

具体符合说认为，只有行为人认识的构成事实和实际发生的完全一致时，才能成立故意犯罪既遂，否则即属认识错误。根据具体符合说，张三意图杀李四，却误将李四的孪生兄弟当作李四杀害，张三同时构成故意杀人罪的未遂和过失致人死亡罪，两罪按照想象竞合犯处理。

抽象符合说认为，只要行为人认识的构成事实与实际发生的事实存在抽象的一致，无论在种类上是否相同，也无论罪的轻重差别，均以实际发生的为准。根据抽象符合说，出于盗窃财物的目的而实际盗窃枪支的，构成盗窃枪支罪，因为枪支也是财物。

法定符合说认为，行为人认识的构成事实虽然与实际发生的事实不完全一致，但是只要两者在同一法定构成要件范围之内，则按照行为人认识的构成事实定罪。例如，张三意图杀李四，却误将李四的孪生兄弟当作李四杀害，张三仍然构成故意杀人罪，因为李四和李四的孪生兄弟都属于故意杀人罪的犯罪对象。又如，甲意图对乙的房子纵火，却将丙的房子当作乙的房子焚毁，甲仍然构成放火罪，因为不管乙的房子还是丙的房子，都属于放火罪的犯罪对象。

具体符合说要求行为人认识的情况与客观情况完全一致，要求过于苛刻，也不符合司法实践的实际情况。抽象符合说一点也不考虑具体事实的性质差别，只看行为与危害结果的因果联系，实际上已经否认了“事实错误”。法定符合说从认识错误与构成要件的关系出发，既考虑了构成要件的同一性，也没有过分纠缠具体案件细节，相对更为合理。法定符合说也是我国刑法理论的通说。

（二）客体认识错误

客体认识错误，是指行为人意图侵犯的客体与实际侵犯的客体不一致的情况。例如，便衣警察甲在公交汽车上抓获了小偷乙，出示证件后将其带往附近的派出所，路上遇见乙的老乡丙，丙以为乙遭到了甲的殴打，不由分说将甲打倒在地，乙和丙趁机逃走。丙以为自己实施的是故意伤害行为，实际上侵害的客体是正常的公务活动。对于客体认识错误的案件，应当按照行为人实际侵害的客体定罪。

（三）对象认识错误

对象认识错误，是指行为人认识的犯罪对象与实际侵害的犯罪对象不一致的情况。根据法定符合说，对象认识错误发生在同一犯罪构成要件内，不影响犯罪的认定，反之对象的认识错误发生在不同的犯罪构成要件内，则会影响犯罪的认定。

1. 属于同一构成要件的对象认识错误。这种情况意图侵害的对象与实际侵害的对象体现的社会关系是相同的，两者都属于同一犯罪构成要件，因此认识错误不影响犯罪认定。例如，甲意图杀乙，却将丙误认为乙而加以杀害，不管是丙还是乙的生命权，都属于故意杀人罪的犯罪构成要件的内容，处在同一构成要件内，甲构成故意杀人罪的既遂。

2. 非属于同一构成要件的对象认识错误。这种情况的处理规则是：对实际侵害的对象阻却故意，因此只能构成过失犯罪或者意外事件，对意图侵害的对象阻却既遂，此时行为人一个行为构成了两个犯罪，根据想象竞合犯的处理规则，行为人从一重罪处罚。例如，甲上山打猎，误认为远处密林中活动的影子是别人放养的马，甲开枪击中影子后才发现是乙。甲对实际侵害的对象乙构成过失致人死亡罪，因为甲应当预料到远处的影子是人而非马（极端情况下也可能是意外事件），甲对实际侵害的对象构成故意毁坏财物罪未遂，因为并没有实际伤害到马，最终对甲择一重罪处罚。

（四）行为认识错误

行为认识错误，是指行为人在实施犯罪过程中，对行为的性质或者自己所使用方法发生错误认识，因而没有出现行为人意图实现的结果。

1. 行为性质认识错误，是指行为人对自己行为的性质所产生的不正确理解，如假想防卫、假想避险等。对于这种情形不能定为故意犯罪。如果行为人有过失，就认定为过失犯罪；如无过失，则认定为无罪，以意外事件处理。

2. 行为方法认识错误，也称手段错误，是指行为人对自己所使用的手段是否会发生危害结果存在不正确的认识。该认识错误具体又包括以下三种情形：第一，行为人所使用的手段本来会发生危害结果，但行为人误认为不会发生危害结果。对于这种情况，如有过失，则认定为过失犯罪；如无过失，则认定为无罪。第二，行为人本欲使用会产生危害结果的手段，但由于认识错误却使用了不会发生危害结果的手段。对于这种情况应认定为故意犯罪未遂。第三，行为人因为愚昧而使用的手段不可能导致危害结果发生，但行为人误认为可以导致危害结果发生。这种情况属迷信犯，应认定为无罪。

（五）因果关系认识错误

因果关系认识错误包括以下四种：

1. 行为人误以为危害结果已经发生并停止了行为，但是危害结果实际上并未发生。例如，甲从后面用砖头袭击被害人乙，致乙倒地昏迷，并流血不止，行为人误以为乙已经死亡而逃离现场，恰巧此时有路人经过，将乙迅速送往医院，乙转危为安。甲只负故意杀人罪未遂的刑事责任。

2. 行为人误以为危害结果已经发生并停止了行为，但是后来介入了其他因素才真正促使了危害结果的发生。例如，甲从后面用砖头袭击被害人乙，致被害人乙倒地昏迷，并流血不止，行为人误以为被害人已经死亡而逃离现场，而就在被害人奄奄一息之际，一辆过路汽车刹车不及而将乙碾压致死。甲仍然只负故意杀人罪未遂的刑事责任，因为乙的死亡与甲没有因果关系，甲只造成了乙重伤而非死亡。

3. 行为人误认为危害结果没有发生，而实际上危害结果已经发生。例如，行为人从后面用砖头袭击被害人并致被害人死亡，行为人却认为被害人只是被砸昏，正要继续施暴之时忽听见远处汽车声，于是仓皇逃窜。行为人应当承担故意杀人罪既遂的刑事责任。

4. 行为人对因果关系的进程发生错误认识。这包括两种情况，第一种情况是，行为人误认为第一个行为已经实现了危害结果，并在此基础上实施第二个行为，实际上危害结果是第二个行为造成的。第二种情况是，行为人误认为第一个行为没有实现危害结果，继而又实施了第二个行为，实际上危害行为是由第一个行为造成的。例如，行为人用石块将被害人砸死，但是却认为被害人只是陷入昏迷，于是将被害人埋入坑中。行为人仍然承担故意杀人罪的既遂责任。因果关系的进程错误不影响犯罪认定。

第九章

正当行为

第一节 正当行为概述

正当行为，是指虽然在客观上造成了损害结果，与某种犯罪在外观形式上具有一定的相似性，但由于具有正当理由而在实质上并不存在社会危害性，因而不成立犯罪，而为法律所允许或容认的行为。

正当行为具有如下基本特征：

第一，行为在客观上造成了损害结果。例如，正当防卫行为在客观上致不法侵害人受伤或者死亡，紧急避险行为在客观上致他人财产损失，等等。

第二，行为在外观形式上与某种犯罪具有一定的相似性，即仅从表面上观察，行为人所实施的造成某种损害结果的行为似乎符合了某种犯罪的犯罪构成，属于刑法所禁止的行为。例如，在正当防卫案件中，防卫行为造成不法侵害人受伤或者死亡，似乎符合了故意伤害罪、故意杀人罪的犯罪构成；在紧急避险案件中，避险行为造成他人财产损失，似乎符合了故意毁坏财物罪的犯罪构成。

第三，具有正当理由而在实质上并不存在社会危害性。即由于行为目的的正当性、手段的正当性以及行为所产生结果表现出的法益均衡性，决定了行为与社会伦理秩序相符合，因而行为在实质上并不具有犯罪的社会危害性。例如，正当防卫行为是由于不法侵害所引起的，防卫人出于使合法权益免受正在进行的不法侵害的意图，采取对不法侵害人造成一定限度内的损害的手段，以制止不法侵害，其结果是有益于社会的。又如，紧急避险行为是由于存在着对某一合法利益具有损害威胁的现实危险所引起的，避险人采取损害较小合法利益的手段，以保护较大的合法利益，其结果同样是有益于社会的。因此无论是正当防卫还是紧急避险，其对某种法益的损害都具有正当的理由，在实质上不存在犯罪的社会危害性。

应当指出的是，正当行为的正当理由并不完全取决于行为的实际结果是否有益于社会，有一些正当行为（如义务冲突）的实际结果尽管未必有益于社会，但其目的的正当性、手段的正当性以及所产生结果表现出的法益均衡性，仍然决定了该行为与社会伦理秩序相符合，在实质上不存在犯罪的社会危害性，因而同样存在正当理由。

第四，不符合犯罪构成，不成立犯罪，并且为法律所允许或容忍。正当行为在外观形式上与犯罪有一定的相似性，似乎符合了某种犯罪的犯罪构成，但由于实质上并不存在犯罪的社会危害性，所以并不成立犯罪，而且不属于一般违法行为。

正当行为，一般可以分为法定的正当行为和非法定的正当行为。前者是由刑法明文规定的，后者则是刑法虽未予以明文规定，但与刑法的精神相符合，并在司法实践中所认可的。在我国刑法中，明文规定了正当防卫和紧急避险这两种正当行为。从我国刑法的基本精神和司法实践来看，自救行为、基于法令的行为、正当业务行为、被害人承诺的损害行为、义务冲突等行为也包括在正当行为的范畴中。

第二节　正当防卫

一、正当防卫的定义

根据《刑法》第 20 条的规定，正当防卫，是指为了使国家、公共利益，本人或者他人的人身、财产和其他权利免受正在进行的不法侵害，对不法侵害人造成一定的损害，以制止不法侵害的行为。

正当防卫作为直接反击不法侵害，以维护合法利益的行为，是现实生活中最为常见的正当行为，并为现代各国刑法普遍规定为一项重要的法律制度。正当防卫有两个鲜明的特点：一是在主观方面，防卫人具有防卫意图，不存在危害社会的故意或过失的心理态度，防卫目的具有鲜明的正当性。二是在客观方面，防卫是针对不法侵害行为而实行的，从而制止不法侵害，维护合法利益。因此正当防卫行为不仅不具有社会危害性，而且是有益于社会的行为。

刑法规定正当防卫制度，对于制止违法犯罪行为，及时有效地保障国家利益、公共利益和公民个人的合法利益免受不法侵害；威慑违法犯罪分子，使其不敢以身试法，以预防违法犯罪行为；鼓励广大公民同违法犯罪行为作坚决斗争，自觉维护社会秩序，具有重要意义。

二、正当防卫的条件

正当防卫的成立必须具备如下条件：

（一）防卫起因，是客观存在不法侵害

认定正当防卫的起因条件，应注意两个方面：

1. 必须有不法侵害存在。不法侵害的存在是实施正当防卫的前提条件。所谓不法侵害，是指侵害国家利益、公共利益和公民的合法利益，因而具有一定的社会危害性，并为法律所禁止的行为。不法侵害既包括侵犯生命、健康权利的行为，也包括侵犯人身自由、公私财产等权利的行为；既包括犯罪行为，也包括违法行为。不应将不法侵害不当限缩为暴力侵害或者犯罪行为。对于非法限制他人人身自由、非法侵入他人住宅等不法侵害，可以采取正当防卫。

我国刑法并没有明确规定不法侵害的实际范围，但从正当防卫的实践情况来看，主要是指：

第一，故意犯罪行为。这类行为主要集中于刑法规定的以攻击性或破坏性的方式对国家利益、公共利益和公民的人身、财产等权利进行严重侵害的故意犯罪，如故意杀人、故意伤害、抢劫、放火、爆炸、破坏交通工具等犯罪；对于以其他方式实施的故意犯罪，如盗窃、抢夺、非法侵入他人住宅等，由于也具有一定的侵害紧迫性，并且通过正当防卫可以制止这些侵害，从而防止或减轻危害结果，因而也可采取正当防卫。至于对重婚、受贿、挪用公款等侵害紧迫性不明显的犯罪，一般不宜采取正当防卫。

第二，故意扰乱公共秩序，妨害公共安全，侵犯公民人身权利、财产权利，妨害社会管理秩序等违反社会治安管理的行为。这类行为主要是指《治安管理处罚法》所规定的殴打他人、偷窃、抢夺、哄抢、故意损毁公私财物、非法限制人身自由等行为。这些行为在侵害法益、侵害手段、方式以及行为人主观故意等方面与上述故意伤害、盗窃、抢夺等故意犯罪较为接近，而且容易在实施时直接转化为犯罪，因而将它们纳入正当防卫所针对的不法侵害的范畴，有利于公民最大限度地运用正当防卫维护国家利益、公共利益和公民的合法利益。至于对某些违反社会治安管理的行为，如对房屋出租人将房屋出租给无身份证件的人居住等行为，不宜采取正当防卫。

不法侵害行为的基本形式既可以表现为作为，也可以表现为不作为。从司法实践来看，正当防卫多针对的是以作为形式出现的不法侵害，但如果实施正当防卫可以迫使不作为的不法侵害人履行其应当履行并且能够履行的义务，从而防止或减轻其不作为的危害结果时，正当防卫的实施就是适宜的。

由于正当防卫只能针对不法侵害行为而实施，因此必须注意：

第一，对于合法行为不得实施正当防卫。例如，警察依法拘留、逮捕犯罪嫌疑人，或对有关处所依法搜查，或依法强制执行、扣留的行为；公民依法扭送犯罪嫌疑人、违法人员的行为，等等。以上均属于合法行为，对其不能实施正当防卫。

第二，过失犯罪虽然也是一种不法侵害，但是在刑法意义上，过失行为只有在已经造成严重损害结果时，才能构成过失犯罪。在此种情形下，意图以正当防卫来维护合法权益免受不法侵害，已经失去现实可能性，反而只会对过失犯罪行为人的合法权益造成不必要的损害，因此当过失行为已经造成严重损害结果从而构成过失犯罪时，不能实施正当防卫。不过，如果过失侵害正在实施过程中，虽然尚未造成严重损害结果，但却对合法权益已经构成了紧迫的威胁，在此种情形下，通过防卫可以防止或减轻其危害结果的，应当允许实施正当防卫。

第三，成年人对于未成年人正在实施的针对其他未成年人的不法侵害，应当劝阻、制止；劝阻、制止无效的，可以实施正当防卫。

2. 不法侵害必须具有现实性。不法侵害应当实际存在，而不是由防卫人主观想象、推测的。如果实际上并不存在不法侵害，但误认为存在“不法侵害”，并实行所谓“防卫”，以致造成他人的合法权益受到损害的，这在刑法理论上称为假想防卫，不能成立正当防卫。对于假想防卫造成严重后果的，一般应根据行为人主观上有无过失而予以不同的处理：或者以过失犯罪追究行为人的刑事责任，或者以意外事件作无罪处理。

（二）防卫时间，必须在不法侵害正在进行之时

不法侵害正在进行，是指不法侵害已经开始并且尚未结束的时间过程。如果不法侵害尚未开始或者已经结束，不得实施正当防卫。

不法侵害已经开始，一般是指不法侵害人已经着手实施不法侵害行为，致使合法权益受到了直接侵害或现实、紧迫危险。在特殊情形下，如果不法侵害人虽然尚未着手实施不法侵害行为，但其不法侵害的预备行为对于法益构成的现实威胁已经十分明显，若不实施正当防卫就可能丧失防卫时机，导致危害社会的结果发生。这种情况下，实施正当防卫也应当是适宜的。

不法侵害尚未结束，是指不法侵害对法益形成的危险状态尚未消失，威胁尚未解除。它主要表现为：一是不法侵害未实施终了。二是不法侵害虽然实施终了，但仍可以当场及时以防卫行为消除不法侵害对法益所造成的损害。三是不法侵害未自动中止。四是不法侵害未被迫停止。五是不法侵害虽然暂时中断或者被暂时制止，但不法侵害人仍有继续实施侵害的现实可能性。

如果不法侵害已经结束，则侵害危险即已消除，正当防卫行为也就应当结束。一般来说，如果出现以下情形，即可认定不法侵害已经结束，侵害危险已经消除，即不法侵害行为实施完毕，而被害人或者第三者已无可能当场以防卫行为及时挽回损失；或者不法侵害行为人自动中止侵害行为；或者不

法侵害行为人已经失去继续侵害的能力或其他有关条件而被迫停止侵害行为，等等。

无论是尚未开始实施的不法侵害行为，或者是已经结束的不法侵害行为，由于客观上并未出现或不再存在实施防卫的现实需要，因而不能实施正当防卫。如果在此时实施防卫，则是防卫不适时。在司法实践中，防卫不适时有两种情况：

第一，事先防卫，即在对方只有单纯的侵害意图表示或只有不法侵害的预备行为时而实施的“防卫”。但是，必须指出：其一，在一定情形下，某些不法侵害的预备行为与实施行为是紧密衔接的，并无明显的区分界限，预备行为一旦完成便即刻转入实施行为，因而只要实际的侵害行为对于法益的严重威胁已经处于相当迫近的时刻，严重侵害结果即刻就会发生，此时实施的防卫，就是适时的防卫而不是事先防卫。其二，对于尚未发生的不法侵害，任何公民都有权以合法的方式采取预先防范措施，但是决不能非法采用足以危害公共安全的所谓防范措施，如在院墙外私拉电网，私装可触发爆炸物，等等。如果事先所安置的防护装置并不具有危害公共安全的性质，在不法侵害正在进行时发生作用而造成不法侵害人损害的，只要没有超过必要限度，可以视为正当防卫。

第二，事后防卫，即对已经结束的不法侵害，仍然继续实施或者才开始实施的防卫。

无论是事先防卫还是事后防卫，由于不具备防卫的时间条件，均不能成立正当防卫，如果造成了严重后果，应根据行为人有无罪过以及罪过的性质，作不同的处理。

（三）防卫对象，只能是不法侵害者本人

防卫行为只能通过损害不法侵害者本人的权益（包括造成不法侵害者受伤、死亡、人身自由受到限制，也包括对不法侵害者的财物进行毁损等）来制止不法侵害，因此只有不法侵害者本人（包括共同侵害人）才是防卫的对象。如果对与不法侵害无关的第三者实施“防卫”，造成严重后果的，应当根据行为人有无罪过以及罪过的性质，作不同的处理。在掌握本条件时，应当注意以下问题：

1. 明知侵害人是无刑事责任能力人或者限制刑事责任能力人的，应当尽量使用其他方式避免或者制止侵害；没有其他方式可以避免、制止不法侵害，或者不法侵害严重危及人身安全的，可以进行反击。

2. 对完全无刑事责任能力的人实施的侵害行为，一般不宜实施正当防卫。但是确实不知道侵害者是完全无刑事责任能力的人，或者虽然知道，但没有其他方法可以避免紧迫性的侵害时，也可以实施正当防卫。

对于他人利用动物侵袭实施的不法侵害行为，无论是针对利用者本人还是针对被利用的动物进行反侵害，都可以成立正当防卫。但是如果作为他人财产的动物或者作为国家保护的野生动物的侵袭是自发的，虽然也可以采取反侵害予以制止，但是不属于正当防卫，符合紧急避险条件的，可以成立紧急避险。

3. 对于多人共同实施不法侵害的，既可以针对直接实施不法侵害的人进行防卫，也可以针对在现场共同实施不法侵害的人进行防卫。

（四）防卫意图，必须是为了使国家、公共利益，本人或者他人的人身、财产和其他权利免受不法侵害，而决意制止不法侵害

上述防卫意图充分体现了防卫的正当性，防卫人只有基于保护国家、公共利益，本人或者他人的合法权益的意图而对不法侵害者实施防卫行为，才使其具有了不负刑事责任而受法律保护的主观基础。

如果为了实现某种非法目的或为了保护非法利益而实施所谓“防卫”，不能成立正当防卫。这主要包括以下几种情形：

1. 防卫挑拨，即为了达到某种非法目的，故意挑逗并引起对方先对自己进行“侵害”，然后借口“防卫”加害对方的行为。防卫挑拨在实质上属于有预谋的故意侵害，不具备正当的防卫意图，不能成立正当防卫；如果构成犯罪，应当追究防卫挑拨行为人故意犯罪的刑事责任。

2. 相互斗殴，即双方均基于非法伤害的意图而发生的互相侵害行为。在斗殴中，双方都不具有正当的防卫意图，却均具有伤害对方的故意，因而任何一方的斗殴行为都不能成立正当防卫，而属于不法侵害行为；如果造成严重后果，构成犯罪的，应当追究刑事责任。但是因琐事发生争执，双方均不能保持克制而引发打斗，对于有过错的一方先动手且手段明显过激，或者一方先动手，在对方努力避免冲突的情况下仍继续侵害的，还击一方的行为一般应当认定为防卫行为。

双方因琐事发生冲突，冲突结束后，一方又实施不法侵害，对方还击，包括使用工具还击的，一般应当认定为防卫行为。

3. 偶然防卫，即行为人在故意侵害他人的合法权益时，恰遇他人正在进行不法侵害，行为人的侵害行为在客观上制止了他人的不法侵害，因而巧合了正当防卫的客观条件的情形。在偶然防卫中，行为人的行为是基于侵害他人合法权益的故意而实施的，并不具备正当的防卫意图，即便在客观上制止了他人的不法侵害，也不能成立正当防卫；如果造成严重后果，构成犯罪的，也应当追究其刑事责任。

4. 为了保护非法利益而对其他不法侵害实施的还击行为。例如，赌博者为了保护赌资，盗窃者为了保护赃物，走私者为了保护走私物品，而对抢夺、盗窃赌资、赃物、走私物品者实施还击等情形，由于不具有正当的防卫意图，不能成立正当防卫。对于此类情形中的“防卫”和抢夺者、盗窃者，应当根

据各自的行为性质分别追究相应的法律责任；构成犯罪的，则应按照各自构成的犯罪追究刑事责任。

（五）防卫损害，不得明显超过必要限度造成不应有的重大损害

正当防卫的必要限度，即刑法所规定的，为保持防卫的正当性而要求防卫损害之轻重应予遵守的界限。正当防卫是以对不法侵害人造成损害的方式来制止不法侵害的，为了避免滥用防卫，造成不应有的重大损害，以保持防卫的正当性，必须要求防卫行为对不法侵害人的人身、财产等所造成的损害有一个量的规定性，即不得明显超过必要限度造成不应有的重大损害。

关于正当防卫的必要限度的标准，我国刑法学界主要有“基本适应说”“必需说”以及“客观需要和基本适应统一说”三种观点。“基本适应说”认为防卫的必要限度，是指防卫行为必须与不法侵害行为相适应。所谓相适应，是指防卫行为所造成的损害从轻重、大小等方面来衡量与不法侵害大体相适应。“必需说”认为应以有效地制止不法侵害的客观实际需要作为防卫的必要限度。“客观需要和基本适应统一说”，即折中说，则认为应以防卫人的行为正好足以制止侵害人的不法侵害行为，而没有对不法侵害人造成不应有的危害作为防卫的必要限度。

我们赞同“客观需要和基本适应统一说”。从“客观需要和基本适应统一说”的精神出发，根据《刑法》第20条第2款的规定，对于正当防卫必要限度的基本标准可作如下理解，即防卫行为对不法侵害人所造成的防卫损害，必须为足以有效制止不法侵害所必需，并且不属于明显的不应有的重大损害。对此，在理解上必须把握：

1. 必要限度内的防卫损害，必须为足以制止不法侵害所必需。判断防卫损害是否为制止不法侵害所“必需”，一般应当从以下几个方面来分析把握：

（1）“必需”的防卫损害，应当与防卫所保护的合法权益之大小基本相适应。也就是说，在所保护的合法权益较小的情形下，“必需”的防卫损害应当是较为轻微的，一般不允许造成重大的损害后果；反之，如果所保护的合法权益重大或特别重大，防卫所造成的重大或特别重大的损害后果则应视为“必需”的，没有超过防卫的必要限度。必须指出的是，《刑法》第20条第3款所规定的“对正在进行行凶、杀人、抢劫、强奸、绑架以及其他严重危及人身安全的暴力犯罪，采取防卫行为，造成不法侵害人伤亡的，不属于防卫过当，不负刑事责任”，充分体现了防卫损害与防卫所保护的合法权益之大小基本相适应的精神。

（2）“必需”的防卫损害，应当与制止不法侵害的紧迫程度和实际需要基本相适应。也就是说，在不法侵害较为缓和，侵害结果的发生尚未临近，而制止不法侵害还未达到十分紧迫的程度，只需要造成较为轻微的防卫损害后果，就足以制止不法侵害时，则一般不允许以造成严重的防卫损害后果来

进行防卫；反之，如果不法侵害较为激烈，侵害结果即刻就会发生或者已经实际发生，制止不法侵害迫在眉睫、刻不容缓，必须造成重大的损害后果才足以制止不法侵害时，防卫所造成的重大损害后果均应视为是“必需”的，没有超过必要限度。

2. 超过必要限度的非法损害，必须属于明显的不应有的重大损害。也就是说，只有当不应有的防卫损害同时具有明显性和严重性时，才不属于“必需”范畴内的损害。例如，根据防卫案件的具体情形，明显不应造成不法侵害人重伤但实际造成其重伤，或者明显不应致不法侵害人死亡但实际致其死亡的，即应认为是超过必要限度的非法损害。如果防卫所造成的损害不是明显的不应有的重大损害，则都应视为没有超过必要限度，不负刑事责任。

上述五个条件，必须同时具备，才能成立正当防卫。

三、防卫过当及其刑事责任

根据《刑法》第 20 条第 2 款的规定，防卫过当，是指明显超过必要限度而造成重大损害的防卫行为。

防卫过当中的防卫人虽然也是为了维护合法权益，对正在进行不法侵害的不法侵害者本人实行防卫，但由于防卫明显超过了必要限度，造成了不应有的重大损害，使防卫行为发生了质的变化，而为法律所不允许。防卫过当具有以下两个特征：

第一，在客观方面，防卫行为所造成的防卫损害后果已明显超过必要限度，导致了不应有的重大损害是否“明显超过必要限度”，应当综合不法侵害的性质、手段、强度、危害程度和防卫的时机、手段、强度、损害后果等情节，考虑双方力量对比，立足防卫人防卫时所处情境，结合社会公众的一般认知作出判断。在判断不法侵害的危害程度时，不仅要考虑已经造成的损害，还要考虑造成进一步损害的紧迫危险性和现实可能性。不应当苛求防卫人必须采取与不法侵害基本相当的反击方式和强度。“造成重大损害”是指造成不法侵害人重伤、死亡。造成轻伤及以下损害的，不属于重大损害。

第二，在主观方面，虽然防卫人仍然具有为了使合法权益免受不法侵害，而决意制止不法侵害的防卫意图，但同时又具有某种性质的主观罪过。一般来说，防卫过当行为人的主观罪过多属于过失，即行为人具有应当预见自己的防卫行为可能明显超过必要限度造成不应有的重大损害，因为疏忽大意而没有预见，或者虽已预见，但轻信能够避免的心理态度。在少数情况下，也不排除间接故意的存在，即行为人具有明知自己的防卫行为可能明显超过必要限度造成不应有的重大损害，而放任危害结果发生的心理态度。

基于以上特征，防卫过当具有了犯罪的社会危害性，符合某种犯罪的犯罪构成，依法成立犯罪，因而行为人应当承担一定的刑事责任。由于防卫过当所构成的犯罪，其社会危害性和犯罪人的人身危险性比一般犯罪要轻，行为人所承担的刑事责任也应轻于一般犯罪。因此《刑法》第 20 条第 2 款规定，防卫过当应当负刑事责任，但是应当减轻或者免除处罚。

在追究防卫过当行为人刑事责任时，需要注意防卫过当本身不是罪名，因此应当根据防卫人的主观罪过性质和实际造成的损害后果适用相关的罪名，如过失致人死亡罪或过失致人重伤罪等。

四、特殊防卫

《刑法》第 20 条第 3 款规定："对正在进行行凶、杀人、抢劫、强奸、绑架以及其他严重危及人身安全的暴力犯罪，采取防卫行为，造成不法侵害人伤亡的，不属于防卫过当，不负刑事责任。"此即特殊防卫。

与一般正当防卫相比，特殊防卫没有限度方面的要求，不存在防卫过当的情形，但起因条件只限于"行凶、杀人、抢劫、强奸、绑架以及其他严重危及人身安全的暴力犯罪"。对此，需要注意：

1. 特殊防卫所针对的犯罪行为必须同时满足"严重危及人身安全"与"暴力"两个条件。

2. "行凶"一般指故意伤害类犯罪行为。下列行为应当认定为"行凶"：（1）使用致命性凶器，严重危及他人人身安全的；（2）未使用凶器或者未使用致命性凶器，但是根据不法侵害的人数、击打部位和力度等情况，确已严重危及他人人身安全的。虽然尚未造成实际损害，但已对人身安全造成严重、紧迫危险的，可以认定为"行凶"。

3. "杀人、抢劫、强奸、绑架"，是指具体犯罪行为而不是具体罪名。在实施不法侵害过程中存在杀人、抢劫、强奸、绑架等严重危及人身安全的暴力犯罪行为的，如以暴力手段抢劫枪支、弹药、爆炸物或者以绑架手段拐卖妇女、儿童的，可以实行特殊防卫。有关行为没有严重危及人身安全的，应当适用一般防卫的法律规定。

4. "其他严重危及人身安全的暴力犯罪"，应当是与杀人、抢劫、强奸、绑架行为相当，并具有致人重伤或者死亡的紧迫危险和现实可能的暴力犯罪。

第三节 紧急避险

一、紧急避险的定义

根据《刑法》第 21 条的规定，紧急避险，是指为了使国家、公共利益，本人或者他人的人身、财产和其他权利免受正在发生的危险，在紧急情形下不得已采取的损害另一较小合法权益的行为。

紧急避险作为一种在紧急状态下以牺牲一种合法权益而保护另一合法权益免受损失的避险行为，也是常见的正当行为之一，是现代各国刑法普遍规定的重要法律制度。

紧急避险具有两个鲜明的特点：一是在主观上，避险行为人实施避险行为的意图，是为了使国家、公共利益，本人或者他人的人身、财产和其他权利免受正在发生的危险，不具有危害社会的故意或过失的心理态度。二是在客观上，避险行为造成了一定的损害，但其损害的是较小的合法权益，而保全了较大的合法权益，其直接结果是使国家利益、公共利益和公民个人的合法权益可能遭受的损失减少到最低限度。

上述特点表明，紧急避险虽然在客观上导致某一合法权益受到损害，如使第三者的财产受到毁坏或者完全丧失，或使第三者的身体受到一定的伤害，外观形式上似乎具备了某种犯罪构成的要件，但是由于紧急避险是以牺牲一个较小的合法权益来保全另一个较大的合法权益，从社会整体利益的得失来考虑，是有利于社会的，所造成的一定程度的损害可以被社会所接受，并被视为是在紧急情形下保全较大合法权益不得不付出的代价，因而在实质上并不具有犯罪的社会危害性，不能构成犯罪。

二、紧急避险的条件

紧急避险的成立必须具备以下条件：

第一，避险起因，必须是客观存在一定的危险。

本条件的第一层含义是，引起避险行为的直接原因是存在危险。这里所说的危险，是指足以造成国家利益、公共利益，本人或者他人的人身、财产和其他权利受到严重损害的各种情形。危险的来源较为广泛，主要包括：其一，自然破坏力量对合法权益形成的危险，如发生地震、洪灾、旱灾、风灾、雪灾、自然火灾等自然灾害。其二，动物侵袭对合法权益形成的危险，如狂犬咬人、蜂群袭人、惊马踏人撞物等。其三，他人的不法侵害行为对合法权益形成的危险，如犯罪人实施的放火、爆炸、故意伤害、故意杀人、抢劫、绑架等犯罪行为。其四，人的生理原因对合法权益形成的危险，如疾病、饥饿、干渴等对人的身体健康、生命安全构成的严重威胁。

合法行为不属于危险的范畴，对于合法行为，如正当防卫、依法拘留、逮捕、强制执行、依法扭送等，不得实施紧急避险。

本条件的第二层含义是，避险所避免的，必须是客观存在的危险。危险必须客观存在，合法权益才会受到实际的威胁，采取避险行为才会成为客观需要。所谓客观存在，是指危险是实际存在的，而不是避险人主观想象或推测的。如果实际上并没有危险存在，但误认为有危险存在并采取了所谓“避险”行为，致使合法权益遭受损害的，在刑法理论中被称为假想避险。假想避险不能成立紧急避险；如果造成严重后果的，应当根据事实认识错误的处理原则，按过失犯罪或意外事件处理。

第二，避险时间，应当是危险正在发生之时。所谓正在发生，是指危险已经直接面临，并且尚未消失。只有在此种情况下，采取紧急避险才有现实必要。如果在危险尚未到来或者已经明显消失的时候实施避险，就是避险不适时。避险不适时有两种情形：其一，事先避险，即在危险虽然存在，但尚未到来时所采取的避险行为。其二，事后避险，即在危险已经明显消失时所采取的避险行为。无论是事先避险还是事后避险均不能成立紧急避险，对其要根据对合法权益造成损害的大小，以及行为人主观罪过的有无，决定是否追究刑事责任。

第三，避险限制，必须是在不得已的紧急情况之下。所谓不得已的紧急情况，是指所发生的危险已经使合法权益受到极其严重的威胁甚至一定程度的损害，对于合法权益的保护已经刻不容缓，而行为人除选择采取紧急避险外，已无其他合适的方法可以避免危险的情况。如果虽然面临危险，但从行为人所具备的主观条件和客观条件来看，尚有其他方法可以避免危险，则不允许选择紧急避险，若盲目采取避险行为，则不能成立紧急避险；造成严重后果的，应当依法承担法律责任。

第四，避险意图，必须是为了保护国家利益、公共利益和公民个人合法权益免受损害。避险行为人具有保护合法权益免受损害的避险意图，是避险正当性的重要依据，也是紧急避险成立的重要条件。如果为了避免非法利益受损失而损害合法权益，则属于非法侵害，不能成立紧急避险；造成严重后果，构成犯罪的，应当依法追究行为人的刑事责任。

第五，避险所损害的权益，属于第三者。紧急避险是将危险可能造成的损害，从避险所保护的某一合法权益转嫁于另一合法权益，紧急避险所损害的只能是属于第三者的合法权益。因此如果行为人为了保护国家、公共利益或者他人的合法权益，而损害自己的合法权益的，不发生紧急避险的问题；行为人为了保护合法权益，而损害不法侵害者人身、财产利益的，属于正当防卫，不成立紧急避险；行为人为避免动物自发侵袭带来的危险而对该动物进行损害的，属于紧急避险。

第六，避险损害，不能超过必要限度。紧急避险的必要限度，即刑法所规定的，为保持避险的正当性而要求避险损害之轻重应予遵守的界限。它的具体标准，一般认为是避险行为所造成的损害结果必须小于所避免的损害。如果避险行为所引起的损害结果等同于或大于所要避免的损害，该损害结果就是不应有的损害，而避险行为就会因其没有实际减轻甚至反而加重了合法权益可能受到的损害而有害于社会，也有悖于避险的正当意图，这是法律所不容许的。在司法实践中，比较和确定避险行为所造成的损害与其避免的损害孰大孰小，是一个复杂的问题。一般应当把握：其一，公民的人身权利大于财产权利。其二，公民的人身权利中生命权利高于健康权利，决不容许以牺牲一个人的生命为代价来保全另一个人的健康，也不容许牺牲他人的生命来保全自己的生命。其三，财产权利中价值高的大于价值低的。其四，在国家利益、公共利益与公民个人利益之间，究竟孰大孰小，应当根据具体情况加以正确判断，不能简单地认为国家利益、公共利益必然大于公民个人利益。

第七，避险主体，在避免本人危险的情形下受到一定限制。根据《刑法》第 21 条第 3 款的规定，关于避免本人危险的规定，不适用于职务上、业务上负有特定责任的人。这里所说的“特定责任”，是指一定的人员基于其所具有的特定职务或者所从事的特定业务，在一定情形下所产生的必须排除某种危险以保护国家、公共利益或他人权益的法律义务。尽管在排除危险时，排险者本人的人身或财产等权益也有可能受到损害，但是决不能以避免本人危险为由而放弃履行职务上或业务上的特定责任。例如，人民警察负有同违法犯罪行为作斗争的特定责任，当违法犯罪行为发生时，必须制止违法犯罪行为，以排除违法犯罪行为对社会所构成的危险，决不能因为自己可能受到伤害甚至可能死亡，而以避免本人危险为由拒绝履行职责。其他职务上、业务上负有特定责任的人员，如消防队员、海关缉私人员、保卫人员、医务人员、工程抢险人员等都是如此。如果上述人员为了避免本人危险而放弃职责，不能成立紧急避险，而是对特定法律义务的不作为，如果造成严重后果，构成犯罪的，应当依法承担刑事责任。

上述条件必须同时具备，才能成立紧急避险。

三、避险过当及其刑事责任

避险过当，是指避险行为超过必要限度造成不应有的损害的行为。避险过当有以下两个特点：

第一，在客观上，避险行为对合法权益所造成的损害已经等同于或大于所要避免的损害，因而具有一定的社会危害性。

第二，在主观上，由避险意图所决定，行为人对必要限度以外的不应有的损害结果并不抱希望的态度，不存在直接故意。但一般均具有疏忽大意的过失或过于自信的过失的心理态度，在少数情况下，还可能具有放任危害结果发生的间接故意的心理态度。

基于以上特点，避险过当具有一定的社会危害性，如果符合某种犯罪的犯罪构成的，应当负刑事责任。但是因为避险过当的行为人具有保护合法权益的意图，其主观罪过的产生，往往与紧急危险的发生有着重要的联系。在避险过当的情况下，行为人只能对属于超过必要限度的不应有的损害承担刑事责任。因此避险过当的社会危害性和行为人的人身危险性均比一般犯罪要小，所承担的刑事责任也应当轻于一般犯罪。因此《刑法》第21条第2款规定，对避险过当的应当减轻或者免除处罚。

四、紧急避险与正当防卫的主要区别

紧急避险和正当防卫，都是基于保护合法权益的意图，为了制止或避免现实存在的危害而采取的合法的紧急措施，都属于刑法中的正当行为。但是它们又有着显著的区别，主要是：

第一，危险来源不同。在紧急避险的情况下，危险既可能来自于他人的不法侵害行为或人的生理原因，也可能来自于自然界的力量或动物的侵袭，危害来源较为多样和广泛；在正当防卫的情况下，危险只来自于他人的不法侵害行为，其来源相对单一和狭窄。

第二，损害对象不同。紧急避险所损害的，是第三者的合法权益；正当防卫所损害的，则是不法侵害者本人的权益。

第三，实施条件不同。紧急避险只有在没有其他方法可以排除危险的情形下，才可以选择实施；正当防卫则无此限制。

第四，限度标准不同。在紧急避险的情况下，避险行为所造成的损害小于所避免的损害时，该损害才被认为是没有超过必要限度的应有的损害；在正当防卫的情况下，防卫所造成的损害只要与所保护的合法权益、制止不法侵害的紧迫情形及其实际需要基本相适应，就应认为没有超过必要限度，是应有的损害。

第五，对实施主体的身份要求不同。在紧急避险的情况下，避免本人危险不适用于职务上、业务上负有排除危险的特定责任的人员；而正当防卫则无此要求。

第四节　刑法中的其他正当行为

除正当防卫、紧急避险外，刑法中的其他正当行为主要包括：

一、法令行为

法令行为，是指直接根据有关法律、法令、法规的规定，作为行使权利或者承担义务所实施的行为。

从我国的实际情况看，法令行为主要分为职务行为和权利（义务）行为

两类。

职务行为，即国家公务人员根据法律的规定，在法律权限内履行职务、职责的行为。职务行为包括：第一，在法律、法令、法规上有着直接的根据，而由国家公务人员实施的行为，如根据《刑事诉讼法》的规定，人民警察对犯罪嫌疑人实施的拘留、逮捕、监视居住等强制措施，或者在侦查过程中实施的搜查、扣押书证、物证等收集证据的行为。第二，作为下级的国家公务人员基于上级的职务命令所实施的行为。职务行为的正当性是以有法律根据，在法律权限内履行作为基础的。因此不仅要求公务人员的职务行为在实体上要以法律作为依据，而且还要求在程序上不能违反法律，否则便失去其正当性。需要指出的是，基于上级的职务命令所实施的行为，前提必须是该职务命令符合法律、法令、法规的规定，否则下级公务人员执行上级违法的命令的行为也不具有正当性。

权利（义务）行为，即在法律规定中作为公民的权利（义务）的行为。例如，任何公民根据《刑事诉讼法》的规定，将正在实施犯罪或者在犯罪后即时被发觉的人，或通缉在案的人，或正在被追捕的人扭送公安机关、人民检察院或者人民法院的行为，均属此类行为。

二、正当业务行为

正当业务行为，是指虽然在法令中没有直接规定，但在社会共同观念上认为该业务正当，并且所实施的也属于其业务正当范围内的行为。所谓业务，是指人在社会生活中反复或者继续进行的事务。正当的业务行为，也会发生法益损害的情形，但只要该业务正当，并且所实施的行为也处在该业务正当范围内，便不存在犯罪的社会危害性。例如，医生基于治疗的目的，在患者承诺或推定其承诺的情形下，以医学上被承认的方法为患者做截肢手术；运动员基于竞赛的目的，依照竞赛规则在拳击、柔道、摔跤、散打等比赛中击打、摔倒对方而致人损伤等，均属于正当业务行为所发生的法益损害的情形，不能成立任何犯罪。

三、自救行为

自救行为，又称自力救济行为、自助行为，是指合法权益已经受到侵害的人，在难以按照法律程序依靠国家机关对权益进行恢复时，依靠自己的力量恢复权益的行为。例如，盗窃、抢夺、抢劫案件的受害人，在其财物已经被行为人非法占有的场合，以强力损害行为人的方式夺回被非法占有的财物。这种情况下虽然自救行为造成了一定的法益损害，但不具有犯罪的社会危害性，法律承认其正当性。

一般认为，为法律所承认的自救行为必须同时符合下列条件：第一，合法权益已经受到了违法侵害。必须注意的是，此处的合法权益，一般限定于财产性权益，因为多数情形下，财产性权益受到侵害（如被盗窃、抢夺、抢劫、诈骗、敲诈勒索）时，才存在着恢复权益的可能。第二，自救行为实施的时间，可以是在合法权益刚刚被侵害之后，也可以是在被侵害之后的一段时间。第三，存在按照法律程序依靠国家机关难以恢复其权益的客观事实。第四，主观上存在着自救的意图，而不是出于泄愤报复等其他意图。第五，恢复权益的方法在社会观念上是相当的，所造成的法益侵害后果与所意图恢复的权益也具有相当性。

四、被害人承诺的损害行为

被害人承诺的损害行为，是指基于被害人的请求或许可，对被害人可以支配的权益进行损害的行为。这实质上是对被害人已经自愿放弃的权益所进行的损害，因而在一般情形下，并不存在犯罪的社会危害性，不成立犯罪。

但是被害人承诺的损害行为必须符合严格的条件，包括：第一，承诺是出自被害人的真实意志。第二，被害人能够正常理解所承诺事项的内容、范围、性质、后果及意义。第三，所承诺损害的权益必须是被害人可以支配的权益。普遍认为，人的生命权是不可承诺的，如果以被害人承诺为由而剥夺被害人的生命的，则构成犯罪，行为人应承担相关的刑事责任。人的健康权一般来说也是不可承诺的，如果以被害人承诺为由损害他人身体健康，造成严重后果的，也构成犯罪，行为人应承担相关的刑事责任。但是没有造成严重后果，并且没有违背有关法律、公序良俗的除外。第四，不得违背有关法律或公序良俗。第五，承诺必须通过一定的外在形式予以表明，但不问是明示还是暗示。第六，承诺必须存在于行为前或行为时，如果是行为之后被害人给予的承诺，行为便不具有正当性，也可成立犯罪。

基于推定的承诺的行为也具有正当性，不发生成立犯罪的问题。所谓基于推定的承诺的行为，是指虽然实际上并不存在被害人自己作出的承诺，但是可以认为在被害人知道情形时就当然会给予承诺，从而推定其意思所实施的行为。

五、义务冲突

义务冲突，是指存在两个以上互不相容的法律上的义务，由于无法兼顾，为了履行其中某种重要义务，而不得不放弃或懈怠履行其他非重要义务的行为。在义务冲突的情形下，行为人虽然放弃或懈怠履行其他非重要义务，造成了某种法益损害，但其履行了重要的义务，因而不存在犯罪的社会危害性，不能成立犯罪。例如，医生为了抢救危重病人，不得不暂缓对轻病患者的治疗，即使发生了轻病加重的情形，医生的行为仍然具有正当性。

义务冲突必须符合以下条件：第一，存在着两个以上互不相容的法律义务；“互不相容”，既可以包括义务内容上相互冲突，也可以包括无法同时履行。第二，必须是为了履行重要义务，放弃非重要义务。如果两个以上的义务在重要性上是同等的或大体同等的，行为人履行其中任一义务都是适宜的；如果行为人放弃重要义务而履行非重要义务，造成一定后果的，原则上应当承担法律责任，但是行为人缺乏履行重要义务的期待可能性的除外。

六、自损行为

自损行为，是指行为人基于自己的意志而侵害自己法益的行为。例如，行为人自己毁坏自己财物的行为，即属于自损行为。一般来说，由于行为人是基于自己的意志而侵害自己的法益，只要不损害国家利益、公共利益或他人利益的，法律便无干涉的必要，其行为具有正当性。如果行为人在损害自己利益的同时，还损害了国家利益、公共利益或他人利益，则不具有正当性，为法律所不允许。例如，军人在战时自伤身体，以逃避军事义务的，构成《刑法》第434条规定的战时自伤罪。自损行为必须符合如下条件：第一，行为人不能具有不正当目的。第二，行为人所损害的必须是自己有权支配的权益。第三，不能损害国家利益、公共利益和他人的利益。

第十章 故意犯罪的停止形态

第一节 故意犯罪的停止形态概述

一、故意犯罪的停止形态的定义

故意犯罪的停止形态，是指故意犯罪在其发生、发展过程中，由于主客观原因而在某一阶段停止下来的各种犯罪形态。以停止时故意犯罪是否已经完成为标准，故意犯罪的停止形态包括完成形态和未完成形态。所谓故意犯罪的完成形态，即犯罪既遂，是指故意犯罪在发展过程中没有中途停止下来而得以进行到终点，犯罪人完成了犯罪的情形。故意犯罪的未完成形态，是指故意犯罪在发展过程中于中途停止下来而没有进行到终点，犯罪人没有完成犯罪的情形。根据停止的原因和停止与犯罪完成之间的距离等情况的不同，故意犯罪的未完成形态又可以分为犯罪预备、犯罪未遂和犯罪中止三种类型。

故意犯罪的停止形态是与故意犯罪的过程、故意犯罪的阶段既相联系又有所区别的不同概念。所谓故意犯罪的过程，是指故意犯罪发生、发展和完成所要经过的程序、阶段的总和与整体，它是故意犯罪运动、变化的连续性在时间和空间上的表现。故意犯罪的阶段，是指对故意犯罪发展过程依主客观内容不同而划分的段落，不同的犯罪阶段在犯罪发展过程中呈现出前后衔接、此起彼伏的递进和发展变化关系。以犯罪着手与否为标准，可以将故意犯罪阶段分为犯罪预备与犯罪实行两个阶段。

故意犯罪的停止形态存在于一定的犯罪过程中，并与一定的犯罪阶段相联系。但是故意犯罪的停止形态是发生在特定阶段上的行为状态，是一种犯罪的结局，它属于相对静止范畴的概念。而故意犯罪的过程是对犯罪的实施过程从整体上进行描述，其体现的是犯罪实施在时间上的连续性。故意犯罪的阶段是从犯罪过程的链条中有选择地截取出来的若干段落，其体现的是行为发展的不同顺序，它们属于相继运动发展的概念。

二、故意犯罪的停止形态存在的范围

直接故意犯罪存在停止形态，而过失犯罪显然与故意犯罪的停止形态无关，这都是毫无疑义的。但是间接故意犯罪是否存在停止形态，理论界对此有着不同的观点，所涉及的主要问题是间接故意犯罪是否存在犯罪未遂，而争论的焦点则在于间接故意犯罪是否具有犯罪目的进而决定是否成立犯罪未遂。对此肯定论认为，行为人实施危害行为所放任的结果，就是间接故意犯罪的犯罪目的。如果该目的未能实现，就会成立间接故意犯罪的未遂。否定论则认为，间接故意犯罪无犯罪目的，因为犯罪目的是希望通过犯罪行为达到的危害结果，而间接故意仅仅是放任而非希望危害结果的发生。由于间接故意犯罪对危害结果发生与否都持无所谓的态度，所以危害结果没有发生不能认为犯罪“未得逞”。我们同意否定论。犯罪目的是与希望危害结果发生的意志相联系的。在放任危害结果发生的情况下，结果发生与否都是行为人所容认的，因此未发生危害结果，谈不上犯罪目的未实现因而违背其意志构成犯罪未遂的问题。此外，危害结果未发生，其行为也很难说具有犯罪性。依此类推，间接故意犯罪当然更不存在犯罪预备和犯罪中止的问题。对于间接故意犯罪，仅存在犯罪成立与否的问题。

尽管直接故意犯罪中一般都存在犯罪停止形态，但并不意味着一切直接故意犯罪的罪种与具体案件都可以存在各种类型的完成形态与未完成形态，对此需要结合犯罪构成客观要件具体分析。例如，一着手实行即告犯罪完成的举动犯（如煽动颠覆国家政权罪）不可能存在犯罪未遂；以“情节严重”或“情节恶劣”作为犯罪构成要件的情节犯，不可能有犯罪未遂的存在；突发性直接故意犯罪由于不存在犯罪预备阶段而是直接着手犯罪实施行为，所以不可能存在犯罪预备以及预备阶段的犯罪中止，等等。

第二节　犯罪既遂

一、犯罪既遂的定义

犯罪既遂是故意犯罪的完成形态。对于何为犯罪既遂，我国刑法中没有作出具体规定，我国刑法理论存在三种不同的学说。犯罪目的说认为，犯罪既遂是指行为人故意实施犯罪行为并达到了预期犯罪目的的犯罪形态；犯罪

结果说认为，犯罪既遂是指行为人故意实施犯罪行为并造成了法定危害结果的犯罪形态；构成要件说认为，犯罪既遂是指行为人故意实施的犯罪行为已完全具备刑法分则条文规定的犯罪构成要件的犯罪形态。

上述三种学说中，不管是犯罪目的说还是犯罪结果说，都难以将犯罪既遂与所有故意犯罪的未完成形态区分开来，因而有失片面。其具体表现是：第一，在有些犯罪中，虽然犯罪人没有达到自己的犯罪目的，但在法律上已完全具备了刑法分则条文规定的具体犯罪构成要件，应成立犯罪既遂而不是未遂。例如，诬告陷害罪并不以行为人达到诬陷他人导致他人被追究刑事责任作为犯罪既遂的标志。如果以犯罪目的或犯罪结果作为犯罪既遂的标准，则大多数诬告陷害罪都将难以成立犯罪既遂。第二，在有些犯罪中，并不以具体危害结果的发生作为犯罪完成的标志，甚至有的犯罪根本不存在物质性的有形的危害结果，无法适用犯罪结果说来作为判断犯罪既遂与否的标准。例如，煽动分裂国家罪只要有煽动分裂的行为就可以构成犯罪既遂，至于被煽动者是否因此进行分裂国家的活动对既遂的成立并无影响。又如，被依法关押者脱逃的，只要逃离羁押即为犯罪既遂。这里的逃离羁押是行为完成的程度而非一种物质性的有形结果，法律对这种犯罪也没有规定具体的危害结果。与这两种学说不同，构成要件说以犯罪具备刑法分则条文规定的全部要件作为犯罪既遂的标准，这既符合法律规定，也能够将犯罪既遂与所有故意犯罪的未完成形态区分开来，因而更为科学。

根据构成要件说，犯罪既遂具有两个特征：一是行为人已经着手实施故意犯罪；二是行为已经完全具备刑法分则条文规定的某种犯罪的构成要件。

二、犯罪既遂的类型

根据我国刑法分则的规定，犯罪既遂主要有以下四种类型：

（一）结果犯

结果犯，是指除了实施刑法分则条文规定的客观方面的行为以外，还必须发生法定的危害结果才能成立犯罪既遂的犯罪形态。如果法定的危害结果未发生，则成立未完成形态。这里的法定危害结果，首先，要求必须是有形的，可以计量的物质性损害结果，而不是指对法益的侵害或威胁。其次，这种危害结果必须与犯罪的性质相一致，而不是指犯罪行为给犯罪对象所造成的任何物质性损害结果。例如，故意杀人罪的法定危害结果是他人死亡，如果仅仅造成了伤害，不能成立故意杀人罪的既遂。

（二）行为犯

行为犯，是指虽不需要发生某种危害结果，但要求危害行为实施到一定程度才构成犯罪既遂的犯罪形态。行为犯危害行为的完成需要一个时间过程，要达到一定的程度。只有危害行为达到法律所要求的程度，犯罪既遂才能成立。例如，脱逃罪必须达到脱离羁押的程度才认为是犯罪既遂。如果危害行为在达到法律要求的程度之前停止下来，只能成立犯罪未遂或其他未完成形态。

（三）危险犯

危险犯，是指危害行为造成法律规定的发生某种危害结果的危险状态，才能成立犯罪既遂的犯罪形态。例如，破坏交通工具罪和破坏交通设施罪必须足以使火车、汽车、电车、船只、航空器发生倾覆、毁坏危险，才能成立犯罪既遂。

（四）举动犯

举动犯，是指一着手实施犯罪即告完成而成立犯罪既遂的犯罪形态。与行为犯不同，举动犯的行为没有明显的时间过程。我国刑法中的举动犯主要有两类：一类是具有其他犯罪的预备性质的犯罪，如参加黑社会性质组织罪；另一类是教唆煽动性质的犯罪，如煽动颠覆国家政权罪。

三、犯罪既遂的处罚

犯罪既遂符合的是刑法分则条文规定的基本犯罪构成，而刑法分则条文的法定刑是为基本犯罪构成设计的，因此我国刑法均未再对既遂犯规定专门的处罚原则。刑法理论认为，对于符合犯罪既遂特征的既遂犯，在遵循刑法总则一般量刑原则的基础上，直接按照刑法分则条文规定的法定刑幅度进行处罚即可。当然，既遂犯同时具备其他从宽或从严量刑情节的，仍应予以考虑。同时，不同的既遂犯因犯罪事实不同而危害性大小也有区别，对此仍应区别对待。

第三节 犯罪预备

一、犯罪预备的定义和特征

《刑法》第22条第1款规定：“为了犯罪，准备工具、制造条件的，是犯罪预备。”这一规定是对犯罪预备行为的表述，揭示了犯罪预备行为的主客观特征。作为未完成形态的犯罪预备，是指已经实施犯罪的预备行为，由于行为人意志以外的原因而未能着手实施犯罪的犯罪形态。

犯罪预备具有以下三个特征：

（一）行为人已经实施犯罪预备行为

这里的预备行为就是指《刑法》第22条第1款所规定的行为。实施犯罪预备行为，可以从主观、客观两方面来理解。

从主观上说，行为人是为了实行犯罪，具有犯罪的目的性。正是在这种意图的支配下实施的预备行为，才使那些必须经过犯罪预备才能着手实行的犯罪具备了现实条件，使另一些并不需要经过犯罪预备即可实行的犯罪的实现更具有可能性。强调行为人的这一犯罪目的极为重要。因为多数制造条件的行为本身并不能反映出其违法性质，只有结合行为人的主观故意的内容，才能判断其行为是否属于犯罪预备行为。为了实行犯罪，一般是指为了自己实行犯罪。如果是为了他人实行犯罪，他人尚没有实行犯罪的，可以构成共同预备（也称为阴谋犯）；他人实行了犯罪行为的，则按共同犯罪的帮助犯处理。为了实行犯罪，要求行为人对所要实施的犯罪性质，如行为对象、时间、地点、手段和要达到的犯罪结果等，都有明确的认识与考虑。例如，为了实施杀人犯罪，行为人对要杀何人、如何杀人、在何时何地杀人等，都有一定的考虑。为了犯罪，既可以是为了实行一罪，也可以是为了实行数罪。为实行数罪而实施的犯罪预备行为，如果是分别独立的，应成立数个犯罪预备；如果只表现为一个行为的，应按照要实行的数罪中最重的犯罪认定犯罪预备。

从客观上说，是为犯罪的实行和完成创造便利条件。例如，为走私而购买船只，为投毒而改变药物的特殊配方，为盗窃而排除犯罪的各种客观障碍，等等。需要注意的是，为犯罪的实行和完成创造便利条件的行为如果是刑法分则规定的独立的犯罪行为，则该行为同时触犯不同的罪名，这属于理论上的想象竞合犯。对这种情况，应从一重罪处断。

根据上述特征，犯罪预备不同于犯意表示。所谓犯意表示，是指行为人通过口头、文字或其他方式将自己的犯罪意思表露于外并为他人所知悉的行为。例如，在实践中常常存在的扬言杀人，就是一种表达想要杀人想法的犯意表示。犯意表示尚未开始实施任何危害社会的行为，因而属于犯罪思想的范畴。我国刑法摒弃“思想犯罪”，从犯罪预备开始追究刑事责任，预备之前的犯意表示不能认定为犯罪和处以刑罚。

（二）行为人未能着手实行犯罪

行为人未能着手实行犯罪，是指行为人虽然已经实施了为实行犯罪创造条件的行为，但未能着手犯罪的实行行为。它表明行为人的犯罪活动在具体犯罪实行行为着手前停顿下来。这里的犯罪实行行为，是指刑法分则规定的某种具体犯罪构成客观方面的行为。根据这一特征，可以将犯罪预备成立的时间限于犯罪实行阶段前的犯罪预备阶段，并把犯罪预备和犯罪未遂区别开来。

（三）未能着手实行犯罪是由于行为人意志以外的原因

行为人在着手犯罪实行行为之前停顿下来是由于其意志以外的原因，这是构成犯罪预备的实质要件，也是区分犯罪预备与发生在预备阶段的犯罪中止的关键所在。它表明，行为人之所以未能完成犯罪，是其不能而非不想，犯罪停止下来是违背其意志的。如果行为人系出于自愿而停止犯罪，则成立犯罪中止而非犯罪预备。

这里所说的意志以外的原因，是指足以阻止其完成犯罪，迫使其不得不停止下来，不再继续实行犯罪的各种主客观因素。这些因素主要包括：第一，作案条件不成熟。例如，时间、地点暂时不适合实行犯罪，被害人闻讯逃避或防范措施严密难以下手。第二，自身能力限制。例如，犯罪技能不够未能实行犯罪，突患重病而暂时无力犯罪。第三，外部因素的介入无法实行犯罪。例如，司法机关或群众及时行动将其抓获而未来得及实行犯罪。

二、犯罪预备行为的类型

根据《刑法》第22条的规定，犯罪预备行为表现为以下两种类型：

（一）准备犯罪工具

准备犯罪工具是一种最常见的为实行犯罪创造便利条件的犯罪预备行为，甚至是某些犯罪必不可缺少的步骤。因此《刑法》对准备犯罪工具行为作出专门规定，以强调其在犯罪预备行为中的重要性。

所谓准备犯罪工具，是指为实行犯罪而制造、购买、寻找或使用犯罪工具的行为。制造犯罪工具，既可以是行为人亲自制造，也可以是委托他人代为制造。委托制造的情况下，如果制造人知情的，构成共同犯罪预备。购买犯罪工具，是指用金钱或物品交换等方式，有偿取得犯罪工具。如果出卖犯罪工具者有共谋的，以共同犯罪论处。寻找犯罪工具，包括利用合法、非法等各种手段获取犯罪工具。如果以盗窃等非法手段获取犯罪工具触犯其他罪名的，按想象竞合犯从一重罪处断。使用犯罪工具，是指利用犯罪工具的功能为犯罪实行创造条件但尚未着手犯罪实行行为的情况。例如，驾驶交通工具接近犯罪地点。

这里的犯罪工具，是指实行犯罪中所利用的各种物品。例如，杀人用的刀枪、毒药，盗窃用的万能钥匙和翻墙入室、溜门撬锁的工具，制造假币用的机器、纸张，诈骗用的假公章、证件、印章，等等。从法律属性上说，犯罪工具可以分为两种：一种是违禁物品，另一种是非违禁物品。前者为法律所禁止流通以及公民擅自持有，拥有这些物品的行为本身即属违法性质。后者本身不为法律所禁止，人们既可以将之用于违法犯罪行为，也可以将之用于合法行为。只有在被用于违法犯罪时，这些物品才属于犯罪工具。从对犯罪实行和完成所起的作用上看，犯罪物品大致可以包括以下几种情况：第一，用于排除被害人反抗的物品，包括可以直接杀伤被害人的物品。第二，用于排除犯罪障碍接近犯罪对象的物品，如翻墙用的梯子、绳索。第三，用于分离、获取犯罪对象的物品，如开保险柜的器械、分割物品用的锯锉。第四，用于到达、逃离犯罪现场或帮助犯罪完成的物品，如交通工具。第五，用于掩护犯罪实行或毁灭罪证的物品，如作案需要的化装用品、毁尸灭迹用的化学物品。

（二）制造犯罪条件

犯罪条件，是指有助于犯罪实现的一切因素，包括行为人实施犯罪需要具备的主体条件，以及便于犯罪的客观条件。犯罪条件包括以下三个方面的内容：第一，有助于犯罪着手实行的条件，如犯罪工具、犯罪技术、犯罪对象情况。第二，有助于犯罪完成的条件，如销赃渠道。第三，有助于逃避法律制裁的条件，如犯罪后逃跑用的物品、证件、资金等。由于刑法特别强调准备犯罪工具行为而将其专门规定，所以这里所说的制造犯罪条件，是指除准备犯罪工具以外的其他为实施犯罪创造便利条件的行为。

其他为实施犯罪创造便利条件的行为在实践中表现形式多种多样，概括起来主要有以下一些类型：

1. 犯罪前调查。为了便于犯罪，行为人常常进行必要的事前调查。犯罪前调查的内容主要有：一是调查犯罪场所，二是调查被害人。所谓调查犯罪场所，是指了解查看将要实施犯罪的场所及其周围的情况，以便顺利实施犯罪或犯罪后能迅速逃离现场。例如，盗窃金融机构的犯罪分子事先查看金融机构的位置、周围环境、保卫情况、保险柜位置、进入和离开路线等。调查被害人，是指了解、打听被害人的行踪、活动规律、生活习惯、防卫能力等。

2. 制订犯罪计划。所谓制订犯罪计划，是指草拟、商定犯罪的具体实施方案。制订犯罪计划可以发生在单个人犯罪案件中，但更多地是发生在有预谋的共同犯罪案件中。犯罪计划的制订方式既可以是口头商量，也可以是形成书面文件。计划内容可以涉及犯罪时间、地点、方法、步骤、分工等多方面情况。制订犯罪计划必须通过一定的行为表现出来，如果仅仅是行为人的想法，则属于心理活动，不属于犯罪预备行为。

3. 勾结共同犯罪人。所谓勾结共同犯罪人，是指勾引、纠集其他人共同进行犯罪，包括与其共同实行犯罪，也包括在其犯罪后提供帮助。勾结方式可以是口头也可以是书面，可以是威逼也可以是利诱。至于他人是否同意参与犯罪，并不影响行为人犯罪预备行为的成立。当然，如果他人同意参与的，还存在构成共同犯罪的问题。

4. 前往犯罪地点。任何犯罪都是在特定地点的犯罪，因此行为人前往犯罪地点是实施犯罪的必要条件。如果行为人在前往犯罪地点的途中因意志以外的原因被迫停止犯罪的，其行为构成犯罪预备。

5. 排除犯罪障碍。所谓排除犯罪障碍，是指在着手实行犯罪前排除可能遇到的或已经遇到的不利于犯罪的因素。例如，为了盗窃而拆除报警防盗装置，为了杀人而引开保卫人员，等等。

6. 追踪、守候被害人。追踪被害人，是指尾随跟踪被害人，寻机作案或到达预定地点再进行加害；守候被害人，是指在一定的地点埋伏或等候，等被害人出现后进行加害。

7. 其他犯罪预备行为。除前述几种行为外，为实施犯罪创造便利条件的行为还有多种表现形式，如练习犯罪技能、筹集犯罪资金、诱骗被害人前往犯罪地点等。只要超出犯意表示而又未进入着手实施阶段的为犯罪创造便利条件的行为，都属于犯罪预备行为。

三、犯罪预备的处罚

《刑法》第22条第2款规定："对于预备犯，可以比照既遂犯从轻、减轻处罚或者免除处罚。"这是我国刑法关于预备犯处罚的一般原则。适用这一原则，应当注意以下几点：

第一，处罚预备犯的参照标准是既遂犯。以既遂犯为参照标准，首先要求以既遂犯的法定刑作为对预备犯适用刑罚的基础，其次根据案件情况设想如果犯罪完成会判处何种刑罚，然后考虑是否以及如何比照予以从宽处罚。

第二，对预备犯一般应当比照既遂犯从轻、减轻或者免除处罚。这是因为，在大多数情况下，犯罪预备比犯罪既遂的可罚程度要小，对此区别对待从宽处罚是合理的。

第三，对少数犯罪的预备犯也可以不从轻、减轻或者免除处罚。由于我国刑法对预备犯没有规定必须从宽处罚，所以对于一些情节严重、情节恶劣的预备犯，如准备进行大规模杀人的，以极其危险的方法准备劫持航空器的，预备行为已接近犯罪实施并可能立即造成严重危害后果的，也可以不从宽处罚。

第四节　犯罪未遂

一、犯罪未遂的定义和特征

《刑法》第23条第1款规定："已经着手实行犯罪，由于犯罪分子意志以外的原因而未得逞的，是犯罪未遂。"根据这一规定，犯罪未遂，是指已经着手实行犯罪，由于犯罪分子意志以外的原因而未得逞的犯罪形态。

犯罪未遂具有以下三个特征：

（一）已经着手实行犯罪

已经着手实行犯罪，是犯罪未遂成立的前提条件，也是犯罪未遂与犯罪预备相区别的主要标志，它表明行为人的犯罪活动已经进入犯罪实行阶段。所谓已经着手实行犯罪，是指行为人已经开始实施刑法分则规定的某种具体犯罪构成客观方面的行为。例如，抢劫犯罪分子举刀胁迫以排除被害人的反抗，杀人犯罪分子举枪向被害人射击，等等。

认定着手实行犯罪，应当坚持主客观相统一的原则。从客观方面看，犯罪的着手属于犯罪实行行为的起点，它已经超越了为犯罪的实行创造有利条件的预备阶段，从而对刑法所保护的法益造成了现实的危险。从主观方面看，行为人的犯罪目的已逐渐明确，并在这一目的的支配下，把犯罪向能够直接完成乃至导致危害结果发生的阶段推进。

对犯罪实行着手的认定，具体应该注意从以下几个方面进行把握：

1. 以法律对具体犯罪规定的罪状为依据。对罪状进行规定是罪刑法定原则的要求，也是认定犯罪实行行为的客观依据。针对不同的犯罪，我国刑法分别规定了不同的罪状，要求不同的实行行为才能构成。因此认定犯罪实行的着手要因罪而异。如同样是入室进入犯罪现场的行为，对于盗窃罪而言可以成立犯罪实行的着手，而对于故意杀人罪来说，则不能认为已着手实施犯罪。

根据我国刑法分则规定方式的不同，罪状主要有简单罪状、叙明罪状、空白罪状三种类型。简单罪状的犯罪对实行行为不作具体描述，对其行为性质需要进行认真分析，正确理解这类犯罪所要求的实行行为的内涵、外延，才能确定犯罪实行的着手。叙明罪状的犯罪对实行行为有较为详细的规定，应当直接依照法律的描述判断实行行为及其着手。空白罪状的犯罪则需要参照其他法律、法规的规定才能确定犯罪实行行为的内容，进而才能正确认定犯罪实行的着手。

2. 分析不同犯罪实行行为的特点。犯罪实行的着手仅仅是实行行为的开始，而非完成了实行行为的全过程。因此只要实施了属于实行行为内容的举动，即可成立犯罪实行的着手。我国刑法分则规定的犯罪实行行为大致可以分为四类：单一实行行为、复合实行行为、择一实行行为、并列实行行为。对于单一实行行为，需要实施属于这类单一实行行为的举动，才能认定为犯罪实行的着手。对于复合实行行为，不管是手段行为还是目的行为都具有实行行为的性质，因此只要开始实施手段行为，就可以认定为犯罪实行的着手。对于择一实行行为，只要实施了法律所列举的任何一种行为，均可成立犯罪实行的着手。对于并列实行行为，犯罪的成立要求两个行为同时具备。因此只有两个行为均已开始实施时，才能认定犯罪实行的着手。如果只实施了其中一个行为，尚不能认为成立犯罪实行的着手。例如，仅仅冒充国家机关工作人员的，不能认为已着手实行招摇撞骗犯罪，只有行为人同时开始进行诈骗活动的，才能认定成立招摇撞骗犯罪的实行着手。

3. 考察具体行为的现实危险性。尽管从法律的规定看，犯罪实行的着手相对是比较明确的，但在司法实践中与犯罪预备行为的界限仍然容易混淆。因此认定犯罪实行的着手还必须结合具体案件的不同特点进行考虑。由于实行行为必须是具有法益侵害的现实危险性的行为，因此只有当行为人实施的行为从性质上看具有直接引起危害结果发生可能性的，才能成立犯罪实行的着手。如果根据案件具体情况，某种行为根本就不可能直接引起法定危害后果的，对这种行为就不能认定为犯罪实行的着手。例如，在实践中经常发生的犯罪对象尚未出现的守候行为，由于行为人连直接接触被害人都不可能，当然谈不上对被害人存在现实危险性，所以不成立犯罪实行的着手。即使是尾随行为，虽然其已接近甚至接触犯罪对象，但尾随行为本身仍不能使犯罪对象直接受到侵害，所以仍然不属于犯罪实行的着手。

（二）犯罪未得逞

犯罪未得逞，与犯罪既遂的标准是一个问题的两个方面。对于何为犯罪未得逞，我国刑法理论界存在着不同的观点，但通说是构成要件说，即认为犯罪未遂中的“犯罪未得逞”应当是指行为人的行为没有具备犯罪构成的全部要件。

（三）犯罪未得逞是由于犯罪分子意志以外的原因

由于犯罪分子意志以外的原因使犯罪未得逞，是构成犯罪未遂的实质要件，也是区别于犯罪中止的主要标志。所谓意志以外的原因，是指违背犯罪分子犯罪本意的原因。一般来说，犯罪分子的意志无非有两种情况：一种是完成犯罪的意志，另一种是不完成犯罪即放弃犯罪的意志。因此这里所说的意志以外的原因，当然是指对犯罪分子完成犯罪的意志具有抑制作用的原因。对于那些基于犯罪分子本意而放弃犯罪的情形，则应排除在外。此外，对犯罪分子意志以外的原因的认定不仅要从质上进行分析，还要从量上进行考察。即使存在一些不利于犯罪的因素，但如果在犯罪分子看来，这种不利因素并不足以阻碍其犯罪意志的完成的，他是出于本意而放弃犯罪的，这种轻微不利因素仍不属于意志以外的因素。

犯罪分子意志以外的原因可以分为三种类型：

1. 与犯罪人无关的客观原因。与犯罪人无关的客观原因范围比较广，它可以包括被害人的反抗、逃避，司法机关的介入或其他第三者的制止，自然力的影响，难以克服的物质障碍，等等。

2. 犯罪人自身的客观原因。这类原因主要包括犯罪人的能力、力量、身体状况、技能、经验等。例如，故意杀人的犯罪分子虽然举枪但却不懂如何开枪，或犯罪分子因精神紧张而当场休克，等等。

3. 犯罪人的主观认识错误。这类原因主要包括对犯罪对象的认识错误，对犯罪工具的认识错误，对因果关系的认识错误以及对犯罪时周围的客观环境的认识错误。例如，犯罪人误认为被害人已被杀死而离去，盗窃犯罪分子误认为下班铃声是警报声而仓皇逃离现场等。

对犯罪分子意志以外的原因的认定，主要不在于这种原因本身的性质，也不在于这种原因的作用力大小，而在于是否受此影响被迫停止犯罪。因此只要犯罪分子的犯罪意志没有打消，但因下列情形未完成犯罪的，一般就可以认定其犯罪未得逞是由于意志以外的因素所致：第一，在犯罪实行过程中遇到不可抗力，犯罪人虽想完成犯罪但已无能为力，因而停止犯罪的。第二，在犯罪实行过程中遇到一定障碍，迫使犯罪人不敢继续进行而不情愿地放弃犯罪的。第三，在犯罪实行过程中，犯罪人误认为存在犯罪障碍阻碍犯罪完成而不情愿地停止犯罪的。第四，在犯罪实行过程中，犯罪人因上当受骗，误认为不能完成犯罪而使犯罪未完成的。第五，在犯罪实行过程中，犯罪人误认为犯罪已完成而实际上犯罪并未完成的。

二、犯罪未遂的类型

根据不同的标准，犯罪未遂可以划分为以下不同类型：

第一，实行终了的未遂与未实行终了的未遂。这是以犯罪实行行为是否终了为标准对犯罪未遂所作的分类。

实行终了的未遂，是指犯罪分子已经实施完毕他认为完成犯罪所必要的全部行为，但由于其意志以外的原因而致犯罪未得逞。例如，故意杀人的犯罪分子将被害人砍昏在地，以为其已经死亡而离开，实际上被害人并未死亡。导致实行终了的未遂的原因主要有两类：一类是由于犯罪分子的主观认识错误引起的。这类错误主要是对因果关系认识的错误。另一类是因为隔时犯的特点所致。因为在隔时犯的场合，实行行为实施完毕后，相隔一定时间才会发生危害结果。在此期间如果因为介入因素导致结果发生的可能性被中断，也会使犯罪未得逞。

未实行终了的未遂，是指犯罪分子尚未实施完毕他认为完成犯罪所必要的全部行为而致犯罪未得逞的。例如，在抢劫过程中因遭到被害人的强烈反抗而未能得手，盗窃过程中因被发现而不能继续。导致未实行终了的未遂的原因在以下三类情况中都存在：一类是外界客观原因所致。例如，遭遇到被害人的反抗，第三人前来制止。另一类是犯罪分子自身的客观原因。例如，犯罪人突发疾病而无力继续完成犯罪。还有一类是犯罪分子的主观原因。例如，误认为客观条件不利而停止犯罪。

第二，能犯未遂与不能犯未遂。这是以犯罪行为能否达到既遂状态为标准对犯罪未遂所作的分类。

能犯未遂，是指犯罪分子实施的犯罪实行行为实际上有可能完成犯罪，但由于犯罪分子意志以外的原因而未得逞。能犯未遂是犯罪未遂的主要表现形式，它既可以是实行终了的未遂，也可以是未实行终了的未遂。对能犯未遂的认定，关键在于对犯罪完成的可能性的认识。对此，需要根据犯罪分子在犯罪过程中所采用的方法、使用的工具、指向的犯罪对象等因素，判断犯罪行为是否切实有效，危害结果是否有可能发生。如果根据案件的情况某种行为根本不具有导致危害结果发生的可能性，就不能构成能犯未遂。

不能犯未遂，是指犯罪分子因为认识错误，其实施的行为根本不可能完成犯罪，因而未得逞。不能犯未遂通常分为对象不能犯与工具（手段）不能犯。前者是指犯罪分子对犯罪对象的属性或犯罪对象存在与否产生错误的认识，以至于未能完成犯罪。后者是指犯罪分子由于对作案工具的实际效能或者对作案方法的适当性产生错误认识，以致未能完成犯罪。需要注意的是，不能犯不同于迷信犯。所谓迷信犯，是指行为人由于极端愚昧无知，因而采取没有任何客观依据，在任何情况下都不可能产生实际危害结果的手段，意图实现自己所追求的危害结果的情形。不能犯与迷信犯的主要区别在于：前者对行为性质和功能的认识是符合人类认识的客观规律的，后者则是违反常识、超乎自然的；前者是因为行为人对客观事实情况的认识错误而致使犯罪未得逞，后者则是任何情况下都不可能完成犯罪、实现其犯罪意图。

三、犯罪未遂的处罚

《刑法》第 23 条第 2 款规定：“对于未遂犯，可以比照既遂犯从轻或者减轻处罚。”适用这一规定，应当注意以下几点：

第一，未遂犯的参照标准是既遂犯。以既遂犯为参照标准，首先要求以既遂犯的法定刑作为对未遂犯适用刑罚的基础，其次根据案件情况设想如果犯罪完成会判处何种刑罚，然后考虑是否以及如何比照予以从宽处罚。

第二，对未遂犯多数应当比照既遂犯适当从轻或者减轻处罚。这是因为，法律规定可以从轻或者减轻处罚表明了一种倾向态度，而且由于犯罪未遂没有达到犯罪完成的程度，在客观危害上一般要小于犯罪既遂。

第三，对未遂犯也可以不从轻或者减轻处罚。因为有的性质特别恶劣、手段特别残忍、所造成的后果特别严重的犯罪，其危害程度与犯罪既遂相比已相差无几，对此处以与既遂犯相同之刑是符合罪责刑相适应原则的。

对于未遂犯是否给予从宽处罚，如果予以从宽处罚，究竟是从轻处罚还是减轻处罚，需要根据案件具体情况，综合考虑犯罪的性质、犯罪行为已造成的危害结果的大小、犯罪的手段、犯罪的动机、犯罪未遂的具体类型等因素。不区分情况，对未遂犯一律给予从宽处罚或一概不予以从宽处罚都是不妥当的。

第五节 犯罪中止

一、犯罪中止的定义和特征

《刑法》第24条第1款规定："在犯罪过程中，自动放弃犯罪或者自动有效地防止犯罪结果发生的，是犯罪中止。"根据这一规定，犯罪中止，是指在犯罪过程中，犯罪分子自动放弃犯罪或者自动有效地防止犯罪结果发生的犯罪形态。

犯罪中止是基于刑事政策思想而设立的一种刑法制度，目的在于为犯罪分子放弃犯罪架设一座黄金大桥。犯罪中止具有以下三个特征：

（一）犯罪中止的及时性

犯罪中止的及时性，是指犯罪中止必须发生在犯罪过程中。这是犯罪中止的时间性条件。这里的"犯罪过程中"，既包括犯罪预备行为实施过程中，也包括犯罪着手实行过程中。因而犯罪中止的发生时间限于两种情形：一是行为人实施犯罪预备行为，尚未着手实行犯罪，也未出现犯罪预备的时候；二是行为人着手实行犯罪，而未出现犯罪既遂或犯罪未遂的时候。至于在犯罪预备前的犯意产生、犯意表示阶段，更不可能出现犯罪中止。

对于危险犯的犯罪，行为人在引起法定危险状态后又采取积极行动避免危害结果发生的，是否属于犯罪中止，在理论上是一个容易引起争议的问题。否定说认为这是犯罪既遂以后的行动，不属于犯罪中止，悔罪的行动只对量刑有影响。肯定说则认为应当以犯罪中止论，只不过它不是危险犯的中止，而是实害犯的中止。我们认为，虽然从有利于保护法益，以及鼓励行为人积极防止实际损害发生的角度来看，肯定说似更有价值，但其会导致危险犯既遂标准的不统一，却是一个不容忽视的缺陷。因此对这一问题仍有待进一步研究。

自动放弃重复侵害行为是否符合犯罪中止的时间性，是另一个值得注意的理论问题。对此我国刑法理论过去曾认为这种情况已构成实行终了的犯罪未遂，所以不能成立犯罪中止。现在一般认为，犯罪分子自认为完成犯罪所必需的全部行为没有实行完毕，客观上又存在进一步实行犯罪的条件，如果放弃重复侵害的，应视为符合犯罪中止的时间性条件。

（二）犯罪中止的自动性

犯罪中止的自动性，是指犯罪分子必须基于本人的意愿而放弃犯罪或者自动有效地防止犯罪结果的发生。这是犯罪中止的主观条件，也是区分犯罪中止与犯罪预备和犯罪未遂的主要标志。

犯罪中止的自动性具有以下两个方面的含义：

1. 犯罪分子自认为能够完成犯罪。这是成立犯罪中止的自动性的前提条件。这里的“自认为”，是指犯罪分子在主观上对客观情况的预见和判断，并不意味着实际存在的客观事实与犯罪分子的主观认识完全一致。只要行为人确信有条件完成犯罪，即使在他人看来不可能完成犯罪，或者当时当地的客观条件已决定其不可能将犯罪完成，也不影响其自动性的成立。例如，犯罪分子潜入财会室欲开保险柜时，因怕罪行败露，又停止下来，逃离财会室。其实，保险柜中并无任何资金。对此不能否认犯罪分子放弃犯罪的自动性。反之，在一般人看来，犯罪完全有可能继续进行直至完成，或者客观上具有完成犯罪的可能性，但犯罪分子误认为无法完成犯罪而停止犯罪的，则不成立停止犯罪的自动性。例如，犯罪分子潜入仓库正欲行窃，窗户被风吹开发出声响，犯罪分子以为保管员来了，遂仓皇逃走。这种情况当然不属于自动放弃犯罪。

2. 犯罪分子基于本人意愿而放弃犯罪。这是成立犯罪中止自动性的实质条件。基于本人意愿而放弃犯罪，是指犯罪分子在自认为可以完成犯罪也可以放弃犯罪的情况下，出于自愿而非被迫地放弃了继续犯罪、完成犯罪的意图。至于其动机，可以是因为真诚悔悟，也可以是对被害人产生同情和怜悯，还可以是害怕罪行暴露受到惩罚，等等。在实践中，虽然存在外界不利因素的影响，但这些因素并不能直接迫使犯罪分子放弃犯罪意图，若犯罪分子停止犯罪的，仍应认定为犯罪中止。

犯罪分子自动放弃犯罪，应该是完全彻底地放弃原来的犯罪。也就是说，犯罪分子不打算以后再实施这一犯罪。它表明犯罪分子放弃犯罪是坚决的、完全的、无条件的，而不是暂时的、有条件的中断犯罪。如果犯罪分子因犯罪时机不成熟、犯罪环境不适合、上当受骗等原因而暂时中断犯罪，但其并未彻底放弃原来的犯罪意图，只是伺机以后再犯的，不构成犯罪中止。当然，彻底停止犯罪只是指犯罪分子对正在实施的某个具体犯罪要彻底放弃，而不是指犯罪分子自此以后任何时候都不再犯同种犯罪，更不是指犯罪分子在以后任何时候都不再犯任何罪。

（三）犯罪中止的有效性

犯罪中止的有效性，是指犯罪分子必须彻底停止继续实施犯罪或者有效地防止法定犯罪结果的发生。这是犯罪中止的客观条件，也是犯罪中止与犯罪既遂的主要区别所在。

由于具体犯罪的多样性和复杂性，决定了犯罪中止的有效性在不同的犯罪形态中有不同的要求和表现。一般来说，有两种情形：第一种，对于行为犯、处于预备阶段的犯罪以及虽已进入实行阶段但尚无直接导致法定危害结果发生可能的犯罪而言，行为人只要主动停止犯罪即可符合犯罪中止的有效性特征；第二种，对于正在实行犯罪，或者犯罪已经实行终了，而法定犯罪结果尚未发生的，则行为人必须采取积极措施有效防止法定犯罪结果发生，才能符合犯罪中止的有效性特征。这里所指的法定犯罪结果，是指刑法分则规定的犯罪客观方面要件的结果，并且是一种事实上的物理性结果，而非规范意义上的抽象结果。如果犯罪分子虽然采取了防止法定危害结果发生的积极措施，但实际上未能阻止法定危害结果发生的，或者法定危害结果未发生是由于与犯罪分子所采取的措施无关的其他原因所导致的，则仍然不能认定为犯罪中止。当然对于此种情形中犯罪分子为防止犯罪危害发生所做的种种努力，在处罚时可适当考虑。

二、犯罪中止的类型

根据不同的标准，犯罪中止可以划分为以下不同类型：

（一）预备中止与实行中止

这是以发生的时间为标准对犯罪中止所作的分类。所谓预备中止，是指发生在犯罪预备阶段的中止。这种犯罪中止与犯罪预备在客观方面表现是相同的，即都表现为准备犯罪工具或实施其他为犯罪实行和完成创造便利条件的行为。这种行为既可能尚未实施终了，也可能已实施终了，即将进入着手实行阶段。预备中止与犯罪预备的区别在于预备中止停止犯罪是自愿的，而犯罪预备停止犯罪则是被迫的。所谓实行中止，是指发生在犯罪实行阶段的中止。实行中止还可以分为实行未终了的中止和实行终了的中止。前者犯罪实行行为尚未实施完毕，后者实行行为已实施完毕，但犯罪结果尚未发生。实行中止与犯罪未遂均发生在犯罪实行阶段，两者的区别在于实行中止中未完成犯罪是犯罪分子自愿选择的结果，因而并不违背犯罪分子的意愿，而犯罪未遂中未完成犯罪则是与犯罪分子完成犯罪的意志相违背的。

（二）消极中止与积极中止

这是以对中止行为的不同要求为标准对犯罪中止所作的分类。所谓消极中止，是指犯罪分子只需要自动停止犯罪行为的继续实施便可成立的犯罪中止。这类犯罪中止一般发生在行为犯、犯罪预备阶段以及大多数实行行为尚未终了因而缺乏直接导致法定危害结果发生的危险性的场合。所谓积极中止，是指犯罪分子除自动停止实施犯罪行为外，还须采取积极措施有效防止法定危害结果发生才能成立的犯罪中止。这类犯罪中止一般发生在实行行为终了以及虽尚未实行终了，但行为已包含发生法定危害结果的现实危险性的场合。

三、犯罪中止的处罚

《刑法》第 24 条第 2 款规定：“对于中止犯，没有造成损害的，应当免除处罚；造成损害的，应当减轻处罚。”

应当注意的是，这里的损害结果，不是指刑法分则规定的犯罪构成要件结果，而是法定构成要件结果以外的其他危害结果。例如，故意杀人罪的法定结果是致人死亡，如果杀人犯罪分子将被害人砍伤后自动中止杀人行为，并且被害人最后也没有死亡的，其行为属于造成损害的犯罪中止，应对其减轻处罚。如果未造成任何损害的，其行为属于未造成损害的犯罪中止，应对其免除处罚。如果导致被害人死亡的，不管其是否采取了任何抢救措施，均不能成立犯罪中止。

第十一章 共同犯罪

第一节 共同犯罪概述

一、共同犯罪的定义

根据《刑法》第 25 条第 1 款的规定，所谓共同犯罪，是指二人以上共同故意犯罪。

刑法学通说认为，刑法分则除了必要的共犯之外，都是以单独犯的模式规定的。那么数人共同实施犯罪的如何处理，就需要总则对此作出规定。共同犯罪的规定就是要解决数人共同实施犯罪的，侵害结果应当归属于谁的问题，同时解决每个人的刑事责任问题。

二、共同犯罪的成立条件

共同犯罪是二人以上共同故意犯罪，除了必须具备故意犯罪成立的一般条件外，还有其自身特有的成立条件要件。根据刑法规定，成立共同犯罪必须具备的特殊条件如下：

（一）共同犯罪的主体条件

我国通说认为，共同犯罪的主体必须是二人以上，包括二人。这里的“二人”，必须都是符合犯罪主体要件的人。由于我国刑法规定了单位犯罪，因而这里的“人”既指具备刑事责任能力的自然人，也包括单位。

就自然人而言，必须都是达到刑事责任年龄、具有辨认和控制能力即具备刑事责任能力的人。一个具有刑事责任能力的人和一个或者一个以上没有达到刑事责任年龄，或者不具有辨认或控制能力的人共同故意实施危害社会行为的，不构成共同犯罪。这种情形在刑法理论上属于间接正犯，① 只能对前者以单个人犯罪处理。例如，已满 12 周岁不满 16 周岁的人参与共同故意实施的危害行为，必须是《刑法》第 17 条第 2 款、第 3 款规定的犯罪，才具备共同犯罪主体要件，否则不构成共同犯罪。

就单位而言，两个以上的单位共同故意实施犯罪，或者单位和自然人共同故意实施犯罪，均可以成立共同犯罪。但是无论是前者还是后者，单位所实施的都必须是刑法分则明文规定可以由单位作为犯罪主体的那些犯罪，才可以认为单位与单位或者单位与自然人成立共同犯罪。如果单位所实施的不属于刑法分则明文规定可以由单位作为犯罪主体的犯罪，即使是由两个以上的单位共同故意实施，或者是由单位和自然人共同故意实施，也只能属于自然人与自然人所构成的共同犯罪。

（二）共同犯罪的客观条件

在客观方面，两个以上的行为人必须具有共同犯罪行为，才能成立共同犯罪。所谓共同犯罪行为，是指二人以上在共同犯罪故意的支配下，共同实施的有着内在有机联系的指向同一犯罪构成的行为。具体而言：第一，各行为人是在共同犯罪故意的支配之下，实施指向同一犯罪构成的行为。例如，都是在“合力杀人”的犯意支配下，共同参与实施了杀害同一被害人的行为。第二，各行为人的行为互相联系、互相配合，形成一个有机整体。共同的行为未必是相同的行为，各行为人可以有具体的分工，有的可以是实行行为，有的则可以是教唆行为，还有的可以是帮助行为，只有将各行为人的行为放在整个犯罪活动中考察，才能确定其真正的性质和作用，也才能最终确定各行为人的行为是否互相联系、互相配合，是否形成一个有机整体。第三，各行为人的行为不论表现形式如何，都对危害结果的发生具有原因力的作用，因而都是危害结果发生的原因，都与危害结果具有刑法上的因果关系。这不仅是共同犯罪人承担刑事责任的客观基础，而且是共同犯罪在因果关系问题上不同于单个人犯罪的本质特征。

共同犯罪行为，既包括共同实行行为，即具体犯罪构成客观要件的行为（如杀人行为、抢劫行为等），也包括共同预备行为，即为犯罪准备工具、制造条件的行为，还包括预备行为和实行行为的结合。因此仅仅参与犯罪预备，而未参与犯罪实行行为，同样构成共同犯罪行为。此外，在数人参与犯罪的共同预谋，但是仅由部分参与预谋的人实施了犯罪的实行行为时，单纯参与犯罪预谋的人也构成共同犯罪。

共同犯罪行为在表现形式上存在三种情形：一是共同的作为，即各共同

① 间接正犯，一般是指本身不直接实行犯罪，而是把他人（无责任能力的人、无犯罪故意的人等）作为工具来使用，以此实现构成要件的正犯（实行犯）。

犯罪人实施的行为均表现为作为。二是共同的不作为，即各共同犯罪人实施的行为均表现为不作为。三是作为与不作为的相互结合，即有的共同犯罪人实施的行为表现为作为，有的共同犯罪人实施的行为表现为不作为，作为与不作为相互结合。

（三）共同犯罪的主观条件

在主观方面，两个以上的行为人只有具备共同犯罪故意，才能成立共同犯罪。

《刑法》25 条第 2 款规定："二人以上共同过失犯罪，不以共同犯罪论处；应当负刑事责任的，按照他们所犯的罪分别处罚。"这表明在我国法律上不承认共同过失可以构成共同犯罪。

所谓共同犯罪故意，是指各行为人不仅明知自己与他人共同实施的危害行为会发生某种危害社会的结果，而且希望或者放任这一危害结果的发生。具体地说，在认识因素上，首先，各行为人必须明知不是自己一个人单独实施危害行为，而是与他人共同实施危害行为，即共同犯罪的行为人在主观上必须有犯罪意图的联络或者沟通。其次，各行为人还必须明知自己与他人共同实施的危害行为会发生某种危害社会的结果。在意志因素上，各行为人都希望或者放任危害社会的结果的发生。各行为人对危害社会的结果的发生，既可以都表现为希望发生，也可以都表现为放任发生，还可以有的表现为希望发生，有的表现为放任发生。这种共同的犯罪故意，成为共同犯罪人承担刑事责任的主观基础。

构成共同犯罪，上述三个要件必须完全齐备，缺少其中任何一个要件，共同犯罪都无从成立。因而在实践中，必须注意将以下几种与共同犯罪具有相似之处，但因上述某一要件的欠缺而实质上不能成立共同犯罪的单独犯罪区分开来：

1. 二人以上的共同过失行为造成一个犯罪结果的，不属于共同犯罪。应当负刑事责任的，按照他们所犯的罪分别处罚。

2. 二人共同实施危害行为，其中一人出于故意，另一人则出于过失，也不构成共同犯罪。这种情形下，行为人之间不可能存在犯罪意思联络，缺少共同犯罪故意。应当负刑事责任的，同样依法根据各自所构成的犯罪分别处罚。

3. 二人以上在同一时间、对同一对象各自故意实施同一种犯罪，由于主观上缺乏意思联络，不构成共同犯罪。这种情形在刑法理论上称之为同时犯、同时正犯。例如，互不相识的甲、乙二人于某日同一时间在同一商场各自分别盗窃数额巨大的贵重商品，由于二人在主观上缺乏共同盗窃的犯意联络，不能构成共同犯罪。

4. 二人以上对同一对象同时实施故意内容不同的犯罪，不构成共同犯罪。例如，甲、乙二人商议要报复一下丙，二人在同一时间内，甲以杀人故意对丙实施暴力，乙则以伤害故意对丙实施暴力，最终导致丙死亡。虽然二人是对同一对象同时实施犯罪，但由于主观故意的内容不同，不能构成共同犯罪。但是如果按照行为共同说的观点，由于甲、乙二人共同实施了犯罪行为，而且双方有意思联络，二人仍然成立共同犯罪。犯罪共同说的难点在于，如果难以查清甲、乙谁的行为导致丙的死亡时，按照有利于被告人的原则，只能认定甲构成故意杀人罪的未遂，乙构成故意伤害罪既遂，没有人对丙的死亡负责。行为共同说的优势在于，即使在不能查明谁的行为导致丙的死亡时，由于甲、乙构成共同犯罪，按照部分实行全部责任的原则，甲、乙二人都应当对死亡结果负责，因此甲构成故意杀人罪既遂，乙构成故意伤害罪既遂，且按照故意伤害致人死亡的法定刑处罚，即甲、乙都应当对丙的死亡负责。

5. 超出共同犯罪故意的犯罪，不属于共同犯罪，具体包括以下两种情形：一是实行犯的实行行为完全改变了原先与其他犯罪人的共谋。例如，甲、乙二人共谋杀害丙女，由甲实行杀害行为。甲入丙女家见色起意，强奸丙女后即逃走。此种情形下，甲、乙二人只就故意杀人罪成立共同犯罪，但对强奸罪不成立共同犯罪，而由甲对自己实施的强奸行为独立承担刑事责任。二是实行犯的实行行为超出了原先与其他犯罪人的共谋范围。例如，甲、乙二人共谋盗窃，并于某日乘丙在家熟睡之机潜入丙家盗窃，取得财物后，甲让乙走。乙走后，甲将熟睡的丙杀死。在此种情形下，甲、乙只就盗窃罪成立共同犯罪，而对故意杀人罪不成立共同犯罪，即乙对甲的故意杀人行为不负刑事责任，而甲则对自己实施的杀人行为独立承担刑事责任，此在刑法理论上又称为“实行犯过限”。

6. “片面共犯”不属于共同犯罪。所谓片面共犯，是指两个以上的行为人共同参与了同一犯罪，但只有一方存在与他方一起实施犯罪的意图，另一方则无此犯意的情形。例如，甲对丙早有宿怨，一日见乙正手持凶器追杀丙，便在乙不知情的情形下暗中帮助乙，使丙被乙杀害。理论界在片面共犯是否成立共同犯罪的问题上存在较大争议，有一种观点认为片面共犯是共同犯罪的形式之一，应当肯定我国刑法中存在片面共犯。

第二节　共同犯罪的形式

共同犯罪的形式，是指共同犯罪的形成、内部结构或者共同犯罪人之间结合的方式。从不同的角度、用不同的标准，可以对共同犯罪的形式进行不同的分类。

一、任意的共同犯罪和必要的共同犯罪

以共同犯罪所构成之罪是否可由一人单独实施为标准，可将共同犯罪分

为任意的共同犯罪和必要的共同犯罪。

任意的共同犯罪，是指按刑法分则规定本可由一人单独实施的犯罪，因由二人以上共同故意实施而成立的共同犯罪。刑法分则规定的大多数犯罪，如盗窃、抢劫、强奸、故意杀人罪等，既可以由一人单独实施，也可以由二人以上共同故意实施，当由二人以上共同故意实施时，即为任意的共同犯罪。对任意的共同犯罪，应当根据刑法分则有关该种犯罪的规定，结合刑法总则关于共同犯罪的规定，对各共同犯罪人定罪量刑。

必要的共同犯罪，是指按刑法分则规定一人不可能实施而必须由二人以上共同故意实施的犯罪。必要的共同犯罪是由刑法分则明确规定的。例如，《刑法》第 268 条规定的聚众哄抢罪，第 292 条规定的聚众斗殴罪，第 294 条规定的组织、领导、参加黑社会性质组织罪等，都属于必要的共同犯罪。应当注意的是，并非刑法分则规定的所有聚众犯罪都属于必要的共同犯罪，如《刑法》第 291 条规定的聚众扰乱公共场所秩序、交通秩序罪，刑法规定只处罚首要分子，如果在实际的案件中只有一个首要分子，那么该罪就可由该首要分子一人单独构成。对必要的共同犯罪的定罪量刑，直接依照刑法分则的有关规定处理即可，无须再适用刑法总则有关共同犯罪的规定。

二、事前通谋的共同犯罪和事前无通谋的共同犯罪

以共同犯罪故意形成的时间为标准，可将共同犯罪分为事前通谋的共同犯罪和事前无通谋的共同犯罪。

事前通谋的共同犯罪，是指各共同犯罪人在着手实行犯罪之前，进行了商议和谋划，并在此基础上形成共同犯罪故意的共同犯罪。这种共同犯罪，成功实施的可能性大、破坏力强、侦破困难，各共同犯罪人主观恶性深重，因而具有更大的社会危害性。必须指出的是，刑法分则中规定有些犯罪要求以事前有无通谋作为区分共同犯罪或单独犯罪的标准，如《刑法》第 310 条规定的窝藏、包庇罪，行为人如果是与实施犯罪的人事前通谋后，事后窝藏或包庇该犯罪人的，则构成该犯罪人所犯罪行的共犯；如事前无通谋，则单独构成窝藏、包庇罪。

事前无通谋的共同犯罪，是指各共同犯罪人在开始着手实行犯罪时或在实行犯罪过程中形成共同犯罪故意的共同犯罪。应当注意的是，事前无通谋不能理解为各共同犯罪人无犯意联络，而是指犯意联络的时间发生于犯罪着手实行之时或者实行过程中。事前无通谋的共同犯罪往往发生于二人以上偶然纠集在一起，共同实施犯罪的场合。例如，甲正在撬仓库行窃，恰巧熟人乙路过，于是甲要乙帮忙把风，自己继续行窃，乙依言而行，甲窃得财物后与乙共同分赃。甲、乙二人便属事前无通谋的共同犯罪。

三、简单的共同犯罪和复杂的共同犯罪

以各共同犯罪人是否都是实行犯为标准，可将共同犯罪分为简单的共同犯罪和复杂的共同犯罪。这里所谓实行犯，是指直接实施某一具体犯罪构成客观要件行为的犯罪人。

简单的共同犯罪，是指各共同犯罪人都直接实施刑法分则的某一具体犯罪构成客观要件行为的共同犯罪，即各个共同犯罪人都是实行犯的共同犯罪。例如，甲、乙一起动手，将丙杀死，就是简单的共同犯罪。在简单的共同犯罪中，各个实行犯的行为表现形式可以是相同的，也可以是不同的。前者如甲、乙二人均以枪射杀丙；后者如甲、乙、丙三人一起入室盗窃，甲负责撬开房门，乙负责打开保险柜，丙负责将柜中钱物装入袋中带走。三人的行为表现不尽相同，但都是直接实施盗窃罪的犯罪构成客观要件行为。无论前者还是后者，均属于简单的共同犯罪。

复杂的共同犯罪，是指各共同犯罪人之间存在着实行犯和非实行犯分工的共同犯罪，即各个共同犯罪人有的实施教唆行为，有的实施实行行为，有的实施帮助行为，等等。例如，甲教唆乙去抢劫，乙接受教唆后将抢劫的犯意告之丙，丙则将自己的匕首借给乙作凶器，由于甲、乙、丙三人之间存在着实行犯和非实行犯的分工，因此该共同犯罪属于复杂的共同犯罪。

四、一般共同犯罪和集团共同犯罪

以共同犯罪有无组织形式为标准，可将共同犯罪分为一般共同犯罪和集团共同犯罪。

一般共同犯罪，是指二人以上没有特定组织形式的共同犯罪。所谓没有特定组织形式，是指没有形成犯罪集团这种较为固定的犯罪组织。据此，凡是没有形成特定组织形式的共同犯罪，都属于一般共同犯罪。

集团共同犯罪，即集团犯罪，是指由犯罪集团所实施的共同犯罪。根据《刑法》第 26 条第 2 款的规定，犯罪集团是指三人以上为共同实施犯罪而组成的较为固定的犯罪组织。它必须具有三个特征：第一，成员为三人以上。第二，有明确的犯罪目的性，即三人以上共同结合的目的是为了共同实施犯罪。第三，有较为固定的组织形式，主要具体表现为组织成员比较固定；有明显的首要分子，成员间存在着领导与被领导的关系；有约束成员的成文或不成文的规矩。集团犯罪由于组织周密，准备充分，犯罪人作案能力强，而且往往作大案，相对较难侦破，因而对社会具有较大的危害，行为人的人身危险性也较为严重，应当作为惩治的重点。

在认定集团共同犯罪时，应当注意以下几个问题：

第一，严格区分集团共同犯罪与单位犯罪。我国刑法所规定的单位犯罪，

是指由公司、企业、事业单位、机关、团体实施的依法应当承担刑事责任的危害社会的行为。由于单位本身是一种较为固定的组织，并且成员人数较多，因而当单位实施犯罪时，与集团共同犯罪有许多相似之处，在处理这类案件时，要牢牢把握判断集团共同犯罪和单位犯罪的不同标准，以此严格划分二者之间的界限。如果单位是为了共同实施犯罪而成立的，即使该单位具有形式上的合法性，也应当认定为是一个犯罪集团，单位成员实施的共同犯罪就是集团共同犯罪。

第二，严格区分集团共同犯罪与聚众共同犯罪。聚众共同犯罪，是指由首要分子进行组织、策划、指挥，有其他人积极参加的共同犯罪。我国刑法分则明文规定的以聚众方式实施的犯罪中，有相当一部分属于聚众共同犯罪。聚众共同犯罪是以犯罪方法为标准对共同犯罪所作的一种归纳，无论是犯罪集团还是其他以聚众方式实施的一般共同犯罪，都可以构成聚众共同犯罪。而集团共同犯罪则是以共同犯罪具有特定组织形式为标准来确定的。因此在聚众共同犯罪中，如果是犯罪集团聚集一些不明真相的群众扰乱社会秩序、冲击国家机关，或扰乱公共场所秩序、交通秩序造成严重损失的，就属于犯罪集团实施的聚众共同犯罪，以共同犯罪是否有组织为标准划分，应当纳入集团共同犯罪的范畴。如果聚众共同犯罪并非由犯罪集团所实施，则属于一般的聚众共同犯罪。

第三，严格区分集团共同犯罪与“团伙犯罪”。在司法实践中，人们常常使用“团伙犯罪”这一概念，但理论界和实务部门对此均没有统一的认识。我们认为，“团伙犯罪”并非一个法律概念，而仅仅是习惯上对犯罪人结伙共同实施犯罪这一现象的一般称谓。因此“团伙犯罪”既不是一种独立的共同犯罪形式，也不能等同于集团共同犯罪，在理论上和司法实践中均应避免使用这一称谓。对于所谓“团伙犯罪”，如果符合集团共同犯罪特征的，就应依法以集团共同犯罪处理，否则只能视为一般共同犯罪。

第三节　共同犯罪人的分类及其刑事责任

一、共同犯罪人的分类标准

为了正确认识各类共同犯罪人在共同犯罪中所处的地位和所起的作用，以确定其刑事责任的大小，并给予相应的刑事处罚，有必要对共同犯罪人进行分类。各国对共同犯罪人分类大致有以下两种标准：一种是以各共同犯罪人在共同犯罪中的分工或者行为的形式为标准，即分工分类法，将共同犯罪人分为组织犯、实行犯、教唆犯、帮助犯；另一种是以各共同犯罪人在共同犯罪中所起的作用为标准，即作用分类法，将共同犯罪人分为主犯、从犯、胁从犯。这两种分类标准都属于对共同犯罪人进行分类的重要标准，其中以分工分类法为标准对共同犯罪人的分类，有助于认清各共同犯罪行为人行为的性质，进而准确判断行为人在共同犯罪中所起的作用以及刑事责任的大小。而以作用分类法为标准对共同犯罪人的分类，可以有利于正确解决对共同犯罪人的量刑。因此分工分类法和作用分类法各有其长处。当然，两种分类法并没有根本性区别，从解释论的角度来说，也可能认为我国刑法规定的主犯就是正犯，从犯与胁从犯就是帮助犯，只不过我国刑法与司法实践中关于主从犯的区分标准，比国外的正犯、教唆犯与帮助犯的区分标准更为实质，在国外属于共同正犯的，在我国依然可能仅成立从犯。

如果严格区分两种分类法，可以认为我国刑法主要是根据作用分类法，将共同犯罪人分为主犯、从犯和胁从犯，同时又根据分工分类法划分出教唆犯。因此相对于主犯、从犯、胁从犯而言，教唆犯的划分标准是不同的。教唆犯与主犯、从犯、胁从犯不是并列关系，它在共同犯罪中既可能是主犯，也可能是从犯，甚至可能是胁从犯。

二、共同犯罪人的分类及其刑事责任

我国刑法将共同犯罪人分为主犯、从犯、胁从犯和教唆犯，不同的共同犯罪人在社会危害性和人身危险性等方面均有所差异，因而所应承担的刑事责任也有所不同。

（一）主犯

1. 主犯的定义和特征。根据《刑法》第26条第1款的规定，主犯是指组织、领导犯罪集团进行犯罪活动或者其他在共同犯罪中起主要作用的共同犯罪人。主犯包括以下两种共同犯罪人：

（1）组织、领导犯罪集团进行犯罪活动的共同犯罪人，即犯罪集团的首要分子。根据《刑法》第26条第1款以及第97条的规定，此种主犯具有两个重要特征：一是只存在于犯罪集团之中。二是在客观上必须具有组织、领导犯罪集团的行为。所谓组织，主要是指发起并纠集、勾结他人组成犯罪集团的行为。所谓领导，主要是指策划、指挥犯罪集团进行犯罪活动的行为，也就是为犯罪集团所进行的犯罪活动事先制订犯罪计划或指令，安排、部署犯罪集团的其他成员具体实施犯罪活动。只要具备这两个特征，就属于犯罪集团的首要分子。应当注意的是，犯罪集团中的首要分子可能有一名，也有可能有多名。

（2）其他在共同犯罪中起主要作用的共同犯罪人。此种主犯是指犯罪集团首要分子以外的其他在共同犯罪中起主要作用的共同犯罪人，具体包括如下三种人：

第一种，在首要分子的领导下，在犯罪集团所进行的犯罪活动中起主要作用的犯罪分子。一般是指主要实行犯。这类犯罪分子只存在于集团犯罪中，虽然不是犯罪集团的首要分子，但却在集团犯罪中起着一定的主要作用，因而属于主犯。

第二种，在构成共同犯罪的聚众犯罪中，属于首要分子或者其他起主要作用的犯罪分子。在理解时，必须注意两个问题：一是聚众犯罪中的首要分子并不都是主犯。只有当该聚众犯罪存在着两个以上应当承担刑事责任的犯罪人，即该聚众犯罪构成共同犯罪时，作为组织者、策划者或指挥者的首要分子才属于主犯。而当该聚众犯罪没有构成共同犯罪时，则不存在主犯的认定问题。二是对于许多聚众犯罪，刑法分则的有关条文均规定了首要分子以外的“其他积极参加的”“积极参加的”或“其他参加的”均应承担刑事责任。对于“其他参加的”，一般应被排除在主犯之外。对于“其他积极参加的”或“积极参加的”，既不能一概认定为主犯，也不能一概排除在主犯之外，应当以他们在聚众犯罪中是否确实起到了主要作用作为判断是否成立主犯的根据。

第三种，在其他共同犯罪中起主要作用的共同犯罪人。这主要是指在一般共同犯罪中的组织策划者和主要实行者（即主要实行犯）。

2. 主犯的刑事责任。我国《刑法》第 26 条第 3 款规定：“对组织、领导犯罪集团的首要分子，按照集团所犯的全部罪行处罚。”第 26 条第 4 款规定：“对于第三款规定以外的主犯，应当按照其所参与的或者组织、指挥的全部犯罪处罚。”具体地说，对组织、领导犯罪集团进行犯罪活动的首要分子，应按照集团所犯的全部罪行处罚。所谓集团所犯的全部罪行，应理解为首要分子组织、指挥的，以及他所允许实施的全部犯罪。对于集团个别成员所实施的超出首要分子组织、指挥和允许范围的犯罪，不应属于集团犯罪的内容，不能令首要分子负刑事责任，而应由实施该犯罪的集团成员独立承担刑事责任。此外，根据《刑法》第 74 条的规定，对于犯罪集团的首要分子，不适用缓刑。对于犯罪集团首要分子以外的其他主犯，应当按照其所参与的或者组织、指挥的全部犯罪处罚。这里的参与既包括参与犯罪的预备行为，也包括参与犯罪的实行行为。

应当注意的是，刑法分则对有些共同犯罪的主犯已经规定了具体的法定刑，对这类主犯，应当直接按刑法分则有关条文处罚。例如，根据《刑法》第 103 条的规定，对于分裂国家罪的首要分子或者罪行重大者，处无期徒刑或者 10 年以上有期徒刑。《刑法》第 170 条和第 240 条也分别对伪造货币罪和拐卖妇女、儿童罪的犯罪集团的首要分子规定了具体的法定刑。

（二）从犯

1. 从犯的定义和特征。根据《刑法》第 27 条第 1 款的规定，从犯是指在共同犯罪中起次要或者辅助作用的共同犯罪人。从犯包括以下两种共同犯罪人：

（1）在共同犯罪中起次要作用的共同犯罪人。此种从犯在共同犯罪中直接实施了具体犯罪构成客观要件的行为，但在整个犯罪活动过程中所起的作用相对小于主犯，属于起次要作用的实行犯，又称次要实行犯。在集团共同犯罪和一般共同犯罪中，都可能存在此种从犯。

（2）在共同犯罪中起辅助作用的共同犯罪人。此种从犯不直接实施具体犯罪构成客观要件的行为，而是为共同犯罪的实施创造条件，辅助实行犯罪，如提供犯罪工具、引导作案目标、踩点、排除犯罪障碍、毁灭罪证等，属于分工分类法中的帮助犯。

2. 从犯的刑事责任。《刑法》第 27 条第 2 款规定："对于从犯，应当从轻、减轻处罚或者免除处罚。"这一规定体现了对从犯相对于主犯从宽处罚的精神。对从犯的处罚采取必减主义，在于从犯在共同犯罪中所起的是次要或者辅助作用，根据罪责刑相适应原则的要求，对从犯的处罚应当从轻、减轻或者免除处罚，至于究竟是从轻，还是减轻或者免除处罚，要根据从犯行为的具体性质、情节以及对社会的危害程度而定。

应当注意的是，刑法分则的某些条文对某些共同犯罪的从犯已经明确规定了法定刑，对于这类从犯，应当直接按刑法分则规定的法定刑处罚。例如，根据《刑法》第 294 条的规定，对组织、领导、积极参加黑社会性质组织的犯罪分子，处 3 年以上 10 年以下有期徒刑；其他参加的，处 3 年以下有期徒刑、拘役、管制或者剥夺政治权利。这里的其他参加者，便是指该种共同犯罪中的从犯。

（三）胁从犯

1. 胁从犯的定义和特征。根据《刑法》第 28 条的规定，胁从犯是指被胁迫参加犯罪的共同犯罪人。胁从犯具有以下特征：

（1）行为人在客观上实施了危害社会的行为，且其危害行为与胁迫者的胁迫行为最终指向同一犯罪构成，即具有共同犯罪行为。

（2）受到他人胁迫，是行为人实施该危害行为的前提，这表明行为人的犯罪不是自发、主动的。所谓受胁迫，主要是指受到揭发隐私、毁损财物、损害健康甚至剥夺生命等精神上的强制，也可以表现为受到直接的暴力侵害。

（3）在具有选择不实施危害行为的意志自由的情形下，行为人明知自己在他人胁迫下所实施的危害行为可能或者必然发生危害社会的结果，但希望或者放任危害结果的发生，即其主观上具有共同犯罪的故意。

在认定胁从犯时，要注意区分胁从犯与紧急避险行为的界限。对此，应当严格按照紧急避险的成立条件来判断。具体地说，主要应当综合考虑以下三个方面的问题：第一，胁迫者威胁要损害的利益是否为合法利益。如果胁迫者威胁要损害的利益是合法利益，如被胁迫者的财物、健康甚至生命等，被胁迫者所实施的行为就有可能存在成立紧急避险的条件。如果胁迫者威胁要损害的利益是非法的，那么被胁迫者所实施的危害行为就属于胁从犯罪。第二，在胁迫之下，合法利益是否遭遇正在发生的危险。如果合法利益遭遇正在发生的危险，就有可能存在紧急避险的条件；反之，如果虽然受到胁迫，但合法利益并未遭遇正在发生的危险，则不存在成立紧急避险的条件，被胁迫者实施了犯罪行为，则属于胁从犯罪。第三，被胁迫者对于行为的选择，是否处于不得已的紧急情况之下。如果是处于不得已的情况之下，则意味着被胁迫者已无其他合适的方法可以排除危险，其所选择的行为则可能存在成立紧急避险的条件；如果不是处于不得已的紧急情况之下，其所选择的行为就有可能属于胁从犯罪。

2. 胁从犯的刑事责任。《刑法》第 28 条规定："对于被胁迫参加犯罪的，应当按照他的犯罪情节减轻处罚或者免除处罚。"刑法对胁从犯设立比从犯更轻的处罚原则，是因为从胁从犯的主客观两个方面结合起来考虑，其主观恶性和在共同犯罪中所起的作用一般较从犯要小。在认定胁从犯的刑事责任时，应当着重把握两个方面的内容：一是受胁迫程度。在一般意义上，胁迫造成的精神强制的程度与胁从犯的意志自由程度成反比，因此可以认为受胁迫程度与胁从犯主观恶性程度成反比，从而胁迫程度越大，则胁从犯的犯罪情节相对越轻。二是胁从犯具体参与犯罪的程度。胁从犯是被胁迫加入到犯罪中的，但在整个犯罪进行过程中，其参与程度也是有所不同的，应根据其参与犯罪程度的不同而确定其犯罪情节的轻重。

（四）教唆犯

1. 教唆犯的定义和特征。教唆犯，是指故意唆使他人实施犯罪的共同犯罪人。教唆犯具有以下特征：

（1）在客观方面，行为人具有唆使他人实施犯罪的教唆行为。就教唆内容而言，可以表现为三种情形：第一种是明确教唆，即教唆人所教唆的内容是某种具体犯罪，且往往对犯罪的具体目标、程度等有着较为明确的意思表示。例如，教唆他人将某人杀死或教唆他人盗窃某项财物等。第二种是选择性教唆，即教唆人所教唆的内容包括数种具体犯罪，让被教唆的人进行选择。例如，教唆他人对某妇女实施侮辱、猥亵或强奸，或者教唆对某项财物实施抢夺或抢劫等。第三种是盖然性教唆，即教唆人所教唆的内容较为概括，往往对犯罪的种类、具体目标或程度较为模糊，如教唆他人"收拾""教训""整整"某人等。在这种情形下，如果教唆人能够认识到被教唆人有可能实施犯罪，并且明显存在着放任被教唆人实施任何犯罪行为的心理态度，被教唆人在教唆下实际实施了犯罪行为的，教唆人的行为则属于教唆犯罪。如果教唆人仅教唆他人实施明确限定的一般的违法行为或违反道德的行为，即使被教唆人受教唆后实施了犯罪行为，教唆人也不成立教唆犯罪。就教唆行为的基本形式而言，一般认为必须是积极的行为，不作为不成立教唆行为。但就教唆行为的具体形式而言则是多种多样的，既可以是口头的，也可以是书面的，还可以是肢体动作甚至眼神、暗示等。从方法上看，既可以是怂恿、劝告、命令，也可以是嘱托、哀求，甚至可以是威胁、强迫。

应当注意的是，在直接故意教唆他人犯罪的情况下，当教唆行为引起被教唆人的犯意，进而实施了被教唆的犯罪时，教唆犯的教唆行为与被教唆人的犯罪行为构成共同犯罪；当被教唆人没有犯被教唆的罪时，教唆犯的行为构成单独犯罪。对这种情形，理论上称之为未成功的教唆或教唆未遂。

（2）在主观方面，行为人具有教唆他人犯罪的故意，即明知自己的教唆行为可能使他人产生犯罪意图，进而实施犯罪，发生某种危害社会的结果，并且希望或者放任这种结果的发生。如果行为人缺乏教唆他人犯罪的故意，即没有意识到自己的行为会使他人产生犯罪意图，即使其行为在客观上使他人产生了某种犯罪意图并进而实施了该种犯罪，也不构成教唆犯。

（3）在教唆对象方面，教唆的对象必须是特定的，可以是单个的人，也可以是多人，但不能是不特定的多人。教唆的对象还必须是具备刑事责任能力的人，即达到刑事法定年龄，具有辨认和控制能力的人。教唆不具备刑事责任能力的人实施犯罪行为的，属于间接正犯，不成立教唆犯，教唆人与被教唆人之间也不形成共犯关系。

从教唆犯的定义及其主客观特征来看，教唆对象应该是没有犯罪意图的人。正是在教唆犯的故意唆使下，教唆对象才产生犯罪意图进而实施犯罪的。因此行为人在明知对方已有犯罪意图的情况下为其撑腰打气、出谋划策，不能成立教唆犯，而应成立从犯中的帮助犯。如果行为人将已有犯罪意图的人误认为是没有犯罪意图的人而进行教唆的，教唆人实际上是以教唆的故意，实施了帮助的行为，应当认定为帮助犯（从犯）。

2. 教唆犯的刑事责任。《刑法》第 29 条规定："教唆他人犯罪的，应当按照他在共同犯罪中所起的作用处罚。教唆不满十八周岁的人犯罪的，应当从重处罚。如果被教唆的人没有犯被教唆的罪，对于教唆犯，可以从轻或者减轻处罚。"据此，对教唆犯应分三种情况进行处罚：

第一，在被教唆人已犯所教唆之罪的情况下，此时教唆犯与被教唆人成立共同犯罪，对教唆犯应当按照其在共同犯罪中所起的作用处罚。所谓已犯被教唆之罪，既包括已实施犯罪的预备行为，也包括已实施犯罪的实行行为，即刑法分则所规定的某种犯罪具体构成要件的行为。一般来说，由于教唆犯是犯罪意图的发起者，是引起他人实施犯罪的原因，因而在共同犯罪中往往起着主要作用，属于共同犯罪中的主犯，应当按主犯处罚。但是在有些情况下教唆犯也可能起辅助或次要作用，就应当按从犯处罚。如果教唆犯是在他人的胁迫之下实施教唆行为的，则应当以胁从犯处罚。

第二，教唆不满 18 周岁的人犯罪的，应当从重处罚。不满 18 周岁的人属于未成年人，其心理发育尚不成熟，辨别是非的能力较弱，易受不良影响，需要特殊保护。在其他条件相同的情况下，教唆不满 18 周岁的人犯罪比教唆成年人犯罪具有更严重的主观恶性和社会危害性，因而应从重处罚。

第三，被教唆的人没有犯所教唆的罪，对教唆犯可以从轻或者减轻处罚。按照教唆犯独立性说或者二重性说的观点，被教唆人没有犯被教唆的罪，既指被教唆人拒绝教唆，也指当时接受教唆但没有实施任何犯罪，在此类情况下，教唆犯和被教唆人都不存在共同犯罪的关系，刑法理论称该种教唆犯为独立教唆犯。由于被教唆人没有犯所教唆之罪，教唆行为尚未造成实际危害结果，因而其社会危害性比被教唆人已犯所教唆之罪的情形要小，因此对教唆犯可以从轻或者减轻处罚。但是按照教唆犯从属性说的观点，刑法所规定的被教唆人没有犯被教唆的罪，仅指被教唆人犯罪未遂的场合，在处罚预备犯的犯罪中，还包括被教唆人只实施了预备行为的场合。

必须注意的是，如果被教唆人实际所犯之罪并非教唆人所明确教唆之罪，而是超出了教唆的范围的，即属于被教唆人实行过限。例如，教唆他人实施盗窃罪，但被教唆人实际实施盗窃罪后又实施了强奸罪，其实施的强奸罪超出了教唆范围，属于实行过限。一般来说，教唆人只对自己所明确教唆之罪承担责任，而不对被教唆人实行过限的犯罪承担刑事责任。但是也有几种例外：一是被教唆人所实行的犯罪与教唆人所教唆的犯罪在构成内容之间具有某种重合性的。例如，教唆他人实施抢劫，但被教唆人实际实施的是抢夺，反之亦然。二是在转化犯的情形下。例如，教唆他人入室盗窃，被教唆人实施盗窃时为抗拒抓捕而当场使用暴力，由盗窃转化为抢劫。三是被教唆人在实际实施所教唆之罪时，发生了加重结果的。例如，教唆他人实施伤害罪，但被教唆人在实施伤害过程中致人死亡；教唆他人实施放火罪，被教唆人实施放火中造成人员重大伤亡或财产重大损失的。在这三种情形中，教唆人对于被教唆人的实行过限如果具有放任的故意或者过失的，也应当承担教唆犯罪的刑事责任。

教唆他人犯罪的，无论被教唆的人是否犯所教唆之罪，对教唆犯都应当按照他所教唆之罪定罪处罚。例如，教唆他人诈骗的，按诈骗罪定罪处罚；教唆他人强奸的，按强奸罪定罪处罚。需要注意的是，刑法分则将某些教唆行为明确规定为独立犯罪，对这种教唆犯只需而且应当直接根据刑法分则的有关规定定罪处罚，不能按他所教唆的罪定罪处罚。例如，《刑法》第 103 条第 2 款规定的煽动分裂国家行为，如果是针对特定对象进行煽动，则同时属于教唆犯，应当直接以煽动分裂国家罪定罪处罚，不能定分裂国家罪。《刑法》第 105 条第 2 款规定的煽动颠覆国家政权罪以及第 373 条规定的煽动军人逃离部队罪都存在这种情形。

第十二章

罪 数

罪数，是犯罪的主要形态之一，是以一罪或者数罪为表现形式的类型化的犯罪形态。研究罪数，主要是明确罪数的认定标准，揭示一罪与数罪的差异，阐释不同犯罪形态的构成特征，从而确定不同罪数形态的处理原则。

第一节 罪数的认定标准

罪数，是指同一个行为人实施犯罪的数量。罪数的主要类型包括一罪和数罪。

确定行为人实施的犯罪是一罪还是数罪，在通常情况下是十分明确的。比如，行为人甲于某日抢劫被害人乙的财物以后，在次日又将仇人丙杀死；行为人丁目睹了丙被杀的全过程，在甲离开后将丙身上的5000元钱款拿走。这里甲的行为构成数罪，丁的行为构成一罪是十分清晰的。但是由于现实中犯罪现象十分复杂、多样，很多时候行为人实施的危害行为并不是典型的一罪或者数罪，这时就需要结合罪数形态理论予以判断。比如，行为人甲在公路上遇见受害人乙，遂将其强奸；乙扬言要告发甲，甲就用随身携带的镰刀将乙杀死。对此，罪数形态理论可以为我们判断甲是强奸致人死亡的一罪还是强奸罪与故意伤人罪的数罪提供依据。其实，在司法实践中，行为人实施一个犯罪行为触犯数个罪名，或者行为人基于一个罪过实施了一个危害行为，但这一行为在一定时间内处于持续进行的状态，或者行为人实施的数个犯罪行为之间具有某种特殊的内在关联性，对这些问题应当依照何种标准予以认定，就涉及罪数形态的认定标准等基本理论问题。

罪数形态的认定标准，是指以何种标准来认定行为人实施的危害行为是一罪还是数罪。对此，刑法理论上有许多不同的观点，如行为标准说、法益标准说、犯意标准说和犯罪构成要件标准说。[①] 我国刑法理论通说坚持犯罪构成要件标准说的观点。即判断罪数是一罪还是数罪应当以危害行为所符合的犯罪构成要件的数量为标准。如果行为人实施的危害行为符合一个犯罪构成要件的，就应当认定为一罪；如果符合数个犯罪构成要件的，应当认定为数罪。由于我国刑法坚持主客观相统一的原则，因此行为人出于一个故意或者过失，实施了一个危害行为，符合一个犯罪构成的，属于一罪；如果出于数个故意或者过失，实施数个行为，符合数个犯罪构成的，属于数罪。本书认为，犯罪构成要件说坚持了我国刑法学的核心理论——犯罪构成理论，体现了犯罪构成要件对于犯罪行为认定的类型化作用，使罪数形态理论和犯罪构成理论有机统一起来，既确保了罪数形态认定标准的法定性，同时也提高了司法实践的可操作性。然而，需要注意的是，由于刑法分则中的一些特殊性规定，以及司法实践中在处理特定类型犯罪行为时的通行认定规则，对于罪数形态的认定标准并不完全贯彻犯罪构成要件标准说，就此而言，该学说是罪数认定标准的一般性规则，而非具有强制性的司法原则。

第二节　一罪的分类

一罪，是指行为人实施的危害行为仅符合一个犯罪构成的犯罪形态。一般来说，一罪包括标准的一罪和非标准的一罪两种类型。标准的一罪，是指一个行为人实施的危害行为只符合一个标准的犯罪构成要件的形态。在该犯罪行为中，一个行为人在一种罪过形式支配下，实施了一个危害行为，并侵害了一个犯罪客体，触犯了一个罪名，符合一个犯罪构成的犯罪形态。因此标准的一罪也被称为典型的一罪、纯粹的一罪。非标准的一罪，也被称为非典型的一罪，是指一个行为人所实施的危害行为在形式上并不是符合一个标准的犯罪构成要件的形态。这种形态既不属于典型的一罪，也不属于典型的数罪，但在立法或者司法上将其作为一罪认定的犯罪形态。

标准的一罪由于犯罪构成要件清晰、明确，因此直接按照刑法规定予以定罪量刑即可，但非标准的一罪则较为复杂，包括了实质的一罪、法定的一罪和处断的一罪三种类型。当然，虽然这三种类型都属于一罪，但实质的一罪和法定的一罪、处断的一罪仍有较大差异，后两种类型在犯罪构成要件层

① 行为标准说认为，行为人实施的行为个数是判断罪数的标准；法益标准说认为，行为所侵犯的法益的个数是判断罪数的标准；犯意标准说认为，行为人主观犯意的个数是判断罪数的标准。

面本来应当属于数罪的范畴，只是基于立法或者司法考量将其视为一罪，因此在具体案件认定中极易引起分歧。鉴于此，下面将主要介绍非标准的一罪。

一、实质的一罪

实质的一罪，是指犯罪行为虽然在形式上符合数罪的特征，但实质上是按照一个犯罪构成要件认定为一罪的犯罪形态。该形态主要包括想象竞合犯、结果加重犯、继续犯、接续犯和徐行犯。

（一）想象竞合犯

想象竞合犯，是指行为人实施一个危害行为，却触犯了数个不同罪名的犯罪形态。例如，甲为了报复而开枪射击乙家里价值不菲的古董，但子弹在击毁古董的同时也击中了古董后边玩耍的孩子丙。甲所实施的一个危害行为产生了财物损坏和他人死亡两个后果，在触犯故意毁坏财物罪的同时，也触犯了故意杀人罪（或者过失致人死亡罪），属于想象竞合犯。据此，想象竞合犯的特征是：

1. 行为人实施了一个危害行为。这是成立想象竞合犯罪的前提条件。

2. 行为人实施的危害行为造成了属于不同性质的危害结果。

3. 行为人实施的危害行为触犯了数个罪名，即在形式上同时触犯刑法分则条文规定的两个以上不同种的罪名。在理论上，也有观点认为，想象竞合犯包括了一个危害行为触犯数个同种罪名的情形。对此，本书认为，由于明确想象竞合犯属于实质的一罪，主要是为了解决危害行为在触犯多个罪名时选择适用某一罪名定罪量刑的问题，因此如果危害行为触犯了多个同种罪名，则不存在选择适用某一罪名的问题，也就不适用想象竞合犯中选择适用一个罪名的情形，故而这种情形不属于想象竞合犯。

对于想象竞合犯，一般情况下应当从一重罪处断，即在犯罪行为所触犯的数个罪名中，按照法定刑罪重的一罪论处；如果法定刑相同，则按其情节或者后果较重的一罪论处。

（二）结果加重犯

结果加重犯，是指一个符合刑法规定基本犯罪构成要件的行为，造成了比基本犯罪构成要件之犯罪结果更严重的结果，因而刑法规定加重其法定刑的犯罪形态。刑法中规定了许多结果加重犯，如《刑法》第 263 条规定，以暴力、胁迫或者其他方法抢劫公私财物的，处 3 年以上 10 年以下有期徒刑，并处罚金；抢劫致人重伤、死亡的，处 10 年以上有期徒刑、无期徒刑或者死刑，并处罚金或者没收财产。这里的“抢劫致人重伤、死亡”就属于抢劫罪的结果加重犯。据此，结果加重犯具有以下特征：

1. 行为人必须实施了一个符合刑法所规定的基本犯罪构成要件的行为。

2. 该行为在基本犯罪构成要件的基础上造成了更严重的犯罪结果，基本犯罪行为与该加重结果之间具有刑法上的因果关系。当然，这里的加重结果可以包括基本结果，也可以独立于基本结果。前者如故意伤害致人死亡的情形，死亡结果就包括了伤害结果；后者如强奸致人死亡的场合，死亡结果就不包括强奸行为造成的基本危害后果。

3. 基本犯罪构成要件之外的加重结果的发生，应当是行为人主观上所能预见的，这是结果加重犯成立的主观条件。结果加重犯的典型罪过形式是对基本犯罪持故意，而对加重结果存在过失，即属于故意犯罪和过失犯罪的结合。但在特定情形中，行为人对加重结果具有过失的情况下，基本犯罪也可以是过失犯罪，如交通肇事逃逸致人死亡情形中，行为人在交通肇事的基本犯罪构成之罪过属于过失，而对致人死亡结果也是存有过失。当然，行为人对基本犯罪构成持故意时，也可能对加重结果是故意心态。比如，在抢劫致人重伤、死亡中，行为人对重伤、死亡结果的发生就可能是故意心态。

4. 对于超出基本犯罪构成要件之外更严重的危害结果，刑法明确规定加重法定刑。例如，《刑法》第234条规定，故意伤害他人身体的，处3年以下有期徒刑、拘役或者管制。犯前款罪，致人重伤的，处3年以上10年以下有期徒刑；致人死亡或者以特别残忍手段致人重伤造成严重残疾的，处10年以上有期徒刑、无期徒刑或者死刑。《刑法》第238条规定，非法拘禁他人或者以其他方法非法剥夺他人人身自由的，处3年以下有期徒刑、拘役、管制或者剥夺政治权利。具有殴打、侮辱情节的，从重处罚。非法拘禁他人致人重伤的，处3年以上10以下有期徒刑；致人死亡的，处10年以上有期徒刑。

对于结果加重犯的处罚，由于刑法已经对加重结果明确规定了相应的法定刑，因此在处罚时应直接依据刑法规定定罪量刑。

（三）继续犯

继续犯，是指行为人实施的一个故意犯罪在终止之前，危害行为在一定时间内持续存在并持续侵害同一客体的犯罪形态。《刑法》第89条规定，追诉期限从犯罪之日起计算；犯罪行为有连续或者继续状态的，从犯罪行为终了之日起计算。这里的“继续状态”就是指的继续犯。《刑法》第238条规定的非法拘禁罪属于典型的继续犯。据此，继续犯具有以下特征：

1. 行为人在一个犯罪故意的支配下，着手实施了一个犯罪行为。通常认为，过失犯不存在继续犯。

2. 犯罪终止之前的一段时间内，不法行为持续存在。这里需要注意以下三点：（1）犯罪终止之前，是指行为人着手实施犯罪行为以后因为主客观原因停止下来。（2）持续存在的犯罪行为，应当是一个犯罪行为的连续，而不是多个犯罪行为的相互接续。这种连续性不能间断，否则即便中断之后再实施相同性质的行为，也不能将前一行为和后一行为整体评价为一个连续的犯罪行为。（3）不法行为持续一定的时间，但时间长短没有明确限定。

3. 犯罪行为必须与其引起的不法状态同时存在，即着手实施的犯罪行为与其所引起的不法状态的发生、延续和完结必须同步进行。如果犯罪行为结束，但犯罪行为所产生的不法状态却继续存在，如抢劫罪中抢劫行为结束以后，非法占有他人财产的不法状态处于持续之中，就不属于继续犯。这里的不法状态是指行为侵害法益所形成的损害状态。

4. 犯罪行为必须通过对同一对象的持续侵犯而侵犯同一客体。这里同一对象既可以是单一对象也可以是几个具体犯罪对象。所侵犯的客体既可以是简单客体，也可以是复杂客体。

对于继续犯的处罚，应当按照刑法明文规定予以定罪量刑。

（四）接续犯

接续犯，是指在一定条件下，行为人以性质相同的数个举动连续地完成一个犯罪的犯罪形态。例如，在故意杀人案件中，行为人对同一被害人连砍数刀致其死亡，就属于典型的接续犯。接续犯具有以下特征：

1. 行为人必须是在一个罪过形式支配下实施了一个行为。

2. 一个犯罪行为是由数个性质相同的举动结合而成的，每个举动都是犯罪行为的组成部分。这里的性质相同，主要是指数个举动既侵害的是同一法益，而且对法益的直接侵害性也是相同的，即便在外在表现形式上可以有所差异。例如，在入室抢劫案件中，行为人虽然连续实施了非法入室行为、暴力威胁行为以及夺取财物行为，但是由于这三个行为侵害的法益是不同的，因此，该犯罪不属于接续犯。但是若行为人以剥夺他人生命为目的，先后采取了用棍子打人、用刀砍人等外观表现并不一样的行为，但因为数个举动都是侵害生命权这一同一法益，而且属于直接侵害他人生命安全的行为，所以属于接续犯。

3. 数个性质相同的举动之间具有密接性，即举动与举动之间存在紧密的接续关系。这里的密接性，主要是指数个举动发生在基本相同的时间和空间中。这也是接续犯与继续犯的区别所在。前者是在一个相同的时间和空间条件下，数个性质相同的举动之间具有一定间隔性；但在继续犯中，更强调不法行为与不法状态在时间上的同步性、不间断性，至于空间条件是否始终保持在同一场合，并不影响继续犯的认定。

对于接续犯的处罚，由于本质上是一个犯罪行为，因此应当按照刑法明文规定予以定罪量刑。

（五）徐行犯

徐行犯，是指行为人有意采取徐缓的方式完成本来可以即时实现犯罪目的的犯罪形态。例如，在故意杀人案件中，行为人本来可以通过一次性大剂量的投毒行为杀害对方，但是有意采取多次小剂量投毒的方式致被害人慢慢中毒死亡，这种情形就是徐行犯。徐行犯具有以下特征：

1. 行为人必须是在一个罪过支配下实施了一个犯罪行为。

2. 行为人本来可以一次性完成犯罪行为，但分数次缓慢进行，并且数次行为性质相同。从行为方式上看，徐行犯和接续犯行为类似，都是数次实施性质相同的举动，但二者的区别是：徐行犯中数个性质相同的行为不具有密接性，而接续犯中数个行为之间必须具有密接性。换言之，徐行犯中的数个行为不是发生在同一时间，而接续犯中的数个行为则必须是存在于同一时间场合中；在空间上，徐行犯中的数个行为可以发生在同一空间，也可以不在同一空间，但接续犯中的数个行为必须发生在同一空间。

3. 从着手实行犯罪到犯罪完成，犯罪行为都只侵害一个法益。

对于接续犯的处罚，由于本质上也是一个犯罪行为，因此应当按照刑法明文规定予以定罪量刑。

二、法定的一罪

法定的一罪，顾名思义，就是法律上将原本属于数罪的犯罪行为认定为一罪的犯罪形态。其主要包括两种类型：惯犯和结合犯。

（一）惯犯

惯犯，是指以实施某种犯罪为习惯，或者作为常业，以犯罪所得为主要生活来源、挥霍来源，在较长时间内反复多次故意实施触犯同一罪名的犯罪行为，但法律规定只成立一个罪的犯罪形态。在类型上，惯犯主要包括常习惯犯和常业惯犯。常习惯犯，是指行为人实施某种犯罪已经成为习惯，在较长时间内反复多次实施同种犯罪行为的惯犯。常业惯犯，是指以犯罪为常业，并以犯罪所得为主要生活来源或者挥霍来源的惯犯。惯犯具有以下特征：

1. 在客观上，行为人实施犯罪已成习性，或者作为常业，并以犯罪所得为主要生活来源或挥霍来源，因而在较长时间内反复多次故意实施触犯同一罪名的犯罪行为。这里的较长时间，一般认为在数月以上，若在较短时间内多次故意实施同种犯罪行为，难以认定为惯犯。

2. 在主观上，行为人有反复实施某种犯罪的故意，过失犯罪不存在惯犯。

我国《刑法》第303条规定的“以赌博为业”的赌博罪，属于典型的常业惯犯。由于惯犯是因法律规定而认定为一个罪的，因此对惯犯不作为数罪处理。对于刑法中没有明文规定的惯犯，如常习惯犯，可以根据刑法分则的相关规定予以处理。比如，在盗窃罪中，明确规定了“多次盗窃”的处罚原则。

（二）结合犯

结合犯，是指法律上将数个原本独立的故意犯罪结合成另一个独立的新罪的犯罪形态。结合犯具有以下特征：

1. 所结合的犯罪，原本为刑法有明文规定的独立犯罪行为，即原属于刑法规定的不依附于其他任何犯罪，具有自己独立的犯罪构成要件的行为。

2. 所结合的犯罪，是罪名不同的故意犯罪。

3. 由于法律的明文规定，数个原本独立的故意犯罪结合成另一个独立的新罪。其基本结构可以表述为：甲罪+乙罪=丙罪。需要注意的是，这种独立数罪之间结合为新罪，必须由刑法明文规定，同时结合而成的新罪不同于原来独立数罪中的任何一个罪名。如果结合之后是原来独立数罪中任何一个犯罪的结果加重犯，则不属于结合犯。

对于结合犯，由于刑法明文规定按一罪论处，因此直接依据刑法规定定罪量刑即可。一般认为，我国刑法中没有结合犯的形态。

三、处断的一罪

处断的一罪，是指犯罪行为具备数罪特征，或者实质上就是数罪，但在司法实践中一般作为一罪处断的犯罪形态。其类型包括连续犯、吸收犯和牵连犯。

（一）连续犯

连续犯，是指在同一或者概括的犯罪故意的支配下，于一定时间内连续数次实施性质相同的行为，触犯同一罪名的犯罪形态。例如，甲在一个晚上连续在三个不同地点抢劫了多个受害人，就属于抢劫罪的连续犯。《刑法》第89条规定，犯罪行为有连续状态的，从犯罪行为终了之日起计算，就是指的连续犯。连续犯具有以下特征：

1. 行为人主观上的犯罪故意具有连续性。这是连续犯的主观条件，是指行为人在主观上具有同一或者概括的犯罪故意。所谓同一的犯罪故意，是指行为人具有数次实施同一性质不法行为的犯罪意图。概括的犯罪故意，是指行为人虽然实施数次犯罪行为的主观意图并不完全相同，但是却具有实施某一种犯罪的整体意向，实施犯罪的次数具有随机性。

2. 行为人实施的危害行为具有连续性。这是指行为人是在同一或者概括的犯罪故意支配下，在一定时间内连续数次实施性质相同的行为。数次实施性质相同的行为具有三个特征：（1）数个行为必须是性质相同的行为。如果性质不同，如在一定时间内连续实施了盗窃、抢劫、强奸行为，则不构成连续犯。（2）不一定数个行为中每一次实施的不法行为都可以独立构成犯罪。比如，在普通盗窃犯罪中，数额较大是犯罪成立的基本条件，若行为人在一定时间内连续实施了多次普通盗窃行为，有的数额较大，有的数额很小甚至未遂，但以全案来看却应当构成犯罪，符合连续犯基本特征的，也应认定为连续犯。（3）数个行为必须是在一定时间内连续实施的。对于一定时间的长短，并没有明确限定，但如果两次行为之间的间隔时间过长，就难以认定为连续性，相应的不法行为就不成立连续犯。

基于此，连续犯、接续犯和徐行犯的区别是：连续犯是数个性质相同的行为在一定时间内连续实施，接续犯是以性质相同的数个举动连续地完成一个犯罪，徐行犯则是将本可一次性完成的犯罪分数次徐缓进行。因此三者在行为人主观意图、存续时间以及数行为关系方面都有差异。从本质上说，连续犯具有鲜明的数罪特征，但因行为人是在同一或者概括的犯罪故意支配下实施的数个性质相同的行为，数罪并罚并不适宜，既可能使量刑过于严苛，也可能使单次行为因未达到犯罪成立条件而不认定为犯罪，还可能妨碍司法的便利性，增加司法成本。因此对于连续犯，一般情况下，按照一罪从重处罚即可。

（二）吸收犯

吸收犯，是指行为人实施的数个犯罪行为之间存在吸收关系，一行为被另一行为吸收而失去独立的意义，仅以吸收的一罪论处的犯罪形态。例如，行为人非法侵入他人住宅实施抢劫，侵入住宅行为和抢劫行为具有吸收关系，仅以抢劫罪一罪论处的情形，就属于吸收犯。吸收犯具有以下特征：

1. 行为人必须实施了数个犯罪行为。即行为人所实施的数个行为符合两个以上的犯罪构成要件，这是成立吸收犯的客观条件，因此如果数个行为分别属于犯罪行为和违法行为，那么这两种行为之间不存在吸收关系。关于数个犯罪行为是否可以是同种罪名的行为，理论上存在三种不同主张：（1）同种行为吸收说。该说认为同一罪质行为才具有吸收关系，因此数个行为必须触犯同种罪名。（2）异种行为吸收说。该说主张异种罪质行为才具有吸收关系，因此成立吸收犯必须是触犯不同种罪名的数个行为。（3）任意行为吸收说。该说认为无论属于同种行为还是异种行为，均可成立吸收关系进而认定为吸收犯。① 本书认为，数个行为既可以触犯同种罪名，也可以触犯不同种罪名，都不影响吸收犯的认定。比如，行为人先教唆他人犯罪，之后又和他人一起实施该教唆之犯罪行为，两个行为触犯了相同的罪名，但不影响吸收犯的认定。

2. 数行为之间具有吸收关系。一般认为，吸收关系在实践中表现为前一行为是后一行为发展的必经阶段，或者后一行为是前一行为发展的当然结果。例如，以非法侵入他人住宅的方式秘密窃取他人财物的盗窃案件，非法侵入住宅行为是入室盗窃行为的必经阶段。而在盗窃枪支后非法持有枪支的行为，非法持有枪支就是盗窃枪支后的当然结果。需要指出的是，吸收关系的存在往往需要结合具体案件来加以判断，不是所有刑法规定的某种犯罪必然存在吸收关系。

虽然吸收犯具有数个犯罪行为，但由于一行为被另一行为所吸收而失去独立的意义，应当在处断上仅以吸收的一罪论处。关于吸收原则，一般认为有三种情形，即重行为吸收轻行为、主行为吸收从行为和实行行为吸收非实

① 陈兴良．本体刑法学．商务印书馆，2001：617.

行行为，当然，在实践中，重行为吸收轻行为往往是通行做法，以确保罪责刑相一致。

（三）牵连犯

牵连犯，是指为实现某一犯罪目的，而其犯罪的手段行为或结果行为又触犯其他罪名的犯罪形态。① 例如，在招摇撞骗犯罪中，行为人为了冒充国家机关工作人员而伪造国家机关公文、证件的情形，就属于牵连犯。牵连犯具有以下特征：

1. 行为人主观上追求一个犯罪目的，这是牵连犯的主观基础。相对于最终犯罪目的而言，行为人之手段行为或结果行为为直接追求的目的只居于附属地位或者受支配地位。

2. 行为人实施了两个以上的行为，这是牵连犯的客观基础，也是牵连犯区别于想象竞合犯的关键。从形式来说，牵连犯中的两个以上的行为主要包括目的行为和手段行为，或者原因行为和结果行为，或者目的行为、手段行为和结果行为等形式。其中，目的行为、原因行为，是分别相对于手段行为和结果行为而言的，都是实施犯罪的具体行为，而不仅仅是一种目的或者引起结果的原因，而手段行为是指为了便于实现目的所指向的犯罪行为而采取的具体方式，当然，这种方式本身也构成一种独立的犯罪行为。相应的，结果行为，是实施原因行为而引起的当然结果，只是这种结果以特定的行为方式表现出来，从而构成一种新的犯罪行为。比如，行为人为了窃取他人财物而盗窃他人的提包，打开提包以后，里面不仅有现金，而且还有 100 克毒品，于是将毒品藏在家中。在本案中，盗窃他人财物属于原因行为，而非法持有毒品则属于结果行为。

3. 数行为之间存在牵连关系，这是成立牵连犯的关键条件。但是如何判断数个行为之间是否具有牵连关系，在刑法理论上争议较大。“主观说”认为，犯一罪而其方法或者结果行为又触犯其他罪名，是否存在牵连关系，应当以行为人主观意思为根据，行为人认为有牵连关系的，就是牵连犯；或者说，行为人以继续的犯意，实施方法行为或结果行为并且另成立犯罪的情况，是牵连犯。“客观说”认为，在客观上的数个行为即目的行为与方法行为或结果行为之间，事实上具有直接密切关系或者事实上具有不可分离的关系，就是牵连犯。“折中说”认为，对于牵连关系的判断，应当从主、客观两个方面进行判断，即应以行为人的主观意思和犯罪行为的客观事实为标准进行考察。行为人主观上是为了实施一种犯罪，而采取某种方法行为或因实施一种犯罪而采取某种结果行为；并且所实施的犯罪，同触犯其他罪名的方法行为或结

---

① 也有学者认为，牵连犯也是吸收犯，可以将其视为后者的一种。参见陈兴良．本体刑法学．商务印书馆，2001：617.

果行为之间，事实上具有不可分割的关系，才认为有牵连关系。[①] 我们认为，折中说更能体现我国刑法中一贯坚持的主客观相统一原则，因此牵连关系的认定可以采取该种观点。

如果行为与行为之间不具有牵连关系，则不能成立牵连犯。

4. 数个犯罪行为中的手段行为和结果行为都符合某一犯罪的构成要件而可以独立成罪。当然，对于不可罚的事前行为不属于牵连犯中的手段行为，而不可罚的事后行为也不属于牵连犯的结果行为。不可罚的事前行为，是指附属于犯罪实行行为的预备行为，又可指当法律规定一种犯罪须由数个行为组成时，其中的手段行为是为目的服务的，不予独立处罚。[②] 如故意杀人行为实施前，行为人准备犯罪工具的预备行为，就不属于牵连犯中的手段行为。不可罚的事后行为，是指在状态犯的场合，利用该犯罪行为产生的结果状态的行为，即便后一行为符合其他犯罪构成，但由于被综合评价在该状态犯中，所以不以新罪处罚。[③]

5. 与目的行为、原因行为相牵连的手段行为和结果行为必须是触犯其他罪名的行为。

对于牵连犯的处罚，刑法中并没有作出明确规定，但一般认为按照从一重罪处罚的原则，即以数个犯罪行为中所触犯的重罪名定罪，以一罪从重处罚。不过，在法律有明确规定为数罪并罚的情形下，应当按照刑法的明文规定处罚。例如，《刑法》第 198 条规定，投保人、受益人故意造成被保险人死亡、伤残或者疾病，骗取保险金，同时构成其他犯罪的，依照数罪并罚的规定处罚。

第三节　数罪的分类

数罪，是指由同一个行为人实施的、符合刑法所规定的数个犯罪构成要件的行为。按照不同的标准，我们可以将数罪划分为以下常见的两大类型：

第一，以数罪是否触犯同种罪名为标准，可将数罪划分为同种数罪和异种数罪。同种数罪，是指行为人所犯的数罪均符合同一种犯罪构成要件。例如，行为人实施了多个抢劫行为触犯了数个抢劫罪。对于同种数罪，是否应当按照数罪来适用刑罚，需要考虑刑法分则的具体规定。比如，《刑法》第

---

① 马克昌．犯罪通论．武汉大学出版社，1999：683-684.

② 孙膺杰，吴振兴．刑事法学大辞典．延边大学出版社，1989：92.

③ 张明楷．刑法学（第四版）．法律出版社，2011：432.

263 条规定的“多次抢劫”行为是抢劫罪的加重处罚情节，因此在此种情形下，不需要认定为数罪。异种数罪，是指行为人所犯的数罪分别触犯了不同的犯罪构成要件。例如，行为人既实施了杀人行为，也实施了抢劫行为，分别符合故意杀人罪的构成要件和抢劫罪的构成要件，即属于异种数罪。作出上述区分的意义就是在量刑时可以正确地适用数罪并罚。

第二，以发现犯罪的时间为标准，可以将数罪分为判决宣告以前的数罪与刑罚执行期间的数罪。判决宣告以前的数罪，是指行为人在判决宣告以前实施并被发现的数罪。刑罚执行期间的数罪，是指在判决宣告以后刑罚执行期间发现的行为人的“漏罪”，或者行为人实施新的犯罪行为而构成的数罪。按照该标准对数罪进行区分的意义在于，准确适用刑法总则中数罪并罚的原则，根据不同情形确定如何对数罪进行并罚以及应当执行的刑罚。

除了上述两种常见的分类方式，在刑罚理论上，以行为人符合数个犯罪构成的行为个数为标准，可以分为实质数罪与想象数罪；以行为人已构成的实质数罪在量刑时是否实行数罪并罚为标准，可以分为并罚数罪和非并罚数罪。①

① 高铭暄，马克昌．刑法学（第五版）．北京大学出版社，高等教育出版社，2010：196-197.

第十三章

刑罚概说

第一节　刑罚的概念

一、刑罚的定义

刑罚，是指国家根据刑法规定并由审判机关依法对犯罪分子采取的剥夺或者限制其一定权利的法律制裁方法。刑罚的制定与适用的权力属于国家，它是国家权力的重要组成部分。刑罚与犯罪是刑法中两个重要的组成部分，犯罪的成立是刑罚适用的前提，而刑罚则是犯罪的法律后果。所以二者具有前因后果的关系。

二、刑罚的特征

作为国家法律制裁方法之一，刑罚不同于民事处罚、行政处罚等其他法律制裁，其具有以下独特、鲜明的特征：

（一）刑罚由国家最高立法机关创制

根据我国《宪法》和《立法法》的规定，刑法是由国家最高立法机构制定的，即全国人民代表大会及其常委会才具有刑法的立法权。因此刑罚只能由全国人民代表大会及其常委会创制，其他的权力机构不具有刑罚的制定、修改和补充等权力。

（二）刑罚是最严厉的法律制裁方法

我国刑法规定的刑罚种类包括五种主刑和四种附加刑。其中，刑罚不仅可以剥夺犯罪人的财产权利和政治权利、居留权利，还可以限制或者剥夺犯罪人的人身自由权利，甚至剥夺犯罪人的生命权利。可见其严厉程度，是其他法律制裁方法都无法相比的。

（三）刑罚的裁量权只能由国家审判机关行使

刑罚的裁量权是审判机关对被告人作出有罪处罚的裁定权力，根据我国《宪法》和其他有关法律的规定，刑罚的裁量权只能由人民法院行使，其他任何机关、团体、单位和个人都无权对他人进行审判和裁量刑罚。

（四）刑罚的执行权由国家专门机关行使

根据《刑法》、《刑事诉讼法》和《监狱法》等法律的有关规定，刑罚由国家的专门机关分别执行。管制由社区矫正机关执行，拘役和剥夺政治权利由公安机关执行，有期徒刑和无期徒刑由监狱执行，死刑、罚金和没收财产由人民法院执行。

（五）刑罚只能针对于犯罪人适用

根据罪刑法定原则，刑罚只能适用于违反刑法的犯罪人。对于不构成犯罪的人，一律不能适用刑罚。至于有一般违法行为或违纪行为的自然人和单位，可以通过其他法律法规加以制裁，如对于违反《治安管理处罚法》的行为人应当按照该法进行处罚，对于行政违纪的行为人应当根据行政管理规定加以处分。

（六）刑罚种类、刑罚适用原则等必须以刑法明文规定为依据

根据罪刑法定原则，刑罚的种类、刑罚裁量的原则、情节以及各种具体犯罪的法定刑等都必须在刑法中予以明文规定。因而在刑事司法中，各级审判机关必须严格按照刑法明文规定的刑罚种类、刑罚裁量的原则、情节以及各种具体犯罪的法定刑等来适用刑罚。

（七）刑罚的适用必须严格遵循相关程序

为了确保正确、公正地定罪和量刑，我国《刑事诉讼法》规定了严格的刑事诉讼程序。人民法院在适用刑罚时，必须严格遵守刑事诉讼的有关程序。另外，刑罚在执行过程中的假释和减刑也都要按照有关的程序执行。

第二节　刑罚的功能和目的

一、刑罚的功能

刑罚的功能，是指国家制定、适用和执行刑罚过程中可能产生的积极的社会效应。刑罚的功能针对犯罪人、被害人和社会各有不同。

（一）惩罚功能

刑罚惩罚性是犯罪的基本特征，刑罚是对犯罪的本能反应。惩罚功能是刑罚的基本功能，它通过对犯罪人权利的剥夺，必然要给犯罪人造成一定的

生理、心理上的痛苦。例如，有期徒刑的适用意味着人身自由在一定时间内的剥夺，没收财产的适用意味着个人财物的部分或全部的丧失，等等。正是因为刑罚的惩罚功能，使得犯罪人明白要为自己的罪行付出应有的代价，从而不敢再以身试法。

（二）矫正功能

今日之社会，国家的法治文明建设已达到了相当高的程度，刑罚的功效也不仅停留在单纯的惩罚层面，而是更加注重对犯罪人的矫正。刑罚的矫正功能是刑罚适用的目的，具体是指通过刑罚的适用争取使犯罪人迷途知返，自我改正错误的价值观念和行为方式，能够重新复归社会。自新中国成立以来，我国在刑罚的制定、适用和执行上都非常重视其矫正功能。特别是在刑罚执行过程中，始终坚持通过采用多种有效的行刑方式，帮助犯罪人认识到自己所犯罪行给社会造成的危害，改正自身的缺点，树立正确的人生观和法制观，以实际行动获得新生并重返社会。

（三）教育功能

刑罚的教育功能包括两个方面的内容：一是对犯罪人的教育功能；二是对其他社会成员的教育功能。这也和刑罚的目的相对应，以期取得社会整体防卫的功效。

刑罚对犯罪人的教育功能，是通过其惩罚和矫正等功能实现的。借助刑罚的执行可以对犯罪人产生极大的教育作用，使其在思想上产生触动，自觉接受法制理念、社会道德、文化知识、生产技能等多方面的教育，为复归社会打下基础。

刑罚对其他社会成员的教育功能主要体现在：一方面，刑法的制定教育广大公民认识到合法与违法的界限，并应当遵纪守法、培养和提高法律意识、维护国家的法制建设；另一方面，也教育广大公民认识到刑法是合法权益的有力保证，并且在面对犯罪时，可以正当地运用刑法这一法律武器保护个人乃至国家、社会及他人的合法权益，自觉地与犯罪作斗争。

（四）感化功能

刑罚的感化功能，是指通过刑罚的适用和执行，对犯罪人的思想所产生的感召和教化作用。感化功能的核心，是要使犯罪人明白刑罚并非对其犯罪后的简单报应，而是努力通过一系列措施矫正犯罪人，使其产生心灵触动，转变成为一个具有真正社会意义的人。我国在刑事执行的过程中，始终关注对犯罪人的教育感化作用，这不仅体现在刑罚的制定上，而且也反映在刑事政策上。一方面，刑罚在制定时，就规定了自首、立功、缓刑、假释、减刑等制度，对符合条件的犯罪人采取相应的宽大处理，这不但对犯罪人具有感召力，也将促使其努力争取悔过自新的机会。另一方面，我国在刑事政策上也一贯坚持人道主义的原则，并在食宿、医疗、卫生和教育等方面保障犯罪人的人权，使犯罪人能感受到国家和社会的关心和宽容，激发自我更新的决心，认真接受教育改造。

(五) 威慑功能

刑罚的威慑功能，就是刑罚对犯罪人以及社会上的不稳定分子所产生的威吓、震慑作用。通过刑罚的威慑作用，也体现出刑罚的目的。刑罚对犯罪人的威慑功能，是通过刑罚的适用，使其在生理上和心理上产生一定的痛苦，从而对刑罚产生畏惧，不敢重蹈覆辙再次受到刑事处罚。刑罚对社会上的不稳定分子的威慑功能，主要是对其起到警示作用。

(六) 安抚功能

刑罚的安抚功能，是指通过对犯罪人适用和执行刑罚，对被害人和其他社会成员所产生的安慰、抚平作用。因此刑罚的适用和执行不但可以确保法律秩序的恢复，更可以极大地安抚被害人及其亲友，使他们感到权利的维护和正义的伸张，从而坚信国家法律是保障，避免个人的私刑报复。

二、刑罚的目的

刑罚的目的，是指国家在制定、适用和执行刑罚时的基本出发点和终极目标。刑罚的目的不仅决定着国家的刑事政策，还制约着刑罚的性质、体系和制度等具体内容。

我国刑罚的目的是预防犯罪，包括特殊预防与一般预防。

(一) 特殊预防

特殊预防，是指通过对犯罪分子适用和执行刑罚，对其进行惩罚和矫正，以防止其重新犯罪。这说明特殊预防只能是针对受到刑事处罚的犯罪人，其具体表现为以下两个方面的内容：

1. 控制和消除犯罪分子再犯罪的能力和条件。特殊预防是通过刑罚的适用和执行，消除犯罪分子再犯罪的能力和条件，防止其重新危害社会。

2. 对犯罪人进行教育和矫正。刑罚对犯罪分子的适用和执行，关键是在于进行教育和矫正，这也是特殊预防的根本意义所在。刑罚的作用并非要简单地惩罚甚至是摧毁犯罪分子，而是通过相应的措施努力矫正他们，使他们认识到犯罪行为的社会危害性，给被害人及其亲友所造成的痛苦，而痛改前非、重新做人。

(二) 一般预防

一般预防，是指国家通过刑罚的制定、适用和执行，给社会上的不稳定分子以警示告诫，防止他们走上犯罪的道路。

刑罚的一般预防主要是通过一定的方式和方法，对社会上的不稳定分子采取必要的防范，警示告诫这类人及时醒悟、切勿抱有侥幸的幻想，否则将会受到严厉的刑事处罚。由于一般预防是针对具有犯罪潜在可能性的不稳定分子而言的，因此一般预防较特殊预防的实现是有一定难度的。根据刑法学的理论，一般预防目的的实现，应当立足于刑罚本身，注意把握其特性，处理协调好二者之间的关系。唯有如此，才可能达到一般预防的效果。具体而言是应当注意以下几点：

1. 刑罚的适当性是实现一般预防的根本。所谓刑罚的适当性，是根据罪责刑相适应的原则，调整好刑罚与犯罪和刑事责任之间的关系，即刑罚的轻重应当与罪行的轻重和刑事责任的大小基本相适应。在如何正确处理一般预防与刑罚轻重之间关系的问题上，应当注意克服两种不同的观点：一种是“重刑”化的思想，即把重刑作为实现一般预防的手段，认为刑罚越重，其威慑效果越强，越有助于达到一般预防的目的。另一种则是“轻刑”化的思想，即把轻刑作为实现一般预防的手段，认为重刑并不能有效地进行一般预防，而从发展趋势来看，应当把轻刑化作为预防犯罪的手段。

2. 刑罚的公开性是实现一般预防的途径。所谓刑罚的公开性，是指国家应当将刑罚公之于众，使全体社会成员知道、了解刑罚。这就需要立法者和司法者做到以下两点：第一，立法者应当根据罪刑法定原则，在刑法中明文规定犯罪和刑罚，并公布于众，让大家知道了解刑法，知道何为犯罪、犯罪后应受到何等处罚，为社会全体成员提供一个明确的行为规范，从而能够自觉地遵守刑法。第二，司法者在刑事审判中，应当将绝大多数案件的审理过程以及判决结果予以公开，不但让社会公众知道适用刑事法律的必要程序，而且认识到刑法的严肃性和公正性，直接以现实、鲜活、生动的案例教育社会公众遵纪守法。

3. 刑罚的及时性是实现一般预防的关键。所谓刑罚的及时性，是指当犯罪发生后，司法机关就应当在尽可能短的时间内，将犯罪分子缉拿归案、交付审判、执行刑罚。刑罚的及时与否，直接关系到刑罚所产生的社会效果。

需要强调的是，特殊预防和一般预防是我国刑罚的目的的两个内容，二者缺一不可。在司法实践中，对任何一个犯罪人适用和执行刑罚，都需要注意特殊预防和一般预防的目的。在追求刑罚目的的实现时，这两个内容都要注重，决不能偏废其中任何一个。

第三节 刑罚的体系

我国的刑罚是按照一定体系构建的。刑罚体系，是指刑法规定的并按照一定次序排列的各种刑罚方法的总和。这意味着，刑罚体系既不是仅指某一种刑罚方法，也不是仅指某一类刑罚方法，而是指刑法所规定的所有刑罚方法的集合。

在我国的刑罚体系中，共有两大类刑罚方法，即主刑和附加刑。主刑包括管制、拘役、有期徒刑、无期徒刑和死刑五个具体刑种。附加刑包括罚金、剥夺政治权利、没收财产和驱逐出境四个具体刑种。

一、主刑

主刑，是指对犯罪分子适用的主要刑罚方法。它的特点是：只能独立适用，不能附加适用；一个罪只能适用一个主刑，不能同时适用两个或两个以上主刑。

根据《刑法》第33条的规定，我国刑罚体系中主刑包括的具体刑种有：管制、拘役、有期徒刑、无期徒刑和死刑。

（一）管制

1. 管制的定义。管制，是指对犯罪分子不予关押，但限制其一定人身自由，并依法实行社区矫正的刑罚方法。

管制是主刑中最轻的一种刑罚。管制的主要特点是对犯罪分子不予关押，但限制其一定人身自由。这样一方面不影响罪行较轻的犯罪分子的劳动、工作和家庭生活，有利于其进行改造，也有利于调动社会各方面的力量督促犯罪分子改造；另一方面还可以避免监禁中犯罪分子之间的交叉感染。

2. 管制的内容。

（1）管制适用的对象。管制是我国刑法规定的最轻的一种主刑，主要适用于那些罪行较轻，不需要关押，但又要限制一定人身自由的犯罪分子。

（2）执行期间对被管制的罪犯的要求。《刑法》第39条第1款规定："被判处管制的犯罪分子，在执行期间，应当遵守下列规定：（一）遵守法律、行政法规，服从监督；（二）未经执行机关批准，不得行使言论、出版、集会，结社、游行、示威自由的权利；（三）按照执行机关规定报告自己的活动情况；（四）遵守执行机关关于会客的规定；（五）离开所居住的市、县或者迁居，应当报经执行机关批准。"此外，《刑法》第38条第2款规定："判处管制，可以根据犯罪情况，同时禁止犯罪分子在执行期间从事特定活动，进入特定区域、场所，接触特定的人。"《刑法》第38条第4款规定："违反第二款规定的禁令的，由公安机关依照《中华人民共和国治安管理处罚法》的规定处罚。"

（3）管制的期限。管制的期限为3个月以上2年以下。数罪并罚时，最高也不能超过3年。根据《刑法》第78条的规定，被判处管制的犯罪分子被减刑时，减刑以后实际执行的刑期不能少于原判刑期的1/2。管制的刑期，从判决执行之日起计算；判决执行以前先行羁押的，羁押1日折抵刑期2日。因为管制是限制自由，而判决以前的羁押则是剥夺自由，所以羁押1日折抵刑期 2 日是合理的。

（4）被判处管制的犯罪分子享有的权利。被判处管制的犯罪分子未附加剥夺政治权利的，仍然享有政治权利；参加劳动的，在劳动中应当同工同酬。

（5）管制的执行和解除。对判处管制的犯罪分子，依法实行社区矫正。社区矫正是与监禁刑相对的行刑方式，是指将符合特定条件的罪犯置于社区内，由专门的社区矫正机关负责，在相关社会团体和民间组织以及社会志愿者的协助下，在判决、裁定或决定确定的期限内矫正其犯罪心理和行为恶习，并促进其顺利回归社会的非监禁刑罚执行活动。司法行政机关牵头组织有关单位和社区基层组织开展社区矫正工作，会同公安机关搞好对社区服刑人员的监督考察，组织协调对社区服刑人员的教育改造和帮助工作。街道、乡镇司法所具体承担社区矫正的日常管理工作。管制期满，执行机关应即向本人和其所在单位或者居住地的群众宣布解除管制。

（二）拘役

1. 拘役的定义。拘役，是指短期剥夺犯罪分子的人身自由，就近执行并实行劳动改造的刑罚方法。它是一种短期剥夺自由刑，是介于管制和有期徒刑之间的一种较轻的刑罚。拘役与管制虽然都属于主刑，而且同是自由刑，但拘役是短期剥夺人身自由的刑罚方法，而管制则是限制人身自由的刑罚方法，二者有着明显的区别。作为一种刑罚方法，拘役又与刑事拘留、行政拘留、民事拘留在法律属性、适用对象、适用机关、适用依据、适用程序、适用期限等方面有着明显的区别。

2. 拘役的内容。

（1）拘役适用的对象。拘役适用于那些罪行较轻，但又需要短期关押改造的犯罪分子。拘役刑在我国刑罚体系中轻于有期徒刑、重于管制刑，起到了承接的作用，有利于贯彻罪责刑相适应原则，避免刑罚的不公平，使我国刑罚体系疏而不失，环环相扣。

（2）拘役的期限。根据《刑法》第 42 条、第 44 条和第 69 条的规定，拘役的期限为 1 个月以上 6 个月以下，数罪并罚时，最高不能超过 1 年，故拘役属于短期自由刑。拘役的刑期，从判决执行之日起计算；判决执行以前先行羁押的，羁押 1 日折抵刑期 1 日。

（3）拘役的执行。被判处拘役的犯罪分子，由公安机关就近执行，在执行期间，被判处拘役的犯罪分子每月可以回家 1 天至 2 天；参加劳动的，可以酌量发给报酬。从司法实践来看，被判处拘役的犯罪分子，一般放在其所在地的市、县或者市辖区的公安机关设置的拘役所执行，尚未建立拘役所的，可以放在看守所或邻近的劳改队执行，但要分管、分押。

（三）有期徒刑

1. 有期徒刑的定义。有期徒刑，是指剥夺犯罪分子一定期限的人身自由，并强制进行劳动，使其接受教育和改造的刑罚方法。有期徒刑在我国司法实践中适用范围最广，可以适用于绝大多数犯罪，是最主要的刑罚方法。

有期徒刑与拘役均属剥夺犯罪分子人身自由的刑罚，但二者是有区别的：第一，从执行机关看，拘役的执行机关是公安机关，而有期徒刑的执行机关是监狱。第二，从执行场所看，拘役是就近执行，一般在拘役所、看守所或劳改队里执行，而有期徒刑主要是在监狱里执行。第三，从执行期间的待遇看，被判处拘役的犯罪分子在服刑期间每月可以回家 1 天至 2 天，参加劳动的可以酌量发给报酬，而对被判处有期徒刑的则不给予这样的待遇。第四，从法律后果看，根据《刑法》第 65 条的规定，在刑罚执行完毕以后，被判处有期徒刑的犯罪分子存在着构成累犯的可能，而被判处拘役的犯罪分子则不存在构成累犯的可能。

2. 有期徒刑的内容。

（1）有期徒刑的期限。根据《刑法》第 45 条的规定，有期徒刑的期限为 6 个月以上 15 年以下。但在下列三种情况下，有期徒刑可以超过 15 年：第一，根据《刑法》第 69 条的规定，数罪并罚时，有期徒刑可以超过 15 年，但不能超过 25 年。第二，根据《刑法》第 50 条的规定，判处死刑缓期执行的犯罪分子在执行期间，如果确有重大立功表现，2 年期满以后，减为 25 年有期徒刑。第三，根据司法解释①，被判处无期徒刑的罪犯在刑罚执行期间确有悔改表现或者有立功表现的，可以减为 22 年有期徒刑；确有悔改表现并有立功表现的，可以减为 21 年以上 22 年以下有期徒刑；有重大立功表现的，可以减为 20 年以上 21 年以下有期徒刑；确有悔改表现并有重大立功表现的，可以减为 19 年以上 20 年以下有期徒刑。根据《刑法》第 47 条的规定，有期徒刑的刑期，从判决执行之日起计算；判决执行以前先行羁押的，羁押 1 日折抵刑期 1 日。

（2）有期徒刑的执行。根据《刑法》第 46 条的规定，有期徒刑是在监狱或其他执行场所执行。根据《监狱法》的规定，监狱是执行有期徒刑的主要机关；被判处死刑缓期 2 年执行、无期徒刑的罪犯，也在监狱内执行刑罚。其他执行场所是指除监狱外专门用来执行有期徒刑和无期徒刑的机关，如未成年犯管教所等。对于在被交付执行刑罚前，剩余刑期为 1 年以下有期徒刑的，可以交由看守所代为执行。在执行时，对凡有劳动能力的犯罪分子，都应当强制其参加劳动，接受教育和改造。对没有劳动能力的，则不能强制其参加劳动，以体现我国刑罚的人道主义精神。

（四）无期徒刑

1. 无期徒刑的定义。无期徒刑，是指终身剥夺犯罪分子的人身自由，并

---

① 2016 年最高人民法院《关于办理减刑、假释案件具体应用法律的规定》。

强制进行劳动，使其接受教育和改造的刑罚方法。无期徒刑是对于那些罪行严重但不必判处死刑，而又需要与社会永久隔离的犯罪分子适用的刑罚，是最重的自由刑，也是仅次于死刑的一种严厉的刑罚。

2. 无期徒刑的内容。根据《刑法》第46条的规定，被判处无期徒刑的犯罪分子，在监狱内执行。凡有劳动能力的，都应当参加劳动，接受教育和改造。无期徒刑就其性质上说，是剥夺终身自由的，但实际上并非服刑终身一直关到死，而仍然给犯罪分子悔过自新、重新做人的机会。根据刑法有关减刑和假释的规定，被判处无期徒刑的犯罪分子在执行期间，如果认真遵守监规，接受教育改造，确有悔改表现或者立功表现的，司法机关就可以予以减刑，甚至有的犯罪分子还可以获得假释，使其及早回归社会。这正是我国刑法贯彻惩罚与改造相结合的具体体现。因此无期徒刑不同于某些国家刑法中规定的终身监禁。

根据《刑法》第57条第1款的规定，被判处无期徒刑的犯罪分子，应当剥夺政治权利终身。而对于被判处管制、拘役或有期徒刑的犯罪分子，并不是必须附加剥夺政治权利。这也从一个方面说明了无期徒刑的严厉性。

（五）死刑

1. 死刑的定义。死刑，是指剥夺犯罪分子生命的刑罚方法。在我国，死刑的具体适用包括立即执行与缓期2年执行两种情况。由于死刑是剥夺犯罪人的生命，因而在刑罚体系中是最严厉的刑罚方法，又称为生命刑、极刑。

自18世纪启蒙思想家贝卡里亚提出废除死刑的主张以来，死刑存废便成为刑法学界迄今为止仍在争论的一个焦点。由于我国现阶段废除死刑的物质文明条件和精神文明条件尚不具备，国家还需要通过死刑严厉惩处极少数罪行极其严重的犯罪分子，以切实保卫社会安全和人民的合法权益，保障社会主义现代化建设顺利进行。因此在相当一段时间内，在我国刑罚中保留死刑仍有着现实的必要性和合理性。当然，在保留死刑的同时，我们必须严格限制死刑的适用，坚持少杀，防止错杀，逐步缩小死刑的适用面，为最终废除死刑创造必要的条件。

2. 死刑的内容。

（1）死刑的适用对象。根据《刑法》第48条的规定，死刑只适用于罪行极其严重的犯罪分子。所谓罪行极其严重，可以从两个方面进行理解：一是犯罪分子所实施的犯罪行为在客观上对国家和人民的利益危害特别严重，需要用死刑对其进行惩罚。二是犯罪分子在主观上已经达到不堪教育改造的程度，不得不适用死刑剥夺其生命。这两个方面的条件必须同时具备才能适用死刑。

关于对哪些犯罪可以判处死刑，我国刑法分则作了明确的规定和严格的限制。例如，在危害国家安全罪中判处死刑的，必须是“对国家和人民危害特别严重，情节特别恶劣的”；而在其他严重刑事犯罪中判处死刑的，必须是“情节特别严重”或者“造成特别严重后果”，或者“致人重伤、死亡或者致使公私财产遭受重大损失的”，等等。

必须指出的是，即使是对罪行极其严重的犯罪分子也未必都适用死刑。《刑法》第 49 条第 1 款规定：“犯罪的时候不满十八周岁的人和审判的时候怀孕的妇女，不适用死刑。”对上述两种人不适用死刑，是指既不能判处死刑立即执行，也不能判处死刑缓期 2 年执行，更不允许等犯罪分子年满 18 周岁以后或者待孕妇分娩后或人工流产后再执行死刑。这一规定充分体现了我国刑法对未成年人、胎儿和孕妇的保护。应当注意的是，这里的“审判的时候”实际上覆盖了从羁押到执行的整个刑事诉讼过程。因而对于怀孕的妇女，在羁押或者受审期间，都不应当为了判处死刑而对其进行人工流产；已经人工流产的，仍应视为审判时怀孕的妇女，绝不能适用死刑。此外，怀孕的妇女因涉嫌犯罪在羁押期间自然流产后，又因同一事实被起诉、交付审判的，应当视为“审判的时候怀孕的妇女”，依法不适用死刑。《刑法》第 49 条第 2 款规定：“审判的时候已满七十五周岁的人，不适用死刑，但以特别残忍手段致人死亡的除外。”因此对于犯罪时不满 75 周岁，而审判时已满 75 周岁的人，除非以特别残忍手段致人死亡的，否则不能适用死刑。这是人道主义精神的体现。

（2）死刑的核准程序。《刑法》第 48 条第 2 款规定：“死刑除依法由最高人民法院判决的以外，都应当报请最高人民法院核准。死刑缓期执行的，可以由高级人民法院判决或者核准。”这是为了保证死刑适用的质量，确保慎杀，严防错杀，因而要求凡死刑案件都必须在判决后还应当经过严格的核准程序，确认无误才能执行。

根据《刑事诉讼法》的规定，我国的死刑案件只能由中级人民法院进行一审，基层人民法院不得判处被告人死刑。中级人民法院判处死刑的被告人不上诉的，应当由高级人民法院复核后，报请最高人民法院核准；高级人民法院判处死刑的第一审案件被告人不上诉的，以及判处死刑的第二审案件，也应当报请最高人民法院核准。死刑缓期执行的案件，可以由高级人民法院判决或者核准。

（3）死刑的执行。根据《刑事诉讼法》第 263 条的规定，人民法院在交付执行死刑前，应当通知同级人民检察院派员临场监督。死刑采用枪决或者注射等方法执行。死刑可以在刑场或者指定的羁押场所内执行。

（4）死刑缓期的适用。根据《刑法》第 48 条第 1 款的规定，对于应当判处死刑的犯罪分子，如果不是必须立即执行的，可以判处死刑同时宣告缓期 2 年执行。这就是死刑缓期执行制度，简称死缓。死缓不是独立于死刑之外的另一个刑种，而是死刑的适用制度。

死缓的适用应当注意以下几个问题：

第一，适用死缓的条件。对犯罪分子适用死缓，必须具备两个条件：一是“应当判处死刑”，即根据刑法规定以及犯罪分子的实际罪行的严重程度和所负刑事责任的严重性应当判处死刑，这是适用死缓的前提条件。凡是刑法分则条文没有设立死刑的犯罪，就不能适用死缓；而刑法分则条文虽然规定有死刑的犯罪，但犯罪分子的实际罪行不该适用死刑的，也不能适用死缓。二是“不是必须立即执行的”，即根据案件的具体情况可以不立即执行死刑。这是宣告死刑缓期执行的实质条件。刑法对于应当判处死刑的犯罪有明文规定，但对于哪些是属于“不是必须立即执行的”情形却没有明文规定。对于是否必须立即执行，应根据行为的危害程度和主观恶性程度以及情节等予以决定。根据刑事审判经验，应当判处死刑，但具有下列情形之一的，可以视为“不是必须立即执行的”：犯罪后自首、立功或者有其他法定任一从轻情节的；在共同犯罪中，罪行不是最严重的，或者其他在同类案件中罪行不是最严重的；被害人的过错导致被告人激愤犯罪的；或者有其他表明罪犯容易改造的情节的；有其他应当留有余地情况的，等等。

第二，死缓执行后的法律后果。根据《刑法》第 50 条的规定，对于被判处死缓的犯罪分子，根据其在执行期间的不同表现，有三种不同的法律后果：一是在死刑缓期执行期间，如果没有故意犯罪，2 年期满以后减为无期徒刑。根据《刑法》第 383 条的规定，对犯贪污罪数额特别巨大被判处死刑的犯罪分子，人民法院根据其犯罪情节等情况，可以同时决定在死刑缓期执行 2 年期满依法减为无期徒刑后，终身监禁，不得减刑、假释。二是在死刑缓期执行期间，如果确有重大立功表现，2 年期满后，减为 25 年有期徒刑。但是对于被判处死刑缓期执行的累犯以及因故意杀人、强奸、抢劫、绑架、放火、爆炸、投放危险物质或者有组织的暴力性犯罪被判处死刑缓期执行的犯罪分子，人民法院根据犯罪情节等情况可以同时决定对其限制减刑。三是在死刑缓期执行期间，如果故意犯罪，情节恶劣的，报请最高人民法院核准后执行死刑。对于故意犯罪未执行死刑的，死刑缓期执行的期间重新计算，并报最高人民法院备案。

第三，死缓期间的计算。《刑法》第 51 条规定：“死刑缓期执行的期间，从判决确定之日起计算。死刑缓期执行减为有期徒刑的刑期，从死刑缓期执行期满之日起计算。”具体而言，死刑缓期执行的期间，从判决或者裁定核准死刑缓期 2 年执行的法律文书宣告或送达之日起计算。这一规定表明，死缓判决确定以前关押的时间，不计算在死刑缓期执行的 2 年考察期限内，因为规定 2 年的考验期就是为了观察犯罪人在这 2 年内有无悔罪表现，如果将先前羁押的时间计算在内，就失去了考验的意义。死刑缓期执行 2 年期满减为有期徒刑的刑期，从死刑缓期执行期满之日起计算，裁定减刑之日以前关押的期间也不能折抵有期徒刑的刑期。

(5) 附加刑的适用。根据《刑法》第 57 条第 1 款的规定，被判处死刑的犯罪分子，无论是被判处死刑立即执行，还是死刑缓期执行的，均应当剥夺政治权利终身。

二、附加刑

附加刑是补充主刑适用的刑罚方法，具有既能独立适用又可以附加适用的特点。

根据《刑法》第 34 条的规定，我国刑罚体系中附加刑的刑种主要包括罚金、剥夺政治权利和没收财产三种。根据《刑法》第 35 条的规定，对于犯罪的外国人可以独立或附加适用驱逐出境，这是一种特殊的附加刑。

(一) 罚金

1. 罚金的定义。罚金，是指人民法院判处犯罪分子向国家缴纳一定数额金钱的刑罚方法。罚金属于一种财产刑。罚金同行政罚款不同：罚金是刑罚，适用于触犯刑律的犯罪人和犯罪单位。罚款是一种行政处罚，是指公安、海关、税务、工商等行政机关依照有关行政法规的规定，对违法者适用的一种行政处分。罚金同赔偿经济损失也不同：赔偿经济损失尽管也是由人民法院判决的，但其并非刑事处罚，而是犯罪人因其犯罪行为而使被害人遭受了经济损失而应当给予被害人一定的赔偿金，属于民事赔偿。

2. 罚金的内容。

(1) 罚金适用的对象。罚金的适用在刑法分则中规定得较为广泛，主要适用于破坏社会主义市场经济秩序罪、侵犯财产罪、妨害社会管理秩序罪以及贪污贿赂罪的犯罪分子。

(2) 罚金适用的形式。罚金适用的形式有四种：并处、可以并处、单处以及并处或者单处。所谓并处，是指人民法院在对犯罪分子判处主刑的同时必须依法判处相应的罚金刑。所谓可以并处，是指人民法院应当根据案件具体情况及犯罪分子的财产状况决定是否适用罚金刑。所谓单处，是指对犯罪分子不判处主刑而只适用罚金刑。单处这种情形的具体适用，可以根据最高人民法院于 2000 年颁布的《关于适用财产刑若干问题的规定》第 4 条的规定："犯罪情节较轻，适用单处罚金不致再危害社会并具有下列情形之一的，可以依法单处罚金：（一）偶犯或者初犯；（二）自首或者有立功表现的；（三）犯罪时不满十八周岁的；（四）犯罪预备、中止或者未遂的；（五）被胁迫参加犯罪的；（六）全部退赃并有悔罪表现的；（七）其他可以依法单处罚金的情形。"所谓并处或者单处，是指人民法院应当根据案件具体情况决定是否对犯罪分子并处罚金刑或者单处罚金刑。

3. 罚金数额的确定。《刑法》第 52 条规定："判处罚金，应当根据犯罪情节决定罚金数额。”根据最高人民法院《关于适用财产刑若干问题的规定》第 2 条的规定，人民法院应当根据犯罪情节，如违法所得数额、造成财产损失的大小等，并综合考虑犯罪分子缴纳罚金的能力，依法判处罚金。

刑法分则有关罚金数额的规定分为三种情况：一是没有规定具体数额。但最高人民法院《关于适用财产刑若干问题的规定》对此种情况则规定了下限，即刑法没有明确规定罚金数额标准的，罚金的最低数额不能少于 1000 元。对未成年人犯罪应当从轻或者减轻判处罚金，但罚金的最低数额不能少于 500 元。二是规定了相对确定的数额。例如，根据《刑法》第 192 条的规定，对集资诈骗罪并处 5 万元以上 50 万元以下罚金。三是以违法所得数额或犯罪涉及的数额为基准，处以一定比例或者倍数的罚金。例如，根据《刑法》第 202 条的规定，对抗税罪处拒缴税款 1 倍以上 5 倍以下的罚金。后两种规定使得罚金的裁量有了较为具体的标准，在司法实践中，必须在法定刑规定的幅度范围内决定罚金的数额。

4. 罚金的执行。罚金刑由人民法院执行。根据《刑法》第 53 条的规定，罚金的执行有以下五种情况：（1）限期一次或者分期缴纳。具体由法院视罚金数额和犯罪人缴纳能力而定。（2）期满有能力缴纳而不缴纳的，法院强制其缴纳。根据最高人民法院于 2000 年颁布的《关于适用财产刑若干问题的规定》第 11 条的规定，自判决指定的期限届满第二日起，人民法院对于没有法定减免事由不缴纳罚金的，应当强制其缴纳。（3）随时追缴。对于不能全部缴纳罚金的，法院在任何时候发现被执行人有可以执行的财产，应当随时追缴，强制缴纳。（4）延期缴纳。对于判决生效以后，不能及时缴纳罚金的犯罪分子，经人民法院裁定，可以延长缴纳期限。（5）减免缴纳。如果由于遭遇不能抗拒的灾祸缴纳确实有困难的，可以酌情减少或者免除。这里的由于遭遇不能抗拒的灾祸缴纳确实有困难的，主要是指因遭受火灾、水灾、地震等灾祸而丧失财产；犯罪人因重病、伤残等而丧失劳动能力，或者需要犯罪人抚养的近亲属患有重病，需支付巨额医药费等，确实没有财产可供执行的情形。具有“可以酌情减少或者免除”事由的，由犯罪人本人、亲属或者犯罪人所在单位向负责执行的人民法院提出书面申请，并提供相应的证明材料。人民法院审查以后，根据实际情况，裁定减少或者免除应当缴纳的罚金数额。

（二）剥夺政治权利

1. 剥夺政治权利的定义。剥夺政治权利，是指剥夺犯罪分子参加国家管理与政治活动权利的刑罚方法。这属于一种资格刑。

2. 剥夺政治权利的内容。

（1）剥夺政治权利的适用对象。剥夺政治权利适用的对象比较广泛，既适用于严重犯罪，也适用于较轻犯罪；既适用于危害国家安全的犯罪，也适用于普通刑事犯罪。

（2）剥夺政治权利的内容。根据《刑法》第 54 条的规定，剥夺政治权利是同时剥夺以下几项权利：第一，选举权和被选举权；第二，言论、出版、集会、结社、游行、示威自由的权利；第三，担任国家机关职务的权利；第四，担任国有公司、企业、事业单位和人民团体领导职务的权利。

（3）剥夺政治权利的适用方式。在适用方式上，剥夺政治权利既可以附加适用，也可以独立适用。附加适用又可分为以下两种情形：

第一，依法应当附加剥夺政治权利。在这种情况下，人民法院必须按照刑法的规定，依法附加剥夺政治权利。根据《刑法》第 56 条和第 57 条的规定，对下列两类犯罪人应当附加剥夺政治权利：一是对于危害国家安全的犯罪分子应当剥夺政治权利。这是从犯罪性质上确定剥夺政治权利的适用对象。对于危害国家安全的犯罪分子，不论其所触犯的是何种具体罪名，也不论对犯罪人判处何种主刑或附加刑，都一律应当附加剥夺政治权利。但是必须注意的是，刑法分则对危害国家安全罪中一些情节较轻的犯罪规定了可以单处剥夺政治权利，如果人民法院独立适用了剥夺政治权利，就不存在附加剥夺政治权利的问题。二是对于被判处死刑、无期徒刑的犯罪分子，应当剥夺政治权利终身。这是从主刑刑种上确定剥夺政治权利的适用对象，故不论其犯罪性质与类型，只要属于被判处死刑、无期徒刑的犯罪分子，即应当对其附加剥夺政治权利终身。这既是对他们政治上的彻底否定评价，又可以防止其被特赦或假释后利用政治权利再次犯罪，还可以防止其以后继续行使或由他人代为行使某些权利，如著作权等。

第二，依法可以附加剥夺政治权利。在这种情况下，是否附加剥夺政治权利，由人民法院具体裁量。需注意的是，“可以”意味着在通常情况下的基本选择是附加剥夺政治权利。根据《刑法》第 56 条的规定，对于故意杀人、强奸、放火、爆炸、投放危险物质、抢劫等严重破坏社会秩序的犯罪分子，可以附加剥夺政治权利。独立适用剥夺政治权利，只能针对罪质较轻的犯罪或者罪质虽然严重但实际情节较轻的犯罪。无论是独立适用还是附加适用剥夺政治权利，都必须由刑法明文规定。如果刑法没有明文规定独立适用或附加适用剥夺政治权利，就不得予以适用。

（4）剥夺政治权利的期限。根据《刑法》第 55 条、第 56 条和第 57 条的规定，剥夺政治权利的期限分为以下几种情况：第一，独立适用剥夺政治权利，或者被判处有期徒刑、拘役附加剥夺政治权利的，剥夺政治权利的期限均为 1 年以上 5 年以下。第二，被判处管制附加剥夺政治权利的，剥夺政治权利的期限与管制期限相等，同时执行。第三，判处死刑、无期徒刑的，应当剥夺政治权利终身。第四，在死刑缓期执行减为有期徒刑或无期徒刑减为有期徒刑的时候，应当把附加剥夺政治权利的期限改为 3 年以上 10 年以下。

（5）剥夺政治权利的起算。根据刑法的有关规定，剥夺政治权利和刑期的起算，大体上有以下几种情况：第一，判处管制附加剥夺政治权利的，刑期与管制的刑期相等，同时起算、同时执行。第二，判处有期徒刑、拘役附加剥夺政治权利的刑期，以及死刑缓期执行或无期徒刑减为有期徒刑附加剥夺政治权利的刑期，从徒刑、拘役执行完毕之日起或者从假释之日起开始计算；剥夺政治权利的效力当然适用于主刑执行期间，即对于这类犯罪人，在徒刑、拘役执行期间，当然剥夺政治权利。被判处有期徒刑、拘役、管制而没有附加剥夺政治权利的犯罪人，在执行期间仍然享有政治权利。第三，单独判处剥夺政治权利的，按照执行判决的一般原则，刑期从判决之日起算并执行。第四，判处死刑、无期徒刑附加剥夺政治权利终身的，剥夺政治权利的刑期从判决发生法律效力之日起算。

（6）剥夺政治权利的执行。根据《刑事诉讼法》第 270 条的规定，对被判处剥夺政治权利的罪犯，由公安机关执行。根据《刑法》第 58 条第 2 款的规定，被剥夺政治权利的犯罪分子，在执行期间，应当遵守法律、行政法规和国务院公安部门有关监督管理的规定，服从监督；不得行使《刑法》第 54 条规定的各项权利。除剥夺政治权利终身的以外，剥夺政治权利的期限届满时，应当恢复政治权利，但有的政治权利因为法律的特别规定却不可能再享有。

（三）没收财产

1. 没收财产的定义。没收财产，是指将犯罪分子个人所有财产的一部分或者全部强制无偿地收归国有的刑罚方法。没收财产属于一种财产刑，是附加刑中较重的一种刑罚。

2. 没收财产的内容。

（1）没收财产适用的对象。没收财产适用的对象主要是贪利型犯罪和财产型犯罪，同时也适用于危害国家安全的严重犯罪。

（2）没收财产的范围。《刑法》第 59 条规定："没收财产是没收犯罪分子个人所有财产的一部或者全部。没收全部财产的，应当对犯罪分子个人及其扶养的家属保留必需的生活费用。在判处没收财产的时候，不得没收属于犯罪分子家属所有或者应有的财产。"必须注意以下两点：第一，只能没收属于犯罪分子个人所有的财产，不得没收属于犯罪分子家属所有或者应有的财产。例如，对于属于夫妻共同财产的部分必须加以分割，以确定哪些具体财产应归犯罪分子的家属所有，哪些具体财产属于犯罪分子个人所有。这体现了罪责自负、不株连无辜的原则。第二，对犯罪分子具体是没收全部财产还是部分财产，应由人民法院依照刑法的规定，结合犯罪的性质、情节以及犯罪人的个人情况来决定。如果是判处没收全部财产的，应当对犯罪分子个人及其扶养的家属保留必需的生活费用。

在适用没收财产时，应当注意把它同追缴违法所得、没收违禁品加以区别。《刑法》第64条规定："犯罪分子违法所得的一切财物，应当予以追缴或者责令退赔；对被害人的合法财产，应当及时返还；违禁品和供犯罪所用的本人财物，应当予以没收。没收的财物和罚金，一律上缴国库，不得挪用和自行处理。"据此，追缴犯罪所得的财物，不属于没收财产；没收违禁品和供犯罪所用的本人财物，也不属于没收财产。由此可见，没收财产事实上是没收犯罪人合法所有并且没有用于犯罪的财产；不得以追缴犯罪所得、没收违禁品与供犯罪所用的本人财物来代替或者折抵没收财产。

（3）没收财产的执行。根据《刑事诉讼法》第272条的规定，没收财产的判决，无论附加适用或者独立适用，都由人民法院执行；在必要的时候，可以会同公安机关执行。《刑法》第60条规定："没收财产以前犯罪分子所负的正当债务，需要以没收的财产偿还的，经债权人请求，应当偿还。"这一规定体现了国家对正当债权的保护。但是必须注意的是，需要以没收的财产偿还债务的，必须符合以下条件：第一，该债务是犯罪分子在没收财产以前所负的债务。这是指犯罪分子在判决生效前所负他人的合法债务。第二，该债务是正当债务，即基于正常的买卖、借贷、租赁等民事关系所产生的债务，而不是违法犯罪行为所造成的债务。第三，该债务需要以没收的财产偿还，也就是说，犯罪分子已经没有其他财产能够偿还所负债务。第四，该债务的偿还须经债权人请求。

（四）驱逐出境

驱逐出境，是指强制犯罪的外国人离开中国国（边）境的刑罚方法。它是一种专门适用于犯罪的外国人的特殊的附加刑，既可以独立适用，又可以附加适用。

驱逐出境作为一种刑罚方法，是我国主权及司法自主权的体现。任何在我国境内的外国人都应遵守我国的法律、法规。外国人在我国领域内犯罪的，除享有外交特权和豁免权的通过外交途径解决以外，一律适用我国刑法。

我国《刑法》规定的驱逐出境与《出境入境管理法》第81条规定的驱逐出境，在处罚方式上都是强制外国人离开中国国（边）境，但二者是性质不同的处罚。前者是刑罚方法，适用的对象是在我国境内犯罪的外国人；后者是一种行政处罚，适用于违反我国行政法规并且情节严重的外国人。二者在适用法律、机关、程序以及执行时间等方面都有所区别。

由于《刑法》第35条规定，驱逐出境是"可以"适用，因而对于犯罪的外国人是否驱逐出境，应由人民法院根据案件的情况决定。

独立适用驱逐出境的，从判决确定之日起执行；附加适用驱逐出境的，从主刑执行完毕之日起执行。

第四节　非刑罚处理方法

一、非刑罚处理方法的概念

我国刑法除规定了主刑和附加刑外，还专门规定了非刑罚处理方法，以补充单纯的刑罚适用，从而极大地完善了对犯罪预防和惩治的需要。

（一）非刑罚处理方法的定义

非刑罚处理方法，是指人民法院对有轻微犯罪情节且不需要判处刑罚的犯罪分子适用的刑罚以外的处理方法。非刑罚处理方法虽不具有刑罚的性质特征，但却是针对犯罪分子适用的。

（二）非刑罚处理方法的特征

非刑罚处理方法具有以下主要特征：

1. 适用前提是构成犯罪。尽管非刑罚处理方法不似刑罚具有高度的严厉性，但是其和刑罚一样都是针对犯罪适用的。因此非刑罚处理方法的适用前提是行为人的行为构成犯罪，但属于情节轻微的情形，所以不需要用相对较为严厉的刑罚。这既对犯罪分子作出了适当的处罚，也起到了教育和警戒犯罪分子的作用，从而更加体现出刑罚预防犯罪的目的。

2. 适用对象是犯罪分子。非刑罚处理方法的适用对象是犯罪分子，而不是一般的违法人员。《刑法》第 37 条关于非刑罚处理方法的种类中虽然包括行政处罚和行政处分，但是这并不意味着适用的对象仅是违反行政法律法规，而是违反刑法的犯罪分子。

3. 适用的内容复杂多样。非刑罚处理方法的种类具有多样性，因此在具体适用时表现得较为复杂。例如，判处赔偿经济损失，既可以与主刑同时适用，也可以单独适用；训诫和责令具结悔过、赔礼道歉，只能独立适用；由主管行政部门行政处罚和行政处分，需要按照相关的行政法律法规、规章制度等加以处理。所以非刑罚处理方法的适用内容具有一定的复杂性。

二、非刑罚处理方法的种类

根据《刑法》第 36 条、第 37 条的规定，非刑罚处理方法有以下三类：

（一）训诫、责令具结悔过和责令赔礼道歉

1. 训诫，是人民法院对犯罪分子当庭予以批评教育，并要求其改正行为而不再犯的一种处罚方法。

2. 责令具结悔过，是指人民法院责令犯罪分子递交书面保证，表示悔改而不再犯的一种处罚方法。

3. 责令赔礼道歉，是指人民法院责令犯罪分子公开向被害人或相关人员当场承认所犯罪行、表达歉意，以取得谅解的一种处罚方法。

（二）判处赔偿经济损失和责令赔偿损失

1. 判处赔偿经济损失，是指由于犯罪分子的犯罪行为造成了被害人的经济损失，所以人民法院除依法给予其刑事处罚外，根据被害人的经济损失情况，判处犯罪分子承担必要的赔偿责任。

2. 责令赔偿损失，是指人民法院对犯罪情节轻微的犯罪分子不作出刑事处罚，而是根据其对被害人造成的财产损失情况，责令其向被害人支付一定数额的金钱进行赔偿的一种处理方法。

（三）行政处罚和行政处分

1. 行政处罚，是指人民法院对犯罪情节轻微的犯罪分子不作刑事处罚，而是向犯罪分子的主管行政执法机关建议，依照有关的行政法律法规和行政处罚法的规定，给予其经济或者剥夺人身自由的处罚，如罚款、行政拘留等。

2. 行政处分，是指人民法院对犯罪情节轻微的犯罪分子不作刑事处罚，而是向犯罪分子的所在单位或者基层组织建议，依照有关的行政规章、纪律、制度等，给予其行政纪律处分，如警告、记过等。

三、非刑罚处理方法适用的注意问题

根据《刑法》第 36 条的规定，判处赔偿经济损失在适用时应注意：（1）适用的对象是同时被判处刑事处罚的犯罪分子，所以赔偿经济损失是附加于刑罚适用的，而非独立适用；（2）犯罪分子所赔偿的经济损失是由其犯罪行为所造成的，即二者之间具有因果关联性；（3）被判处承担民事赔偿责任的犯罪分子，如同时被判处了罚金，其财产不足以全部支付的，或者被判处没收财产的，应当先承担对被害人民事赔偿责任。

根据《刑法》第 37 条的规定，训诫、责令具结悔过、责令赔礼道歉、责令赔偿损失、由主管行政部门行政处罚和行政处分在适用时也应当注意：（1）适用的对象是犯罪情节轻微的犯罪分子，对其行为依然以犯罪认定但免予刑事处罚；（2）人民法院在犯罪分子作出非刑事处罚时，应根据其具体的犯罪情节作出适当且必要的处理。

第五节　从业禁止

从业禁止，是指对于实施了与职业相关的犯罪的犯罪分子，限制其在特

定时间段内从事相关职业的资格。

依照《刑法》第37条之一的规定，从业禁止制度包含以下内容：

第一，前提条件：利用职业便利实施犯罪，或者实施违背职业要求的特定义务的犯罪被判处刑罚。

第二，适用根据：犯罪情况和预防再犯罪的需要。

第三，主要内容：禁止其自刑罚执行完毕之日或者假释之日起从事相关职业，期限为3年至5年。

第四，法律后果：被禁止从事相关职业的人违反人民法院作出的决定的，由公安机关依法给予处罚；情节严重的，依照《刑法》第313条的规定定罪处罚。

第五，限制规定：其他法律、行政法规对其从事相关职业另有禁止或者限制性规定的，从其规定。

第十四章

刑罚裁量

第一节　刑罚裁量概述

一、刑罚裁量的定义

刑罚裁量，简称量刑，是指人民法院根据被告人所犯罪行和刑事责任的轻重，依法决定是否判处刑罚、判处何种刑罚、判处多重刑罚，以及所判处的刑罚是否执行的活动。

二、刑罚裁量的特征

（一）刑罚裁量的主体是人民法院

《宪法》第131条规定："人民法院依照法律规定独立行使审判权，不受行政机关、社会团体和个人的干涉。"根据《刑事诉讼法》第3条的规定，审判由人民法院负责，除法律特别规定的以外，其他任何机关、团体和个人都无权行使审判权力。我国设立最高人民法院、地方各级人民法院和军事法院等专门人民法院。只有各级人民法院才能行使刑事审判权，而刑罚裁量权是刑事审判权的重要组成部分，因此刑罚裁量的主体只能是人民法院。我国各级人民法院在刑罚裁量权的分工上有所不同，如基层人民法院没有判处死刑或者无期徒刑的权力，只有最高人民法院才有死刑立即执行的核准权。

（二）刑罚裁量只能以犯罪分子为对象

刑事审判活动包括定罪和量刑这两个前后相继的环节，定罪于前、量刑于后。只有当人民法院通过审理依法认定被告人的行为已经构成犯罪时，才能进行刑罚的裁量。犯罪是刑罚的唯一原因，定罪正确是量刑正确的前提。刑罚裁量必须以犯罪人为唯一对象。对遵纪守法或者只有一般违法行为的人，抑或是对尚在审理过程中但未确定构成犯罪的被告人，都不能进行刑罚的裁量。

（三）刑罚裁量以决定刑罚为内容

对犯罪人决定刑罚是刑罚裁量的内容，刑罚裁量的内容主要有以下四个方面：第一，决定是否对犯罪人判处刑罚。犯罪都应当承担刑事责任，判处刑罚是承担刑事责任的主要方式。但是这并不意味着对所有案件中的犯罪人都要被判处刑罚。我国刑法还规定了定罪免刑这种特殊的刑事责任承担方式。因而对于犯罪情节轻微，具有免除处罚情节的被告人，是否实际判处刑罚成为刑罚裁量需要考虑的首要问题。第二，决定对犯罪人判处的刑罚种类和轻重。对确定需要判处刑罚的犯罪人，需要进一步决定判处何种刑罚及其轻重，具体包括确定刑罚种类（决定是仅仅判处主刑，仅仅判处附加刑，还是主刑和附加刑一并判处；决定具体判处的主刑或附加刑中的哪一个刑种）和确定刑罚轻重（例如，自由刑的期限、资格刑的期限、财产刑的数额等）。第三，决定所判处的刑罚是否实际执行或者立即执行。例如，对被判处 3 年以下有期徒刑或者拘役的犯罪分子，决定是否适用缓刑；对于被判处死刑的犯罪分子，决定是否可以宣告缓期 2 年执行。第四，决定对犯数罪的犯罪人如何进行并罚。

（四）刑罚裁量轻重的根据是犯罪分子所犯罪行和刑事责任

《刑法》第 5 条规定："刑罚的轻重，应当与犯罪分子所犯罪行和承担的刑事责任相适应。"这是罪责刑相适应原则的具体规定，对刑罚裁量也具有指导意义。刑罚裁量轻重只能以犯罪分子所犯罪行和承担的刑事责任为根据。

三、刑罚裁量的一般原则

《刑法》第 61 条规定："对于犯罪分子决定刑罚的时候，应当根据犯罪的事实、犯罪的性质、情节和对于社会的危害程度，依照本法的有关规定判处。"因此刑罚裁量的一般原则是"以案件事实为根据，以刑法规定为准绳"，这是"以事实为根据，以法律为准绳"这一司法原则在刑法中的具体化。

（一）以案件事实为根据

与三大诉讼法在条文中直接规定"以事实为根据，以法律为准绳"不同，[①]《刑法》第 61 条并未直接使用"以事实为根据"，而是使用了"根据犯罪的事实、犯罪的性质、情节和对于社会的危害程度"的表述。我们认为，

① 2018 年 10 月 26 日修正后的《刑事诉讼法》第 6 条规定："人民法院、人民检察院和公安机关进行刑事诉讼，必须依靠群众，必须以事实为根据，以法律为准绳……"2017 年 6 月 27 日修正通过的《行政诉讼法》第 5 条规定："人民法院审理行政案件，以事实为根据，以法律为准绳。"2023 年 9 月 1 日修正的《民事诉讼法》第 7 条规定："人民法院审理民事案件，必须以事实为根据，以法律为准绳。"

可以使用“案件事实”一词概括“犯罪的事实、犯罪的性质、情节和对于社会的危害程度”。具体而言，案件事实包括以下四个方面的具体事实：第一，犯罪事实，是指犯罪构成要件的各项基本事实情况。此处的犯罪事实是案件事实的下位概念。第二，犯罪性质，是指犯罪行为的法律性质，即某一法益侵害行为经由法律规定并通过审判机关确认的犯罪属性。不同性质的犯罪，处罚的轻重往往也有所区别。第三，情节。这里的情节是指量刑情节。第四，对于社会的危害程度。这里的社会危害程度，是指犯罪行为对社会造成或者可能造成损害结果的程度。

（二）以刑法规定为准绳

这是罪刑法定原则之刑罚法定的要求，是指正确适用刑法规定的各项量刑制度和量刑情节，正确适用各种刑罚种类、正确确定宣告刑。

四、刑罚裁量的基本方法

根据2021年6月16日最高人民法院、最高人民检察院发布的《关于常见犯罪的量刑指导意见（试行）》的规定，量刑时，应以定性分析为主，定量分析为辅，依次确定量刑起点、基准刑和宣告刑。具体而言，刑罚裁量的基本方法包括下列三个方面：

（一）量刑步骤

1. 根据基本犯罪构成事实在相应的法定刑幅度内确定量刑起点。

2. 根据其他影响犯罪构成的犯罪数额、犯罪次数、犯罪后果等犯罪事实，在量刑起点的基础上增加刑罚量确定基准刑。

3. 根据量刑情节调节基准刑，并综合考虑全案情况，依法确定宣告刑。

（二）量刑情节调节基准刑的方法

1. 具有单个量刑情节的，根据量刑情节的调节比例直接调节基准刑。

2. 具有多个量刑情节的，一般根据各个量刑情节的调节比例，采用同向相加、逆向相减的方法调节基准刑；具有未成年人犯罪、老年人犯罪、限制行为能力的精神病人犯罪、又聋又哑的人或者盲人犯罪，防卫过当、避险过当、犯罪预备、犯罪未遂、犯罪中止，从犯、胁从犯和教唆犯等量刑情节的，先适用该量刑情节对基准刑进行调节，在此基础上，再适用其他量刑情节进行调节。

3. 被告人犯数罪，同时具有适用于各个罪的立功、累犯等量刑情节的，先适用该量刑情节调节个罪的基准刑，确定个罪所应判处的刑罚，再依法实行数罪并罚，决定执行的刑罚。

（三）确定宣告刑的方法

1. 量刑情节对基准刑的调节结果在法定刑幅度内，且罪责刑相适应的，可以直接确定为宣告刑；如果具有应当减轻处罚情节的，应依法在法定最低刑以下确定宣告刑。

2. 量刑情节对基准刑的调节结果在法定最低刑以下，具有法定减轻处罚情节，且罪责刑相适应的，可以直接确定为宣告刑；只有从轻处罚情节的，可以依法确定法定最低刑为宣告刑；但是根据案件的特殊情况，经最高人民法院核准，也可以在法定刑以下判处刑罚。

3. 量刑情节对基准刑的调节结果在法定最高刑以上的，可以依法确定法定最高刑为宣告刑。

4. 综合考虑全案情况，独任审判员或合议庭可以在20%的幅度内对调节结果进行调整，确定宣告刑。当调节后的结果仍不符合罪责刑相适应原则的，应提交审判委员会讨论，依法确定宣告刑。

5. 综合全案犯罪事实和量刑情节，依法应当判处无期徒刑以上刑罚、管制或者单处附加刑、缓刑、免予刑事处罚的，应当依法适用。

（四）判处罚金刑

判处罚金刑，应当以犯罪情节为根据，并综合考虑被告人缴纳罚金的能力，依法决定罚金数额。

（五）适用缓刑

适用缓刑，应当综合考虑被告人的犯罪情节、悔罪表现、再犯罪的危险以及宣告缓刑对所居住社区的影响，依法作出决定。

第二节　刑罚裁量情节

一、量刑情节的概念和特征

刑罚裁量情节，也称量刑情节或者适用刑罚情节，是指在某种行为已经构成犯罪的前提下，人民法院在对犯罪人裁量刑罚时应当考虑的，与犯罪人或其侵害行为密切相关的，表明行为社会危害性程度和行为人人身危险程度，进而据以决定量刑轻重或者免除刑罚的各种情况。量刑情节具有以下特征：

第一，量刑时考虑的各种情况。这一特征使量刑情节和定罪情节得以区别开来。我们知道，犯罪情节可以分为定罪情节和量刑情节。定罪情节，是指直接说明犯罪构成事实的情状或深度，从而影响犯罪的社会危害程度、影响定罪的各种事实情况。简言之，定罪情节直接影响对行为人行为的定罪，而量刑情节直接影响对已构成犯罪的行为人的刑罚。二者的功能相异。定罪情节是决定行为人罪与非罪、此罪与彼罪的根据；量刑情节是决定对行为人适用刑罚的种类、刑罚的幅度及是否免除处罚的根据。

第二，具有客观性的情况。量刑情节是随犯罪行为的实施而产生的，不以人们的意志为转移。除了犯罪所得数额，对人身、财产损害的严重程度等有形的情节外，还包括那些通过行为主观方面表现出来的一些无形的特征，如犯罪目的、犯罪动机、认罪态度等，这些无形的特征对于法官来讲，是一种客观存在，可以通过对其客观的外在表现形式进行认定。

第三，反映犯罪的社会危害性和行为人的人身危险性的情况。犯罪的社会危害性主要从客观上体现犯罪人应受刑罚轻重的必要性，而行为人的人身危险性主要从主观上反映其应受刑罚轻重的必要性。量刑情节要么反映犯罪的社会危害程度，要么反映行为人人身危险性，正是如此，量刑情节才得以对刑罚裁量结果产生影响。

第四，法官决定犯罪人宣告刑的根据。在刑法分则的具体犯罪中，绝大多数犯罪具有两个以上层次的法定刑，因而在行为人构成犯罪的情况下，法官只能根据量刑情节来选择法定刑。在确定法定刑幅度的情况下，需要进一步确定犯罪人的宣告刑。宣告刑是以法定刑为基础，审判机关根据刑法的规定和案件中确有的量刑情节，用判决对被告人宣告的刑罚。在法定刑向宣告刑的具体化过程中，唯一的根据就是量刑情节。

二、量刑情节的分类

根据不同的标准，可以对量刑情节作不同的分类：

（一）法定情节和酌定情节

以刑法是否就量刑情节及其功能作出明确规定为标准，量刑情节可分为法定情节和酌定情节。法定情节，是指刑法（广义的刑法，包括单行刑事法律和非刑事法律中的刑法规范）明文规定的，量刑时必须考虑的各种情节。适用法定情节裁量刑罚的，在制作判决书时应当指明所引用的有关刑法条款。酌定情节，是指刑法没有明文规定，但是反映犯罪行为的社会危害性和犯罪分子的人身危险性，在量刑时可以灵活掌握、酌情适用的情节。酌定情节是根据刑事立法精神和国家的刑事政策，从长期刑事审判实践经验中总结出来的。当案件不具有法定情节，或者法定的从重、从轻、减轻、免除处罚等情节交叉、并存的时候，酌定情节可以发挥重要的甚至是决定性的作用。实际上，对每一个案件而言，都会有这样或者那样的酌定量刑情节。酌定情节是量刑中不可缺少的根据之一，是量刑情节的重要组成部分。在刑事审判实践中，常见的酌定量刑情节主要有犯罪的动机、犯罪分子的一贯表现、犯罪分子的罪后表现等。

（二）总则性情节和分则性情节

这是以量刑情节在刑法的哪一部分规定为标准而对其所作的分类。总则性情节，是指规定在刑法总则部分的量刑情节。例如，已满 14 周岁不满 18

周岁的人犯罪，应当从轻或者减轻处罚（第17条第3款）；正当防卫明显超过必要限度造成重大损害的，应当减轻或者免除处罚（第20条第2款）；对于未遂犯，可以比照既遂犯从轻或者减轻处罚（第23条第2款）；对于累犯，应当从重处罚（第65条、第66条）；等等。分则性情节，是指规定在刑法分则性条文中的量刑情节。例如，武装掩护走私的（第157条第1款）；奸淫幼女的（第236条第2款）；国家机关工作人员犯诬告陷害罪的（第243条第2款）；索取贿赂的（第386条）；等等。

（三）罪前情节、罪中情节和罪后情节

根据量型情节与犯罪行为在时间上的关系为标准，可以将量刑情节分为罪前情节、罪中情节和罪后情节。罪前情节，是指在犯罪行为实施之前就已经存在的、影响对行为人量刑的各种情节。例如，行为人犯罪前的一贯表现，有无前科、劣迹，是否累犯等。行为人的特定身份也可成为罪前情节，如国家工作人员、司法工作人员。罪中情节，是指存在于犯罪过程中的对刑罚的适用有影响的情节。例如，犯罪动机、犯罪手段、犯罪时间、犯罪地点、犯罪对象、危害后果、犯罪预备、犯罪未遂、犯罪中止、从犯、胁从犯、防卫过当、避险过当等。罪后情节，是指在犯罪实施之后出现的影响量刑的情节。例如，自首、立功、坦白、认罪、悔罪、积极退赃或者隐匿、毁灭赃物、罪证，订立攻守同盟，嫁祸于人，抗拒抓捕，挥霍犯罪所得等。

（四）从严情节和从宽情节

根据量刑情节在决定对犯罪是否处以刑罚及处罚轻重时所起的作用的不同，可以将量刑情节分为从严情节和从宽情节。从严情节，是指审判人员在适用刑罚时应考虑予以较重处罚的情节。从严量刑情节具体包括加重处罚情节和从重处罚情节。1997年修订后的刑法没有规定加重处罚情节，根据罪刑法定原则的要求，不得再在司法实践中超越法定刑上限对行为人予以加重处罚。除了法定量刑情节中存在从严情节外，酌定量刑情节中也存在从严情节，如犯罪动机极为卑劣、犯罪手段极为残忍等。从宽情节，是指审判人员在适用刑罚时考虑对行为人从轻、减轻或者免除处罚的情节。从宽情节既可表现为法定情节，也可表现为酌定情节。

（五）“应当”情节和“可以”情节

以是否必然对审判人员的量刑活动的结果产生影响，可以将量刑情节分为“应当”情节和“可以”情节。“应当”情节，是指案件中只要存在该种事实情况，审判人员在决定对犯罪人是否判处刑罚、判处何种刑罚、确定刑罚的具体数量时必须予以考虑，并在量刑结果中体现出来。简言之，“应当”情节是刑法的硬性规定，法官没有是否适用的自由裁量权。例如，已满14周岁不满18周岁的人犯罪，应当从轻或者减轻处罚（第17条第3款）；正当防卫明显超过必要限度造成重大损害时，应当减轻或者免除处罚（第20条第2

款）。“可以”情节，是指案件中即使存在该种情节，审判人员也未必因此而影响其决定对犯罪人是否判处刑罚、判处何种刑罚、刑罚的具体数量。即审判人员可根据具体案情而决定是否作为量刑的根据。简言之，“可以”情节是刑法规定的弹性条款，审判人员有决定是否适用的自由裁量权。例如，对于未遂犯，可以比照既遂犯从轻或者减轻处罚（第 23 条第 2 款）；对于自首的犯罪分子，可以从轻或者减轻处罚（第 67 条）；等等。

三、量刑情节的适用

（一）量刑情节的适用规则

1. 从轻处罚情节和从重处罚情节的适用。根据《刑法》第 62 条规定，从轻处罚，是指在法定刑的限度内判处较轻的刑罚；从重处罚，是指在法定刑的限度内判处较重的刑罚。要正确适用这两种量刑情节，主要应注意以下几个方面：（1）“法定刑限度内”的理解。对于“法定刑限度”可以有两种理解：一种理解是该罪的法定最低刑以上、法定最高刑以下。以《刑法》第 133 条规定的交通肇事罪为例，是 1 个月拘役以上、15 年有期徒刑以下。另一种理解是与具体案件情节相适应的量刑幅度。例如，某公司工作人员利用职务上的便利。侵占公司财物，数额较大，但有从轻处罚情节，可以在第 271 条职务侵占罪的第一个量刑幅度，即 1 个月拘役以上、3 年有期徒刑以下的幅度内，判处较轻的刑罚，而不能在第二个量刑幅度内判处刑罚。第二种理解是正确的。（2）从轻处罚与从重处罚的基准。不能采取中间线（法定刑的平均刑期）论，而应采取假定没有该情节时所应当判处的刑罚为基准。从重处罚，是指在法定刑幅度内选择比没有这个情节的类似犯罪相对重一些的刑种或刑期；从轻处罚，是指在法定刑幅度内选择比没有这个情节的类似犯罪相对轻一些的刑种或刑期。

2. 减轻处罚情节的适用。减轻处罚情节是我国刑法规定的从宽处罚情节的类型。《刑法》第 63 条对减轻处罚情节的适用作出了原则性规定。第 63 条第 1 款规定：“犯罪分子具有本法规定的减轻处罚情节的，应当在法定刑以下判处刑罚……”第 63 条第 2 款规定：“犯罪分子虽然不具有本法规定的减轻处罚情节，但是根据案件的特殊情况，经最高人民法院核准，也可以在法定刑以下判处刑罚。”第 1 款规定的减轻处罚也被称为一般减轻，第 2 款规定的减轻处罚也被称为特别减轻。减轻处罚情节的适用，主要应注意以下几个方面：（1）“法定刑以下”的含义。根据 2012 年 5 月 30 日《最高人民法院研究室关于如何理解“在法定刑以下判处刑罚”问题的答复》规定，《刑法》第 63 条第 1 款规定的“在法定刑以下判处刑罚”，是指在法定量刑幅度的最低刑以下判处刑罚。刑法分则中规定的“处十年以上有期徒刑、无期徒刑或者死刑”，是一个量刑幅度，而不是“十年以上有期徒刑”“无期徒刑”和“死刑”

三个量刑幅度。(2)减轻处罚的程度。依据2011年《刑法修正案(八)》修正后的《刑法》第63条第1款限制了减轻处罚的程度,不再允许跨量刑幅度减轻处罚:"犯罪分子具有本法规定的减轻处罚情节的,应当在法定刑以下判处刑罚;本法规定有数个量刑幅度的,应当在法定量刑幅度的下一个量刑幅度内判处刑罚。"

3. 免除处罚情节的适用。免除处罚情节,是从宽量刑情节的一种类型。所谓免除处罚,又称免予刑事处分、免除刑事处罚,是指对犯罪分子作出有罪宣告,但免除其刑罚。

(二)量刑情节竞合时的适用

犯罪现象是复杂的,同一犯罪案件中往往存在两个以上的量刑情节,这种数个量刑情节并存于同一案件的情况在刑法理论上称为量刑情节的竞合。在存在量刑情节竞合时,要做到正确量刑,应注意以下几个方面:

1. 同向竞合情节的适用。按情节对量刑产生的轻重影响之作用方向不同,可以把量刑情节分为从宽情节与从严情节。我国刑法中的从宽情节包括免除处罚情节、减轻处罚情节和从轻处罚情节。我国现行刑法中的从严情节只有一种,即从重处罚情节。所谓的同向竞合情节,是指一个案件中具备两个以上的从宽处罚情节,或者具备两个以上的从严处罚情节。换言之,同向量刑情节的竞合包括从宽量刑情节的竞合和从严量刑情节的竞合。第一,从宽处罚情节竞合时的适用。原则上不能轻易地改变量刑情节的功能,但如果综合全案来看,不突破已有的从宽情节的功能将会违背罪责刑相适应原则时,可以考虑依照法定程序予以减轻处罚或者免除处罚。第二,从严处罚情节竞合时的适用。应在相应的法定刑幅度内,根据从重情节的多少,适当地增大从重的幅度,但最重不能超过该法定刑幅度之法定最高刑。否则就变成了现行刑法已废止的加重处罚了。

2. 逆向竞合情节的适用。所谓的逆向竞合情节,是指同一案件中的同一犯罪人既具有从宽处罚情节,也具有从严处罚情节。由于从宽处罚情节是对犯罪人的量刑产生有利影响的情节,而从严处罚情节是对犯罪人的量刑产生不利影响的情节,二者对量刑的影响作用相反。我们认为,应根据各情节所表示的轻重系数进行折抵。如果各情节所表示的系数相等时,则相抵消,不增不减;如果所表示的系数不等时,则将两者相抵后剩余的部分作为适用结果。2021年最高人民法院、最高人民检察院印发的《关于常见犯罪的量刑指导意见(试行)》也大致体现了这一精神:"具有多个量刑情节的,一般根据各个量刑情节的调节比例,采用同向相加、逆向相减的方法调节基准刑;具有未成年人犯罪、老年人犯罪、限制行为能力的精神病人犯罪、又聋又哑的人或者盲人犯罪,防卫过当、避险过当、犯罪预备、犯罪未遂、犯罪中止,从犯、胁从犯和教唆犯等量刑情节的,先适用该量刑情节对基准刑进行调节,在此基础上，再适用其他量刑情节进行调节。”

第三节　累犯

一、累犯的概念

累犯，是指因故意犯罪受过一定的刑事处罚，在刑罚执行完毕或者被赦免以后，在一定的时间内又故意犯罪的人。累犯与再犯的区别主要表现在：第一，有无罪过限制不同。再犯对前后罪的罪过形式没有要求，可以是故意，也可以是过失。而对于累犯而言，则各国的刑法规定差异较大，中国刑法要求前后罪均为故意。第二，有无刑度限制不同。再犯对前后罪已经被判处或者应当判处的刑罚的轻重没有任何限制，而累犯则往往有一定的限制，我国限定为有期徒刑。第三，时间条件不同。具体表现在后罪实施的时间起点和时间终点两个方面。在累犯中，后罪实施的起点为刑罚执行完毕或者被赦免，终点为自此开始满5年之前（特别累犯无此限制）；对于再犯而言，后罪实施的起点为前罪被定罪判刑（判决确定生效），终点无任何限制（在存在前科消灭制度的国家，则为前罪的前科消灭之前）。第四，对量刑的影响力不同。累犯在我国刑法上是法定量刑情节，而再犯在绝大多数情况下只是酌定量刑情节。

二、累犯的成立条件

中国刑法上的累犯分为一般累犯和特别累犯两种，二者在成立条件上有所不同。

（一）一般累犯

一般累犯，也称为普通累犯，是指因故意犯罪被判处有期徒刑以上刑罚，在刑罚执行完毕或者被赦免后，5年内又犯应当判处有期徒刑以上刑罚之故意犯罪的人。构成一般累犯必须具备下列条件：

1. 罪质条件。一般累犯的前罪和后罪都必须是普通刑事犯罪，或者其中之一罪是普通刑事犯罪。这里所谓的普通刑事犯罪是指除危害国家安全罪、恐怖活动犯罪、黑社会性质的组织犯罪以外的其他犯罪。

2. 罪过条件。一般累犯的前罪和后罪必须都是故意犯罪。如果前罪和后罪有一个是过失犯罪，或者前后两罪都是过失犯罪，就不能构成累犯。

3. 刑度条件，也可以称为罪量条件。一般累犯的成立对前罪和后罪在严重程度上有一定限制，具体而言，前罪必须已经被判处有期徒刑以上刑罚，后罪则应当被判处有期徒刑以上刑罚。如果前罪所判处的刑罚低于有期徒刑或者后罪不应当判处有期徒刑以上刑罚的，均不构成一般累犯。具体应当注意两点：第一，这里所指的有期徒刑均是指宣告刑。前罪被判处有期徒刑以上刑罚，是指人民法院最后确定的宣告刑为有期徒刑以上刑罚；后罪应当判处有期徒刑以上刑罚，是指根据犯罪事实和刑法的规定，应当判处有期徒刑以上刑罚，而不是指后罪的法定刑中包含了有期徒刑以上刑罚。第二，“有期徒刑以上刑罚”包括有期徒刑、无期徒刑和死刑（前罪最高可以是死缓，后罪最高可以是死刑立即执行）。无期徒刑和死缓本身虽然没有执行完毕的问题，但在被减刑或者假释后仍然存在构成累犯的可能。

4. 时间条件。一般累犯的后罪必须发生在前罪的刑罚执行完毕或者赦免以后 5 年之内。在时间条件的适用中，应当注意以下两个问题：(1)“刑罚执行完毕”的含义，具体应当注意以下几点：第一，刑罚执行完毕，是指刑罚实际执行完毕。实际执行完毕，是指所被判处的刑罚必须被全部或者部分地执行，质言之，对前罪必须有刑罚的实际执行（至于是否被部分减刑在所不问)。第二，刑罚执行完毕，是指主刑执行完毕。只要前罪的主刑执行完毕，即使附加刑仍然在执行，也不影响累犯的成立。(2) 期间的计算。如果所被判处刑罚的犯罪分子未被假释的，“五年以内”之期间的起算应从前罪的刑罚执行完毕或者赦免之日起计算；对于被假释的犯罪分子，从假释期满之日起计算。时间起点是区分累犯与刑罚执行期间又犯新罪之数罪并罚的分界点。

5. 主体条件。行为人实施前罪时如果未满 18 周岁，或者实施前罪和后罪时均未满 18 周岁的，不构成累犯。这是《刑法修正案（八）》对累犯制度的修改，体现了对未成年人犯罪从宽处罚的精神。

（二）特别累犯

根据《刑法》第 66 条的规定，特别累犯，是指实施危害国家安全犯罪、恐怖活动犯罪、黑社会性质的组织犯罪，在所被判处的刑罚执行完毕或者赦免以后任何时候又犯上述任一类罪的犯罪分子。构成特别累犯必须具备以下条件：

1. 罪质条件。特别累犯的前罪和后罪都必须是危害国家安全的犯罪、恐怖活动犯罪、黑社会性质的组织犯罪。危害国家安全罪，是指刑法分则第一章所指的犯罪，目前包括 12 个具体犯罪，且均为故意犯罪。恐怖活动犯罪主要包括组织、领导、参加恐怖组织罪，资助恐怖活动罪，为恐怖活动犯罪实施的洗钱罪以及作为恐怖组织成员参与实施的其他具体犯罪。黑社会性质的组织犯罪包括组织、领导、参加黑社会性质组织罪，入境发展黑社会组织罪，包庇、纵容黑社会性质组织罪，为黑社会性质组织犯罪实施的洗钱罪以及作为黑社会性质组织成员参与实施的其他具体犯罪。如果前罪和后罪中有一个不属于危害国家安全罪、恐怖活动犯罪或者黑社会性质的组织犯罪的，则不能构成特别累犯。当然如果符合一般累犯的条件的，可以构成一般累犯。

2. 刑度条件。刑法对于特别累犯的前罪已经判处的刑罚和后罪应当判处的刑罚，没有轻重限制。无论前罪已经判处的刑罚或者后罪应当判处的刑罚是否为有期徒刑以上的刑罚，均不影响特别累犯的成立。

3. 时间条件。（1）起点。特别累犯成立的起点条件与一般累犯相同。如果所被判处的刑罚未被假释的，从前罪的刑罚执行完毕或者赦免之日起计算；对于被假释的犯罪分子，从假释期满之日起计算。（2）终点。在前罪的刑罚执行完毕或赦免之后直至其死亡之前的整个期间，行为人再犯危害国家安全犯罪、恐怖活动犯罪、黑社会性质的组织犯罪的，均构成特别累犯。

4. 主体条件。行为人实施前罪时如果未满 18 周岁，或者实施前罪和后罪时均未满 18 周岁的，也不构成特别累犯。

三、累犯的法律后果

（一）从重处罚

根据《刑法》第 65 条第 1 款的规定，对累犯应当从重处罚。累犯的主观恶性较深，人身危险性较大，往往较难改造矫正，只有对其判处较重的刑罚，才能有效地实现一般预防和特别预防的刑罚目的。

（二）不得适用缓刑或者假释

1. 不得适用缓刑。根据《刑法》第 74 条的规定，对于累犯，不适用缓刑。这是由于累犯的主观恶性深，人身危险性大，不符合“适用缓刑确实不致再危害社会”之缓刑实质条件。

2. 不得适用假释。根据《刑法》第 81 条第 2 款的规定，对于累犯，不得适用假释。这是由于累犯的主观恶性深，人身危险性大，不符合“假释后不致再危害社会”之假释实质条件。

第四节　自首、坦白和立功

一、自首

（一）自首的概念

根据《刑法》第 67 条的规定，自首是指犯罪分子在犯罪以后自动投案，如实供述自己的罪行，或者被采取强制措施的犯罪嫌疑人、被告人和正在服刑的罪犯，如实供述司法机关还未掌握的本人其他罪行的情形。我国刑法上的自首包括一般自首与特别自首两种类型。第 67 条第 1 款规定的是一般自首，第 2 款规定的是特别自首。两种类型的自首在成立条件上有所区别。

（二）一般自首的成立条件

一般自首，是指犯罪人在犯罪后自动投案，如实供述自己的罪行的情形。成立一般自首，必须同时具备以下两个条件：

1. 犯罪以后自动投案。自动投案是一般自首成立的前提条件。在该要件的认定中应当注意以下问题：

（1）“自动投案”的含义。根据司法解释的规定[①]，“自动投案”有狭义和广义之分：

1）狭义的自动投案。这也是真正意义上的自动投案，是指犯罪事实或者犯罪嫌疑人未被司法机关发觉，或者虽被发觉，但犯罪嫌疑人尚未受到讯问、未被采取强制措施时，主动、直接向公安机关、人民检察院或者人民法院投案。可见狭义的自动投案从时间、主观、方式、对象四个方面进行了限制：时间限制是犯罪事实或者犯罪嫌疑人未被司法机关发觉，或者虽被发觉，但犯罪嫌疑人尚未受到讯问、未被采取强制措施；[②] 主观限制是主动而不是被动；方式限制是直接亲自到案而不是委托他人；对象限制，是指直接向公安机关、人民检察院或者人民法院投案，而不是向其他组织或个人。

2）广义的自动投案。为了充分地发挥自首制度在鼓励罪犯投案、减少缉捕成本方面的刑事政策功能，在狭义的自动投案之外，司法解释对狭义的自动投案的三个限制条件作出了扩大解释。即将下列情形也视为自动投案：第一，犯罪嫌疑人向其所在单位、城乡基层组织或者其他有关负责人员投案的。[③] 第二，犯罪嫌疑人因病、伤或者为了减轻犯罪后果，委托他人先代为投案，或者先以信电投案的。第三，罪行未被司法机关发觉，仅因形迹可疑被有关组织或者司法机关盘问、教育后，主动交代自己的罪行的；以及在司法机关未确定犯罪嫌疑人，尚在一般性排查询问时主动交代自己的罪行的。第四，犯罪嫌疑人实施犯罪后潜逃至异地，其罪行尚未被异地司法机关发觉，仅因形迹可疑，被异地司法机关留置盘问、教育后，主动交代自己的罪行的；以及因特定违法行为被采取行政拘留、司法拘留、强制隔离戒毒等行政、司法强制措施期间，主动向执行机关交代尚未被掌握的犯罪行为的。第五，犯

---

① 1998 年最高人民法院《关于处理自首和立功具体应用法律若干问题的解释》。

② 2009 年最高人民法院、最高人民检察院《关于办理职务犯罪案件认定自首、立功等量刑情节若干问题的意见》规定：“犯罪事实或者犯罪分子未被办案机关掌握，或者虽被掌握，但犯罪分子尚未受到调查谈话、讯问，或者未被宣布采取调查措施或者强制措施时，向办案机关投案的，是自动投案。”

③ 2009 年最高人民法院、最高人民检察院《关于办理职务犯罪案件认定自首、立功等量刑情节若干问题的意见》规定：“犯罪分子向所在单位等办案机关以外的单位、组织或者有关负责人员投案的，应当视为自动投案。”

罪后逃跑，在被通缉、追捕过程中，主动投案的。第六，经查实确已准备去投案，或者正在投案途中，被公安机关捕获的。包括：犯罪后主动报案，虽未表明自己是作案人，但没有逃离现场，在司法机关询问时交代自己的罪行的；或者明知他人报案而在现场等待，抓捕时无拒捕行为，供认犯罪事实的。第七，并非出于犯罪嫌疑人主动，而是经亲友规劝、陪同投案的。第八，公安机关通知犯罪嫌疑人的亲友，或者亲友主动报案后，将犯罪嫌疑人送去投案的。上述情形中，第一种情形扩大解释了对象限制，第二种情形扩大解释了方式限制，第三种情形扩大解释了对象限制和时间限制，第四种、第五种和第六种情形扩大解释了时间限制，第七种和第八种情形扩大解释了主观限制。

（2）接受审查和裁判是不是自首的成立条件？1979 年《刑法》第 63 条并未对自首的成立条件作出规定。1984 年 4 月 16 日最高人民法院、最高人民检察院、公安部《关于当前处理自首和有关问题具体应用法律的解答》规定："犯罪分子作案后，同时具备自动投案、如实交代自己的罪行、并接受审查和裁判这三个条件的，都认为是自首。"但是 1997 年《刑法》第 67 条第 1 款只把"自动投案"和"如实供述自己的罪行"规定为自首的成立条件，未把"接受审查和裁判"列入其中。这引发了"接受审查和裁判"还是不是自首成立条件的争议，有人认为 1997 年《刑法》已将该条件取消而变成了两个条件，也有人认为"接受审查和裁判"可以包括在"自动投案"中，即"接受审查和裁判"是"自动投案"的必备要素之一。新的司法解释采取了后一种主张，规定"犯罪嫌疑人自动投案后又逃跑的，不能认定为自首"。

2. 如实供述自己的罪行。如实供述自己的罪行是一般自首成立的实质条件。如实供述自己的罪行，是指如实交代自己的主要犯罪事实。在该条件的认定中应当注意以下问题：

（1）数罪的认定原则。犯有数罪的犯罪嫌疑人仅如实供述所犯数罪中部分犯罪的，只对如实供述部分犯罪的行为，认定为自首。

（2）共同犯罪的认定原则。共同犯罪案件中的犯罪嫌疑人，除如实供述自己的罪行，还应当供述所知的同案犯，主犯则应当供述所知其他同案犯的共同犯罪事实，才能认定为自首。这就意味着在共同犯罪案件中，《刑法》第 67 条第 1 款中的"如实供述自己的罪行"之"自己的罪行"不能理解过窄，应当扩大到所知道的同案犯的犯罪事实。其应供述的共犯人的罪行的范围有两个限制：一是为他所知悉；二是共同犯罪故意范围内，共犯人的实行过限行为不包括在内。在共同犯罪案件中，对自首的，按自首处理；对未自首的，按未自首依法处理。需要注意的是，司法解释也规定，共同犯罪案件的犯罪分子到案后，揭发同案犯共同犯罪事实的，可以酌情予以从轻处罚。这实际上是对坦白也酌情从宽处罚的规定。

（3）翻供的情况如何处理。根据司法解释的规定，犯罪嫌疑人自动投案并如实供述自己的罪行后又翻供的，不能认定为自首，但在一审判决前又能如实供述的，应当认定为自首。

（4）对行为性质进行辩解是否能认定为“如实供述自己的罪行”。有关司法解释规定，被告人对行为性质的辩解不影响自首的成立，即只要对犯罪事实的陈述是客观的，就能认定为如实供述自己的罪行，至于其本人对所供述事实的法律评价如何，不影响自首的认定。

（5）如实的含义。“如实供述自己的罪行”之“如实”是指客观真实，还是指符合行为人的主观认识。就像伪证罪的相关问题的认定一样，应当采取后一种标准。如果确实因为认识错误而导致其所供述的内容与客观事实不符的，不影响认定为如实供述自己的罪行，尤其在认定共同犯罪案件中应当注意，不能因为行为人未能供述其确实不知情的同案犯的罪行或者因认识错误而供述有出入的而一概不认定为自首。

（三）特别自首的成立条件

特别自首，也称准自首或者余罪自首，是指被采取强制措施的犯罪嫌疑人、被告人和正在服刑的罪犯，如实供述司法机关还没有掌握的本人其他罪行。规定特别自首制度的目的在于充分发挥其鼓励主动交代犯罪、减少司法成本的刑事政策功能。成立特别自首应同时具备以下两个条件：

1. 行为人是已经被采取强制措施的犯罪嫌疑人、被告人和正在服刑的罪犯。特别自首的主体条件是，已经被采取强制措施的犯罪嫌疑人、被告人和正在服刑的罪犯。具体包括三种人：已经被采取强制措施的犯罪嫌疑人；已经被采取强制措施的被告人；正在服刑的罪犯。“强制措施”，是指刑事诉讼法规定的拘传、取保候审、监视居住、拘留和逮捕五种刑事强制措施，不包括行政拘留等其他强制措施。被采取行政拘留等非刑事强制措施的人可以成立一般自首。对这些主体之所以适用特别自首，因为其已经不可能符合普通自首的自动投案条件，因为他们属于已经在案的人。正在服刑的罪犯不以处于监禁状态为必要，在监外执行期间和被管制或被剥夺政治权利期间，都属于“正在服刑的罪犯”。需要指出的是，“已被采取强制措施的被告人”既包括宣判前的被告人，也包括宣判后判决生效之前的被告人；“服刑的罪犯”，既包括已移送执行的罪犯，也包括已宣判但尚未交付执行的罪犯。

2. 如实供述司法机关还未掌握的本人其他罪行。这是特别自首成立的实质条件。在该条件的适用中应当注意以下问题：

（1）“司法机关还未掌握的本人其他罪行”的含义。根据司法解释的规定，“司法机关还未掌握的本人其他罪行”的认定必须同时具备两个条件：一是司法机关还未掌握。即必须是司法机关尚未掌握的罪行，既包括犯罪事实尚未被司法机关发觉，也包括犯罪事实已被发觉但未确定犯罪嫌疑人。根据司法解释的规定，没有自动投案，在办案机关调查谈话、讯问、采取调查措施或者强制措施期间，犯罪分子如实交代办案机关掌握的线索所针对的事实的，不能认定为自首。但是如果办案机关所掌握线索针对的犯罪事实不成立，在此范围外犯罪分子交代同种罪行的，可以成立自首。[①] 二是其他罪行。对“其他罪行”在理论上有不同的理解，有的认为是指未被掌握的罪行（包括罪名相同的罪行和罪名不同的罪行），有的认为仅限于与被掌握的罪行罪名不同的罪行。前者从形式上来理解“其他”，后者则从实质上来理解“其他”。显然前者对被告人有利，但司法解释采取后一种主张，认为“司法机关还未掌握的本人其他罪行”，是指与司法机关已掌握的或者判决确定的罪行属不同种的罪行。比如，甲因盗窃普通财物被判处有期徒刑，在服刑期间又主动交代其尚未被司法机关掌握的盗窃珍贵文物的犯罪事实。根据司法解释的规定，该案不能认定为自首。

（2）“如实供述司法机关尚未掌握的同种罪行”的行为如何处理。根据司法解释的规定，被采取强制措施的犯罪嫌疑人、被告人和已宣判的罪犯，如实供述司法机关尚未掌握的罪行，与司法机关已掌握的或者判决确定的罪行属同种罪行的，虽然不能构成特别自首，而成为法定的从宽处罚情节，但可以酌情从轻处罚，如实供述的同种罪行较重的，一般应当从轻处罚。这也是为了鼓励犯罪分子主动交代犯罪，减少司法成本。2009 年 3 月 12 日最高人民法院、最高人民检察院《关于办理职务犯罪案件认定自首、立功等量刑情节若干问题的意见》规定了两种“如实交代犯罪事实”但不构成自首的情形的处理办法：第一，犯罪分子依法不成立自首，但如实交代犯罪事实，有下列情形之一的，可以酌情从轻处罚：①办案机关掌握部分犯罪事实，犯罪分子交代了同种其他犯罪事实的；②办案机关掌握的证据不充分，犯罪分子如实交代有助于收集定案证据的。第二，犯罪分子如实交代犯罪事实，有下列情形之一的，一般应当从轻处罚：①办案机关仅掌握小部分犯罪事实，犯罪分子交代了大部分未被掌握的同种犯罪事实的；②如实交代对于定案证据的收集有重要作用的。

（四）自首犯的处罚原则

《刑法》第 67 条和第 68 条及有关的司法解释规定了对自首的犯罪分子的从宽处罚原则：

1. 对于自首的犯罪分子，可以从轻或者减轻处罚。但应当注意的是，这里的从宽处罚是“可以”而不是“应当”。这意味着法官在是否要对自首的犯罪分子适用从宽处罚的问题上，具有一定的自由裁量权。如果罪行极其严

---

① 2009 年最高人民法院、最高人民检察院《关于办理职务犯罪案件认定自首、立功等量刑情节若干问题的意见》。

重的，也可以不予以从宽处罚。

2. 犯罪较轻的犯罪分子自首的，可以免除处罚。目前尚无司法解释对“犯罪较轻”的具体认定标准作出规定，我们认为，应当从社会危害性和主观恶性相结合的角度进行理解。从社会危害性上讲，可以将应当判处3年有期徒刑以下刑罚视为“犯罪较轻”。主观恶性的大小则可以由法官根据具体案件情况酌情裁量。

二、坦白

（一）坦白的定义

坦白的定义有广义和狭义之分。在广义上，坦白是指犯罪人在犯罪以后如实供述自己所犯罪行。既包括普通自首、特别自首，还包括被动归案后如实交代被司法机关已掌握的罪行；在狭义上，坦白仅指被动归案后如实交代司法机关已掌握的本人罪行或者尚未掌握的本人“同种罪行”。在刑事实体法上，一般都从狭义上来理解坦白，即与自首相区别的意义上理解坦白。

（二）成立条件

1. 被动归案。被动归案是构成坦白的前提条件，也是坦白与一般自首的关键区别之一。被动归案是与自动投案相对应的概念。

2. 主动如实供述司法机关所掌握的本人罪行或者尚未掌握的本人的“同种罪行”。所谓“主动”交代，是指犯罪人在被动归案后，在司法机关未出示关键证据的情况下，自行向司法机关供述有关犯罪的事实情况。如实供述自己的罪行，是指如实交代自己的主要犯罪事实和姓名、年龄、职业、住址、前科等情况。

（三）坦白的犯罪分子的处罚原则

根据《刑法》第67条第3款的规定，对于坦白的犯罪嫌疑人，可以从轻处罚，如果避免特别严重后果发生，可以减轻处罚。

三、立功

（一）立功的定义

根据《刑法》第68条的规定，立功是指犯罪分子揭发他人犯罪行为，查证属实，或者提供重要线索，从而得以侦破其他案件等有利于国家和社会的突出表现。

（二）立功的成立条件

1. 专属性，即立功必须是犯罪分子本人实施的行为。例如，为使犯罪分子得到从轻处理，犯罪分子的亲友直接向有关机关揭发他人犯罪行为，提供侦破其他案件的重要线索，或者协助司法机关抓捕其他犯罪嫌疑人的，不应当认定为犯罪分子的立功表现。

2. 具体性，即据以立功的他人罪行材料应当指明具体犯罪事实。犯罪分子揭发他人犯罪行为时没有指明具体犯罪事实的，不能认定为立功表现。

3. 有效性，即据以立功的线索或协助行为对于侦破案件或者抓捕犯罪嫌疑人要有实际作用。如果犯罪分子揭发的犯罪事实与查实的犯罪事实不具有关联性，或者提供的线索或者协助行为对于其他案件的侦破或者其他犯罪嫌疑人的抓捕不具有实际作用的，不能认定为立功表现。但是如果犯罪分子提供了侦破其他案件的重要线索，但由于司法机关的工作不力未能侦破案件的，或者在协助司法机关抓捕其他犯罪嫌疑人时，由于司法机关的失误未能抓住的，也应当视为构成立功。

4. 客观性，即犯罪分子揭发他人犯罪行为，提供侦破其他案件重要线索的，必须经查证属实，才能认定为立功。审查是否构成立功，不仅要审查办案机关的说明材料，还要审查有关事实和证据以及与案件定性处罚相关的法律文书，如立案决定书、逮捕决定书、侦查终结报告、起诉意见书、起诉书或者判决书等。

5. 合法性，即据以立功的线索、材料来源必须合法。根据司法解释的规定①，据以立功的线索、材料来源有下列情形之一的，不能认定为立功：（1）本人通过非法手段或者非法途径获取的；（2）本人因原担任的查禁犯罪等职务获取的；（3）他人违反监管规定向犯罪分子提供的；（4）负有查禁犯罪活动职责的国家机关工作人员或者其他国家工作人员利用职务便利提供的。

（三）立功的分类

我国刑法上的立功分为普通立功和重大立功，其表现形式和从宽原则存在一定区别。

1. 普通立功。普通立功通常简称为立功。根据《刑法》第68条和有关司法解释的规定，普通立功的表现形式有：（1）犯罪分子到案后有检举、揭发他人犯罪行为，包括共同犯罪案件中的犯罪分子揭发同案犯共同犯罪以外的其他犯罪，经查证属实。如果交代的是同案犯的共同犯罪事实，不能成立立功，而是自首或坦白。（2）提供侦破其他案件的重要线索，经查证属实。（3）阻止他人犯罪活动。（4）协助司法机关抓捕其他犯罪嫌疑人（包括同案犯）。（5）具有其他有利于国家和社会的突出表现的。

2. 重大立功。重大立功的表现形式有：（1）犯罪分子有检举、揭发他人重大犯罪行为，经查证属实；（2）提供侦破其他重大案件的重要线索，经查证属实；（3）阻止他人重大犯罪活动；（4）协助司法机关抓捕其他重大犯罪嫌疑人（包括同案犯）；（5）对国家和社会有其他重大贡献等表现的，应当

---

① 2009年最高人民法院、最高人民检察院《关于办理职务犯罪案件认定自首、立功等量刑情节若干问题的意见》。

认定为有重大立功表现。这里所称的“重大犯罪”“重大案件”“重大犯罪嫌疑人”的标准，一般是指犯罪嫌疑人、被告人可能被判处无期徒刑以上刑罚或者案件在本省、自治区、直辖市或者全国范围内有较大影响等情形。根据司法解释的规定，“可能被判处无期徒刑以上刑罚”是指根据犯罪行为的事实、情节可能判处无期徒刑以上刑罚。案件已经判决的，以实际判处的刑罚为准。但是根据犯罪行为的事实、情节应当判处无期徒刑以上刑罚，因被判刑人有法定情节经依法从轻、减轻处罚后判处有期徒刑的，应当认定为重大立功。①

（四）立功的犯罪分子的处罚原则

根据《刑法》第 68 条的规定，立功的犯罪分子的处罚原则如下：

1. 犯罪分子有立功表现的，可以从轻或者减轻处罚。这里的“立功表现”是指普通立功。

2. 犯罪分子有重大立功表现的，可以减轻或者免除处罚。

第五节　缓刑

一、缓刑的定义

缓刑，是指对于被判处拘役、3 年以下有期徒刑的犯罪分子，因为其犯罪情节较轻、有悔罪表现、没有再犯罪的危险并且对所居住社区没有重大不良影响，人民法院认为暂缓执行原判刑罚确实不致危害社会的，决定暂缓实际执行其刑罚，如果其在考验期内遵守规定的条件，原判刑罚就不再执行的制度。

本节所说的缓刑是一般缓刑，与刑法分则第十章军人违反职责罪中的战时缓刑有所不同。战时缓刑是一种特殊的缓刑制度。根据《刑法》第 449 条的规定，战时缓刑，是指在战时，对被判处 3 年以下有期徒刑没有现实危险宣告缓刑的犯罪军人，允许其戴罪立功，确有立功表现时，可以撤销原判刑罚，不以犯罪论处的制度。一般缓刑与战时缓刑的主要区别在于：第一，适用对象不同。一般缓刑适用于除累犯和犯罪集团的首要分子以外的被判处拘役或 3 年以下有期徒刑的犯罪分子；而战时缓刑只适用于被判处 3 年以下有期徒刑的犯罪军人。第二，适用时间不同。一般缓刑的适用无时间方面的限

① 2009 年最高人民法院、最高人民检察院《关于办理职务犯罪案件认定自首、立功等量刑情节若干问题的意见》。

制，既可以适用于平时也可以适用于战时；而战时缓刑只能在战时适用。第三，适用的实质条件不同。一般缓刑适用的实质条件是犯罪情节较轻、有悔罪表现、没有再犯罪的危险并且对所居住社区没有重大不良影响，而战时缓刑适用的实质条件是适用缓刑没有现实危险。第四，有无考验期的明确规定不同。一般缓刑的适用，必须在宣告缓刑的同时依法确定其考验期；刑法对战时缓刑没有明确规定考验期。第五，不再实际执行刑罚的条件不同。一般缓刑要求行为人在考验期内接受社区矫正，遵守法律、行政法规或者国务院有关部门关于缓刑的监督管理规定，遵守人民法院判决中的禁止令，并且没有发现漏罪和犯新罪；战时缓刑没有上述要求，但要求必须有立功表现。第六，法律后果不同。一般缓刑考验期满，如果没有出现应当撤销缓刑的情形，就不再实际执行原判刑罚，但其犯罪前科仍然存在；而战时缓刑，在犯罪军人有立功的情形下，不但原判刑罚可撤销，而且不以犯罪论处，即不再留有犯罪前科。

缓刑不同于免除刑罚。免除刑罚，是对犯罪分子作有罪宣告，但根据案件的实际情况认为不需要判处刑罚，而免除其刑罚，即对其采取定罪免刑的刑事责任处理方式。二者的主要区别在于：第一，是否被判处刑罚不同。缓刑对犯罪分子实际判处刑罚，而免除刑罚对犯罪分子并不判处刑罚。第二，是否存在实际执行刑罚的可能性不同。缓刑虽然不实际执行刑罚，但保留对缓刑罪犯实际执行原判刑罚的可能，即如果被撤销缓刑的，应当实际执行原判刑罚；免除处罚不存在免除刑罚之后执行刑罚的可能。

缓刑也不同于暂予监外执行。暂予监外执行，是指对于被处无期徒刑、有期徒刑或者拘役的罪犯，由于符合法定情形，决定暂不收监或者收监以后又决定改为暂时监外服刑，由社区矫正机构负责执行的刑罚执行制度。二者的主要区别在于：第一，性质不同。缓刑是附条件暂缓执行原判刑罚的制度；监外执行是一种变通执行刑罚的方法，它不是不执行原判刑罚，而是暂时在监外执行。第二，适用对象不同。缓刑只适用于被判处拘役、3年以下有期徒刑的犯罪分子；暂予监外执行则适用于被判处无期徒刑、有期徒刑或者拘役的犯罪分子。第三，适用的实质条件不同。缓刑适用的实质条件是犯罪情节较轻、有悔罪表现、没有再犯罪的危险并且对所居住社区没有重大不良影响；暂予监外执行的适用，以犯罪分子具有法定的不宜收监执行的特殊情形为条件。根据《刑事诉讼法》第265条第1款的规定，可以暂予监外执行的情形有三种：有严重疾病需要保外就医的；怀孕或者正在哺乳自己婴儿的妇女；生活不能自理，适用暂予监外执行不致危害社会的。第四，适用的方法不同。缓刑应在判处刑罚的同时予以宣告，并应依法确定缓刑的考验期；而监外执行在判决宣告以后、刑罚执行完毕以前的期限内均可适用，且无须确定考验期。一旦影响在监内执行的法定条件不复存在，即使犯罪分子在监外没有违法犯罪，只要刑期未满，仍应收监执行。

缓刑也区别于死刑缓期执行。死刑缓期执行，简称死缓，是指对依法应当判处死刑，但又不是必须立即执行的犯罪分子，在判处死刑的同时宣告死缓2年执行，实行劳动改造，视其改造表现作出实际执行死刑或者减刑之后续处理的制度。二者的主要区别在于：第一，适用对象不同。缓刑适用于被判处拘役、3年以下有期徒刑的犯罪分子，死缓适用于罪行极其严重依法应当判处死刑但又不是必须立即执行的犯罪分子。第二，执行方法不同。对于被宣告缓刑的犯罪分子不予关押，实行社区矫正；对于被宣告死刑缓期执行的犯罪分子必须予以关押，并实行强制劳动改造。第三，考验期限不同。缓刑的考验期限，由于所判处的刑种和刑期不同而不同；而死刑缓期执行的考验期为2年。第四，法律后果不同。缓刑的法律后果，是根据犯罪分子在考验期内的表现，或者不再执行原判的刑罚，或撤销缓刑执行原判的刑罚；死刑缓期执行的法律后果，是根据犯罪分子的改造表现，予以减刑或者执行死刑。

二、缓刑的适用条件

（一）对象条件

缓刑只适用于被判处拘役或者3年以下有期徒刑的犯罪分子。需要注意的是，根据1998年9月17日最高人民检察院法律政策研究室《关于对数罪并罚决定执行刑期为三年以下有期徒刑的犯罪分子能否适用缓刑问题的复函》，对于判决宣告以前犯数罪的犯罪分子，只要判决执行的刑罚为拘役、3年以下有期徒刑，且符合根据犯罪分子的犯罪情节和悔罪表现，适用缓刑确实不致再危害社会的案件，依法可以适用缓刑。此外，对于累犯和犯罪集团的首要分子，即使被判处的刑罚为拘役或者3年以下有期徒刑，也不能适用缓刑。

（二）实质条件

适用缓刑的实质条件包括以下四个方面：（1）犯罪情节较轻。实质犯罪人的罪行性质不严重，犯罪情节不恶劣。（2）有悔罪表现。实质犯罪人对于其犯罪行为能够认识到错误，真诚悔悟并有悔改的意愿和行为。例如，积极向被害人赔礼道歉、赔偿被害人损失等。（3）没有再犯罪的危险，是指对犯罪人适用缓刑期间没有再犯罪的可能的。（4）宣告缓刑对所居住社区没有重大不良影响，是指对犯罪人适用缓刑不会对其所居住的社区的安全、秩序和稳定带来重大的、现实的不良影响。以上四个方面不可或缺。

（三）接受矫正条件

被宣告缓刑的犯罪分子必须依照刑法的规定在一定的期限接受社区矫正，并遵守相应的限制条件。具体包括以下内容：

1. 考验期。《刑法》第73条根据原判刑罚的不同刑种，分别规定了不同的缓刑考验期限，即拘役的考验期限为原判刑期以上1年以下，但是不能少于2个月；有期徒刑的考验期限为原判刑期以上5年以下，但是不能少于1年。缓刑的考验期限可以和原判刑期相等，也可以在一定限度下适当长于原判刑期，但不能短于原判刑期。

2. 社区矫正。根据《刑法》第76条的规定，被宣告缓刑的犯罪分子，在缓刑考验期限内，依法实行社区矫正。

3. 限制条件。首先，要遵守《刑法》第75条规定的限制条件。根据《刑法》第75条规定，被宣告缓刑的犯罪分子，应当遵守下列规定：（1）遵守法律、行政法规，服从监督；（2）按照考察机关的规定报告自己的活动情况；（3）遵守考察机关关于会客的规定；（4）离开所居住的市、县或者迁居，应当报经考察机关批准。其次，还要遵守人民法院判决中的禁止令。根据《刑法》第72条第2款的规定，宣告缓刑，可以根据犯罪情况，同时禁止犯罪分子在缓刑考验期限内从事特定活动，进入特定区域、场所，接触特定的人。

三、缓刑的撤销

根据《刑法》第77条的规定，应当撤销缓刑的情形有三种：

第一，因犯新罪而撤销。被宣告缓刑的犯罪分子，在缓刑考验期限内犯新罪的，应当撤销缓刑，对新犯的罪作出判决，把前罪和后罪所判处的刑罚，依照《刑法》第69条的规定，决定执行的刑罚。在考验期内再犯新罪，直接表明缓刑的适用已导致其危害社会的后果，不符合缓刑适用的实质条件，因而应当撤销缓刑。所犯新罪无论是故意还是过失，也无论刑罚的轻重，均导致缓刑的撤销。

第二，因发现漏罪而撤销。被宣告缓刑的犯罪分子，在缓刑考验期限内发现判决宣告以前还有其他罪没有判决的，应当撤销缓刑，对新发现的罪作出判决，把前罪和后罪所判处的刑罚，依照《刑法》第69条的规定，决定执行的刑罚。不如实交代所犯的全部罪行，就意味着罪犯没有真诚地悔罪，不符合缓刑的实质条件，应当撤销缓刑。

第三，因违反监督管理规定情节严重而撤销。被宣告缓刑的犯罪分子，在缓刑考验期限内，违反法律、行政法规或者国务院公安部门有关缓刑的监督管理规定，或者违反人民法院判决中的禁止令，情节严重的，应当撤销缓刑，执行原判刑罚。

四、对缓刑犯的最终处理

根据《刑法》第76条和第77条的规定，对缓刑犯的最终处理有以下三种情形：

第一，不再执行原判刑罚。如果被宣告缓刑犯在缓刑考验期内，没有再犯新罪，也没有被发现还有判决宣告前其他未判决的漏罪，而且其没有违反法律、行政法规以及国务院公安管理部门有关缓刑的监督管理规定或者违反人民法院判决中的禁止令且情节严重的行为。缓刑考验期届满，就不再执行原判刑罚，并公开予以宣告。

第二，执行原判刑罚。如果被宣告缓刑犯在缓刑考验期内，违反法律、行政法规或者国务院有关部门关于缓刑的监督管理规定或者违反人民法院判决中的禁止令，情节严重的，应当立即撤销缓刑，执行原判刑罚。

第三，数罪并罚。如果被宣告缓刑犯在缓刑考验期内犯新罪，或者发现其在判决宣告以前还有其他漏罪没有判决的，应当撤销缓刑，对新犯的罪或者新发现的漏罪作出判决，把前罪和后罪所判处的刑罚，依照《刑法》第69条的规定合并处罚。

第六节　数罪并罚

一、数罪并罚的定义和特征

（一）定义

数罪并罚制度，是指人民法院对一人在法定的期限内所犯的数罪分别定罪量刑，然后依照法定的原则与方法，决定应执行的刑罚。简而言之，数罪并罚就是对一人所犯数罪的合并处罚制度。

（二）特征

我国刑法上的数罪并罚制度存在以下特征：

1. 必须是一人犯有数罪。这是指适用数罪并罚的前提条件。一人犯一罪以及数人共同犯一罪的，均不发生数罪并罚的问题。数人共同犯数罪的，实际上对数人应分别量刑，仍属一人犯罪，发生数罪并罚问题。

2. 行为人所犯数罪必须是可并罚的数罪。这一特征，就将以下情形排除在数罪并罚制度之外：（1）实质的一罪，包括想象竞合犯、继续犯和结果加重犯。这些罪数形态都具有一定的数罪特征，但实质上是一罪。因而不可数罪并罚。（2）法定的一罪，包括惯犯和结合犯。这些罪数形态本来是数罪，但是法律上把其规定为一罪。因而也不可再进行并罚。（3）处断的一罪，包括连续犯、牵连犯和吸收犯。这些罪数形态本来是数罪，但是一般作为一罪来处断，不再数罪并罚。不过需要指出的是，在我国现行刑法中，关于牵连犯的处罚原则很不统一，有的明确规定按重罪论处，有的明确规定予以数罪并罚。因而我们认为，关于牵连犯的处断原则，法律明确规定予以数罪并罚的，应按规定处理，法律没有规定的，不能数罪并罚，被视为处断的一罪，应从一重罪处断。

3. 这些数罪必须发生在法定的期间以内。这个法定的期间是刑罚执行完毕以前。如果是刑罚执行完毕以后又犯罪的，属于是否构成累犯的问题，而不是数罪并罚的问题。具体来说，包括以下五种情形：（1）判决宣告前一人犯数罪的；（2）判决宣告以后，刑罚没有执行完毕以前，发现被判刑的犯罪分子在判决宣告以前还有其他罪没有判决的；（3）判决宣告以后，刑罚没有执行完毕以前，被判刑的犯罪分子又犯新罪的；（4）被宣告缓刑的犯罪分子，在缓刑考验期限内犯新罪或者发现判决宣告以前还有其他罪没有判决的；（5）被假释的犯罪分子，在假释考验期限内犯新罪，或者发现在判决宣告以前还有其他罪没有判决的。此外，数罪应该都未超过追诉时效期限，超过追诉时效的犯罪不能再予以追诉，也就谈不上和其他的犯罪一起并罚。这主要在发现漏罪的情形时应予以注意。

4. 数罪并罚必须先对各罪分别定罪量刑，然后再在此基础上，根据法定的原则和方法，决定执行的刑罚。对这一特征的把握，主要应注意两点：（1）应排除将数罪分别定罪、综合考虑、一并量刑的错误做法，而应将各罪先分别量刑。当然，对判决宣告后刑罚执行完毕以前发现漏罪或者又犯新罪的，或者在缓刑、假释考验期内发现漏罪或犯新罪的，只需对漏罪和新罪定罪量刑。（2）应根据法律规定的原则和方法决定最后应执行的刑罚。我国刑法对数罪并罚的原则和方法作了较为明确的规定，应严格依照执行。对一些法律及司法解释没有规定的问题，我们认为，可由法官根据刑法理论酌情决定。

二、数罪并罚的原则

（一）数罪并罚的一般原则

数罪并罚的原则，是指对一人所犯数罪分别定罪量刑后，决定应当执行的刑罚时所依据的原则。在世界各国刑法中有着各种不同的数罪并罚原则，归纳起来主要有以下几种原则：

1. 相加原则，也称并科原则、累加原则、合并原则。这一原则强调刑罚的威慑功能，但是过于严酷，在有些情况下难以执行，如被告人因数罪累加并罚而被决定执行上百年徒刑，刑期超出了人的生命的极限而变得没什么意义。又如，被告人被判处数个死刑或者无期徒刑时，累加执行也毫无意义。

2. 吸收原则，即采取重刑吸收轻刑的原则处理。具体来说，是指被告人被判处两个以上的刑罚，有的重，有的轻。法官选择其中最重的一种刑罚作为决定执行的刑罚，而其余较轻的刑罚，皆被吸收，不再执行。吸收原则对于死刑、无期徒刑这些无法累加执行的刑罚是合适的。但是也有其局限性，如可能造成一人犯数罪与犯一罪所执行的刑罚没有什么区别的情况，有悖罪责刑相适应原则；更为严重的是，如果单纯采用吸收原则，则意味着一个人无论犯了多少个罪，都只按一个最重的罪处罚，可能产生鼓励进一步犯罪的消极作用。

3. 限制加重原则，即在对行为人所犯数罪分别定罪量刑后，以其中最重的刑罚为基准，在不超过数刑总和刑期的限度内，决定应执行的刑期，并规定刑期最高不得超一定的限度。限制加重原则克服了并科原则失之过严和吸收原则失之过宽的缺陷。但是该原则也有其难以克服的缺陷，即当行为人所犯数罪中有无期徒刑或死刑时，该原则难以适用。

4. 折中原则，又叫综合原则、混合原则。就是吸取以上各原则之长而避其短，针对数刑中可能有不同刑种的情况，分别规定并科原则、吸收原则或者限制加重原则。

（二）我国的数罪并罚原则

根据《刑法》第69条的规定，我国刑法在数罪并罚原则问题上，采用了折中原则。具体来说：

1. 所犯数罪宣告的数个主刑中，有死刑或者无期徒刑的，采用吸收原则。也就是说，在数刑当中，有死刑的，就执行死刑，其他刑罚不再执行；如果没有死刑，数刑中有一个是无期徒刑的，就执行无期徒刑，有期徒刑等其他主刑就不再执行了；如果没有死刑，即使有两个以上的罪都被判处无期徒刑的，最后也只能决定执行无期徒刑，决不能把几个无期徒刑相加变成死刑。

2. 所犯数罪所判处的主刑都是有期自由刑时，如果皆属同种有期自由刑的，采取限制加重原则，即在数刑的总和刑期以下、数刑中最高刑期以上，酌情决定执行的刑期，但不得超过该种自由刑的法定最高期限。在此应注意两个问题，即限制加重的“限制”之体现：（1）第一个限制是法官应在“数刑总和刑期以下、数刑中最高刑期以上”这一幅度内决定犯罪分子应执行的刑罚。（2）第二个限制是最后决定应执行的刑罚不得超过该刑种的法定最高刑期。根据《刑法》第69条第1款的规定，三种有期自由刑法定的数罪并罚最高刑期是：管制刑数罪并罚最高不超过3年；拘役刑数罪并罚最高不超过1年；有期徒刑数罪并罚最高不超过20年，总和刑期在35年以上的，最高不能超过25年。但需要指出的是，行为人实际执行的刑期在“刑罚执行期间再犯新罪以‘先减后并’原则数罪并罚”时可能超过这一最高期限。

如果属不同种有期自由刑的，分别采取吸收原则或者并科原则。根据《刑法》第69条第2款的规定，数罪中有判处有期徒刑和拘役的，执行有期徒刑。数罪中有判处有期徒刑和管制，或者拘役和管制的，有期徒刑、拘役执行完毕后，管制仍须执行。

3. 所犯数罪宣告有附加刑的，采取并科原则，附加刑之间采取吸收或者并科原则。根据《刑法》第 69 条第 3 款的规定，数罪中有判处附加刑的，附加刑仍须执行，其中附加刑种类相同的，合并执行，种类不同的，分别执行。即不论主刑是死刑、无期徒刑、有期徒刑、拘役或者管制，如果还判有附加刑的，应予以并科，而不能被主刑吸收。数个附加刑之间采取并科原则：附加刑种类相同的，合并执行；种类不同的，分别执行。

三、适用数罪并罚的五种具体情形

根据我国《刑法》第 69 条、第 70 条、第 71 条和第 86 条的规定，适用数罪并罚制度的有如下五种情形：

第一，判决宣告以前，一人犯数罪的。应当根据《刑法》第 69 条规定的方法，在分别定罪量刑的基础上实行数罪并罚。

第二，判决宣告以后，刑罚还没有执行完毕以前，发现被判刑的犯罪分子在判决宣告以前还有其他罪没有判决的。根据《刑法》第 70 条的规定，应当对新发现的罪作出判决，把前后两个判决所判处的刑罚，依照《刑法》第 69 条的规定，决定执行的刑罚。已经执行的刑期，应当计算在新判决的刑期以内。例如，甲因犯抢劫罪被判处 8 年有期徒刑，在刑罚执行 4 年以后，司法机关又发现甲在判决宣告以前还犯有拐卖妇女罪未经判决，于是再以拐卖妇女罪判处有期徒刑 6 年。根据《刑法》第 70 条的规定，应先将前后两个判决所判处的刑罚，依照《刑法》第 69 条的规定，在二罪总和刑期（14 年有期徒刑）以下，二刑中最高刑期（8 年有期徒刑）以上这一幅度内确定应执行的刑罚。司法机关在判决中决定执行 12 年有期徒刑，已经执行的 4 年有期徒刑应从中扣除，即对甲应再执行 8 年有期徒刑。这种并罚方法称为“先并后减”。

第三，判决宣告以后，刑罚执行完毕以前，被判刑的犯罪分子又犯罪的。根据《刑法》第 71 条的规定，应当对新犯的罪作出判决，把前罪没有执行的刑罚和后罪所判处的刑罚，依照《刑法》第 69 条的规定，决定执行的刑罚。例如，甲犯 A 罪被判 10 年有期徒刑，在执行 4 年以后，甲又犯 B 罪，又被判处 9 年有期徒刑。按照《刑法》第 71 条的规定，应将 B 罪所判之刑罚与 A 罪没有执行完的刑罚（6 年有期徒刑）进行并罚，即在 6 年以上 15 年以下幅度内确定甲此后还应实际执行的刑罚。这种办法称之为“先减后并”。

第四，被宣告缓刑的犯罪分子，在缓刑考验期限内犯新罪或者发现判决宣告以前还有其他罪没有判决的。根据《刑法》第 77 条的规定，应当撤销缓刑，对新犯的罪或者新发现的罪作出判决，把前罪和后罪所判处的刑罚，依照《刑法》第 69 条的规定，决定执行的刑罚。例如，甲因犯 A 罪被判处 2 年有期徒刑，缓刑 3 年。在缓刑期间，甲又犯 B 罪。司法机关撤销其缓刑，法官以 B 罪判处甲 5 年有期徒刑，将 A 罪和 B 罪予以并罚，在 5 年以上 7 年以下有期徒刑幅度内决定应执行的刑罚，最后决定执行 6 年有期徒刑。

第五，被假释的犯罪分子，在假释考验期内犯新罪。根据《刑法》第 86 条第 1 款的规定，应当撤销假释，依照《刑法》第 71 条的规定实行数罪并罚；在假释考验期限内，发现被假释的犯罪分子在判决宣告以前还有其他罪没有判决的，按照《刑法》第 86 条第 2 款的规定，应当撤销假释，依照《刑法》第 70 条的规定实行数罪并罚。

第十五章

刑罚执行制度

第一节　刑罚执行概述

一、刑罚执行的定义

刑罚执行，又称行刑，是指国家刑罚执行机关，依法将发生法律效力的刑事裁判所确定的刑罚内容付诸实施的刑事司法活动。

二、刑罚执行的特征

第一，刑罚执行的主体是有行刑权的刑罚执行机关。我国没有统一的国家刑罚执行机关，国家刑罚执行权处于分散状态，司法行政机关（监狱）、公安机关、法院都是有行刑权的刑罚执行机关，但是不同刑罚执行机关执行的刑罚内容是不同的。其中，监狱负责死刑缓期 2 年执行、无期徒刑和有期徒刑的执行；公安机关是拘役、管制和剥夺政治权利的执行机关。对于被判处有期徒刑的罪犯，在被交付执行刑罚前，剩余刑期在 3 个月以下的，由看守所代为执行；对于未成年犯，则应当在未成年犯管教所执行刑罚；法院是死刑立即执行、没收财产和罚金的执行机关，但是没收财产在必要的时候，可以会同公安机关执行。人民检察院对执行机关执行刑罚的活动是否合法进行监督，检察机关是刑罚执行的监督机关，但不是刑罚执行机关。

第二，刑罚执行的依据是发生法律效力的刑事裁判。刑罚执行必须发生在判决和裁定发生法律效力以后，根据生效判决和裁定确定的刑罚执行。刑事诉讼法规定发生法律效力的判决和裁定是指：一是已过法定期限没有上诉、抗诉的判决和裁定；二是终审的判决和裁定；三是最高人民法院核准的死刑判决和高级人民法院核准的死刑缓期2年执行的判决。

第三，刑罚执行的对象是被判处有罪并处以一定刑罚的犯罪人。刑罚执行只能针对因实施犯罪行为受到刑罚的人。如果生效的裁判只作出有罪的判决，由于情节轻微不需要判处刑罚，或根据刑法有关规定免除处罚的，则不会发生刑罚执行问题。

第四，刑罚执行的内容是将生效刑事裁判所确定的刑罚内容付诸实施。刑罚执行是将法院生效刑事裁判所确定的刑罚具体内容付诸实施的刑事司法活动。我国的刑罚体系包含不同的刑罚种类，每一种刑罚又有期限、数额等方面的差异，法院通过定罪确定被告人是否有罪以及构成什么犯罪，通过量刑确定对被告人判处具体刑罚的种类、期限或者数额，通过刑罚执行将具体的刑罚付诸实施。刑罚执行解决的是刑罚具体运用问题。

三、刑罚执行的意义

刑罚执行是刑事司法活动不可缺少的重要组成部分，只有通过刑罚的执行，刑事裁判所确定的刑罚才能转化为对犯罪人的实际惩罚，国家的刑罚权才能够实现。只有通过刑罚的执行，才能依法对犯罪人进行惩罚与教育改造，实现刑罚的特殊预防；警诫社会上的不稳定分子，使其不敢以身试法，实现刑罚的一般预防功能；还能够补偿被害人及其家属因犯罪受到的精神上、物质上的损害，对被害人及其家属起到安抚、补偿的作用。

刑罚执行不仅是刑事裁判所确定的刑罚准确实施的保障，而且还对刑事裁判有积极的反作用。通过刑罚的执行，可以发现刑事裁判中确定的刑罚在种类、期限、数额等方面是否适当，检验刑事审判实践工作的质量，促使审判机关不断总结经验，提高量刑的水平和效果。

刑罚的执行是动态的过程，并不是一成不变的。在刑罚执行过程中需要根据犯罪人的悔改或者立功表现，对刑事裁判原来确定的刑罚进行必要的、适当的调整。例如，对被判处有期徒刑的犯罪人进行减刑、假释，对判处罚金的犯罪人酌情减免。在刑罚执行过程中，对刑罚进行一定程度的修正与调整，有利于对犯罪人进行教育改造，更好地实现刑罚执行的效果，减刑和假释就成为刑罚执行制度的重要内容。缓刑可以由于裁量是否执行所判刑罚而属于量刑问题，也可以由于在什么条件下执行而属于刑罚执行问题。

第二节 减刑

一、减刑的定义

减刑，是指被判处管制、拘役、有期徒刑、无期徒刑的犯罪分子，在执行期间，如果认真遵守监规，接受教育改造，确有悔改表现的，或者有立功表现的，减轻原判刑罚的一种刑罚执行制度。

减刑主要有两种方法：一是刑种的变更，如将无期徒刑减为有期徒刑；二是刑期的减少，不变更刑种，如将管制、拘役、有期徒刑的刑期减少。

减刑与减轻处罚不同。减轻处罚是在刑罚裁量过程中，法院根据被告人所具有的法定或者酌定减轻处罚情节，依法在法定刑以下判处刑罚，减轻处罚适用于判决确定前的未决犯。减刑则是在判决确定以后，在刑罚执行过程中，对正在服刑的犯罪人，依法减轻其原判刑罚的制度，是针对判决已经确定的犯罪人实施的。

减刑与死缓中的减刑也不同，两者区别在于：（1）适用对象不同。减刑适用于被判处管制、拘役、有期徒刑、无期徒刑的犯罪人；死缓中的减刑适用于被判处死刑缓期执行的犯罪人。（2）适用条件不同。减刑的实质条件是犯罪人在执行期间，认真遵守监规，接受教育改造，确有悔改表现的，或者有立功表现的；死缓中的减刑条件是没有故意犯罪或者有重大立功表现的。（3）实际执行的刑期不同。减刑以后实际执行的刑期，判处管制、拘役、有期徒刑的，不能少于原判刑期的1/2；判处无期徒刑的，不能少于13年；人民法院依照《刑法》第50条第2款规定限制减刑的死刑缓期执行的犯罪分子，缓期执行期满后依法减为无期徒刑的，不能少于25年，缓期执行期满后依法减为25年有期徒刑的，不能少于20年；其他被判处死刑缓期执行的，不能少于15年，死刑缓期执行期间不包括在内。被判处死刑缓期2年执行的犯罪人，在死刑缓期执行期间，如果没有再故意犯罪，2年以后减为无期徒刑，如果确有重大立功表现，2年期满以后，减为25年有期徒刑。对于故意犯罪未执行死刑的，死刑缓期执行的期间重新计算。

减刑不同于改判。改判是刑事诉讼程序问题，是原判决在认定事实或者适用法律上确有错误时，依法撤销原判决，重新判决。减刑是刑法问题，是在肯定原判决的基础之上，根据犯罪人在刑罚执行期间的表现，依法将原判决确定的刑罚予以适当减轻。

二、减刑的条件

根据《刑法》第78条的规定，减刑可以分为两种情况：一是具备一定条件，可以减刑；二是具有重大立功表现时，应当减刑。可以减刑与应当减刑的对象条件和限度条件都是一样的，只是实质条件有所区别。对犯罪人适用减刑，必须具备以下条件：

（一）对象条件

减刑的对象只能是被判处管制、拘役、有期徒刑、无期徒刑的犯罪人。减刑的对象适用于被判处剥夺或者限制人身自由的刑罚，不适用于被判处死刑的犯罪人。被判处管制、拘役、有期徒刑、无期徒刑的犯罪人，无论犯罪种类和刑罚期限的长短，只要具备法定的减刑条件，都可以适用减刑。对于缓刑犯，也可以适用减刑。被判缓刑的犯罪人在缓刑考验期间，其人身自由也如同被判处管制的犯罪人一样受到限制，根据相关司法解释，如果犯罪人在缓刑考验期间有重大立功表现，可以对原判刑罚予以减刑，同时相应地缩短其缓刑考验期限。①

（二）实质条件

减刑的实质条件因减刑的种类不同而有所区别。

1. 可以减刑的实质条件。被判处管制、拘役、有期徒刑、无期徒刑的犯罪人，在执行期间，如果认真遵守监规，接受教育改造，确有悔改表现的，或者有立功表现的，可以减刑。“确有悔改表现”，是指同时具备以下条件：认罪悔罪；认真遵守法律法规及监规，接受教育改造；积极参加思想、文化、职业技术教育；积极参加劳动，努力完成劳动任务。对职务犯罪、破坏金融管理秩序和金融诈骗犯罪、组织（领导、参加、包庇、纵容）黑社会性质组织犯罪等罪犯，不积极退赃、协助追缴赃款赃物、赔偿损失，或者服刑期间利用个人影响力和社会关系等不正当手段意图获得减刑、假释的，不认定其“确有悔改表现”。② 对在报请减刑前的服刑期间不满18周岁，且所犯罪行不属于《刑法》第81条第2款规定情形的罪犯，认罪悔罪，遵守法律法规及监规，积极参加学习、劳动，应当视为确有悔改表现。老年罪犯、患严重疾病罪犯或者身体残疾罪犯减刑时，应当主要考察其认罪悔罪的实际表现。犯罪人在刑罚执行期间的申诉权利应当依法保护，对其正当申诉不能不加分析地认为是不认罪悔罪。

司法解释对“立功表现”也有明确规定，即有下列情形之一的，可以认定是确有立功表现：（1）阻止他人实施犯罪活动的；（2）检举、揭发监狱内

---

① 2017年最高人民法院《关于办理减刑、假释案件具体应用法律的规定》第18条。

② 2017年最高人民法院《关于办理减刑、假释案件具体应用法律的规定》第3条。

外犯罪活动，或者提供重要的破案线索，经查证属实的；（3）协助司法机关抓捕其他犯罪嫌疑人（包括同案犯）的；（4）在生产、科研中进行技术革新，成绩突出的；（5）在抢险救灾或者排除重大事故中表现突出的；（6）对国家和社会有其他贡献的。[①]

2. 应当减刑的实质条件。被判处管制、拘役、有期徒刑、无期徒刑的犯罪人，在执行期间，有下列重大立功表现之一的，应当减刑：（1）阻止他人实施重大犯罪活动的；（2）检举监狱内外重大犯罪活动，经查证属实的；（3）协助司法机关抓捕其他重大犯罪嫌疑人的；（4）有发明创造或者重大技术革新的；（5）在日常生产、生活中舍己救人的；（6）在抗御自然灾害或者排除重大事故中，有突出表现的；（7）对国家和社会有其他重大贡献的。[②]

（三）限度条件

除了上述两个条件外，减刑还得有一定的限度。减刑的限度，是指罪犯经过减刑以后，实际执行的最低刑期。根据我国《刑法》第78条的规定，减刑以后实际执行的刑期不能少于下列期限：（1）判处管制、拘役、有期徒刑的，不能少于原判刑期的1/2；（2）判处无期徒刑的，不能少于13年；（3）人民法院依照本法第50条第2款规定限制减刑的死刑缓期执行的犯罪分子，缓期执行期满后依法减为无期徒刑的，不能少于25年，缓期执行期满后依法减为25年有期徒刑的，不能少于20年。（4）被判处死刑缓期执行的，不能少于15年，死刑缓期执行期间不包括在内。被判处终身监禁的犯罪人，在死刑缓期执行期满依法减为无期徒刑的裁定中，应当明确终身监禁，不得再减刑。有期徒刑罪犯减刑时，对附加剥夺政治权利的期限可以酌减。酌减后剥夺政治权利的期限，不能少于1年。[③]

明确减刑的限度，一方面为了防止减得过多，违反罪责刑相适应原则，不能实现刑罚的一般预防目的；另一方面为了防止减得过少，难以鼓励罪犯积极改造，不能实现刑罚的特殊预防目的。实际执行的刑期既包括罪犯在监狱服刑改造的时间，也包括罪犯在判决前对犯罪嫌疑人的关押，两者都是对犯罪人人身自由的剥夺。所以对于被判处管制、拘役、有期徒刑的犯罪人，

① 其中技术革新或者其他较大贡献应当由罪犯在刑罚执行期间独立或者为主完成，并经省级主管部门确认。参见最高人民法院《关于办理减刑、假释案件具体应用法律的规定》第4条。

② 第（4）项中的发明创造或者重大技术革新应当是罪犯在刑罚执行期间独立或者为主完成并经国家主管部门确认的发明专利，且不包括实用新型专利和外观设计专利；第（7）项中的其他重大贡献应当由罪犯在刑罚执行期间独立或者为主完成，并经国家主管部门确认。参见2017年最高人民法院《关于办理减刑、假释案件具体应用法律的规定》第5条。

③ 2017年最高人民法院《关于办理减刑、假释案件具体应用法律的规定》。

减刑后实际执行的刑期包括判决前先前羁押的刑期。但是对于无期徒刑的减刑，由于无期徒刑不存在把先前羁押的时间折抵刑期的问题，无期徒刑减为有期徒刑时后，刑罚种类和期限都发生了变化，减刑后实际执行的刑期就不能包括判决前先行羁押的时间。

三、减刑的起始时间、间隔时间、幅度和刑期计算

我国刑法没有规定减刑的起始时间、两次减刑的间隔时间、减刑的具体幅度和刑期计算，司法解释对这些问题作出了具体规定。①

第一，被判处有期徒刑罪犯减刑起始时间为：不满 5 年有期徒刑的，应当执行 1 年以上方可减刑；5 年以上不满 10 年有期徒刑的，应当执行 1 年 6 个月以上方可减刑；10 年以上有期徒刑的，应当执行 2 年以上方可减刑。有期徒刑减刑的起始时间自判决执行之日起计算。确有悔改表现或者有立功表现的，一次减刑不超过 9 个月有期徒刑；确有悔改表现并有立功表现的，一次减刑不超过 1 年有期徒刑；有重大立功表现的，一次减刑不超过 1 年 6 个月有期徒刑；确有悔改表现并有重大立功表现的，一次减刑不超过 2 年有期徒刑。被判处不满 10 年有期徒刑的罪犯，两次减刑间隔时间不得少于 1 年；被判处 10 年以上有期徒刑的罪犯，两次减刑间隔时间不得少于 1 年 6 个月。减刑间隔时间不得低于上次减刑减去的刑期。罪犯有重大立功表现的，可以不受上述减刑起始时间和间隔时间的限制。

对符合减刑条件的职务犯罪罪犯，破坏金融管理秩序和金融诈骗犯罪罪犯，组织、领导、参加、包庇、纵容黑社会性质组织犯罪罪犯，危害国家安全犯罪罪犯，恐怖活动犯罪罪犯，毒品犯罪集团的首要分子及毒品再犯、累犯，确有履行能力而不履行或者不全部履行生效裁判中财产性判项的罪犯，被判处 10 年以下有期徒刑的，执行 2 年以上方可减刑，减刑幅度应当比照司法解释第 6 条的规定从严掌握，一次减刑不超过 1 年有期徒刑，两次减刑之间应当间隔 1 年以上。对被判处 10 年以上有期徒刑的上述罪犯，以及因故意杀人、强奸、抢劫、绑架、放火、爆炸、投放危险物质或者有组织的暴力性犯罪被判处 10 年以上有期徒刑的罪犯，数罪并罚且其中两罪以上被判处 10 年以上有期徒刑的罪犯，执行 2 年以上方可减刑，减刑幅度应当比照司法解释第 6 条的规定从严掌握，一次减刑不超过 1 年有期徒刑，两次减刑之间应当间隔 1 年 6 个月以上。罪犯有重大立功表现的，可以不受上述减刑起始时间和间隔时间的限制。

被判处有期徒刑罪犯减刑时，对附加剥夺政治权利的期限可以酌减。酌减后剥夺政治权利的期限，不得少于 1 年。

---

① 2017 年最高人民法院《关于办理减刑、假释案件具体应用法律的规定》。

被判处有期徒刑的罪犯在刑罚执行期间又故意犯罪，新罪被判处有期徒刑的，自新罪判决确定之日起 3 年内不予减刑；新罪被判处无期徒刑的，自新罪判决确定之日起 4 年内不予减刑。

第二，被判处无期徒刑的罪犯在刑罚执行期间，符合减刑条件的，执行 2 年以上，可以减刑。减刑幅度为：确有悔改表现或者有立功表现的，可以减为 22 年有期徒刑；确有悔改表现并有立功表现的，可以减为 21 年以上 22 年以下有期徒刑；有重大立功表现的，可以减为 20 年以上 21 年以下有期徒刑；确有悔改表现并有重大立功表现的，可以减为 19 年以上 20 年以下有期徒刑。无期徒刑罪犯减为有期徒刑后再减刑时，减刑幅度依照司法解释第 6 条的规定执行。两次减刑间隔时间不得少于 2 年。罪犯有重大立功表现的，可以不受上述减刑起始时间和间隔时间的限制。

对被判处无期徒刑的职务犯罪罪犯，破坏金融管理秩序和金融诈骗犯罪罪犯，组织、领导、参加、包庇、纵容黑社会性质组织犯罪罪犯，危害国家安全犯罪罪犯，恐怖活动犯罪罪犯，毒品犯罪集团的首要分子及毒品再犯、累犯以及因故意杀人、强奸、抢劫、绑架、放火、爆炸、投放危险物质或者有组织的暴力性犯罪的罪犯，确有履行能力而不履行或者不全部履行生效裁判中财产性判项的罪犯，数罪并罚被判处无期徒刑的罪犯，符合减刑条件的，执行 3 年以上方可减刑，减刑幅度应当比照司法解释第 8 条的规定从严掌握，减刑后的刑期最低不得少于 20 年有期徒刑；减为有期徒刑后再减刑时，减刑幅度比照司法解释第 6 条的规定从严掌握，一次不超过 1 年有期徒刑，两次减刑之间应当间隔 2 年以上。罪犯有重大立功表现的，可以不受上述减刑起始时间和间隔时间的限制。

被判处无期徒刑的罪犯减为有期徒刑时，应当将附加剥夺政治权利的期限减为 7 年以上 10 年以下，经过一次或者几次减刑后，最终剥夺政治权利的期限不得少于 3 年。

被判处无期徒刑的罪犯在刑罚执行期间又故意犯罪，新罪被判处有期徒刑的，自新罪判决确定之日起 3 年内不予减刑；新罪被判处无期徒刑的，自新罪判决确定之日起 4 年内不予减刑。

第三，被判处死刑缓期执行的罪犯减为无期徒刑后，符合减刑条件的，执行 3 年以上方可减刑。减刑幅度为：确有悔改表现或者有立功表现的，可以减为 25 年有期徒刑；确有悔改表现并有立功表现的，可以减为 24 年以上 25 年以下有期徒刑；有重大立功表现的，可以减为 23 年以上 2 年以下有期徒刑；确有悔改表现并有重大立功表现的，可以减为 22 年以上 23 年以下有期徒刑。被判处死刑缓期执行的罪犯减为有期徒刑后再减刑时，比照司法解释第 8 条的规定办理。

对被判处死刑缓期执行的职务犯罪罪犯，破坏金融管理秩序和金融诈骗犯罪罪犯，组织、领导、参加、包庇、纵容黑社会性质组织犯罪罪犯，危害国家安全犯罪罪犯，恐怖活动犯罪罪犯，毒品犯罪集团的首要分子及毒品再犯、累犯以及因故意杀人、强奸、抢劫、绑架、放火、爆炸、投放危险物质或者有组织的暴力性犯罪的罪犯，确有履行能力而不履行或者不全部履行生效裁判中财产性判项的罪犯，数罪并罚被判处死刑缓期执行的罪犯，减为无期徒刑后，符合减刑条件的，执行 3 年以上方可减刑，一般减为 25 年有期徒刑，有立功表现或者重大立功表现的，可以比照司法解释第 10 条的规定减为 23 年以上 25 年以下有期徒刑；减为有期徒刑后再减刑时，减刑幅度比照司法解释第 6 条的规定从严掌握，一次不超过 1 年有期徒刑，两次减刑之间应当间隔 2 年以上。死刑缓期执行罪犯在缓期执行期间不服从监管、抗拒改造，尚未构成犯罪的，在减为无期徒刑后再减刑时应当适当从严。

被限制减刑的死刑缓期执行罪犯，减为无期徒刑后，符合减刑条件的，执行 5 年以上方可减刑。减刑间隔时间和减刑幅度依照司法解释第 11 条的规定执行。被限制减刑的死刑缓期执行罪犯，减为有期徒刑后再减刑时，一次减刑不超过 6 个月有期徒刑，两次减刑间隔时间不得少于 2 年。有重大立功表现的，间隔时间可以适当缩短，但一次减刑不超过 1 年有期徒刑。

被判处死刑缓期执行的罪犯减为有期徒刑时，应当将附加剥夺政治权利的期限减为 7 年以上 10 年以下，经过一次或者几次减刑后，最终剥夺政治权利的期限不得少于 3 年。

被判处死刑缓期执行的罪犯减刑后，在刑罚执行期间又故意犯罪的，新罪被判处有期徒刑的，自新罪判决确定之日起 3 年内不予减刑；新罪被判处无期徒刑的，自新罪判决确定之日起 4 年内不予减刑。

第四，被判处管制、拘役的罪犯，以及判决生效后剩余刑期不满 2 年有期徒刑的罪犯，符合减刑条件的，可以酌情减刑，减刑起始时间可以适当缩短，但实际执行的刑期不得少于原判刑期的 1/2。

被判处拘役或者 3 年以下有期徒刑，并宣告缓刑的罪犯，一般不适用减刑。如果罪犯在缓刑考验期内有重大立功表现的，可以参照《刑法》第 78 条的规定予以减刑，同时应当依法缩减其缓刑考验期。缩减后，拘役的缓刑考验期限不得少于 2 个月，有期徒刑的缓刑考验期限不得少于 1 年。

第五，对在报请减刑前的服刑期间不满 18 周岁，且所犯罪行不属于《刑法》第 81 条第 2 款规定情形的罪犯，减刑幅度可以适当放宽，或者减刑起始时间、间隔时间可以适当缩短，但放宽的幅度和缩短的时间不得超过司法解释中的相应幅度、时间的 1/3。

老年罪犯、患严重疾病罪犯或者身体残疾罪犯减刑时，应当主要考察其认罪悔罪的实际表现。对基本丧失劳动能力，生活难以自理的上述罪犯减刑时，减刑幅度可以适当放宽，或者减刑起始时间、间隔时间可以适当缩短，但放宽的幅度和缩短的时间不得超过司法解释中相应幅度、时间的1/3。

四、减刑的程序

对于犯罪人的减刑，由执行机关向中级以上人民法院提出减刑建议书。人民法院应当组成合议庭进行审理，对确有悔改或者立功事实的，裁定予以减刑。同时将减刑建议书副本抄送人民检察院。人民检察院可以向人民法院提出书面意见。非经法定程序不得减刑。

人民检察院认为人民法院减刑的裁定不当，应当在收到裁定书副本后20日以内，向人民法院提出书面纠正意见。人民法院应当在收到纠正意见后1个月以内重新组成合议庭进行审理，作出最终裁定。

第三节　假释

一、假释的定义

假释，是对被判处有期徒刑、无期徒刑的犯罪人，在执行一定期限的刑罚后，如果认真遵守监规，接受教育改造，确有悔改表现，没有再犯罪的危险的，附条件地将其提前释放的刑罚执行制度。这里附条件是指犯罪人在假释考验期内，如果遵守相关法律规定，就认为原判刑罚已经执行完毕；如果没有遵守相关法律规定，就取消假释，收监执行原判刑罚中尚未执行完毕的刑罚，所经历的考验期不能计入原判刑期之内。

二、假释的条件

根据我国《刑法》第81条的规定，对犯罪人适用假释，必须同时符合下列条件：

（一）对象条件

假释只适用于被判处有期徒刑和无期徒刑的犯罪人。但是对累犯以及因故意杀人、强奸、抢劫、绑架、放火、爆炸、投放危险物质或者有组织的暴力性犯罪被判处10年以上有期徒刑、无期徒刑的犯罪分子，不得假释。假释是将没有再犯危险性的犯罪人提前释放，对累犯不适用假释，是因为累犯已经执行过刑罚又犯罪，从人身危险性来看，具有再犯罪危险。对故意杀人、强奸、抢劫、绑架、放火、爆炸、投放危险物质或者有组织的暴力性犯罪被判处10年以上有期徒刑、无期徒刑的犯罪分子，不得假释，是考虑到上述严重暴力性犯罪罪行严重，犯罪人的人身危险性严重，再犯罪的危险性大。对上述暴力性犯罪不得假释，有利于从重打击这些暴力犯罪。刑法对这些不得假释的特定暴力犯罪人要求是“被判处”10年以上有期徒刑、无期徒刑的条件，因此根据司法解释的规定，[①] 因累犯和这些暴力性犯罪被判处死刑缓期执行的罪犯，被减为无期徒刑、有期徒刑后，也不得假释。但是因其他犯罪被判处死刑缓期执行的罪犯减为无期徒刑或者有期徒刑后，符合规定的，仍可以假释。

（二）刑期条件

被判处有期徒刑的犯罪人，执行原判刑期1/2以上，被判处无期徒刑的犯罪分子，实际执行13年以上，可以假释。假释只适用于已经执行一定期限的刑罚，刑法之所以作如此规定，主要是因为只有经过一定时间的刑罚执行，才能判断犯罪人是否有悔改表现，是否有再犯罪的危险性；也只有如此，对犯罪人执行的刑期不是过短，才既能发挥假释的积极作用，又能实现刑罚的预防目的。刑法条文对有期徒刑使用的是“执行”一词，对无期徒刑使用的是“实际执行”，主要是因为有期徒刑执行原判刑期1/2以上的起始时间，从判决执行之日起计算，判决前先行羁押的，羁押1日折抵刑期1日；无期徒刑实际执行13年的起始时间，从判决执行之日起计算，判决前先行羁押的日期不能折抵已经执行的刑期。被判处死刑缓期执行的罪犯减为无期徒刑或者有期徒刑后，实际执行15年以上，方可假释，该实际执行时间应当从死刑缓期执行期满之日起计算。死刑缓期执行期间不包括在内，判决确定以前先行羁押的时间不予折抵。

罪犯减刑后又假释的间隔时间，不得少于1年；对一次减去1年以上有期徒刑后，决定假释的，间隔时间不能少于1年6个月。罪犯减刑后余刑不足2年，决定假释的，可以适当缩短间隔时间。[②]

为了使假释的适用具有一定的灵活性，《刑法》第81条规定，如果有特殊情况，经最高人民法院核准，可以不受上述执行刑期的限制。“特殊情况”，是指有国家政治、国防、外交等方面特殊需要的情况。

（三）实质条件

假释只适用于在服刑期间认真遵守监规，接受教育改造，确有悔改表现，没有再犯罪危险的犯罪人。“确有悔改表现”指同时具备以下四个方面的情形：认罪悔罪；认真遵守法律法规及监规，接受教育改造；积极参加思想、文化、职业技术教育；积极参加劳动，努力完成劳动任务。[③] 根据司法解释，判断“没有再犯罪的危险”，除符合《刑法》第81条规定的情形

① 2017年最高人民法院《关于办理减刑、假释案件具体应用的法律规定》。

② 2017年最高人民法院《关于办理减刑、假释案件具体应用法律的规定》第23条。

③ 2017年最高人民法院《关于办理减刑、假释案件具体应用法律的规定》第3条。

外，还应根据犯罪的具体情节、原判刑罚情况，在刑罚执行中的一贯表现，罪犯的年龄、身体状况、性格特征，假释后生活来源以及监管条件等因素综合考虑。

除此以外，刑法还明确，对犯罪人决定假释时，应当考虑其假释后对所居住社区的影响。如果对犯罪人假释会对社区秩序产生重大不良影响，表明犯罪人的人身危险性大，有再犯罪的危险，就不能对其进行假释。

对下列罪犯适用假释时可以依法从宽掌握：（1）过失犯罪的罪犯、中止犯罪的罪犯、被胁迫参加犯罪的罪犯；（2）因防卫过当或者紧急避险过当而被判处有期徒刑以上刑罚的罪犯；（3）犯罪时未满18周岁的罪犯；（4）基本丧失劳动能力、生活难以自理，假释后生活确有着落的老年罪犯、患严重疾病罪犯或者身体残疾罪犯；（5）服刑期间改造表现特别突出的罪犯；（6）具有其他可以从宽假释情形的罪犯。罪犯既符合法定减刑条件，又符合法定假释条件的，可以优先适用假释。

三、假释的考验期及考察内容

假释是附条件地将犯罪人提前释放。所谓附条件，就是设定假释的考验期，犯罪人在考验期内应当遵守相关法律规定，没有漏罪行或者犯新罪。我国《刑法》第83条规定，有期徒刑的假释考验期限，为没有执行完毕的刑期；无期徒刑的假释考验期限为10年。假释考验期限，从假释之日起计算。

我国《刑法》第84条规定，被宣告假释的犯罪分子，应当遵守下列规定：（1）遵守法律、行政法规，服从监督；（2）按照监督机关的规定报告自己的活动情况；（3）遵守监督机关关于会客的规定；（4）离开所居住的市、县或者迁居，应当报经监督机关批准。第85条规定，对假释的犯罪分子，在假释考验期限内，依法实行社区矫正。

四、假释的法律后果

根据假释犯在假释考验期的表现，分别会出现以下法律后果：

第一，被假释的犯罪分子，在假释考验期限内没有再犯新罪，没有发现“漏罪”，也没有违反法律、行政法规或者国务院有关部门关于假释的监督管理规定的行为，假释考验期满，就认为原判刑罚已经执行完毕，并应由负责监督的公安机关公开予以宣告。

第二，被假释的犯罪分子，在假释考验期限内再犯新罪或者发现其在判决宣告以前还有其他罪没有判决的，应当撤销假释，分别依照《刑法》第71条和第70条的规定实行数罪并罚。

第三，被假释的犯罪分子，在假释考验期限内有违反法律、行政法规或者国务院有关部门关于假释的监督管理规定的行为，尚未构成新的犯罪的，应当依照法定程序撤销假释，收监执行未执行完毕的刑罚。

犯罪分子被假释后，原判决有附加刑的，附加刑仍须继续执行。原判有附加剥夺政治权利的，附加剥夺政治权利的刑期从假释之日起计算。

五、假释的程序

根据《刑法》第 82 条、第 79 条的规定，对于犯罪人的假释，由执行机关向中级以上人民法院提出假释建议书。人民法院应当组成合议庭进行审理，对确有悔改或者立功事实的，裁定予以假释。非经法定程序不得假释。

人民检察院认为人民法院假释的裁定不当，应当在收到裁定书副本后 20 日以内，向人民法院提出书面纠正意见。人民法院应当在收到纠正意见后 1 个月以内重新组成合议庭进行审理，作出最终裁定。

第十六章

刑罚消灭制度

第一节 刑罚消灭概述

一、刑罚消灭的定义和特征

刑罚消灭，是指基于法定的或者事实的原因，致使基于具体犯罪而产生的刑罚适用权消灭。

刑罚消灭具有如下特征：第一，刑罚消灭以行为构成犯罪为前提；第二，刑罚消灭意味着代表国家的司法机关不能对具体犯罪人行使具体的刑罚权；第三，刑罚消灭必须基于一定的原因。

二、刑罚消灭的原因

根据我国法律的规定，刑罚消灭的事由主要包括：第一，超过追诉时效；第二，经特赦免除刑罚；第三，告诉才处理的犯罪没有告诉或者撤回告诉；第四，犯罪嫌疑人、被告人死亡；第五，其他法定或者事实原因。

第二节 时效

一、时效的定义

时效分为追诉时效和行刑时效。追诉时效是刑法规定的，对犯罪人追究刑事责任的有效期限。在此期限内，司法机关有权追究犯罪人的刑事责任；

超过此期限，司法机关就不能再追究刑事责任，导致刑罚权中的求刑权、量刑权消灭。行刑时效，是指刑法规定的，对被判处刑罚的人执行刑罚的有效期限。在有效的期限内，刑罚执行机关有权执行刑罚；超过有效期限，刑罚执行机关就不能再执行刑罚，由此导致刑罚权中的行刑权消灭。

各国刑法一般既规定追诉时效，也规定行刑时效。我国刑法只规定了追诉时效没有规定行刑时效。规定追诉时效，有利于有效地实现刑罚目的，有利于司法机关节约司法成本、集中精力追诉现行犯罪。没有规定行刑时效，是因为判处刑罚而没有执行的原因比较少见。

二、追诉时效的期限

根据我国《刑法》第 87 条的规定，犯罪经过下列期限不再追诉：（1）法定最高刑为不满 5 年有期徒刑的，经过 5 年；（2）法定最高刑为 5 年以上不满 10 年有期徒刑的，经过 10 年；（3）法定最高刑为 10 年以上有期徒刑的，经过 15 年；（4）法定最高刑为无期徒刑、死刑的，经过 20 年。如果 20 年以后认为必须追诉的，须报请最高人民检察院核准。

刑法规定追诉时效期限的长短与罪行的轻重相适应，根据犯罪的法定最高刑确定，体现了罪责刑相适应的刑法原则。犯罪的法定最高刑不能简单地理解为犯罪人所触犯罪名的法定最高刑，而是要根据刑法对具体犯罪所规定的具体情况以及犯罪人犯罪的具体情况来确定。如果犯罪人所犯罪行的刑罚，分别有几条或者几款时，犯罪的法定最高刑应是指按其罪行应当适用的条或款的最高刑；如果犯罪人所犯罪行的同条或者同款中有几个量刑幅度时，犯罪的法定最高刑是按其罪行应当适用的量刑幅度的最高刑。如果条文只规定了一个量刑幅度，犯罪的法定最高刑就是指该条文的最高刑。

法定最高刑为无期徒刑、死刑的，20 年以后认为必须追诉的，须报请最高人民检察院核准。“认为必须追诉”的犯罪，应当限于那些社会危害性特别严重、犯罪人的人身危险性特别大、犯罪所造成的社会影响极大、经过 20 年仍然没有被社会遗忘的重大犯罪。

三、追诉时效的起算

根据《刑法》第 89 条的规定，追诉期限从犯罪之日起计算；犯罪行为有连续或者继续状态的，从犯罪行为终了之日起计算。在追诉期限以内又犯罪的，前罪追诉的期限从犯后罪之日起计算。这里“犯罪之日”，一般指犯罪行为实施之日。

四、追诉时效的延长

追诉时效的延长，是指在追诉时效期间，因为发生了法律规定的事由，使追诉时效暂时停止执行。我国刑法规定了两种追诉时效延长的情况：第一，《刑法》第 88 条第 1 款规定，在人民检察院、公安机关、国家安全机关立案侦查或者在人民法院受理案件以后，逃避侦查或者审判的，不受追诉期限的限制。第二，《刑法》第 88 条第 2 款规定，被害人在追诉期限内提出控告，人民法院、人民检察院、公安机关应当立案而不予立案的，不受追诉期限的限制。

第三节　赦免

一、赦免的定义和种类

赦免，是指国家宣告对犯罪人免除其罪责或者刑罚的一种法律制度。赦免分为大赦和特赦两种。大赦，通常是指国家对某一时期内犯有一定罪行的犯罪人免予追诉和免除刑罚执行的制度。大赦的内容涉及罪和刑两个方面，不仅赦其罪而且赦其刑。特赦，通常是指国家对特定的犯罪人免除执行全部或者部分刑罚的制度。

二、我国赦免的实施及其特点

新中国成立后从 1959 年至 1975 年间，我国先后实施了七次特赦，没有实施大赦。第一次是 1959 年 9 月 17 日，在新中国成立十周年大庆前夕，对确实有悔改表现的蒋介石集团和伪满洲国的战争罪犯、反革命罪犯和普通刑事罪犯实行特赦。第二次、第三次特赦分别于 1960 年 1 月 19 日和 1961 年 12 月 16 日，两次对蒋介石集团和伪满洲国的战争罪犯实行特赦。第四次、第五次、第六次特赦分别于 1963 年 3 月 30 日、1964 年 12 月 12 日、1966 年 3 月 29 日进行，特赦对象是确实有悔改表现的蒋介石集团、伪满洲国和伪蒙疆自治政府的战争罪犯。第七次是 1975 年 3 月 17 日对长时间关押和改造的全部战争罪犯实行特赦。

前七次特赦时间相对集中，有明显的共同特点：

第一，特赦的对象主要是战争罪犯。除第一次特赦包括部分反革命罪犯与普通刑事犯外，其他几次特赦的对象都是战争罪犯。

第二，特赦是针对成批罪犯，而不是个别犯罪人。

第三，特赦的犯罪人必须是关押和改造一定的时间，并且在服刑过程中有悔改表现。

第四，对特赦的犯罪人，根据其罪行轻重和悔改表现予以区别对待，罪行较轻的予以释放；罪行重的予以减轻刑罚。

第五，特赦依据严格的程序进行。每次特赦都是由全国人大常委会根据中共中央或者国务院的建议作出决定，并由最高人民法院和高级人民法院负责执行，在设有国家主席期间，均由国家主席颁布特赦令。

为纪念中国人民抗日战争暨世界反法西斯战争胜利 70 周年，体现依法治国理念和人道主义精神，2015 年 8 月 29 日习近平主席签署全国人大常委会通过的《关于特赦部分服刑罪犯的决定》，对下列罪犯实行特赦：

第一，参加过中国人民抗日战争、中国人民解放战争的；

第二，中华人民共和国成立以后，参加过保卫国家主权、安全和领土完整对外作战的，但犯贪污受贿犯罪，故意杀人、强奸、抢劫、绑架、放火、爆炸、投放危险物质或者有组织的暴力性犯罪，黑社会性质的组织犯罪，危害国家安全犯罪，恐怖活动犯罪，有组织犯罪的主犯以及累犯除外；

第三，年满 75 周岁、身体严重残疾且生活不能自理的；

第四，犯罪的时候不满 18 周岁，被判处 3 年以下有期徒刑或者剩余刑期在 1 年以下的，但犯故意杀人、强奸等严重暴力性犯罪，恐怖活动犯罪，贩卖毒品犯罪的除外。

与前七次特赦相比，第八次特赦的对象有所不同，而且明确规定了不能特赦的对象。特赦的效力只及于刑而不及于罪，只免除执行剩余刑罚或者减轻原刑罚，而不是宣告其罪归于消灭。

为庆祝中华人民共和国成立 70 周年，2019 年 6 月 29 日习近平主席签署全国人大常委会通过的《关于在中华人民共和国成立七十周年之际对部分服刑罪犯予以特赦的决定》，实行了新中国成立以来的第九次特赦，特赦对象是：

第一，参加过中国人民抗日战争、中国人民解放战争的；

第二，中华人民共和国成立以后，参加过保卫国家主权、安全和领土完整对外作战的；

第三，中华人民共和国成立以后，为国家重大工程建设做过较大贡献并获得省部级以上“劳动模范”“先进工作者”“五一劳动奖章”等荣誉称号的；

第四，曾系现役军人并获得个人一等功以上奖励的；

第五，因防卫过当或者避险过当，被判处 3 年以下有期徒刑或者剩余刑期在 1 年以下的；

第六，年满 75 周岁、身体严重残疾且生活不能自理的；

第七，犯罪的时候不满 18 周岁，被判处 3 年以下有期徒刑或者剩余刑期在 1 年以下的；

第八，丧偶且有未成年子女或者有身体严重残疾、生活不能自理的子女，确需本人抚养的女性，被判处 3 年以下有期徒刑或者剩余刑期在 1 年以下的；

第九，被裁定假释已执行五分之一以上假释考验期的，或者被判处管制的。

上述九类对象中，具有以下情形之一的，不得特赦：（1）第二、三、四、七、八、九类对象中系贪污受贿犯罪，军人违反职责犯罪，故意杀人、强奸、抢劫、绑架、放火、爆炸、投放危险物质或者有组织的暴力性犯罪，黑社会性质的组织犯罪，贩卖毒品犯罪，危害国家安全犯罪，恐怖活动犯罪的罪犯，其他有组织犯罪的主犯，累犯的；（2）第二、三、四、九类对象中剩余刑期在 10 年以上的和仍处于无期徒刑、死刑缓期执行期间的；（3）曾经被特赦又因犯罪被判处刑罚的；（4）不认罪悔改的；（5）经评估具有现实社会危险性的。

与第八次特赦相比，这次特赦进一步扩大了适用的罪犯范围，彰显了全面依法治国理念和人道主义精神，既能形成良好社会氛围，又能贯彻落实宽严相济刑事政策，展现我国人权司法保障水平，促进社会和谐。

下编　刑法各论

第十七章

刑法各论概述

我国现行刑法总体上分为三部分，即总则、分则和附则。刑法总则主要规定刑法的任务、基本原则、适用范围，以及犯罪、刑事责任和刑罚的一般原理、原则；刑法分则主要规定各种具体犯罪的罪状和法定刑。以此为基础，刑法学一般分为刑法总论与刑法各论两部分。刑法总论研究刑法的宏观理论问题，以及刑法总则有关犯罪、刑罚的一般原理、原则等问题；刑法各论研究刑法分则各种具体犯罪的构成，罪与非罪、此罪与彼罪的界限，以及对每种犯罪的处罚问题。

第一节　刑法分则的体系

一、刑法分则的体系的定义和意义

刑法分则的体系，是指按照一定的原则和标准，对刑法分则所规定的各类和各种具体犯罪，按照一定次序分类并排列而成的有机体。对犯罪进行分类与排列，是制定刑法分则的前提；把握刑法分则的体系，则是研究各类和各种犯罪的基础。因此建立科学的刑法分则体系具有重要意义：

第一，从刑法立法上看，对犯罪进行合理的分类排列，表明了立法者对各类法益和各种具体法益进行刑事保护的价值取向，体现了刑法打击犯罪的重点所在。

第二，从刑事司法上看，对犯罪进行合理的分类排列，有利于司法审判人员较为准确地认识各类犯罪的一般特征和各种犯罪的具体构成，区分不同类型犯罪及各种犯罪之间的界限。此外，还能正确地把握各类及各种犯罪的危害程度，从而确保刑罚的正确适用。

第三，从刑法理论研究上看，对犯罪进行合理的分类，有利于从理论上阐释和探讨各类、各种犯罪的立法精神和构成特征，从而正确地解决具体犯罪的定罪量刑问题。

二、犯罪的分类和依据

由于各国对犯罪分类所采取的标准不同，因而刑法分则的体系也存在差异。目前，世界大多数国家以犯罪所侵犯的客体（即法益）为标准对刑法分则进行分类。而根据客体类型对犯罪的具体划分，有的国家表现简单，有的国家却是纷繁复杂，对此不作详细列举。我国刑法分则在制定时，从现实国情和所要保护的利益出发，主要是以犯罪的同类客体为依据，将刑法分则的犯罪划分为十大类，并根据犯罪行为的社会危害程度为标准依次排列为：危害国家安全罪，危害公共安全罪，破坏社会主义市场经济秩序罪，侵犯公民人身权利、民主权利罪，侵犯财产罪，妨害社会管理秩序罪，危害国防利益罪，贪污贿赂罪，渎职罪，军人违反职责罪。

总体而言，从我国刑法分则对犯罪的分类可以看出：

第一，主要以同类客体为标准对犯罪进行分类。犯罪的同类客体反映的是同一类型犯罪所侵犯的客体的共性，所以可以将犯罪类型化地划分，如在危害国家安全罪中，12 种具体犯罪所侵犯的客体都是我国的国家安全，因此将这 12 种犯罪共同归类为危害国家安全罪。但需要说明的是，侵犯公民人身权利、民主权利罪之所以合并为一章，主要是在立法时考虑到侵犯公民民主权利犯罪的法律条文相对较少，如单立一章则在体系结构上略显单薄，并且难以与其他各章协调，故将其与关系最为接近的侵犯公民的人身权利罪合并成为一章。

第二，以犯罪的危害程度为标准对各类、各种犯罪进行有序排列。首先，刑法分则所规定的这十大类犯罪，主要是根据各类犯罪的社会危害程度由重到轻依次排列的。之所以将危害国家安全罪列为其他各章之首，是因为国家安全是我国最根本的核心利益，因此这类犯罪的社会危害性最为严重。当然，这种先后排列顺序所表明的社会危害程度的大小，只是从总体上而言的，但并不意味着排在前面的类罪中的每一种具体犯罪的社会危害性都必然大于排在后面的类罪中的所有具体犯罪的社会危害性。例如，危害公共安全罪中的某些过失犯罪，就显然轻于侵犯公民人身权利、民主权利罪中的故意伤害罪、非法拘禁罪等犯罪。

其次，各类犯罪中的具体犯罪大体上也是基本按照社会危害程度从重到轻进行排列的。例如，在侵犯公民人身权利、民主权利罪中，排在首位的是侵犯生命权利的故意杀人罪，然后依次是侵犯人身健康权利的犯罪，侵犯人身自由权利的犯罪，侵犯名誉权利的犯罪，等等。这样排序是因为人的生命权利相对于公民的其他权利而言是首要的，是公民享有其他权利的前提，所以将故意杀人罪排列在前。当然，刑法分则中各类犯罪中每一种具体犯罪，并非绝对按照社会危害性的大小由重到轻进行排列的，有的犯罪的排列，立法者还考虑到犯罪性质和相互间的逻辑联系。例如，排序紧接故意杀人罪之后的是过失致人死亡罪，但过失致人死亡罪的社会危害性显然小于排在后面的绑架罪，而这种排列是因为故意杀人罪和过失致人死亡罪都是侵犯公民生命权利的犯罪，因此将它们排在一起，这样既照顾到了犯罪的性质，也符合逻辑要求。

第二节 刑法分则的条文结构

刑法分则的内容是规定各类和各种具体犯罪的法律条文，就基本形式而言，分为罪状和法定刑两个部分。但由于罪名与罪状有着重要的关系，特别是在司法实践的裁判中具有重要作用，因此罪名、罪状和法定刑共同组成了刑法各论的主要研究内容。

一、罪名

（一）罪名的定义

罪名，是对犯罪的本质特征的高度概括。罪名有广义和狭义之分，广义的罪名包括类罪名、次类罪名和具体罪名；狭义罪名仅指具体罪名。

根据不同的标准，可以将罪名划分为不同的种类：

1. 根据罪名的范围大小，可以划分为类罪名、次类罪名和具体罪名。

（1）类罪名，是指某一类犯罪的名称。我国刑法分则规定的十章罪名即类罪名，如危害公共安全罪、侵犯财产罪等。类罪名是对某一类犯罪的高度概括，但在司法实践中不能作为定罪的罪名使用。

（2）次类罪名，是指在刑法分则中章下的节的犯罪名称。在刑法分则中并不是每一章下都设有节，仅在第三章破坏社会主义市场经济秩序罪和第六章妨害社会管理秩序罪设有节，而各节罪名即属于次类罪名。例如，金融诈骗罪、危害公共卫生罪等。

（3）具体罪名，又称种罪名，是指各种犯罪的名称。具体罪名是对刑法分则条文的具体内容的概括体现，如交通肇事罪、故意伤害罪、诈骗罪等。

2. 根据刑法分则条文中所规定的内容，可以分为单一罪名和选择罪名。

（1）单一罪名，是指刑法分则条文所规定的犯罪构成内容较为单一，并且不能分解拆开适用的罪名，如放火罪、侮辱罪、侵占罪等。

（2）选择罪名，是指刑法分则条文所规定的犯罪构成内容较为复杂，并列着两种以上的犯罪行为或犯罪对象，既可概括适用，也可分解拆开适用的罪名，如伪造、变造股票、公司、企业债券罪等。

另外，还可以根据罪名在不同领域的适用效力分为立法罪名、司法罪名和学理罪名等。

（二）罪名的确定

目前，各国刑法的罪名确定主要分为两种形式：一是明示型确定，即在刑法分则条文中明确规定罪名。其中，又分为标题明示和定义明示。标题明示，即在条文中以标题方式明确规定罪名。例如，危害公共安全罪、妨害司法罪；定义明示，即在条文中以定义的形式反映罪名。例如，《刑法》第 382 条第 1 款规定："国家工作人员利用职务上的便利，侵吞、窃取、骗取或者以其他手段非法占有公共财物的，是贪污罪。"二是包含型确定，即在条文中不载明罪名，而是通过罪状反映出来，在确定罪名时需要根据罪状的规定加以表明。例如，《刑法》第 338 条规定的污染环境罪，是通过"违反国家规定，排放、倾倒或者处置有放射性的废物、含传染病病原体的废物、有毒物质或者其他有害物质，严重污染环境的……"这一条文规定罪状的内容确定的。

另外，罪名的确定应当注意遵循以下特性要求：

1. 合法性，即要求罪名的确定必须以条文的规定为根据，不得超出条文的规定之外，也不能片面地反映条文的规定。

2. 概括性，即要求罪名的确定必须是对条文内容的高度概括，避免烦琐，做到言简意赅。

3. 准确性，即要求罪名的确定必须是正确和恰当地反映条文的内容，并能确切地反映犯罪的特征。

4. 独立性，即要求罪名的确定必须是单一的，避免重复，能够正确地区分罪与非罪、此罪与彼罪的界限。

为了保证司法的统一性和严肃性，1997 年《刑法》施行以来，最高司法机关先后颁布了《最高人民法院关于执行〈中华人民共和国刑法〉确定罪名的规定》《最高人民检察院关于适用刑法分则规定的犯罪的罪名的意见》《最高人民法院、最高人民检察院关于执行〈中华人民共和国刑法〉确定罪名的补充规定》等司法解释对罪名的确定作出了规定，这些规定对于罪名的正确适用起到了重要的指导作用。

（三）罪名的适用

在司法审判中，具体适用罪名时应当注意以下问题：

1. 不能以类罪名、次类罪名对犯罪定罪，而必须以各种具体罪名定罪，否则将无法准确适用刑罚。

2. 不能以刑法总则中的规定作为罪名，如不能定假想防卫罪、教唆罪等。

3. 正确适用选择罪名。在司法审判中，经常会遇到定罪时将适用选择罪名的情形。在适用时要注意应根据具体案情来选择确定罪名，既不能任意地以整体选择罪名来定罪，更不能对选择罪名实行数罪并罚。

二、罪状

罪状，是指刑法分则条文中对具体犯罪及其构成要件的描述。罪状是对具体犯罪的质的反映，因而必然是司法裁判的重要依据。罪状存在于刑法分则条文中，与法定刑共同组成条文的内容。根据刑法分则条文对罪状的不同描述，可以将罪状分为以下四种：

（一）叙明罪状

叙明罪状，是指刑法对具体犯罪特征作出了较为详细的描述。例如，《刑法》第 314 条规定的非法处置查封、扣押、冻结的财产罪的内容："隐藏、转移、变卖、故意毁损已被司法机关查封、扣押、冻结的财产，情节严重的……"叙明罪状易于为人理解和掌握，便于司法实践正确定罪，因而为多数刑法条文所采用。

（二）简单罪状

简单罪状，是指刑法只规定出罪名或者简单描述犯罪的基本构成特征。从刑法条文的规定情形来看，有的简单罪状只是描述出犯罪的主观方面和客观方面的特征。例如，《刑法》第 233 条规定的过失致人死亡罪的内容："过失致人死亡的……"这里就将该罪的主观方面（过失）和客观方面（致人死亡）的特征描述出来。有的简单罪状则只将客观方面的特征描述出来。例如，《刑法》第 170 条规定："伪造货币的……"这里就只将伪造货币罪的客观方面（伪造货币的行为）描述出来。

（三）引证罪状

引证罪状，是指刑法对犯罪的具体罪状不作描述，而是引用同一法律其他条文的内容来说明本罪的犯罪构成特征。例如，《刑法》第 369 条第 1 款规定的是破坏武器装备、军事设施、军事通信罪的罪状及其法定刑，第 2 款规定的是："过失犯前款罪……"此即引证罪状，所规定的是过失损坏武器装备、军事设施、军事通信罪。采用引证罪状，主要是出于立法简明的需要。

（四）空白罪状

空白罪状，是指刑法不直接规定犯罪的构成特征，而是明确指出构成该罪需要参照其他法律、法规的规定。例如，《刑法》第 322 条规定："违反国（边）境管理法规，偷越国（边）境，情节严重的……"按此规定，在确定偷越国（边）境罪的构成特征时，还必须参照国（边）境管理法规的有关规定。空白罪状可以在刑法条文中避免过多的转引其他法律、法规的内容，起到简洁、明了的作用。

三、法定刑

（一）法定刑的定义

法定刑，是指刑法分则条文中对各种具体犯罪所规定的刑罚的种类和幅度。刑罚的种类通称为刑种，刑罚的幅度通称为刑度。法定刑不同于宣告刑，法定刑是立法上的规定，它着眼于某种犯罪的共性，并且一般是相对确定的；宣告刑是法定刑的司法适用，它针对于具体犯罪案件，并且是绝对确定的。

（二）法定刑的分类

以刑种与刑度是否确定为标准，法定刑可以区分为以下三种类型：

1. 绝对确定的法定刑，即在条文中法定刑的形式是单一的，没有量刑的幅度。例如，根据《刑法》第 121 条的规定，劫持航空器，致人重伤、死亡或者使航空器遭受严重破坏的，处死刑。绝对确定的法定刑便于理解和操作，但这种法定刑在司法裁判中限制了审判人员根据具体情节进行斟酌适用刑罚的余地。我国刑法极少采用这种法定刑。

2. 绝对不确定的法定刑，即在条文中没有规定对某种犯罪的法定刑的刑种和刑度，只是规定了该种犯罪应当受到刑事处罚，至于采取何种刑罚以及处刑的幅度，则是由司法审判人员具体掌握的。由于绝对不确定的法定刑对于犯罪而言，没有统一的刑罚标准，所以在我国刑法中没有采用这种形式的法定刑。

3. 相对确定的法定刑，即在条文中规定一定的刑种与刑度，司法机关可以在限度内根据案件具体情况判处适当的刑罚。相对确定的法定刑，便于审判机关根据案件的具体情况适用刑罚，既保证了司法统一的公正性，又具有一定的灵活性。因此为包括我国在内的现代各国刑法所普遍采用。我国刑法规定的相对确定的法定刑主要表现为以下几种形式：

（1）规定法定刑的最高限度，即分则条文只规定了某种犯罪的法定最高刑，其最低限度则根据总则的规定确定。例如，根据《刑法》第 431 条的规定的非法获取军事秘密罪的内容："以窃取、刺探、收买方法，非法获取军事秘密的，处五年以下有期徒刑……"根据《刑法》第 45 条的规定，有期徒刑的最低期限是 6 个月。因此非法获取军事秘密罪的法定刑实际上是 6 个月以上 5 年以下有期徒刑。

（2）规定法定刑的最低限度，即分则条文只规定了某种犯罪的法定最低刑，其最高限度则根据总则的规定确定。例如，根据《刑法》第 317 条规定的组织越狱罪的内容："组织越狱的首要分子和积极参加的，处五年以上有期徒刑……"根据《刑法》第 45 条的规定，有期徒刑的最高期限是 15 年。因此对犯组织越狱罪的首要分子或者积极参加的犯罪分子的法定刑，实际上是 5 年以上 15 年以下有期徒刑。

（3）规定法定刑的最低限度与最高限度，即分则条文对某种犯罪既规定了法定最低刑，也规定了法定最高刑。例如，根据《刑法》第108条规定的投敌叛变罪："投敌叛变的，处三年以上十年以下有期徒刑……"

（4）规定两种以上主刑或者同时还规定附加刑。例如，《刑法》第295条规定的传授犯罪方法罪："传授犯罪方法的，处五年以下有期徒刑、拘役或者管制……"又如，《刑法》第192条规定的集资诈骗罪："以非法占有为目的，使用诈骗方法非法集资，数额较大的，处三年以上七年以下有期徒刑，并处罚金……"

（5）规定援引法定刑，即分则条文规定某种犯罪的法定刑要援引其他条文或本条文的前款规定。例如，根据《刑法》第386条的规定，对犯受贿罪的，根据受贿所得数额及情节，依照本法第383条（贪污罪）的规定处罚。

第三节　法条竞合

一、法条竞合的定义

法条竞合，又称法规竞合或法律竞合，是指一个行为同时符合数个刑法条文所规定的犯罪构成要件，由于该数个条文之间存在包容或交叉关系，因而只能适用其中一个条文而排斥其他法律条文适用的情形。

由于犯罪现象的复杂性，决定了刑法条文规定内容的错综交织，从而导致法条竞合问题的出现。在法条竞合的情况下，看似一个行为同时触犯了数个法律条文，符合数个犯罪构成，但是由于数个条文之间具有包容或者交叉关系，这表明行为仅是单纯的一罪，所以必须只适用其中一个条文，而排斥其他条文的适用。例如，《刑法》第266条规定的诈骗罪就与《刑法》第192条规定的集资诈骗罪之间存在法条上的包容关系，后者内容被前者内容所全部包容。而《刑法》第266条规定的诈骗罪又与《刑法》第279条规定的招摇撞骗罪之间存在法条上的交叉关系，后者的部分内容与前者内容在一定程度上交叉重合。

值得注意的是，法条竞合与想象竞合犯虽然都是一个行为同时触犯了数个法条，在处罚上也都是只适用一个法律条文，但是二者是完全不同的概念，有着严格的区别：

第一，法条竞合是法律条文的竞合，所要解决的是法律条文的具体适用问题，因而属于法律条文适用关系的范畴；想象竞合犯是犯罪行为或者犯罪行为所触犯的不同罪名的竞合，所要解决的是犯罪中罪数形态的问题，因而属于犯罪的罪数形态范畴。

第二，法条竞合是单纯的一罪，即标准的一罪；想象竞合犯则是形式上的数罪，实质上的一罪。

第三，法条竞合是由于刑事立法中法律条文的包容或者交叉关系所产生的，并不以行为人实施特定的犯罪行为为前提；想象竞合犯则是由于发生了特定的犯罪行为所产生的，必须以行为人实施特定的犯罪行为为前提。

第四，法条竞合所涉及的法律条文之间具有包容或者交叉的关系，想象竞合犯所涉及的法律条文之间则不存在包容或者交叉的关系。

第五，对于法条竞合的法律适用，根据刑法的要求，通常采用特别法优于普通法，或者采用重法优于轻法的原则；想象竞合犯的法律适用，则采用从一重罪处断原则。

二、法条竞合的适用原则

对于法条竞合，主要存在以下两种适用原则：

（一）特别法优于普通法

当一个行为同时符合刑法两个条文的犯罪构成的规定，也就是既符合特别法犯罪构成的规定，并且符合普通法犯罪构成的规定时，应当选择特别法的条文适用。这是我国刑法理论界公认的解决法条竞合的基本原则。立法机关之所以制定特别法，是为了保护特定法益，惩罚特定主体或特定行为等的特殊犯罪。因此优先适用特别法是体现和实现立法主旨的当然要求。特别法优于普通法这一原则的适用，主要可以分为以下几种情况：

1. 当一个行为同时符合普通刑法和特别刑法的构成要件时，应当选择特别刑法适用。在我国，普通刑法是指《中华人民共和国刑法》，特别刑法是指立法机关针对特定情况（如特定主体、特定行为、特定时期、特定地区等）制定的单行刑法或者附属刑法。

2. 当一个行为同时符合刑法的普通条款和特别条款时，应当选择特别条款适用。在此种情形下，特别法优于普通法的原则实际上体现于特别法条优于普通法条。例如，《刑法》第 263 条规定了抢劫罪，第 127 条第 2 款则规定了抢劫枪支、弹药、爆炸物、危险物质罪，二者之间存在法条竞合的关系。因此当行为人的抢劫行为所指向的对象并非普通的财物，而是枪支、弹药、爆炸物、危险物质时，应当适用第 127 条第 2 款的规定，以抢劫枪支、弹药、爆炸物、危险物质罪定罪处罚。

3. 当一个行为同时符合刑法的不同条文，但其中有条文明确指出应当适用特别的规定。在此种情形下，特别法优于普通法的原则体现于特别法条优于普通法条。例如，《刑法》第 248 条虐待被监管人罪就规定：“监狱、拘留所、看守所等监管机构的监管人员对被监管人进行殴打或者体罚虐待……致人伤残、死亡的，依照本法第二百三十四条、第二百三十二条的规定定罪从重处罚。”这里第 234 条、第 232 条的规定指的就是刑法关于故意伤害罪、故意杀人罪的内容规定。

（二）重法优于轻法

这是指当一个行为同时符合同一部刑法不同条文所规定的犯罪构成时，应当选择法定刑规定最重的条文适用。例如，《刑法》第 140 条规定了生产、销售伪劣产品罪，紧接其后的第 141 条至第 148 条又对生产、销售特定的药品、食品、农药、化肥、化妆品等作了专门规定，在此，形成了与第 140 条规定的法条竞合关系。对于这些刑法条文之间的适用问题，根据《刑法》第 149 条第 2 款的规定：“生产、销售本节第一百四十一条至第一百四十八条所列产品，构成各该条规定的犯罪，同时又构成本节第一百四十条规定之罪的，依照处罚较重的规定定罪处罚。”重法优于轻法的原则是特别法优于普通法规定的补充，一般认为，只有在法律作出明确规定时才能采用。

第十八章 危害国家安全罪

一、危害国家安全罪概述

危害国家安全罪，是指故意危害中华人民共和国国家安全的行为。本罪名属类罪名。本类罪的特征是：

第一，客体是中华人民共和国的国家安全。所谓国家安全，实质上是国家独立，国家领土完整和安全，国家团结统一，国家政权、制度稳固，以及国家其他基本利益安全的总和，即国家赖以生存、运行和发展之政治基础和物质基础的安全。这一客体表明，危害国家安全的犯罪，是刑法所规定的一切刑事犯罪中最危险、最严重的犯罪。

第二，客观方面表现为各种危害国家主权、破坏国家的领土完整和安全、分裂国家、颠覆国家政权，以及侵害国家的其他基本利益，即危害中华人民共和国国家安全的行为。具体地说，即《刑法》第 102 条至第 112 条所规定的行为，行为人只要实施了其中之一种行为，就具备了构成危害国家安全罪的客观要件。危害国家安全的行为可以表现为作为和不作为。

第三，主体多为一般主体。某些犯罪的主体属于特殊主体，如背叛国家罪、投敌叛变罪的主体必须是中国公民，叛逃罪的主体只能是国家机关工作人员和掌握国家秘密的国家工作人员。绝大多数犯罪的主体限于自然人，刑事责任年龄为 16 周岁以上；单位可以成为个别犯罪的主体。

第四，主观方面是直接故意，即行为必须具有明知自己的行为会发生危害国家安全的结果，并且希望这种结果发生的心理态度。

根据《刑法》第 102 条至第 112 条的规定，危害国家安全罪具体包括 12 种犯罪。

二、危害国家安全罪中的主要犯罪

【背叛国家罪】

（一）背叛国家罪的定义和特征

背叛国家罪，是指勾结外国，或者与境外机构、组织、个人相勾结，危害中华人民共和国的国家主权、领土完整和安全的行为。本罪的特征是：

1. 客体是国家主权、领土完整和安全。国家主权，是指我国政府固有的处理国内、国际事务而不受他国干预或限制的最高权力。领土完整和安全，是指我国领陆、领海和领空以及其他一切领域所固有的完整性和不可侵犯性。我国的国家主权及其领土不受侵害，是我国的国家安全最基本的保证。

2. 客观方面行为表现为各种勾结外国，危害中华人民共和国的国家主权、领土完整和安全的行为，是指与敌视我国的外国政府、政党、政治集团、社会势力（包括非政府组织、机构和个人）暗中接触，秘密联系或者密谋策划，进行各种危害我国的国家主权、领土完整和安全的活动，具体表现为：出卖国家主权，与外国政府签订丧权辱国的条约；制造国际争端，使外国向我国提出领土要求；勾结外国对我国发动侵略战争；勾结外国干涉我国内政；在外国敌对势力的扶植下，建立亲外国的中央政府或地方政权，或建立完全受他国所操纵的傀儡政权，等等。行为人只要具有上述行为之一，就具备了构成本罪的客观基础。

3. 主体是特殊主体，即只有中国公民才能构成本罪。

4. 主观方面是直接故意。

（二）认定背叛国家罪应注意的问题

主要应区分本罪与非罪的界限。行为人是否出于勾结外国，危害中华人民共和国的国家主权、领土完整和安全的直接故意，并具有勾结外国，危害国家主权、领土完整和安全的行为，是划分本罪与非罪的基本界限。如果仅在主观上具有勾结外国的思想，并且以言论单纯流露，但未付诸密谋、策划背叛国家的行为的，可以对其批评教育或作行政处理，但不能认定为犯罪，更不能以本罪处理。

（三）背叛国家罪的处罚

根据《刑法》第102条和第113条的规定，犯本罪的，处无期徒刑或者10年以上有期徒刑；如果对国家和人民危害特别严重、情节特别恶劣的，可以判处死刑。此外，根据《刑法》第56条和第113条的规定，应当附加剥夺政治权利；可以并处没收财产。

【分裂国家罪】

（一）分裂国家罪的定义和特征

分裂国家罪，是指组织、策划、实施分裂国家、破坏国家统一，危害中华人民共和国国家安全的行为。本罪的特征是：

1. 客体是国家的统一。根据《宪法》的规定，中华人民共和国是全国各族人民共同缔造的统一的多民族国家。我国各民族的团结和国家领土的完整统一，则是国家统一的两个最基本的要素，也是关系到国家安全的基础。

2. 客观方面表现为组织、策划、实施分裂国家、破坏国家统一的行为，主要包括两个方面：一是组织、策划、实施各种破坏民族团结统一，分裂我国民族大家庭的行为。二是组织、策划、实施各种妄图使我国某个区域从中华人民共和国的领土中分离出去，脱离中央政府的领导，另立国家或政府，制造地方“独立”的割据局面的行为。这里的“组织”，主要是指以非组织形式或以组织形式勾结、纠合多人进行分裂国家、破坏国家统一的活动。这里的策划，是指秘密谋划分裂国家、破坏国家统一活动的计划。这里的实施，是指实际着手进行“组织”“策划”以外的其他各种旨在分裂国家、破坏国家统一的活动，主要是将所策划的犯罪计划内容付诸实现的行为。行为人只要具有上述行为之一的，就具备了构成本罪的客观基础。

3. 主体是一般主体。限于自然人，刑事责任年龄为16周岁以上。无论中国公民、外国公民或者无国籍的人，都可以成为本罪的主体。

4. 主观方面是直接故意。

（二）认定分裂国家罪应注意的问题

主要应注意区分本罪与非罪的界限。行为人是否出自于分裂国家、破坏国家统一的直接故意，并具有组织、策划、实施分裂国家、破坏国家统一活动的行为，是划分本罪与非罪的基本界限。如果只有狭隘的民族主义或地方主义情绪，或者由于对国家有关民族政策、地方政策不理解、不满，说过错话、办过错事，或者仅在思想上对于民族分裂分子、地方分裂分子有附和倾向，但并没有进行任何组织、策划或实施分裂国家、破坏国家统一的活动的，可以进行批评教育或者作行政处理，但不应认定为犯罪，更不能以本罪处理。

（三）分裂国家罪的处罚

根据《刑法》第103条、第106条和第113条的规定，犯本罪的，对首要分子或者罪行重大的，处无期徒刑或者10年以上有期徒刑；对积极参加的，处3年以上10年以下有期徒刑；对其他参加的，处3年以下有期徒刑、拘役、管制或者剥夺政治权利；与境外机构、组织、个人勾结实施本罪的，从重处罚；如果对国家和人民危害特别严重、情节特别恶劣的，可以判处死刑。此外，根据《刑法》第56条和第113条的规定，应当附加剥夺政治权利；可以并处没收财产。

【颠覆国家政权罪】

（一）颠覆国家政权罪的定义和特征

颠覆国家政权罪，是指组织、策划、实施颠覆国家政权、推翻社会主义制度，危害中华人民共和国国家安全的行为。本罪的特征是：

1. 客体是国家政权和社会主义制度。国家政权和国家根本制度的稳固，是国家安全的核心。

2. 客观方面表现为组织、策划、实施颠覆国家政权、推翻社会主义制度的行为。总体上看，该行为主要包括两个方面：一方面是组织、策划、实施颠覆国家政权的行为，具体是指以暴力形式发动政变，推翻根据我国宪法所产生的最高权力机关和中央人民政府，推翻地方各级权力机关和地方各级人民政府；或者以非暴力形式篡夺国家政权，改变政权性质，危害国家的国体。另一方面是组织、策划、实施推翻社会主义制度的行为。所谓组织，主要是指以非组织形式或以组织形式勾结、纠合多人进行颠覆国家政权、推翻社会主义制度的犯罪活动，等等。所谓策划，是指秘密谋划颠覆国家政权、推翻社会主义制度的犯罪计划。所谓实施，是指实际着手进行组织、策划以外的其他颠覆国家政权、推翻社会主义制度的各种犯罪活动，主要是将所策划的犯罪计划内容付诸实现的行为。行为人只要具有上述组织、策划或实施行为之一的，就具备了构成颠覆国家政权罪的客观基础。

3. 主体是一般主体，限于自然人，刑事责任年龄为16周岁以上。无论是中国公民、外国公民或者无国籍人，都可以成为本罪的主体。

4. 主观方面是直接故意。

（二）认定颠覆国家政权罪应注意的问题

主要应区分本罪与非罪的界限。行为人是否出于颠覆国家政权、推翻社会主义制度的直接故意，并具有组织、策划、实施颠覆国家政权、推翻社会主义制度的行为，是划分本罪与非罪的基本界限。如果仅在主观上具有反对国家政权和社会主义制度的思想，并且以言论单纯流露，但未付诸任何组织、策划或实施颠覆国家政权、推翻社会主义制度的行动的，可以对其批评教育或作行政处理，但不能认定犯罪，更不能以本罪处理。

（三）颠覆国家政权罪的处罚

根据《刑法》第105条第1款和第106条的规定，犯本罪的，对首要分子或者罪行重大的，处无期徒刑或者10年以上有期徒刑；对积极参加的，处3年以上10年以下有期徒刑；对其他参加的，处3年以下有期徒刑、拘役、管制或者剥夺政治权利；对于与境外机构、组织、个人相勾结，实施颠覆国家政权罪的，从重处罚。此外，根据《刑法》第56条和第113条的规定，应当附加剥夺政治权利；可以并处没收财产。

【煽动分裂国家罪和煽动颠覆国家政权罪】

（一）煽动分裂国家罪和煽动颠覆国家政权罪的定义和特征

煽动分裂国家罪，是指煽动分裂国家，破坏国家统一，危害中华人民共和国国家安全的行为；煽动颠覆国家政权罪，是指以造谣、诽谤或者其他方式煽动颠覆国家政权，以推翻社会主义制度，危害中华人民共和国国家安全的行为。本二罪的特征是：

1. 客体是国家的统一和国家政权及社会主义制度。

2. 客观方面：煽动分裂国家罪表现为以各种方式煽动他人进行分裂国家、破坏国家统一活动的行为；煽动颠覆国家政权罪表现为以造谣、诽谤或者其他方式煽动他人进行颠覆国家政权、推翻社会主义制度活动的行为。就煽动的内容而言，这两种行为有着明显的区别，前者煽动的内容是分裂国家，后者煽动的内容是颠覆国家政权，推翻社会主义制度。但就煽动的方式而言，二者基本是相同的，主要是：书写、张贴、散发标语、传单；撰写、印刷、散发文章、刊物；当众发表演说，或当众呼喊相关内容的口号；制作或聚众播放音像制品；利用传真机、手机短信、计算机互联网络等高科技手段传输各种相关信息；投寄相关内容的匿名信；制作或展示各种象征物品，等等。此外，煽动颠覆国家政权罪的行为方式还包括造谣、诽谤。这里的造谣，是指制造各种政治谣言，并散布于社会，混淆公众视听或引起公众恐慌的行为。这里的诽谤，是指捏造虚假事实，并散布于社会，漫骂、丑化、诋毁国家政权和社会主义制度的行为。行为人只要具有上述煽动行为之一的，就具备了构成煽动分裂国家罪或者煽动颠覆国家政权罪的客观基础。

明知出版物中载有煽动分裂国家、破坏国家统一或者煽动颠覆国家政权、推翻社会主义制度的内容，而予以出版、印刷、复制、发行、传播的，以煽动分裂国家罪或者煽动颠覆国家政权罪定罪处罚。①

利用突发传染病疫情等灾害，制造、传播谣言，煽动分裂国家、破坏国家统一，或者煽动颠覆国家政权、推翻社会主义制度的，以煽动分裂国家罪或者煽动颠覆国家政权罪定罪处罚。②

实施下列行为之一，宣扬恐怖主义、极端主义或者煽动实施恐怖活动的，依照《刑法》第120条之三的规定，以宣扬恐怖主义、极端主义、煽动实施恐怖活动罪定罪处罚③：

（1）编写、出版、印刷、复制、发行、散发、播放载有宣扬恐怖主义、极端主义内容的图书、报刊、文稿、图片或者音频视频资料的；

（2）设计、生产、制作、销售、租赁、运输、托运、寄递、散发、展示带有宣扬恐怖主义、极端主义内容的标识、标志、服饰、旗帜、徽章、器物、纪念品等物品的；

（3）利用网站、网页、论坛、博客、微博客、网盘、即时通信、通讯群组、聊天室等网络平台、网络应用服务等登载、张贴、复制、发送、播放、演示载有恐怖主义、极端主义内容的图书、报刊、文稿、图片或者音频视频资料的；

---

① 1998年最高人民法院《关于审理非法出版物刑事案件具体应用法律若干问题的解释》。

② 2003年最高人民法院、最高人民检察院《关于办理妨害预防、控制突发传染病疫情等灾害的刑事案件具体应用法律若干问题的解释》

③ 2018年最高人民法院、最高人民检察院、公安部、司法部《关于办理恐怖活动和极端主义犯罪案件适用法律若干问题的意见》。

(4) 网站、网页、论坛、博客、微博客、网盘、即时通信、通讯群组，聊天室等网络平台、网络应用服务的建立、开办、经营、管理者，明知他人利用网络平台、网络应用服务散布、宣扬恐怖主义、极端主义内容，经相关行政主管部门处罚后仍允许或者放任他人发布的；

(5) 利用教经、讲经、解经、学经、婚礼、葬礼、纪念、聚会和文体活动等宣扬恐怖主义、极端主义，煽动实施恐怖活动的；

(6) 其他宣扬恐怖主义、极端主义，煽动实施恐怖活动的行为。

明知图书、文稿、图片、音像制品、移动存储介质、电子阅读器中载有利用宗教极端、暴力恐怖思想煽动分裂国家、破坏国家统一而提供仓储、邮寄、投递、运输、传输及其他服务的，以煽动分裂国家罪的共同犯罪定罪处罚。

网站、网页、论坛、电子邮件、博客、微博、即时通信工具、通讯群组、聊天室、网络硬盘、网络电话、手机应用软件及其他网络应用服务的建立、开办、经营、管理者，明知他人散布、宣扬利用宗教极端、暴力恐怖思想煽动分裂国家、破坏国家统一，允许或者放任他人在其网站、网页、论坛、电子邮件、博客、微博、即时通信工具、通讯群组、聊天室、网络硬盘、网络电话、手机应用软件及其他网络应用服务上发布的，以煽动分裂国家罪的共同犯罪定罪处罚。

3. 主体均是一般主体，限于自然人，刑事责任年龄为16周岁以上。无论中国公民、外国公民或者无国籍人，都可以成为这两种罪的主体。

4. 主观方面均是直接故意。但煽动分裂国家罪的故意内容为煽动分裂国家、破坏国家统一，危害国家安全；煽动颠覆国家政权罪的故意内容则为煽动颠覆国家政权、推翻社会主义制度，危害国家安全。

（二）认定煽动分裂国家罪和煽动颠覆国家政权罪应注意的问题

1. 本二罪与非罪的界限。行为人是否出于煽动分裂国家、破坏国家统一或煽动颠覆国家政权、推翻社会主义制度，危害国家安全的直接故意，并实施煽动分裂国家或煽动颠覆国家政权的行为，是划分该二罪与非罪的基本界限。如果是由于对党和国家的方针、政策不理解或不满，以错误的方式进行指责甚至有过激言论的，只要没有实施煽动分裂国家或煽动颠覆国家政权的行为，就属于思想认识上的错误，可以对其批评教育，但不能认定为犯罪，更不能以煽动分裂国家罪或煽动颠覆国家政权罪处理。

2. 本二罪与他罪的界限。主要应区分本二罪与分裂国家罪、颠覆国家政权罪的界限。它们的主要区别在于客观方面。本二罪的行为表现为以各种方式煽动其他人实施分裂国家或颠覆国家政权；而分裂国家罪、颠覆国家政权罪则表现为具体组织、策划、实施分裂国家或颠覆国家政权的行为。应当指出的是，分裂国家或颠覆国家政权的犯罪活动，往往与煽动分裂国家或煽动颠覆国家政权的犯罪活动相互交叉，行为人在具体组织、策划、实施分裂国家或颠覆国家政权活动时，往往对其他人进行煽动，如发表煽动性的演说，呼喊煽动性的口号，散发、张贴有关内容的宣传品，等等。其煽动行为是为组织、策划、实施行为提供必要的舆论准备，同时通常还是重要的辅助行为。在这种情形下，既实施煽动分裂国家或煽动颠覆国家政权的犯罪，同时又实施分裂国家或颠覆国家政权犯罪的，应当依照牵连犯的处理原则，从一重罪处断。

3. 本二罪与教唆他人犯其他危害国家安全罪的界限。它们之间的区别在于教唆或煽动的内容不同。如果以言论或其他方式唆使特定的人实施武装叛乱、武装暴乱、投敌叛变、叛逃、间谍等危害国家安全的犯罪，而不是以分裂国家或颠覆国家政权为煽动内容的，则不以煽动分裂国家罪或煽动颠覆国家政权罪论处，对教唆人应当以其所教唆的具体犯罪处理。

（三）煽动分裂国家罪、煽动颠覆国家政权罪的处罚

根据《刑法》第103条第2款、第105条第2款和第106条的规定，犯煽动分裂国家罪或煽动颠覆国家政权罪的，处5年以下有期徒刑、拘役、管制或者剥夺政治权利；首要分子或者罪行重大的，处5年以上有期徒刑；对于与境外机构、组织、个人勾结，实施这两种犯罪之一的，从重处罚。此外，根据《刑法》第56条和第113条的规定，均应当附加剥夺政治权利；可以并处没收财产。

【间谍罪】

（一）间谍罪的定义和特征

间谍罪，是指参加间谍组织或者接受间谍组织及其代理人的任务，或者为敌人指示轰击目标，危害中华人民共和国国家安全的行为。本罪的特征是：

1. 客体是国家安全。

2. 客观方面表现为实施针对我国的间谍行为。[①] 所谓间谍，一般是指专门进行窃取、刺探秘密、情报的活动，或者进行其他破坏活动，危害其他国家或地区安全的人员。针对我国的间谍行为，具体包括下列两种行为：一是

---

① 《反间谍法》第4条规定："本法所称间谍行为，是指下列行为：（一）间谍组织及其代理人实施或者指使、资助他人实施，或者境内外机构、组织、个人与其相勾结实施的危害中华人民共和国国家安全的活动；（二）参加间谍组织或者接受间谍组织及其代理人的任务，或者投靠间谍组织及其代理人；（三）间谍组织及其代理人以外的其他境外机构、组织、个人实施或者指使、资助他人实施，或者境内机构、组织、个人与其相勾结实施的窃取、刺探、收买、非法提供国家秘密、情报……或者策动、引诱、胁迫、收买国家工作人员叛变的活动；（四）……（五）为敌人指示攻击目标的；（六）进行其他间谍活动的……"《刑法》第110条仅将其中的部分间谍行为以间谍罪论处；对于《刑法》第110条规定之外的其他行为，只能以其他罪（如背叛国家罪、投敌叛变罪等论处）。

参加间谍组织或者接受间谍组织及其代理人的任务。所谓间谍组织，是指专门进行窃取、刺探我国国家秘密或情报，以及进行其他危害我国国家安全活动的境外组织，其中包括渗透于我国境内的间谍组织。间谍组织代理人，是指受间谍组织或者其成员的指使、委托、资助，进行或者授意、指使他人进行危害中华人民共和国国家安全活动的人。所谓参加间谍组织，是指加入间谍组织而被吸纳为成员。所谓接受间谍组织及其代理人的任务，不仅包括接受间谍组织及其代理人下达的窃取、刺探我国国家秘密、情报，或其他危害我国国家安全活动的任务，而且也包括对于这些任务的具体实施。行为人只要参加间谍组织，或者虽未参加间谍组织但领受了间谍组织及其代理人的任务的，均应认定具有间谍行为。二是为敌人指示轰击目标。凡以各种手段为敌人指明、显示其意图轰击的我方目标的方位、特征以及出现的时间、路线等有关情况，无论指示是否有误，也无论敌人在指示下是否实际轰击或轰击是否造成严重后果，均属于为敌人指示轰击目标的间谍行为。行为人只要实施了上述行为之一的，即具备了构成本罪的客观基础。

3. 主体是一般主体，限于自然人，刑事责任年龄为16周岁以上。中国公民、外国公民或无国籍人，都可以成为本罪的主体。

4. 主观方面是直接故意。

（二）认定间谍罪应注意的问题

主要应区分本罪与非罪的界限。行为人是否具有危害我国国家安全的直接故意，并实施了针对我国的间谍行为，是划分本罪与非罪的基本界限。因此对于受到欺骗，不知对方为间谍组织而加入，一经认识到上当受骗后即及时退出或拒不接受间谍任务的，不应认定为犯罪，更不能以间谍罪论处。对于虽在间谍组织中工作，但未履行参加间谍组织的手续，也未进行任何活动，而只从事一般勤杂、医务、传达等单纯行政性事务活动的，一般也不应认定为犯罪。

（三）间谍罪的处罚

根据《刑法》第110条和第113条的规定，犯本罪的，处10年以上有期徒刑或者无期徒刑；情节较轻的，处3年以上10年以下有期徒刑；如果对国家和人民危害特别严重、情节特别恶劣的，可以判处死刑。此外，根据《刑法》第56条和第113条的规定，应当附加剥夺政治权利；可以并处没收财产。

【为境外窃取、刺探、收买、非法提供国家秘密、情报罪】

（一）为境外窃取、刺探、收买、非法提供国家秘密、情报罪的定义和特征

为境外窃取、刺探、收买、非法提供国家秘密、情报罪，是指为境外的机构、组织、人员窃取、刺探、收买、非法提供国家秘密或者情报，危害中华人民共和国国家安全的行为。本罪的特征是：

1. 客体是国家的主权、领土完整与安全、国家政权与社会主义制度等方面的安全与利益。犯罪对象是国家秘密、情报。所谓国家秘密，根据《保守国家秘密法》（2024 年修正）第 2 条和第 13 条的规定，是指关系国家安全和利益，依照法定程序确定，在一定时间内只限一定范围内的人员知悉的事项，包括：（1）国家事务重大决策中的秘密事项。（2）国防建设和武装力量活动中的秘密事项。（3）外交和外事活动中的秘密事项以及对外承担保密义务的事项。（4）国民经济和社会发展中的秘密事项。（5）科学技术中的秘密事项。（6）维护国家安全和追查刑事犯罪中的秘密事项。（7）经国家保密行政管理部门确定的其他秘密事项，以及政党的秘密事项中符合第 13 条第 1 款规定的事项。所谓情报，根据司法解释①，是指关系到国家安全和利益、尚未公开或者依照有关规定不应公开的事项。人民法院审理案件时，需要对有关事项是否属于情报进行鉴定的，由国家保密工作部门或者省、自治区、直辖市保密工作部门鉴定。

2. 客观方面表现为为境外的机构、组织、人员窃取、刺探、收买、非法提供国家秘密或者情报的行为。所谓境外的机构、组织、人员，是指境外国家或地区非间谍性质的机构、组织及其人员，如境外国家或地区的政府普通机构、经济组织、文化单位、新闻单位、科学研究机构、宗教团体及其人员，以及这些机构、组织在我国境内设立的派驻机构、分支组织及其人员，还包括不隶属于任何境外机构、组织的境外人员等。所谓窃取，在这里是指非法偷盗国家秘密、情报。所谓刺探，在这里是指非法探知国家秘密、情报。所谓收买，在这里是指以财物或者其他物质利益向他人非法交换国家秘密、情报。所谓非法提供，在这里是指国家秘密或情报的持有人，将自己知悉、管理、掌握的国家秘密或者情报非法出售、提交、告知境外机构、组织或人员。行为人只要实施了上述窃取、刺探、收买或非法提供国家秘密、情报的行为之一的，即具备了构成本罪的客观基础。

3. 主体是一般主体，限于自然人，刑事责任年龄为 16 周岁以上。中国公民、外国公民或无国籍人都可以成为本罪的主体。

4. 主观方面是直接故意。只要行为人知道或者应当知道行为对象是国家秘密或没有标明密级的事项关系到国家的安全和利益，而决意为境外机构、组织、人员窃取、刺探、收买、非法提供的，就具备本罪的直接故意。

（二）认定为境外窃取、刺探、收买、非法提供国家秘密、情报罪应注意的问题

1. 本罪与非罪的界限。行为人是否具有为境外的机构、组织、人员窃取、

---

① 2001 年最高人民法院《关于审理为境外窃取、刺探、收买、非法提供国家秘密、情报案件具体应用法律若干问题的解释》。

刺探、收买、非法提供国家秘密、情报，危害中华人民共和国国家安全的直接故意，并实施了为境外的机构、组织、人员窃取、刺探、收买、非法提供国家秘密、情报的行为，是划分本罪与非罪的基本界限。根据《保守国家秘密法》第 30 条的规定，机关、单位向境外或者向境外在中国境内设立的组织、机构提供国家秘密，任用、聘用的境外人员因工作需要知悉国家秘密的，按照国家有关规定办理。经过国家有关部门依照严格程序审批，有限度地将某些国家秘密予以开放，同境外机构、组织、人员互换情报、交流资料的，是合法行为，不应认定为犯罪，更不能以本罪论处。

2. 本罪与间谍罪的界限。二者的主要区别在于：（1）本罪行为人是为境外非间谍性质的机构、组织、人员窃取、刺探、收买、非法提供国家秘密或者情报，后者行为人的窃取、刺探、收买、非法提供国家秘密或者情报的活动则是服务于间谍组织的。（2）本罪的行为只限于与国家秘密、情报有关的窃取、刺探、收买、非法提供等活动；而后者不仅可以表现为各种情报活动，还可以表现为参加间谍组织、接受间谍组织及其代理人的任务，以及为敌人指示轰击目标等活动。

（三）为境外窃取、刺探、收买、非法提供国家秘密、情报罪的处罚

根据《刑法》第 111 条和第 113 条的规定，犯本罪的，处 5 年以上 10 年以下有期徒刑；情节特别严重的，处 10 年以上有期徒刑或者无期徒刑；情节较轻的，处 5 年以下有期徒刑、拘役、管制或者剥夺政治权利；如果对国家和人民危害特别严重、情节特别恶劣的，可以判处死刑。此外，根据《刑法》第 56 条和第 113 条的规定，应当附加剥夺政治权利；可以并处没收财产。

三、危害国家安全罪中的其他犯罪

【武装叛乱、暴乱罪】

武装叛乱、暴乱罪，是指组织、策划、实施武装叛乱或者武装暴乱或者是策动、胁迫、勾引、收买国家机关工作人员、武装部队人员、人民警察、民兵进行武装叛乱或者武装暴乱的，危害中华人民共和国国家安全的行为。本罪的特征是：（1）客体是国家的安全。（2）客观方面表现为组织、策划、实施武装叛乱或者武装暴乱的行为或者是策动、胁迫、勾引、收买国家机关工作人员、武装部队人员、人民警察、民兵进行武装叛乱或者武装暴乱的行为。武装叛乱和武装暴乱，都是以武装或暴力方式及较大规模形式实施的危害国家安全的破坏行为，区别的关键在于叛乱具有叛变或投奔境外的性质，而暴乱则是在境内实施的烧杀掠夺等破坏行为。策动、胁迫、勾引、收买国家机关工作人员、武装部队人员、人民警察、民兵进行武装叛乱或者武装暴乱的，成立本罪。（3）主体是一般主体。（4）主观方面是直接故意。

犯本罪的，依照《刑法》第 104 条、第 106 条、第 113 条和第 56 条的规

定处罚。策动、胁迫、勾引、收买国家机关工作人员、武装部队人员、人民警察、民兵进行武装叛乱或者武装暴乱的，依照该罪的规定从重处罚。

【资助危害国家安全犯罪活动罪】

资助危害国家安全犯罪活动罪，是指境内外机构、组织或者个人资助实施特定的危害国家安全的犯罪活动，危害中华人民共和国国家安全的行为。本罪的特征是：（1）客体是国家安全。（2）客观方面表现为境内外机构、组织或者个人资助实施背叛国家、分裂国家、煽动分裂国家、武装叛乱、暴乱、颠覆国家政权、煽动颠覆国家政权七种危害国家安全的犯罪活动的行为。（3）主体是一般主体。自然人和单位均可构成。（4）主观方面是直接故意。

犯本罪的，依照《刑法》第 107 条、第 113 条和第 56 条的规定处罚。

【投敌叛变罪】

投敌叛变罪，是指中国公民投奔敌方，或者在被敌人捕、俘后投降敌人，危害中华人民共和国国家安全的行为。本罪的特征是：（1）客体是国家安全。（2）客观方面表现为投奔敌方，或者在被敌人捕、俘后投降敌人，危害中华人民共和国国家安全的行为。（3）主体是特殊主体，即只能是中国公民。（4）主观方面是直接故意。

犯本罪的，依照《刑法》第 108 条、第 113 条和第 56 条的规定处罚。

【叛逃罪】

叛逃罪，是指国家机关工作人员在履行公务期间，擅离岗位，叛逃境外或者在境外叛逃，或者掌握国家秘密的国家工作人员叛逃境外或者在境外叛逃的行为。本罪的特征是：（1）客体是国家安全。（2）客观方面表现为国家机关工作人员在履行公务期间，擅离岗位，叛逃境外或者掌握国家秘密的国家工作人员叛逃境外或者在境外叛逃的行为。（3）主体是特殊主体，即国家机关工作人员和掌握国家秘密的国家工作人员。（4）主观方面是直接故意。

犯本罪的，依照《刑法》第 109 条、第 113 条和第 56 条的规定处罚。

【资敌罪】

资敌罪，是指战时供给敌人武器装备、军用物资资敌，危害中华人民共和国国家安全的行为。本罪的特征是：（1）客体是国家安全。（2）客观方面表现为在战时向敌人提供武器装备、军用物资的行为。（3）主体是特殊主体，即只能是中国公民。（4）主观方面是直接故意。

犯本罪的，依照《刑法》第 112 条、第 113 条和第 56 条的规定处罚。

第十九章

危害公共安全罪

一、危害公共安全罪概述

危害公共安全罪，是指故意或者过失地实施危害不特定多数人的生命健康，或者重大公私财产安全的行为。本罪名属于类罪名。本类罪的特征是：

第一，客体是社会公共安全，即不特定多数人的生命健康和重大公私财产的安全，是本类罪行为的本质特性。这里的不特定，意味着行为人在主观上对于自己行为侵害的对象和可能造成的结果事实上无法具体预见，在客观上不可能具体控制。因而行为具有危害不可确定的众多人员的生命健康或重大公私财产安全的严重性质。在危害公共安全罪中，行为人危害公共安全的行为可能造成多人死亡或损害了重大公私财产，也有可能仅造成少量人员的伤亡或少量财产的损失，但这些实际的具体后果都不影响行为本身所具有的性质，只要符合本类罪中具体犯罪的犯罪构成，均应以危害公共安全罪论处。

第二，客观方面表现为行为人实施了危害公共安全的行为。从行为的类型上看，本类罪可以归纳为以下五类：第一类是以危险方法危害公共安全的犯罪，如放火罪。第二类是破坏交通工具、公共设施危害公共安全的犯罪，如破坏交通工具、破坏易燃易爆设备罪。第三类是实施暴力、恐怖活动危害公共安全的犯罪，如组织、领导、参加恐怖活动罪。第四类是违反枪支、弹药、爆炸物和危险物质管理规定危害公共安全的犯罪，如非法制造、买卖、运输、储存危险物质罪。第五类是违反有关法规，过失造成重大事故危害公共安全的犯罪，如铁路运营安全事故罪。从行为基本表现形式上看，有的是不作为方式，如教育设施重大安全事故罪；有些是作为方式，如组织、领导、参加恐怖组织罪；还有的既可以是作为，也可以是不作为方式，如爆炸罪。从犯罪构成所要求的危害结果看，既有结果犯，也有危险犯、行为犯。

第三，主体是自然人或者单位。有的犯罪只能由自然人构成；有的犯罪只能由单位构成；还有的犯罪构成既可由自然人构成，也可由单位构成。

作为自然人犯罪主体，在本类罪中有下列情形：第一，一般主体的犯罪和特殊主体的犯罪。前者如盗窃、抢夺枪支、弹药、爆炸物、危险物质罪，只需已满16周岁并具备辨认和控制能力的自然人即可成为该罪的主体，并不需要特定的身份；后者如丢失枪支不报罪，行为人必须是依法配备公务用枪的人员，才可以成为该罪的主体。第二，完全刑事责任年龄主体的犯罪和相对刑事责任年龄主体的犯罪，前者如非法持有、私藏枪支、弹药罪，行为人须已满16周岁才能成为该罪的主体；后者如放火罪、爆炸罪，行为人只要已满14周岁即可成为犯罪主体。

作为犯罪主体，在本类罪中有下列情形：第一，只能由单位主体构成的犯罪，如违规制造、销售枪支罪，只能由依法指定、确定的强制制造企业或者销售企业构成该罪。第二，既可由单位主体，也可由自然人主体构成的犯罪，如帮助恐怖活动罪。

第四，主观方面既有故意，也有过失。

二、危害公共安全罪中的主要犯罪

【放火罪】

（一）放火罪的定义和特征

放火罪，是指故意用放火的方法侵害不特定多数人的生命健康，或者焚毁重大公私财产，危害公共安全的行为。本罪的特征是：

1. 客体是公共安全，即不特定多数人的生命健康和重大公私财产安全。

2. 客观方面表现为用放火的方法侵害不特定多数人的生命健康，或者焚毁重大公私财产，危害公共安全的行为。放火，是指行为人故意实施引燃物质，意图制造火灾的行为。放火行为可以是作为，如主动点燃易燃物；也可以是不作为，如负有维修义务的电工，故意不维修已损坏的设备从而引发火灾的行为。

3. 主体是一般主体，限于自然人，刑事责任年龄在14周岁以上。

4. 主观方面是故意，包括直接故意和间接故意。犯罪动机不影响本罪的成立。

（二）认定放火罪应注意的问题

1. 本罪与放火方式杀害特定人或者毁坏特定财物的犯罪之间的界限。两者区别的关键在于看放火行为是否危害了公共安全。行为人虽然以特定的个人或者财物为对象，但其实施的放火行为严重危害了公共安全，符合本罪犯罪构成的，即应以本罪论处。如果行为人以放火方式故意杀害特定个人或者毁坏特定的公私财物，且在实际实施中并未危害公共安全的，不应以本罪论处，而应根据情况，以故意杀人罪或故意毁坏公私财物罪论处。

2. 本罪的既遂。本罪是危险犯，其既遂形态不是以实际造成严重结果为标准，而是以形成法定的客观危险状态为标志。只要行为人实施了放火行为，造成了足以危害公共安全的危险状态，不论是否实际造成严重后果，都构成本罪既遂。足以危害公共安全，是指放火行为已经对不特定多数人的生命健康和重大公私财产造成了严重威胁，使其处于即将发生实际损坏的危险状态。这种危险状态继续发展的结果就是必然造成不特定多数人的生命健康和重大公私财产遭受实际的严重损害，即造成严重后果。尚未造成严重后果，可以是下列情形之一：（1）行为人实施了放火行为，已经点燃了可燃物，但并没有造成犯罪对象实际侵害的；（2）行为人实施了放火行为，已经点燃了可燃物，但只是造成犯罪对象轻微损害的。

3. 本罪的一罪与数罪。对于行为人实施其他犯罪后，又用放火的方法毁灭罪证，足以危害公共安全的，应以其他犯罪与本罪实行数罪并罚。

（三）放火罪的处罚。

依照《刑法》第114条和第115条第1款的规定，放火尚未造成严重后果的，处3年以上10年以下有期徒刑；致人重伤、死亡或者使公私财产遭受重大损失的，处10年以上有期徒刑、无期徒刑或者死刑。

【爆炸罪】

（一）爆炸罪的定义和特征

爆炸罪，是指故意用爆炸的方法侵害不特定多数人的生命健康，或者焚毁重大公私财产，危害公共安全的行为。本罪的特征是：

1. 客体是公共安全，即不特定多数人的生命健康和重大公私财产安全。

2. 客观方面表现为用爆炸的方法侵害不特定多数人的生命健康，或者焚毁重大公私财产，危害公共安全的行为。爆炸，是指行为人通过引发爆炸物或者其他方法制造爆炸的行为。爆炸行为可以是作为，如主动引爆爆炸物；也可以是不作为，如负有安全保障任务的锅炉工，对于出现严重安全隐患的锅炉不维修从而引发爆炸的行为。爆炸类型多种多样，如物理爆炸、化学爆炸等，从爆炸原因来看，有气体燃烧引发的爆炸，有压力变化引发的爆炸，也有高科技手段制造的爆炸等。

3. 主体是一般主体，限于自然人，刑事责任年龄在14周岁以上。

4. 主观方面是故意。

（二）认定爆炸罪应注意的问题

1. 本罪与以爆炸方式杀害特定人或者毁坏特定财物的犯罪之间的界限。两者区别的关键在于看爆炸行为是否危害了公共安全。行为人虽然以特定的个人或者财物为对象，但爆炸行为严重危害了公共安全，符合本罪犯罪构成的，即应以本罪论处。如果行为人以爆炸方式故意杀害特定个人或者毁坏特定的公私财物，且在实际实施中并未危害公共安全的，不应以本罪论处，而应根据情况，以故意杀人罪或故意毁坏公私财物罪论处。

2. 本罪的既遂。本罪是危险犯，其既遂形态不是以实际造成严重结果为标准，而是以形成法定的客观危险状态为标志。只要行为人实施爆炸行为，造成了足以危害公共安全的危险状态，不论是否实际造成严重后果，都构成本罪既遂。

3. 本罪的一罪与数罪。对于行为人实施其他犯罪后，又用爆炸的方法毁灭罪证，足以危害公共安全的，应以其他犯罪与本罪实行数罪并罚。

（三）爆炸罪的处罚。

依照《刑法》第114条和第115条第1款的规定，爆炸尚未造成严重后果的，处3年以上10年以下有期徒刑；致人重伤、死亡或者使公私财产遭受重大损失的，处10年以上有期徒刑、无期徒刑或者死刑。

【投放危险物质罪】

（一）投放危险物质罪的定义和特征

投放危险物质罪，是指故意投放毒害性、放射性、传染病病原体等物质，危害公共安全的行为。本罪的特征是：

1. 客体是公共安全，即不特定多数人的生命健康和重大公私财产安全。

2. 客观方面表现为行为人投放毒害性、放射性、传染病病原体等物质，危害公共安全的行为。毒害性物质，是指含有毒素并能用于毒害人、畜，毁坏植物的有机物或者无机物的总和。毒害性物质包括固态、液态和气态三种。放射性物质，是指能够用产生的辐射源来伤害、残害人体或者牲畜，毁坏植物的物质。放射性物质包括核材料和放射性同位素物质。传染病病原体，是指能够直接用来使人、畜感染上传染病的物质。传染病病原体通常包括细菌、病毒、衣原体、支原体等。与上述三类物质的危害性相当的毒害物质，也属于本罪中危险物质的范畴。行为人只要投放了上述危险物质之一，就符合本罪的客观方面要求。

3. 主体是一般主体，限于自然人，刑事责任年龄在14周岁以上。

4. 主观方面是故意。

（二）认定投放危险物质罪应注意的问题

1. 本罪与以投放危险物质的方式杀害特定人或者毁坏特定财物的犯罪之间的界限。两者区别的关键在于看投放危险物质行为是否危害了公共安全。行为人虽然以特定的个人或者财物为对象，但投放危险物质的行为严重危害了公共安全，符合本罪犯罪构成的，即应以本罪论处。如果行为人以投放危险物质的方式故意杀害特定个人或者毁坏特定的公私财物，且在实际实施中并未危害公共安全的，不应以本罪论处，而应根据情况，以故意杀人罪或故意毁坏公私财物罪论处。

2. 本罪的既遂。本罪是危险犯，其既遂形态不是以实际造成严重结果为标准，而是以形成法定的客观危险状态为标志。只要行为人实施投放危险物质行为，造成了足以危害公共安全的危险状态，不论是否实际造成严重后果，都构成本罪既遂。

3. 本罪的一罪与数罪。根据司法解释的规定[①]，违反国家规定，排放、倾倒、处置含有毒害性、放射性、传染病病原体等物质的污染物，同时构成污染环境罪、非法处置进口的固体废物罪、投放危险物质罪等犯罪的，依照处罚较重的规定定罪处罚。

（三）投放危险物质罪的处罚。

依照《刑法》第 114 条和第 115 条第 1 款的规定，投放危险物质尚未造成严重后果的，处 3 年以上 10 年以下有期徒刑；致人重伤、死亡或者使公私财产遭受重大损失的，处 10 年以上有期徒刑、无期徒刑或者死刑。

【以危险方法危害公共安全罪】

（一）以危险方法危害公共安全罪的定义和特征

以危险方法危害公共安全罪，是指行为人故意以放火、决水、爆炸以及投放毒害性、放射性、传染病病原体等危险物质以外的其他危险方法危害公共安全的行为。本罪的特征是：

1. 客体是公共安全，即不特定多数人的生命健康和重大公私财产安全。

2. 客观方面表现为行为人以放火、决水、爆炸以及投放毒害性、放射性、传染病病原体等危险物质以外的其他危险方法危害公共安全。本罪的危险方法，是指放火、决水、爆炸以及投放危险物质以外，但是与其危险性质、危险程度等具有相当性的其他方法。从司法实践来看，私拉电网、破坏井下通风设备等方式可以认定为此类危险方法。

根据司法解释的规定，使用设置电网等危险方法破坏野生动物资源，构成非法捕猎、杀害珍贵、濒危野生动物罪或者非法狩猎罪，同时构成《刑法》第 114 条、第 115 条之罪的，依照处罚较重的规定定罪处罚。[②] 故意传播突发传染病病原体，危害公共安全的，依照《刑法》第 114 条、第 115 条定罪处罚。[③] 邪教人员以自焚、自爆或者其他危险方法危害公共安全的，分别依照《刑法》第 114 条、第 115 条定罪处罚。[④]

3. 主体是一般主体，限于自然人，刑事责任年龄在 16 周岁以上。

4. 主观方面是故意。

---

① 2017 年最高人民法院、最高人民检察院《关于办理环境污染刑事案件适用法律若干问题的解释》。

② 2000 年最高人民法院《关于审理破坏野生动物资源刑事案件具体应用法律若干问题的解释》。

③ 2003 年最高人民法院、最高人民检察院《关于办理妨害预防、控制突发传染病疫情等灾害的刑事案件具体应用法律若干问题的解释》。

④ 2017 年最高人民法院、最高人民检察院《关于办理组织、利用邪教组织破坏法律实施等刑事案件适用法律若干问题的解释》。

（二）认定以危险方法危害公共安全罪应注意的问题

本罪的既遂问题。本罪是危险犯，其既遂形态不是以实际造成严重结果为标准，而是以形成法定的客观危险状态为标志。只要行为人实施以危险方法危害公共安全的行为，造成了足以危害公共安全的危险状态，不论是否实际造成严重后果，都构成本罪既遂。

（三）以危险方法危害公共安全罪的处罚。

依照《刑法》第 114 条和第 115 条第 1 款的规定，以危险方法危害公共安全，尚未造成严重后果的，处 3 年以上 10 年以下有期徒刑；致人重伤、死亡或者使公私财产遭受重大损失的，处 10 年以上有期徒刑、无期徒刑或者死刑。

【破坏交通工具罪】

（一）破坏交通工具罪的定义和特征

破坏交通工具罪，是指行为人故意破坏火车、汽车、电车、船只、航空器，足以使火车、汽车、电车、船只、航空器发生倾覆、毁坏危险，危害公共安全的行为。本罪的特征是：

1. 客体是交通运输安全。犯罪对象是正在行驶中的火车、汽车、电车、船只、航空器，包括已交付处于随时使用状态的交通工具。破坏尚未投入使用、正在修理或者封存不用的交通工具，不构成本罪。上述交通工具具有速度快、运载能力大、制动能力强等特点，因此破坏这些交通工具将会造成严重的危害后果，危害公共安全。

2. 客观方面表现为行为人破坏火车、汽车、电车、船只、航空器，足以使火车、汽车、电车、船只、航空器发生倾覆、毁坏危险，危害公共安全的行为。据此，本罪客观方面具有以下三个特征：（1）行为人实施了破坏交通工具的行为。这种破坏性通常涉及交通工具的重要工作部位。（2）行为人所破坏的交通工具必须是正在使用中的交通工具。这里的“使用中”，不仅是在运行中而且应当包括已经交付使用、停机待用或者在使用中的临时存放、停靠等。（3）破坏交通工具的行为，必须达到足以使火车、汽车、电车、船只、航空器发生倾覆、毁坏危险。这里的倾覆，是指使特定交通工具倾倒、颠覆、翻沉或者坠落。毁坏，是指使特定交通工具失去工作性能、报废等。这里的危险，是指使特定交通工具发生倾覆、毁坏的现实可能性。在司法实践中，危险性的判断应该由具有专业资质的部门进行鉴定。对于已经造成交通工具倾覆、毁坏的，是法定刑升格的条件，不是本罪的构成要件。

3. 主体是一般主体，限于自然人，刑事责任年龄在 16 周岁以上。

4. 主观方面是故意。

（二）认定破坏交通工具罪应注意的问题

1. 本罪的既遂问题。本罪是危险犯，只要行为人实施破坏交通工具的行为，造成了足以危害公共安全的危险状态，不论是否实际造成严重后果，都构成本罪既遂。

2. 本罪的一罪与数罪。行为人以非法占有为目的，盗窃正在使用中的特定交通工具的重要部件，不仅数额较大，而且足以使特定的交通工具发生倾覆、毁坏危险，危害公共安全的，应以本罪论处，不实行数罪并罚。对于用放火、爆炸等危险方法破坏特定交通工具，足以危害公共安全的，也应以本罪论处。

（三）破坏交通工具罪的处罚

依照《刑法》第116条和第119条第1款的规定，破坏交通工具，尚未造成严重后果的，处3年以上10年以下有期徒刑；造成严重后果的，处10年以上有期徒刑、无期徒刑或者死刑。

【破坏交通设施罪】

（一）破坏交通设施罪的定义和特征

破坏交通设施罪，是指行为人故意破坏轨道、桥梁、隧道、公路、机场、航道、灯塔、标志或者进行其他破坏活动，足以使火车、汽车、电车、船只、航空器发生倾覆、毁坏危险，危害公共安全的行为。本罪的特征是：

1. 客体是交通运输安全。犯罪对象是轨道、桥梁、隧道、公路、机场、航道、灯塔、标志等设施。公共交通设施安全与交通运输安全密切相关，破坏公共交通设施与破坏交通工具有同等的危害性。

2. 客观方面表现为行为人破坏轨道、桥梁、隧道、公路、机场、航道、灯塔、标志或者进行其他破坏活动，足以使火车、汽车、电车、船只、航空器发生倾覆、毁坏危险，危害公共安全的行为。据此，本罪客观方面具有以下三个特征：（1）行为人实施了破坏轨道、桥梁、隧道、公路、机场、航道、灯塔、标志等交通设施的活动或者其他破坏活动。其他破坏活动，是指与破坏轨道、桥梁、隧道、公路、机场、航道、灯塔、标志等危害性相当的行为。（2）行为人所破坏的交通设施必须是正在使用中的，即已经交付使用或者处于随时待用状态。（3）破坏交通设施的行为，必须达到足以使火车、汽车、电车、船只、航空器发生倾覆、毁坏危险。同样该危险性的判断应该由具有专业资质的部门进行鉴定。

3. 主体是一般主体，限于自然人，刑事责任年龄在16周岁以上。

4. 主观方面是故意。

（二）认定破坏交通设施罪应注意的问题

1. 本罪的既遂问题。本罪是危险犯，只要行为人实施破坏交通设施的行为，造成了足以危害公共安全的危险状态，不论是否实际造成严重后果，都构成本罪既遂。

2. 本罪的一罪与数罪。行为人以非法占有为目的，盗窃正在使用中的交通设施的重要部件，不仅数额较大，而且足以使特定的交通工具发生倾覆、毁坏危险，危害公共安全的，应以本罪论处，不实行数罪并罚。对于用放火、爆炸等危险方法破坏交通设施，足以危害公共安全的，也应以本罪论处。

（三）破坏交通设施罪的处罚

依照《刑法》第117条和第119条第1款的规定，破坏交通设施，尚未造成严重后果的，处3年以上10年以下有期徒刑；造成严重后果的，处10年以上有期徒刑、无期徒刑或者死刑。

【组织、领导、参加恐怖组织罪】

（一）组织、领导、参加恐怖组织罪的定义和特征

组织、领导、参加恐怖组织罪，是指以实施恐怖活动为目的，组织、领导恐怖活动组织或者参加恐怖活动组织的行为。本罪是选择性罪名，其构成特征是：

1. 客体是公共安全。恐怖活动犯罪是当今世界日益猖獗的国际性犯罪之一。恐怖分子采取爆炸、劫持、暗杀、绑架等暴力方法，对国际和平和公共安全构成严重威胁和侵害。2003年12月15日，公安部公布第一批正式认定的"东突"恐怖组织，即东突厥斯坦伊斯兰运动、东突厥斯坦解放组织、世界维吾尔青年代表大会、东突厥斯坦新闻信息中心。

2. 客观方面表现为组织、领导恐怖活动组织或者参加恐怖活动组织的行为。依照《反恐怖主义法》第3条的规定，恐怖活动组织，是指3人以上为实施恐怖活动而组成的犯罪组织。所谓恐怖活动，是指恐怖主义性质的下列行为：（1）组织、策划、准备实施、实施造成或者意图造成人员伤亡、重大财产损失、公共设施损坏、社会秩序混乱等严重社会危害的活动的；（2）宣扬恐怖主义，煽动实施恐怖活动，或者非法持有宣扬恐怖主义的物品，强制他人在公共场所穿戴宣扬恐怖主义的服饰、标志的；（3）组织、领导、参加恐怖活动组织的；（4）为恐怖活动组织、恐怖活动人员、实施恐怖活动或者恐怖活动培训提供信息、资金、物资、劳务、技术、场所等支持、协助、便利的；（5）其他恐怖活动。组织恐怖活动组织，是指发起、创立、组建以实施恐怖活动为目的的组织。领导恐怖活动组织，是指在恐怖活动组织中处于领导、支配地位，并对该组织的活动起策划、决策、指挥、协调作用的行为。根据司法解释的规定，具有下列情形之一的，应当认定为"组织、领导恐怖活动组织"，以组织、领导恐怖组织罪定罪处罚：（1）发起、建立恐怖活动组织的；（2）恐怖活动组织成立后，对组织及其日常运行负责决策、指挥、管理的；（3）恐怖活动组织成立后，组织、策划、指挥该组织成员进行恐怖活动的；（4）其他组织、领导恐怖活动组织的情形。参加恐怖活动组织，是指参加恐怖活动组织成为其成员的行为。具有下列情形之一的，应当认定为"积极参加"，以参加恐怖组织罪定罪处罚：（1）纠集他人共同参加恐怖活动组织的；（2）多次参加恐怖活动组织的；（3）曾因参加恐怖活动组织、实施

恐怖活动被追究刑事责任或者2年内受过行政处罚，又参加恐怖活动组织的；（4）在恐怖活动组织中实施恐怖活动且作用突出的；（5）在恐怖活动组织中积极协助组织、领导者实施组织、领导行为的；（6）其他积极参加恐怖活动组织的情形。[①]

3. 主体是一般主体，限于自然人，刑事责任年龄在16周岁以上。

4. 主观方面是故意。

（二）认定组织、领导、参加恐怖组织罪应注意的问题

1. 本罪与非罪的界限。根据司法解释的规定，具有下列情形之一的，应当认定为《刑法》第120条规定的“组织、领导恐怖活动组织”，以组织、领导恐怖组织罪定罪处罚：（1）发起、建立恐怖活动组织的；（2）恐怖活动组织成立后，对组织及其日常运行负责决策、指挥、管理的；（3）恐怖活动组织成立后，组织、策划、指挥该组织成员进行恐怖活动的；（4）其他组织、领导恐怖活动组织的情形。

具有下列情形之一的，应当认定为《刑法》第120条规定的“积极参加”，以参加恐怖组织罪定罪处罚：（1）纠集他人共同参加恐怖活动组织的；（2）多次参加恐怖活动组织的；（3）曾因参加恐怖活动组织、实施恐怖活动被追究刑事责任或者2年内受过行政处罚，又参加恐怖活动组织的；（4）在恐怖活动组织中实施恐怖活动且作用突出的；（5）在恐怖活动组织中积极协助组织、领导者实施组织、领导行为的；（6）其他积极参加恐怖活动组织的情形。

参加恐怖活动组织，但不具有上述规定情形的，应当认定为《刑法》第120条规定的“其他参加”，以参加恐怖组织罪定罪处罚。犯《刑法》第120条规定的犯罪，又实施杀人、放火、爆炸、绑架、抢劫等犯罪的，依照数罪并罚的规定定罪处罚。[②]

2. 本罪的一罪与数罪。犯组织、领导、参加恐怖组织罪并实施杀人、放火、爆炸、绑架、抢劫等犯罪的，依照数罪并罚的规定定罪处罚。其中，组织、领导恐怖活动组织的，不仅要对其组织、领导行为承担刑事责任，而且还要对其他组织成员为恐怖组织利益所实施的犯罪承担刑事责任，实行数罪并罚。参加恐怖活动组织的，不仅要对其参加恐怖活动组织行为承担刑事责任，也要对其所实施的与恐怖组织有关的犯罪承担刑事责任，实行数罪并罚。

（三）组织、领导、参加恐怖组织罪的处罚

依照《刑法》第120条第1款的规定，组织、领导恐怖活动组织的，处

① 2018年最高人民法院、最高人民检察院、公安部、司法部《关于办理恐怖活动和极端主义犯罪案件适用法律若干问题的意见》。

② 2018年 最高人民法院、最高人民检察院、公安部、司法部《关于办理恐怖活动和极端主义犯罪案件适用法律若干问题的意见》。

10 年以上有期徒刑或者无期徒刑，并处没收财产；积极参加的，处 3 年以上 10 年以下有期徒刑，并处罚金；其他参加的，处 3 年以下有期徒刑、拘役、管制或者剥夺政治权利，可以并处罚金。

【帮助恐怖活动罪】

（一）帮助恐怖活动罪的定义和特征

帮助恐怖活动罪，是指行为人为恐怖活动组织、实施恐怖活动的个人、恐怖活动培训提供资助，或者为恐怖活动组织、实施恐怖活动或者恐怖活动培训招募、运送人员的行为。本罪的特征是：

1. 客体是公共安全。犯罪对象是恐怖活动组织和实施恐怖活动的个人。1999 年 12 月，我国加入了联合国《制止向恐怖主义提供资助的国际公约》。到 2001 年 11 月，我国已经参加了全部反恐怖国际公约 12 项中的 11 项。在刑法中增设帮助恐怖活动罪，表明了我国履行承诺的国际义务和打击恐怖主义的决定和信心。

2. 客观方面表现为行为人故意为恐怖活动组织、实施恐怖活动的个人、恐怖活动培训提供资助，或者为恐怖活动组织、实施恐怖活动或者恐怖活动培训招募、运送人员。对此，应当从以下两个方面予以理解：（1）帮助的对象必须是恐怖活动组织或者实施恐怖活动的个人。（2）必须为恐怖活动组织、实施恐怖活动的个人、恐怖活动培训提供资助，或者为恐怖活动组织、实施恐怖活动或者恐怖活动培训招募、运送人员。这是帮助行为的实行行为化。帮助行为包括两种：一是提供资助，主要表现为提供资金，也可以是提供生活用品、武器弹药、活动场所等，不包括精神支持、舆论帮助。至于资助是否有偿以及资助的时间，不影响犯罪成立。根据司法解释的规定，实施恐怖活动的个人，包括已经实施恐怖活动的个人，也包括准备实施、正在实施恐怖活动的个人；包括在我国领域内实施恐怖活动的个人，也包括在我国领域外实施恐怖活动的个人；包括我国公民，也包括外国公民和无国籍人。二是培训招募、运送人员。①

3. 主体是一般主体，包括自然人和单位。

4. 主观方面是故意。根据司法解释的规定，帮助恐怖活动罪的主观故意，应当根据案件具体情况，结合行为人的具体行为、认知能力、一贯表现和职业等综合认定。②

（二）认定帮助恐怖活动罪应注意的问题

1. 本罪与非罪的界限。根据司法解释的规定，具有下列情形之一的，依

---

① 2018 年最高人民法院、最高人民检察院、公安部、司法部《关于办理恐怖活动和极端主义犯罪案件适用法律若干问题的意见》。

② 2018 年最高人民法院、最高人民检察院、公安部、司法部《关于办理恐怖活动和极端主义犯罪案件适用法律若干问题的意见》。

照以帮助恐怖活动罪定罪处罚：（1）以募捐、变卖房产、转移资金等方式为恐怖活动组织、实施恐怖活动的个人、恐怖活动培训筹集、提供经费，或者提供器材、设备、交通工具、武器装备等物资，或者提供其他物质便利的；（2）以宣传、招收、介绍、输送等方式为恐怖活动组织、实施恐怖活动、恐怖活动培训招募人员的；（3）以帮助非法出入境，或者为非法出入境提供中介服务、中转运送、停留住宿、伪造身份证明材料等便利，或者充当向导、帮助探查偷越国（边）境路线等方式，为恐怖活动组织、实施恐怖活动、恐怖活动培训运送人员的；（4）其他资助恐怖活动组织、实施恐怖活动的个人、恐怖活动培训，或者为恐怖活动组织、实施恐怖活动、恐怖活动培训招募、运送人员的情形。明知是恐怖活动犯罪所得及其产生的收益，为掩饰、隐瞒其来源和性质，而提供资金账户，协助将财产转换为现金、金融票据、有价证券，通过转账或者其他结算方式协助资金转移，协助将资金汇往境外的，以洗钱罪定罪处罚。事先通谋的，以相关恐怖活动犯罪的共同犯罪论处。[①] 对于不知道对方是恐怖活动组织或者实施恐怖活动的人员或者实施恐怖活动的个人的恐吓、威胁，被迫缴纳费用或者提供其他便利条件，不应当以犯罪论处。

2. 本罪与资助危害国家安全犯罪活动罪的界限。二者的主要区别是：（1）犯罪客体不同。本罪客体是公共安全，后者是国家安全。（2）犯罪对象不同。本罪所帮助的为恐怖活动组织、实施恐怖活动的个人，后者所资助的是背叛国家、分裂国家、煽动分裂国家、武装叛乱、暴乱、颠覆国家政权、煽动颠覆国家政权的犯罪活动。

（三）帮助恐怖活动罪的处罚

依照《刑法》第120条之一的规定，犯本罪的，处5年以下有期徒刑、拘役、管制或者剥夺政治权利，并处罚金；情节严重的，处5年以上有期徒刑，并处罚金或者没收财产。单位犯本罪的，对单位判处罚金，并对其直接负责的主管人员和其他直接责任人员，依照上述规定处罚。

【劫持航空器罪】

（一）劫持航空器罪的定义和特征

劫持航空器罪，是指以暴力、胁迫或者其他方法劫持航空器的行为。本罪的特征是：

1. 客体是航空运输安全。本罪中的航空器，是指能在空间航行的设备，如飞机、宇宙飞船等。航空器包括本国的和外国的。根据有关国际公约的规定，航空器分为民用航空器和国家航空器。凡是用于军事、海关、警察部门

① 2018年最高人民法院、最高人民检察院、公安部、司法部《关于办理恐怖活动和极端主义犯罪案件适用法律若干问题的意见》。

的是国家航空器，其他的属于民用航空器。不过，我国刑法中并未有明确区分航空器的类别，一般认为，本罪的航空器是民用航空器，在特殊情形下也可以包括国家航空器。

2. 客观方面表现为以暴力、胁迫或者其他方法劫持航空器的行为。这里的暴力，是指直接对航空器上的人员之人身实施不法有形力，予以身体强制，如捆绑、杀害、伤害等。胁迫，主要是指对航空器上的人员以暴力威胁、要挟，予以精神强制，使其不敢反抗、不能反抗。其他方法，是指上述暴力、胁迫方法以外的任何其他劫持方法。例如，使他人陷入昏迷状态等。这里的劫持，是指行为人强行控制航空器的行为。本罪中被劫持的航空器必须是处于飞行或者使用状态的航空器。在飞行中，是指航空器的装载结束，机舱外部各门已关闭时起，直到打开任一机舱门以便卸载时为止的任何时间；如果飞机是强迫降落的，则在主管部门接管该航空器及其所载人员的财产以前。在使用中，是指从地面人员或机组对某一特定飞行器开始进行飞行前准备起，直到降落后 24 小时止。

3. 主体是一般主体，即刑事责任年龄为 16 周岁以上的自然人。

4. 主观方面是故意。

（二）认定劫持航空器罪应注意的问题

1. 本罪与破坏交通工具罪的界限。二者的主要区别是：（1）犯罪对象不同。本罪的犯罪对象是航空器及其所承载的人员及相关财产，后者的犯罪对象是交通工具，包括火车、汽车、电车、船只和航空器。（2）客观方面表现不同。本罪是以暴力、胁迫或者其他方法劫持航空器，后者是以各种方法破坏交通工具。（3）犯罪目的不同。本罪目的是劫持航空器，后者的目的是破坏交通工具，使之发生倾覆或毁坏。

2. 本罪的既遂。本罪是行为犯，只要行为人着手实施劫持航空器的行为，并实际控制了航空器，即为既遂。如果着手后，由于行为人意志以外的原因而未能实际控制航空器，为本罪未遂。

3. 本罪的一罪与数罪。对于在劫持航空器过程中致人重伤、死亡或者使航空器遭受严重破坏的，仍以本罪论处，不实行数罪并罚。

（三）劫持航空器罪的处罚

依照《刑法》第 121 条的规定，犯本罪的，处 10 年以上有期徒刑或者无期徒刑；致人重伤、死亡或者使航空器遭受严重破坏的，处死刑。

【非法制造、买卖、运输、邮寄、储存枪支、弹药、爆炸物罪】

（一）非法制造、买卖、运输、邮寄、储存枪支、弹药、爆炸物罪的定义和特征

非法制造、买卖、运输、邮寄、储存枪支、弹药、爆炸物罪，是指行为人违反国家有关枪支、弹药、爆炸物管理法规，非法制造、买卖、运输、邮

寄、储存枪支、弹药、爆炸物的行为。本罪的特征是：

1. 客体是国家对枪支、弹药、爆炸物的管理制度和公共安全。其对象是枪支、弹药、爆炸物。根据司法解释①，本罪的枪支包括军用枪支和以火药为动力发射枪弹的非军用枪支，以及以压缩气体等为动力的其他非军用枪支。在实践中，常见的非军用枪支有狩猎枪、土枪、金属弹丸枪、注射麻醉枪、体育运动用枪等。弹药，包括军用子弹、气枪铅弹或者其他非军用子弹，以及手榴弹、炮弹等。爆炸物，包括爆炸装置、炸药、发射药、黑火药、烟火药、雷管、导火索和导爆索等。

2. 客观方面表现为行为人违反国家有关枪支、弹药、爆炸物管理法规，非法制造、买卖、运输、邮寄、储存枪支、弹药、爆炸物的行为。这里的非法，是指违反国家有关枪支、弹药、爆炸物管理法规。非法制造枪支、弹药、爆炸物，是指违法生产、加工、制作、组装、修理、改装、拼装枪支、弹药、爆炸物。非法买卖枪支、弹药、爆炸物，是指违法私自购买、销售或者转让枪支、弹药、爆炸物。非法运输枪支、弹药、爆炸物，是指违法私自运输枪支、弹药、爆炸物。非法邮寄枪支、弹药、爆炸物，是指违法通过快递邮寄等方式寄递枪支、弹药、爆炸物。非法储存枪支、弹药、爆炸物，是指明知是他人非法制造、买卖、运输、邮寄的枪支、弹药而为其存放的行为，或者非法存放爆炸物的行为。② 上述枪支、弹药、爆炸物可以是成品，也可以是半成品。

3. 主体是一般主体，包括自然人和单位。

4. 主观方面是故意。

（二）认定非法制造、买卖、运输、邮寄、储存枪支、弹药、爆炸物罪应注意的问题

1. 本罪的罪与非罪。根据司法解释的规定，个人或者单位非法制造、买卖、运输、邮寄、储存枪支、弹药、爆炸物，具有下列情形之一的，依照《刑法》第 125 条第 1 款的规定，以非法制造、买卖、运输、邮寄、储存枪支、弹药、爆炸物罪定罪处罚：（1）非法制造、买卖、运输、邮寄、储存军用枪支 1 支以上的；（2）非法制造、买卖、运输、邮寄、储存以火药为动力发射枪弹的非军用枪支 1 支以上或者以压缩气体等为动力的其他非军用枪支 2 支以上的；（3）非法制造、买卖、运输、邮寄、储存军用子弹 10 发以上、气枪铅弹 500 发以上或者其他非军用子弹 100 发以上的；（4）非法制造、买卖、运输、邮寄、储存手榴弹 1 枚以上的；（5）非法制造、买卖、运输、邮寄、

① 2009 年最高人民法院《关于审理非法制造、买卖、运输枪支、弹药、爆炸物等刑事案件具体应用法律若干问题的解释》。

② 2009 年最高人民法院《关于审理非法制造、买卖、运输枪支、弹药、爆炸物等刑事案件具体应用法律若干问题的解释》。

储存爆炸装置的；（6）非法制造、买卖、运输、邮寄、储存炸药、发射药、黑火药 1 千克以上或者烟火药 3 千克以上、雷管 30 枚以上或者导火索、导爆索 30 米以上的；（7）具有生产爆炸物品资格的单位不按照规定的品种制造，或者具有销售、使用爆炸物品资格的单位超过限额买卖炸药、发射药、黑火药 10 千克以上或者烟火药 30 千克以上、雷管 300 枚以上或者导火索、导爆索 300 米以上的；（8）多次非法制造、买卖、运输、邮寄、储存弹药、爆炸物的；（9）虽未达到上述最低数量标准，但具有造成严重后果等其他恶劣情节的。但因筑路、建房、打井、整修宅基地和土地等正常生产、生活需要，或者因从事合法的生产经营活动而非法制造、买卖、运输、邮寄、储存爆炸物，数量达到上述规定标准，没有造成严重社会危害，并确有悔改表现的，可依法从轻处罚；情节轻微的，可以免除处罚。①

2. 本罪的共犯。对于非法介绍买卖枪支、弹药、爆炸物的，应以非法买卖枪支、弹药、爆炸物的共犯论处。

（三）非法制造、买卖、运输、邮寄、储存枪支、弹药、爆炸物罪的处罚

依照《刑法》第 125 条的规定，犯本罪的，处 3 年以上 10 年以下有期徒刑；情节严重的，处 10 年以上有期徒刑、无期徒刑或者死刑。单位犯本罪的，对单位判处罚金，并对其直接负责的主管人员和其他直接责任人员，依照上述规定处罚。

【盗窃、抢夺枪支、弹药、爆炸物、危险物质罪】

（一）盗窃、抢夺枪支、弹药、爆炸物、危险物质罪的定义和特征

盗窃、抢夺枪支、弹药、爆炸物、危险物质罪，是指以非法占有为目的，秘密窃取或者公然夺取枪支、弹药、爆炸物以及毒害性、放射性、传染病病原体等物质的行为。本罪的特征是：

1. 客体是国家对枪支、弹药、爆炸物、危险物质的管理制度和公共安全。其对象是枪支、弹药、爆炸物、危险物质。既可以是他人合法持有的枪支、弹药、爆炸物、危险物质，也可以是他人非法持有的。

2. 客观方面表现为行为人秘密窃取或者公然夺取枪支、弹药、爆炸物以及毒害性、放射性、传染病病原体等物质的行为。因此本罪的行为方式包括两种，即秘密窃取和公然夺取。

3. 主体是一般主体，仅限于自然人。

4. 主观方面是故意，且具有非法占有的目的。

（二）认定盗窃、抢夺枪支、弹药、爆炸物、危险物质罪应注意的问题

1. 本罪的罪与非罪。根据司法解释的规定，盗窃、抢夺枪支、弹药、爆

① 2009 年最高人民法院《关于审理非法制造、买卖、运输枪支、弹药、爆炸物等刑事案件具体应用法律若干问题的解释》。

炸物，具有下列情形之一的，应当以本罪定罪处罚：（1）盗窃、抢夺以火药为动力的发射枪弹非军用枪支1支以上或者以压缩气体等为动力的其他非军用枪支2支以上的；（2）盗窃、抢夺军用子弹10发以上、气枪铅弹500发以上或者其他非军用子弹100发以上的；（3）盗窃、抢夺爆炸装置的；（4）盗窃、抢夺炸药、发射药、黑火药1千克以上或者烟火药3千克以上、雷管30枚以上或者导火索、导爆索30米以上的；（5）虽未达到上述最低数量标准，但具有造成严重后果等其他恶劣情节的。[①]

2. 本罪的一罪与数罪。对于行为人为实施其他犯罪而盗窃、抢夺枪支、弹药、爆炸物、危险物质的，应当区分情况处理：（1）对于只是盗窃、抢夺枪支、弹药、爆炸物、危险物质，尚处于实施其他犯罪预备阶段的，以本罪论处；（2）对于盗窃、抢夺枪支、弹药、爆炸物、危险物质后，又以所盗窃、抢夺枪支、弹药、爆炸物、危险物质作为实施其他犯罪的手段或方法的，属于牵连犯，应当以一种罪处罚。

（三）盗窃、抢夺枪支、弹药、爆炸物、危险物质罪的处罚

依照《刑法》第127条第1款、第2款的规定，犯本罪的，处3年以上10年以下有期徒刑；情节严重的，处10年以上有期徒刑、无期徒刑或者死刑。盗窃、抢夺国家机关、军警人员、民兵的枪支、弹药、爆炸物的，处10年以上有期徒刑、无期徒刑或者死刑。

【非法持有、私藏枪支、弹药罪】

（一）非法持有、私藏枪支、弹药罪的定义和特征

非法持有、私藏枪支、弹药罪，是指违反枪支管理规定，非法持有、私藏枪支、弹药的行为。本罪的特征是：

1. 客体是国家对枪支、弹药的管理制度和公共安全。犯罪对象是枪支、弹药，包括军用枪支、弹药和非军用枪支、弹药，其中弹药一般是指子弹、手榴弹、炮弹等。

2. 客观方面表现为行为人违反枪支管理规定，非法持有、私藏枪支、弹药。据此，本罪客观方面具有以下特征：（1）行为人必须违反我国枪支、弹药的管理规定。（2）行为人必须实施了非法持有、私藏枪支弹药的行为。根据司法解释的规定，“非法持有”，是指不符合配备、配置枪支、弹药条件的人员，违反枪支管理法律、法规的规定，擅自持有枪支、弹药的行为。“私藏”，是指依法配备、配置枪支、弹药的人员，在配备、配置枪支、弹药的条件消除后，违反枪支管理法律、法规的规定，私自藏匿所配备、配置的枪支、

---

① 2009年最高人民法院《关于审理非法制造、买卖、运输枪支、弹药、爆炸物等刑事案件具体应用法律若干问题的解释》。

弹药且拒不交出的行为。[①]

3. 主体是一般主体，仅限于自然人。

4. 主观方面是故意。

（二）认定非法持有、私藏枪支、弹药罪应注意的问题

1. 本罪的罪与非罪。根据司法解释的规定，具有下列情形之一的，以非法持有、私藏枪支、弹药罪定罪处罚：（1）非法持有、私藏军用枪支1支的；（2）非法持有、私藏以火药为动力发射枪弹的非军用枪支1支或者以压缩气体等为动力的其他非军用枪支2支以上的；（3）非法持有、私藏军用子弹20发以上、气枪铅弹1000发以上或者其他非军用子弹200发以上的；（4）非法持有、私藏手榴弹1枚以上的；（5）非法持有、私藏的弹药造成人员伤亡、财产损失的。[②] 行为人虽然具有配备、配置枪支、弹药的资格，但其故意携带配备、配置资格以外的其他枪支、弹药的，可以构成本罪。

2. 本罪与非法制造、买卖、运输、邮寄、储存枪支、弹药、爆炸物罪的界限。二者的主要区别是：（1）犯罪主体不同。本罪的主体只能是自然人，后者包括自然人和单位；（2）犯罪对象不同。本罪对象只能是枪支、弹药，后者对象除枪支、弹药外，还包括爆炸物。（3）客观表现不同。本罪表现为非法持有或私藏枪支、弹药的行为，后者则表现为非法制造、买卖、运输、邮寄、储存枪支、弹药、爆炸物的行为。

3. 本罪的一罪与数罪。本罪是选择性罪名。虽然非法持有和私藏行为主体资格有所差异，但对于同一行为人既实施了非法持有枪支、弹药行为，又实施了私藏枪支、弹药行为的，也应以本罪作一罪处罚，不实行数罪并罚。

（三）非法持有、私藏枪支、弹药罪的处罚

依照《刑法》第128条的规定，犯本罪的，处3年以下有期徒刑、拘役或者管制；情节严重的，处3年以上7年以下有期徒刑。

【丢失枪支不报罪】

（一）丢失枪支不报罪的定义和特征

丢失枪支不报罪，是指依法配备公务用枪的人员，丢失枪支不及时报告，造成严重后果的行为。本罪的特征是：

1. 客体是国家对枪支、弹药的管理制度和公共安全。犯罪对象是依法配备的公务用枪。

2. 客观方面表现为指依法配备公务用枪的人员，丢失枪支不及时报告，造成严重后果。据此，本罪客观方面具有以下特征：（1）依法配备公务用枪

---

① 2009年最高人民法院《关于审理非法制造、买卖、运输枪支、弹药、爆炸物等刑事案件具体应用法律若干问题的解释》。

② 2009年最高人民法院《关于审理非法制造、买卖、运输枪支、弹药、爆炸物等刑事案件具体应用法律若干问题的解释》。

的人员丢失枪支。这里的丢失包括遗失、被盗、被抢、被骗等方式。(2) 行为人丢失枪支不及时报告。根据《枪支管理法》第25条的规定，枪支被盗、被抢或者丢失的，立即报告公安机关。因此行为人在丢失枪支以后有及时报告公安机关的义务，行为人不及时报告就是一种不作为行为。不及时报告，是指有报告的条件而没有立即或者马上报告，其有两种情形：一种是丢失枪支后，无正当理由而故意不报告；另一种是丢失枪支后，无正当理由而故意拖延时间报告。在实践中，如果行为人向单位领导或者主管人员报告，而本人所在单位未向公安机关报告的，也应认定为已及时报告。(3) 行为人丢失枪支不及时报告的行为必须造成严重后果。例如，丢失的枪支被犯罪分子用于犯罪活动，丢失的枪支被他人捡拾而发生伤害后果，由于丢失枪支而未完成有关任务，等等。

3. 主体是特殊主体，即依法配备公务用枪的人员。根据《枪支管理法》第5条的规定，公安机关、国家安全机关、监狱等机关的人民警察，人民法院的司法警察，人民检察院的司法警察和担负案件侦查任务的检察人员，海关的缉私人员，在依法履行职责时确有必要使用枪支的，可以配备公务用枪。国家重要的军工、金融、仓储、科研等单位的专职守护、押运人员在执行守护、押运任务时确有必要使用枪支的，可以配备公务用枪。

4. 主观方面是故意。

(二) 认定丢失枪支不报罪应注意的问题

1. 本罪的罪与非罪。如果行为人丢失枪支以后及时报告，即便造成严重后果，也不构成本罪；如果行为人丢失枪支以后不及时报告，但未造成严重后果，也不构成本罪。

2. 本罪与非法出租、出借枪支罪的界限。二者的主要区别是：(1) 犯罪主体不同。本罪的主体是依法配备公务用枪的人员，后者除依法配备公务用枪的人员外，还包括依法配置枪支的人员和依法配备、配置枪支的单位。(2) 犯罪对象不同。本罪对象是依法配备的公务用枪，后者为依法配备公务用枪和依法配置的民用枪支。(3) 客观表现不同。本罪表现为丢失枪支后不及时报告，后者则表现为非法出租、出借依法配备、配置的枪支。(4) 构成犯罪的标准不同。本罪以不法行为造成严重后果为成立条件，但对于非法出租、出借依法配备公务枪支的，不论是否造成严重后果都构成犯罪，而对于非法出租、出借依法配置的公务枪支的，必须造成严重后果才构成犯罪。

3. 本罪的一罪与数罪。对于依法配置公务用枪的人员私自出租、出借枪支，借枪人将该枪支丢失后，将情况告诉配枪人，但配枪人不及时报告，造成严重后果的，应当以本罪与非法出租、出借枪支罪数罪并罚。

(三) 丢失枪支不报罪的处罚

依照《刑法》第129条的规定，犯本罪的，处3年以下有期徒刑或者拘役。

【非法携带枪支、弹药、管制刀具、危险物品危及公共安全罪】

（一）非法携带枪支、弹药、管制刀具、危险物品危及公共安全罪的定义和特征

非法携带枪支、弹药、管制刀具、危险物品危及公共安全罪，是指非法携带枪支、弹药、管制刀具或者爆炸性、易燃性、放射性、毒害性、腐蚀性物品，进入公共场所或者公共交通工具，危及公共安全，情节严重的行为。本罪的特征是：

1. 客体是国家对枪支、弹药、管制刀具、危险物品的管理制度和公共安全。犯罪对象是枪支、弹药、管制刀具、危险物品。这里的枪支、弹药包括军用枪支、弹药和民用枪支、弹药。管制刀具，是指匕首、三棱刀、带有自锁装置的弹簧刀以及其他类似的单刃、双刃、三棱尖刀。无弹簧但有自锁装置的单刃、双刃刀和形似匕首但长度超过匕首的单刃、双刃刀等，都属于管制刀具的范围。危险物质，是指爆炸性、易燃性、放射性、毒害性、腐蚀性物品。

2. 客观方面表现为行为人非法携带枪支、弹药、管制刀具或者爆炸性、易燃性、放射性、毒害性、腐蚀性物品，进入公共场所或者公共交通工具，危及公共安全且情节严重。据此，本罪客观方面具有以下特征：（1）行为人非法携带枪支、弹药、管制刀具或者爆炸性、易燃性、放射性、毒害性、腐蚀性物品，进入公共场所或者公共交通工具。公共场所，是指公共活动的中心场所、体育场所、文化娱乐场所、风景游乐场所、商业服务场所、交通场所等。公共交通工具，是指供社会公众乘坐、运输的各种民用交通工具。（2）上述行为危及公共安全且情节严重。根据司法解释的规定，非法携带枪支、弹药、爆炸物进入公共场所或者公共交通工具，危及公共安全，具有下列情形之一的，属于“情节严重”：（1）携带枪支或者手榴弹的；（2）携带爆炸装置的；（3）携带炸药、发射药、黑火药500克以上或者烟火药1000克以上、雷管20枚以上或者导火索、导爆索20米以上的；（4）携带的弹药、爆炸物在公共场所或者公共交通工具上发生爆炸或者燃烧，尚未造成严重后果的；（5）具有其他严重情节。①

3. 主体是一般主体，限于刑事责任年龄在16周岁以上的自然人。

4. 主观方面是故意。

（二）认定非法携带枪支、弹药、管制刀具、危险物品危及公共安全罪应注意的问题

本罪的罪与非罪。根据司法解释的规定，行为人非法携带炸药、发射药、

---

① 2009年最高人民法院《关于审理非法制造、买卖、运输枪支、弹药、爆炸物等刑事案件具体应用法律若干问题的解释》。

黑火药进入公共场所或者公共交通工具，虽未达到司法解释规定数量标准，但拒不交出的，可以按照本罪定罪处罚；携带的数量达到最低数量标准，能够主动、全部交出的，可不以犯罪论处。[①]

（三）非法携带枪支、弹药、管制刀具、危险物品危及公共安全罪的处罚

依照《刑法》第130条的规定，犯本罪的，处3年以下有期徒刑、拘役或者管制。

【交通肇事罪】

（一）交通肇事罪的定义和特征

交通肇事罪，是指违反交通运输管理法规，因而发生重大事故，致人重伤、死亡或者使公私财产遭受重大损失的行为。本罪的特征是：

1. 客体是交通运输安全管理秩序。交通运输安全管理秩序包括公路、铁路、航空和水上交通运输安全管理秩序。由于刑法规定了重大飞行事故罪和铁路运营事故罪，本罪一般情形下不涉及有关航空和铁路的交通肇事，而主要指发生在公路、水上交通事故，所以本罪的客体主要是公路、水上的交通运输安全管理秩序。根据司法解释的规定，在实行公共交通管理的范围内发生重大交通事故的，依照本罪处理。在公共交通管理的范围外，驾驶机动车辆或者使用其他交通工具致人伤亡或者致使公共财产或者他人财产遭受重大损失，构成犯罪的，分别依照刑法重大责任事故罪、重大劳动安全事故罪、过失致人死亡罪等规定定罪处罚。[②]

2. 客观方面表现为违反交通运输管理法规，因而发生重大事故，致人重伤、死亡或者使公私财产遭受重大损失。据此，本罪客观方面具有以下特征：（1）行为人必须实施了违反交通运输管理法规的行为。交通管理法规，主要是《道路交通安全法》《海上交通安全法》《内河交通安全管理条例》等交通运输管理法规。行为方式既可以是作为，也可以是不作为。（2）违反交通运输管理法规的行为引发生重大事故，致人重伤、死亡或者使公私财产遭受重大损失。

3. 主体是一般主体，仅限于刑事责任年龄为16周岁以上的自然人。本罪的主体包括：（1）直接驾驶交通工具的人员，包括直接驾驶机动车和非机动车等道路交通工具的人员，以及直接驾驶机动船只和非机动船只等水上交通工具的人员。（2）负有直接操纵各种交通设施职责的人员，如铁路道口看守员。（3）直接领导、指挥交通运输的人员，如领航员、调度员等。（4）交通运输安全秩序的管理人员，如交通警察。（5）普通行人、乘车人。根据司法

---

① 2009年最高人民法院《关于审理非法制造、买卖、运输枪支、弹药、爆炸物等刑事案件具体应用法律若干问题的解释》。

② 2000年最高人民法院《关于审理交通肇事刑事案件具体应用法律若干问题的解释》。

解释的规定，单位主管人员、机动车辆所有人或者机动车辆承包人指使、强令他人违章驾驶造成重大交通事故，造成严重后果的，以交通肇事罪定罪处罚。交通肇事后，单位主管人员、机动车辆所有人、承包人或者乘车人指使肇事人逃逸，致使被害人因得不到救助而死亡的，以交通肇事罪的共犯论处。[①]

4. 主观方面是过失。

（二）认定交通肇事罪应注意的问题

1. 本罪的罪与非罪。根据司法解释的规定，交通肇事具有下列情形之一的，应当定罪处罚：（1）死亡 1 人或者重伤 3 人以上，负事故全部或者主要责任的；（2）死亡 3 人以上，负事故同等责任的；（3）造成公共财产或者他人财产直接损失，负事故全部或者主要责任，无能力赔偿数额在 30 万元以上的。交通肇事致 1 人以上重伤，负事故全部或者主要责任，并具有下列情形之一的，以交通肇事罪定罪处罚：（1）酒后、吸食毒品后驾驶机动车辆的；（2）无驾驶资格驾驶机动车辆的；（3）明知是安全装置不全或者安全机件失灵的机动车辆而驾驶的；（4）明知是无牌证或者已报废的机动车辆而驾驶的；（5）严重超载驾驶的；（6）为逃避法律追究逃离事故现场的。[②] 此外，交通肇事是由于不能预见或者不能抗拒的原因引起的，不能认为是犯罪。对于大多数违反交通运输管理法规的行为，如未发生重大事故，均不能以犯罪论处。但在道路上驾驶机动车追逐竞驶，情节恶劣，或者在道路上醉酒驾驶机动车的，虽未发生重大事故，应按危险驾驶罪定罪处罚。

2. 本罪的一罪与数罪。（1）行为人交通肇事构成犯罪后，在驾车逃逸中又违反交通运输法规，过失致人重伤、死亡或者造成公私财产重大损失的，属于同种数罪，处理时仍以本罪作一罪从重处罚。（2）行为人交通肇事构成犯罪后，在驾车逃逸过程中横冲直撞，致不特定多人重伤、死亡或者造成重大公私财产损失的，应以本罪与以危险方法危害公共安全罪实行数罪并罚。（3）行为人在交通肇事后为逃避法律追究，将被害人带离事故现场后隐藏或者遗弃，致使被害人无法得到救助而死亡或者严重残疾的，应当分别以故意杀人罪或者故意伤害罪定罪处罚。但如果行为人的交通肇事行为已经构成犯罪的，应当以交通肇事罪和故意杀人罪或者故意伤害罪数罪并罚。

（三）交通肇事罪的处罚

依照《刑法》第 133 条的规定，犯本罪的，处 3 年以下有期徒刑或者拘役；交通运输肇事后逃逸或者有其他特别恶劣情节的，处 3 年以上 7 年以下有期徒刑；因逃逸致人死亡的，处 7 年以上有期徒刑。

---

① 2000 年最高人民法院《关于审理交通肇事刑事案件具体应用法律若干问题的解释》。

② 2000 年最高人民法院《关于审理交通肇事刑事案件具体应用法律若干问题的解释》。

根据司法解释的规定，“交通运输肇事后逃逸”，是指行为人发生交通事故且成立本罪（不包括为逃避法律追究逃离事故现场的情形）以后，为逃避法律追究而逃跑的行为。“因逃逸致人死亡”，是指行为人在交通肇事后为逃避法律追究而逃跑，致使被害人因得不到救助而死亡的情形。①

【重大责任事故罪】

（一）重大责任事故罪的定义和特征

重大责任事故罪，是指在生产、作业中违反有关安全管理的规定，因而发生重大伤亡事故或者造成其他严重后果的行为。本罪的特征是：

1. 客体是生产、作业安全。

2. 客观方面表现为在生产、作业中违反有关安全管理的规定，因而发生重大伤亡事故或者造成其他严重后果。据此，本罪客观方面具有以下特征：（1）行为必须发生在生产、作业过程中。（2）行为人必须实施了违反有关安全管理规定的行为。主要表现为违反有关安全管理的规章制度，即违反有关安全生产方面的法律法规、操作规程、劳动纪律等行为。也可以表现为违反本单位安全生产、作业的要求或者本单位领导有关安全生产、作业方面的工作安排的行为。（3）由于违反有关安全管理规定，因而发生重大伤亡事故或者造成其他严重后果。根据司法解释的规定，具有下列情形之一的，应当认定为“发生重大伤亡事故或者造成其他严重后果”：（1）造成死亡1人以上或者重伤3人以上的；（2）造成直接经济损失100万元以上的；（3）其他造成严重后果或者重大安全事故的情形。②

3. 主体是一般主体，仅限于刑事责任年龄为16周岁以上的自然人。根据司法解释的规定，主要包括对生产、作业负有组织、指挥或者管理职责的负责人、管理人员、实际控制人、投资人等人员，以及直接从事生产、作业的人员。③

4. 主观方面是过失。

（二）认定重大责任事故罪应注意的问题

本罪的罪与非罪。对于被强迫或者被强行命令而违反规章制度冒险从事生产、作业活动的人员，造成重大责任事故的，不构成犯罪。对于没有违反规章制度，而是由于技术设备、技术条件方面的原因或者技术革新、科学实验失败所造成的重大伤亡事故或者造成其他严重后果的，不应认定为犯罪。

① 2000年最高人民法院《关于审理交通肇事刑事案件具体应用法律若干问题的解释》。

② 2015年最高人民法院、最高人民检察院《关于办理危害生产安全刑事案件适用法律若干问题的解释》。

③ 2015年最高人民法院、最高人民检察院《关于办理危害生产安全刑事案件适用法律若干问题的解释》。

(三) 重大责任事故罪的处罚

依照《刑法》第 134 条第 1 款的规定，犯本罪的，处 3 年以下有期徒刑或者拘役；情节特别恶劣的，处 3 年以上 7 年以下有期徒刑。

【强令、组织他人违章冒险作业罪】

(一) 强令、组织他人违章冒险作业罪的定义和特征

强令、组织他人违章冒险作业罪，是指强令违章冒险作业或者组织他人违章冒险作业，因而发生重大伤亡事故或者造成其他严重后果的行为。本罪的特征是：

1. 客体是生产、作业安全。

2. 客观方面表现为强令他人违章冒险作业或者组织他人违章冒险作业，因而发生重大伤亡事故或者造成其他严重后果。强令他人违章作业，是指强迫或者强行命令职工违反规章制度从事生产、作业活动。组织他人违章冒险作业，是指明知存在重大事故隐患的情况下，不做相应的隐患排除仍然冒险组织作业。根据司法解释的规定，明知存在事故隐患、继续作业存在危险，仍然违反有关安全管理的规定，实施下列行为之一的，应当认定“强令他人违章冒险作业”：(1) 利用组织、指挥、管理职权，强制他人违章作业的；(2) 采取威逼、胁迫、恐吓等手段，强制他人违章作业的；(3) 故意掩盖事故隐患，组织他人违章作业的；(4) 其他强令他人违章作业的行为。“重大伤亡事故或者造成其他严重后果”的标准等同于重大责任事故罪的标准。强令他人违章冒险作业与重大伤亡事故或者造成其他严重后果之间必须存在刑法上的因果关系。①

3. 主体是特殊主体。根据司法解释的规定，主要包括对生产、作业负有组织、指挥或者管理职责的负责人、管理人员、实际控制人、投资人等人员。②

4. 主观方面是过失。

(二) 认定强令、组织他人违章冒险作业罪应注意的问题

本罪的罪与非罪。构成本罪应当以发生重大伤亡事故或者造成其他严重后果为必要条件，否则不以犯罪论处。

(三) 强令、组织他人违章冒险作业罪的处罚

依照《刑法》第 134 条第 2 款的规定，犯本罪的，处 5 年以下有期徒刑或者拘役；情节特别恶劣的，处 5 年以上有期徒刑。

【重大劳动安全事故罪】

(一) 重大劳动安全事故罪的定义和特征

重大劳动安全事故罪，是指安全生产设施或者安全生产条件不符合国家

---

① 2015 年最高人民法院、最高人民检察院《关于办理危害生产安全刑事案件适用法律若干问题的解释》。

② 2015 年最高人民法院、最高人民检察院《关于办理危害生产安全刑事案件适用法律若干问题的解释》。

规定，因而发生重大伤亡事故或者造成其他严重后果的行为。本罪的特征是：

1. 客体是劳动安全。

2. 客观方面表现为安全生产设施或者安全生产条件不符合国家规定，因而发生重大伤亡事故或者造成其他严重后果。据此，本罪客观方面具有以下特征：（1）行为必须发生在生产、作业过程中。（2）行为人必须实施了违反有关安全管理规定的行为。主要表现为违反有关安全管理的规章制度，即违反有关安全生产方面的法律法规、操作规程、劳动纪律等行为。也可以表现为违反本单位安全生产、作业的要求或者本单位领导有关安全生产、作业方面的工作安排的行为。（3）由于违反有关安全管理规定，因而发生重大伤亡事故或者造成其他严重后果。根据司法解释的规定，“重大伤亡事故或者造成其他严重后果”的标准等同于重大责任事故罪中危害后果的认定标准。①

3. 主体是特殊主体，包括单位，也包括自然人。根据司法解释的规定，承担刑事责任者限于直接负责的主管人员和其他直接责任人员，即对安全生产设施或者安全生产条件不符合国家规定负有直接责任的生产经营单位的负责人、管理人员、实际控制人、投资人，以及对安全生产设施或者安全生产条件负有管理、维护职责等人员。②

4. 主观方面是过失。

（二）认定重大劳动安全事故罪应注意的问题

1. 本罪的罪与非罪。安全生产设施或者安全生产条件不符合国家规定，只发生一般事故的，不构成本罪。

2. 本罪与重大责任事故罪的界限。二者的主要区别在于：（1）犯罪主体不同。本罪的犯罪主体是单位或者自然人，后者主体限于自然人。（2）客观方面表现不同。本罪客观方面表现为安全生产设施或者安全生产条件不符合国家规定，因而发生重大伤亡事故或者造成其他严重后果。后者表现为在生产、作业中违反有关安全管理的规定，因而发生重大伤亡事故或者造成其他严重后果的行为。

（三）重大劳动安全事故罪的处罚

依照《刑法》第 135 条的规定，犯本罪的，对直接负责的主管人员和其他直接责任人员，处 3 年以下有期徒刑或者拘役；情节特别恶劣的，处 3 年以上 7 年以下有期徒刑。

---

① 2015 年最高人民法院、最高人民检察院《关于办理危害生产安全刑事案件适用法律若干问题的解释》。

② 2015 年最高人民法院、最高人民检察院《关于办理危害生产安全刑事案件适用法律若干问题的解释》。

三、危害公共安全犯罪中的其他犯罪

【决水罪】

决水罪，是指故意用决水的方式制造水患，侵害不特定多数人的生命健康或者重大公私财产，危害公共安全的行为。本罪的特征是：（1）客体是公共安全。（2）客观方面表现为故意实施了决水的方法制造水患，足以危害公共安全，或者致人重伤、死亡或者使公私财产遭受重大损失的行为。（3）主体为一般主体。（4）主观方面为故意。

犯本罪的，依照《刑法》第 114 条和第 115 条第 1 款的规定处罚。

【失火罪】

失火罪，是指过失引起火灾，致人重伤、死亡或者使公私财产遭受重大损失，危害公共安全的行为。本罪的特征是：（1）客体是公共安全。（2）客观方面表现为行为人过失引起火灾，致人重伤、死亡或者使公私财产遭受重大损失，危害公共安全的行为。（3）主体为一般主体。（4）主观方面为过失。

犯本罪的，依照《刑法》第 115 条第 2 款的规定处罚。

【过失决水罪】

过失决水罪，是指过失引起水患，致人重伤、死亡或者使公私财产遭受重大损失，危害公共安全的行为。本罪的特征是：（1）客体是公共安全。（2）客观方面表现为行为人过失引起水患，致人重伤、死亡或者使公私财产遭受重大损失，危害公共安全的行为。（3）主体为一般主体。（4）主观方面为过失。

犯本罪的，依照《刑法》第 115 条第 2 款的规定处罚。

【过失爆炸罪】

过失爆炸罪，是指过失引起爆炸，致人重伤、死亡或者使公私财产遭受重大损失，危害公共安全的行为。本罪的特征是：（1）客体是公共安全。（2）客观方面表现为行为人过失实施了引起爆炸，致人重伤、死亡或者使公私财产遭受重大损失，危害公共安全的行为。（3）主体为一般主体。（4）主观方面为过失。

犯本罪的，依照《刑法》第 115 条第 2 款的规定处罚。

【过失投放危险物质罪】

过失投放危险物质罪，是指过失投放毒害性、放射性、传染病病原体等物质，致人重伤、死亡或者使公私财产遭受重大损失，危害公共安全的行为。本罪的特征是：（1）客体是公共安全。（2）客观方面表现为行为人过失投放毒害性、放射性、传染病病原体等物质，致人重伤、死亡或者使公私财产遭受重大损失，危害公共安全的行为。（3）主体为一般主体。（4）主观方面为

过失。

犯本罪的，依照《刑法》第 115 条第 2 款的规定处罚。

【过失以危险方法危害公共安全罪】

过失以危险方法危害公共安全罪，是指过失采用与放火、决水、爆炸、投放危险物质等危险性相当的其他危险方法，致人重伤、死亡或者使公私财产遭受重大损失，危害公共安全的行为。本罪的特征是：（1）客体是公共安全。（2）客观方面表现为行为人过失采用与放火、决水、爆炸、投放危险物质等危险性相当的其他危险方法，致人重伤、死亡或者使公私财产遭受重大损失，危害公共安全的行为。（3）主体为一般主体。（4）主观方面为过失。

犯本罪的，依照《刑法》第 115 条第 2 款的规定处罚。

【破坏电力设备罪】

破坏电力设备罪，是指故意破坏电力设备，足以危害公共安全的行为。本罪的特征是：（1）客体是公共安全。犯罪对象是电力设备，即将电力作为能源和动力进行生产、输送、分配的发电、变电、输电和供电设备以及特殊的用电设备。一般消耗电力的用电设备不是本罪对象。（2）客观方面表现为行为人故意破坏电力设备，足以危害公共安全的行为。行为人所破坏电力设备必须正在使用中。根据司法解释的有关规定，必须注意以下三点：其一，尚未安装完毕的电力设备不属于正在使用中的电力设备；其二，已经交付使用，只是由于自然原因或者其他原因，而暂停使用，但尚未作废的电力设备仍属于使用中的电力设备；其三，安装完毕已交付，虽未使用仍认为是在使用中；已安装完毕，并未交付的，不认为是在使用中。（3）主体为一般主体。（4）主观方面为故意。

犯本罪的，依照《刑法》第 118 条和第 119 条第 1 款的规定处罚。

【破坏易燃易爆设备罪】

破坏易燃易爆设备罪，是指故意破坏燃气设备、易燃易爆设备，危害公共安全的行为。本罪的特征是：（1）客体是公共安全。（2）客观方面表现为行为人故意破坏燃气设备、易燃易爆设备，危害公共安全的行为。根据司法解释的有关规定，行为人采用破坏性手段盗窃正在使用的油田输油管道中的油品，构成破坏易燃易爆设备罪、盗窃罪等犯罪的，依照处罚较重的规定定罪处罚。（3）主体为一般主体。（4）主观方面为故意。

犯本罪的，依照《刑法》第 118 条和第 119 条第 1 款的规定处罚。

【过失损坏交通工具罪】

过失损坏交通工具罪，是指过失损坏交通工具，致人重伤、死亡或者其他使公私财产遭受重大损失，危害公共安全的行为。本罪的特征是：（1）客体是交通运输安全。（2）客观方面表现为行为人过失实施了损坏交通工具，致人重伤、死亡或者使公私财产遭受重大损失，危害公共安全的行为。（3）主体为一般主体。（4）主观方面为过失。

犯本罪的，依照《刑法》第 119 条第 2 款的规定处罚。

【过失损坏交通设施罪】

过失损坏交通设施罪，是指过失损坏交通设施，致人重伤、死亡或者其他使公私财产遭受重大损失，危害公共安全的行为。本罪的特征是：（1）客体是交通运输安全。（2）客观方面表现为行为人过失实施了损坏交通设施，致人重伤、死亡或者使公私财产遭受重大损失，危害公共安全的行为。（3）主体为一般主体。（4）主观方面为过失。

犯本罪的，依照《刑法》第 119 条第 2 款的规定处罚。

【过失损坏电力设备罪】

过失损坏电力设备罪，是指过失损坏电力设备，致人重伤、死亡或者其他使公私财产遭受重大损失，危害公共安全的行为。本罪的特征是：（1）客体是公共安全。（2）客观方面表现为行为人过失实施了损坏电力设备，致人重伤、死亡或者使公私财产遭受重大损失，危害公共安全的行为。（3）主体为一般主体。（4）主观方面为过失。

犯本罪的，依照《刑法》第 119 条第 2 款的规定处罚。

【过失损坏易燃易爆设备罪】

过失损坏易燃易爆设备罪，是指过失损坏燃气设备、易燃易爆设备，致人重伤、死亡或者其他使公私财产遭受重大损失，危害公共安全的行为。本罪的特征是：（1）客体是公共安全。（2）客观方面表现为行为人过失实施了损坏燃气设备、易燃易爆设备，致人重伤、死亡或者使公私财产遭受重大损失，危害公共安全的行为。（3）主体为一般主体。（4）主观方面为过失。

犯本罪的，依照《刑法》第 119 条第 2 款的规定处罚。

【准备实施恐怖活动罪】

准备实施恐怖活动罪，是指为实施恐怖活动准备凶器、危险物品或者其他工具的，组织恐怖活动培训或者积极参加恐怖活动培训的，为实施恐怖活动与境外恐怖活动组织或者人员联络的，以及为实施恐怖活动进行策划或者其他准备的行为。犯本罪的，同时构成其他犯罪的，依照处罚较重的规定定罪处罚。

犯本罪的，依照《刑法》第 120 条之二的规定处罚。

【宣扬恐怖主义、极端主义、煽动实施恐怖活动罪】

宣扬恐怖主义、极端主义、煽动实施恐怖活动罪，是指以制作、散发宣扬恐怖主义、极端主义的图书、音频视频资料或者其他物品，或者通过讲授、发布信息等方式宣扬恐怖主义、极端主义的，或者煽动实施恐怖活动的行为。

犯本罪的，依照《刑法》第 120 条之三的规定处罚。

【利用极端主义破坏法律实施罪】

利用极端主义破坏法律实施罪，是指利用极端主义煽动、胁迫群众破坏国家法律确立的婚姻、司法、教育、社会管理等制度实施的行为。

犯本罪的，依照《刑法》第120条之四的规定处罚。

【强制穿戴宣扬恐怖主义、极端主义服饰、标志罪】

强制穿戴宣扬恐怖主义、极端主义服饰、标志罪，是指以暴力、胁迫等方式强制他人在公共场所穿着、佩戴宣扬恐怖主义、极端主义服饰、标志的行为。

犯本罪的，依照《刑法》第120条之五的规定处罚。

【非法持有宣扬恐怖主义、极端主义物品罪】

非法持有宣扬恐怖主义、极端主义物品罪，是指明知是宣扬恐怖主义、极端主义的图书、音频视频资料或者其他物品而非法持有，情节严重的行为。

犯本罪的，依照《刑法》第120条之六的规定处罚。

【劫持船只、汽车罪】

劫持船只、汽车罪，是指以暴力、胁迫或者其他方法劫持船只、汽车，危害公共安全的行为。本罪的特征是：（1）客体是交通运输安全。（2）客观方面表现为行为人以暴力、胁迫或者其他方法劫持船只、汽车，危害公共安全的行为。（3）主体为一般主体。（4）主观方面为故意。

犯本罪的，依照《刑法》第122条的规定处罚。

【暴力危及飞行安全罪】

暴力危及飞行安全罪，是指对飞行中的航空器上的人员使用暴力，危及飞行安全的行为。本罪的特征是：（1）客体是航空飞行安全。（2）客观方面表现为行为人对飞行中的航空器上的人员使用暴力，危及飞行安全的行为。（3）主体为一般主体。（4）主观方面为故意。

犯本罪的，依照《刑法》第123条的规定处罚。

【破坏广播电视设施、公用电信设施罪】

破坏广播电视设施、公用电信设施罪，是指故意破坏广播电视设施、公用电信设施，危害公共安全的行为。本罪的特征是：（1）客体是公共通信和公共信息传播安全。（2）客观方面表现为行为人故意实施了破坏广播电视设施、公用电信设施，危害公共安全的行为。（3）主体为一般主体。（4）主观方面为故意。

犯本罪的，依照《刑法》第124条第1款的规定处罚。

【过失损坏广播电视设施、公用电信设施罪】

过失损坏广播电视设施、公用电信设施罪，是指过失损坏广播电视设施、公用电信设施，危害公共安全的行为。本罪的特征是：（1）客体是公共通信和公共信息传播安全。（2）客观方面表现为行为人过失实施了损坏广播电视设施、公用电信设施，危害公共安全的行为。(3) 主体为一般主体。(4) 主观方面为过失。

犯本罪的，依照《刑法》第 124 条第 2 款的规定处罚。

【非法制造、买卖、运输、储存危险物质罪】

非法制造、买卖、运输、储存危险物质罪，是指违反国家有关危险物质的管理法规，非法制造、买卖、运输、储存毒害性、放射性、传染病病原体等物质，危害公共安全的行为。本罪的特征是：(1) 客体是国家对危险物质的管理制度和公共安全。犯罪对象是毒害性、放射性、传染病病原体等危险物质。(2) 客观方面表现为行为人违反国家有关危险物质的管理法规，非法制造、买卖、运输、储存毒害性、放射性、传染病病原体等物质，危害公共安全。(3) 主体为一般主体。(4) 主观方面为故意。

犯本罪的，依照《刑法》第 125 条第 2 款、第 3 款的规定处罚。

【违规制造、销售枪支罪】

违规制造、销售枪支罪，是指依法被指定、确定的枪支制造企业、销售企业，违反枪支管理规定，擅自制造、销售枪支的行为。本罪的特征是：(1) 客体是国家对枪支制造、销售的管理制度。(2) 客观方面表现为行为人故意违反枪支管理规定，擅自制造、销售枪支的行为。(3) 主体为特殊主体，即依法被指定、确定的枪支制造企业、销售企业。(4) 主观方面为故意。

犯本罪的，依照《刑法》第 126 条的规定处罚。

【抢劫枪支、弹药、爆炸物、危险物质罪】

抢劫枪支、弹药、爆炸物、危险物质罪，是指出于非法占有的目的，当场以暴力、胁迫或者其他方法，劫取枪支、弹药、爆炸物，以及毒害性、放射性、传染病病原体等物质，危害公共安全的行为。本罪的特征是：(1) 客体是国家对枪支、弹药、爆炸物、危险物质的管理制度。(2) 客观方面表现为当场以暴力、胁迫或者其他方法，劫取枪支、弹药、爆炸物，以及毒害性、放射性、传染病病原体等物质，危害公共安全的行为。(3) 主体为一般主体。(4) 主观方面为故意，且具有非法占有的目的。

犯本罪的，依照《刑法》第 127 条第 2 款的规定处罚。

【非法出租、出借枪支罪】

非法出租、出借枪支罪，是指依法配备公务用枪的人员或单位，非法出租、出借枪支，或者依法配置枪支的人员或单位，非法出租、出借枪支，造成严重后果的行为。本罪的特征是：(1) 客体是国家依法配备的公务用枪和依法配置的枪支的管理制度。(2) 客观方面表现为两种情形：第一，依法配备公务用枪的人员或单位，非法出租、出借枪支，造成严重后果的行为；第二，依法配置枪支的人员或单位，非法出租、出借枪支，造成严重后果的行为。(3) 主体为特殊主体，即依法配备、配置枪支的人员或单位。(4) 主观方面为故意。

犯本罪的，依照《刑法》第 128 条第 2 款、第 3 款的规定处罚。

【重大飞行事故罪】

重大飞行事故罪，是指航空人员违反规章制度，致使发生重大飞行事故，造成严重后果，危害公共安全的行为。本罪的特征是：（1）客体是航空运输安全。（2）客观方面表现为行为人违反规章制度，致使发生重大飞行事故，造成严重后果，危害公共安全的行为。（3）主体为特殊主体，即航空人员。（4）主观方面为过失。

犯本罪的，依照《刑法》第 131 条的规定处罚。

【铁路运营安全事故罪】

铁路运营安全事故罪，是指铁路职工违反规章制度，致使发生铁路运营安全事故，造成严重后果，危害公共安全的行为。本罪的特征是：（1）客体是铁路运营安全。（2）客观方面表现为行为人违反规章制度，致使发生铁路运营安全事故，造成严重后果，危害公共安全的行为。（3）主体为特殊主体，即铁路职工。（4）主观方面为过失。

犯本罪的，依照《刑法》第 132 条的规定处罚。

【危险驾驶罪】

危险驾驶罪，是指违反交通管理法规，在道路上以危险方式驾驶机动车，危害公共安全的行为。本罪的特征是：（1）客体是交通运输安全管理秩序和公共交通安全。（2）客观方面表现为行为人违反交通管理法规，在道路上以危险方式驾驶机动车，危害公共安全的行为。这里的“以危险方式驾驶机动车”包括四种情形：一是追逐竞驶，情节恶劣的行为；二是醉酒驾驶机动车的行为；三是从事校车业务或者旅客运输，严重超过额定乘员载客，或者严重超过规定时速行驶的行为；四是违反危险化学品安全管理规定运输危险化学品，危及公共安全的行为。（3）主体为一般主体。（4）主观方面为故意。

犯本罪的，依照《刑法》第 133 条之一的规定处罚。

【妨害安全驾驶罪】

妨害驾驶罪，是指对行驶中的公共交通工具的驾驶人员使用暴力或者抢控驾驶操纵装置，干扰公共交通工具正常行驶，或者驾驶人员在行驶的公共交通工具上擅离职守，与他人互殴或者殴打他人，危及公共安全的行为。本罪的特征是：（1）客体是交通运输安全管理秩序和公共交通安全。（2）客观方面表现为两种类型：其一，对行驶中的公共交通工具的驾驶人员使用暴力或者抢控驾驶操纵装置，干扰公共交通工具正常行驶，危及公共安全；其二，驾驶人员在行驶的公共交通工具上擅离职守，与他人互殴或者殴打他人，危及公共安全。（3）主体在第一类行为中为一般主体，在第二类行为中为特殊主体，即驾驶人员。（4）主观方面为故意。

犯本罪的，依照《刑法》第 133 条之二的规定处罚。

【危险作业罪】

危险作业罪，是指在生产、作业中违反有关安全管理的规定，实施具有发生重大伤亡事故或者其他严重后果的现实危险的行为。本罪的特征是：（1）客体是生产、作业安全。（2）客观方面表现为违反有关安全管理的规定，以危险方式从事生产、作业，具有发生重大伤亡事故或者其他严重后果的现实危险。具体包括三种情形：一是关闭、破坏直接关系生产安全的监控、报警、防护、救生设备、设施，或者篡改、隐瞒、销毁其相关数据、信息的；二是因存在重大事故隐患被依法责令停产停业，停止施工，停止使用有关设备、设施、场所或者立即采取排除危险的整改措施，而拒不执行的。三是涉及安全生产的事项未经依法批准或者许可，擅自从事矿山开采、金属冶炼、建筑施工，以及危险物品生产、经营、储存等高度危险的生产作业活动的。（3）主体为一般主体。（4）主观方面为过失。

犯本罪的，依照《刑法》第134条之一的规定处罚。

【大型群众性活动重大安全事故罪】

大型群众性活动重大安全事故罪，是指举办大型群众性活动违反安全管理规定，因而发生重大伤亡事故或者造成其他严重后果的行为。本罪的特征是：（1）客体是大型群众性活动安全，即大型群众性活动中不特定或者多数人的生命、健康或者重大公私财产安全。（2）客观方面表现为举办大型群众性活动违反安全管理规定，因而发生重大伤亡事故或者造成其他严重后果的行为。安全管理规定，是指国家有关部门为保证大型群众性活动安全、顺利举行制定的管理规定。（3）主体为特殊主体，即对发生大型群众性活动重大安全事故直接负责的主管人员或者其他直接责任人员。直接负责的主管人员，是指大型群众活动策划者、组织者、举办者；其他直接责任人员，是指对大型活动的安全举行、紧急预案负有具体落实、执行职责的人员。（4）主观方面为过失。

犯本罪的，依照《刑法》第135条之一的规定处罚。

【危险物品肇事罪】

危险物品肇事罪，是指违反爆炸性、易燃性、放射性、毒害性、腐蚀性物品的管理规定，在生产、储存、运输、使用中发生重大事故，造成严重后果的行为。本罪的特征是：（1）客体是国家对危险物品生产、储存、运输、使用安全的管理规定。（2）客观方面表现为行为人违反爆炸性、易燃性、放射性、毒害性、腐蚀性物品的管理规定，在生产、储存、运输、使用中发生重大事故，造成严重后果的行为。（3）主体为一般主体。（4）主观方面为过失。

犯本罪的，依照《刑法》第136条的规定处罚。

【工程重大安全事故罪】

工程重大安全事故罪，是指建设单位、设计单位、施工单位、工程监理单位违反国家规定，降低工程质量标准，造成重大安全事故的行为。本罪的特征是：（1）客体是国家对建设工程质量的监督管理秩序。（2）客观方面是建设单位、设计单位、施工单位、工程监理单位违反国家规定，降低工程质量标准，造成重大安全事故的行为。（3）主体为特殊主体，即承担建设工程的建设单位、设计单位、施工单位、工程监理单位。（4）主观方面为过失。

犯本罪的，依照《刑法》第 137 条的规定处罚。

【教育设施重大安全事故罪】

教育设施重大安全事故罪，是指明知校舍或者教育教学设施有危险，而不采取措施或者不及时报告，致使发生重大伤亡事故的行为。本罪的特征是：（1）客体是国家对校舍或者教育教学设施安全的管理制度。（2）客观方面表现为行为人明知校舍或者教育教学设施有危险，而不采取措施或者不及时报告，致使发生重大伤亡事故的行为。（3）主体为特殊主体，即学校、教育机构及科研机构，但是只对直接责任人员追究刑事责任。（4）主观方面为过失。

犯本罪的，依照《刑法》第 138 条的规定处罚。

【消防责任事故罪】

消防责任事故罪，是指违反消防管理法规，经消防监督机构通知采取改正措施而拒绝执行，造成严重后果的行为。本罪的特征是：（1）客体是国家对消防安全的监督管理秩序。（2）客观方面表现为行为人实施了违反消防管理法规，经消防监督机构通知采取改正措施而拒绝执行，造成严重后果的行为。（3）主体为单位，但是只对直接责任人员追究刑事责任。（4）主观方面为过失。

犯本罪的，依照《刑法》第 139 条的规定处罚。

【不报、谎报安全事故罪】

不报、谎报安全事故罪，是指在安全事故发生后，负有报告职责的人员不报或者谎报事故情况，贻误事故抢救，情节严重的行为。本罪的特征是：（1）客体是公共安全。（2）客观方面表现为安全事故发生后，负有报告职责的人员不报或者谎报事故情况，贻误事故抢救，情节严重的行为。这里的“安全事故”，不仅限于生产经营单位发生的安全生产事故、大型群众性活动中发生的重大伤亡事故，还包括刑法分则第二章规定的所有与安全事故有关的事故，但第 133 条、第 138 条除外，因为这两条已将不报告作为构成犯罪的条件之一。（3）主体为特殊主体，即对安全事故负有报告职责的人员。“负有报告职责的人员”，是指负有组织、指挥或者管理职责的负责人、管理人员、实际控制人、投资人，以及其他负有报告职责的人员。[①]（4）主观方面为过失。

犯本罪的，依照《刑法》第 139 条之一的规定处罚。

① 2015 年最高人民法院、最高人民检察院《关于办理危害生产安全刑事案件适用法律若干问题的解释》。

第二十章

破坏社会主义市场经济秩序罪

破坏社会主义市场经济秩序罪，是指违反国家市场经济管理法规，在市场经济运行或经济管理活动中进行非法活动，破坏社会主义市场经济秩序的行为。本罪名属类罪名。本类罪的特征是：

第一，客体是社会主义市场经济秩序。市场经济是通过市场调节社会经济活动、配置社会资源的一种经济体制。市场经济秩序则是国家通过法律对由市场进行资源配置的经济运行过程进行调节所形成的正常、协调和有序的状态。在建立、完善市场经济体制过程中，出现了大量的各种形式的破坏市场经济秩序的犯罪活动。这些犯罪活动严重影响了社会主义市场经济秩序的正常进行，严重损害了市场主体的合法权益。刑法规定本类犯罪，目的在于用刑罚手段惩治破坏社会主义市场经济秩序的犯罪行为，以保护破坏社会主义市场经济秩序。

第二，客观方面表现为违反国家市场经济管理法规，在市场经济运行或经济管理活动中进行非法活动，破坏社会主义市场经济秩序的行为。国家市场经济管理法规的范围很广，其内容涉及商品生产、交换、分配、消费等各个环节。这些市场经济管理法规是国家用以规范人们的经济行为、保护公平竞争、稳定市场经济秩序、加强宏观调控和保护公民权益的有力手段。而本类罪都是在市场经济活动过程中发生的违反一定经济管理法规的行为。同时由于违反的经济管理法规的不同，其行为方式也是多种多样的，其中绝大多数犯罪只能以作为的方式实施，只有少数犯罪表现为不作为的方式，如签订、履行合同失职被骗罪等。

第三，主体是自然人或者单位。作为本类罪的自然人犯罪主体，均必须为16周岁以上。多数犯罪的主体属于一般主体，但也有不少犯罪的主体是特殊主体。作为本类罪的单位犯罪主体，包括两种情况：一是法律仅仅规定某种犯罪主体为单位，而没有具体指明什么单位。二是法律明文规定某种犯罪主体为何种单位，如“公司”“公司、企业”等。对后一种情况而言，如果不是法定的某种单位，则不可能构成该种犯罪。

第四，主观方面绝大多数犯罪是故意，一部分犯罪还要求具有牟利的目的、非法占有的目的或其他目的，只有个别犯罪是过失。根据《刑法》和《关于惩治骗购外汇、逃汇和非法买卖外汇犯罪的决定》的规定，破坏社会主义市场经济秩序罪具体包括109种犯罪，并以节的形式分为八个次类犯罪。

第一节　生产、销售伪劣商品罪

一、生产、销售伪劣商品罪概述

生产、销售伪劣商品罪，是指生产者、销售者违反国家产品质量管理法规，故意生产、销售伪劣商品，破坏商品市场秩序，侵犯消费者合法权益，情节严重的行为。本类罪的特征是：

1. 客体是国家对生产、销售商品质量的管理秩序和消费者的合法权益。

2. 客观方面是违反国家产品质量管理法规，生产、销售伪劣商品，情节严重的行为。

3. 主体是一般主体，已满16周岁的自然人和单位均可以构成本类罪。

4. 主观方面是故意。

二、生产、销售伪劣商品罪中的主要犯罪

【生产、销售伪劣产品罪】

（一）生产、销售伪劣产品罪的定义和特征

生产、销售伪劣产品罪，是指生产者、销售者在产品中掺杂、掺假，以假充真，以次充好或者以不合格产品冒充合格产品，销售金额在5万元以上的行为。本罪的特征是：

1. 客体是复杂客体，即国家对产品质量的监督管理制度和消费者的合法利益。

2. 客观方面表现为生产、销售伪劣产品，销售金额在5万元以上的行为。生产、销售伪劣产品的行为，主要有四种表现形式：（1）在产品中掺杂、掺假。（2）以假充真。（3）以次充好。（4）以不合格产品冒充合格产品。根据司法解释①，在产品中掺杂、掺假，是指在产品中掺入杂物或者异物，致使产品质量不符合国家法律、法规或者产品明示质量标准规定的质量要求，降低、

① 2001年最高人民法院、最高人民检察院《关于办理生产、销售伪劣商品刑事案件具体应用法律若干问题的解释》。

失去应有使用性能的行为。以假充真，是指以不具有某种使用性能的产品冒充具有该种使用性能的产品的行为。以次充好，是指以低等级、低档次产品冒充高等级、高档次产品，或者以残次、废旧零配件组合、拼装后冒充正品或者新产品的行为。不合格产品，是指不符合《产品质量法》规定的质量要求的产品。不仅如此，伪劣产品的销售金额在5万元以上，也是本罪构成客观方面的要件。如果仅有上述行为但销售金额没有达到5万元以上的，则不构成本罪。根据前述司法解释，销售金额，是指生产者、销售者出售伪劣产品后所得和应得的全部违法收入。伪劣产品尚未销售，货值金额达到《刑法》第140条规定的销售金额3倍以上的，以生产、销售伪劣产品罪（未遂）定罪处罚。其中，货值金额以违法生产、销售的伪劣产品的标价计算；没有标价的，按照同类合格产品的市场中间价格计算。货值金额难以确定的，委托指定的估价机构确定。多次实施生产、销售伪劣产品的行为，未经处理的，伪劣产品的销售金额或者货值金额累计。

3. 主体是一般主体，即已满16周岁的自然人和单位均可以构成本罪。

4. 主观方面是故意，过失不构成本罪。

（二）认定生产、销售伪劣产品罪应注意的问题

1. 本罪与非罪的界限。正确认定本罪，要注意区分本罪与生产、销售伪劣产品的一般违法行为的界限。这二者虽然在客观方面都有掺杂、掺假，以假充真，以次充好或者以不合格产品冒充合格产品的行为，但仍有着本质的区别：（1）主观方面，本罪表现为故意，即行为人明知是伪劣产品而予以生产、销售；而一般违法行为者有的是出于故意，有的则对生产、销售伪劣产品并不是明知，而是过失。（2）生产、销售伪劣产品的销售金额在5万元以上的，才构成本罪；销售金额不满5万元的，则不构成本罪，按一般违法行为处理。

2. 本罪与本节规定的生产、销售特定种类的伪劣产品犯罪的界限。《刑法》第141条至第148条规定了生产、销售假药、劣药、不符合食品安全标准的食品等多种特定种类的有关伪劣产品的犯罪。本罪与这些犯罪的主要区别在于：（1）犯罪对象是否特定。本罪是伪劣产品，《刑法》未作特别的限定；后者是《刑法》规定的特别种类的伪劣产品，如假药、劣药等。（2）构成犯罪的标准不同。本罪以销售金额5万元以上为构成犯罪的标准，后者有的是行为犯，有的要求足以造成一定危险甚至后果等作为构成犯罪的标准。生产、销售特别种类的伪劣产品的犯罪，当然也可能触犯《刑法》第140条规定的本罪。这在刑法理论上属于普通法与特别法的法条竞合（或称法规竞合），通常应依特别法，即依生产、销售特别种类的伪劣产品的犯罪的法条论处，但是根据《刑法》第149条第2款的规定，依照处罚较重的规定定罪处罚，即依重法优于轻法的原则处理这类问题。如果生产、销售《刑法》第

141 条至第 148 条所列产品，不构成各该条规定的犯罪，但是销售金额在 5 万元以上的，依照第 140 条，即依照本罪的规定定罪处罚。

（三）生产、销售伪劣产品罪的处罚

根据《刑法》第 140 条和第 150 条的规定，犯本罪的，处 2 年以下有期徒刑或者拘役，并处或者单处销售金额 50%以上 2 倍以下罚金；销售金额在 20 万元以上不满 50 万元的，处 2 年以上 7 年以下有期徒刑，并处销售金额 50%以上 2 倍以下罚金；销售金额在 50 万元以上不满 200 万元的，处 7 年以上有期徒刑，并处销售金额 50%以上 2 倍以下罚金；销售金额在 200 万元以上的，处 15 年有期徒刑或者无期徒刑，并处销售金额 50%以上 2 倍以下罚金或者没收财产。单位犯本罪的，对单位判处罚金，并对其直接负责的主管人员和其他直接责任人员，依照上述规定处罚。

【生产、销售假药罪】

（一）生产、销售、提供假药罪的定义和特征

生产、销售、提供假药罪，是指违反国家药品管理法规，生产、销售、提供假药的行为。本罪的特征是：

1. 客体是复杂客体，即国家对药品的管理制度和不特定多数人的身体健康、生命安全。犯罪对象只限于假药。所谓假药，可以参照《药品管理法》的规定认定。假药主要包括：（1）药品所含成分与国家药品标准规定的成分不符的；（2）以非药品冒充药品或者以他种药品冒充此种药品的；（3）变质的药品；（4）药品所标明的适应症或者功能主治超出规定范围的。

2. 客观方面表现为违反国家药品管理法规，生产、销售、提供假药的行为。（1）违反国家药品管理法规。根据《药品管理法》的规定，生产经营药品的单位必须具备一定的条件，办理法定的手续，在生产、经营中必须严格执行药品质量的规章制度和卫生要求。因此生产、销售、提供假药的行为必然违反国家药品管理法规。（2）生产、销售、提供假药。由于生产者往往只能通过销售行为才能达到营利目的，因此在实践中，生产者通常又是销售者。销售者却未必是直接生产者，确有不少系低价从生产者那里买来假药，然后再高价卖出，赚取差价。行为人只要实施了生产或销售假药中的一个行为，即可构成本罪；若同时实施了上述两种行为，则定一个生产、销售假药罪，不实行数罪并罚。提供假药，是指药品使用单位的人员明知是假药而提供给他人使用的行为。

3. 主体是一般主体，即已满 16 周岁的自然人和单位均可以成为本罪的主体，但是提供假药的主体具有特殊性，即药品使用单位或者其人员。

4. 主观方面是故意，过失不构成本罪。

（二）认定生产、销售、提供假药罪应注意的问题

在实践中，需要注意正确处理本罪与生产、销售伪劣产品罪的关系。假

药也属于伪劣产品，因而本罪与生产、销售伪劣产品罪是特殊与一般的关系。但两罪构成犯罪的标准各不相同：本罪属于行为犯，行为人实施了生产、销售、提供假药行为原则上即可构成犯罪；生产、销售伪劣产品罪属于结果犯，以销售金额在5万元以上为构成条件。根据《刑法》第149条的规定，生产、销售、提供假药构成本罪，同时又构成生产、销售伪劣产品罪的，依照处罚较重的规定定罪处罚。因此生产、销售、提供假药的，原则上应以本罪论处。

（三）生产、销售、提供假药罪的处罚

根据《刑法》第141条和第150条的规定，犯本罪的，处3年以下有期徒刑或者拘役，并处罚金；对人体健康造成严重危害或者有其他严重情节的，处3年以上10年以下有期徒刑，并处罚金；致人死亡或者有其他特别严重情节的，处10年以上有期徒刑、无期徒刑或者死刑，并处罚金或者没收财产。单位犯本罪的，对单位判处罚金，并对其直接负责的主管人员和其他直接责任人员，依照上述规定处罚。

【生产、销售、提供劣药罪】

（一）生产、销售、提供劣药罪的定义和特征

生产、销售、提供劣药罪，是指违反国家药品管理法规，生产、销售、提供劣药，对人体健康造成严重危害的行为。本罪的特征是：

1. 客体是复杂客体，即国家对药品生产、销售使用的管理制度和不特定多数人的身体健康、生命安全。犯罪对象只限于劣药。所谓劣药，可以参照《药品管理法》的规定认定，主要包括：（1）药品成分的含量不符合国家药品标准；（2）被污染的药品；（3）未标明或者更改有效期的药品；（4）未注明或者更改产品批号的药品；（5）超过有效期的药品；（6）擅自添加防腐剂、辅料的药品；（7）其他不符合药品标准的药品。

2. 客观方面表现为违反国家药品管理法规，生产、销售、提供劣药，对人体健康造成严重危害的行为。本罪属于结果犯，除了要有生产、销售、提供劣药的行为之外，还必须有对人体健康造成严重危害的实际结果发生，才能构成本罪。据司法解释①，生产、销售的劣药被使用后，造成轻伤或者重伤，或者轻度残疾、中度残疾，或者器官组织损伤导致一般功能障碍或者严重功能障碍，或者有其他严重危害人体健康情形的，应当认定为“对人体健康造成严重危害”。

3. 主体是一般主体，即已满16周岁的自然人和单位均可以成为本罪的主体。

4. 主观方面是故意，过失不构成本罪。

---

① 2014年最高人民法院、最高人民检察院《关于办理危害药品安全刑事案件适用法律若干问题的解释》。

（二）认定生产、销售、提供劣药罪应注意的问题

主要应区分本罪与生产、销售、提供假药罪的界限。二者的主要区别在于：（1）犯罪对象不同。本罪的对象是劣药，后者的对象则是假药。（2）构成犯罪的具体标准不同。本罪是结果犯，生产、销售、提供劣药，只有发生了对人体健康造成严重危害的结果，才能构成犯罪；后者是行为犯，生产、销售、提供假药即可构成犯罪。

（三）生产、销售、提供劣药罪的处罚

根据《刑法》第142条和第150条的规定，犯本罪的，处3年以上10年以下有期徒刑，并处罚金；后果特别严重的，处10年以上有期徒刑或者无期徒刑，并处罚金或者没收财产。单位犯本罪的，对单位判处罚金，并对其直接负责的主管人员和其他直接责任人员，依照上述规定处罚。

【生产、销售有毒、有害食品罪】

（一）生产、销售有毒、有害食品罪的定义和特征

生产、销售有毒、有害食品罪，是指违反国家食品安全管理法规，在生产、销售的食品中掺入有毒、有害的非食品原料，或者销售明知掺有有毒、有害的非食品原料的食品的行为。本罪的特征是：

1. 客体是复杂客体，即国家对食品安全的管理制度和不特定多数人的身体健康、生命安全。

2. 客观方面表现为违反国家食品安全管理法规，在生产、销售的食品中掺入有毒、有害的非食品原料，或者销售明知掺有有毒、有害的非食品原料的食品的行为。所谓有毒、有害的非食品原料，是指含有毒性元素或者对人体有害的成分而不能作为食品配料或者食品添加剂的物质。例如，用工业酒精兑制假白酒。本罪属于行为犯，只要行为人实施了在生产、销售的食品中掺入有毒、有害的非食品原料，或者销售明知掺有有毒、有害的非食品原料的食品的行为，就构成本罪。此外，根据司法解释①，用盐酸克仑特罗（俗称“瘦肉精”）等禁止在饲料和动物饮用水中使用的药品或者含有该类药品的饲料养殖供人食用的动物，或者销售明知是使用该类药品或者含有该类药品的饲料养殖供人食用的动物的，以本罪追究刑事责任。明知是使用盐酸克仑特罗等禁止在饲料和动物饮用水中使用的药品或者含有该类药品的饲料养殖供人食用的动物，而提供屠宰等加工服务，或者销售其制品的，也以本罪追究刑事责任。

3. 主体是一般主体，即已满16周岁的自然人和单位均可以成为本罪的主体。

---

① 2002年最高人民法院、最高人民检察院《关于办理非法生产、销售、使用禁止在饲料和动物饮用水中使用的药品等刑事案件具体应用法律若干问题的解释》。

4. 主观方面是故意，即明知是有毒、有害的非食品原料而故意掺入其所生产、销售的食品中，或者明知是掺有有毒、有害的非食品原料的食品而故意销售。

(二) 认定生产、销售有毒、有害食品罪应注意的问题

1. 本罪与非罪的界限。在生产、销售的食品中掺入有毒、有害的非食品原料，或者销售掺有有毒、有害的非食品原料的食品的行为，是否构成本罪，主要在于行为人在主观方面是否出于故意。如果明知是有毒、有害的非食品原料而仍掺入到生产、销售的食品中，或者明知是掺有有毒、有害的非食品原料的食品而仍予以销售的，则构成本罪。如果误认为有毒、有害的非食品原料是食品添加剂加入食品中，或者根本不知道是掺有有毒、有害的非食品原料的食品而销售的，尚未造成严重后果的，一般不以犯罪论处，但若造成严重后果的，则应根据其罪过性质，以其他相关罪名论处，不能以本罪论处。

2. 本罪与投放危险物质罪的界限。二者在客观上都可以表现为在食品中掺入有毒物质，在主观上都有掺入有毒物质的故意，因而在实践中有时容易混淆。二者的主要区别在于：第一，本罪只能是行为人在自己生产、销售的食品中掺入有毒、有害物质，行为与食品的生产经营活动密不可分；而后者的行为则不受此限制，行为人可以在任何时间、场所和食品中投放危险物质。第二，本罪在主观上多是出于获取非法利润的目的。行为人在食品中掺入有毒、有害的非食品原料，往往是为了增加食品的数量或者改变食品的色、香、味，以获取更大的不正当利润，对于危害人体健康的后果一般是持过于自信的心理或者是持放任态度；而后者则是出于危害公共安全的故意。第三，本罪在食品中掺入的有毒、有害物质可能是对人体有毒、有害的各种非食品原料，但一般不包括剧毒物品（即使是剧毒物品，也只能是微量掺入）；而后者所投放的则一般是剧毒物品。因此在实践中，凡是基于获取非法利润的目的，在自己生产、销售的食品中掺入有毒、有害的非食品原料的，无论是否造成重大毒害事故，也无论行为人是否预见到会造成重大毒害事故，都只能构成本罪。凡是在不属于自己生产、销售的食品中投放危险物质，危害公共安全的，都只能构成投放危险物质罪。

3. 本罪与重大责任事故罪的界限。本罪与重大责任事故罪相区别的关键，在于主观罪过不同：本罪属于故意犯罪，后者属于过失犯罪。因此如果生产、经营食品的单位的职工在生产、经营食品的过程中，因严重不负责任，违反规章制度，过失地将有毒、有害物质掺入食品中，并造成危害公共安全的严重后果的，或者过失地造成食品被毒物污染，并在不知情下销售，造成严重后果的，应以重大责任事故罪论处。

(三) 生产、销售有毒、有害食品罪的处罚

根据《刑法》第144条和第150条的规定，犯本罪的，处5年以下有期

徒刑，并处罚金；对人体健康造成严重危害或者有其他严重情节的，处5年以上10年以下有期徒刑，并处罚金；致人死亡或者有其他特别严重情节的，处10年以上有期徒刑、无期徒刑或者死刑，并处罚金或者没收财产。单位犯本罪的，对单位判处罚金，并对其直接负责的主管人员和其他直接责任人员，依照上述规定处罚。

【生产、销售不符合安全标准的产品罪】

（一）生产、销售不符合安全标准的产品罪的定义和特征

生产、销售不符合安全标准的产品罪，是指违反国家质量管理法规，生产不符合保障人身、财产安全的国家标准、行业标准的电器、压力容器、易燃易爆产品或者其他不符合保障人身、财产安全的国家标准、行业标准的产品，或者销售明知是以上不符合保障人身、财产安全的国家标准、行业标准的产品，造成严重后果的行为。本罪的特征是：

1. 客体是复杂客体，即国家对产品质量的管理制度和消费者的人身、财产安全。

2. 客观方面表现为违反国家质量管理法规，生产不符合保障人身、财产安全的国家标准、行业标准的电器、压力容器、易燃易爆产品或者其他不符合保障人身、财产安全的国家标准、行业标准的产品，或者销售明知是以上不符合保障人身、财产安全的国家标准、行业标准的产品，造成严重后果的行为。本罪是结果犯，即只有行为人生产不符合安全标准的电器、压力容器、易燃易爆产品或者其他不符合保障人身、财产安全的国家标准、行业标准的产品，或者销售明知是以上不符合保障人身、财产安全的国家标准、行业标准的产品，并已造成了严重后果，才构成本罪。所谓严重后果，在实践中主要是指具有以下情形之一的：（1）致人死亡的。（2）致多人重伤的。（3）造成公私财产损失达2万元以上的等。[①] 如果没有造成严重后果，则不构成本罪。

3. 主体是一般主体，即已满16周岁的自然人和单位均可以成为本罪的主体。

4. 主观方面是故意，过失不构成本罪。

（二）认定生产、销售不符合安全标准的产品罪应注意的问题

1. 本罪与非罪的界限。对于使用本罪中所列产品后发生致人死伤、财产遭受损失的事件，首先要查清事件发生的原因。如果纯粹是消费者或其他非生产、销售环节的过错，则不具备认定生产者、销售者构成犯罪的条件。只有在查清了事件发生的原因是产品本身的质量问题，才有可能认定行为人构成犯罪。但这仅仅是一种可能性，要区分本罪与非罪的界限还必须从以下三个方面考察：（1）看是否违反有关产品质量管理法规，产品是否符合国家标

---

① 高铭暄．新型经济犯罪研究．中国方正出版社，2000：1005.

准、行业标准。如果行为人没有违反有关产品质量管理法规，产品检验合格且符合保障人身、财产安全的国家标准、行业标准，即使造成严重后果，也不构成犯罪。（2）看是否造成严重后果。这是区分本罪与非罪的一个重要法定要件，在司法实践中要严格把握，准确理解其含义。（3）看是否出于故意，过失不构成本罪。

2. 本罪与破坏易燃易爆设备罪的界限。二者的主要区别在于：（1）犯罪客体不同。本罪客体是国家对产品质量的管理制度和消费者的人身、财产安全，后者客体是公共安全。（2）犯罪对象不同。本罪对象是伪劣电器、压力容器、易燃易爆产品或者其他类似性质的伪劣产品，后者对象是燃气设备或者其他易燃易爆设备。（3）客观方面不同。本罪表现为生产、销售不符合安全标准的产品，后者则表现为以各种方法破坏燃气设备或者其他易燃易爆设备的行为。（4）犯罪既遂形态不同。本罪是结果犯，后者是行为犯。

（三）生产、销售不符合安全标准的产品罪的处罚

根据《刑法》第146条和第150条的规定，犯本罪的，处5年以下有期徒刑，并处销售金额50%以上2倍以下罚金；后果特别严重的，处5年以上有期徒刑，并处销售金额50%以上2倍以下罚金。单位犯本罪的，对单位判处罚金，并对其直接负责的主管人员和其他直接责任人员，依照上述规定处罚。

三、生产、销售伪劣商品罪中的其他犯罪

【妨害药品管理罪】

妨害药品管理罪，是指违反药品管理法规，妨害药品管理，足以严重危害人体健康的行为。本罪的特征是：（1）客体是药品监管秩序和社会公众的人身健康安全。（2）客观方面表现为违反药品管理法规，妨害药品管理，足以严重危害人体健康的行为。（3）主体为一般主体，自然人和单位均可构成。（4）主观方面为故意。

犯本罪的，依照《刑法》第142条之一和第150条的规定处罚。

【生产、销售不符合安全标准的食品罪】

生产、销售不符合安全标准的食品罪，是指生产、销售不符合卫生标准的食品，足以造成严重食物中毒事故或者其他严重食源性疾患的行为。本罪的特征是：（1）客体是国家对食品安全的监督管理制度和不特定多数人的身体健康、生命安全。（2）客观方面是违反国家食品安全管理法规，生产、销售不符合食品安全标准的食品，足以造成严重食物中毒事故或者其他严重食源性疾患的行为。根据司法解释①，经省级以上卫生行政部门确定的机构鉴

① 2001年最高人民法院、最高人民检察院《关于办理生产、销售伪劣商品刑事案件具体应用法律若干问题的解释》。

定，食品中含有可能导致严重食物中毒事故或者其他严重食源性疾患的超标准的有害细菌或者其他污染物的，应认定为“足以造成严重食物中毒事故或者其他严重食源性疾患”。（3）主体是一般主体，自然人和单位均可以成为本罪的主体。（4）主观方面是故意。

犯本罪的，依照《刑法》第 143 条和第 150 条的规定处罚。

【生产、销售不符合标准的医用器材罪】

生产、销售不符合标准的医用器材罪，是指生产不符合保障人体健康的国家标准、行业标准的医疗器械、医用卫生材料，或者销售明知是不符合保障人体健康的国家标准、行业标准的医疗器械、医用卫生材料，足以危害人体健康的行为。本罪的特征是：（1）客体是国家对医用器材质量监督管理制度和不特定多数人的身体健康、生命安全。（2）客观方面是违反国家产品质量法规，生产不符合保障人体健康的国家标准、行业标准的医疗器械、医用卫生材料，或者销售明知是不符合保障人体健康的国家标准、行业标准的医疗器械、医用卫生材料，足以危害人体健康的行为。（3）主体是一般主体，自然人和单位均可以成为本罪的主体。（4）主观方面是故意。

犯本罪的，依照《刑法》第 145 条和第 150 条的规定处罚。

【生产、销售伪劣农药、兽药、化肥、种子罪】

生产、销售伪劣农药、兽药、化肥、种子罪，是指生产、销售假农药、假兽药、假化肥，销售明知是假的或者失去使用效能的农药、兽药、化肥、种子，或者生产者、销售者以不合格的农药、兽药、化肥、种子冒充合格的农药、兽药、化肥、种子，使生产遭受较大损失的行为。本罪的特征是：（1）客体是国家对农药、兽药、化肥、种子等农业生产资料的质量管理制度和农业生产的正常进行。（2）客观方面是违反国家对农业生产资料产品的管理法规，生产、销售假农药、假兽药、假化肥，销售明知是假的或者失去使用效能的农药、兽药、化肥、种子，或者生产者、销售者以不合格的农药、兽药、化肥、种子冒充合格的农药、兽药、化肥、种子，使生产遭受较大损失的行为。根据司法解释①，“使生产遭受较大损失”，一般以 2 万元为起点。（3）主体是一般主体，自然人和单位均可以成为本罪的主体。（4）主观方面是故意。

犯本罪的，依照《刑法》第 147 条和第 150 条的规定处罚。

【生产、销售不符合卫生标准的化妆品罪】

生产、销售不符合卫生标准的化妆品罪，是指生产不符合卫生标准的化妆品，或者销售明知是不符合卫生标准的化妆品，造成严重后果的行为。本

① 2001 年最高人民法院、最高人民检察院《关于办理生产、销售伪劣商品刑事案件具体应用法律若干问题的解释》。

罪的特征是：（1）客体是国家对化妆品的卫生监督管理制度和消费者的健康权利。（2）客观方面是违反化妆品卫生质量管理法规，生产不符合卫生标准的化妆品，或者销售明知是不符合卫生标准的化妆品，造成严重后果的行为。（3）主体是一般主体，自然人和单位均可以成为本罪的主体。（4）主观方面是故意。

犯本罪的，依照《刑法》第 148 条和第 150 条的规定处罚。

第二节 走私罪

一、走私罪概述

走私罪，是指违反海关法规，逃避海关监管，运输、携带、邮寄国家禁止、限制进出口或依法应缴纳关税而偷逃关税的货物、物品进出国（边）境，情节严重的行为。本罪名属于次类罪名。本类罪的特征是：

1. 客体是国家的对外贸易管制。

2. 客观方面是违反海关法规，逃避海关监管，运输、携带、邮寄国家禁止、限制进出口或依法应缴纳关税而偷逃关税的货物、物品进出国（边）境，情节严重的行为。

3. 主体是一般主体，即已满 16 周岁的自然人和单位均可以成为本类罪的主体。

4. 主观方面是故意。

二、走私罪中的主要犯罪

【走私文物罪】

（一）走私文物罪的定义和特征

走私文物罪，是指违反海关法规，逃避海关监管，运输、携带、邮寄国家禁止出口的文物出国（边）境的行为。本罪的特征是：

1. 客体是国家对外贸易管制有关禁止文物出口的监管制度。犯罪对象是国家禁止出口的文物。所谓文物，是指人类历史上遗留下来的，在社会上或埋藏在地下的一切有价值的遗迹和遗物。按照海关法规的规定，禁止出口的文物，包括珍贵文物以及其他国家禁止出境的文物。珍贵文物，是指具有重要历史、艺术、科学价值的文物。珍贵文物分为一、二、三级。具有特别重要历史、艺术、科学价值的代表性文物为一级文物，具有重要历史、艺术、科学价值的为二级文物，具有比较重要历史、艺术、科学价值的为三级文物。

其他禁止出境的文物，是指有损国家荣誉、有碍民族团结、易引起边界争端，在政治上有不良影响的文物。

2. 客观方面表现为违反海关法规，逃避海关监管，运输、携带、邮寄国家禁止出口的文物出国（边）境的行为。根据《刑法》第155条的规定，在内海、领海、界河、界湖运输、收购、贩卖国家禁止出口的文物的，以本罪论处。

3. 主体是一般主体，已满16周岁的自然人和单位均可以成为本罪的主体。

4. 主观方面是故意，过失不构成本罪。

（二）认定走私文物罪应注意的问题

主要应区分本罪与非罪的界限。只有走私国家禁止出口文物的，才能构成本罪。如果行为人走私非禁止出口的文物，属于一般走私行为，不能以本罪论处。

（三）走私文物罪的处罚

根据《刑法》第151条第2款、第4款和第157条的规定，犯本罪的，处5年以上10年以下有期徒刑，并处罚金；情节特别严重的，处10年以上有期徒刑或者无期徒刑，并处没收财产；情节较轻的，处5年以下有期徒刑，并处罚金。单位犯本罪的，对单位判处罚金，并对其直接负责的主管人员和其他直接责任人员，依照上述规定处罚。武装掩护走私的，依照第151条第1款的规定从重处罚。

【走私淫秽物品罪】

（一）走私淫秽物品罪的定义和特征

走私淫秽物品罪，是指以牟利或者传播为目的，违反海关法规，逃避海关监管，运输、携带、邮寄淫秽的影片、录像带、录音带、图片、书刊或者其他淫秽物品进出国（边）境的行为。本罪的特征是：

1. 客体是复杂客体，即国家对外贸易管理制度和社会管理秩序。犯罪对象是淫秽物品。根据《刑法》第367条的规定，淫秽物品，是指具体描写性行为或者露骨宣扬色情的诲淫性的书刊、影片、录像带、录音带、图片及其他淫秽物品。有关人体生理、医学知识的科学著作不是淫秽物品。包含有色情内容的有艺术价值的文学、艺术作品不视为淫秽物品。

2. 客观方面表现为违反海关法规，逃避海关监管，运输、携带、邮寄淫秽的影片、录像带、录音带、图片、书刊或者其他淫秽物品进出国（边）境的行为。根据《刑法》第155条的规定，直接向走私人非法收购国家走私进口的淫秽物品，或者在内海、领海、界河、界湖运输、收购、贩卖国家禁止进出口物品的，以本罪论处。

3. 主体是一般主体，即已满16周岁的自然人和单位均可以成为本罪的主体。

4. 主观方面是故意，同时还必须具有牟利或传播的目的。这是构成本罪的必要条件，也是区别于其他走私犯罪的重要标志。所谓以牟利为目的，是指行为人走私淫秽物品，目的在于通过贩卖、放映、租借或展示淫秽物品等方式获取钱财或其他非法物质利益。所谓以传播为目的，是指行为人走私淫秽物品不是为了牟利，也不仅仅是为了供自己使用，而是意图在社会上扩散。只要行为人具有牟利或者传播的目的，不论其牟利或传播的目的实现与否，均不影响本罪的成立。

（二）认定走私淫秽物品罪应注意的问题

主要应区分本罪与非罪的界限。根据司法解释①，走私淫秽物品达到下列数量之一的，属于本罪"情节较轻"，即构成本罪：（1）走私淫秽录像带、影碟50盘（张）至100盘（张）的。（2）走私淫秽录音带、音碟100盘（张）以上的。（3）走私淫秽扑克、书刊、画册100副（册）以上的。（4）走私淫秽照片、画片500张以上的。（5）走私其他淫秽物品相当于上述数量的。走私淫秽物品低于上述数量，情节显著轻微的，不构成本罪，只作为一般走私行为予以行政处罚。

（三）走私淫秽物品罪的处罚

根据《刑法》第152条、第157条的规定，犯本罪的，处3年以上10年以下有期徒刑，并处罚金；情节严重的，处10年以上有期徒刑或者无期徒刑，并处罚金或者没收财产；情节较轻的，处3年以下有期徒刑、拘役或者管制，并处罚金。单位犯本罪的，对单位判处罚金，并对其直接负责的主管人员和其他直接责任人员，依照上述有关规定处罚。武装掩护走私的，依照第151条第1款的规定从重处罚。

【走私普通货物、物品罪】

（一）走私普通货物、物品罪的定义和特征

走私普通货物、物品罪，是指违反海关法规，逃避海关监管，运输、携带、邮寄普通货物、物品进出国（边）境，偷逃应缴税额较大或者一年内曾因走私被给予二次行政处罚后又走私的行为。本罪的特征是：

1. 客体是国家对普通货物、物品进出口的监管制度和征收关税制度。根据《海关法》的规定，进出口货物，应当接受海关监管，进出境物品，应当以自用、合理数量为限，并接受海关监管；准许进出口的货物、进出境的物品，除本法另有规定外，由海关依法征收关税。因此本罪直接侵犯了国家对普通货物、物品进出口的监管制度和征收关税制度。犯罪对象是普通货物、

① 2014年最高人民法院、最高人民检察院《关于办理走私刑事案件适用法律若干问题的解释》。

物品，即除本节其他九种犯罪所走私的货物、物品及毒品以外的货物、物品。

2. 客观方面表现为违反海关法规，逃避海关监管，运输、携带、邮寄普通货物、物品进出国（边）境，偷逃应缴税额较大或者一年内曾因走私被给予二次行政处罚后又走私的行为。这里的“应缴税额”，是指进出口货物、物品应当缴纳的进出口关税和进口环节海关代征税额。走私货物、物品所偷逃的应缴税额，应当以走私行为案发时所适用的税则、税率、汇率和海关审定的完税价格计算，并以海关出具的证明为准。数额较大，根据司法解释①，是指偷逃应缴税额10万元以上的。此外，根据《刑法》第154条的规定，下列走私行为，根据本节规定构成犯罪的，也以本罪论处：（1）未经海关许可并且未补缴应缴税额，擅自将批准进口的来料加工、来件装配、补偿贸易的原材料、零件、制成品、设备等保税货物，在境内销售牟利的。（2）未经海关许可并且未补缴应缴税额，擅自将特定减税、免税进口的货物、物品，在境内销售牟利的。（3）直接向走私人非法收购走私进口的普通货物、物品，数额较大的，或者在内海、领海、界河、界湖运输、收购、贩卖普通货物、物品，数额较大，没有合法证明的，也以本罪论处。

3. 主体是一般主体，即已满16周岁的自然人和单位均可以成为本罪的主体。

4. 主观方面是故意，过失不构成本罪。

（二）认定走私普通货物、物品罪应注意的问题

主要应区分本罪与非罪的界限。首先，要看行为人主观方面是否出于故意。例如，故意将普通货物、物品非法运输、携带、邮寄进出国（边）境，偷逃应缴税额较大的，构成本罪；过失实施上述行为的，不构成本罪。其次，应把握偷逃应缴税额的数量或走私的次数。如果偷逃应缴税额不大，且不属于一年内曾因走私被给予二次行政处罚后又走私的，不构成犯罪，而只是一般违法行为。

（三）走私普通货物、物品罪的处罚

根据《刑法》第153条、第157条的规定，犯本罪的，根据情节轻重，分别依照下列规定处罚：（1）走私货物、物品偷逃应缴税额较大或者一年内曾因走私被给予二次行政处罚后又走私的，处3年以下有期徒刑或者拘役，并处偷逃应缴税额1倍以上5倍以下罚金。（2）走私货物、物品偷逃应缴税额巨大或者有其他严重情节的，处3年以上10年以下有期徒刑，并处偷逃应缴税额1倍以上5倍以下罚金。（3）走私货物、物品偷逃应缴税额特别巨大或者有其他特别严重情节的，处10年以上有期徒刑或者无期徒刑，并处偷逃

① 2014年最高人民法院、最高人民检察院《关于办理走私刑事案件适用法律若干问题的解释》。

应缴税额1倍以上5倍以下罚金或者没收财产。单位犯本罪的，对单位判处罚金，并对其直接负责的主管人员和其他直接责任人员，处3年以下有期徒刑或者拘役；情节严重的，处3年以上10年以下有期徒刑；情节特别严重的，处10年以上有期徒刑。武装掩护走私的，依照第151条第1款的规定从重处罚。对多次走私未经处理的，按照累计走私货物、物品的偷逃应缴税额处罚。根据司法解释①，所谓对多次走私未经处理的，是指对多次走私未经行政处罚的。

三、走私罪中的其他犯罪

【走私武器、弹药罪】

走私武器、弹药罪，是指违反海关法规，逃避海关监管，运输、携带、邮寄武器、弹药进出国（边）境的行为。本罪的特征是：（1）客体是国家对武器、弹药进出境的监督管理制度。（2）客观方面是违反海关法规，逃避海关监管，运输、携带、邮寄武器、弹药进出国（边）境的行为。（3）主体是一般主体，自然人和单位均可以成为本罪的主体。（4）主观方面是故意。

犯本罪的，依照《刑法》第151条第1款、第4款和第157条的规定处罚。

【走私核材料罪】

走私核材料罪，是指违反海关法规，逃避海关监管，运输、携带、邮寄核材料进出国（边）境的行为。本罪的特征是：（1）客体是国家对核材料进出境的监督管理制度。（2）客观方面是违反海关法规，逃避海关监管，运输、携带、邮寄核材料进出国（边）境的行为。（3）主体是一般主体，自然人和单位均可以成为本罪的主体。（4）主观方面是故意。

犯本罪的，依照《刑法》第151条第1款、第4款和第157条的规定处罚。

【走私假币罪】

走私假币罪，是指违反海关法规，逃避海关监管，运输、携带、邮寄伪造的货币进出国（边）境的行为。本罪的特征是：（1）客体是国家对外贸易管制中对假币禁止进出境的制度。（2）客观方面是违反海关法规，逃避海关监管，运输、携带、邮寄伪造的货币进出国（边）境的行为。（3）主体是一般主体，自然人和单位均可以成为本罪的主体。（4）主观方面是故意。

犯本罪的，依照《刑法》第151条第1款、第4款和第157条的规定处罚。

---

① 2014年最高人民法院、最高人民检察院《关于办理走私刑事案件适用法律若干问题的解释》。

【走私贵重金属罪】

走私贵重金属罪，是指违反海关法规，逃避海关监管，运输、携带、邮寄国家禁止出口的黄金、白银和其他贵重金属出国（边）境的行为。本罪的特征是：（1）客体是国家对黄金、白银和其他贵重金属出境的监督管理制度。（2）客观方面是违反海关法规，逃避海关监管，运输、携带、邮寄国家禁止出口的黄金、白银和其他贵重金属出国（边）境的行为。（3）主体是一般主体，自然人和单位均可以成为本罪的主体。（4）主观方面是故意。

犯本罪的，依照《刑法》第 151 条第 2 款、第 4 款和第 157 条的规定处罚。

【走私珍贵动物、珍贵动物制品罪】

走私珍贵动物、珍贵动物制品罪，是指违反海关法规，逃避海关监管，运输、携带、邮寄珍贵动物及其制品进出国（边）境的行为。本罪的特征是：（1）客体是国家对外贸易管制的禁止珍贵动物及其制品进出口的监管制度。犯罪对象是珍贵动物及其制品。根据司法解释①，珍贵动物，包括列入《国家重点保护野生动物名录》中的国家一、二级保护野生动物，《濒危野生动植物种国际贸易公约》附录Ⅰ、附录Ⅱ中的野生动物，以及驯养繁殖的上述动物。而珍贵动物制品，是指上述珍贵动物的皮、肉、毛、骨等制成品。（2）客观方面表现为违反海关法规，逃避海关监管，运输、携带、邮寄珍贵动物及其制品进出国（边）境的行为。（3）主体是一般主体，自然人和单位均可以成为本罪的主体。（4）主观方面是故意。

犯本罪的，依照《刑法》第 151 条第 2 款、第 4 款和第 157 条的规定处罚。

【走私国家禁止进出口的货物、物品罪】

走私国家禁止进出口的货物、物品罪，是指违反海关法规，逃避海关监管，运输、携带、邮寄珍稀植物及其制品等国家禁止进出口的其他货物、物品进出国（边）境的行为。本罪的特征是：（1）客体是国家对珍稀植物及其制品等国家禁止进出口的其他货物、物品的进出境监督管理制度。（2）客观方面是违反海关法规，逃避海关监管，运输、携带、邮寄珍稀植物及其制品等国家禁止进出口的其他货物、物品进出国（边）境的行为。（3）主体是一般主体，自然人和单位均可以成为本罪的主体。（4）主观方面是故意。

犯本罪的，依照《刑法》第 151 条第 3 款、第 4 款和第 157 条的规定处罚。

---

① 2014 年最高人民法院、最高人民检察院《关于办理走私刑事案件适用法律若干问题的解释》。

【走私废物罪】

走私废物罪，是指违反海关法规，逃避海关监管，将境外固体废物、液态废物和气态废物运输进境，情节严重的行为。本罪的特征是：（1）客体是国家对废物入境的管理制度。犯罪对象是废物，即国家禁止进口的固体废物、液态废物、气态废物和国家限制进口的可用作原料的固体废物、液态废物、气态废物。（2）客观方面表现为违反海关法规，逃避海关监管，将境外固体废物、液态废物和气态废物运输进境，情节严重的行为。（3）主体是一般主体，自然人和单位均可以成为本罪的主体。（4）主观方面是故意。

犯本罪的，依照《刑法》第152条第2款、第157条的规定处罚。

第三节　妨害对公司、企业的管理秩序罪

一、妨害对公司、企业的管理秩序罪概述

妨害对公司、企业的管理秩序罪，是指在公司、企业设立、经营、清算过程中违反公司法、企业法的有关规定，妨害国家对公司、企业的管理制度，侵害国家利益或者公司、企业、投资者和债权人的合法权益，情节严重的行为。本罪名属于次类罪名。本类罪的特征是：

1. 客体是国家对公司、企业的管理秩序。

2. 客观方面表现为行为人在公司、企业设立、经营、清算过程中实施了违反公司法、企业法，妨害国家对公司、企业的管理制度，情节严重的行为。

3. 主体既有一般主体，也有特殊主体。刑事责任年龄为16周岁以上。主要有三种情形：一是既可以由自然人构成，也可以由单位构成。包括虚报注册资本罪，虚假出资、抽逃出资罪，欺诈发行股票、债券罪，隐匿、故意销毁会计凭证、会计账簿、财务会计报告罪，对非国家工作人员行贿罪，对外国公职人员、国际公共组织官员行贿罪共六个罪。二是只能由自然人构成。包括非国家工作人员受贿罪，非法经营同类营业罪，为亲友非法牟利罪，签订、履行合同失职被骗罪，国有公司、企业、事业单位人员失职罪，国有公司、企业、事业单位人员滥用职权罪，徇私舞弊低价折股、出售国有资产罪共七个罪。三是只能由单位构成，包括妨害清算罪和违规披露、不披露重要信息罪。

4. 主观方面，多数犯罪由故意构成，少数犯罪主观上只能是过失。

二、妨害对公司、企业的管理秩序罪中的主要犯罪

【欺诈发行股票、债券罪】

（一）欺诈发行证券罪的定义和特征

欺诈发行证券罪，是指在招股说明书，认股书，公司、企业债券募集办法等发行文件中隐瞒重要事实或者编造重大虚假内容，发行股票或者公司、企业债券，存托凭证或者国务院依法认定的其他证券，数额巨大、后果严重或者有其他严重情节的行为。本罪的特征是：

1. 客体是复杂客体，即国家对公司、企业发行证券的管理制度和投资者的合法权益。

2. 客观方面表现为行为人实施了在招股说明书，认股书，公司、企业债券募集办法等发行文件中隐瞒重要事实或者编造重大虚假内容，发行股票或者公司、企业债券，存托凭证或者国务院依法认定的其他证券，数额巨大、后果严重或者有其他严重情节的行为。这里的招股说明书，是指股份有限公司或者发起人向广大投资者发行股票的要约性文件。它应当披露一切对投资者投资判断有重大影响的信息，符合法律、法规所要求具备的各项条件。认股书，是指认股人（即投资者）表示认购一定数额的股份的承诺性文件。根据《公司法》的规定，认股书的内容与格式是股份有限公司或者发起人统一制作的，认股人只是负责填写所认股数、金额、住所，并签名、盖章。因此如果认股书所载明的有关事项中隐瞒重要事实或者有重大虚假内容，其法律责任理应由股份有限公司或者发起人承担。公司、企业债券募集办法，是指公司、企业向广大投资者发行公司、企业债券的要约性文件，是确定公司、企业与债券持有人之间权利义务的基础。需要注意的是，在与招股说明书，认股书，公司、企业债券募集办法具有相当性的其他“发行文件”中隐瞒重要事实或者编造重大虚假内容也构成本罪。股票，是指公司签发的证明股东所持股份的凭证。公司、企业债券，是指公司、企业依照法定程序发行的、约定在一定期限还本付息的有价证券。在我国，并不是所有的公司、企业都可以发行债券，只有股份有限公司、国有独资公司和两个以上的国有企业或者其他两个以上的国有投资主体设立的有限责任公司才可以发行。存托凭证，是指在一国证券市场流通的代表外国公司有价证券的可转让凭证，由存托人签发，以境外证券为基础在境内发行，代表境外基础证券权益的证券。构成本罪，必须具备数额巨大、后果严重或者有其他严重情节三者之一。此外，根据《刑法》第160条第2款的规定，控股股东、实际控制人组织、指使实施上述行为的，也成立本罪。

3. 主体是特殊主体，即任何具有发行证券资格和相关权限的自然人和单位。

4. 主观方面表现为直接故意，间接故意和过失不构成本罪。

（二）认定欺诈发行证券罪应注意的问题

1. 注意区分本罪与集资诈骗罪的区别。（1）主观方面不同。前者没有非法占有的目的；后者主观上必须具有非法占有他人财物的目的。（2）客观行为表现方式不同。前者表现为利用欺诈方法以发行证券的方式募集资金；后者表现为使用诈骗方法虚构集资用途、以高额回报为诱饵非法募集资金，不包括以发行证券的方式募集资金。

2. 注意区分本罪的一罪与数罪。（1）行为人采取伪造有关公文、证件、印章的手段以达到虚假出资、抽逃出资之目的的，则行为人可能依法构成伪造公文、证件、印章罪和本罪。但由于上述情形中两罪之间存在着手段与目的的牵连关系，所以对行为人应以牵连犯论处，即择一重罪从重处罚，不应并罚。（2）如果行为人使用虚假出资所截留的资金或抽逃的出资进行其他犯罪，如走私、贩卖毒品等，则行为人依法构成本罪和相关的走私犯罪、贩卖毒品罪等，对行为人应认定构成数罪予以并罚。

（三）欺诈发行证券罪的处罚

根据《刑法》第160条的规定，犯本罪的，处5年以下有期徒刑或者拘役，并处或者单处罚金；数额特别巨大、后果特别严重或者有其他特别严重情节的，处5年以上有期徒刑，并处罚金。控股股东、实际控制人犯本罪的，处5年以下有期徒刑或者拘役，并处或者单处非法募集资金金额20%以上1倍以下罚金；数额特别巨大、后果特别严重或者有其他特别严重情节的，处5年以上有期徒刑，并处非法募集资金金额20%以上1倍以下罚金。单位犯本罪的，对单位判处非法募集资金金额20%以上1倍以下罚金，并对其直接负责的主管人员和其他直接责任人员，处5年以下有期徒刑或者拘役，并处或者单处罚金；数额特别巨大、后果特别严重或者有其他特别严重情节的，处5年以上有期徒刑，并处罚金。

【违规披露、不披露重要信息罪】

（一）违规披露、不披露重要信息罪的定义和特征

违规披露、不披露重要信息罪，是指依法负有信息披露义务的公司、企业向股东和社会公众提供虚假的或者隐瞒重要事实的财务会计报告，或者对依法应当披露的其他重要信息不按照规定披露，严重损害股东或者其他人利益，或者有其他严重情节，以及该公司、企业的控股股东、实际控制人实施或者组织、指使实施此类行为，或者隐瞒相关事项导致此类情形发生的行为。本罪的特征是：

1. 客体是复杂客体，即国家对公司、企业财务会计以及其他重要信息的管理制度和公民的合法权益。

2. 客观方面表现两种情形：其一，为公司、企业向股东和社会公众提供

虚假的或者隐瞒重要事实的财务会计报告，或者对依法应当披露的其他重要信息不按照规定披露，严重损害股东或者其他人利益，或者有其他严重情节的行为。这里的财务会计报告，是指由公司、企业的财会业务部门或者公司、企业委托的其他会计、审计机构，按照国家的规定于每一会计年度终了时制作的反映公司、企业财务状况和经营成果的文件。根据《公司法》的有关规定，主要包括资产负债表、损益表、财务状况变动表、利润分配表、财务情况说明书等财务会计报表和附属明细表；股东，是指有限责任公司的投资主体和股份有限公司的股份的持有人；披露，是指将自身的财务变化、经营状况等重要信息向有关主管部门报告，并向社会公开或公告；其他人，是指社会公众中因买卖公司股票而遭受实际损失的人；依法应当披露的其他重要信息，不仅包括证券法、公司法、银行业监督管理法、证券投资基金法及行政法规对于应当披露的信息事项的规定，而且还包括国务院证券管理机构依照证券法、公司法的授权对信息披露事项的具体规定。其二，上述公司、企业的控股股东、实际控制人实施或者组织、指使实施上述行为，或者隐瞒相关事项导致上述情形发生的行为。

3. 主体为特殊主体。对于第一种情形，主体为单位，即依法负有信息披露义务的公司、企业，包括依据公司法、证券法、银行业监督管理法、证券投资基金法等法律、行政法规、规章规定的具有信息披露义务的股票发行人，上市公司、企业，债券上市交易的公司、企业，银行、基金管理人、基金托管人和其他信息披露义务人，但只处罚单位直接负责的主管人员和其他直接责任人员。对于第二种情形，主体为自然人和单位，即作为上述公司控股股东、实际控制人的自然人和单位。

4. 主观方面是故意，包括直接故意和间接故意，过失不构成本罪。

（二）认定违规披露、不披露重要信息罪应注意的问题

一是注意区分本罪与非罪的界限。行为人向股东和社会公众提供虚假的或者隐瞒重要事实的财务会计报告的行为，必须严重损害股东和其他人的合法权益或者有其他严重情节的，才能构成犯罪。虽然损害了股东和其他人的合法权益，但并不严重，而且不具备其他严重情节的，不能以犯罪论处。

二是注意本罪的一罪与数罪。对于公司、企业在分立、合并或解散过程中行为人为了隐匿财产而提供虚假的财务报告或其他重要信息或应当披露而不披露等严重侵害股东或其他人利益的，既构成妨害清算罪，也符合本罪的构成要件，属于一行为触犯数罪名，实际就是想象竞合犯的情况，应当按照想象竞合犯的处理原则，从一重罪处断。

（三）违规披露、不披露重要信息罪的处罚

根据《刑法》第161条的规定，犯本罪的，在第一种情形中，对单位直接负责的主管人员和其他直接责任人员，处5年以下有期徒刑或者拘役，并

处或者单处罚金；情节特别严重的，处5年以上10年以下有期徒刑，并处罚金。在第二种情形中，对公司、企业的控股股东、实际控制人依照第一种情形的规定处罚，若该控股股东、实际控制人是单位的，对单位判处罚金，并对其直接负责的主管人员和其他直接责任人员，依照第一种情形的规定处罚。

【妨害清算罪】

（一）妨害清算罪的定义和特征

妨害清算罪，是指公司、企业进行清算时，隐匿财产，对资产负债表或者财产清单作虚伪记载或者在未清偿债务前分配公司、企业财产，严重损害债权人或者其他人利益的行为。本罪的特征是：

1. 客体是复杂客体，即国家对公司、企业管理制度和债权人或者其他人的利益。

2. 客观方面表现为公司、企业进行清算时，隐匿财产，对资产负债表或者财产清单作虚伪记载或者在未清偿债务前分配公司、企业财产，严重损害债权人或者其他人的利益的行为。隐匿财产，是指公司、企业将其资金、设备、场房、产品、工业产权、货物等实物财产及财产性利益加以隐瞒、转移、藏匿，或者在资产负债表、财产清单上作虚假记载，而使债权人或者其他人不能知道公司、企业拥有财产的真实状况。对资产负债表或者财产清单作虚伪记载，主要是指公司、企业在其负债表上虚构债务、隐瞒债权或者在其财产清单上隐匿其所有财产。在未清偿债务前分配公司、企业财产，是指清算过程中违反法律规定的清偿财产和分配财产的顺序，在没有依法清偿债务之前分配公司、企业财产。严重损害债权人或者其他人的利益，主要是指给债权人或者其他人造成重大损失。本罪属于结果犯，根据司法解释①，涉嫌下列情形之一的，应予立案追诉：一是隐匿财产价值在50万元以上的。二是对资产负债表或者财产清单作虚伪记载涉及金额在50万元以上的。三是在未清偿债务前分配公司、企业财产价值在50万元以上的。四是造成债权人或者其他人直接经济损失数额累计在10万元以上的。五是虽未达到上述数额标准，但应清偿的职工的工资、社会保险费用和法定补偿金得不到及时清偿，造成恶劣社会影响的。六是其他严重损害债权人或者其他人利益的情形。

3. 主体是特殊的单位，即只能是被宣告破产或解散后进行清算的公司、企业，具体实施者就是有关清算组织及其成员。

4. 主观方面表现为故意，一般都具有逃避债务或侵占资产的目的。过失不构成本罪。

（二）认定妨害清算罪应注意的问题

主要应区分本罪与非罪的界限。公司进行清算时，虽然具有隐匿财产，

---

① 2010年最高人民检察院、公安部《关于公安机关管辖的刑事案件立案标准的规定（二）》。

对资产负债表或者财产清单作虚伪记载或者在未清偿债务前分配公司财产的行为，但并未严重损害债权人或者其他人的利益，情节显著轻微危害不大的，不应以犯罪论处。

（三）妨害清算罪的处罚

根据《刑法》第162条的规定，犯本罪的，对其直接负责的主管人员和其他直接责任人员，处5年以下有期徒刑或者拘役，并处或者单处2万元以上20万元以下罚金。

【非国家工作人员受贿罪】

（一）非国家工作人员受贿罪的定义和特征

非国家工作人员受贿罪，是指公司、企业或者其他单位的工作人员利用职务上的便利，索取他人财物或者非法收受他人财物，为他人谋取利益，数额较大的行为。本罪的特征是：

1. 客体是复杂客体，即国家对公司、企业、其他单位的管理制度和公司、企业、其他单位的工作人员业务活动的廉洁性。本罪的对象是单位财物。

2. 客观方面表现为利用职务上的便利，索取他人财物或者非法收受他人财物，为他人谋取利益，数额较大的行为。所谓利用职务上的便利，是指行为人利用自己主管、经营、控制或者承办本单位某项事物的职权及其便利条件。如果行为人没有利用职务上的便利而收受他人财物，则不构成本罪。所谓索取他人财物，是指行为人利用职务上的便利，乘为请托人办事之机，以公开或暗示的方式，主动向请托人索要财物。所谓收受他人财物，是指行为人利用职务上的便利，乘为请托人办事之机，接受他人财物。索取他人财物和收受他人财物在行为上有主动与被动之分，主观恶性也有差别。所谓为他人谋取利益，包括为他人谋取合法利益和非法利益。至于为他人谋取的利益是否实现，是部分实现还是全部实现，均不影响本罪的成立。本罪的成立以数额较大为重要条件。根据司法解释的有关规定[①]，数额在6万元以上的，属于数额较大。[②] 此外，根据《刑法》第163条第2款的规定，公司、企业、其他单位的工作人员在经济往来中，违反国家规定收受各种名义的回扣、手续费，归个人所有的，也是受贿的一种形式，应当以本罪论处。所谓经济往来，既包括流通领域，也包括生产领域。所谓回扣，是指经营者销售商品时，在账外暗中以现金、实物或者其他方式退给单位或个人的一定比例的商品价款。这里的账外暗中包括不纳入财务账或做假账等。所谓手续费，是指经营者办

---

① 2016年最高人民法院、最高人民检察院《关于办理贪污贿赂刑事案件适用法律若干问题的解释》。

② 对此，实践中存在不同规定，2022年最高人民检察院、公安部《关于公安机关管辖的刑事案件立案追诉标准的规定（二）》第10条规定，数额在3万元以上的，应予立案追诉。

理业务活动中，给予提供劳务、信息或推销、业务人员作为酬劳的财物。

3. 主体是特殊主体，即公司、企业或者其他单位的工作人员，公司、企业的工作人员包括公司、企业的董事、监事和职工，其他单位的工作人员主要是指事业单位、团体的工作人员，并且这些工作人员不具有国家工作人员的身份。

4. 主观方面是故意，并且具有索取他人财物或者非法收受他人财物，为他人谋取利益的目的。

（二）认定非国家工作人员受贿罪应注意的问题

主要应区分本罪与非罪的界限。公司、企业或者其他单位的工作人员利用职务上的便利，索取他人财物或者非法收受他人财物，为他人谋取利益，或者在经济往来中，违反国家规定，收受各种名义的回扣、手续费，归个人所有，必须数额较大，才能构成犯罪。如果数额不大的，则不应以犯罪论处。另外，在正常的市场交易活动中，符合有关规定所获取的折扣、佣金，属于正当业务的收入行为，不能作为违法犯罪看待或处理。

（三）非国家工作人员受贿罪的处罚

根据《刑法》第163条的规定，犯本罪的，处3年以下有期徒刑或者拘役，并处罚金；数额巨大或者有其他严重情节的，处3年以上10年以下有期徒刑，并处罚金；数额特别巨大或者有其他特别严重情节的，处10年以上有期徒刑或者无期徒刑，并处罚金。

【背信损害上市公司利益罪】

（一）背信损害上市公司利益罪的定义和特征

背信损害上市公司利益罪，是指上市公司的董事、监事、高级管理人员违背对公司的忠实义务，利用职务便利，操纵上市公司损害上市公司利益，致使上市公司利益遭受重大损失的行为，或者上市公司的控股股东或者实际控制人，指使上市公司董事、监事、高级管理人员实施背信损害上市公司利益的行为。本罪的特征是：

1. 客体是国家对上市公司的管理制度和上市公司的利益。

2. 客观方面表现为行为人违背对公司的忠实义务，利用职务便利，操纵上市公司损害上市公司利益，致使上市公司利益遭受重大损失的行为。本罪在客观方面必须具备以下条件：（1）行为人违背对公司的忠实义务。根据《公司法》的规定，公司董事、监事、高级管理人员应当遵守法律、行政法规和公司章程，对公司负有忠实义务。（2）行为人实施了操纵上市公司从事损害上市公司利益的行为。行为人违背对公司的忠实义务，操纵上市公司损害上市公司利益的行为具体表现为：①无偿向其他单位或者个人提供资金、商品、服务或者其他资产的；②以明显不公平的条件，提供或者接受资金、商品、服务或者其他资产的；③向明显不具有清偿能力的单位或者个人提供资金、商品、服务或者其他资产的；④为明显不具有清偿能力的单位或者个人提供担保，或者无正当理由为其他单位或者个人提供担保的；⑤无正当理由放弃债权、承担债务的；⑥采用其他方式损害上市公司利益的。上市公司的控股股东或者实际控制人，指使上市公司董事、监事、高级管理人员实施上述行为的，也构成本罪。（3）实施损害上市公司利益的行为必须利用职务便利。所谓利用职务上的便利，是指行为人利用自己主管、经营或者参与公司业务的便利条件。（4）行为致使上市公司利益遭受重大损失。并且操纵上市公司损害上市公司利益的行为与公司利益遭受重大损失之间应当具有因果关系。本罪为结果犯，根据司法解释①，涉嫌下列情形之一的，应予立案追诉：一是无偿向其他单位或者个人提供资金、商品、服务或者其他资产，致使上市公司直接经济损失数额在150万元以上的。二是以明显不公平的条件，提供或者接受资金、商品、服务或者其他资产，致使上市公司直接经济损失数额在150万元以上的。三是向明显不具有清偿能力的单位或者个人提供资金、商品、服务或者其他资产，致使上市公司直接经济损失数额在150万元以上的。四是为明显不具有清偿能力的单位或者个人提供担保，或者无正当理由为其他单位或者个人提供担保，致使上市公司直接经济损失数额在150万元以上的。五是无正当理由放弃债权、承担债务，致使上市公司直接经济损失数额在150万元以上的。六是致使公司发行的股票、公司债券或者国务院依法认定的其他证券被终止上市交易或者多次被暂停上市交易的。七是其他致使上市公司利益遭受重大损失的情形。

3. 主体是特殊主体，即上市公司的董事、监事、高级管理人员，以及上市公司的控股股东或者实际控制人，后者既可以是单位也可以是自然人。

4. 主观方面表现为故意，过失不构成本罪。

（二）认定背信损害上市公司利益罪应注意的问题

主要应区分本罪与非罪的界限。上市公司的董事、监事、高级管理人员违背对公司的忠实义务，利用职务便利，操纵上市公司从事损害上市公司利益的行为，或者上市公司的控股股东或者实际控制人，指使上市公司董事、监事、高级管理人员实施背信损害上市公司利益的行为，没有致使上市公司利益遭受重大损失的，不构成本罪。

（三）背信损害上市公司利益罪的处罚

根据《刑法》第169条之一第1款的规定，犯本罪的，处3年以下有期徒刑或者拘役，并处或者单处罚金；致使上市公司利益遭受特别重大损失的，处3年以上7年以下有期徒刑，并处罚金；犯本罪的上市公司的控股股东或

① 2010年最高人民检察院、公安部《关于公安机关管辖的刑事案件立案标准的规定（二）》。

者实际控制人是单位的，对单位判处罚金，并对其直接负责的主管人员和其他直接责任人员，依照第 1 款的规定处罚。

三、妨害对公司、企业的管理秩序罪中的其他犯罪

【虚报注册资本罪】

虚报注册资本罪，是指申请公司登记时使用虚假证明文件或者采取其他欺诈手段虚报注册资本，欺骗公司登记主管部门，取得公司登记，虚报注册资本数额巨大、后果严重或者有其他严重情节的行为。本罪的特征是：（1）客体是国家对公司登记的管理制度。（2）客观方面表现为申请公司登记时使用虚假证明文件或者采取其他欺诈手段虚报注册资本，欺骗公司登记主管部门，取得公司登记，虚报注册资本数额巨大、后果严重或者有其他严重情节的行为。（3）主体是特殊主体，即申请公司登记的个人或单位。根据《公司法》的规定，申请有限责任公司登记的是公司股东共同指定的代表或者共同委托的代理人；申请股份有限公司登记的是公司董事会。（4）主观方面是故意，并且具有骗取公司登记的目的，过失不构成本罪。

犯本罪的，依照《刑法》第 158 条的规定处罚。

【虚假出资、抽逃出资罪】

虚假出资、抽逃出资罪，是指公司发起人、股东违反公司法的规定，未交付货币、实物或者未转移财产权，虚假出资，或者在公司成立后又抽逃其出资，数额巨大、后果严重或者有其他严重情节的行为。本罪的特征是：（1）客体是国家对公司的出资管理制度。（2）客观方面表现为行为人违反《公司法》的规定，未交付货币、实物或者未转移财产权，虚假出资，或者在公司成立后又抽逃其出资数额巨大、后果严重或者有其他严重情节的行为。这里的虚假出资，是指在未交付货币、实物或者未转移财产权的情况下，以欺骗手段向其他发起人、股东、债权人或社会公众掩盖其未出资或出资不足额的真相，使他人相信其已出资。抽逃其出资，是指在公司成立以后，非法将已交付的货币、股款抽回取走，或者将已抵作出资、股款的实物、工业产权、非专利技术或者土地使用权收回的行为。（3）主体是特殊主体，即公司的发起人、股东。这里的发起人，是指创立、筹办股份有限公司的人。股东，是指有限责任公司的出资人。单位和个人都可以成为公司的发起人、股东。（4）主观方面表现为故意，过失不构成本罪。

犯本罪的，依照《刑法》第 159 条的规定处罚。

【隐匿、故意销毁会计凭证、会计账簿、财务会计报告罪】

隐匿、故意销毁会计凭证、会计账簿、财务会计报告罪，是指隐匿或者故意销毁应当依法保存的会计凭证、会计账簿、财务会计报告，情节严重的行为。本罪的特征是：（1）客体是国家对公司财会资料的管理制度。（2）客

观方面表现为隐匿或者故意销毁应当依法保存的会计凭证、会计账簿、财务会计报告，情节严重的行为。（3）主体是特殊主体，即必须是公司、企业及其直接负责的主管人员和其他直接责任人员。自然人和单位均可以成为本罪的主体。（4）主观方面是故意。

犯本罪的，依照《刑法》第162条之一的规定处罚。

【虚假破产罪】

虚假破产罪，是指公司、企业通过隐匿财产、承担虚构的债务或者以其他方法转移、处分财产，实施虚假破产，严重损害债权人或者其他人利益的行为。本罪的特征是：（1）客体是复杂客体，即国家对公司、企业管理制度和债权人或者其他人的利益。（2）客观方面是通过隐匿财产、承担虚构的债务或者以其他方法转移、处分财产，实施虚假破产，严重损害债权人或者其他人利益的行为。（3）主体是特殊主体，即公司、企业，但是只处罚直接负责的主管人员和其他直接责任人员。（4）主观方面是故意，并具有虚假破产的目的。

犯本罪的，依照《刑法》第162条之二的规定处罚。

【对非国家工作人员行贿罪】

对非国家工作人员行贿罪，是指为谋取不正当利益，给予公司、企业或者其他单位的工作人员以财物，数额较大的行为。本罪的特征是：（1）客体是复杂客体，即国家对公司、企业、其他单位的管理制度和公司、企业、其他单位工作人员业务活动的廉洁性。（2）客观方面是给予公司、企业、其他单位的工作人员以财物，数额较大的行为。所谓数额较大，根据司法解释[1]，是指行贿数额在6万元以上的情形。（3）主体是一般主体，自然人和单位均可以成为本罪的主体。（4）主观方面是故意，并具有谋取不正当利益的目的。

犯本罪的，依照《刑法》第164条的规定处罚。

【对外国公职人员、国际公共组织官员行贿罪】

对外国公职人员、国际公共组织官员行贿罪，是指为谋取不正当商业利益，给予外国公职人员或者国际公共组织官员以财物的行为。本罪的特征是：（1）客体是单一客体，即国家对公司、企业的管理制度。（2）客观方面表现为给予外国公职人员或者国际公共组织官员以财物的行为。（3）主体是一般主体，自然人和单位均可以成为本罪的主体。（4）主观方面是故意，并具有谋取不正当商业利益的目的。

犯本罪的，依照《刑法》第164条的规定处罚。

---

① 2016年最高人民法院、最高人民检察院《关于办理贪污贿赂刑事案件适用法律若干问题的解释》。

【非法经营同类营业罪】

非法经营同类营业罪，是指国有公司、企业的董事、监事、高级管理人员利用职务便利，自己经营或者为他人经营与其所任职公司、企业同类的营业，获取非法利益，数额巨大，或者其他公司、企业的董事、监事、高级管理人员违反法律、行政法规规定，实施前述行为，致使公司、企业利益遭受重大损失的行为。本罪的特征是：（1）客体是复杂客体，即国家对公司、企业的管理制度和公司、企业的合法利益。（2）客观方面是利用职务便利，自己经营或者为他人经营与其所任职公司、企业同类的营业，获取非法利益，数额巨大，或者其他公司、企业的董事、监事、高级管理人员违反法律、行政法规规定，实施前述行为，致使公司、企业利益遭受重大损失的行为。（3）主体是特殊主体，即公司、企业的董事、监事、高级管理人员。（4）主观方面是直接故意，并且具有获取非法利益的目的。

犯本罪的，依照《刑法》第165条的规定处罚。

【为亲友非法牟利罪】

为亲友非法牟利罪，是指国有公司、企业、事业单位的工作人员，利用职务上的便利，为帮助亲友或其单位牟取私利，致使国家利益遭受重大损失，或者其他公司、企业的工作人员违反法律、行政法规规定，实施前述行为，致使公司、企业利益遭受重大损失的行为。本罪的特征是：（1）客体是复杂客体，即国家对公司、企业、事业单位的管理制度和公司、企业、事业单位工作人员职务的廉洁合法利益。（2）客观方面表现为将本单位的盈利业务交由自己的亲友进行经营，或者以明显高于市场的价格向自己的亲友经营管理的单位采购商品或者以明显低于市场的价格向自己的亲友经营管理的单位销售商品、提供服务，或者从自己的亲友经营管理的单位采购、接受不合格商品、服务，使国家或者其他公司、企业利益遭受重大损失的行为。（3）主体是特殊主体，只能是国有公司、企业、事业单位的工作人员。（4）主观方面是直接故意，并且具有为亲友牟取非法利益的目的。本人是否牟取非法利益不影响本罪成立。

犯本罪的，依照《刑法》第166条的规定处罚。

【签订、履行合同失职被骗罪】

签订、履行合同失职被骗罪，是指国有公司、企业、事业单位直接负责的主管人员，在签订、履行合同过程中，因严重不负责任被诈骗，致使国家利益遭受重大损失的行为。这里的“诈骗”，是指对方当事人的行为已经涉嫌诈骗犯罪，不以对方当事人已经被人民法院判决构成诈骗犯罪作为立案追诉的前提。本罪的特征是：（1）客体是国家对国有公司、企业、事业单位的管理制度和国家利益。（2）客观方面表现为在签订、履行合同过程中，因严重不负责任而被骗，致使国家利益遭受重大损失的行为。（3）主体是特殊主体，即只能是公司、企业、事业单位直接负责的主管人员。（4）主观方面是过失。

犯本罪的，依照《刑法》第167条的规定处罚。

【国有公司、企业、事业单位人员失职罪】

国有公司、企业、事业单位人员失职罪，是指国有公司、企业的工作人员，由于严重不负责任，造成国有公司、企业破产或者严重损失，或者国有事业单位的工作人员严重不负责任，致使国家利益遭受重大损失的行为。本罪的特征是：（1）客体是国家对国有公司、企业、事业单位的管理制度和国有公司、企业、事业单位的财产权益。（2）客观方面表现为行为人由于严重不负责任造成国有公司、企业破产或者严重损失，或者国有事业单位的工作人员严重不负责任，致使国家利益遭受重大损失的行为。（3）主体是特殊主体，即只能是国有公司、企业、事业单位的工作人员。（4）主观方面表现为过失。

犯本罪的，依照《刑法》第168条的规定处罚。

【国有公司、企业、事业单位人员滥用职权罪】

国有公司、企业、事业单位人员滥用职权罪，是指国有公司、企业单位的工作人员滥用职权，造成国有公司、企业破产或者严重损失，或者国有事业单位的工作人员滥用职权，致使国家利益遭受重大损失的行为。本罪的特征是：（1）客体是国家对国有公司、企业、事业单位的管理制度和国有公司、企业、事业单位的财产权益。（2）客观方面表现为国有公司、企业单位的工作人员滥用职权，造成国有公司、企业破产或者严重损失，或者国有事业单位的工作人员滥用职权，致使国家利益遭受重大损失的行为。（3）主体是特殊主体，即只能是国有公司、企业、事业单位的工作人员。（4）主观方面是故意，包括直接故意和间接故意，通常为间接故意。

犯本罪的，依照《刑法》第168条的规定处罚。

【徇私舞弊低价折股、出售公司、企业资产罪】

徇私舞弊低价折股、出售公司、企业资产罪，是指国有公司、企业或者其上级主管部门直接负责的主管人员，或者其他公司、企业直接负责的主管人员徇私舞弊，将国有资产或者其他公司、企业资产低价折股或者低价出售，致使国家或者其他公司、企业利益遭受重大损失的行为。本罪的特征是：（1）客体是国家对公司、企业的管理制度和对国有资产或者其他公司、企业资产的所有权。（2）客观方面是徇私舞弊，将资产低价折股或者低价出售，致使国家或者其他公司、企业利益遭受重大损失的行为。（3）主体是特殊主体。只能是国有公司、企业或者其上级主管部门直接负责的主管人员，或者其他公司、企业直接负责的主管人员。（4）主观方面是故意。

犯本罪的，依照《刑法》第169条的规定处罚。

第四节　破坏金融管理秩序罪

一、破坏金融管理秩序罪概述

破坏金融管理秩序罪，是指违反金融管理法律、法规的规定，扰乱金融管理秩序，情节严重的行为。本罪名属于次类罪名。本类罪的特征是：

1. 客体是金融管理秩序。

2. 客观方面表现为违反金融管理法律、法规，危害国家对货币、外汇、有价证券以及金融机构证券交易和保险等方面的金融管理活动，破坏金融管理秩序，情节严重的行为。

3. 主体包括已满16周岁并具备辨认和控制能力的自然人和单位。除了伪造货币罪，出售、购买、运输假币罪，金融工作人员购买假币、以假币换取货币罪，持有、使用假币罪，变造货币罪和妨害信用卡管理罪六个犯罪是自然人犯罪主体外，其他都规定了单位犯罪主体。在自然人作为主体的犯罪中，大多数犯罪是一般主体，少部分犯罪是特殊主体。

4. 主观方面主要是故意，少数犯罪是过失。

二、破坏金融管理秩序罪中的主要犯罪

【伪造货币罪】

（一）伪造货币罪的定义和特征

伪造货币罪，是指违反货币管理法规，仿照货币的式样，制造假货币冒充真货币的行为。本罪的特征是：

1. 客体是国家的货币管理制度，包括我国对人民币的管理制度和对外币的管理制度。犯罪对象是货币。根据司法解释[①]，所谓货币，是指可在国内市场流通或者兑换的人民币和境外货币，包括港元、澳门元、新台币。

2. 客观方面表现为伪造货币的行为。所谓伪造，是指非法仿照货币的形状、特征、图案、色彩、质地等非法制造假货币。伪造的方法可以是多种多样的，如复印、影印、印刷、石印、描绘等。一般来说，伪造的货币应当在外观或形式上能够达到与真货币基本相似的程度，能够以假乱真，使普通人

---

① 2010年最高人民法院《关于审理伪造货币等案件具体应用法律若干问题的解释（二）》。

误以为是真货币。根据司法解释[①]，有下列情形之一的，应立案追诉：伪造货币的总面额在2000元以上或者币量在200张（枚）以上的；制造货币版样或者为他人伪造货币提供版样的；其他伪造货币应予追究刑事责任的情形。

3. 主体是一般主体，即可以由已满16周岁并具备辨认和控制能力的自然人构成本罪。

4. 主观方面是故意，动机如何并不影响本罪的成立。一般具有意图进入流通的目的。

（二）认定伪造货币罪应注意的问题

1. 本罪既遂认定。根据有关规定[②]，伪造货币的，只要实施了伪造行为，不论是否完成全部的印刷工序，均构成本罪；对于尚未制造出成品，无法计算伪造假币面额的，不认定犯罪数额，依据犯罪情节决定刑罚。

2. 本罪的一罪与数罪。行为人多次实施伪造货币的行为，属于连续犯，不实行数罪并罚；行为人一次伪造多种货币的行为，构成一罪，也不实行数罪并罚。对于伪造货币又持有、使用、运输、出售自己伪造的货币，只定本罪一罪从重处罚，不实行数罪并罚。但如果行为人既伪造了货币，又持有、使用、运输、出售他人伪造的货币的，则应当数罪并罚。

（三）伪造货币罪的处罚

根据《刑法》第170条的规定，犯本罪的，处3年以上10年以下有期徒刑，并处罚金；有下列情形之一的，处10年以上有期徒刑、无期徒刑，并处罚金或者没收财产：（1）伪造货币集团的首要分子；（2）伪造货币数额特别巨大的；（3）有其他特别严重情节的。

【非法吸收公众存款罪】

（一）非法吸收公众存款罪的定义和特征

非法吸收公众存款罪，是指违反国家金融管理法规，非法吸收公众存款或者变相吸收公众存款，扰乱金融秩序的行为。本罪的特征是：

1. 客体是国家金融管理制度和金融秩序。

2. 客观方面表现为非法吸收公众存款或者变相吸收公众存款，扰乱金融秩序的行为。根据司法解释[③]，违反国家金融管理法律规定，向社会公众（包括单位和个人）吸收资金的行为，同时具备下列四个条件的，除刑法另有规定的以外，应当认定为“非法吸收公众存款或者变相吸收公众存款”：（1）未经有关部门依法批准或者借用合法经营的形式吸收资金；（2）通过媒体、推介会、传单、手机短信等途径向社会公开宣传；（3）承诺在一定期限内以货币、

---

① 2010年最高人民检察院、公安部《关于公安机关管辖的刑事案件立案标准的规定（二）》。

② 2001年最高人民法院《全国法院审理金融犯罪案件工作座谈会纪要》。

③ 2011年最高人民法院《关于审理非法集资刑事案件具体应用法律若干问题的解释》。

实物、股权等方式还本付息或者给付回报；（4）向社会公众，即社会不特定对象吸收资金。未向社会公开宣传，在亲友或者单位内部针对特定对象吸收资金的，不属于非法吸收或者变相吸收公众存款。

3. 主体是一般主体，即已满16周岁的自然人和单位均可以成为本罪的主体。

4. 主观方面是故意，且具有非法吸收、变相吸收公众存款筹集资金的目的。

（二）认定非法吸收公众存款罪应注意的问题

主要应区分本罪与非罪的界限。根据司法解释[①]，非法吸收或者变相吸收公众存款，具有下列情形之一的，应当依法追究刑事责任：一是非法吸收或者变相吸收公众存款数额在100万元以上的。二是非法吸收或者变相吸收公众存款对象150人以上的。三是非法吸收或者变相吸收公众存款，给集资参与人造成直接经济损失数额在50万元以上的。非法吸收或者变相吸收公众存款数额在50万元以上或者给集资参与人造成直接经济损失数额在25万元以上，同时涉嫌下列情形之一的，应予立案追诉：一是因非法集资受过刑事追究的；二是2年内因非法集资受过行政处罚的；三是造成恶劣社会影响或者其他严重后果的。

未达到上述标准之一的，不构成犯罪。主要用于正常的生产经营活动，能够及时清退所吸收资金，情节显著轻微的，可不作为犯罪处理。

（三）非法吸收公众存款罪的处罚

根据《刑法》第176条的规定，犯本罪的，处3年以下有期徒刑或者拘役，并处或者单处罚金；数额巨大或者有其他严重情节的，处3年以上10年以下有期徒刑，并处罚金。数额特别巨大或者有其他特别严重情节的，处10年以上有期徒刑，并处罚金。单位犯本罪的，对单位判处罚金，并对其直接负责的主管人员和其他直接责任人员，依照上述规定处罚。有前述两种行为，在提起公诉前积极退赃退赔，减少损害结果发生的，可以从轻或者减轻处罚。

【伪造、变造金融票证罪】

（一）伪造、变造金融票证罪的定义和特征

伪造、变造金融票证罪，是指违反金融票证管理法规，仿照金融票证的式样，伪造、变造各类金融票证的行为。本罪的特征是：

1. 客体是国家对金融票证的管理制度。

2. 客观方面表现为违反金融票证管理法规，仿照金融票证的式样，伪造、变造各类金融票证的行为。具体表现为以下几种形式：（1）伪造、变造汇票、

---

① 2022年最高人民检察院、公安部《关于公安机关管辖的刑事案件立案标准的规定（二）》。

本票、支票的。所谓汇票，是指出票人签发的，委托付款人在见票时或者在约定的期限无条件支付确定的金额给收款人或者持票人的票据。本票，是指由出票人签发的，承诺自己在见票时无条件支付确定的金额给收款人或者持票人的票据。支票，是指由出票人签发的，委托办理支票存款业务的银行或者其他金融机构在见票时无条件支付确定的金额给收款人或者持票人的票据。（2）伪造、变造委托收款凭证、汇款凭证、银行存单等其他银行结算凭证的。所谓委托收款凭证，是指收款人委托银行向付款人收取款项时所填写和提供的凭据和证明。汇款凭证，是指汇款人委托银行将款项汇给外地的收款人时，所填写的凭据和证明。银行存单，是指储户向银行交存款项、办理开户时，银行向储户签发的载有户名、账号、存款金额、存期、存入日、到期日、利率等内容，存款到期后银行无条件付款的信用、结算凭证。（3）伪造、变造信用证或者附随的单据、文件的。所谓信用证，是指银行根据开证申请人的请求，开给收益人的一种在具备约定的条件后，即可得到开证银行或支付银行支取约定金额的一种保证付款凭证。信用证附随的单据、文件，主要指使用信用证时所要求必须同时附随的单据和其他证明文件。（4）伪造信用卡的。信用卡，是指由商业银行或者其他金融机构发行的供用户日常消费使用的具有消费支付、信用贷款、转账结算、存取现金等功能的电子支付卡。伪造信用卡主要表现为：复制他人信用卡；仿造信用卡的质地、模样、版块、图样及磁条等制造假信用卡；在假信用卡板磁条上输入银行、客户信息资料；对他人的信用卡的签名进行涂改，等等。

3. 主体是一般主体，即已满 16 周岁并具备辨认和控制能力的自然人和单位均可以成为本罪的主体。

4. 主观方面是直接故意，一般具有意图行使和使用的目的。间接故意和过失不构成本罪。

（二）认定伪造、变造金融票证罪应注意的问题

主要应区分本罪与非罪的界限。根据司法解释[①]，涉嫌下列情形之一的，应予立案追诉：一是伪造、变造汇票、本票、支票，或者伪造、变造委托收款凭证、汇款凭证、银行存单等其他银行结算凭证，或者伪造、变造信用证或者附随的单据、文件，总面额在 1 万元以上或者数量在 10 张以上的。二是伪造信用卡 1 张以上，或者伪造空白信用卡 10 张以上的。因此未达到上述标准的，不宜以犯罪论处。

（三）伪造、变造金融票证罪的处罚

根据《刑法》第 177 条的规定，犯本罪的，处 5 年以下有期徒刑或者拘

① 2022 年最高人民检察院、公安部《关于公安机关管辖的刑事案件立案标准的规定（二）》。

役，并处或者单处2万元以上20万元以下罚金；情节严重的，处5年以上10年以下有期徒刑，并处5万元以上50万元以下罚金；情节特别严重的，处10年以上有期徒刑或者无期徒刑，并处5万元以上50万元以下罚金或者没收财产。单位犯本罪的，对单位判处罚金，并对其直接负责的主管人员和其他直接责任人员，依照上述规定处罚。

【内幕交易、泄露内幕信息罪】

（一）内幕交易、泄露内幕信息罪的定义和特征

内幕交易、泄露内幕信息罪，是指证券、期货交易内幕信息的知情人员或者非法获取证券、期货交易内幕信息的人员，在涉及证券的发行，证券、期货交易或者其他对证券、期货交易价格有重大影响的信息尚未公开前，买入或者卖出该证券，或者从事与该内幕信息有关的期货交易，或者泄露该信息，或者明示、暗示他人从事上述交易活动，情节严重的行为。本罪的特征是：

1. 客体是复杂客体，既侵犯了国家对证券、期货交易的管理秩序，又侵犯了证券、期货投资者的合法权益。行为对象是有关证券、期货发行、交易的内幕信息。

2. 客观方面表现为在涉及证券的发行，证券、期货交易或者其他对证券、期货交易价格有重大影响的信息尚未公开前，买入或者卖出该证券，或者从事与该内幕信息有关的期货交易，或者泄露该信息，或者明示、暗示他人从事上述交易活动，情节严重的行为。主要表现为两种行为方式：（1）内幕交易行为。内幕交易，是指内幕人员在内幕信息公开前买卖有关证券、期货合约。（2）泄露内幕信息行为。泄露内幕信息，是指故意向他人泄露内幕信息，明示或暗示他人买卖有关证券、期货合约。上述所谓证券交易，是指在证券交易所内买卖股票等证券的交易活动。期货交易，是指在期货交易所内集中买卖某种期货合约的交易活动。内幕信息可以分为证券交易内幕信息和期货交易内幕信息。根据《证券法》第75条的规定，证券交易内幕信息，是指在证券交易活动中，涉及公司的经营、财务或者对该公司证券的市场价格有重大影响的尚未公开的信息。根据2017年《期货交易管理条例》第81条的规定，期货交易内幕信息，是指可能对期货交易价格产生重大影响的尚未公开的信息，包括：国务院期货监督管理机构以及其他相关部门制定的对期货交易价格可能发生重大影响的政策，期货交易所作出的可能对期货交易价格发生重大影响的决定，期货交易所会员、客户的资金和交易动向以及国务院期货监督管理机构认定的对期货交易价格有显著影响的其他重要信息。本罪属于情节犯，根据司法解释①，涉嫌下列情形之一的，应予立案追诉：一是证券

① 2010年最高人民检察院、公安部《关于公安机关管辖的刑事案件立案标准的规定（二）》。

交易成交额累计在50万元以上的。二是期货交易占用保证金数额累计在30万元以上的。三是获利或者避免损失数额累计在15万元以上的。四是多次进行内幕交易、泄露内幕信息的。五是其他情节严重的情形。

3. 主体是特殊主体，即证券、期货交易内幕信息的知情人员或者非法获取证券、期货交易内幕信息的人员。所谓证券交易内幕信息的知情人员，是指由于职务原因而知道内幕信息的人员，根据《证券法》第74条的规定，具体知情人包括七种：发行人的董事、监事、高级管理人员；持有公司5%以上股份的股东及其董事、监事、高级管理人员，公司的实际控制人及其董事、监事、高级管理人员；发行人控股的公司及其董事、监事、高级管理人员；由于所任公司职务可以获取公司有关内幕信息的人员；证券监督管理机构工作人员以及由于法定职责对证券的发行、交易进行管理的其他人员；保荐人、承销的证券公司、证券交易所、证券登记结算机构、证券服务机构的有关人员；国务院证券监督管理机构规定的其他人。所谓期货交易内幕信息的知情人员，根据《期货交易管理条例》第81条的规定，是指由于其管理地位、监督地位或者职业地位，或者作为雇员、专业顾问履行职务，能够接触或者获得内幕信息的人员，包括：期货交易所的管理人员以及其他由于任职可获取内幕信息的从业人员，国务院期货监督管理机构和其他有关部门的工作人员以及国务院期货监督管理机构规定的其他人员。

应当注意的是泄露内幕犯罪的主体既包括内幕人员，也包括非内幕人员，后者就是通过非法方法从内幕人员处获取内幕信息的有关人员。另外，根据法律规定，单位也可成为本罪的主体。

4. 主观方面是故意，过失不构成本罪。

（二）认定内幕交易、泄露内幕信息罪应注意的问题

主要应区分本罪与非罪的界限。对此，一是要注意分析涉及的信息是否属于内幕信息。判断是否属内幕信息的标准关键在于信息是否已经公开，已经公开的信息不是内幕信息。因此确定信息公开的具体时间，应当以信息公告时为准，这是本罪认定的关键。二是要看情节轻重。如果内幕交易、泄露内幕信息行为没有达到情节严重的程度的，就不能以犯罪论处。

（三）内幕交易、泄露内幕信息罪的处罚

根据《刑法》第180条的规定，犯本罪的，处5年以下有期徒刑或者拘役，并处或者单处违法所得1倍以上5倍以下罚金；情节特别严重的，处5年以上10年以下有期徒刑，并处违法所得1倍以上5倍以下罚金。单位犯本罪的，对单位判处罚金，并对其直接负责的主管人员和其他直接责任人员，处5年以下有期徒刑或者拘役。

【操纵证券、期货市场罪】

（一）操纵证券、期货市场罪的定义和特征

操纵证券、期货市场罪，是指以获取不正当利益或者转嫁风险为目的，

操纵证券、期货市场，影响证券、期货交易价格或者证券、期货交易量情节严重的行为。本罪的特征是：

1. 客体是复杂客体，即国家对证券、期货市场的管理秩序和投资者的合法权益。

2. 客观方面表现为行为人操纵证券、期货市场，影响证券、期货交易价格或者证券、期货交易量情节严重的行为。所谓操纵证券、期货市场行为，法律明确规定了七种情形：（1）单独或者合谋，集中资金优势、持股或者持仓优势或者利用信息优势联合或者连续买卖的。（2）与他人串通，以事先约定的时间、价格和方式相互进行证券、期货交易的。（3）在自己实际控制的账户之间进行证券交易，或者以自己为交易对象，自买自卖期货合约的。（4）不以成交为目的，频繁或者大量申报买入、卖出证券、期货合约并撤销申报的。（5）利用虚假或者不确定的重大信息，诱导投资者进行证券、期货交易的。（6）对证券、证券发行人、期货交易标的公开作出评价、预测或者投资建议，同时进行反向证券交易或者相关期货交易的。（7）以其他方法操纵证券、期货市场的。上述行为，必须情节严重，才能成立犯罪。

3. 主体是一般主体，即已满16周岁并具备辨认和控制能力的自然人和单位均可以成为本罪的主体。

4. 主观方面是故意，一般以获取不正当利益或者转嫁风险为目的。

（二）认定操纵证券、期货市场罪应注意的问题

主要应区分本罪与非罪的界限。操纵证券、期货交易价格的行为，只有情节严重的，才构成犯罪。如果情节显著轻微危害不大的，不认为是犯罪。

（三）操纵证券、期货市场罪的处罚

根据《刑法》第182条的规定，犯本罪的，处5年以下有期徒刑或者拘役，并处或者单处罚金；情节特别严重的，处5年以上10年以下有期徒刑，并处罚金。单位犯本罪的，对单位判处罚金，并对其直接负责的主管人员和其他直接责任人员，依照上述规定处罚。

【违法发放贷款罪】

（一）违法发放贷款罪的定义和特征

违法发放贷款罪，是指银行或者其他金融机构的工作人员违反国家规定，发放贷款数额巨大或者造成重大损失，或者向关系人发放贷款的行为。本罪的特征是：

1. 客体是国家对金融机构贷款活动的管理制度。

2. 客观方面表现为违反国家规定，发放贷款数额巨大或者造成重大损失，或者向关系人发放贷款的行为。这里的违反国家规定主要指违反国家有关贷款的法律、行政法规，如《民法典》《中国人民银行法》《商业银行法》《银行管理暂行条例》《借款合同条例》等。根据《商业银行法》第40条第2款

的规定，关系人，是指商业银行的董事、监事、管理人员、信贷业务人员及其近亲属，以及上述人员投资或者担任高级管理职务的公司、企业和其他经济组织。近亲属，按照我国民法的规定，是指其配偶、父母、子女、祖父母、外祖父母和兄弟姐妹。对于关系人，商业银行不得向其发放信用贷款，发放担保贷款的条件不得优于其他借款人同类贷款的条件。对于关系人以外的其他人向银行贷款，《商业银行法》没有作出专门限制，只要贷款人符合贷款条件即可向银行申请贷款。如果贷款人不符合有关法律、法规的规定，行为人向其发放贷款就是违法。本罪属于结果犯，根据司法解释①，涉嫌下列情形之一的，应予立案追诉：一是违法发放贷款，数额在200万元以上的。二是违法发放贷款，造成直接经济损失数额在50万元以上的。

3. 主体是特殊主体，即银行或者其他金融机构的工作人员。单位也可成为本罪的主体。

4. 主观方面通常是过失，但个别也有间接故意的情况。

（二）认定违法发放贷款罪应注意的问题

主要应区分本罪的一罪与数罪。如果金融机构的工作人员因收受贿赂而违法发放贷款的，那么行为人在构成本罪的同时，又往往牵连触犯受贿罪或非国家工作人员受贿罪。因此应以牵连犯择一重罪从重处罚，不能实行数罪并罚。

（三）违法发放贷款罪的处罚

根据《刑法》第186条的规定，犯本罪的，处5年以下有期徒刑或者拘役，并处1万元以上10万元以下罚金；数额特别巨大或者造成特别重大损失的，处5年以上有期徒刑，并处2万元以上20万元以下罚金。向关系人发放贷款的，依照上述规定从重处罚。单位犯本罪的，对单位判处罚金，并对其直接负责的主管人员和其他直接责任人员，依照上述规定处罚。

【逃汇罪】

（一）逃汇罪的定义和特征

逃汇罪，是指公司、企业或者其他单位，违反国家规定，擅自将外汇存放境外，或者将境内的外汇非法转移到境外，数额较大的行为。本罪的特征是：

1. 客体是国家对外汇的管理制度。犯罪对象为外汇。所谓外汇，是指以外国货币表示的，用于国际结算的一种支付手段，具体包括：外国货币、外币支付凭证、外币有价证券、特别提款权以及其他外汇资产。

2. 客观方面表现为违反国家规定，擅自将外汇存放境外，或者将境内的

---

① 2022年最高人民检察院、公安部《关于公安机关管辖的刑事案件立案标准的规定（二）》。

外汇非法转移到境外，数额较大的行为。所谓擅自将外汇存放境外，是指违反国家规定，未经外汇管理机关批准，私自将应当收归国家或者应当调回的外汇隐匿不报并以各种形式将外汇存放境外的行为。将境内的外汇非法转移到境外，是指违反国家规定，未经外汇管理机关批准，将应当存放境内的外汇私自携带、托带或邮寄出境的行为。本罪属于数额犯，根据司法解释①，公司、企业或者其他单位，违反国家规定，擅自将外汇存放境外，或者将境内的外汇非法转移到境外，单笔在200万美元以上或者累计数额在500万美元以上的，应予立案追诉。

3. 主体是单位，属于纯正的单位犯罪，主体只能是公司、企业或者其他单位。自然人不能成为本罪主体。

4. 主观方面是故意，过失不构成本罪。

（二）认定逃汇罪应注意的问题

主要应区分本罪与走私犯罪的界限。二者的主要区别在于：（1）客体不同。本罪侵犯的客体是国家对外汇的管理制度；后者侵犯的客体是国家的对外贸易管制。（2）犯罪对象不同。本罪为特定的外汇；后者为国家禁止或限制进出国（边）境的货物、物品。（3）客观方面不同。本罪表现为将外汇存放、转移到境外；后者表现为非法运输、携带、邮寄货物、物品进出国（边）境。（4）主体不同。本罪只能由单位构成；后者既可以由单位，也可以由自然人构成。但是如果犯罪行为人采取逃避海关监管，非法运输、携带、邮寄外汇出境，则既违反了外汇管理法规，又违反了国家海关监管制度，属于想象竞合犯情形，应当依照想象竞合犯的处罚原则，从一重罪处断。

（三）逃汇罪的处罚

根据《刑法》第190条的规定，犯本罪的，对单位判处逃汇数额5%以上30%以下罚金，并对其直接负责的主管人员和其他直接责任人员处5年以下有期徒刑或者拘役；数额巨大或者有其他严重情节的，对单位判处逃汇数额5%以上30%以下罚金，并对其直接负责的主管人员和其他直接责任人员处5年以上有期徒刑。海关、外汇管理部门以及金融机构、从事对外贸易经营活动的公司、企业或者其他单位的工作人员与逃汇的行为人通谋，为其提供便利的，以本罪共犯论，从重处罚。

【洗钱罪】

（一）洗钱罪的定义和特征

洗钱罪，是指为掩饰、隐瞒毒品犯罪、黑社会性质的组织犯罪、恐怖活动犯罪、走私犯罪、贪污贿赂犯罪、破坏金融管理秩序犯罪、金融诈骗犯罪

---

① 2022年最高人民检察院、公安部《关于公安机关管辖的刑事案件立案标准的规定（二）》。

的所得及其产生的收益的来源和性质而实施的各种“清洗”行为。本罪的特征是：

1. 客体是复杂客体，即国家的金融管理秩序和司法机关的正常活动。

2. 客观方面表现为为掩饰、隐瞒毒品犯罪、黑社会性质的组织犯罪、恐怖活动犯罪、走私犯罪、贪污贿赂犯罪、破坏金融管理秩序犯罪、金融诈骗犯罪的所得及其产生的收益的来源和性质而实施的各种“清洗”行为。掩饰、隐瞒的手段和方式多种多样，法律明确规定了五种情形：（1）提供资金账户的。（2）将财产转换为现金、金融票据、有价证券的。（3）通过转账或者其他结算方式协助资金转移的。（4）跨境转移资产的。（5）以其他方法掩饰、隐瞒犯罪所得及其收益的来源和性质的。本罪属于行为犯，只要行为人实施了上述五种行为方式之一或以上的，也无论是否达到掩饰、隐瞒犯罪所得及其收益的来源和性质之目的的，都构成洗钱罪。

3. 主体是一般主体，即已满 16 周岁并具备辨认和控制能力的自然人和单位均可以成为本罪的主体。在实践中，实施本罪的单位主要是银行或其他金融机构。

4. 主观方面是故意，即行为人明知是毒品犯罪、黑社会性质的组织犯罪、恐怖活动犯罪、走私犯罪、贪污贿赂犯罪、破坏金融管理秩序犯罪、金融诈骗犯罪所得及其产生的收益，而通过银行或其他金融机构进行周转，使之成为合法收入，即变违法为合法，给“赃钱”“黑钱”披上合法的外衣，使其在社会上流通。其目的是为了掩饰、隐瞒其来源和性质。对于“明知”，应当结合行为人的认知能力，接触他人犯罪所得及其收益的情况，犯罪所得及其收益的种类、数额，犯罪所得及其收益的转换、转移方式以及被告人的供述等主、客观因素进行认定。

（二）认定洗钱罪应注意的问题

主要应注意区分本罪与掩饰、隐瞒犯罪所得、犯罪所得收益罪的界限。两罪都有掩饰、隐瞒犯罪所得及其产生的收益行为，但也存在区别之处。二者的主要区别在于：（1）犯罪客体不同。本罪客体是国家的金融管理秩序和司法机关的正常活动；而后者只是司法机关的正常活动。（2）犯罪对象不同。本罪的行为对象只能是毒品犯罪、黑社会性质的组织犯罪、恐怖活动犯罪、走私犯罪、贪污贿赂犯罪、破坏金融管理秩序犯罪、金融诈骗犯罪这七种特定犯罪所得及其所产生的收益；而后者的行为对象则泛指通过实施犯罪所获得的一切赃款、赃物。（3）客观方面表现不同。本罪在客观上表现为掩饰、隐瞒毒品犯罪、黑社会性质的组织犯罪、恐怖活动犯罪、走私犯罪、贪污贿赂犯罪、破坏金融管理秩序犯罪、金融诈骗犯罪所得及其产生的收益之来源和性质的行为；而后者则表现为以窝藏、转移、收购、代为销售或其他方法掩饰、隐瞒犯罪所得及其产生的收益的行为。（4）主观方面不同。本罪在主观上要求明知是上述七类犯罪所得及其所产生的收益，并且要求具有掩饰、隐瞒其来源和性质的目的；后者只要求概括地明知是犯罪所得及其产生的收益，并且具有掩饰、隐瞒的目的即可。根据司法解释①，行为人明知是犯罪所得及其产生的收益而予以掩饰、隐瞒，既构成掩饰、隐瞒犯罪所得、犯罪所得收益罪，同时又构成洗钱罪的，依照处罚较重的规定定罪处罚。

（三）洗钱罪的处罚

根据《刑法》第 191 条的规定，犯本罪的，没收实施毒品犯罪、黑社会性质的组织犯罪、恐怖活动犯罪、走私犯罪、贪污贿赂犯罪、破坏金融管理秩序犯罪、金融诈骗犯罪的所得及其产生的收益，处 5 年以下有期徒刑或者拘役，并处或者单处罚金；情节严重的，处 5 年以上 10 年以下有期徒刑，并处罚金。单位犯本罪的，对单位判处罚金，并对其直接负责的主管人员和其他直接责任人员，依照上述规定处罚。

三、破坏金融管理秩序罪中的其他犯罪

【出售、购买、运输假币罪】

出售、购买、运输假币罪，是指出售、购买伪造的货币或者明知是伪造的货币而运输，数额较大的行为。本罪的特征是：（1）客体是国家的货币发行及流通管理制度。犯罪对象是伪造的货币，包括伪造的人民币和外币。（2）客观方面是出售、购买伪造的货币或者明知是伪造的货币而运输，数额较大的行为。（3）主体是一般主体。（4）主观方面是故意。

犯本罪的，依照《刑法》第 171 条第 1 款的规定处罚。

【金融工作人员购买假币、以假币换取货币罪】

金融工作人员购买假币、以假币换取货币罪，是指银行或者其他金融机构的工作人员购买伪造的货币或者利用职务上的便利，以伪造的货币换取货币的行为。本罪的特征是：（1）客体是国家的货币流通管理制度。（2）客观方面是行为人购买伪造的货币，或者利用职务上的便利，以伪造的货币换取货币的行为。（3）主体是特殊主体，即银行或者其他金融机构的工作人员。（4）主观方面是故意。

犯本罪的，依照《刑法》第 171 条第 2 款的规定处罚。

【持有、使用假币罪】

持有、使用假币罪，是指明知是伪造的货币而持有、使用，数额较大的行为。本罪的特征是：（1）客体是国家的货币流通管理制度。（2）客观方面表现为持有、使用伪造的货币，数额较大的行为。（3）主体是一般主体。（4）主观方面是故意，即明知是假币而持有或者使用。

---

① 2009 年最高人民法院《关于审理洗钱等刑事案件具体应用法律若干问题的解释》。

犯本罪的，依照《刑法》第 172 条的规定处罚。

【变造货币罪】

变造货币罪，是指变造货币，数额较大的行为。本罪的特征是：（1）客体是国家的货币发行及流通管理制度。（2）客观方面是变造货币，数额较大的行为。（3）主体是一般主体。（4）主观方面是故意，并且具有意图使变造的货币进入流通的目的。

犯本罪的，依照《刑法》第 173 条的规定处罚。

【擅自设立金融机构罪】

擅自设立金融机构罪，是指未经国家有关主管部门批准，擅自设立商业银行、证券交易所、期货交易所、证券公司、期货经纪公司、保险公司或者其他金融机构的行为。本罪的特征是：（1）客体是国家金融机构的管理制度。（2）客观方面表现为未经国家有关主管部门批准，擅自设立商业银行、证券交易所、期货交易所、证券公司、期货经纪公司、保险公司或者其他金融机构。（3）主体是一般主体，包括自然人和单位。（4）主观方面是故意。

犯本罪的，依照《刑法》第 174 条第 1 款和第 3 款的规定处罚。

【伪造、变造、转让金融机构经营许可证、批准文件罪】

伪造、变造、转让金融机构经营许可证、批准文件罪，是指伪造、变造、转让商业银行、证券交易所、期货交易所、证券公司、期货经纪公司、保险公司或者其他金融机构的经营许可证或者批准文件的行为。本罪的特征是：（1）客体是国家对金融机构的监督管理制度。（2）客观方面是伪造、变造、转让金融机构经营许可证、批准文件的行为。（3）主体是一般主体，包括自然人和单位。（4）主观方面是故意。

犯本罪的，依照《刑法》第 174 条第 2 款和第 3 款的规定处罚。

【高利转贷罪】

高利转贷罪，是指以转贷牟利为目的，套取金融机构信贷资金高利转贷他人，违法所得数额较大的行为。本罪的特征是：（1）客体是国家的信贷资金的管理制度。（2）客观方面表现为套取金融机构信贷资金，高利转贷给他人，违法所得数额较大的行为。（3）主体是一般主体，包括自然人和单位。（4）主观方面是直接故意，并以转贷牟利为目的。

犯本罪的，依照《刑法》第 175 条的规定处罚。

【骗取贷款、票据承兑、金融票证罪】

骗取贷款、票据承兑、金融票证罪，是指以欺骗手段取得银行或者其他金融机构贷款、票据承兑、信用证、保函等，给银行或者其他金融机构造成重大损失或者有其他严重情节的行为。本罪的特征是：（1）客体是国家对金融资金和信用安全的管理制度。（2）客观方面是以欺骗手段取得银行或者其他金融机构贷款、票据承兑、信用证、保函等，给银行或者其他金融机构造成重大损失或者有其他严重情节的行为。（3）主体是一般主体，包括自然人和单位。（4）主观方面故意。

犯本罪的，依照《刑法》第175条之一的规定处罚。

【妨害信用卡管理罪】

妨害信用卡管理罪，是指妨害信用卡管理的行为。本罪的特征是：（1）客体是国家对信用卡的管理制度。（2）客观方面是妨害信用卡管理的行为。具体表现为：明知是伪造的信用卡而持有、运输的，或者明知是伪造的空白信用卡而持有、运输，数量较大的；非法持有他人信用卡，数量较大的；使用虚假的身份证明骗领信用卡的；出售、购买、为他人提供伪造的信用卡或者以虚假的身份证明骗领的信用卡的。（3）主体是一般主体。（4）主观方面是故意。

犯本罪的，依照《刑法》第177条之一第1款和第3款的规定处罚。

【窃取、收买、非法提供信用卡信息罪】

窃取、收买、非法提供信用卡信息罪，是指窃取、收买或者非法提供他人信用卡信息资料的行为。本罪的特征是：（1）客体是国家对信用卡的管理制度。（2）客观方面是窃取、收买或者非法提供他人信用卡信息资料的行为。（3）主体是一般主体。（4）主观方面是故意。

犯本罪的，依照《刑法》第177条之一第2款和第3款的规定处罚。

【伪造、变造国家有价证券罪】

伪造、变造国家有价证券罪，是指伪造、变造国库券或者国家发行的其他有价证券，数额较大的行为。本罪的特征是：（1）客体是国家对有价证券的正常管理秩序。（2）客观方面是伪造、变造国库券或者国家发行的其他有价证券，数额较大的行为。（3）主体是一般主体，自然人和单位均可以成为本罪的主体。（4）主观方面是故意。

犯本罪的，依照《刑法》第178条第1款和第3款的规定处罚。

【伪造、变造股票、公司、企业债券罪】

伪造、变造股票、公司、企业债券罪，是指伪造、变造股票或者公司、企业债券，数额较大的行为。本罪的特征是：（1）客体是国家对股票和公司、企业债券的管理制度。犯罪对象为股票和公司、企业债券。（2）客观方面表现为伪造、变造股票或者公司、企业债券，数额较大的行为。根据司法解释的有关规定①，总面额在3万元以上的为数额较大。（3）主体是一般主体，自然人和单位均可以成为本罪的主体。（4）主观方面是故意。

犯本罪的，依照《刑法》第178条第2款和第3款的规定处罚。

---

① 2022年最高人民检察院、公安部《关于公安机关管辖的刑事案件立案标准的规定（二）》。

【擅自发行股票、公司、企业债券罪】

擅自发行股票、公司、企业债券罪，是指未经国家有关主管部门批准，擅自发行股票或者公司、企业债券，数额巨大、后果严重或者有其他严重情节的行为。本罪的特征是：(1) 客体是国家对股票、债券的管理制度。(2) 客观方面是行为人未经国家有关主管部门批准，擅自发行股票或者公司、企业债券，数额巨大、后果严重或者有其他严重情节的行为。(3) 主体是一般主体，自然人和单位均可以成为本罪的主体。(4) 主观方面是故意。

犯本罪的，依照《刑法》第 179 条的规定处罚。

【利用未公开信息交易罪】

利用未公开信息交易罪，是指证券交易所、期货交易所、证券公司、期货公司、基金管理公司、商业银行、保险公司等金融机构的从业人员以及有关监管部门或者行业协会的工作人员，利用因职务便利获取的内幕信息以外的其他未公开的信息，违反规定，从事与该信息相关的证券、期货交易活动，或者明示、暗示他人从事相关交易活动，情节严重的行为。本罪的特征是：(1) 客体是复杂客体，即国家对证券、期货市场的管理秩序和其他投资者的合法权益。(2) 客观方面是利用因职务便利获取的内幕信息以外的其他未公开的信息，违反规定，从事与该信息相关的证券、期货交易活动，或者明示、暗示他人从事相关交易活动，情节严重的行为。(3) 主体是特殊主体，即证券交易所、期货交易所、证券公司、期货公司、基金管理公司、商业银行、保险公司等金融机构的从业人员以及有关监管部门或者行业协会的工作人员。(4) 主观方面是故意。

犯本罪的，依照《刑法》第 180 条第 1 款和第 4 款的规定处罚。

【编造并传播证券、期货交易虚假信息罪】

编造并传播证券、期货交易虚假信息罪，是指编造并且传播影响证券、期货交易的虚假信息，扰乱证券、期货交易市场，造成严重后果的行为。本罪的特征是：(1) 客体是证券市场的正常秩序和投资者的财产权益。(2) 客观方面是编造并且传播影响证券、期货交易的虚假信息，扰乱证券、期货交易市场，造成严重后果的行为。(3) 主体是一般主体，自然人和单位均可以成为本罪的主体。(4) 主观方面是故意。

犯本罪的，依照《刑法》第 181 条第 1 款和第 3 款的规定处罚。

【诱骗投资者买卖证券、期货合约罪】

诱骗投资者买卖证券、期货合约罪，是指证券交易所、期货交易所、证券公司、期货经纪公司的从业人员，证券业协会、期货业协会或者证券期货监督管理部门的工作人员，故意提供虚假信息或者伪造、变造、销毁交易记录，诱骗投资者买卖证券、期货合约，造成严重后果的行为。本罪的特征是：(1) 客体是证券、期货市场的正常秩序和投资者的合法权益。(2) 客观方面是提供虚假信息或者伪造、变造、销毁交易记录，诱骗投资者买卖证券、期货合约，造成严重后果的行为。（3）主体是特殊主体，即证券交易所、期货交易所、证券公司、期货经纪公司的从业人员，以上自然人和单位均可以成为本罪的主体。（4）主观方面是故意。

犯本罪的，依照《刑法》第181条第2款和第3款的规定处罚。

【背信运用受托财产罪】

背信运用受托财产罪，是指商业银行、证券交易所、期货交易所、证券公司、期货经纪公司、保险公司或者其他金融机构，违背受托义务，擅自运用客户资金或者其他委托、信托的财产，情节严重的行为。本罪的特征是：（1）客体是国家对金融机构委托、信托业务的管理制度和客户财产权。（2）客观方面是违背受托义务，擅自运用客户资金或者其他委托、信托的财产，情节严重的行为。（3）主体是特殊主体，即商业银行、证券交易所、期货交易所、证券公司、期货经纪公司、保险公司或者其他金融机构。所谓其他金融机构，主要包括信托投资公司、投资咨询公司、投资管理公司等金融机构。（4）主观方面是故意。

犯本罪的，依照《刑法》第185条之一第1款的规定处罚。

【违法运用资金罪】

违法运用资金罪，是指社会保障基金管理机构、住房公积金管理机构等公众资金管理机构，以及保险公司、保险资产管理公司、证券投资基金管理公司，违反国家规定运用资金的行为。本罪的特征是：（1）客体是国家对公众资金和基金的管理制度。（2）客观方面是违反国家规定运用资金的行为。（3）犯罪主体为特殊主体，即社会保障基金管理机构、住房公积金管理机构等公众资金管理机构，以及保险公司、保险资产管理公司、证券投资基金管理公司等金融机构。（4）主观方面是故意。

犯本罪的，依照《刑法》第185条之一第2款的规定处罚。

【吸收客户资金不入账罪】

吸收客户资金不入账罪，是指银行或者其他金融机构的工作人员吸收客户资金不入账数额巨大或者造成重大损失的行为。本罪的特征是：（1）客体是国家对信贷资金的管理制度和金融机构的信誉。（2）客观方面是吸收客户资金不入账数额巨大或者造成重大损失的行为。（3）主体是特殊主体，即银行或者其他金融机构的工作人员，自然人和单位均可以成为本罪的主体。（4）主观方面是故意。

犯本罪的，依照《刑法》第187条的规定处罚。

【违规出具金融票证罪】

违规出具金融票证罪，是指银行或者其他金融机构的工作人员违反规定，为他人出具信用证或者其他保函、票据、存单、资信证明，情节严重的行为。

本罪的特征是：（1）客体是国家对金融票证的管理制度。（2）客观方面是行为人违反规定为他人出具信用证或者其他保函、票据、存单、资信证明，情节严重的行为。（3）主体是特殊主体，即银行或者其他金融机构的工作人员，自然人和单位均可以成为本罪的主体。（4）主观方面是过失。

犯本罪的，依照《刑法》第 188 条的规定处罚。

【对违法票据承兑、付款、保证罪】

对违法票据承兑、付款、保证罪，是指银行或者其他金融机构的工作人员在票据业务中，对违反票据法规定的票据予以承兑、付款或者保证，造成重大损失的行为。本罪的特征是：（1）客体是金融票据的管理制度。（2）客观方面是行为人在票据业务中，对违反票据法规定的票据予以承兑、付款或者保证，造成重大损失的行为。（3）主体是特殊主体，即银行或者其他金融机构的工作人员。（4）主观方面是过失。

犯本罪的，依照《刑法》第 189 条的规定处罚。

【骗购外汇罪】

骗购外汇罪，是指以各种方法骗购外汇，数额较大的行为。本罪的特征是：（1）客体是国家对外汇的管理制度。（2）客观方面表现为以各种方法骗购外汇，数额较大的行为。（3）主体是一般主体，自然人和单位均可以成为本罪的主体。（4）主观方面是故意。

犯本罪的，依照 1998 年全国人大常委会《关于惩治骗购外汇、逃汇和非法买卖外汇犯罪的决定》第 1 条和第 5 条的规定处罚。

第五节　金融诈骗罪

一、金融诈骗罪概述

金融诈骗罪，是指以非法占有为目的，采用虚构事实或隐瞒真相的方法进行金融诈骗，数额较大的行为。本罪名属于次类罪名。本类罪的特征是：

1. 客体是金融管理秩序和公私财产的所有权。

2. 客观方面表现为采用虚构事实或隐瞒真相的方法进行金融诈骗，数额较大的行为。根据刑法的规定，金融诈骗行为具体包括集资诈骗、贷款诈骗、票据诈骗、金融凭证诈骗、信用证诈骗、信用卡诈骗、有价证券诈骗、保险诈骗八种行为。

3. 主体既可以是已满 16 周岁的自然人，也可以是单位。

4. 主观方面是直接故意，并具有非法占有公私财产的目的。

二、金融诈骗罪中的主要犯罪

【集资诈骗罪】

（一）集资诈骗罪的定义和特征

集资诈骗罪，是指以非法占有为目的，使用诈骗方法非法集资，数额较大的行为。

1. 客体是金融管理秩序和公私财产所有权。

2. 客观方面表现为使用诈骗方法非法集资，并且数额较大。非法集资，是指单位或者个人，违反法律、法规，向社会公众募集资金的行为。根据司法解释[①]，违反国家金融管理法律规定，向社会公众（包括单位和个人）吸收资金的行为，同时具备下列四个条件的，除刑法另有规定的以外，应当认定为“非法吸收公众存款或者变相吸收公众存款”：（1）未经有关部门依法批准或者借用合法经营的形式吸收资金；（2）通过媒体、推介会、传单、手机短信等途径向社会公开宣传；（3）承诺在一定期限内以货币、实物、股权等方式还本付息或者给付回报；（4）向社会公众即社会不特定对象吸收资金。未向社会公开宣传，在亲友或者单位内部针对特定对象吸收资金的，不属于非法吸收或者变相吸收公众存款。个人集资诈骗数额在10万元以上的，单位集资诈骗数额在50万元以上的，应当认定为数额较大。

3. 主体为一般主体，即已满16周岁精神正常的自然人，单位也可以成为本罪的主体。

4. 主观方面为故意，并具有非法占有的目的，具体表现为具有不归还集资款的意思。根据司法解释[②]，具有下列情形之一的，可以认定为“以非法占有为目的”：（1）集资后不用于生产经营活动或者用于生产经营活动与筹集资金规模明显不成比例，致使集资款不能返还的；（2）肆意挥霍集资款，致使集资款不能返还的；（3）携带集资款逃匿的；（4）将集资款用于违法犯罪活动的；（5）抽逃、转移资金、隐匿财产，逃避返还资金的；（6）隐匿、销毁账目，或者搞假破产、假倒闭，逃避返还资金的；（7）拒不交代资金去向，逃避返还资金的；（8）其他可以认定非法占有目的的情形。

（二）集资诈骗罪的认定

认定集资诈骗罪，应注意区分罪与非罪的界限。对骗取数额较小资金且情节较轻的行为，不宜认定为犯罪。但情节严重的，即使实际上没有非法占有集资款的，也应认定为集资诈骗未遂。对没有非法占有目的，在特定范围内（如面向单位职工）筹集资金，即使使用了一定欺诈手段的，也不能认定

---

① 2011年最高人民法院《关于审理非法集资刑事案件具体应用法律若干问题的解释》。

② 2011年最高人民法院《关于审理非法集资刑事案件具体应用法律若干问题的解释》。

为犯罪，而应当按债务纠纷处理。

集资诈骗等金融诈骗犯罪都是以非法占有为目的的犯罪。行为人部分非法集资行为具有非法占有目的的，对该部分非法集资行为所涉集资款以集资诈骗罪定罪处罚；非法集资共同犯罪中部分行为人具有非法占有目的，其他行为人没有非法占有集资款的行为和目的的，对具有非法占有目的的行为人以集资诈骗罪定罪处罚。

（三）集资诈骗罪的处罚

根据《刑法》第192条和第200条的规定，犯本罪的，处3年以上7年以下有期徒刑，并处罚金；数额巨大或者有其他严重情节的，处7年以上有期徒刑或者无期徒刑，并处罚金或者没收财产。单位犯本罪的，对单位判处罚金，并对其直接负责的主管人员和其他直接责任人员，依照上述规定处罚。

【贷款诈骗罪】

（一）贷款诈骗罪的定义和特征

贷款诈骗罪，是指以非法占有为目的，使用欺诈方法，诈骗银行或者其他金融机构的贷款，数额较大的行为。

1. 客体是贷款管理制度和金融机构对所贷资金的所有权，对象是金融机构的贷款。

2. 客观方面表现为使用欺诈方法，骗取银行或者其他金融机构的贷款，数额较大。欺诈方法包括：（1）编造引进资金、项目等虚假理由；（2）使用虚假的经济合同；（3）使用虚假的证明文件；（4）使用虚假的产权证明作担保或者超出抵押物价值重复担保；（5）其他欺诈方法。诈骗贷款数额达到2万元的，为数额较大，应当追诉。

3. 主体为一般主体，即已满16周岁精神正常的自然人。

4. 主观方面为故意，并具有非法占有的目的。

（二）贷款诈骗罪的认定

贷款诈骗罪与骗取贷款罪存在特别关系。亦即使用欺骗方法获取金融机构贷款的，均成立骗取贷款罪，但是如果行为人具有非法占有目的，则同时触犯了《刑法》第193条规定的贷款诈骗罪。对于具有下列情形之一的，应认定为具有非法占有目的：（1）假冒他人名义贷款的；（2）贷款后携款潜逃的；（3）未将贷款按贷款用途使用，而是用于挥霍致使贷款无法偿还的；（4）改变贷款用途，将贷款用于高风险的经济活动造成重大经济损失，导致无法偿还贷款的；（5）为谋取不正当利益，改变贷款用途，造成重大经济损失，致使无法偿还贷款的；（6）使用贷款进行违法犯罪活动的；（7）隐匿贷款去向，贷款到期后拒不偿还的；等等。

（三）贷款诈骗罪的处罚

根据《刑法》第193条的规定，犯本罪的，处5年以下有期徒刑或者拘役，并处2万元以上20万元以下罚金；数额巨大或者有其他严重情节的，处5年以上10年以下有期徒刑，并处5万元以上50万元以下罚金；数额特别巨大或者有其他特别严重情节的，处10年以上有期徒刑或者无期徒刑，并处5万元以上50万元以下罚金或者没收财产。

【票据诈骗罪】

（一）票据诈骗罪的定义和特征

票据诈骗罪，是指以非法占有为目的，利用金融票据进行诈骗活动，骗取数额较大财物的行为。

1. 客体是票据管理秩序和票据所有人及受益人的财产所有权。

2. 客观方面表现为利用金融票据进行诈骗活动，骗取数额较大财物。利用金融票据进行诈骗是指以下行为：（1）使用伪造、变造的汇票、本票、支票骗取财物。（2）使用作废的汇票、本票、支票骗取财物。作废的汇票、本票、支票，是指根据法律和有关规定不能使用的票据，包括过期的票据、无效的票据与依法宣布作废的票据。（3）冒用他人的汇票、本票、支票。这是指擅自以合法持票人的名义使用自己没有支配权利的他人票据的行为。（4）签发空头支票或者与其预留印鉴不符的支票，骗取财物。空头支票，是指出票人所签发的支票超过其付款时在付款人处实有的存款金额。签发空头支票，是指行为人制作并交付空头支票。（5）汇票、本票的出票人签发无资金保证的汇票、本票或者在出票时作虚伪记载，骗取财物。数额较大的，是指个人诈骗数额在1万元以上的，单位诈骗数额在10万元以上的。

3. 主体为一般主体，即已满16周岁精神正常的自然人。单位也可以成为本罪的主体。

4. 主观方面是故意，并具有非法占有目的。

（二）票据诈骗罪的认定

盗窃支票并使用的行为性质比较复杂，需要具体分析。（1）盗窃定额支票的，不管行为人盗窃后是否使用、如何使用，都成立盗窃罪。（2）盗窃定额支票之外的不记名、不挂失支票的，成立盗窃罪。（3）盗窃记名的空白支票，然后补记收款人或支票金额并使用的，成立票据诈骗罪。（4）盗窃记名支票后，无论在挂失之前还是之后使用的，均应认定为票据诈骗罪。（5）盗窃格式票据（票据用纸）并偷盖印章或者伪造印鉴，记载相关事项，无论在挂失之前还是之后使用的，都触犯了伪造金融票证罪与票据诈骗罪，应从一重罪论处（在票据诈骗未遂的情况下，宜认定为伪造金融票证罪既遂）。

（三）票据诈骗罪的处罚

根据《刑法》第194条和第200条的规定，犯票据诈骗罪的，处5年以下有期徒刑或者拘役，并处2万元以上20万元以下罚金；数额巨大或者有其他严重情节的，处5年以上10年以下有期徒刑，并处5万元以上50万元以下罚金；数额特别巨大或者有其他特别严重情节的，处10年以上有期徒刑或者无期徒刑，并处5万元以上50万元以下罚金或者没收财产。

单位犯本罪的，对单位判处罚金，并对其直接负责的主管人员和其他直接责任人员，处5年以下有期徒刑或者拘役，可以并处罚金；数额巨大或者有其他严重情节的，处5年以上10年以下有期徒刑，并处罚金；数额特别巨大或者有其他特别严重情节的，处10年以上有期徒刑或者无期徒刑，并处罚金。

【信用卡诈骗罪】

（一）信用卡诈骗罪的定义和特征

信用卡诈骗罪，是指以非法占有为目的，利用信用卡进行诈骗活动，数额较大的行为。

1. 客体是信用卡管理制度和公私财物所有权。信用卡，是指由商业银行或者其他金融机构发行的具有消费支付、信用贷款、转账结算、存取现金等全部功能或者部分功能的电子支付卡。

2. 客观方面表现为利用信用卡进行诈骗活动，数额较大的。具体行为表现为：（1）使用伪造的信用卡或者使用以虚假的身份证明骗领的信用卡，骗取财物。（2）使用作废的信用卡，骗取财物。使用作废的信用卡的行为主体既可以是持卡人，也可以是其他人。使用行为仅限于对自然人使用。在机器上使用作废的信用卡取得财物的，成立盗窃罪。（3）冒用他人信用卡，骗取财物。（4）恶意透支，是指持卡人以非法占有为目的，超过规定限额或者规定期限透支，经发卡银行2次有效催收后超过3个月仍不归还的行为。成立本罪需要诈骗数额较大，根据司法解释①，前三种行为以5000元为数额较大的起点，恶意透支以5万元为数额较大的起点。

3. 主体为一般主体，即达到刑事责任年龄精神正常的自然人。

4. 主观方面为故意，并具有非法占有目的。

（二）信用卡诈骗罪的认定

根据《刑法》第196条第3款的规定，盗窃信用卡并使用的，依照《刑法》第264条关于盗窃罪的规定定罪处罚（盗窃数额根据行为人盗窃信用卡后使用的数额认定）。

（三）信用卡诈骗罪的处罚

根据《刑法》第196条的规定，犯本罪的，处5年以下有期徒刑或者拘役，并处2万元以上20万元以下罚金；数额巨大或者有其他严重情节的，处5年以上10年以下有期徒刑，并处5万元以上50万元以下罚金；数额特别巨大或者有其他严重情节的，处10年以上有期徒刑或者无期徒刑，并处5万元

---

① 2022年最高人民检察院、公安部《关于公安机关管辖的刑事案件立案标准的规定（二）》。

以上50万元以下罚金或者没收财产。

【保险诈骗罪】

（一）保险诈骗罪的定义和特征

保险诈骗罪，是指投保人、被保险人、受益人，以使自己或者第三者获取保险金为目的，采取虚构保险标的、保险事故或者制造保险事故等方法，骗取保险金，数额较大的行为。

1. 犯罪客体是金融管理秩序及保险人的财产所有权。

2. 客观方面表现为使用欺骗方法，骗取数额较大的保险金。具体表现为以下五种情形：（1）投保人故意虚构保险标的，骗取保险金的；（2）投保人、被保险人或者受益人对发生的保险事故编造虚假的原因或者夸大损失的程度，骗取保险金的；（3）投保人、被保险人或者受益人编造未曾发生的保险事故，骗取保险金的；（4）投保人、被保险人故意造成财产损失的保险事故，骗取保险金的；（5）投保人、受益人故意造成被保险人死亡、伤残或者疾病，骗取保险金的。

3. 主观方面是故意，行为人必须具有非法获取保险金的目的。

4. 犯罪主体为一般主体，即已满16周岁精神正常的自然人。单位也可以成为本罪的主体。

（二）保险诈骗罪的认定

1. 保险诈骗罪的着手。虚构保险标的、造成保险事故等行为，只是为诈骗保险金创造了前提条件；只有当行为人向保险公司索赔时，才能认为保险活动秩序与保险公司的财产受侵害的危险达到了紧迫程度。因此对于保险诈骗罪而言，向保险公司索赔的行为或者提出支付保险金的请求的行为，才是本罪的着手。

2. 一罪与数罪。如果行为人为骗取保险金，伪造了有关公文、证件、印章，属牵连犯，应从一重罪处断；如果投保人、被保险人故意造成财产损失的保险事故，投保人、受益人故意造成被保险人死亡、伤残或疾病，骗取保险金的，如其行为又构成其他犯罪（如放火罪、投放危险物质罪、故意毁坏财物罪、故意杀人罪、故意伤害罪等），尽管这种情形也是刑法理论上的牵连犯，但是根据《刑法》第198条第2款的规定，要按数罪并罚的规定处罚。

（三）保险诈骗罪的处罚

根据《刑法》第198条的规定，犯本罪的，处5年以下有期徒刑或者拘役，并处1万元以上10万元以下罚金；数额巨大或者有其他严重情节的，处5年以上10年以下有期徒刑，并处2万元以上20万元以下罚金；数额特别巨大或者有其他特别严重情节的，处10年以上有期徒刑，并处2万元以上20万元以下罚金或者没收财产。单位犯本罪的，对单位判处罚金，并对其直接负责的主管人员和其他直接责任人员，处5年以下有期徒刑或者拘役；数额巨大或者有其他严重情节的，处 5 年以上 10 年以下有期徒刑；数额特别巨大或者有其他特别严重情节的，处 10 年以上有期徒刑。

三、金融诈骗罪中的其他犯罪

【金融凭证诈骗罪】

金融凭证诈骗罪，是指使用伪造、变造的委托收款凭证、汇款凭证、银行存单或其他银行结算凭证，进行诈骗活动，数额较大的行为。本罪的特征是：（1）客体是复杂客体，即国家的金融凭证管理制度和公私财产所有权。（2）客观方面表现为使用伪造、变造的委托收款凭证、汇款凭证、银行存单等其他银行结算凭证进行诈骗，数额较大的行为。（3）主体是一般主体，自然人和单位均可以成为本罪的主体。（4）主观方面是故意，并具有非法占有目的。

犯本罪的，依照《刑法》第 194 条第 2 款、第 200 条的规定处罚。

【信用证诈骗罪】

信用证诈骗罪，是指以非法占有为目的，进行信用证诈骗活动的行为。本罪的特征是：（1）客体是复杂客体，即信用证管理制度和公私财产所有权。（2）客观方面表现为利用信用证进行诈骗活动的行为。这里的信用证，是指银行有条件保证付款的证书，即开证银行根据开证申请人（进口商）的请求，开具给受益人（一般为出口商）的一种在其具备了约定的条件后，即可得到由开证银行或支付银行支付的约定金额的保证付款的凭证。（3）主体是一般主体，自然人和单位均可以成为本罪的主体。（4）主观方面是故意。

犯本罪的，依照《刑法》第 195 条、第 200 条的规定处罚。

【有价证券诈骗罪】

有价证券诈骗罪，是指以非法占有为目的，使用伪造、变造的国库券或者国家发行的其他有价证券，进行诈骗活动，数额较大的行为。本罪的特征是：（1）客体是国家对有价证券的管理制度和他人的财产所有权。犯罪对象是国家有价证券，包括国库券和国家发行的国家重点建设债券、国家建设债券、特种国债券、保值公债券、财政债券等有价证券。（2）客观方面表现为使用伪造、变造的国库券或者国家发行的其他有价证券，进行诈骗活动，数额较大的行为。（3）主体是一般主体。（4）主观方面是故意，并具有非法占有目的。

犯本罪的，依照《刑法》第 197 条的规定处罚。

第六节　危害税收征管罪

一、危害税收征管罪概述

危害税收征管罪，是指违反国家税收征管法规，以逃税、抗税、欺骗等行为方式危害国家税收征管制度，情节严重的行为。本罪名属于次类罪名。本类罪的特征是：

1. 客体是国家的税收征管制度。

2. 客观方面表现为以逃税、抗税、欺骗等行为方式破坏国家税收征管制度，情节严重的行为。危害税收征管的行为按行为方式可分为：欺骗型的行为，如逃税、骗取出口退税、虚开增值税专用发票等；暴力型的行为，如抗税等；伪造型的行为，如非法制造发票等。

3. 主体既有一般主体，也有特殊主体；既包括自然人，也包括单位。

4. 主观方面是故意，并具有牟取非法经济利益的目的。

二、危害税收征管罪中的主要犯罪

【逃税罪】

（一）逃税罪的定义和特征

逃税罪，是指纳税人采取欺骗、隐瞒手段进行虚假纳税申报或者不申报，逃避缴纳税款数额较大并且占应纳税额10%以上，或者扣缴义务人采取前述手段，不缴或者少缴已扣、已收税款，数额较大的行为。本罪的特征是：

1. 客体是国家的税收征管制度。如果偷逃进出口关税走私的，侵犯的是国家对外贸易管制，情节严重的应以走私普通货物、物品罪等犯罪论处。

2. 客观方面表现为下列两种行为：（1）采取欺骗、隐瞒手段进行虚假纳税申报或者不申报，逃避缴纳税款数额较大并且占应纳税额10%以上。纳税申报是纳税人按照税法规定的期限和内容，向税务机关提交有关纳税事项书面报告的法律行为，是纳税人履行纳税义务、承担法律责任的主要依据。纳税人办理纳税申报时，应当如实填写纳税申报表，并报送相关证件、资料。“进行虚假纳税申报”的常见手段有：设立虚假的账簿、记账凭证；对账簿、记账凭证进行涂改等；未经税务主管机关批准而擅自将正在使用中或尚未过期的账簿、记账凭证销毁处理等；在账簿上多列支出或者不列、少列收入，等等。“不申报”，是指不向税务机关进行纳税申报的行为，主要表现为已经领取工商营业执照的法人实体不到税务机关办理纳税登记，或者已经办理纳税登记的法人实体有经营活动，却不向税务机关申报或者经税务机关通知申报而拒不申报的行为等。(2) 采取前述手段，不缴或者少缴已扣、已收税款，数额较大。这是扣缴义务人构成逃税罪的行为方式。

3. 主体是特殊主体，即纳税人和扣缴义务人。纳税人，是指法律、行政法规规定负有纳税义务的单位和个人。扣缴义务人，是指法律和行政法规规定负有代扣代缴、代收代缴税款义务的单位和个人，如集贸交易市场的管理部门，涉及缴纳个人所得税的工资发放单位和个人等。此外，根据税法规定，未取得营业执照从事经营的单位和个人，负有纳税义务，因而亦可成为本罪主体。

4. 主观方面是故意，且具有逃避纳税义务的目的。

(二) 认定逃税罪应注意的问题

1. 本罪与非罪的界限。

(1) 本罪与一般逃税行为的界限。需要注意的是，为了缩小打击面，根据《刑法》第 201 条第 4 款的规定，纳税人实施逃税行为，经税务机关依法下达追缴通知后，补缴应纳税款，缴纳滞纳金，已受行政处罚的，不予追究刑事责任；但是 5 年内因逃避缴纳税款受过刑事处罚或者被税务机关给予二次以上行政处罚的除外。根据司法解释①，逃避缴纳税款，涉嫌下列情形之一的，应予立案追诉：第一，纳税人采取欺骗、隐瞒手段进行虚假纳税申报或者不申报，逃避缴纳税款，数额在 10 万元以上并且占各税种应纳税总额 10% 以上，经税务机关依法下达追缴通知后，不补缴应纳税款、不缴纳滞纳金或者不接受行政处罚的；第二，纳税人 5 年内因逃避缴纳税款受过刑事处罚或者被税务机关给予二次以上行政处罚，又逃避缴纳税款，数额在 10 万元以上并且占各税种应纳税总额 10% 以上的；第三，扣缴义务人采取欺骗、隐瞒手段，不缴或者少缴已扣、已收税款，数额在 10 万元以上的。纳税人在公安机关立案后再补缴应纳税款、缴纳滞纳金或者接受行政处罚的，不影响刑事责任的追究。

(2) 本罪与漏税的界限。漏税在我国属于一般违法行为，即使漏税的数额再大，也不应作为犯罪论处。所谓漏税，是指纳税人非故意地发生漏税或少缴纳税款的行为。逃税和漏税的主要界限在于：前者主观上是出于故意，并采取欺骗、隐瞒等手段逃避纳税义务、牟取非法的经济利益；而后者主观上不具有不缴或少缴的故意。漏税行为由税务机关处理，不构成犯罪。

2. 本罪与走私罪的界限。本罪中逃避应纳税款的行为与走私罪中偷逃关税的行为具有某些相似之处，二者在某些情况下容易混淆。二者的主要区别

---

① 2022 年最高人民检察院、公安部《关于公安机关管辖的刑事案件立案追诉标准的规定（二）》。

在于：（1）本罪侵犯的直接客体是国家税收管理制度，后者侵犯的直接客体则是国家对外贸易管理制度。（2）本罪违反的是税收法规，后者违反的是海关法规。（3）本罪的主体是特殊主体，即负有纳税义务的自然人与单位；后者是一般主体，即实施走私犯罪行为的自然人与单位。

（三）逃税罪的处罚

根据《刑法》第201条、第211条的规定，逃避缴纳税款数额较大并且占应纳税额10%以上的，处3年以下有期徒刑或者拘役，并处罚金；数额巨大并且占应纳税额30%以上的，处3年以上7年以下有期徒刑，并处罚金。

单位犯本罪的，对单位判处罚金，并对其直接负责的主管人员和其他直接责任人员，依照上述规定处罚。

根据《刑法》第212条的规定，被判处罚金的，在执行前，应当先由税务机关追缴税款，即实行先追缴后处罚原则。

【抗税罪】

（一）抗税罪的定义和特征

抗税罪，是指纳税人、扣缴义务人以暴力、威胁方法拒不缴纳税款的行为。本罪的特征是：

1. 客体是复杂客体，即国家的税收征管制度和依法执行征税公务活动的国家工作人员的人身权利。

2. 客观方面表现为以暴力、威胁方法拒不缴纳税款的行为。这里的暴力，是指直接对他人的人身或有关设备、设施等施以不法有形力，进行强制或损毁，如殴打、捆绑、禁闭他人，或为阻碍执行征税而砸毁他人使用的交通工具、打砸税务机关办公室，等等。所谓威胁，是指对他人进行胁迫、恫吓，达到精神上的强制，使他人不能抗拒，如持凶器威吓，扬言行凶报复、揭发隐私、毁坏名誉、加害亲属等。

3. 主体是特殊主体，即依法负有纳税义务和扣缴税款义务的自然人。

4. 主观方面是故意，且有获取非法经济利益的目的。

（二）认定抗税罪应注意的问题

1. 本罪与非罪的界限。对此从以下几个方面进行把握：第一，注意本罪与一般拒不缴纳税款行为的界限。二者的主要区别在于是否采取了暴力、威胁的方法。本罪是采取暴力、威胁方法拒不缴纳税款的行为。而一般拒不缴纳税款的行为并没有采取暴力、威胁的方法进行。对于一般的拒不缴纳税款的行为应由税务机关依照税收法规处理，构成其他罪的按照其他罪论处。第二，看情节轻重。如果从暴力程度、后果以及威胁的内容看，情节尚属轻微，拒缴税款数额不大的，不宜以犯罪论处。

2. 本罪的一罪与数罪。主要应注意暴力抗税致人重伤或者死亡的定罪问题，对此应当以想象竞合犯的原则从一重罪处断。

（三）抗税罪的处罚

根据《刑法》第202条和第212条的规定，犯本罪的，处3年以下有期徒刑或者拘役，并处拒缴税款1倍以上5倍以下罚金；情节严重的，处3年以上7年以下有期徒刑，并处拒缴税款1倍以上5倍以下罚金。被判处罚金、没收财产的，在执行前，应当先由税务机关追缴税款。

【骗取出口退税罪】

（一）骗取出口退税罪的定义和特征

骗取出口退税罪，是指以假报出口或者欺骗手段，骗取国家出口退税款，数额较大的行为。本罪的特征是：

1. 客体是复杂客体，即国家的出口退税管理制度和国家财产的所有权，犯罪对象是出口退税款。出口退税是鼓励出口而设立的一种税收制度，它通过退还出口商品已纳的国内税，使得我国出口商品和其他国家的商品一样不含税进入国际市场，增加其竞争力。出口退税概括起来有两种情形：第一，退还已纳的进口税，即用进口原料或半成品加工制作的成品，在出口时退还已纳的进口税。第二，退还已纳的国内税。

2. 客观方面表现为以假报出口或者其他欺骗手段，骗取国家出口退税款，数额较大的行为。骗取国家出口退税款的行为主要表现为：（1）假报出口商品。其主要手段有：第一，将未含税或减免税出口商品假冒完税商品申请退税。第二，将销往国内的商品假报出口申请退税。第三，将规定不得退税的商品假冒应退税的商品。（2）虚报退税计税数额。虚报退税计税数额主要表现为：第一，以少充多，假报出口商品数量。第二，有意抬高出口商品成本。第三，虚报出口商品价格。（3）采取伪造、涂改、贿赂等手段提供虚假退税申报凭证。虚假退税申报凭证主要是指伪造、涂改后的海关报关单、出口销售发票、出口商品购进发票等凭证，或用贿赂、非法购买手段获取的虚假凭证。（4）虚报退税单位资格。如有的企业在港、澳地区办理注册登记后又返回内地注册登记，办理“合资”企业和“国营”企业两种执照，进口物资时以“合资”企业报关，享受低税赋的工商统一税，出口商品时又以国营企业报关，享受出口税。根据司法解释①，骗取国家出口退税款5万元以上的，为数额较大。

3. 主体是一般主体，即已满16周岁的自然人和单位均可以成为本罪的主体。

4. 主观方面是直接故意，并以获取非法经济利益为目的。

（二）认定骗取出口退税罪应注意的问题

主要应注意本罪的一罪与数罪问题。根据《刑法》第204条第2款的规

---

① 2002年最高人民法院《关于审理骗取出口退税刑事案件具体应用法律若干问题的解释》。

定，纳税人缴纳税款后，采取假报出口或其他欺骗手段，骗取所缴纳的税款的，依照逃税罪定罪处罚；骗取税款超过所缴纳的税款部分，依照骗取出口退税款罪的规定处罚。根据这一规定，如行为人没有纳税而骗取出口退税款的，构成本罪；如已纳税却以该种手段骗回所纳税款的，则是逃税，达到数额标准的，应以逃税罪论处；如果行为人数次骗取出口退税，累计的数额超过其所纳税额，对超出部分以本罪与逃税罪实行并罚。①

（三）骗取出口退税罪的处罚

根据《刑法》第 204 条、第 211 条和第 212 条的规定，犯本罪的，数额较大的，处 5 年以下有期徒刑或者拘役，并处骗取税款 1 倍以上 5 倍以下罚金；数额巨大或者有其他严重情节的，处 5 年以上 10 年以下有期徒刑，并处骗取税款 1 倍以上 5 倍以下罚金；数额特别巨大或者有其他特别严重情节的，处 10 年以上有期徒刑或者无期徒刑，并处骗取税款 1 倍以上 5 倍以下罚金或者没收财产。

单位犯本罪的，对单位判处罚金，并对其直接负责的主管人员和其他直接责任人员，依照上述规定处罚。

犯本罪的，被判处罚金、没收财产的，在执行前，应当先由税务机关追缴税款。

【虚开增值税专用发票或者用于骗取出口退税、抵扣税款发票罪】

（一）虚开增值税专用发票或者用于骗取出口退税、抵扣税款发票罪的定义和特征

虚开增值税专用发票或者用于骗取出口退税、抵扣税款发票罪，是指违反国家发票管理法规，为他人虚开、为自己虚开、让他人为自己虚开、介绍他人虚开增值税专用发票或者用于骗取出口退税、抵扣税款的其他发票的行为。本罪的特征是：

1. 客体是国家的发票管理制度。

2. 客观方面表现为违反国家发票管理规定，在没有销售货物或者提供应税劳务等情况下，虚开增值税专用发票或者用于骗取出口退税、抵扣税款的其他发票的行为。增值税专用发票，是指以商品或劳动增值额为征税对象，具有直接抵扣税款功能，并专门用于增值税收付款的凭证。所谓增值额，是指劳动者在商品的生产经营或提供劳务活动中所增加的净产值。增值税专用发票不同于其他普通发票之处在于它可以用于申请出口退税、抵扣税款。根据立法解释②，刑法规定的“出口退税、抵扣税款的其他发票”，是指除增值

① 行为人在骗取出口退税一次就已超出已纳税款额的情况，对此如何处罚，仍值得研究。

② 2005 年全国人大常委会《关于〈中华人民共和国刑法〉有关出口退税、抵扣税款的其他发票规定的解释》。

税专用发票以外的，具有出口退税、抵扣税款功能的收付款凭证或者完税凭证，如农林牧水产品收购发票、废旧物品收购发票、运输发票等。虚开上述以外的发票的，不构成本罪。根据《刑法》第208条第2款的规定，非法购买增值税专用发票或者购买伪造的增值税专用发票又虚开或者出售的，应依照虚开增值税专用发票定罪处罚。所谓虚开，就是指开具与其营业收入不相符的发票，具体可包括两种情况：一是在没有货物购销或者提供或接受应税劳务的情况下开具空头发票。二是虽有货物销售或者提供或接受了应税劳务，但却开具内容不实的发票。具体的虚开行为有四种，即为他人虚开、为自己虚开、让他人为自己虚开、介绍他人虚开。

3. 主体是一般主体，即已满16周岁的自然人和单位均可以成为本罪的主体。

4. 主观方面是故意，一般有获取非法经济利益的目的。

（二）虚开增值税专用发票或者用于骗取出口退税、抵扣税款发票罪的处罚

根据《刑法》第205条、第208条和第212条的规定，犯本罪的，处3年以下有期徒刑或者拘役，并处2万元以上20万元以下罚金；虚开的税款数额较大或者有其他严重情节的，处3年以上10年以下有期徒刑，并处5万元以上50万元以下罚金；虚开税款数额巨大或者有其他特别严重情节的，处10年以上有期徒刑或者无期徒刑，并处5万元以上50万元以下罚金或者没收财产。

单位犯本条规定之罪的，对单位判处罚金，并对其直接负责的主管人员和其他直接负责人员，处3年以下有期徒刑或者拘役；虚开的税款数额较大或有其他严重情节的，处3年以上10年以下有期徒刑；虚开的税款数额巨大或者有其他特别严重情节的，处10年以上有期徒刑或者无期徒刑。

犯本罪的，被判处罚金、没收财产的，在执行前，应当先由税务机关追缴税款和所骗取的出口退税款。

三、危害税收征管罪中的其他犯罪

【逃避追缴欠税罪】

逃避追缴欠税罪，是指纳税人欠缴应纳税款，采取转移或者隐匿财产的手段，致使税务机关无法追缴欠缴的税款，数额在1万元以上不满10万元的行为。本罪的特征是：（1）客体是国家的税收征收管理制度。（2）客观方面是欠缴应纳税款，采取转移或者隐匿财产的手段，致使税务机关无法追缴欠缴的税款，数额在1万元以上不满10万元的行为。（3）主体是特殊主体，即负有纳税义务的单位和个人。（4）主观方面是直接故意，目的在于逃避所欠缴的税款。

犯本罪的，依照《刑法》第203条、第211条和第212条的规定处罚。

【虚开发票罪】

虚开发票罪，是指虚开普通发票，情节严重行为的。所谓普通发票，是指《刑法》第205条规定以外的其他发票。本罪的特征是：(1) 客体是国家发票管理制度。(2) 客观方面表现为虚开普通发票，情节严重的行为。(3) 主体是一般主体，自然人和单位均可以成为本罪的主体。(4) 主观方面是故意。

犯本罪的，依照《刑法》第205条之一的规定处罚。

【伪造、出售伪造的增值税专用发票罪】

伪造、出售伪造的增值税专用发票罪，是指仿照增值税专用发票的式样，非法印刷假增值税专用发票或者出售非法印刷的假增值税专用发票的行为。本罪的特征是：(1) 客体是国家的增值税专用发票的管理制度和国家税收征管秩序。(2) 客观方面是伪造或者出售伪造的增值税专用发票的行为。(3) 主体为无权印制增值税专用发票的单位或个人。(4) 主观方面是故意。

犯本罪的，依照《刑法》第206条和第208条的规定处罚。

【非法出售增值税专用发票罪】

非法出售增值税专用发票罪，是指违反国家发票管理法规，非法出售增值税专用发票的行为。本罪的特征是：(1) 客体是国家的发票管理制度。(2) 客观方面是违反国家发票管理法规，非法出售增值税专用发票的行为。(3) 主体是一般主体，自然人和单位均可以成为本罪主体。(4) 主观方面是故意。

犯本罪的，依照《刑法》第207条、第208条和第211条的规定处罚。

【非法购买增值税专用发票、购买伪造的增值税专用发票罪】

非法购买增值税专用发票、购买伪造的增值税专用发票罪，是指违反国家发票管理法规，非法购买增值税专用发票或者购买伪造的增值税专用发票的行为。本罪的特征是：(1) 客体是国家对发票的管理制度和税收征管制度。(2) 客观方面是违反国家发票管理法规，非法购买增值税专用发票或者购买伪造的增值税专用发票的行为。(3) 主体是单位或自然人。(4) 主观方面是故意。

犯本罪的，依照《刑法》第208条和第211条的规定处罚。

【非法制造、出售非法制造的用于骗取出口退税、抵扣税款发票罪】

非法制造、出售非法制造的用于骗取出口退税、抵扣税款发票罪，是指违反国家发票管理法规，伪造、擅自制造或者出售伪造、擅自制造的用于骗取出口退税、抵扣税款的非专用发票的行为。本罪的特征是：(1) 客体是国家的发票管理制度和税收征管制度。(2) 客观方面是违反国家发票管理制度，伪造、擅自制造或者出售伪造、擅自制造的可用于骗取出口退税、抵扣税款的非增值税专用发票行为。(3) 主体是一般主体，自然人和单位均可以成为本罪主体。(4) 主观方面是故意。

犯本罪的，依照《刑法》第 209 条和第 211 条的规定处罚。

【非法出售用于骗取出口退税、抵扣税款发票罪】

非法出售用于骗取出口退税、抵扣税款发票罪，是指违反发票管理规定，非法出售可以用于骗取出口退税、抵扣税款的非增值税专用发票的行为。本罪的特征是：（1）客体是国家的发票管理制度和税收征管制度。（2）客观方面是非法出售可以用于骗取出口退税、抵扣税款的非增值税专用发票的行为。（3）主体是一般主体，自然人和单位均可以成为本罪主体。（4）主观方面是故意。

犯本罪的，依照《刑法》第 209 条和第 211 条的规定处罚。

【非法制造、出售非法制造的发票罪】

非法制造、出售非法制造的发票罪，是指违反发票管理法规，伪造、擅自制造或者出售伪造、擅自制造的普通发票的行为。本罪的特征是：（1）客体是国家发票管理制度。（2）客观方面表现为伪造、擅自制造或者出售伪造、擅自制造的普通发票的行为。（3）主体是一般主体，自然人和单位均可以成为本罪的主体。（4）主观方面是故意。

犯本罪的，依照《刑法》第 209 条和第 211 条的规定处罚。

【非法出售发票罪】

非法出售发票罪，是指违反发票管理法规，非法出售各种不能用于出口退税、抵扣税款的普通发票的行为。本罪的特征是：（1）客体是国家的发票管理制度。（2）客观方面表现为非法出售普通发票的行为。（3）主体是一般主体，自然人和单位均可以成为本罪的主体。（4）主观方面是故意。

犯本罪的，依照《刑法》第 209 条和第 211 条的规定处罚。

【持有伪造的发票罪】

持有伪造的发票罪，是指明知是伪造的发票而持有，数量较大的行为。本罪的特征是：（1）客体是国家发票管理制度。（2）客观方面表现为持有伪造的发票，数量较大的行为。（3）主体是一般主体，自然人和单位均可以成为本罪的主体。（4）主观方面是故意。

犯本罪的，依照《刑法》第 210 条之一的规定处罚。

第七节　侵犯知识产权罪

一、侵犯知识产权罪概述

侵犯知识产权罪，是指违反知识产权管理法规，侵犯他人知识产权，并由此损害他人合法权益，情节严重的行为。本罪名属于次类罪名。本类罪的特征是：

1. 客体是复杂客体，即国家对知识产权的管理制度和知识产权所有人的合法权益。知识产权包括著作权、专利权、商标权、发明权、商业秘密等科学技术和文化艺术成果。知识产权制度是国家对知识产权的保护和管理制度。知识产权所有人对其权利享有专属性，未经权利人的许可，任何人都不得使用（法律另有规定的除外）。

2. 客观方面表现为违反知识产权法律、法规的规定，未经权利人许可，侵犯权利人的知识产权，情节严重的行为。

3. 主体是一般主体，即已满 16 周岁并具有正常辨认、控制能力的自然人和单位均可以成为本类罪的主体。

4. 主观方面是故意，并且多数犯罪是直接故意，即行为人明知未得到知识产权所有人的许可，但仍然使用他人知识产权。另外，在实践中行为人通常具有希望借此达到获得非法利益的目的。

二、侵犯知识产权罪中的主要犯罪

【假冒注册商标罪】

（一）假冒注册商标罪的定义和特征

假冒注册商标罪，是指未经注册商标所有人的许可，在同一种商品、服务上使用与其注册商标相同的商标，情节严重的行为。本罪的特征是：

1. 客体是复杂客体，既侵犯了国家商标管理制度，也侵犯了他人注册商标的专用权。

2. 客观方面表现为行为人实施了违反商标管理法规，未经注册商标所有人许可，在同一种商品、服务上使用与其注册商标相同的商标，情节严重的行为。根据司法解释①，名称相同的商品以及名称不同但指同一事物的商品，可以认定为“同一种商品”。此处的“名称”，是指国家知识产权局商标局在商标注册工作中对商品使用的名称，通常即《商标注册用商品和服务国际分类》中规定的商品名称。“名称不同但指同一事物的商品”，是指在功能、用途、主要原料、消费对象、销售渠道等方面相同或者基本相同，相关公众一般认为是同一种事物的商品。根据司法解释，② 具有下列情形之一的，可以认定为“与其注册商标相同的商标”：（1）改变注册商标的字体、字母大小写或者文字横竖排列，与注册商标之间基本无差别的；（2）改变注册商标的文

---

① 2011 年最高人民法院、最高人民检察院、公安部《关于办理侵犯知识产权刑事案件适用法律若干问题的意见》。

② 2020 年最高人民法院、最高人民检察院《关于办理侵犯知识产权刑事案件具体应用法律若干问题的解释（三）》。

字、字母、数字等之间的间距，与注册商标之间基本无差别的；（3）改变注册商标颜色，不影响体现注册商标显著特征的；（4）在注册商标上仅增加商品通用名称、型号等缺乏显著特征要素，不影响体现注册商标显著特征的；（5）与立体注册商标的三维标志及平面要素基本无差别的；（6）其他与注册商标基本无差别、足以对公众产生误导的商标。本罪的成立，需要达到情节严重的程度。

3. 主体是一般主体，已满16周岁的自然人和单位均可以成为本罪的主体。

4. 主观方面是故意。

（二）认定假冒注册商标罪应注意的问题

1. 本罪与非罪的界限。主要区别在于：（1）是否得到注册商标所有人的许可。未经许可使用的，才具有违法乃至犯罪性。（2）是否在同一种商品、服务上使用与他人注册商标相同的商标。如果只是在类似商品、服务上使用与他人注册商标相同的商标，或者在同一种商品、服务上使用与他人注册商标近似的商标，则属于一般商标侵权行为，不能以犯罪论处。（3）假冒注册商标的行为是否情节严重。根据司法解释①，具有下列情形之一的，属于“情节严重”：第一，非法经营数额在5万元以上或者违法所得数额在3万元以上的；第二，假冒两种以上注册商标，非法经营数额在3万元以上或者违法所得数额在2万元以上的；第三，其他情节严重的情形。尚未达到情节严重的，仅属于一般商标侵权行为。

2. 本罪的罪数认定。在实践中，行为人在实施生产、销售伪劣产品等其他犯罪，通常伴随有假冒他人注册商标的行为，这种情况属于牵连犯，应“从一重罪处断”，不实行数罪并罚。

（三）假冒注册商标罪的处罚

根据《刑法》第213条和第220条的规定，犯本罪的，处3年以下有期徒刑或者拘役，并处或者单处罚金；情节特别严重的，处3年以上7年以下有期徒刑，并处罚金。根据司法解释②，具有下列情形之一的，属于“情节特别严重”：（1）非法经营数额在25万元以上或者违法所得数额在15万元以上的；（2）假冒两种以上注册商标，非法经营数额在15万元以上或者违法所得数额在10万元以上的；（3）其他情节特别严重的情形。单位犯本罪的，对单位判处罚金，并对其直接负责的主管人员和其他直接责任人员，依照上述规定处罚。

---

① 2004年最高人民法院、最高人民检察院《关于办理侵犯知识产权刑事案件具体应用法律若干问题的解释》。

② 2004年最高人民法院、最高人民检察院《关于办理侵犯知识产权刑事案件具体应用法律若干问题的解释》。

【侵犯著作权罪】

(一) 侵犯著作权罪的定义和特征

侵犯著作权罪，是指以营利为目的，侵犯他人著作权或者与著作权有关的权利，违法所得数额较大或者有其他严重情节的行为。本罪的特征是：

1. 客体是他人的著作权或者与著作权有关的权利。所谓著作权，是作者或其他著作权人对已经创作出来的文学、艺术和科学作品所享有的专有权利。根据《著作权法》的规定，著作权包括以下五个方面的人身权和财产权：发表权、署名权、修改权、保护作品完整权、使用权和获得报酬权。与著作权有关的权利主要是指出版者、表演者、录音录像制作者等拥有的著作邻接权。因此本罪的犯罪对象必须是附有这些权利的他人的作品、图书、录音、录像制品和假冒他人署名的美术作品。

2. 客观方面表现为侵犯著作权或者与著作权有关的权利，违法所得数额较大或者有其他严重情节的行为。侵犯著作权的行为主要表现为以下四种：(1) 未经著作权人许可，复制发行、通过信息网络向公众传播其文字作品、音乐、美术、视听作品、计算机软件及法律、行政法规规定的其他作品的行为。根据司法解释的相关规定[①]，此处的“复制发行”，是指包括复制、发行或者既复制又发行的行为。“复制”，是指以印刷、复印、临摹、拓印、录音、录像、翻录、翻拍等方式将作品制作一份或多份的行为。根据司法解释的相关规定[②]，此处的“发行”，是指包括总发行、批发、零售、通过信息网络传播以及出租、展销等活动。(2) 出版他人享有专有出版权的图书的行为。“出版”，是指出版者把作品编辑加工后，经过复制向公众发行的行为。出版者出版图书，一般需要经著作权人授权而取得对作品的专有出版权。专有出版权，是指出版者对著作权人交付的作品在合同规定的时间、地点以原版、修订版方式制作成图书并予以发行的独占权利。它是一种与著作权有关的重要权益，同样具有排他性，他人不得行使，否则构成侵权。(3) 未经录音、录像制作者许可，复制发行、通过信息网络向公众传播其制作的录音录像的行为。(4) 未经表演者许可，复制发行录有其表演的录音录像制品，或者通过信息网络向公众传播其表演的行为；(5) 制作、出售假冒他人署名的美术作品的行为。(6) 未经著作权人或者与著作权有关的权利人许可，故意避开或者破坏权利人为其作品、录音录像制品等采取的保护著作权或者与著作权有关的权利的技术措施的行为。如果行为人同时实施上述几种行为的，只成立一罪，不实行数罪并罚。

---

① 2007 年最高人民法院、最高人民检察院《关于办理侵犯知识产权刑事案件具体应用法律若干问题的解释（二）》。

② 2011 年最高人民法院、最高人民检察院、公安部《关于办理侵犯知识产权刑事案件适用法律若干问题的意见》。

3. 主体是一般主体，即已满16周岁并具有正常辨认和控制能力的自然人和单位均可以成为本罪的主体。

4. 主观方面是直接故意，并且具有营利目的。根据司法解释①，除销售外，具有下列情形之一的，可以认定为“以营利为目的”：（1）以在他人作品中刊登收费广告、捆绑第三方作品等方式直接或者间接收取费用的；（2）通过信息网络传播他人作品，或者利用他人上传的侵权作品，在网站或者网页上提供刊登收费广告服务，直接或者间接收取费用的；（3）以会员制方式通过信息网络传播他人作品，收取会员注册费或者其他费用的；（4）其他利用他人作品非法牟利的情形。

（二）认定侵犯著作权罪应注意的问题

认定侵犯著作权罪应注意的主要问题是，区分本罪与非罪的界限。虽未经著作权人许可，但在法律规定的合理范围内使用其作品的行为不构成本罪。根据《著作权法》第22条的规定，可以不经著作权人许可在合理范围内使用的作品包括：（1）为个人学习、研究或者欣赏，使用他人已经发表的作品。（2）为介绍、评论某一作品或者说明某一问题，在作品中适当引用他人已经发表的作品。（3）为报道时事新闻，在报纸、期刊、广播电台、电视台等媒体中不可避免地再现或者引用已经发表的作品。（4）报纸、期刊、广播电台、电视台等媒体刊登或者播放其他报纸、期刊、广播电台、电视台等媒体已经发表的关于政治、经济、宗教问题的时事性文章，但作者声明不许刊登、播放的除外。（5）报纸、期刊、广播电台、电视台等媒体刊登或者播放在公众集会上发表的讲话，但作者声明不许刊登、播放的除外。（6）为学校课堂教学或者科学研究，翻译或者少量复制已经发表的作品，供教学或者科研人员使用，但不得出版发行。（7）国家机关为执行公务在合理范围内使用已经发表的作品。（8）图书馆、档案馆、纪念馆、博物馆、美术馆等为陈列或者保存版本的需要，复制本馆收藏的作品。（9）免费表演已经发表的作品，该表演未向公众收取费用，也未向作者支付报酬。（10）对设置或者陈列在室外公共场所的艺术作品进行临摹、绘画、摄影、录像。（11）将中国公民、法人或者其他组织已经发表的以汉语言文字创作的作品翻译成少数民族语言文字作品在国内出版发行。（12）将已经发表的作品改成盲文出版。

另外还应当注意的是，本罪以违法所得数额较大或具有其他严重情节为成立的重要条件。因此违法所得数额较大或者有其他严重情节，是区别本罪和民事侵权行为的重要标准。虽有侵犯著作权的行为，但没有达到违法所得数额较大或者情节并不严重的，属于一般民事侵权行为，不能作为犯罪处理。

---

① 2011年最高人民法院、最高人民检察院、公安部《关于办理侵犯知识产权刑事案件适用法律若干问题的意见》。

所谓数额较大或者有其他严重情节，根据司法解释①，违法所得数额在 3 万元以上的，属于“违法所得数额较大”；具有下列情形之一的，属于“有其他严重情节”：（1）非法经营数额在 5 万元以上的；（2）未经著作权人许可，复制发行其文字作品、音乐、电影、电视、录像作品、计算机软件及其他作品，复制品数量合计在 1000 张（份）以上的；（3）其他严重情节的情形。另外根据司法解释的相关规定②，通过信息网络向公众传播他人文字作品、音乐、电影、电视、美术、摄影、录像作品、录音录像制品、计算机软件及其他作品，具有下列情形之一的，属于“其他严重情节”：（1）非法经营数额在 5 万元以上的；（2）传播他人作品的数量合计在 500 件（部）以上的；（3）传播他人作品的实际被点击数达到 5 万次以上的；（4）以会员制方式传播他人作品，注册会员达到 1000 人以上的；（5）数额或者数量虽未达到第（1）项至第（4）项规定标准，但分别达到其中两项以上标准一半以上的；（6）其他严重情节。

（三）侵犯著作权罪的处罚

根据《刑法》第 217 条和第 220 条的规定，犯本罪的，处 3 年以下有期徒刑，并处或者单处罚金；违法所得数额巨大或者有其他特别严重情节的，处 3 年以上 10 年以下有期徒刑，并处罚金。根据司法解释③，违法所得数额在 15 万元以上的，属于“违法所得数额巨大”；另外具有下列情形之一的，属于“其他特别严重情节”：（1）非法经营数额在 25 万元以上的；（2）未经著作权人许可，复制发行其文字作品、音乐、电影、电视、录像作品、计算机软件及其他作品，复制品数量合计在 5000 张（份）以上的；（3）其他特别严重情节。单位犯本罪的，对单位判处罚金，并对其直接负责的主管人员和其他直接责任人员，依照上述规定处罚。

【侵犯商业秘密罪】

（一）侵犯商业秘密罪的定义和特征

侵犯商业秘密罪，是指以不正当的手段，获取、披露、使用或者允许他人使用商业秘密，情节严重的行为。本罪的特征是：

1. 客体为商业秘密专用权。所谓商业秘密，是指不为公众所知悉，能为权利人带来经济利益，具有实用性并经权利人采取保密措施的技术信息和经营信息。商业秘密也是知识产权的一种，所以一旦被他人非法盗窃、披露或

---

① 2004 年最高人民法院、最高人民检察院《关于办理侵犯知识产权刑事案件具体应用法律若干问题的解释》。

② 2011 年最高人民法院、最高人民检察院、公安部《关于办理侵犯知识产权刑事案件适用法律若干问题的意见》。

③ 2011 年最高人民法院、最高人民检察院、公安部《关于办理侵犯知识产权刑事案件适用法律若干问题的意见》。

使用，通常将会给权利人造成重大损失。商业秘密权利人，是指商业秘密的所有人和经商业秘密所有人许可的商业秘密使用人。

2. 客观方面表现为侵犯他人的商业秘密，给商业秘密的权利人造成重大损失的行为，具体包括以下几种形式：（1）以盗窃、贿赂、欺诈、胁迫、电子侵入或者其他不正当手段获取权利人的商业秘密。此处的“盗窃”，是指秘密窃取权利人商业秘密的行为；“贿赂”，是指以金钱、物质等利益为手段向了解商业秘密的使用人、保管人或者知情人等行贿的行为；“欺诈”，是指使用捏造事实、隐瞒真相等诈骗手段，使得商业秘密的使用人、保管人或者知情人泄露商业秘密的行为；“胁迫”，是指以杀害生命、伤害身体、毁坏财产、揭发隐私等方法要挟、恐吓权利人泄露商业秘密的行为；“电子侵入”，是指未经授权，通过黑客、病毒植入或端口监听等非法手段，侵入权利人的计算机系统以获取商业秘密的行为。（2）披露、使用或者允许他人使用以前项手段获取的权利人的商业秘密。此处的“披露”，是指通过公开的方式向他人泄露商业秘密，如以口头、书面等方式告知；“使用”，是指将非法获得的商业秘密用于生产、经营等活动。（3）违反保密义务或者违反权利人有关保守商业秘密的要求，披露、使用或者允许他人使用其所掌握的商业秘密。（4）明知前款所列行为，获取、披露、使用或者允许他人使用该商业秘密的，以侵犯商业秘密论处。

3. 主体是一般主体，已满 16 周岁的自然人和单位均可以成为本罪的主体。

4. 主观方面是故意。如果行为人是出于过失，如由于无意泄露而导致商业秘密权利人重大损失的，不以本罪论处。

（二）认定侵犯商业秘密罪应注意的问题

本罪在认定时应注意的是，本罪的成立要求情节严重。根据相关司法解释[①]，具有下列情形之一的，可以认定为情节严重，应予立案追诉：（1）给商业秘密权利人造成损失数额在 30 万元以上的；（2）因侵犯商业秘密违法所得数额在 30 万元以上的；（3）直接导致商业秘密的权利人因重大经营困难而破产、倒闭的；（4）其他给商业秘密权利人造成重大损失的情形。

（三）侵犯商业秘密罪的处罚

根据《刑法》第 219 条和第 220 条的规定，犯本罪的，处 3 年以下有期徒刑，并处或者单处罚金；情节特别严重的，处 3 年以上 7 年以下有期徒刑，并处罚金。单位犯本罪的，对单位判处罚金，并对其直接负责的主管人员和其他直接责任人员，依照上述规定处罚。

---

① 2020 年最高人民法院、最高人民检察院《关于办理侵犯知识产权刑事案件具体应用法律若干问题的解释（三）》。

三、侵犯知识产权罪中的其他犯罪

【销售假冒注册商标的商品罪】

销售假冒注册商标的商品罪，是指销售明知是假冒注册商标的商品，违法所得数额较大或者有其他严重情节的行为。本罪的特征是：（1）客体是国家对商标的管理制度和他人注册商标的专用权。（2）客观方面是销售明知是假冒注册商标的商品，违法所得数额较大或者有其他严重情节的行为。（3）主体是一般主体，自然人和单位均可以成为本罪的主体。（4）主观方面是故意。

犯本罪的，依照《刑法》第214条和第220条的规定处罚。

【非法制造、销售非法制造的注册商标标识罪】

非法制造、销售非法制造的注册商标标识罪，是指伪造、擅自制造他人的注册商标标识或者销售伪造、擅自制造的注册商标标识，情节严重的行为。本罪的特征是：（1）客体为国家的商标管理制度和他人注册商标的专用权。（2）客观方面是伪造、擅自制造他人注册商标标识或者销售伪造、擅自制造的商标标识，情节严重的行为。（3）主体是一般主体，自然人和单位均可以成为本罪的主体。（4）主观方面是故意。

犯本罪的，依照《刑法》第215条和第220条的规定处罚。

【假冒专利罪】

假冒专利罪，是指违反专利管理法规，假冒他人专利，情节严重的行为。本罪的特征是：（1）客体为国家的专利管理制度和他人的专利。（2）客观方面表现为违反国家专利管理法规，假冒他人专利，情节严重的行为。（3）主体是一般主体，自然人和单位均可以成为本罪的主体。（4）主观方面是故意。

犯本罪的，依照《刑法》第216条和第220条的规定处罚。

【销售侵权复制品罪】

销售侵权复制品罪，是指以营利为目的，销售明知是侵犯他人著作权、专有出版权的文字作品、音乐、电影、电视、录像、计算机软件、图书及其他作品以及假冒他人署名的美术作品，违法所得数额巨大或者有其他严重情节的行为。本罪的特征是：（1）客体是他人的著作权及与著作权有关的权益。（2）客观方面是销售明知是侵犯他人著作权、专有出版权的文字作品、音乐、电影、电视、录像、计算机软件、图书及其他作品以及假冒他人署名的美术作品，违法所得数额巨大或者有其他严重情节的行为。（3）主体是一般主体，自然人和单位均可以成为本罪的主体。（4）主观方面为故意，并具有营利目的。

犯本罪的，依照《刑法》第218条和第220条的规定处罚。

【为境外窃取、刺探、收买、非法提供商业秘密罪】

为境外窃取、刺探、收买、非法提供商业秘密罪，是指为境外的机构、组织、人员窃取、刺探、收买、非法提供商业秘密的行为。本罪的特征是：（1）客体是商业秘密专用权。（2）客观方面是为境外的机构、组织、人员窃取、刺探、收买、非法提供商业秘密的行为。（3）主体是一般主体，自然人和单位均可以成为本罪的主体。（4）主观方面为故意。值得注意的是，本罪属于行为犯，行为人只需实施了为境外的机构、组织、人员窃取、刺探、收买、非法提供商业秘密的行为即可成立本罪。

第八节　扰乱市场秩序罪

一、扰乱市场秩序罪概述

扰乱市场秩序罪，是指违反国家对市场管理的法律、法规，破坏市场的交易秩序、竞争秩序和管理秩序，情节严重的行为。本罪名属于次类罪名。本类罪的特征是：

1. 客体是市场秩序。

2. 客观方面是违反国家对市场管理的法律、法规，破坏市场的交易秩序、竞争秩序和管理秩序，情节严重的行为。

3. 主体既包括已满16周岁的自然人，也包括单位。

4. 主观方面既有故意，也有过失。

二、扰乱市场秩序罪中的主要犯罪

【虚假广告罪】

（一）虚假广告罪的定义和特征

虚假广告罪，是指广告主、广告经营者、广告发布者违反国家规定，利用广告对商品或者服务作虚假宣传，情节严重的行为。本罪的特征是：

1. 客体是复杂客体，即国家对广告的管理制度和消费者的合法权益。

2. 客观方面表现为违反国家规定，利用广告对商品或者服务作虚假宣传，情节严重的行为。因此构成本罪，首先必须违反国家规定，主要是指违反《广告法》《反不正当竞争法》等有关广告管理的法律、法规。其次必须利用广告对商品或者服务作虚假的宣传。广告，是指向公众介绍商品、报道服务内容或文娱节目的一种宣传方式。广告一般通过报刊、电台、电视台、招贴、电影、幻灯、橱窗布置、商品陈列等形式进行，一般可以分为商业广告与非商业广告。商业广告，是指商业经营者或者服务者承担费用，通过一定的媒介和形式直接或间接地介绍自己所经营的商品或者所提供的服务的广告。《广告法》和《反不正当竞争法》所称的广告，为商业广告，即营利性广告。广告的内容与事实不符的即为虚假广告，包括夸大失实的广告，语意模糊、令人误解的广告和不公正的广告。最后虚假广告行为要达到情节严重的程度。根据司法解释①，广告主、广告经营者、广告发布者违反国家规定，利用广告对商品或者服务作虚假宣传，涉嫌下列情形之一的，可视为情节严重，应予追诉：（1）违法所得数额在 10 万元以上的；（2）假借预防、控制突发事件、传染病的名义，利用广告作虚假宣传，致使多人上当受骗，违法所得数额在 3 万元以上的；（3）利用广告对食品、药品作虚假宣传，违法所得数额在 3 万元以上的；（4）虽未达到上述数额标准，但 2 年内因利用广告作虚假宣传受过 2 次以上行政处罚，又利用广告作虚假宣传的；（5）造成严重危害后果或者恶劣社会影响的；（6）其他严重情节。

3. 主体是特殊主体，即广告主、广告经营者、广告发布者，既可以是自然人，也可以是单位。广告主，是指为推销商品或提供服务，自行或委托他人设计、制作、发布广告的单位或者自然人。广告经营者，是指受委托提供广告设计、制作、代理服务的单位或者自然人。广告发布者，是指为广告主或广告主委托的广告经营者发布广告的单位。在我国，广告的发布者主要是广播电台、电视台、报社、杂志社、出版社等新闻机构。由于我国的大众传播行业目前不允许个人经营，所以广告发布者实际上不包括自然人。

4. 主观方面是故意。出于何种动机、目的，均不影响本罪的构成。

（二）认定虚假广告罪应注意的问题

1. 本罪与非罪的界限。实施虚假广告的行为，不一定都构成犯罪。首先，要正确评价情节是否严重。如果广告主要内容基本属实，只是在次要方面有个别不实成分或一定程度的夸大，欺骗、误导消费者和损害消费者利益不是十分严重的，属于情节较轻、危害不大的虚假广告行为，不能以本罪论处。其次，要将虚假广告与一般违法广告严格区别开来。所谓违法广告，是指有广告内容违反法律法规规定的广告。虚假广告属于违法广告，但违法广告并非都是虚假广告。对于一般违法广告，应根据具体情节分别按相应法律规定予以处理。只有虚假的商业广告达到情节严重，才能构成本罪。

2. 本罪与损害商业信誉、商品声誉罪的界限。对于以虚假广告的方式损害他人商誉的情况，应具体分析：如果该虚假广告的内容主要是损害他人商誉的，以损害商业信誉、商品声誉罪论处；如果该虚假广告的内容主要是弄虚作假，欺骗、误导消费者的，以本罪论处；如果广告所含的内容中损害商誉和虚假欺骗大体相当，应以本罪论处，并从重处罚。

---

① 2022 年最高人民检察院、公安部《公安机关管辖的刑事案件立案追诉标准的规定（二）》。

（三）虚假广告罪的处罚

根据《刑法》第222条和第231条的规定，犯本罪的，处2年以下有期徒刑或者拘役，并处或者单处罚金。单位犯本罪的，对单位判处罚金，并对其直接负责的主管人员和其他直接责任人员，依照上述规定处罚。

【合同诈骗罪】

（一）合同诈骗罪的定义和特征

合同诈骗罪，是指以非法占有为目的，在签订、履行合同过程中，骗取对方当事人的财物，数额较大的行为。本罪的特征是：

1. 客体是复杂客体，既侵犯了公私财产的所有权，更是侵犯了国家对合同的管理制度，扰乱了市场秩序。

2. 客观方面表现为在签订、履行合同过程中，骗取对方当事人财物，数额较大的行为。（1）行为必须发生在签订、履行合同过程中。所谓签订合同，即订立合同，是指订约当事人之间就合同条款进行协商，双方意思一致而达成协议。所谓履行合同，是指在合同生效后，合同双方当事人按照合同规定的条款履行自己的义务。如果不是在签订、履行合同过程中而是在其他场合骗取他人财物的，不能以合同诈骗罪论处。（2）行为人采取了虚构事实、隐瞒真相的方法，骗取对方当事人财物，具体表现为以下五种情况：第一，以虚构的单位或者冒用他人名义签订合同的。第二，以伪造、变造、作废的票据或者其他虚假的产权证明作担保的。第三，没有实际履行能力，以先履行小额合同或者部分履行合同的方法，诱骗对方当事人继续签订和履行合同的。第四，收受对方当事人给付的货物、货款、预付款或者担保财产后逃匿的。第五，以其他方法骗取对方当事人财物的。（3）行为人骗取对方当事人财物，数额较大的。根据司法解释①，以非法占有为目的，在签订、履行合同过程中，骗取对方当事人财物，数额在2万元以上的，应予立案追诉。

3. 主体是一般主体，即已满16周岁的自然人和单位均可以成为本罪的主体。

4. 主观方面是直接故意，并且具有非法占有对方当事人财物的目的。

（二）认定合同诈骗罪应注意的问题

1. 本罪与非罪的界限。（1）本罪与合同欺诈行为的界限。合同欺诈行为，是指签订合同的一方当事人用虚构事实或者隐瞒真相的方法，诱使对方当事人在违背其真实意思表示的情况下，签订合同的行为。因欺诈而签订的合同是无效合同。本罪也是一种合同欺诈行为，二者具有相同的民事法律后果，即所签订的合同应当依法被宣布为无效。二者相区别的关键在于是否以

---

① 2022年最高人民检察院、公安部《关于公安机关管辖的刑事案件立案追诉标准的规定（二）》。

非法占有对方财物为目的，以及是否实际骗取了对方当事人数额较大的财物。如果行为人不具有非法占有目的，或者骗取对方当事人财物数额不大的，不能以本罪论处，而应以一般合同欺诈行为处理。（2）本罪与合同纠纷的界限。所谓合同纠纷，一般是指由于客观原因未能履行合同，或者在履行合同的过程中，一方有意违反合同的某些条款，使合同另一方遭受损失，从而引起双方对合同约定的权利义务关系的争议。区分本罪与合同纠纷界限的关键在于查明行为人有无履行合同的诚意，或者说行为人是否具有通过签订合同非法占有对方当事人财物的目的。如果行为人并无履行合同的诚意，而是意图通过签订合同骗取对方当事人财物予以非法占有并且数额较大的，应当以本罪论处。反之，如果行为人在主观上并没有非法占有对方当事人财物的目的，而只是想通过签订、履行合同获取经济利益，即使未能履行合同，也只能按合同纠纷处理。

2. 本罪与金融诈骗罪的界限。除本罪外，某些金融诈骗罪也是以签订虚假合同的方法实施或者发生在履行合同的过程中。例如，贷款诈骗罪是利用贷款合同实施的犯罪，保险诈骗罪是利用保险合同实施的犯罪。这类金融诈骗罪与本罪的关系是特殊与一般的关系，刑法对此类金融诈骗罪的规定为特殊规定，对本罪的规定则是一般规定，二者之间形成竞合关系。根据特别法优于一般法的定罪规则，对利用贷款合同、保险合同进行贷款诈骗、保险诈骗的，应分别以贷款诈骗罪、保险诈骗罪论处，而不适用本罪的规定。

（三）合同诈骗罪的处罚

根据《刑法》第224条和第231条的规定，犯本罪的，处3年以下有期徒刑或者拘役，并处或者单处罚金；数额巨大或者有其他严重情节的，处3年以上10年以下有期徒刑，并处罚金；数额特别巨大或者有其他特别严重情节的，处10年以上有期徒刑或者无期徒刑，并处罚金或者没收财产。单位犯本罪的，对单位判处罚金，并对其直接负责的主管人员和其他直接责任人员，依照上述规定处罚。

【非法经营罪】

（一）非法经营罪的定义和特征

非法经营罪，是指违反国家规定，从事非法经营活动，扰乱市场秩序，情节严重的行为。本罪的特征是：

1. 客体是国家对市场的管理秩序。

2. 客观方面表现为违反国家规定，非法从事经营活动，扰乱市场秩序，情节严重的行为，具体包括以下五类行为：（1）未经许可经营法律、行政法规规定的专营、专卖物品或者其他限制买卖的物品的。未经许可，是指未经国家有关主管部门的批准。专营、专卖物品，是指国家法律、行政法规明确规定必须由专门的机构专营、专卖的物品，如食盐、烟草等。其他限制买卖的物品，是指国家根据经济发展和维护国家、社会和人民群众利益的需要，规定在一定时期实行限制性经营的物品，如化肥、农药等。这些物品的范围并不是一成不变的，随着社会经济发展会不断调整。（2）买卖进出口许可证、进出口原产地证明以及其他法律、行政法规规定的经营许可证或者批准文件的。进出口许可证，是指国家外贸主管部门对企业颁发的可以从事进出口业务的证明文件。进出口原产地证明，是指在国际贸易活动中，进出口产品时必须附带的由原产地有关主管机关出具的确认文件。所谓其他法律、行政法规规定的经营许可证或者批准文件，是指法律、行政法规规定从事某些生产经营活动者必须具备的经营许可证或者批准文件，如森林采伐、矿产开采、野生动物狩猎等许可证。（3）在国家规定的交易场所以外非法买卖外汇的。（4）未经国家有关主管部门批准非法经营证券、期货、保险业务的，或者非法从事资金支付结算业务的。（5）其他严重扰乱市场管理秩序的非法经营行为。这是泛指前四种以外的其他破坏市场管理秩序的非法经营行为。此外，根据司法解释①，违反国家规定，出版、印刷、复制、发行《刑法》第103条第2款、第105条第2款、第117条、第118条、第246条、第250条、第363条第1款和第2款规定之罪以外的其他严重危害社会秩序和扰乱市场秩序的非法出版物，情节严重的，以非法经营罪定罪处罚。违反国家规定，采取租用国际专线、私设转接设备或者其他方法，擅自经营国际电信业务或者涉港澳台电信业务，扰乱电信市场管理秩序，情节严重的，以非法经营罪定罪处罚。未取得药品生产、经营许可证件和批准文号，非法生产、销售盐酸克仑特罗等禁止在饲料和动物饮用水中使用的药品，扰乱药品市场秩序，情节严重的，以非法经营罪追究刑事责任。在生产、销售的饲料中添加盐酸克仑特罗等禁止在饲料和动物饮用水中使用的药品，或者销售明知是添加有该类药品的饲料，情节严重的，以非法经营罪追究刑事责任。违反国家在预防、控制突发传染病疫情等灾害期间有关市场经营、价格管理等规定，哄抬物价、牟取暴利，严重扰乱市场秩序，违法所得数额较大或者有其他严重情节的，以非法经营罪定罪，依法从重处罚。未经国家批准擅自发行、销售彩票，构成犯罪的，以非法经营罪定罪处罚。违反国家规定，使用销售点终端机具（POS机）

① 1998年最高人民法院《关于审理非法出版物刑事案件具体应用法律若干问题的解释》、2000年《关于审理扰乱电信市场管理秩序案件具体应用法律若干问题的解释》；2002年最高人民法院、最高人民检察院《关于办理非法生产、销售、使用禁止在饲料和动物饮用水中使用的药品等刑事案件具体应用法律若干问题的解释》、2003年《关于办理妨害预防、控制突发传染病疫情等灾害的刑事案件具体应用法律若干问题的解释》、2005年《关于办理赌博刑事案件具体应用法律若干问题的解释》、2009年《关于办理妨害信用卡管理刑事案件具体应用法律若干问题的解释》；2021年最高人民法院《关于修改〈关于审理非法集资刑事案件具体应用法律若干问题的解释〉的决定》。

等方法，以虚构交易、虚开价格、现金退货等方式向信用卡持卡人直接支付现金，情节严重的，以非法经营罪定罪处罚。违反国家规定，未经依法核准擅自发行基金份额募集基金，情节严重的，以非法经营罪定罪处罚。非法经营行为要达到情节严重的程度，才能构成犯罪。对此，根据司法解释①，分别对“（1）违反国家烟草专卖管理法律法规，未经烟草专卖行政主管部门许可，无烟草专卖生产企业许可证、烟草专卖批发企业许可证、特种烟草专卖经营企业许可证、烟草专卖零售许可证等许可证明，非法经营烟草专卖品；（2）未经国家有关主管部门批准，非法经营证券、期货、保险业务，或者非法从事资金支付结算业务；（3）实施倒买倒卖外汇或者变相买卖外汇等非法买卖外汇行为，扰乱金融市场秩序；（4）出版、印刷、复制、发行严重危害社会秩序和扰乱市场秩序的非法出版物；（5）非法从事出版物的出版、印刷、复制、发行业务，严重扰乱市场秩序；（6）采取租用国际专线、私设转接设备或者其他方法，擅自经营国际电信业务或者涉港澳台电信业务进行营利活动，扰乱电信市场管理秩序；（7）以营利为目的，通过信息网络有偿提供删除信息服务，或者明知是虚假信息，通过信息网络有偿提供发布信息等服务，扰乱市场秩序；（8）非法生产、销售‘黑广播’‘伪基站’、无线电干扰器等无线电设备；（9）以提供给他人开设赌场为目的，违反国家规定，非法生产、销售具有退币、退分、退钢珠等赌博功能的电子游戏设施设备或者其专用软件；（10）实施下列危害食品安全行为，非法经营数额在十万元以上，或者违法所得数额在五万元以上；（11）未经监管部门批准，或者超越经营范围，以营利为目的，以超过百分之三十六的实际年利率经常性地向社会不特定对象发放贷款”十一类行为的严重情形作了具体列举，同时规定从事其他非法经营活动，具有下列情形之一的：第一，个人非法经营数额在5万元以上，或者违法所得数额在1万元以上的；第二，单位非法经营数额在50万元以上，或者违法所得数额在10万元以上的；第三，虽未达到上述数额标准，但两年内因同种非法经营行为受过二次以上行政处罚，又进行同种非法经营行为的；第四，其他情节严重的情形，也属于情节严重，应予立案追诉。

3. 主体是一般主体，即已满16周岁的自然人和单位均可以成为本罪的主体。

4. 主观方面是直接故意，行为人具有牟取非法利益之目的。

（二）认定非法经营罪应注意的问题

主要应区分本罪与非罪的界限。首先，要以国家的现行经济政策及有关的规定为标准去衡量，看是否违反国家规定。其次，要严格区分情节是否严

① 2022年最高人民检察院、公安部《关于公安机关管辖的刑事案件立案追诉标准的规定（二）》。

重。如果偶尔进行非法经营，经营额不大，违法所得较少，情节尚不严重的，只是一般的行政违法行为，可以给予一定的行政处罚，不能认定为犯罪。

（三）非法经营罪的处罚

根据《刑法》第225条的规定，犯本罪的，处5年以下有期徒刑或者拘役，并处或者单处违法所得1倍以上5倍以下罚金；情节特别严重的，处5年以上有期徒刑，并处违法所得1倍以上5倍以下罚金或者没收财产。单位犯本罪的，对单位判处罚金，并对其直接负责的主管人员和其他直接责任人员，依照上述规定处罚。

三、扰乱市场秩序罪中的其他犯罪

【损害商业信誉、商品声誉罪】

损害商业信誉、商品声誉罪，是指捏造并散布虚伪事实，损害他人的商业信誉、商品声誉，给他人造成重大损失或者有其他严重情节的行为。本罪的特征是：（1）客体是复杂客体，即正常的市场竞争秩序和他人的商誉权。（2）客观方面是捏造并散布虚伪事实，损害他人的商业信誉、商品声誉，给他人造成重大损失或者有其他严重情节的行为。（3）主体是一般主体，自然人和单位均可以成为本罪的主体。（4）主观方面是直接故意，并且具有损害他人商业信誉、商品声誉的目的。

犯本罪的，依照《刑法》第221条和第231条的规定处罚。

【串通投标罪】

串通投标罪，是指投标人相互串通投标报价，损害招标人或者其他投标人利益，情节严重的，或者投标人与招标人串通投标，损害国家、集体、公民的合法利益的行为。本罪的特征是：（1）客体是复杂客体，既侵犯了国家对招标、投标活动的管理制度，又侵犯了公平竞争的市场交易秩序。（2）客观方面表现为投标人相互串通投标报价，损害招标人或者其他投标人利益，情节严重的，或者投标人与招标人串通投标，损害国家、集体、公民的合法利益的行为。（3）主体是特殊主体，即招标人和投标人，自然人和单位均可以成为本罪的主体。（4）主观方面是直接故意。

犯本罪的，依照《刑法》第223条和第231条的规定处罚。

【组织、领导传销活动罪】

组织、领导传销活动罪，是指组织、领导以推销商品、提供服务等经营活动为名，要求参加者以缴纳费用或者购买商品、服务等方式获得加入资格，并按照一定顺序组成层级，直接或者间接以发展人员的数量作为计酬或者返利依据，引诱、胁迫参加者继续发展他人参加，骗取财物，扰乱经济社会秩序的传销活动的行为。本罪的特征是：（1）客体是市场经济活动的正常秩序。（2）客观方面表现为组织、领导以推销商品、提供服务等经营活动为名，要求参加者以缴纳费用或者购买商品、服务等方式获得加入资格，并按照一定顺序组成层级，直接或者间接以发展人员的数量作为计酬或者返利依据，引诱、胁迫参加者继续发展他人参加，骗取财物，扰乱经济社会秩序的传销活动的行为。（3）主体是一般主体，自然人和单位均可以成为本罪的主体。（4）主观方面是故意。

犯本罪的，依照《刑法》第224条之一和第231条的规定处罚。

【强迫交易罪】

强迫交易罪，是指以暴力、威胁手段，实施强迫交易，情节严重的行为。本罪的特征是：（1）客体是复杂客体，不仅侵犯了市场经济活动的正常秩序，也侵犯了他人的人身权利和财产权利。（2）客观方面表现为以暴力、威胁手段，实施强买强卖商品、强迫他人提供或者接受服务，强迫他人参与或者退出投标、拍卖，强迫他人转让或者收购公司、企业的股份、债券或者其他资产，强迫他人参与或者退出特定的经营活动，情节严重的行为。（3）主体是一般主体，自然人和单位均可以成为本罪的主体。（4）主观方面是故意。

犯本罪的，依照《刑法》第226条和第231条的规定处罚。

【伪造、倒卖伪造的有价票证罪】

伪造、倒卖伪造的有价票证罪，是指伪造或者倒卖伪造的车票、船票、邮票或者其他有价票证，数额较大的行为。本罪的特征是：（1）客体是国家对有价票证的管理秩序。（2）客观方面是伪造或者倒卖伪造的车票、船票、邮票或者其他有价票证，数额较大的行为。（3）主体是一般主体，自然人和单位均可以成为本罪的主体。（4）主观方面是直接故意。

犯本罪的，依照《刑法》第227条第1款和第231条的规定处罚。

【倒卖车票、船票罪】

倒卖车票、船票罪，是指倒卖车票、船票，情节严重的行为。本罪的特征是：（1）客体是国家对车票、船票的管理秩序。（2）客观方面是倒卖车票、船票，情节严重的行为。（3）主体是一般主体，自然人和单位均可以成为本罪的主体。（4）主观方面是直接故意。

犯本罪的，依照《刑法》第227条第2款和第231条的规定处罚。

【非法转让、倒卖土地使用权罪】

非法转让、倒卖土地使用权罪，是指以牟利为目的，违反土地管理法规，非法转让、倒卖土地使用权，情节严重的行为。本罪的特征是：（1）客体是国家对土地使用权的管理秩序。（2）客观方面是违反土地管理法规，非法转让、倒卖土地使用权，情节严重的行为。（3）主体是一般主体，自然人和单位均可以成为本罪的主体。（4）主观方面是直接故意，并且具有牟利的目的。

犯本罪的，依照《刑法》第228条和第231条的规定处罚。

【提供虚假证明文件罪】

提供虚假证明文件罪，是指承担资产评估、验资、验证、会计、审计、法律服务、保荐、安全评价、环境影响评价、环境监测等职责的中介组织的人员故意提供虚假证明文件，情节严重的行为。本罪的特征是：（1）客体是国家对资产评估、验资、验证、会计、审计、法律服务、保荐、安全评价、环境影响评价、环境监测等市场中介活动的管理秩序。（2）客观方面表现为提供虚假中介证明文件，情节严重的行为。（3）主体是特殊主体，即承担资产评估、验资、验证、会计、审计、法律服务、保荐、安全评价、环境影响评价、环境监测等职责的自然人或者单位。（4）主观方面是故意。

犯本罪的，依照《刑法》第 229 条第 1 款、第 2 款和第 231 条的规定处罚。

【出具证明文件重大失实罪】

出具证明文件重大失实罪，是指承担资产评估、验资、验证、会计、审计、法律服务、保荐、安全评价、环境影响评价、环境监测等职责的中介组织的人员，严重不负责任，出具的证明文件有重大失实，造成严重后果的行为。本罪的特征是：（1）客体是国家对中介服务市场的管理秩序。（2）客观方面是严重不负责任，出具的证明文件有重大失实，造成严重后果的行为。（3）主体是特殊主体，即承担资产评估、验资、验证、会计、审计、法律服务、保荐、安全评价、环境影响评价、环境监测等职责的自然人和单位。（4）主观方面是过失。

犯本罪的，依照《刑法》第 229 条第 3 款和第 231 条的规定处罚。

【逃避商检罪】

逃避商检罪，是指违反进出口商品检验法的规定，逃避商品检验，将必须经商检机构检验的进口商品未报经检验而擅自销售、使用，或者将必须经商检机构检验的出口商品未报经检验合格而擅自出口，情节严重的行为。本罪的特征是：（1）客体是国家对进出口商品检验的管理秩序。（2）客观方面是违反进出口商品检验法的规定，逃避商品检验，将必须经商检机构检验的进口商品未报经检验而擅自销售、使用，或者将必须经商检机构检验的出口商品未报经检验合格而擅自出口，情节严重的行为。（3）主体是特殊主体，即从事商品进出口业务的自然人和单位。（4）主观方面是故意。

犯本罪的，依照《刑法》第 230 条和第 231 条的规定处罚。

第二十一章 侵犯公民人身权利、民主权利罪

一、侵犯公民人身权利、民主权利罪概述

侵犯公民人身权利、民主权利罪，是指故意或者过失地侵犯公民人身权利和其他与人身直接有关的权利，以及非法剥夺或者妨害公民自由地行使依法享有的管理国家和参加政治活动的权利的行为。本罪名属于类罪名。本类罪的特征是：

第一，客体是公民的人身权利与民主权利。所谓人身权利，是指与公民人身不可分离的权利，主要包括公民的生命权、健康权、正当性行为的自由权、人身自由权、人格名誉权、婚姻家庭权以及与人身直接有关的住宅不受侵犯权等。所谓民主权利，是指公民依照宪法和法律管理国家事务、参加政治活动以及民族平等、宗教信仰等权利，主要包括公民的选举权和被选举权、批评权、控告权、申诉权及宗教信仰自由权、通信自由权、少数民族保持本民族风俗习惯的权利等。

第二，客观方面表现为各种严重非法侵犯公民人身权利、民主权利的行为。这里的“侵犯”，是指对公民的人身权利、民主权利予以非法的剥夺、限制、破坏或妨害。从基本表现形式上看，侵犯公民人身权利、民主权利的行为包括作为与不作为。其中绝大多数犯罪只能以作为的行为方式实施，例如，强奸罪，绑架罪，拐卖妇女、儿童罪，侮辱罪，诬告陷害罪，等等；极少数犯罪只能由不作为的方式实施，如遗弃罪；还有一些犯罪既可以作为，也可以不作为实施，如故意杀人罪、故意伤害罪等。

第三，主体绝大多数为自然人，单位也可以成为少数犯罪的主体。自然人犯罪主体的刑事责任年龄一般为16周岁以上，但已满14周岁不满16周岁的人，实施故意杀人、故意伤害致人重伤或者死亡、强奸犯罪行为的，应当负刑事责任。多数犯罪为一般主体，少数犯罪主体是特殊主体，例如，打击报复会计、统计人员罪的主体只能是公司、企业、事业单位、机关、团体的领导人，刑讯逼供罪的主体只能是司法工作人员，报复陷害罪、非法剥夺公

民宗教信仰自由罪、侵犯少数民族风俗习惯罪等的主体只能是国家机关工作人员。

第四，主观方面，除过失致人死亡罪和过失致人重伤罪是由过失构成以外，其余各罪都只能由故意构成。有的犯罪还要求行为人具有特定的目的，如诬告陷害罪要求具有意图使他人受刑事追究的目的。

二、侵犯公民人身权利、民主权利罪中的主要犯罪

【故意杀人罪】

（一）故意杀人罪的定义和特征

故意杀人罪，是指故意非法剥夺他人生命的行为。本罪的特征是：

1. 客体是他人的生命权利。侵害对象是行为人以外的自然人。被害人的年龄、健康状况以及身份等，均不影响故意杀人罪的成立。人的生命权利始于出生、终于死亡。我国刑法理论一般主张以胎儿脱离母体并能够独立呼吸作为人出生存活的标志。但若采用独立呼吸说，当胎儿露出母体、尚未独立呼吸之际，立即故意扼住其喉咙使其窒息死亡，则不构成故意杀人罪，存在对人的生命权保护不力的问题。因此确定作为故意杀人罪对象的人的生命开始的标志，仍有待于进一步探讨。刑法理论以及司法实务一般以综合标准即自发呼吸停止、心脏跳动停止、瞳孔反射机能停止作为人死亡的标志。随着现代医学的发展，“脑死亡”概念引入刑法领域，已有国家明确宣布脑死亡是生命结束的标志。但是我国现阶段是否具备采纳脑死亡说的条件，还需要进一步研究。综上，婴儿可以成为本罪的侵害对象，而胎儿和尸体不存在生命权，不能成为本罪的侵害对象。

2. 客观方面表现为非法剥夺他人生命的行为，即杀人行为。剥夺他人生命的行为，就基本形式而言，既可以是作为，如以刀砍、斧劈、枪击、投毒等方式进行，也可以是不作为，如母亲故意不给婴儿哺乳致其饿死等。杀人的行为方法既可以是物理的方式，如刺杀、射杀、毒杀等有形方法，也可以是心理的方法，如以强烈精神冲击致人死亡等无形方法。杀人行为既可以是行为人直接实施的，也可以是行为人利用他人或被害人为工具以间接正犯的形式实施的，如利用被害人的错误或无刑事责任能力的人实施杀害行为。无论采用何种手段，均不影响本罪的成立。本罪的杀人行为必须是非法的，即剥夺他人生命的行为必须是我国法律所禁止的。合法剥夺他人生命的行为不构成犯罪，如依法执行死刑命令或者符合法定条件的正当防卫将不法侵害人杀死等。本罪是结果犯，即故意杀人行为的既遂必须以该行为已经造成被害人死亡结果的发生作为标志。没有发生死亡结果的，视情况成立故意杀人未遂、中止或者预备。

3. 主体是一般主体，限于自然人，刑事责任年龄为 14 周岁以上。但是已

满12周岁不满14周岁的人，故意致人死亡或者以特别残忍手段致人重伤造成严重残疾，情节恶劣，经最高人民检察院核准追诉的，也可以成为本罪主体。

4. 主观方面是故意，包括直接故意和间接故意，即行为人明知自己的行为会发生他人死亡的危害结果，并且希望或者放任这种结果的发生。故意杀人的动机多种多样，不影响犯罪的成立，但对量刑有一定意义。

（二）认定故意杀人罪应注意的问题

1. 致人自杀行为的认定。我国刑法并未规定自杀是犯罪行为，但引起、促成自杀的原因比较复杂，需要具体分析。

（1）引起他人自杀。引起他人自杀，即行为人所实施的某种行为引起他人自杀身亡的。第一，正当行为引起他人自杀的，如学生因教师的正当批评而自杀，不可能构成犯罪；第二，由轻微违法行为或者一般过错行为引起他人自杀的，如遭遇轻微辱骂而自杀或者职工因为领导的错误处分而自杀等，在这种情况下，自杀往往是由于自杀者心胸狭隘或者其他原因造成的，行为人的行为不构成犯罪；第三，如果严重违法行为引起他人自杀身亡，应综合全案分析，认为符合某种犯罪（如侮辱罪、诽谤罪等）的犯罪构成的，则可以考虑追究行为人的刑事责任；第四，因其他犯罪行为（强奸，拐卖妇女、儿童，暴力干涉婚姻自由等），引起被害人自杀的，应当按行为人所实施的犯罪定罪处罚，而引起被害人自杀则应当作为量刑情节考虑。

（2）教唆或者帮助自杀。教唆自杀，是指唆使没有自杀意图的人产生自杀决意，使他人实施自杀的行为。帮助自杀，是指在他人已有自杀意图的情况下，通过传授自杀方法、精神鼓励或者物质援助等方法帮助他人自杀。我国刑法对于故意杀人罪规定得比较简单，没有将教唆、帮助自杀的行为规定为独立的犯罪。如果自杀者是能够理解自杀的意义，并具有决定自杀的意思能力的人，教唆、帮助其自杀的行为，能否成立犯罪以及是否构成情节较轻的故意杀人罪涉及诸多问题。可以肯定的是，如果教唆、帮助行为具有杀人的间接正犯性质时，应当认定为故意杀人罪。例如，教唆、欺骗或者帮助没有责任能力的幼儿或者精神病人自杀的，属于利用被害人的行为实施杀人行为；使用暴力、胁迫或者其他心理强制方法使他人自杀身亡的，诱骗（包括欺骗他人“相约自杀”）使他人自杀身亡的，自杀行为亦不是基于自杀者自由意思决定实施的，行为人也应构成故意杀人罪。

（3）相约自杀。相约自杀，是指2人以上相互约定自愿共同自杀的行为。自杀者是否有真实的同意，是相约自杀成立的条件。如果2人都自杀身亡的，不存在刑事责任问题；如果相约双方各自实施自杀行为，其中一方死亡，另一方自杀未逞，未逞一方也不负刑事责任；如果相约自杀，其中一方受嘱托先杀死对方，然后自己自杀未逞的，应以故意杀人罪论处，但量刑时可从宽。

2. 受嘱托杀人和“安乐死”。受嘱托杀人，也称为“获得承诺的杀人”，是指行为人获得被杀者的嘱托或者承诺将其杀死的行为。人的生命是国家、社会存在的基础，是具有最高价值的个人法益，受到法律的严格保护，因此尽管受嘱托毁坏他人财物（如拆毁房屋、砸坏车辆）不构成犯罪，但受嘱托杀人却不能被允许，对这种行为应以故意杀人罪论处，处罚时应当从宽。

“安乐死”，是指病人患有现代医学无法治愈的疾病，且濒临死亡、痛苦不堪，为了减轻其死亡前的痛苦，基于病患的嘱托，采用适当的方法，使其无痛苦地提早结束生命的行为。“安乐死”可以分为“积极的安乐死”和“消极的安乐死”。前者指采取积极措施致其死亡，如注射致死的麻醉剂等。后者指停止或者撤销维持和延续患者生命的措施，如停止继续施予药物治疗、关闭人工呼吸机等。“安乐死”是一个涉及医学、社会伦理学与法学等多学科领域的问题。虽然有极个别国家在立法上已有限地承认实施“安乐死”的合法性（如荷兰），但我国从未承认过“安乐死”的合法性，因此受患者嘱托而积极地使其无痛苦死亡（积极的安乐死），也属于受嘱托杀人的一种，仍应以故意杀人罪论处，但量刑时可适当从宽。

3. 本罪与放火、爆炸、投放危险物质等犯罪的界限。行为人以杀害他人为目的，采用了放火、爆炸、投放危险物质等方法致特定人死亡，并不危及公共安全的，应以故意杀人罪论处。如果为了杀害某一特定的人而使用危险方法，并在事实上具有了危害不特定多人的生命健康或者重大公私财产安全的性质时，其行为已超出故意杀人的界限，应以危害公共安全罪中的相关犯罪论处。

4. 刑法分则中与故意杀人行为有关联的几个重要条款的规定。对于故意杀人罪的认定，还应当注意到刑法分则中与故意杀人行为有关联的几个重要条款的规定，主要包括：（1）根据《刑法》第 234 条之一的规定，未经本人同意摘取其器官，或者摘取不满 18 周岁的人的器官，或者强迫、欺骗他人捐献器官，致人死亡或者具有致人死亡危险的，应当认定为故意杀人罪。（2）根据《刑法》第 238 条第 2 款的规定，非法拘禁使用暴力致人死亡的，依照故意杀人罪定罪处罚。（3）根据《刑法》第 239 条第 1 款的规定，绑架他人并杀害被绑架人的，仅定绑架罪一罪。（4）根据《刑法》第 247 条的规定，司法工作人员对犯罪嫌疑人、被告人实行刑讯逼供或者使用暴力逼取证人证言，致人死亡的，依照故意杀人罪定罪，从重处罚。（5）根据《刑法》第 248 条的规定，监狱、拘留所、看守所等监管机构的监管人员对被监管人进行殴打或者体罚虐待，致人死亡的，依照故意杀人罪定罪，从重处罚。（6）根据《刑法》第 289 条的规定，聚众“打砸抢”，致人死亡的，依照故意杀人罪定罪处罚。（7）根据《刑法》第 292 条第 2 款的规定，聚众斗殴致人死亡的，依照故意杀人罪定罪处罚。

（三）故意杀人罪的处罚

根据《刑法》第232条的规定，犯本罪的，处死刑、无期徒刑或者10年以上有期徒刑；情节较轻的，处3年以上10年以下有期徒刑。这里的情节较轻，一般是指义愤杀人、防卫过当杀人、因受被害人长期迫害而杀人、大义灭亲杀人等情形。

【过失致人死亡罪】

（一）过失致人死亡罪的定义和特征

过失致人死亡罪，是指行为人由于过失造成他人死亡的行为。本罪的特征是：

1. 客体是他人的生命权利。

2. 客观方面表现为过失造成他人死亡的行为，主要应把握三点：一是行为人在客观上必须具有过失行为。二是必须已经实际发生了被害人死亡的结果。三是行为人的过失行为与被害人死亡结果之间必须存在刑法上的因果关系。如果行为人的过失行为没有造成任何危害结果或者仅仅造成轻伤以下结果的，不能以犯罪论处。如果行为人的过失行为造成的是重伤结果的，则不能以本罪论处，而应以过失致人重伤罪论处。需要注意的是，如果行为人的过失行为致人重伤，但由于其他因素的介入致使被害人死亡的，只能根据具体情况，追究行为人过失致人重伤罪的刑事责任。

3. 主体是一般主体，限于自然人，刑事责任年龄为16周岁以上。

4. 主观方面是过失，包括疏忽大意的过失和过于自信的过失。

（二）认定过失致人死亡罪应注意的问题

1. 本罪与非罪的界限。本罪中出于疏忽大意的过失致人死亡和致人死亡的意外事件的主要区别在于：疏忽大意的过失的行为人应当预见并且实际能够预见自己的行为可能导致他人死亡，其主观上有罪过；而意外事件的行为人则是基于不可预见的原因并不能够预见，法律也不要求其“应当预见”，其主观上并无罪过。应当根据行为人的知能水平、行为本身的危险程度以及当时的客观环境，判断行为人对死亡结果能否预见，从而得出正确结论。

2. 本罪与他罪的界限。（1）本罪与引起被害人死亡的其他过失犯罪的界限。刑法分则规定的某些过失犯罪，如失火罪、过失爆炸罪、交通肇事罪、重大责任事故罪等，也往往发生致人死亡的结果。但上述条文为特别法条，而规定过失致人死亡罪的刑法条文是普通法条。《刑法》第233条在规定过失致人死亡罪及其法定刑后又明确规定：“……本法另有规定的，依照规定。”即因失火致人死亡的，应定为失火罪；因重大责任事故致人死亡的，应定为重大责任事故罪。（2）过于自信的过失致人死亡与间接故意杀人的界限。二者有一定的相似之处：客观上行为人的行为已经发生了致人死亡的结果，主观上行为人都认识到自己的行为可能发生他人死亡的结果，并且都不希望这种结果发生。二者的主要区别在于：过于自信的过失的行为人对于发生他人死亡结果是持彻底否定而不予接受的态度，间接故意的行为人则是持可以肯定和接受的态度。因而在司法实践中，必须查明行为人在当时条件下对死亡结果的发生，究竟是持何种态度。如果行为人虽然已经认识到自己的行为可能发生他人死亡的结果，但凭借自认为能够避免他人死亡结果发生的某些条件，如行为人具备一定的技术、经验、知识、体力以及其他有利因素，轻信可以避免他人死亡结果的发生，但未能避免的，就属于过失致人死亡。如果行为人表面上似乎是轻信能够避免危害结果的发生，但是这种“轻信”没有任何实际根据，而是在明知死亡结果可能发生的情况下，仍然实施其行为，对他人死亡结果的发生持无意防止、有意放任的态度，他人死活与否都不违背其意志的，则应当属于间接故意杀人。

（三）过失致人死亡罪的处罚

根据《刑法》第233条的规定，犯本罪的，处3年以上7年以下有期徒刑；情节较轻的，处3年以下有期徒刑。本法另有规定的，依照规定。

【故意伤害罪】

（一）故意伤害罪的定义和特征

故意伤害罪，是指故意非法损害他人身体健康的行为。本罪的特征是：

1. 客体是他人的身体健康权利。所谓身体健康，在这里有特定的内涵，是指他人在被非法伤害前所具有的人体组织的完整性与人体器官功能的正常性。损害他人非身体的有机组成部分，如损坏假肢、打掉假牙等，不可能构成故意伤害罪；强行剪去他人的毛发、指甲，谈不上对人体组织完整性的破坏，也谈不上对人体器官正常机能的破坏，亦不可能成立本罪。侵害他人的身体健康权利，是本罪区别于其他侵犯人身权利罪的重要特征。如果行为人不是损害他人的身体健康，而是贬低他人人格、名誉或者非法限制他人的人身自由，不能构成本罪，根据具体情形，应当以侮辱罪、诽谤罪或非法拘禁罪论处。如果被损害对象不是他人，而是自我伤害的，一般情形下不构成犯罪，只有当自伤行为严重侵犯了法益而触犯了刑法规范时，才构成犯罪。例如，军人在战时自伤身体，逃避军事义务的，应构成《刑法》第434条规定的战时自伤罪；自伤后诬陷系他人伤害，意图使他人受刑事追究的，应构成《刑法》第243条规定的诬告陷害罪。

2. 客观方面表现为非法损害他人身体健康的行为，即非法损害他人人体组织的完整性或者损害他人人体器官的正常机能的行为。伤害行为一般表现为作为形式，在少数情况下，也可以表现为不作为形式。伤害行为既可以由行为人本人直接使用暴力或其他方法实施，也可以是行为人间接利用无刑事责任能力的人、无过错的人或者动物实施。伤害行为必须是非法的，才能构成故意伤害罪。因正当防卫、紧急避险而伤害他人，或因治疗上的需要为病人截肢，或因体育竞技而在规则所允许的情形下致人损害等，都为法律所允许或接受，不能构成犯罪。一般来说，故意伤害行为必须已经实际造成他人轻伤以上的结果，才能以故意伤害罪论处；没有造成轻伤以上结果的故意伤害（未遂）案件，原则上不以犯罪论处。所谓轻伤以上的结果，包括轻伤、重伤和故意伤害致人死亡三种情况。轻伤，是指使人肢体或者容貌损害，听觉、视觉或者其他器官功能部分障碍或者其他对于人身健康有中度伤害的损伤，包括轻伤一级和轻伤二级。重伤，是指使人肢体残废、毁人容貌、丧失听觉、丧失视觉、丧失其他器官功能或者其他对于人身健康有重大伤害的损伤，包括重伤一级和重伤二级。在司法实践中，具体区分重伤和轻伤情况十分复杂，必须在医学专门鉴定的基础上，依照《刑法》第 95 条的规定，并参照《人体损伤程度鉴定标准》进行分析，才能正确认定。故意伤害致人死亡，一般是指出于伤害他人身体健康的故意，因击打用力过重、过猛，或误击了人体要害部位，或由于其他原因而过失导致他人死亡。如果仅仅造成轻微伤，原则上不以犯罪论处。轻微伤，各种致伤因素所致的原发性损伤，造成组织器官结构轻微损害或者轻微功能障碍。这里要注意区分故意伤害和一般殴打行为，既要考虑行为是否对人体组织和器官机能造成了损害，又要考察损害的程度。

3. 主体是一般主体。必须注意，对于轻伤结果，行为人的刑事责任年龄为 16 周岁以上，对于致人重伤或者死亡的结果，行为人的刑事责任年龄一般为 14 周岁以上。已满 12 周岁不满 14 周岁的人，故意伤害致人死亡或者以特别残忍手段致人重伤造成严重残疾，情节恶劣，经最高人民检察院核准追诉的，也可以成为本罪的主体。

4. 主观方面是故意，包括直接故意和间接故意。本罪的故意，并不要求行为人对伤害的程度事先有明确的认识，因为无论是造成轻伤还是重伤，都包括在行为人的故意内容之中。处理时，应当按照实际伤害程度处理。

（二）认定故意伤害罪应注意的问题

1. 本罪与故意杀人罪的界限。在理论上，二者最主要的区别在于主观故意的内容不同：本罪的行为人具有非法损害他人身体健康的故意，而故意杀人罪的行为人则具有非法剥夺他人生命权利的故意。在司法实践中，对于行为人的行为究竟属于故意伤害还是故意杀人并不十分明确的，应当着重从以下案件因素来分析行为人的主观故意内容：第一，案件起因（包括引起案件发生的具体矛盾的深刻程度，以及行为人与被害人的平时关系等）。第二，行为有无预谋以及预谋内容。第三，作案工具、手段（是否使用足以致人死命的工具、手段，以及具体使用的情形等）。第四，击打部位（是否击打足以致命的部位，是否有选择地击打该部位，等等）。第五，击打强度（包括一次性击打的力度，以及是否重复击打，是否对击打强度有明显的节制，等等）。第六，造成死亡结果或者未发生死亡结果的具体原因（是否存在与行为人主观故意无关的其他因素导致死亡结果的发生，或者是否出现行为人意志以外的原因而阻止了死亡结果的发生，等等）。第七，行为人在案前、案中及案后对结果的态度（包括各种形式的犯意流露内容，以及对被害人是否抢救，对死亡结果发生或未发生所持的态度，等等）。综合上述因素进行分析，如果确定行为人具有杀人故意的，无论是否造成死亡结果，均应认定为故意杀人罪；只具有伤害故意的，无论是否造成死亡结果，都应认定为故意伤害罪；如果行为人具有明显的间接故意，放任危害结果的发生，则应按实际造成的结果认定为故意伤害罪或故意杀人罪。对于较为复杂的案件，确实难以区分故意伤害与故意杀人，而司法机关内部又分歧较大的，原则上对案件定性就低不就高，按存疑时有利于被告的原则，以较轻的犯罪，即按故意伤害罪认定。

2. 故意伤害致死与过失致人死亡的区别。二者在客观上都造成了他人死亡的结果，行为人在主观上对死亡结果均出于过失。区分二者的关键在于：故意伤害致死的行为人在主观上具有非法损害他人健康的故意，而过失致人死亡的行为人不存在任何故意（包括伤害故意和杀人故意）。也就是说，故意伤害致死显然是以行为人具有伤害的故意为前提，过失所造成的死亡结果不改变故意伤害行为的性质，而属于故意伤害的加重结果。如果行为人根本没有伤害他人或杀害他人的故意，只是由于自己的过失，从而导致他人死亡结果发生的，就应当定为过失致人死亡罪。

3. 本罪与包含伤害内容的其他故意犯罪的界限。《刑法》第234条中规定“本法另有规定的，依照规定”。除故意伤害罪外，刑法分则还规定有包含伤害内容的其他故意犯罪，如强奸罪、抢劫罪、放火罪、爆炸罪、投放危险物质罪等，对于这些犯罪中致人伤害的，应分别依照各相应条款定罪量刑，不以故意伤害罪论处。

4. 刑法分则中有关其他犯罪转化为故意伤害罪的几个重要条款规定。这些条款主要包括：（1）根据《刑法》第234条之一的规定，未经本人同意摘取其器官，或者摘取不满18周岁的人的器官，或者强迫、欺骗他人捐献器官的，依照故意伤害罪论处（符合故意杀人罪的犯罪构成的，以故意杀人罪论处）。（2）根据《刑法》第238条第2款的规定，非法拘禁使用暴力致人伤残的，以故意伤害罪定罪处罚。（3）根据《刑法》第247条的规定，司法工作人员对犯罪嫌疑人实行刑讯逼供或者使用暴力逼取证人证言，致人伤残的，以故意伤害罪定罪，从重处罚。（4）根据《刑法》第248条的规定，监狱、拘留所、看守所等监管机构的监管人员对被监管人进行殴打或者体罚虐待，致人伤残的，以故意伤害罪定罪，从重处罚。（5）根据《刑法》第292条的规定，聚众斗殴致人重伤的，以故意伤害罪定罪处罚。（6）根据《刑法》第333条的规定，非法组织他人出卖血液，对他人造成伤害的，以故意伤害罪定罪处罚。

（三）故意伤害罪的处罚

根据《刑法》第234条的规定，犯本罪的，处3年以下有期徒刑、拘役或者管制；致人重伤的，处3年以上10年以下有期徒刑；致人死亡或者以特别残忍手段致人重伤造成严重残疾的，处10年以上有期徒刑、无期徒刑或死刑。本法另有规定的，依照规定。

【强奸罪】

（一）强奸罪的定义和特征

强奸罪，是指违背妇女意志，使用暴力、胁迫或者其他手段，强行与14周岁以上的妇女性交，或者奸淫不满14周岁的幼女的行为。本罪的特征是：

1. 客体是妇女的正当性交行为的自由权和幼女的身心健康。犯罪对象是女性，包括已满14周岁的妇女和不满14周岁的幼女。对于已满14周岁的妇女而言，强奸行为所侵害的是妇女的正当性交行为的自由权；对于不满14周岁的幼女而言，则侵害的是幼女的身心健康。

2. 客观方面表现为违背妇女意志，使用暴力、胁迫或者其他手段，强行与14周岁以上的妇女性交，或者奸淫不满14周岁的幼女的行为。强奸作为一种非法的性交行为，其内在的本质就是违背妇女意志实施奸淫。但是强奸已满14周岁的妇女和奸淫不满14周岁的幼女，在客观方面的要求存在一定的差别。就强奸已满14周岁的妇女而言，使用暴力、胁迫或者其他手段是其违背妇女意志的外在表现。这里的暴力，是指直接对被害妇女的人身施以不法有形力进行强制，即直接对被害妇女采用殴打、捆绑、卡脖、堵嘴、摁倒等危害人身安全或人身自由，使被害妇女不能抗拒的手段。但是本罪的暴力不包括直接故意杀人。如果将被害人杀死后奸尸的，应当以故意杀人罪和侮辱尸体罪数罪并罚。这里所谓胁迫，是指对被害妇女施以暴力威胁或非暴力要挟，达到精神上的强制，使其不敢抗拒的手段。胁迫的具体表现形式多种多样，如以扬言行凶、揭发隐私、加害亲属、毁坏财物等相威胁，或者利用迷信进行恐吓，或者利用教养关系、从属关系施以威胁、要挟而使妇女不敢反抗，或者利用被害妇女处于孤立无援的境地而迫使其忍辱屈从。这里所谓其他手段，是指暴力、胁迫以外的其他使被害妇女不知抗拒、不能抗拒或者不敢抗拒的强制手段。例如，利用药物麻醉或者用酒灌醉被害妇女，或者利用妇女患重病或熟睡之机进行强奸，或者冒充妇女的丈夫进行强奸，或者利用会道门、邪教组织以及迷信欺骗并奸淫妇女，利用治疗或假冒医生治疗等手段强奸妇女，等等。应当指出的是，不能以妇女是否进行反抗，以及能否反抗来认定是否构成强奸。

就奸淫不满14周岁的幼女而言，行为人奸淫行为的成立并不以使用暴力、胁迫或者其他手段为必要条件。不论行为人采用什么手段，也不问幼女是否同意，只要与幼女发生了性交行为，就属于奸淫幼女的行为，并构成强奸罪。这是由于幼女的身心发育尚未成熟，对犯罪侵害行为缺乏识别和防卫能力而且幼女被奸淫后，往往会严重影响其正常的发育和成长，因此法律必须对幼女予以特殊的保护。

强奸已满 14 周岁妇女的，只要行为人的性器官插入被害妇女的性器官（结合说或者插入说）即为强奸既遂。对于奸淫不满 14 周岁幼女的，在司法实践中一般以行为人的性器官与被害幼女性器官相接触（接触说）作为强奸既遂的标准。而奸淫幼女也表现为性交行为，单纯的性器官接触并没有完成性交行为，接触说使奸淫幼女的既遂标准过于提前，也很难将其与猥亵儿童的行为严格区分开，故对奸淫幼女也应采取结合说。

3. 主体是特殊主体，即已满 14 周岁的男性。妇女可以成为强奸罪的教唆犯、帮助犯，也可以成为强奸罪的间接正犯。

4. 主观方面是直接故意，即明知自己的行为违背妇女的意志而强行奸淫或者明知是不满 14 周岁的幼女而与之发生性关系。

（二）认定强奸罪应注意的问题

1. 强奸罪与通奸行为的界限。通奸，是指一方或双方已有配偶的男女，自愿发生性交的行为。在我国，通奸是有违道德的行为，但并非犯罪行为。从理论上讲，强奸与通奸不难区分。在实践中难以区分，是因为证据采信困难所致。强奸一般发生在没有第三者在场的场合，被害人的陈述与被告人的供述也常有不真实的现象，这给本罪的认定带来了一定的困难。所以在认定强奸罪时，必须进行大量的调查，掌握充分的证据，对双方平时的关系，性交的时间、地点、环境，女方事后的态度、告发原因等情况进行全面分析，得出正确结论，不能把妇女的“告发”作为定罪的唯一依据。

区分强奸和通奸应注意以下问题：（1）女方明确表示断绝通奸关系，而男方纠缠不休，并以暴力等手段强行与之发生性关系的，应以强奸罪论处。（2）对于原本存在通奸关系，一旦关系恶化或奸情败露，女方为了洗刷自己、保全名誉，就虚构事实，把通奸说成强奸的，只要根据事实确定性交行为确属自愿发生，仍应认定为通奸。（3）第一次的性交行为确属强奸，但妇女未告发，而后通奸的，一般不以强奸论处；如果以后多次发生的性交行为女方是在男方的强制下忍辱屈从的，则以强奸论处。（4）对于有从属关系的男女，发生性关系的，要具体分析。如果行为人确实利用职务上的从属关系或教养关系进行打击、迫害、要挟、刁难或者乘人之危，逼迫妇女违心屈从，与之发生性关系的，应认定为强奸罪。如果行为人利用职权引诱女方，女方基于互相利用而与之发生性关系的，是通奸，而不是强奸。区分的关键在于男方是否利用职权进行胁迫。

2. 与精神病妇女或者痴呆妇女发生性行为的定性。受害对象为精神病患者或者严重痴呆病患者时，行为人利用这些人对性行为缺乏认识能力或控制能力，趁机奸淫的，不论采用什么手段，被害人是否表示同意，有没有反抗表示，均为违背妇女意志，应以强奸罪论处；如果女方属于间歇性精神病患者，在其未发病期间同意与之发生性交行为的，则不构成强奸罪；对于不知妇女患有精神病而又没有采取暴力、胁迫或其他手段与之发生性行为的，不能按强奸罪论处。

3. 处理奸淫幼女案件应注意的问题。奸淫幼女的，不单独构成奸淫幼女罪，只构成强奸罪，从重处罚。认定时应当注意：（1）关于“明知”的判断。采取非强制手段与幼女发生性关系构成强奸罪，要求行为人明知被害人是幼女。2013 年 10 月 23 日最高人民法院、最高人民检察院、公安部、司法部《关于依法惩治性侵害未成年人犯罪的意见》指出：“知道或者应当知道对方是不满 14 周岁的幼女，而实施奸淫等性侵害行为的，应当认定行为人‘明知’对方是幼女。对于不满 12 周岁的被害人实施奸淫等性侵害行为的，应当认定行为人‘明知’对方是幼女。对于已满 12 周岁不满 14 周岁的被害人，从其身体发育状况、言谈举止、衣着特征、生活作息规律等观察可能是幼女，而实施奸淫等性侵害行为的，应当认定行为人‘明知’对方是幼女。”即行为人明知是不满 14 周岁的幼女而与其发生性关系，不论幼女是否自愿，均应以强奸罪定罪处罚；但如果幼女早熟，身材高大，且虚报年龄，行为人在不知道其为幼女的情况下，经幼女同意性交的，也不宜认定为强奸罪。（2）对于已满 14 周岁不满 16 周岁的男少年与不满 14 周岁的幼女发生性关系，情节轻微、尚未造成严重后果的，不认为是犯罪。

4. 本罪与故意杀人罪、故意伤害罪的界限。在以暴力手段实施的强奸罪中，往往伴有被害人受到伤害或者导致死亡的结果，如强奸行为导致被害人性器官严重损伤，或者造成其他严重后果，甚至当场死亡或者经抢救无效死亡的。一般来说，只要行为人所实施的暴力是服从于强行奸淫的目的而作为手段使用的，则对于暴力行为导致被害人伤害或者死亡后果的，只以强奸罪一罪论处，伤害或死亡的后果则作为从重处罚的情节。如果行为人出于报复、灭口等动机，在实施强奸过程中或强奸后，杀死或伤害被害妇女的，应分别认定为强奸罪、故意杀人罪或者故意伤害罪，实行数罪并罚。

（三）强奸罪的处罚

根据《刑法》第 236 条的规定，犯本罪的，处 3 年以上 10 年以下有期徒刑。奸淫不满 14 周岁的幼女的，以强奸论，从重处罚。有下列情形之一的，处 10 年以上有期徒刑、无期徒刑或者死刑：（1）强奸妇女情节恶劣的。（2）强奸妇女多人的。（3）在公共场所当众强奸妇女、奸淫幼女的。（4）2 人以上轮奸的。（5）奸淫不满 10 周岁的幼女或者造成幼女伤害的。（6）致使被害人重伤、死亡或者造成其他严重后果的。

【强制猥亵、侮辱罪】

（一）强制猥亵、侮辱罪的定义和特征

强制猥亵、侮辱罪，是指以暴力、胁迫或者其他方法强制猥亵他人或者侮辱妇女的行为。本罪的特征是：

1. 本罪的客体，具体而言，强制猥亵侵害的是他人（包括男性和女性）性的自由，侮辱妇女侵害的是妇女性的自由。

2. 客观方面表现为违背被害人意志，以暴力、胁迫或者其他方法强制猥亵他人或者侮辱妇女的行为。这里的“暴力、胁迫或者其他方法”与强奸罪中的“暴力、胁迫或者其他手段”并无明显区别，只是强制猥亵行为可以趁被害人疏忽采取轻微的暴力实施，即在被害人猝不及防、无反抗可能下进行，如在妇女难以脱身的场所（拥挤的地铁）直接强行用生殖器顶擦妇女臀部等，这一点和强奸罪略有不同。具体而言，“暴力”，是指行为人对被害人身体施以伤害、殴打等不法行为，需要达到使被害人难以反抗的程度。“胁迫”，是指行为人对被害人施以威胁、恫吓，进行精神上的强制，迫使其就范。例如，以杀害、伤害被害人或者加害被害人的亲属相威胁；以揭发被害人的隐私进行恫吓；利用职权、教养关系、从属关系及被害人处于孤立无援的环境进行精神强制，等等。“其他方法”，是指行为人使用暴力、胁迫以外的使被害人不知反抗、不能抗拒或者不敢抗拒的方法。例如，利用被害人智力低下不知反抗的状态，利用被害人患病、熟睡之机进行猥亵、侮辱的；用酒将被害人灌醉、用药物将被害人麻醉后进行猥亵、侮辱的；等等。

在本罪中，对于不同的行为对象，猥亵的具体行为有所不同。对男性被害人而言，猥亵应当包括性交在内的一切能够产生性刺激满足性欲望的性行为；对女性被害人而言，行为人实施的必须是性交以外的性行为，如对妇女强行进行抠摸、舌舐、吸吮、接吻、搂抱、鸡奸、手淫，或者逼迫妇女对行为人或第三人进行口淫、手淫，等等。猥亵既可以发生在男女之间，也可以发生于同性之间。侮辱妇女的行为，具体指行为人以淫秽语言、下流动作损害妇女人格、尊严，伤害妇女性羞耻心，侵犯妇女性尊严的行为。例如，以下流语言辱骂、调戏妇女，向妇女身上泼洒污物，故意划破、扯脱、剥光妇女衣服，等等。猥亵与侮辱虽然表现形式有所差异，但本质上应是相同的，猥亵行为与侮辱行为具有同一性。

3. 主体是一般主体，限于自然人，刑事责任年龄为16周岁以上。本罪的主体不限于男性，妇女不仅可以成为强制猥亵、侮辱罪的教唆犯、帮助犯和间接正犯，而且可以成为直接正犯。例如，妇女猥亵男性或者有同性恋倾向的妇女强行对其他妇女进行猥亵的。

4. 主观方面是故意，即具有猥亵他人或者侮辱妇女的直接故意。行为人在动机上通常表现出刺激或满足行为人或第三人的性欲的倾向。

（二）认定强制猥亵、侮辱罪应注意的问题

这里主要应注意区分针对妇女的强制猥亵罪与强奸罪（未遂）的界限。二者都侵犯了妇女的人身权利，主观上都带有发泄性欲的意图，在客观上都使用了暴力、胁迫或者其他方法，在具体表现上往往存在相同或类似之处。二者的主要区别在于：第一，主观故意内容不同。本罪虽然在主观上通常具有以下流无耻的手段寻求性刺激、满足性欲的动机，但并不具有违背妇女意志强行与之性交的目的；而后者则以违背妇女意志强行与之性交为目的。行为人在主观上是否有强行与妇女性交的意图，是区分两罪的关键。第二，客观方面不完全相同。本罪表现为对妇女强行实施猥亵行为。由于行为人并不具有强行奸淫的目的，所实施的强制猥亵行为不会向强行性交行为发展。后者则表现为强行与妇女发生性交的行为。行为人在强奸过程中虽往往实施一定的强制猥亵妇女的行为，但其必然要向强行性交行为发展。如果由于行为人意志以外的原因，而使行为被迫停止于强制猥亵行为的，则应属于强奸未遂。第三，主体不完全相同。本罪主体是一般主体，既可由男子也可由女子实施；而后者的主体则是特殊主体，即只能是男子。

（三）强制猥亵、侮辱罪的处罚

根据《刑法》第237条的规定，犯本罪的，处5年以下有期徒刑或者拘役。聚众或者在公共场所当众犯本罪的，或者有其他恶劣情节的，处5年以上有期徒刑。

【非法拘禁罪】

（一）非法拘禁罪的定义和特征

非法拘禁罪，是指以拘留、禁闭或其他方法，非法剥夺他人人身自由的行为。本罪的特征是：

1. 客体是他人的人身自由权利。人身自由权利是人的最基本的权利之一。只要不违反法律的规定，任何人都享有依照自己的意志行动的自由；而非依法律规定以及通过严格的法律程序，任何人都不允许以任何理由限制或剥夺他人的人身自由。本罪的犯罪对象为行为人以外的其他自然人，即他人。这里的他人，可以是守法的公民，也可以是有过错或者有一般违法行为的人，还可以是犯罪嫌疑人。需要注意的是，无行为能力人和限制行为能力人同样可以成为本罪的犯罪对象。但是监护人在法律允许的范围之内，为保护无行为能力人和限制行为能力人的安全或者为了防止其行为危害社会，暂时限制其人身自由的，并未侵犯其人身自由权利。

2. 客观方面表现为以拘留、禁闭或者其他方法，非法剥夺他人人身自由的行为。所谓剥夺他人人身自由，是指使他人无法离开一定的处所，即他人的活动自由完全被控制在一定的空间范围内，并持续一定的时间。剥夺人身自由的行为必须是非法的，才能构成本罪。实施正当行为而拘禁他人的行为，如合法扭送以及依法拘留、逮捕的行为，均不能构成本罪。但依法应予释放时，故意不予释放，错误羁押或者严重超期羁押的，应当属于非法拘禁，符合一定条件的，应以本罪论处。此处的拘禁并不只限于有形的、物理的强制方法，采取无形的、心理的方法，如胁迫被害人，利用其恐怖心理或者利用其羞耻心理，使其不敢逃离某个特定处所的，同样也属于拘禁行为。从行为样态来看，拘禁行为大多表现为积极作为的方式，如捆绑、扣押等，但也可以以不作为的方式实施。非法拘禁罪是继续犯，非法拘禁行为自着手实行开始即与非法状态同时持续，持续时间一般不能过短，否则难以成立本罪。非法拘禁行为应当达到一定程度，或者具有一定的严重情节，才能成立犯罪。根据2006年7月26日最高人民检察院《关于渎职侵权犯罪案件立案标准的规定》，国家机关工作人员涉嫌利用职权非法拘禁他人，具有下列情形之一的，应当立案：（1）非法剥夺他人人身自由24小时以上的；（2）非法剥夺他人人身自由，并使用械具或者捆绑等恶劣手段，或者实施殴打、侮辱、虐待行为的；（3）非法拘禁，造成被拘禁人轻伤、重伤、死亡的；（4）非法拘禁，情节严重，导致被拘禁人自杀、自残造成重伤、死亡，或者精神失常的；（5）非法拘禁3人次以上的；（6）司法工作人员对明知是没有违法犯罪事实的人而非法拘禁的；（7）其他非法拘禁应予追究刑事责任的情形。我们认为，该标准也可适用于非国家机关工作人员的行为人。

3. 主体是一般主体，限于自然人，刑事责任年龄为16周岁以上。本罪主体既可以是一般公民，也可以是国家机关工作人员。后者利用职权犯本罪的，从重处罚。必须注意的是，已满14周岁不满16周岁的人对于自己所实施的非法拘禁行为并不承担刑事责任，但是如果其在非法拘禁过程中使用暴力致人伤残、死亡的，因行为性质已由非法拘禁转化为故意伤害罪或故意杀人罪，根据《刑法》第17条第2款的规定，应当负刑事责任。

4. 主观方面是故意，行为人明知自己的行为会发生剥夺他人身体自由权利的结果，并希望或者放任这种结果的发生。

（二）认定非法拘禁罪应注意的问题

1. 本罪与非罪的界限。主要注意两种情形：（1）非法拘禁行为只有达到一定程度才构成犯罪。行为人非法拘禁他人，情节显著轻微危害不大的，不认为是犯罪。（2）司法机关依照法定程序拘留、逮捕犯罪嫌疑人，但经查证其不构成犯罪而依法予以立即释放的，属于工作中的失误行为，不构成犯罪。

2. 本罪的一罪与数罪。非法拘禁行为或结果又触犯其他罪名时，应当根据刑法有关规定及刑法理论处理。例如，以非法绑架、扣留他人的方法勒索财物的，成立绑架罪；以出卖为目的非法绑架妇女、儿童的，构成拐卖妇女、儿童罪；收买被拐卖的妇女、儿童后，非法剥夺其人身自由的，应实行数罪并罚。

（三）非法拘禁罪的处罚

根据《刑法》第238条的规定，犯本罪的，处3年以下有期徒刑、拘役、管制或者剥夺政治权利。具有殴打、侮辱情节的，从重处罚。非法拘禁致人重伤的，处3年以上10年以下有期徒刑；致人死亡的，处10年以上有期徒刑。这里所谓致人重伤、死亡，是指非法拘禁过程中因过失引起致人重伤或者死亡结果的，属于本罪的结果加重犯。例如，捆绑过紧导致伤残、死亡结果的，或者在非法拘禁期间被害人自杀身亡的。但是非法拘禁中直接使用暴力致人伤残、死亡的，其性质已超出非法拘禁的范围，应分别以故意伤害罪、故意杀人罪定罪处罚。为索取债务非法扣押、拘禁他人的，也应以本罪论处。国家机关工作人员利用职权犯本罪的，依照本罪从重处罚。

【绑架罪】

（一）绑架罪的定义和特征

绑架罪，是指以勒索财物为目的或者出于其他目的，采用暴力、胁迫或者麻醉等方法，劫持他人作为人质的行为。本罪的特征是：

1. 客体主要是他人的人身权利。如果以勒索财物为目的而实施绑架的，还侵犯了他人财产所有权。

2. 客观方面表现为使用暴力、胁迫或者麻醉等方法绑架他人作为人质的行为，包括以下三种情况：（1）以勒索财物为目的绑架他人的，即以暴力、胁迫或者麻醉等方法强行将被害人置于行为人的控制之下，以继续扣押人质或者以将伤害、杀害人质相要挟，要求被害人的亲友、其他相关人员或单位等在一定期限内交付一定数额的财物，方可换回人质。行为人直接向被绑架人索取财物的，不构成本罪，可构成抢劫罪。（2）出于其他目的，如为要挟司法机关释放在押罪犯，绑架他人作为人质的。（3）以勒索财物为目的，偷盗婴幼儿的。所谓偷盗婴幼儿，是指秘密窃取不满6周岁的儿童的行为。在实践中，对于偷盗婴幼儿的行为应作广义理解，凡乘婴幼儿亲属或监护人疏于照看之机，用各种方法、手段将婴幼儿抱走、哄走、骗走的，均应视为偷盗婴幼儿。必须注意的是，绑架行为不以将被害人劫离原住所或原住所地为必要条件。本罪是行为犯，只要完成绑架人质的行为，即成立本罪的既遂，行为人是否实现了勒索财物或者其他目的，只作为量刑情节考虑。如果由于被害人的反抗或者他人及时进行解救等客观方面的原因，使绑架没有得逞，因而未能实际控制被害人的，则构成绑架罪的未遂。

3. 主体是一般主体，限于自然人，刑事责任年龄为16周岁以上。据司法解释，如果已满14周岁未满16周岁的人实施绑架行为，杀害被绑架人的，或者故意伤害被绑架人，致人重伤、死亡的，则应当对故意杀人、故意伤害致人重伤或者死亡的犯罪行为承担刑事责任。

4. 主观方面是直接故意，行为人具有勒索财物或者其他目的。

（二）认定绑架罪应注意的问题

主要应区分本罪与非法拘禁罪的界限。二者在客观方面都表现为控制他人的人身自由。主要区别在于：（1）主观方面，本罪是以勒索财物或满足其他不法要求为目的，非法拘禁罪是以非法剥夺他人人身自由为目的。但行为人为索取合法债务或者为索取高利贷、赌债等法律不予保护的债务，而非法拘禁、扣押他人的，按照非法拘禁罪论处。需要注意的是，认定时不能仅以行为人与被害人之间是否存在债务为唯一标准，更应考虑行为本身对人身自由的剥夺程度、对人身安全的侵害程度，即不能超出非法扣押、拘禁的范围，对于为了索取法律不予保护的债务或者单方面主张的债务，以实力支配、控制被害人后，以杀害、伤害被害人相威胁的，宜认定为绑架罪。另外，若索债的部分明显超过债务的部分时，属于以索债为名的绑架，可以构成绑架罪。（2）客观方面，本罪不仅实施了非法剥夺他人人身自由的行为，而且实施了勒索财物或提出不法要求的行为，而非法拘禁罪一般只是剥夺他人人身自由。

（三）绑架罪的处罚

根据《刑法》第239条的规定，犯本罪的，处10年以上有期徒刑或者无期徒刑，并处罚金或者没收财产；情节较轻的，处5年以上10年以下有期徒刑，并处罚金。杀害被绑架人的，或者故意伤害被绑架人，致人重伤、死亡的，处无期徒刑或者死刑，并处没收财产。

根据这一规定，行为人在绑架过程中故意杀害被绑架人的，或者故意伤害被绑架人，致人重伤、死亡的，都只定绑架罪一罪，对故意杀人、故意伤害行为不另行定罪。由于绑架罪的实行行为包括勒索财物或提出不法要求在内，因此对行为人实行绑架后因勒索未逞或不法要求得不到满足而杀害被绑架人（俗称“撕票”）的，应视为在绑架过程中杀害被绑架人。

【拐卖妇女、儿童罪】

（一）拐卖妇女、儿童罪的定义和特征

拐卖妇女、儿童罪，是指以出卖为目的，拐骗、绑架、收买、贩卖、接送、中转妇女、儿童的行为。本罪的特征是：

1. 客体是妇女、儿童的人身自由权利。本罪所侵犯的对象，仅限于妇女、儿童。根据2000年1月25日施行的最高人民法院《关于审理拐卖妇女案件适用法律有关问题的解释》的规定，这里的妇女，既包括具有中国国籍的妇女，也包括具有外国国籍或无国籍的妇女。被拐卖的外国妇女没有身份证明的，不影响对犯罪分子的定罪处罚。这里的儿童，是指不满14周岁的未成年人，包括男童和女童。拐卖已满14周岁的男性公民的行为，不成立本罪，符合其他犯罪构成的，可按其他犯罪论处。由于本罪是侵犯妇女、儿童人身自由权利的犯罪，所以如果行为得到了妇女的同意，谈不上对客体造成了侵害，不应以犯罪论处。这里妇女有效同意的年龄应为18周岁以上，拐卖儿童的，即使征得儿童同意，也成立拐卖儿童罪。

2. 客观方面表现为拐骗、绑架、收买、贩卖、接送或者中转妇女、儿童的行为，或者偷盗婴幼儿的行为。所谓拐骗，是指用欺骗、利诱等非暴力手段，使妇女、儿童轻信上当，然后使其脱离家庭或监护人，以便贩卖的行为。所谓绑架，是指使用暴力、胁迫或麻醉的方法劫持妇女、儿童的行为。所谓收买，是指以出卖为目的以金钱或者物质性利益买取妇女、儿童。所谓贩卖，是指卖出妇女、儿童换取非法利益。所谓接送或中转，是指在拐卖妇女、儿童的过程中，隐匿、移送、接送被拐卖的妇女、儿童。偷盗婴幼儿，是指秘密窃取不满6周岁的儿童的行为。行为人只要实施了上述其中一种行为的，就构成本罪。同时实施上述几种行为的，或者既拐卖妇女又拐卖儿童的，也只构成一罪，不实行数罪并罚。根据《刑法》第241条第5款的规定，收买被拐卖的妇女、儿童又出卖的，依照拐卖妇女、儿童罪定罪处罚。

拐卖妇女、儿童罪的既遂标准，应具体分析。以出卖为目的，拐骗、绑架、收买妇女、儿童时，只要使被害人转移至行为人或第三者的实力支配范围内，即为既遂。中转、接送行为，要么是行为人在拐骗、绑架妇女、儿童后自己实施，要么是由其他共犯人实施，故依然应适用上述标准。但是出卖捡拾的儿童的，出卖亲生子女的，收买被拐卖的妇女、儿童后才产生出卖犯意进而出卖妇女、儿童的，应以出卖了被害人为既遂标准。

3. 主体是一般主体，限于自然人，刑事责任年龄为16周岁以上。行为人与被拐卖的妇女、儿童关系如何，不影响犯罪的成立。医疗机构、社会福利机构等单位的工作人员将所诊疗、护理、抚养的儿童贩卖给他人的，以拐卖儿童罪论处。以非法获利为目的，出卖亲生子女的，应当以拐卖妇女、儿童罪论处。

4. 主观方面只能是故意，并且具有出卖被害人的目的。但是是否实际获利不影响本罪的成立。如果拐骗妇女、儿童并不是为了出卖而是为了其他目的，依法构成其他犯罪的，应以其他罪名论处。

（二）认定拐卖妇女、儿童罪应注意的问题

1. 本罪与非罪的界限。主要应区分借送养之名出卖亲生子女与民间送养行为的界限。根据2010年3月15日最高人民法院、最高人民检察院、公安部、司法部《关于依法惩治拐卖妇女儿童犯罪的意见》的规定，区分的关键在于行为人是否具有非法获利的目的。应当通过审查将子女“送”人的背景和原因、有无收取钱财及收取钱财的多少、对方是否具有抚养目的及有无抚养能力等事实，综合判断行为人是否具有非法获利的目的。不是出于非法获利目的，而是迫于生活困难，或者受重男轻女思想影响，私自将没有独立生活能力的子女送给他人抚养，包括收取少量“营养费”“感谢费”的，属于民间送养行为，不能以拐卖妇女、儿童罪论处。

2. 本罪与诈骗罪的界限。一般情况下，拐卖妇女罪与诈骗罪很容易区分。但在实践中，有的妇女与他人合谋，以介绍婚姻或者被“卖”的形式设置骗局，骗取买方财物后逃走，俗称“放鹰”或“放飞鸽”。区别拐卖妇女、儿童罪与上述形式的诈骗罪，应主要把握以下三点：（1）犯罪目的不同。本罪中拐卖妇女的犯罪目的是通过出卖妇女后获得财物，而后者的犯罪目的是骗取钱财。（2）客观表现不同。本罪中拐卖妇女的行为通常表现为对妇女采取欺骗、蒙蔽或绑架等手段，将其卖给他人，而后者在客观上表现为妇女与他人合谋，骗取他人钱财。（3）犯罪成立的条件不同。拐卖妇女罪是行为犯，行为人只要实施了拐骗、绑架、收买、贩卖、接送、中转妇女行为之一的，就构成犯罪；而后者是数额犯，要求数额较大才能成立犯罪。

3. 本罪的一罪与数罪。根据《刑法》第240条的规定，犯罪分子在拐卖妇女、儿童的过程中，有下列情形的，应当作为本罪的加重情节，不单独定罪：（1）奸淫被拐卖的妇女的。（2）诱骗、强迫被拐卖的妇女卖淫或者将被拐卖的妇女卖给他人迫使其卖淫的。（3）造成被拐卖的妇女、儿童或者其亲属重伤、死亡或者其他严重后果的。即由于犯罪分子拐卖妇女、儿童的行为，直接、间接造成被拐卖的妇女、儿童或者其亲属重伤、死亡或者其他严重后果的。例如，由于犯罪人采用拘禁、捆绑、虐待等手段，过失致使被害人重伤、死亡或者其他严重后果的；由于犯罪人的拐卖行为以及拐卖中的侮辱、殴打等行为引起被害人自杀、精神失常或者其他严重后果的；由于拐卖行为导致被害人的亲属自杀、精神失常的，等等。除此之外，对在拐卖妇女、儿童的犯罪过程中犯有其他罪行的，如因遇被害人反抗等原因而故意将被拐卖的妇女、儿童杀死或伤害的，对行为人应以故意杀人罪或者故意伤害罪与拐卖妇女、儿童罪数罪并罚。

（三）拐卖妇女、儿童罪的处罚

根据《刑法》第240条的规定，犯本罪的，处5年以上10年以下有期徒刑，并处罚金；有下列情形之一的，处10年以上有期徒刑或者无期徒刑，并处罚金或者没收财产；情节特别严重的，处死刑，并处没收财产：（1）拐卖妇女、儿童集团的首要分子。（2）拐卖妇女、儿童3人以上的。（3）奸淫被拐卖的妇女的。（4）诱骗、强迫被拐卖的妇女卖淫或者将拐卖的妇女卖给他人迫使其卖淫的。（5）以出卖为目的，使用暴力、胁迫或者麻醉方法绑架妇女、儿童的。（6）以出卖为目的，偷盗婴幼儿的。（7）造成被拐卖的妇女、儿童或者其亲属重伤、死亡或者其他严重后果的。（8）将妇女、儿童卖往境外的。

【诬告陷害罪】

（一）诬告陷害罪的定义和特征

诬告陷害罪，是指捏造犯罪事实，向国家司法机关或其他有关单位作虚假告发，意图使他人受到刑事追究，情节严重的行为。本罪的特征是：

1. 客体是复杂客体，即公民的人身权利和司法机关的正常活动。诬告陷害行为实际上属于借助国家机关权力侵犯他人权利的犯罪，不仅使被害人的人身权利和民主权利受到侵犯，而且还可能导致司法机关错误地开始刑事诉讼活动，使司法机关浪费大量的人力、物力，甚至铸成错案、冤案。本罪侵害的对象是他人，可以是任何公民，包括违法犯罪的人。向司法机关虚告自己犯罪的，不成立诬告陷害罪。

2. 客观方面表现为捏造犯罪事实，向国家司法机关或其他有关单位作虚假告发，情节严重的行为。本罪的行为由捏造犯罪事实和告发两个部分组成。首先，行为人必须有捏造犯罪事实的行为，即无中生有、虚构犯罪事实，这是引起刑事追究的前提条件。犯罪事实，是足以导致司法机关对被告发人追究刑事责任的全部或部分事实。至于捏造的是何种犯罪事实，是公诉罪还是自诉罪的事实，在所不问。如果捏造的不是犯罪的事实，而是损害他人人格、名誉的事实，不能以本罪论处，情节严重的，以诽谤罪论处。其次，行为人还须有虚假告发的行为。所谓虚假告发，是指行为人将捏造的犯罪事实向有关单位进行告发，既可以是向司法机关告发，也可以是向被诬告者所在单位及其他有可能向司法机关转送或让司法机关获悉的单位（包括新闻媒体）告发。行为人捏造犯罪事实作虚假告发必须有特定的对象，但不要求指名道姓，只要根据告发的内容足以使司法机关确认对象是指何人即可。形式上诬告单位犯罪，但所捏造的事实导致可能对自然人进行刑事追诉的，也成立本罪。如果没有特定的对象，虽然可能妨碍司法机关的正常活动，但不致引起司法机关对特定的人追究刑事责任，因而不能构成本罪。最后，本罪的成立，必须以情节严重作为重要条件。这里的情节严重，一般是指：由于诬告陷害使受害人的名誉受到了严重损害，致使被害人受到了错误的刑事追究，致使司法机关的正常活动受到干扰，或者造成了其他严重后果，等等。本罪是行为犯，只要行为人实施了捏造犯罪事实向有关机关告发，且情节严重的行为，就构成本罪的既遂。

3. 主体是一般主体，限于自然人，刑事责任年龄为16周岁以上。国家机关工作人员犯本罪的，应从重处罚。

4. 主观方面是故意，并且具有意图使他人受到刑事追究的目的。

（二）认定诬告陷害罪应注意的问题

1. 本罪与非罪的界限。（1）本罪与错告、检举失实行为的界限。根据《刑法》第243条第3款的规定，不是有意诬陷，而是错告，或者检举失实的，不构成本罪。从这一规定可以看出，本罪与错告、检举失实的主要区别在于：本罪主观上具有陷害他人的故意，意图通过捏造犯罪事实作虚假告发，使他人受到刑事追究；而后者是由于对情况不了解，或者认识片面而在控告、检举中出现错误或失实，并往往是出于同违法犯罪作斗争、伸张正义的动机。要区分二者，在实践中应查明告发的背景和原因、告发事实的来源、告发人与被告发人之间的关系等情况，进行客观、全面的分析，以最终确定是否诬告。一般来说，如果所告基本事实没有重大出入，仅仅某些具体情节不符合真实情况，不应认为是诬告；如果所告基本事实不实，但告发者之所以产生怀疑的根据是令人信服的，然而事实证明这些根据又不充分，而告发者又据此作了片面的分析和猜测，从而实施了告发，应当视为认识上的错误，不能以诬告陷害罪论处。（2）本罪与一般诬告陷害行为的界限。诬告陷害行为只有情节严重的才构成犯罪。对于情节一般的诬告陷害行为，不应以犯罪论，但可以根据不同的情况和后果，分别予以行政处罚、纪律处分或批评教育。至于情节是否严重，可从行为人的动机、所诬告的罪行大小、诬告的方式方法、行为造成的后果影响等方面考察得出结论。

2. 本罪与他罪的界限。主要应注意区分本罪与报复陷害罪的界限。根据《刑法》第254条的规定，报复陷害罪，是指国家机关工作人员滥用职权、假公济私，对控告人、申诉人、批评人、举报人实行打击报复陷害的行为。二者在主观方面都具有陷害他人的故意，客观上都可以通过捏造事实的方式陷害他人。二者的主要区别在于：（1）犯罪的行为方式不同。本罪的行为人是否利用职权进行诬告陷害，对犯罪的成立没有影响；而后者则必须以滥用职权、假公济私为条件。（2）对象不同。本罪的对象可以是任何公民，没有身份的限制；而后者的对象仅限于对行为人提出控告、申诉、批评、举报的人。（3）主体不同。本罪的主体是一般主体；而后者的主体则是特殊主体，即国家机关工作人员。（4）犯罪目的不同。本罪行为人的目的在于使他人受到刑事追究；而后者行为人的目的则是对被害人进行政治上、经济上、物质上等方面的压制报复，如政治迫害、扣发奖金津贴等。如果行为人是国家机关工作人员，为报复陷害控告人、申诉人、批评人、举报人而利用职权、假公济私，将捏造的上述人员的犯罪事实向司法机关或其他有关单位告发的，则属于诬告陷害罪和报复陷害罪的竞合，对行为人应当从一重罪处断，即以诬告陷害罪定罪处罚。

（三）诬告陷害罪的处罚

根据《刑法》第243条的规定，犯本罪的，处3年以下有期徒刑、拘役或者管制；造成严重后果的，处3年以上10年以下有期徒刑。国家机关工作人员犯本罪的，从重处罚。

【侮辱罪】

（一）侮辱罪的定义和特征

侮辱罪，是指使用暴力或者其他方法公然贬低他人人格、破坏他人名誉，情节严重的行为。本罪的特征是：

1. 客体是他人的人格和名誉权利。侵犯的对象是特定的自然人，既可以是男性，也可以是女性；既可以是一人，也可以是数人，但是必须是具体的、明确的。在大庭广众之下进行无特定对象的谩骂，不构成侮辱罪。死者不能成为本罪的侮辱对象，但如果表面上侮辱死者，实际上是侮辱死者家属的，则可以认定为侮辱罪。任何机关、团体、法人组织，均不能成为本罪的犯罪对象。

2. 客观方面表现为使用暴力或者其他方法公然贬低他人人格、名誉，情节严重的行为。这里的暴力，是指为使他人人格尊严及名誉受到损害而直接对被害人的人身施以不法有形力的强制手段。例如，以强行摁住或捆绑的手段扒光被害人衣裤，当众羞辱，或对被害人浇灌粪便；以拳打脚踢的手段，强迫被害人做难堪的动作，等等。这里的暴力不是指杀人、伤害、殴打，而是指使用强力败坏他人的名誉。当然，本罪的暴力程度是有限的，如果行为人以暴力直接造成被害人身体伤害，符合故意伤害罪犯罪构成的，则应以故意伤害罪论处。这里的其他方法，是以文字、图画或语言的方式损害他人人格、名誉。如采取张贴、传阅大字报、小字报、传单的形式损害他人名誉，以漫画的形式讽刺、挖苦他人，或者对他人进行口头上的戏弄、挖苦、辱骂、嘲笑等。一般来说，本罪中的侮辱行为必须是行为人公然实施的。所谓公然，是指在第三者能看到或听到的场合，或者用能够使第三人看到或听到的方法进行侮辱。例如，在住宅内向一家四口侮辱他人的，一般不具有公然性。但是在被害人工作单位向三位同事侮辱被害人的，则具有公然性。至于被害人是否在场，不影响本罪的成立。如果行为人是在第三人不知晓且不可能使第三人知晓的情况下而对被害人进行侮辱，不可能使被害人的人格和名誉受到侵害，则不能认为是侮辱罪。侮辱行为必须情节严重，才能构成犯罪。所谓情节严重，一般是指：侮辱的手段恶劣的（例如，以粪便泼洒他人身体，强迫他人吃污物，等等）；动机卑鄙、内容恶毒或者引起被害人精神失常、自杀等严重后果的；对外宾、党和国家领导人进行侮辱，引起群众公愤，造成恶劣政治影响的；多次实施侮辱行为的，等等。如果行为人的行为具有上述几种情形之一的，可以认定为情节严重，以本罪论处。情节较轻的侮辱行为，不构成犯罪。

3. 主体是一般主体，限于自然人，刑事责任年龄为 16 周岁以上。

4. 主观方面为故意，并且具有贬低、损害他人人格，破坏他人名誉的目的。

（二）认定侮辱罪应注意的问题

主要应区分本罪与强制猥亵、侮辱罪的界限。二者的主要区别在于：（1）客体不同。本罪侵犯的是他人的人格和名誉权利，后者侵犯的是被害人的性自由。（2）本罪对象在性别上没有限制，但必须是特定的自然人；后者的强制猥亵对象在性别上没有限制，可以是男性，也可以是女性，而侮辱的对象则只能是妇女，且可以是不特定的。（3）主观目的不同。本罪是为了败坏他人人格和名誉，动机多出于泄私愤、图报复、发泄不满；后者则一般是为了寻求性刺激，满足性欲。（4）行为方式不同。本罪不要求必须使用强制方法，但要求必须公然实施侮辱行为；而后者中的猥亵行为要求必须采用暴力、胁迫等强制方法，且强制猥亵、侮辱行为既可公然实施，也可在非公然的场合实施。（5）成立犯罪的要求不同。本罪成立以情节严重作为重要条件，而后者的成立并无此条件。

（三）侮辱罪的处罚

根据《刑法》第 246 条的规定，犯本罪的，处 3 年以下有期徒刑、拘役、管制或者剥夺政治权利。本罪，告诉的才处理，但严重危害社会秩序和国家利益的除外。被害人因受强制、威吓无法告诉的，根据《刑法》第 98 条的规定，人民检察院和被害人的近亲属也可以告诉。所谓严重危害社会秩序和国家利益，一是侮辱国家领导人、外国元首、外交代表等特定对象，既损害他人名誉，又危害国家利益的。二是侮辱情节特别严重，引起了被害人自杀身亡或精神失常等后果，被害人失去自诉能力的。另外，通过信息网络实施侮辱行为，被害人向人民法院告诉，但提供证据确有困难的，人民法院可以要求公安机关提供协助。

【诽谤罪】

（一）诽谤罪的定义和特征

诽谤罪，是指捏造并散布某种虚构的事实，足以损害他人人格，破坏他人名誉，情节严重的行为。本罪的特征是：

1. 客体是他人的人格和名誉权利。侵犯的对象是自然人。如果诽谤自然人以外的单位、组织、团体的，不构成本罪。

2. 客观方面表现为捏造并散布某种虚构的事实，足以损害他人人格，破坏他人名誉，情节严重的行为。

捏造事实，是指无中生有，凭空捏造虚假事实。所捏造的事实，是有损对他人的社会评价的、具有某种程度的具体内容的事实。由于捏造事实，容易使人误信，因而对他人名誉的损害程度比侮辱更为严重。如果行为人散布的是有损于他人名誉的事实，则不构成诽谤罪。捏造的事实在别人看来是否可信及可信的程度如何，并不影响诽谤的性质。散布，就是向他人公布，使相当范围内的人了解和知道，并产生一定的社会影响。单纯的捏造并非本罪的实行行为，将捏造的事实予以散布，才是诽谤的实行行为，即明知是损害他人名誉的虚假事实而散布的，也属于诽谤。散布行为，可以通过一切足以使别人感受了解虚假事实的方式进行，如利用网络、报纸、杂志、广告、著作等书面文字形式，利用演讲、讲课、讲述、沿街叫骂等非文字形式。根据司法解释[①]，利用信息网络实施诽谤，具有下列情形之一的，应当认定为“捏造事实诽谤他人”：（1）捏造损害他人名誉的事实，在信息网络上散布，或者组织、指使人员在信息网络上散布的；（2）将信息网络上涉及他人的原始信息内容篡改为损害他人名誉的事实，在信息网络上散布，或者组织、指使人员在信息网络上散布的；明知是捏造的损害他人名誉的事实，在信息网络上散布，情节恶劣的，以“捏造事实诽谤他人”论。

诽谤必须是针对特定的人进行的。特定的人既可以是一人，也可以是数人。特定的人不要求指名道姓或真名真姓，只要根据行为人捏造、散布的事实、情节等具体情况，他人可以推知是某个人即可。诽谤行为只要求足以败坏他人名誉即可，而实际上是否败坏了他人名誉，并不影响犯罪的成立。

诽谤行为必须情节严重，才能构成犯罪。所谓情节严重，一般是指诽谤的手段恶劣、动机卑鄙、内容恶毒，或者引起被害人精神失常、自杀等严重后果的。根据司法解释[②]，利用信息网络诽谤他人，具有下列情形之一的，应当认定为《刑法》第246条第1款规定的“情节严重”：（1）同一诽谤信息实际被点击、浏览次数达到5000次以上，或者被转发次数达到500次以上的；（2）造成被害人或者其近亲属精神失常、自残、自杀等严重后果的；（3）两年内曾因诽谤受过行政处罚，又诽谤他人的；（4）其他情节严重的情形。情节较轻的诽谤行为，不构成犯罪。

3. 主体是一般主体，限于自然人，刑事责任年龄为16周岁以上。

4. 主观方面为故意，并且具有贬低、损害他人人格、破坏他人名誉的目的。如果行为人将虚假事实误认为是事实加以扩散，或者把某种虚假事实进行扩散但无损害他人名誉的目的，则不构成本罪。

（二）认定诽谤罪应注意的问题

1. 诽谤罪与侮辱罪的界限。二者在客体、主体和犯罪主观方面相同，主要区别在于：（1）本罪的方法只能是非暴力的，即以言辞或文字实施的，不可能是暴力的；后者的方法既可以是非暴力的（以言辞或文字进行的），也可以是暴力的。（2）本罪必须有捏造事实并加以散布的行为，而后者则不以捏造事实的方法进行。侮辱罪的实施，可以直接去实施贬低他人人格、名誉的行为，如强迫他人学狗爬、钻裤裆等可构成侮辱；也可用事实去实施贬低他人人格、名誉的行为，如将他人的婚外性行为公然宣扬、亵渎，以损害他人名誉的，也可构成侮辱。而故意捏造他人有婚外性行为的虚假事实并加以散布的，则属于诽谤。

---

① 2013年最高人民法院、最高人民检察院《关于办理利用信息网络实施诽谤等刑事案件适用法律若干问题的解释》。

② 2013年最高人民法院、最高人民检察院《关于办理利用信息网络实施诽谤等刑事案件适用法律若干问题的解释》。

2. 诽谤罪与诬告陷害罪的界限。二者的主要区别在于：（1）客体不同。本罪侵犯的是他人人格和名誉，而后者侵犯的是公民的人身权利和司法机关的正常活动。（2）所捏造的事实内容不同。本罪捏造的是足以损害他人人格、名誉的内容，而后者捏造的是犯罪事实。（3）行为方式不同。本罪是向社会扩散，从而让众多人知道；后者则是向国家司法机关或者有关部门告发。（4）主观方面不同。本罪是为贬低、损害他人人格、名誉，后者则是意图使他人受刑事处分。

（三）诽谤罪的处罚

根据《刑法》第246条的规定，犯本罪的，处3年以下有期徒刑、拘役、管制或者剥夺政治权利。本罪，告诉的才处理，但严重危害社会秩序和国家利益的除外。诽谤情节严重，引起了被害人自杀或者精神失常等后果，被害人丧失自诉能力的，应归入“严重危害社会秩序”的情形。通过信息网络实施诽谤行为，被害人向人民法院告诉，但提供证据确有困难的，人民法院可以要求公安机关提供协助。

【刑讯逼供罪】

（一）刑讯逼供罪的定义和特征

刑讯逼供罪，是指司法工作人员对犯罪嫌疑人、被告人使用肉刑或者变相肉刑逼取口供的行为。本罪的特征是：

1. 客体是公民的人身权利和司法机关的正常活动。刑讯逼供不仅直接侵犯公民的人身权利，而且容易造成冤、假、错案，妨害司法机关的正常活动。本罪侵犯的对象是犯罪嫌疑人或被告人。但是不能完全按照刑事诉讼法的规定理解犯罪嫌疑人，只要是被公安、司法机关作为犯罪嫌疑人对待或者被采取刑事追诉手段的人，都属于本罪中的犯罪嫌疑人。“被告人”仅限于刑事案件的被告人，虽然一般是公诉案件的被告人，但也不能完全排除自诉案件的被告人。犯罪嫌疑人、被告人的行为实际上是否构成犯罪，对本罪的成立没有影响。

2. 客观方面表现为对犯罪嫌疑人、被告人使用肉刑或者变相肉刑逼取口供的行为。所谓肉刑，是指以暴力手段直接对被害人的人身进行肉体摧残，如吊打、捆绑、殴打以及其他折磨人的肉体的方法。暴力手段可以借助刑具、器械，也可以无须借助刑具、器械。所谓变相肉刑，是指除肉刑以外的其他对犯罪嫌疑人、被告人施以的身体摧残或精神折磨，如长时间的冻饿、罚站、日晒、不准睡眠等。无论采取何种方法，都必须是行为人在行使职权过程中实施的，其目的是为了逼取口供。至于是否取得口供并不影响本罪的成立。如果在审讯中采用诱供、指供等错误方法，但没有使用肉刑或变相肉刑的，不构成本罪。根据《关于渎职侵权犯罪案件立案标准的规定》，刑讯逼供涉嫌下列情形之一的，应予立案：（1）以殴打、捆绑、违法使用械具等恶劣手段逼取口供的；（2）以较长时间冻、饿、晒、烤等手段逼取口供，严重损害犯罪嫌疑人、被告人身体健康的；(3) 刑讯逼供造成犯罪嫌疑人、被告人轻伤、重伤、死亡的；(4) 刑讯逼供，情节严重，导致犯罪嫌疑人、被告人自杀、自残造成重伤、死亡，或者精神失常的；(5) 刑讯逼供，造成错案的；(6) 刑讯逼供3人次以上的；(7) 纵容、授意、指使、强迫他人刑讯逼供，具有上述情形之一的；(8) 其他刑讯逼供应予追究刑事责任的情形。

根据《刑法》第247条的规定，刑讯逼供致人伤残、死亡的，应依照故意伤害罪、故意杀人罪定罪，从重处罚。这里的伤残应理解为重伤害，包括属于重伤害的各类残疾，但不包括轻伤在内。致人死亡，是指由于暴力摧残或其他折磨行为，导致被害人当场死亡或经抢救无效死亡。

3. 主体是特殊主体，即只能是司法工作人员。司法工作人员，是指有侦查、检察、审判、监管职责的工作人员，包括军队保卫人员。企业、事业单位的公安机构在机构改革过程中虽尚未列入公安机关建制，其工作人员在行使侦查职责时，可以成为本罪主体。未被公安机关正式录用，受委托履行侦查、监管职责的人员或者合同制民警，也可以成为本罪的主体。普通机关、事业单位的保卫人员、保安人员，城市、农村的联防队员等对有犯罪嫌疑的人进行刑讯逼供的，不能独立构成本罪。如果是在司法工作人员的指使、授意下进行刑讯逼供的，则可与司法工作人员构成本罪的共犯。

4. 主观方面是故意，并且具有逼取口供的目的。如果司法工作人员出于其他目的，如泄愤、报复等，而对犯罪嫌疑人或被告人施以肉刑或变相肉刑，构成犯罪的，可以其他罪论处，不构成本罪。

(二) 认定刑讯逼供罪应注意的问题

主要应注意区分本罪与非法拘禁罪的界限。二者的主要区别在于：(1) 侵犯的对象不同。本罪对象是犯罪嫌疑人、被告人，非法拘禁罪的对象则没有限制，可以是任何公民。(2) 客观方面行为方式不同。本罪表现为使用肉刑、变相肉刑逼取口供的行为，非法拘禁罪是使用扣押、禁闭等方法非法剥夺他人人身自由。(3) 犯罪的目的不同。本罪行为人的目的是为了逼取口供，非法拘禁罪则是为了剥夺他人人身自由。(4) 主体不同。本罪的主体是特殊主体，即限于司法工作人员；后者为一般主体。

(三) 刑讯逼供罪的处罚

根据《刑法》第247条的规定，犯本罪的，处3年以下有期徒刑或者拘役。致人伤残、死亡的，依照故意伤害罪、故意杀人罪定罪，从重处罚。

【侵犯公民个人信息罪】

(一) 侵犯公民个人信息罪的定义和特征

侵犯公民个人信息罪，是指违反国家规定，向他人出售或者提供公民个人信息或者将在履行职责或者提供服务过程中获得的公民个人信息，出售或者提供给他人，以及窃取或者以其他方法非法获取公民个人信息，情节严重的行为。本罪的特征是：

1. 客体是公民的个人信息权。这里的“公民个人信息”，根据《民法典》第1034条第2款的规定，个人信息是以电子或者其他方式记录的能够单独或者与其他信息结合识别特定自然人的各种信息，包括自然人的姓名、出生日期、身份证件号码、生物识别信息、住址、电话号码、电子邮箱、健康信息和行踪信息等。因此公民的生理状态、遗传特征、经济状况、电话通话清单、个人具体行踪等均包括在内。“公民”不包含单位与死者。

2. 客观方面表现为违反国家规定，向他人出售或者提供公民个人信息或者将在履行职责或者提供服务过程中获得的公民个人信息，出售或者提供给他人，以及窃取或者以其他方法非法获取公民个人信息，情节严重的行为。这里的“违反国家规定”，是指违反法律、行政法规、部门规章有关公民个人信息保护的规定，不包括地方性法规等非国家层面的规定。本罪具体包括三种行为类型：（1）违反国家有关规定，向他人出售或者提供公民个人信息。“出售”，是指将自己掌握的公民信息卖给他人，从中牟利的行为。“提供”，是指不应将自己掌握的公民信息提供给他人而予以提供的行为，提供的方式没有限定，凡是使他人可以知悉公民个人信息的行为，均属于提供。根据司法解释①，向特定人提供公民个人信息，以及通过信息网络或者其他途径发布公民个人信息的，或者未经被收集者同意，将合法收集的公民个人信息（经过处理无法识别特定个人且不能复原的除外）向他人提供的，均属于“提供公民个人信息”。实际上，“出售”也属于“提供”，由于出售是一种常见类型，所以法条将其独立规定。这里的“他人”包括单位和个人。（2）违反国家有关规定，将在履行职责或者提供服务过程中获得的公民个人信息，出售或者提供给他人。“在履行职责或者提供服务过程中获得的公民个人信息”，是指作为主体的单位以及自然人在履行职责或者提供服务的过程中正当、正常获取的公民个人信息。例如，银行工作人员在工作中获得的储户个人信息，宾馆工作人员在工作中获得的旅客个人信息，网络、电信服务商在提供网络、电信服务过程中获得的公民个人信息，等等。（3）窃取或者以其他方法非法获取公民个人信息。这里的“窃取”不限于实体行为的窃取，还包括通过计算机信息网络等方式，非法侵入电信、交通、教育、医疗等单位的计算机系统，窃取这些单位掌握的公民个人信息。“窃取”也是“非法获取”的一种方式，由于其比较常见，法条将其独立规定。“其他方法”，是指以非法的手段、方式获取公民个人信息。根据司法解释②，违反国家有关规定，通过购

---

① 2017年最高人民法院、最高人民检察院《关于办理侵犯公民个人信息刑事案件适用法律若干问题的解释》。

② 2017年最高人民法院、最高人民检察院《关于办理侵犯公民个人信息刑事案件适用法律若干问题的解释》。

买、收受、交换等方式获取公民个人信息，或者在履行职责、提供服务过程中收集公民个人信息的，也属于“以其他方法非法获取公民个人信息”。

3. 主体是一般主体，包括自然人和单位。如果国家机关或者金融、电信、交通、教育、医疗等单位的工作人员将在履行职责或者提供服务过程中获得的公民个人信息，出售或者提供给他人的，从重处罚。

4. 主观方面是故意。因疏忽大意等原因，过失将本人掌握的个人信息泄露的，不构成本罪。“窃取或者以其他方法非法获取公民个人信息”既包括为了使本人获得而窃取或非法获取，也包括为了使第三者获得而窃取或者非法获取。

（二）认定侵犯公民个人信息罪应注意的问题

主要应注意区分本罪与非罪的界限。本罪的成立，要求“情节严重”，具体应结合信息类型和数量、违法所得数额、信息用途、主体身份以及主观恶性等内容进行判断。根据司法解释①，这里的情节严重包括：（1）出售或者提供行踪轨迹信息，被他人用于犯罪的；（2）知道或者应当知道他人利用公民个人信息实施犯罪，向其出售或者提供的；（3）非法获取、出售或者提供行踪轨迹信息、通信内容、征信信息、财产信息 50 条以上的；（4）非法获取、出售或者提供住宿信息、通信记录、健康生理信息、交易信息等其他可能影响人身、财产安全的公民个人信息 500 条以上的；（5）非法获取、出售或者提供第（3）项、第（4）项规定以外的公民个人信息 5000 条以上的；（6）数量未达到第（3）项至第（5）项规定标准，但是按相应比例合计达到有关数量标准的；（7）违法所得 5000 元以上的；（8）将在履行职责或者提供服务过程中获得的公民个人信息出售或者提供给他人，数量或者数额达到第（3）项至第（7）项规定标准一半以上的；（9）曾因侵犯公民个人信息受过刑事处罚或者 2 年内受过行政处罚，又非法获取、出售或者提供公民个人信息的；（10）其他情节严重的情形。

从实践来看，购买、收受公民个人信息从事广告推销等活动的情形较为普遍，考虑到此类行为社会危害性不大，故应有专门的定罪标准。根据司法解释②，这里的“情节严重”，是指为合法经营活动而非法购买、收受“行踪轨迹信息、通信内容、征信信息、财产信息以及住宿信息、通信记录、健康生理信息、交易信息等其他可能影响人身、财产安全的公民个人信息”以外的个人信息，获利 5 万元以上的，或者曾因侵犯公民个人信息受过刑事处罚或者 2 年内受过行政处罚又非法购买、收受公民个人信息的，以及其他情节

① 2017 年最高人民法院、最高人民检察院《关于办理侵犯公民个人信息刑事案件适用法律若干问题的解释》。

② 2017 年最高人民法院、最高人民检察院《关于办理侵犯公民个人信息刑事案件适用法律若干问题的解释》。

严重的情形。

（三）侵犯公民个人信息罪的处罚

根据《刑法》第253条之一的规定，犯本罪的，处3年以下有期徒刑或者拘役，并处或者单处罚金；情节特别严重的，处3年以上7年以下有期徒刑，并处罚金。违反国家有关规定，将在履行职责或者提供服务过程中获得的公民个人信息，出售或者提供给他人的，依照前款的规定从重处罚。窃取或者以其他方法非法获取公民个人信息的，依照第1款的规定处罚。单位犯前三款罪的，对单位判处罚金，并对其直接负责的主管人员和其他直接责任人员，依照各该款的规定处罚。

【重婚罪】

（一）重婚罪的定义和特征

重婚罪，是指有配偶而又与他人结婚，或者明知他人有配偶而与之结婚的行为。本罪的特征是：

1. 客体是我国一夫一妻制的婚姻关系。根据《民法典》第1041条2款的规定，我国实行婚姻自由、一夫一妻、男女平等的婚姻制度。第1042条第2款规定，禁止重婚。禁止有配偶者与他人同居。重婚罪则直接破坏我国的婚姻制度，破坏合法婚姻关系，从而危害社会。

2. 客观方面表现为有配偶又与他人结婚，或明知他人有配偶而与之结婚的行为。重婚有两种情况：一是法律婚，即有配偶者在婚姻存续期间又与他人登记结婚，或者无配偶者明知他人有配偶而与之登记结婚。二是事实婚，即虽然没有进行婚姻登记，但却公开以夫妻关系长期共同生活在一起，形成事实上的婚姻关系。上述两种情况表明，重婚行为的方式可以是非法骗取婚姻登记而形成表面合法但实质非法的婚姻关系，也可以是不经登记而在事实上形成非法婚姻关系，即事实婚姻关系。对于事实婚，在《民法典》上不予承认和保护。但不能因为事实婚姻没有得到《民法典》的承认，而否认第二种情况构成重婚罪。因为事实婚姻是公开以夫妻关系长期生活在一起，这种非法关系的存在，事实上破坏了合法的婚姻关系，为了保护合法的婚姻关系，在刑法上的事实重婚应当以重婚罪论处。

3. 主体是一般主体，限于自然人，刑事责任年龄为16周岁以上。具体包括重婚者与相婚者。所谓重婚者，是指已有配偶而在未依法解除婚姻关系的情况下，又与他人结婚的人。所谓有配偶，是指男子有妻、女子有夫，而且这种夫妻关系还处在存续期间。这里所说的夫妻关系，应当既包括经过合法的登记结婚而取得婚姻关系，也包括事实上形成的婚姻关系。所谓相婚者，是指虽无配偶，但明知他人有配偶而与之结婚的人。后一种主体就其本身而言，并没有“重婚”，但从婚姻关系的整体来看，这种主体仍是重婚的一方，在性质上与重婚者的行为完全相同，故我国刑法明文规定这种主体构成重婚罪。

4. 主观方面是故意，即明知自己或对方有配偶而与之结婚。如果没有配偶一方确实不知对方有配偶而与之结婚或以夫妻关系共同生活的，无配偶一方不构成重婚罪，有配偶一方则单独构成重婚罪。

（二）认定重婚罪应注意的问题

1. 本罪与非罪的界限。对于某些特殊原因引起的重婚行为，如果确属情节显著轻微危害不大的，不应以犯罪论处。这主要包括如下情形：有配偶的妇女被拐卖而重婚的；因遭受自然灾害，生活苦难，被迫外逃谋生而与他人重婚的；因反抗包办买卖婚姻而外逃，在包办婚姻解除前而重婚的；因配偶长期外出，生死下落不明，家庭生活发生严重困难而重婚的，等等。

2. 本罪与破坏军婚罪的界限。二者在行为方式上存在相同之处，容易引起混淆。二者的主要区别在于：（1）犯罪客体不同。二者客体虽然都与我国的一夫一妻制的婚姻关系有关，但本罪侵犯的是一般公民的婚姻关系；后者侵犯的是现役军人的婚姻关系。（2）客观方面有所不同。本罪客观方面表现为有配偶又与他人结婚，或明知他人有配偶而与之结婚的行为，但不包括与他人同居的行为；后者客观方面不仅包括与现役军人的配偶结婚的行为，也包括虽未结婚但与之同居的行为。（3）构成犯罪者的范围不同。重婚行为人的对方只要主观上明知他人有配偶而与之结婚的，即应成立重婚罪；而后者中的现役军人的配偶一般不构成破坏军婚罪。

（三）重婚罪的处罚

根据《刑法》第 258 条的规定，犯本罪的，处 2 年以下有期徒刑或者拘役。

【虐待罪】

（一）虐待罪的定义和特征

虐待罪，是指以暴力或非暴力手段，经常对家庭成员进行肉体摧残或精神折磨，情节恶劣的行为。本罪的特征是：

1. 客体是复杂客体，即家庭成员在家庭共同生活中的合法权益和被虐待者的人身权利。侵害对象是行为人的家庭成员。所谓家庭成员，是指基于血亲关系、婚姻关系和收养关系而在同一个家庭生活的亲属。

2. 客观方面表现为以暴力或非暴力手段，经常对家庭成员进行肉体摧残或精神折磨，情节恶劣的行为。具体形式多种多样，如打骂、冻饿、有病不给医治、强迫过度劳动，或者侮辱人格、讽刺谩骂、限制行动自由等。如果家庭成员间偶尔发生口角、打架之类的行为，不能认为是虐待行为。虐待行为既可以是积极的作为方式，也可以是不作为的方式，但不可能是纯粹的不作为。单纯的有病不给医治、不提供饮食的行为，只能构成遗弃罪。虐待行为所造成的结果是使被害人身心遭受摧残，甚至重伤、死亡，但这种结果是日积月累逐渐造成的，即虐待行为具有在一定时间内经常性、连续性的特点。

虐待行为必须情节恶劣才构成本罪。一般来说，判断虐待情节是否恶劣，应将虐待行为的动机、手段、持续时间、后果、社会影响等综合起来进行全面的考虑。在实践中，凡属于以下情形之一的，均可以认定为情节恶劣：虐待持续时间长、手段残酷、动机卑鄙的；虐待造成被害人轻微伤或者患较严重疾病的；虐待老人、儿童、患重病者或残废而不能独立生活的人；因虐待家庭成员而受到多次批评教育仍不思悔改的；先后虐待多人，引起公愤的，等等。对于情节一般的虐待行为，如虐待手段轻微、持续时间短、没有造成严重后果的，不应以犯罪论处。

3. 主体是特殊主体，即只能是与被害人之间具有一定的亲属关系或收养关系，并且是在同一个家庭共同生活的成员。一般来说，行为人是在家庭成员中在经济上和亲属关系上具有优势地位的人。非家庭成员，不能成为本罪的主体。

4. 主观方面是故意，即行为人明知自己的虐待行为侵害了被害人的人身权利，并且希望或者放任这种结果发生。

（二）认定虐待罪应注意的问题

主要应区分本罪与故意伤害罪、故意杀人罪的界限。根据《刑法》第260条的规定，虐待行为致被害人重伤、死亡的，仍定虐待罪，属于虐待罪的结果加重犯。这里的致被害人重伤、死亡，是指由于被害人经常受虐待而逐渐造成身体的严重损伤或导致死亡，或者由于被害人不堪忍受虐待而自杀造成死亡或重伤。如果在实施虐待行为中，超出逐渐折磨、摧残被害人身心的虐待范围，故意重伤或者故意杀害家庭成员的，应以故意伤害罪或故意杀人罪论处。

（三）虐待罪的处罚

根据《刑法》第260条的规定，犯本罪的，处2年以下有期徒刑、拘役或者管制。致使被害人重伤、死亡的，处2年以上7年以下有期徒刑。本罪告诉的才处理，但被害人没有能力告诉，或者因受到强制、威吓无法告诉的除外。之所以告诉才处理，主要是考虑到虐待案件发生在家庭成员之间，被虐待者一般不希望亲属关系破裂，更不希望诉诸司法机关对虐待者定罪量刑，因此要充分考虑被虐待者的意愿。根据《刑法》第98条的规定，如果被害人因受强制、威吓无法告诉的，人民检察院和被害人的近亲属也可以告诉。虐待致使被害人重伤、死亡的案件不属于“告诉才处理”的范围，对此类案件，即使被告人未提出控告，检察机关也应提起公诉。

【遗弃罪】

（一）遗弃罪的定义和特征

遗弃罪，是指对于年老、年幼、患病或者其他没有独立生活能力的人，负有扶养义务而拒绝扶养，情节恶劣的行为。本罪的特征是：

1. 客体是被害人受扶养的权利。犯罪对象是年老、年幼、患病或者其他没有独立生活能力而应当受行为人扶养的人。根据《民法典》第1042条第3款的规定，禁止家庭暴力。禁止家庭成员间的虐待和遗弃。有负担能力而拒不履行扶养义务，就侵犯了年老、年幼、患病或者没有独立生活能力的人在家庭中的受扶养的权利，从而给被害人的生活造成困难，甚至对其生命健康造成威胁。根据《民法典》第1123条中的规定，继承开始后，有遗赠扶养协议的，按照协议办理。公民可以与扶养人签订遗赠扶养协议。按照协议，扶养人承担该公民的生养死葬的义务，享有受遗赠的权利。扶养人可以是继承人以外的公民，继承人以外的公民当然包括“家庭”以外的人。因此被遗弃者不能被限定为“家庭成员”。只要是年老、年幼、患病或其他没有独立生活能力的受扶养人，都可以成为本罪的犯罪对象。

2. 客观方面表现为对没有独立生活能力的人，具有扶养义务而拒绝扶养，情节恶劣的行为。正确理解本罪的客观方面，需要注意以下几个方面：（1）遗弃行为针对的对象必须是年老、年幼、患病或者其他没有独立生活能力的人，具体包括：第一，因年老、年幼、伤残、患病等而无经济来源或虽有一定经济来源但不足以维持生活者。第二，虽经济上有保障，但因年老、年幼、伤残、患病无生活自理能力或无完全辨认和控制自己行为能力而需要照料者。第三，因一定原因（如突发疾病等）面临客观的危险状态而无自救能力者。第四，其他无独立生活能力者。除上述人外，对于有谋生能力的人不予扶养的，不发生遗弃的问题。（2）行为人必须负有扶养义务，这是构成本罪的前提条件。从我国法律规定和实践来看，扶养义务的来源主要有：第一，法律上明文规定的义务。这主要是由《民法典》《未成年人保护法》《老年人权益保障法》等法律规定的扶养义务。第二，法律行为导致的义务。例如，甲将所生婴儿委托给乙暂时抚养，乙接受委托后对该婴儿具有扶养义务。第三，事实行为产生的扶养义务。例如，非负有抚养义务者所抚养长大的人，对抚养者应负有赡养、扶助的义务，这是权利义务对等原则所决定的。对于法律上并不负有扶养义务的远亲属拒绝扶养的，不应认为是遗弃行为。（3）行为人能够负担却拒绝扶养。能够负担，是指有独立的经济能力，并在能够满足本人及被扶养人最低生活标准（当时当地的标准）外有多余的情况。行为人是否有能力负担，要求司法机关结合其收入、开支情况具体加以认定。拒绝扶养，是指拒不履行扶养义务，主要有如下情况：一是积极的弃置行为，即将被扶养人移置于自己不能扶养的场所，如父母将婴儿置于马路边或民政机关门口。二是消极的离去行为，是指行为人本来与被扶养人生活或处于同一场所，但行为人从该场所离去，使被扶养人的生命、身体处于危险状态，如行为人为遗弃子女而离家出走。三是单纯不提供必要的生活照料的行为，如不提供经济供给，不给病人提供必要的治疗，等等。拒绝扶养从客观方面揭示了本罪只能表现为不作为方式，属于纯正不作为犯。（4）遗弃行为必须情节恶劣。本罪以情节恶劣为构成要件，因而属于情节犯。所谓情节恶劣，根据司法实践经验，通常是指：遗弃动机卑劣，遗弃手段十分恶劣，遗弃造成严重后果的。例如，由于遗弃而致被害人重伤、死亡的；被害人因被遗弃而生活无着，流离失所，被迫沿街乞讨的；因遗弃而使被害人走投无路被迫自杀的；行为人屡经教育，拒绝改正的；在遗弃中又有打骂、虐待行为的，等等。

3. 主体是特殊主体，即对被遗弃者负有法律上的扶养义务而且具有扶养能力的人。对被遗弃者无扶养义务的人教唆、帮助有扶养义务的人遗弃的，可以成为遗弃罪的共犯。

4. 主观方面是故意，即明知自己应履行扶养义务而拒绝扶养，并且以逃避或转嫁扶养义务为目的。拒绝扶养的动机是各种各样的，但动机如何并不影响本罪的成立。

（二）认定遗弃罪应注意的问题

1. 本罪与虐待罪的界限。本罪与虐待罪的主要区别在于：（1）主体不同。本罪主体是在法律上负有扶养义务而且具有扶养能力的人。后者的主体则要求是在一个家庭内部共同生活的成员。（2）主观方面不同。本罪的行为人明知自己应当履行扶养义务，也有实际履行扶养义务能力而拒绝扶养，以逃避或转嫁扶养义务为目的。而后者的行为人在主观上则是有意识地对被害人进行肉体摧残和精神折磨，以给被害人造成不堪忍受的痛苦为目的。（3）犯罪客观方面不同。本罪在客观方面表现为对没有独立生活能力的人，具有扶养义务而拒绝扶养的行为，其行为只能表现为不作为，属于纯正的不作为犯。遗弃行为中有时也伴随着打骂，但其目的是为了让被害人不请求自己履行义务，其行为不具有持续性。而后者在客观方面则表现为经常或连续折磨、摧残家庭成员身心健康的行为。虐待罪的行为主要表现为作为，而且对被虐待人进行肉体上和精神上的摧残和折磨往往有一段持续的时间。（4）犯罪对象不同。本罪的对象只限于年老、年幼、患病或者其他没有独立生活能力的人，被遗弃者可以是家庭成员，也可以是其他被扶养者。而后者的对象是家庭中的任何成员，且不受谋生能力和身体状况的限制。（5）司法机关受理程序不同。本罪不属于亲告罪，而后者一般要告诉才处理。

2. 本罪与故意杀人罪的界限。二者的性质与危害程度相去甚远，在通常情况下容易区别。但对于司法实践中出现的因遗弃致人死亡的案件，既可能成立不作为的故意杀人罪，也可能成立遗弃罪。在这种情况下，应重点考察生命所面临的危险是否紧迫，生命对作为义务的依赖程度，行为人履行义务的难易程度，行为是否会立即导致他人死亡等因素进行判断。在这种情况下，应着重分析以下两个方面：（1）行为人的主观心理态度。从主观方面上讲，本罪是履行扶养义务的行为人企图通过遗弃达到逃避或向他人转嫁由自己承担的扶养义务的目的，并不希望或者放任被害人死亡；而后者的行为人则希望或者放任被害人死亡。对于遗弃婴儿或没有一点独立生活能力的老人造成被害人死亡的场合，不能简单地认定为遗弃罪或故意杀人罪。必须判明行为人的遗弃行为究竟是转嫁义务的手段，还是杀人的手段。（2）行为时的具体情况。本罪在客观方面一般是将被害人遗弃于能够获得救助的场所，如别人家门口、车站、码头、街口等有人来往的地点。在这种情况下，即使偶然地发生了被害人死亡的结果，也不能认为行为人具有杀人的故意，只能以遗弃罪论处。如果行为人将婴儿或行动困难的老人置于不能获得救助的地方，如将婴儿遗弃在深山沟内，将神志不清、行动困难的老人遗弃在人迹罕至的荒野，其杀害被害人的意图十分明显的，应根据实际情况，可以故意杀人罪论处。

（三）遗弃罪的处罚

根据《刑法》第261条的规定，犯本罪的，处5年以下有期徒刑、拘役或者管制。

三、侵犯公民人身权利、民主权利罪中的其他犯罪

【组织出卖人体器官罪】

组织出卖人体器官罪，是指组织他人出卖人体器官的行为。本罪的特征是：（1）客体是他人身体健康权利。（2）客观方面表现为组织他人出卖人体器官的行为。（3）主体是一般主体。（4）主观方面是故意。

犯本罪的，依照《刑法》第234条之一的规定处罚。未经本人同意摘取其器官，或者摘取不满18周岁的人的器官，或者强迫、欺骗他人捐献器官的，依照故意伤害罪、故意杀人罪定罪处罚，违背本人生前意愿摘取其尸体器官，或者本人生前未表示同意，违反国家规定，违背其近亲属意愿摘取其尸体器官的，依照盗窃尸体罪定罪处罚。

【过失致人重伤罪】

过失致人重伤罪，是指过失伤害他人身体致人重伤的行为。本罪的特征是：（1）客体是他人身体健康权利。（2）客观方面表现为过失损害他人身体健康，并且已经造成他人重伤结果的行为。（3）主体是一般主体。（4）主观方面是过失。

犯本罪的，依照《刑法》第235条的规定处罚。刑法另有规定的，依照规定。

【负有照护职责人员性侵罪】

负有照护职责人员性侵罪，是指对已满14周岁不满16周岁的未成年女性负有监护、收养、看护、教育、医疗等特殊职责的人员，与该未成年女性发生性关系的行为。本罪的特征是：（1）客体是幼女的身心健康。侵犯对象

是已满 14 周岁不满 16 周岁的未成年女性。(2) 客观方面表现为为了满足性欲而与该女性发生性关系的行为。(3) 主体要求是对未成年女性负有监护、收养、看护、教育、医疗等特殊职责的人员。(4) 主观方面是故意。

【猥亵儿童罪】

猥亵儿童罪，是指以性刺激、性满足为目的，猥亵不满 14 周岁的儿童的行为。本罪的特征是：(1) 客体是儿童的身心健康。侵犯对象必须是不满 14 周岁的男童或女童。(2) 客观方面表现为为了追求性刺激、满足性欲而实施猥亵儿童的行为。(3) 主体是一般主体。(4) 主观方面是故意，并且有追求性刺激、满足性欲的动机。

犯本罪的，依照《刑法》第 237 条的规定处罚。

【收买被拐卖的妇女、儿童罪】

收买被拐卖的妇女、儿童罪，是指不以出卖为目的，收买被拐卖的妇女、儿童的行为。本罪的特征是：(1) 客体是妇女、儿童的人身自由权利。(2) 客观方面表现为收买被拐卖的妇女、儿童的行为。(3) 主体是一般主体。(4) 主观方面是故意，行为人必须明知所收买的妇女、儿童系被拐卖的，并且不以出卖为目的。如果收买被拐卖的妇女、儿童后，又产生出卖意图并出卖的，应以拐卖妇女、儿童罪定罪处罚。

犯本罪的，依照《刑法》第 241 条的规定处罚。收买被拐卖的妇女、儿童，对被买儿童没有虐待行为，不阻碍对其进行解救的，可以从轻处罚；按照被买妇女的意愿，不阻碍其返回原居住地的，可以从轻或者减轻处罚。

【聚众阻碍解救被收买的妇女、儿童罪】

聚众阻碍解救被收买的妇女、儿童罪，是指聚集多人，阻碍国家机关工作人员解救被收买的妇女、儿童的行为。本罪的特征是：(1) 客体是国家机关的正常活动及被收买的妇女、儿童的人身自由权利。(2) 客观方面表现为聚众阻碍国家机关工作人员解救被收买的妇女、儿童的行为。(3) 主体是一般主体，但是只有首要分子才以本罪处罚。其他参加者如使用暴力、威胁方法阻碍解救的，构成妨害公务罪。(4) 主观方面是故意。

犯本罪的，依照《刑法》第 242 条的规定处罚。

【强迫劳动罪】

强迫劳动罪，是指以暴力、威胁或者限制人身自由的方法强迫他人劳动的行为。本罪的特征是：(1) 客体是他人的人身自由权利。(2) 客观方面表现为以暴力、威胁或者限制人身自由的方法强迫他人劳动的行为。(3) 主体是一般主体。自然人和单位均可构成。(4) 主观方面是故意。

犯本罪的，依照《刑法》第 244 条的规定处罚。明知他人实施强迫劳动的行为，为其招募、运送人员或者有其他协助强迫他人劳动行为的，也依照《刑法》第 244 条的规定处罚。

【雇用童工从事危重劳动罪】

雇用童工从事危重劳动罪，是指违反劳动管理法规，雇用未满16周岁的未成年人从事超强度体力劳动的，或者从事高空、井下作业的，或者在爆炸性、易燃性、放射性、毒害性等危险环境下从事劳动，情节严重的行为。本罪的特征是：（1）客体是未成年人的人身安全和身心健康。（2）客观方面表现为三种类型：一是雇用未满16周岁的未成年人从事超强度体力劳动；二是雇用未满16周岁的未成年人从事高空、井下作业；三是雇用未满16周岁的未成年人在爆炸性、易燃性、放射性、毒害性等危险环境下从事劳动，情节严重。（3）主体是特殊主体，即用人单位的直接责任人员。（4）主观方面是故意，要求行为人明知是未满16周岁的未成年人而雇用其从事危重劳动。

犯本罪的，依照《刑法》第244条的规定处罚。

【非法搜查罪】

非法搜查罪，是指非法对他人的身体或住宅进行搜查的行为。本罪的特征是：（1）客体是他人的人身自由权利或者与人身有关的住宅权利。（2）客观方面表现为非法搜查他人身体或者住宅的行为。（3）主体是一般主体。（4）主观方面是故意。

犯本罪的，依照《刑法》第245条的规定处罚。司法工作人员滥用职权犯本罪的，从重处罚。

【非法侵入住宅罪】

非法侵入住宅罪，是指非法闯入他人住宅或者经要求退出仍无故拒不退出的行为。本罪的特征是：（1）客体是公民的居住自由权利。侵犯的对象是公民的住宅。（2）客观方面表现为实施了非法侵入他人住宅的行为。（3）主体是一般主体。（4）主观方面是故意。

犯本罪的，依照《刑法》第245条的规定处罚。司法工作人员滥用职权，犯本罪的，从重处罚。

【暴力取证罪】

暴力取证罪，是指司法工作人员以暴力逼取证人证言、被害人陈述的行为。本罪的特征是：（1）客体是公民的人身权利和司法机关的正常活动，侵害的对象是证人、被害人。（2）客观方面表现为使用暴力逼取证人证言、被害人陈述的行为。（3）主体是特殊主体，即司法工作人员。（4）主观方面是故意，并具有逼迫证人提供证言、逼迫被害人进行陈述的目的。

犯本罪的，依照《刑法》第247条的规定处罚。致人伤残、死亡的，依照故意伤害罪、故意杀人罪定罪，从重处罚。

【虐待被监管人罪】

虐待被监管人罪，是指监狱、拘留所、看守所等监管机构的监管人员对被监管人进行殴打或者体罚虐待，情节严重的行为。本罪的特征是：（1）客体是被监管人员的人身权利和监管机关正常的监管秩序。侵害的对象是被监管人员。（2）客观方面表现为监管人员对被监管人员进行体罚虐待或殴打的行为。（3）主体是特殊主体，即只能是监狱、拘留所、看守所等监管机构的监管人员。（4）主观方面是故意。

犯本罪的，依照《刑法》第248条的规定处罚。致人伤残、死亡的，依照故意伤害罪、故意杀人罪定罪，从重处罚。

【煽动民族仇恨、民族歧视罪】

煽动民族仇恨、民族歧视罪，是指采用各种方法公开煽动民族仇恨、民族歧视，情节严重的行为。本罪的特征是：（1）客体主要是各民族的平等权利和民族团结。（2）客观方面表现为采用各种方法公开煽动民族仇恨、民族歧视，情节严重的行为。煽动民族仇恨，是指向不特定人或多数人煽动汉族与少数民族之间的仇恨、此少数民族与彼少数民族之间的仇恨。煽动民族歧视，是指向不特定人或多数人宣扬、鼓动对某一民族予以歧视。（3）主体是一般主体。（4）主观方面是故意。

犯本罪的，依照《刑法》第249条的规定处罚。

【出版歧视、侮辱少数民族作品罪】

出版歧视、侮辱少数民族作品罪，是指在出版物中刊载歧视、侮辱少数民族的内容，情节恶劣，造成严重后果的行为。本罪的特征是：（1）客体是民族团结和少数民族的尊严。（2）客观方面表现为在出版物中刊载歧视、侮辱少数民族的内容，情节恶劣，造成严重后果的行为。（3）主体是一般主体。（4）主观方面是故意。

犯本罪的，依照《刑法》第250条的规定处罚。

【非法剥夺公民宗教信仰自由罪】

非法剥夺公民宗教信仰自由罪，是指国家机关工作人员非法剥夺公民的宗教信仰自由，情节严重的行为。本罪的特征是：（1）客体是公民的宗教信仰自由权利。（2）客观方面表现为实施了非法剥夺公民的宗教信仰，情节严重的行为。（3）主体是特殊主体，只能是国家机关工作人员。（4）主观方面是故意。

犯本罪的，依照《刑法》第251条的规定处罚。

【侵犯少数民族风俗习惯罪】

侵犯少数民族风俗习惯罪，是指国家机关工作人员侵犯少数民族风俗习惯，情节严重的行为。本罪的特征是：（1）客体是少数民族保持风俗习惯的自由权利。（2）客观方面表现为以强制手段破坏少数民族风俗习惯，情节严重的行为。（3）主体是特殊主体，只能是国家机关工作人员。（4）主观方面是故意。

犯本罪的，依照《刑法》第251条的规定处罚。

【侵犯通信自由罪】

侵犯通信自由罪，是指隐匿、毁弃或者非法开拆他人信件，侵犯公民通信自由权利，情节严重的行为。本罪的特征是：（1）客体是公民的通信自由权利。本罪的犯罪对象是公民的信件，可以包括电报、信函等文字邮件，但不包括汇款、包裹、书籍纸包等邮件。（2）客观方面表现为隐匿、毁弃或者非法开拆他人信件，侵犯他人通信自由的行为。（3）主体是一般主体。（4）主观方面是故意。

犯本罪的，依照《刑法》第 252 条的规定处罚。

【私自开拆、隐匿、毁弃邮件、电报罪】

私自开拆、隐匿、毁弃邮件、电报罪，是指邮政工作人员利用职务上的便利，私自开拆或者隐匿、毁弃邮件、电报的行为。本罪的特征是：（1）客体是公民的通信自由权利和邮政部门的正常活动。（2）客观方面表现为邮政工作人员利用职务上的便利，私自开拆、隐匿、毁弃邮件、电报的行为。（3）主体是特殊主体，只能是邮政工作人员，包括邮政部门从事邮递业务的营业员、分拣员、投递员、押运员等。（4）主观方面是故意。

犯本罪的，依照《刑法》第 253 条的规定处罚。

【报复陷害罪】

报复陷害罪，是指国家机关工作人员滥用职权、假公济私，对控告人、申诉人、批评人、举报人实行报复陷害的行为。本罪的特征是：（1）客体是公民的控告权、申诉权、批评监督权、举报权和国家机关的正常活动，本罪侵害的对象是控告人、申诉人、批评人和举报人。（2）客观方面表现为滥用职权、假公济私，对控告人、申诉人、批评人、举报人进行报复陷害的行为。（3）主体是特殊主体，只能是国家机关工作人员。（4）主观方面是故意，并且具有报复陷害的目的。

犯本罪的，依照《刑法》第 254 条的规定处罚。

【打击报复会计、统计人员罪】

打击报复会计、统计人员罪，是指公司、企业、事业单位、机关、团体的领导人，对依法履行职责，抵制违反会计法、统计法行为的会计、统计人员实行打击报复，情节恶劣的行为。本罪的特征是：（1）客体是会计、统计人员的人身权利和国家对会计工作、统计工作的管理。（2）客观方面表现为违反会计法、统计法的有关规定，对依法履行职责，抵制违反会计法、统计法行为的会计、统计人员实行打击报复，情节恶劣的行为。（3）主体是特殊主体，即只能是公司、企业、事业单位、机关、团体的领导人。（4）主观方面是故意。

犯本罪的，依照《刑法》第 255 条的规定处罚。

【破坏选举罪】

破坏选举罪，是指在选举各级人民代表大会代表和国家机关领导人员时，以暴力、威胁、欺骗、贿赂、伪造选举文件、虚报选举票数等手段破坏选举或者妨害选民和代表自由行使选举权和被选举权，情节严重的行为。本罪的特征是：(1) 客体是公民的选举权、被选举权和国家的选举制度。(2) 客观方面表现为以暴力、威胁、欺骗、贿赂、伪造选举文件、虚报选举票数等手段破坏选举或者妨害选民和代表自由行使选举权和被选举权，情节严重的行为。(3) 主体是一般主体，限于自然人，刑事责任年龄为16周岁以上。(4) 主观方面是直接故意，并且具有破坏选举工作，妨害选民和代表自由行使选举权和被选举权的目的。过失不构成本罪。

犯本罪的，依照《刑法》第256条的规定处罚。

【暴力干涉婚姻自由罪】

暴力干涉婚姻自由罪，是指以暴力方法干涉他人婚姻自由的行为。本罪的特征是：(1) 客体是复杂客体，即他人婚姻自由的权利和他人的人身权利。(2) 客观方面表现为使用暴力方法干涉他人婚姻自由的行为。以非暴力手段干涉他人婚姻自由的，不构成本罪。(3) 主体是一般主体。(4) 主观方面是故意。

犯本罪的，依照《刑法》第257条的规定处罚。

【破坏军婚罪】

破坏军婚罪，是指明知是现役军人的配偶而与之同居或者结婚的行为。本罪的特征是：(1) 客体是现役军人的婚姻关系。所谓现役军人，是指有军籍并正在中国人民解放军或人民武装警察部队服役的军人。(2) 客观方面表现为与现役军人的配偶同居或结婚的行为。(3) 主体是一般主体。如果现役军人与其他现役军人的配偶同居或者结婚的，也应以本罪论处。(4) 主观方面是故意，即行为人明知对方是现役军人的配偶而与之同居或结婚。

犯本罪的，依据《刑法》第259条的规定处罚。

【虐待被监护、看护人罪】

虐待被监护、看护人罪，是指对未成年人、老年人、患病的人、残疾人等负有监护、看护职责的人虐待被监护、看护的人，情节恶劣的行为。本罪的特征是：(1) 客体是被监护、看护人的人身权利。本罪的侵害对象是未成年人、老年人、患病的人、残疾人等需要监护、看护的人。(2) 客观方面表现为对未成年人、老年人、患病的人、残疾人等负有监护、看护职责的人虐待被监护、看护的人，情节恶劣的行为。(3) 主体是特殊主体，即对未成年人、老年人、患病的人、残疾人等负有监护、看护职责的人，包括自然人和单位。(4) 主观方面是故意。

犯本罪的，依照《刑法》第260条之一的规定处罚。

【拐骗儿童罪】

拐骗儿童罪，是指拐骗不满 14 周岁的未成年人，脱离家庭或者监护人的行为。本罪的特征是：（1）客体是他人的家庭关系及儿童的合法权益。（2）客观方面表现为拐骗不满 14 周岁的未成年人，脱离家庭或监护人的行为。如果以出卖或勒索财物为目的而偷盗婴幼儿的，则应以拐卖儿童罪或绑架罪论处。（3）主体是一般主体。（4）主观方面是故意，其动机大多数是为了收养、使唤或奴役等。

犯本罪的，依照《刑法》第 262 条的规定处罚。

【组织残疾人、儿童乞讨罪】

组织残疾人、儿童乞讨罪，是指以暴力、胁迫手段组织残疾人或者不满 14 周岁的未成年人乞讨的行为。本罪的特征是：（1）客体是残疾人或者不满 14 周岁的未成年人的人身自由和人格尊严。犯罪对象只能是残疾人和不满 14 周岁的未成年人。（2）客观方面是以暴力、胁迫手段组织残疾人或者不满 14 周岁的未成年人乞讨的行为。（3）主体是一般主体。（4）主观方面是故意。

犯本罪的，依照《刑法》第 262 条之一的规定处罚。

【组织未成年人进行违反治安管理活动罪】

组织未成年人进行违反治安管理活动罪，是指组织未成年人进行盗窃、诈骗、抢夺、敲诈勒索等违反治安管理活动的行为。本罪的特征是：（1）客体是未成年人的身心健康。犯罪对象只能是不满 18 周岁的未成年人。（2）客观方面是组织未成年人进行盗窃、诈骗、抢夺、敲诈勒索等违反治安管理活动的行为。违反治安管理活动的行为，是指《治安管理处罚法》等法律规定的各类违法行为。（3）主体是一般主体。（4）主观方面是故意。

犯本罪的，依照《刑法》第 262 条之二的规定处罚。

第二十二章

侵犯财产罪

一、侵犯财产罪概述

侵犯财产罪，是指故意非法占有、毁损公私财产的行为。本罪名是类罪名，包括13种具体犯罪。本类罪的特征是：

第一，客体是公私财产所有权。财产所有权，是指财产所有人依法对其财产享有的占有、使用、处分和收益的权利。财产所有权由财产所有人对其财产的占有权、使用权、处分权和收益权四项基本权能组成，行为人只要侵犯该四项权能之一，就妨害了财产所有人的财产所有权的行使，就构成对财产所有权的侵犯，就可能构成本类犯罪。

犯罪的对象是公共财产和公民私人所有的财产。根据《刑法》第91条的规定，“公共财产”包括下列财产：国有财产；劳动群众集体所有的财产；用于扶贫和其他公益事业的社会捐助或者专项基金的财产。另外，在国家机关、国有公司、企业、集体企业和人民团体管理、使用或者运输中的私人财产，也以公共财产论。根据《刑法》第92条的规定，“公民和私人所有的财产”包括下列财产：公民的合法收入、储蓄、房屋和其他生活资料；依法归个人、家庭所有的生产资料；个体户和私营企业的合法财产；依法归个人所有的股份、股票、债券和其他财产。

作为犯罪对象的财产必须具有以下两个基本特征：第一，必须是具有经济价值的物。不具有经济价值的物不能成为本类犯罪的对象。具有经济价值的物的具体形式多种多样，可以是生产资料、生活资料或者动产、不动产等具有经济价值的财物（如汽车、粮食、土地、房屋等），也可以是代表一定经济价值的货币、有价证券或者有价票证（如储蓄存折、信用卡、股票、国库券、提货凭证等），还可以是电、煤气、天然气等无形物。第二，必须是具有所有权关系的物，即依法归国家、集体或者私人个人所有的财物。如果是无主物或者抛弃物，则不能成为本类犯罪的对象。在确认是否具有所有权关系时，应当注意下列物都具有所有权关系：（1）矿藏、水流、森林、山岭、草原、荒地、滩涂等自然资源，我国境内地下、内水、领海中遗存的一切文物、古文化遗址、古墓葬、石窟寺以及所有人不明的埋藏物、隐藏物等，均归国家所有。因此不得将上述财物视为无主物而任意侵占。（2）遗忘物、遗失物、漂流物不是无主物。它们只是暂时脱离所有人或者保管人的实际控制，所有权关系并没有因暂时失控而丧失，仍为原物主（即所有人）所有。（3）他人非法占有的财物也不是无主物。他人非法占有的财物，如盗窃所得的赃物、走私的货物、受贿的财物等，就物本身来讲，本来是国家、集体或者公民私人所有的合法财产，应依法返归原物主或者没收上缴国库。因此非法占有、毁损他人非法占有的财物，归根结底还是侵犯了国家、集体或者公民个人的合法财产所有权，仍可以构成本类犯罪。

第二，客观方面表现为非法占有、毁损公私财物的行为。从侵犯财产行为的性质来看，可以分为两类：一类是非法占有公私财物的行为。其中有两种情形，一种是基于不法取得，永久排除所有人、保管人对财物的控制，而对财物进行非法控制的行为，如抢劫罪、盗窃罪、诈骗罪、侵占罪等；另一种是基于暂时不法使用，仅在一定时间内排除所有人、保管人对财物的控制，而对财物进行非法使用的行为，如挪用资金罪。至于最终是自己非法占有，还是非法转移为第三者占有，并不影响本类犯罪的成立。另一类是毁灭、损坏公私财物的行为。这里的毁灭、损坏，是指采取各种毁损的方法，使财物的经济价值丧失或者降低的行为，包括故意毁坏财物罪和破坏生产经营罪。从侵犯财产行为的表现形式来看，绝大多数犯罪只能由作为构成，如抢劫罪、盗窃罪、抢夺罪等；少数犯罪只能由不作为构成，如侵占罪。另外，根据刑法的规定，除了抢劫罪和破坏生产经营罪以外，侵犯财物数额较大或者具有其他严重情节，是构成本类其他罪的必要条件。

第三，犯罪主体多是一般主体，凡已满 16 周岁、具有辨认能力和控制能力的自然人均可构成，如盗窃罪、诈骗罪、抢夺罪、故意毁坏财物罪等；也有少数犯罪是特殊主体，要求必须由具有特定身份的人员构成，如职务侵占罪和挪用资金罪的主体必须是公司、企业或者其他单位的人员才能构成。另外，根据《刑法》第 17 条第 2 款的规定，对于抢劫罪，已满 14 周岁不满 16 周岁、具有相应辨认能力和控制能力的自然人应当负刑事责任。

第四，犯罪主观方面必须出于故意，并且必须具有特定的犯罪目的。本类犯罪的犯罪目的可以分为两类：一类是以非法占有公私财物为目的，即明知是公共财物或者他人所有的财物而意图将其非法转归自己占有或第三者占有。这里的非法占有，既有排除（包括永久排除和在一定时间内排除）所有人、保管人对财物的控制的含义，也有对财物予以利用的含义，如抢劫罪、盗窃罪、诈骗罪、挪用资金罪等。另一类是以毁灭、损坏公私财物为目的，如故意毁坏财物罪等。侵犯财产罪的动机多种多样，如贪图钱财、追求享乐、好逸恶劳、泄愤、嫉妒或者陷害他人等，但基于何种犯罪动机并不影响本类罪的成立。

二、侵犯财产罪中的主要犯罪

【抢劫罪】

（一）抢劫罪的定义和特征

抢劫罪，是指以非法占有为目的，以暴力、胁迫或者其他方法当场强行劫取公私财物的行为。本罪的构成特征是：

1. 客体是复杂客体，包括公私财产所有权和他人的人身权利。犯罪客体的双重性，是区别本罪与其他侵犯财产罪及大多数侵犯人身权利罪的重要标志。本罪的对象是公私财产和他人人身。这里的公私财产，是指国家、集体所有的财物和他人私人所有的财物。至于其他财产性利益，如债权、债务、股份等，能否成为本罪的对象，还有待于进一步研究。这里的他人，既包括财物的所有人、保管人及持有人；也包括当时在场的，与财物的所有人、保管人或者持有人有亲密关系、利害关系的其他人，但一般应当是行为人认为足以强制的财物所有人、保管人及持有人。

2. 客观方面表现为使用暴力、胁迫或者其他方法当场强行劫取财物的行为。具体包括两个要素：（1）必须实施了以暴力、胁迫或者其他方法等强制力的手段抢走财物的行为。本罪的犯罪行为是由目的行为和手段行为构成的。其目的行为是抢走他人财物，包括直接强行劫取财物或者迫使他人交出财物。该行为具有明显的强制性，而该强制性来自于手段行为。根据我国刑法的规定，本罪的手段行为包括三种形式：第一，暴力方法，即行为人直接对财物的所有人、保管人或持有人的人身施以不法有形力，进行身体强制的方法。如捆绑、禁闭、殴打、伤害甚至直接杀害等。这是强制力最强的方法，往往会使被害人不能抗拒、不敢抗拒或者抗拒无效，从而便于行为人能够当即抢走财物或者迫使所有人、保管人或持有人马上交出财物。第二，胁迫方法，即行为人以立即使用暴力相威胁，对财物的所有人、保管人或持有人实行精神强制的方法。胁迫方法往往会使财物的所有人、保管人或持有人产生恐惧而不敢抗拒，从而任行为人当即抢走自己持有、保管的财物或者被迫当场交出财物。作为威胁内容的暴力通常是指向当场的财物所有人、保管人或持有人本人，但也可以是当时在场的与其有亲密关系、利害关系的其他人。如果胁迫不是当面向财物的所有人、保管人或者持有人直接发出的，而是以电话、信件、他人转达等方式间接发出的；或者不是以立即实施暴力为胁迫的内容，而是以将来实施暴力或者以揭露隐私、毁坏其财产相威胁的，则都不构成本罪。第三，其他方法，即暴力、胁迫之外的其他强制人身的方法，当然这里的“其他方法”必须是足以使被害人不能抗拒或不知抗拒的方法。例如，用药物麻醉等方法使被害人暂时丧失知觉而不知抗拒，任其劫走财物的。但如果被害人丧失抗拒能力不是行为人有意采取某种方法造成的，而是由于其他原因造成的，如被害人熟睡、病重或醉酒，行为人乘被害人熟睡、病重不起或者醉酒不醒之机将其财物拿走，则不属于抢劫行为，应当认定为盗窃行为。暴力、胁迫或者其他方法是本罪的外部特征，而强行劫取财物，则是本罪的实质特征。二者的有机结合，是本罪与其他侵犯财产罪的本质区别。应当注意的是，认定为抢劫行为应当以非法取得财物所实际采取的方法为准。如果行为人事先预谋采取暴力、胁迫或者其他强制人身的方法非法取得财物，但在具体实行时并未采用，而是以秘密窃取或者乘人不备、公然夺取的方法，非法占有公私财物，则不能认定为抢劫行为，构成犯罪的，应当以盗窃罪或者抢夺罪论处。但是根据《刑法》第 267 条第 2 款的规定，如果行为人事先预谋实施暴力而携带凶器，但实际上携带凶器实行抢夺的，则应当以抢劫罪定罪处罚。（2）必须在实施暴力、胁迫或者其他方法强制人身的当场实施劫取财物的行为。这是构成本罪的时间、空间条件。所谓当场，即行为人实施暴力、胁迫或者其他方法的手段行为与其非法占有公私财物的目的行为在时间上和空间上具有基本的连续性、密接性、整体性、一致性。也就是说，抢劫罪的手段行为与目的行为在时间上和空间上不能有明显的间隔或中断。如果所实施的暴力、胁迫或者其他方法行为与非法占有公私财物的行为在时间上、空间上存在明显的间隔或中断，则不构成本罪，可以根据实际情况，按照刑法规定的其他有关犯罪定罪处罚。行为人只要实施了使用暴力、胁迫或者其他方法，当场强行劫取公私财物的行为，即符合本罪客观方面的要求。抢劫财物的数额或者其他情节轻重一般不影响本罪的成立。

3. 犯罪主体是一般主体，根据我国刑法规定，已满 14 周岁、具有相应的辨认能力和控制能力的自然人可以构成本罪。

4. 犯罪主观方面必须出于直接故意，并且具有故意使用暴力、胁迫或者其他强制方法非法占有他人财物的目的。

（二）认定抢劫罪应注意的问题

1. 本罪与非罪的界限。本罪是复杂客体的犯罪，既侵犯了公私财产所有权又侵犯了公民人身权利，犯罪客体的双重性决定了本罪是一种严重的犯罪，因而刑法并没有将抢劫财物的数额和其他情节规定为犯罪构成要件。但是这并不意味着只要行为人实施了以暴力、胁迫或者其他方法劫取公私财物的行为，都一律认定为犯罪。犯罪的本质特征是具有相当严重程度的社会危害性，如果抢劫行为属于情节显著轻微危害不大的，则应根据《刑法》第 13 条的规定，不认为是犯罪，应作一般违法行为处理。而抢劫财物的数额和实施抢劫行为的情节正是影响抢劫行为社会危害性的重要因素。所以正确区分本罪与非罪的界限，应当从抢劫财物的数额大小、对被害人的人身危害程度以及是否具有其他严重情节等，进行全案综合考察。应当注意，根据司法解释[①]，已满 14 周岁不满 16 周岁的人使用轻微暴力或者威胁，强行索要其他未成年人随身携带的生活、学习用品或者钱财数量不大，且未造成被害人轻微伤以上或者不敢正常到校学习、生活等危害后果的，不认为是犯罪；已满 16 周岁不满 18 周岁的人具有上述情形的，一般也不认为是犯罪。

2. 转化型抢劫罪的认定。转化型抢劫罪，是指行为人实施其他犯罪行为过程中，因具有某种法定事实特征而依法以抢劫罪论处的情形。因为转化型抢劫罪并不具备抢劫罪的犯罪构成要件，却因法律拟制而以抢劫罪论处，因而又称为准抢劫罪。我国刑法规定有两种不同类型的转化型抢劫罪。

（1）《刑法》第 269 条规定的转化型抢劫罪。《刑法》第 269 条规定："犯盗窃、诈骗、抢夺罪，为窝藏赃物、抗拒抓捕或者毁灭罪证而当场使用暴力或者以暴力相威胁的，依照本法第二百六十三条的规定定罪处罚。"该条规定的是由盗窃、诈骗、抢夺犯罪转化而成立的转化型抢劫罪。构成该种转化型抢劫罪必须具备以下三个条件：第一，必须先行实施了盗窃、诈骗、抢夺犯罪行为，这是构成该种转化型抢劫罪的前提条件。刑法规定的"犯盗窃、诈骗、抢夺罪"，是指行为人已经着手实施盗窃、诈骗、抢夺行为，一般不考察盗窃、诈骗、抢夺行为是否既遂。但是所涉财物数额明显低于"数额较大"的标准，且不是入户或在公共交通工具上盗窃、诈骗、抢夺的，不构成抢劫罪。[②] 第二，必须当场使用暴力或者以暴力相威胁。这是构成转化型抢劫罪的客观条件。这里的当场，是指在盗窃、诈骗、抢夺的现场以及行为人刚离开现场即被他人发现并抓捕的过程中。当场是该种转化型抢劫罪在时间上、空间上的要求。如果行为人实施盗窃、诈骗、抢夺行为非法占有公私财物行为以后，在其他的时间和地点对被害人等实施暴力或者以暴力相威胁的，则不能按《刑法》第 269 条的规定认定为抢劫罪。对于构成犯罪的，应当按刑法的相应规定定罪处罚。所谓使用暴力，是指直接对他人人身施以不法有形力予以强制（包括捆绑、伤害、杀害等）的行为；所谓以暴力相威胁，是指以立即对他人人身实施暴力相威胁的行为。使用暴力或者以暴力相威胁的对象应当包括盗窃、诈骗、抢夺犯罪行为的被害人、实施抓捕行动的公安人员或者其他公民。第三，必须具有窝藏赃物、抗拒抓捕或者毁灭证据的目的，即行为人当场使用暴力或者以暴力相威胁是为了达到窝藏赃物、抗拒抓捕或者毁灭证据的目的。这是构成该种转化型抢劫罪的主观条件。所谓窝藏赃物，是指保护赃物不被追回。所谓抗拒抓捕，是指反抗、拒绝被抓获，包括抗拒公安人员的抓捕和被害人及其他人的抓捕扭送。所谓毁灭证据，是指销毁、

---

① 2006 年最高人民法院《关于审理未成年人刑事案件具体应用法律若干问题的解释》。

② 2016 年最高人民法院《关于审理抢劫刑事案件适用法律若干问题的指导意见》。

湮灭自己实施盗窃、诈骗、抢夺行为遗留在作案现场的痕迹、物品等证据，以掩盖其罪行。只要行为人出于上述目的之一，就具备了构成转化型抢劫罪的主观条件。但是如果行为人实施盗窃、诈骗、抢夺犯罪后，又出于灭口、恐吓、报复等动机而杀害、伤害被害人的，则应对其杀人、伤害行为单独定罪，以所构成的盗窃罪、诈骗罪、抢夺罪与故意杀人罪、故意伤害罪，按照数罪并罚的规定进行处罚。如果同时具备了上述三个条件，就应当适用《刑法》第 269 条的规定，按照抢劫罪定罪处刑。这里应当注意两个问题：第一，应当对行为人实施的盗窃、诈骗、抢夺行为和当场使用暴力或者以暴力相威胁的具体情况综合考察是否适用《刑法》第 269 条的规定认定抢劫罪。根据司法解释①，实施盗窃、诈骗、抢夺行为所涉财物明显低于“数额较大”的标准，又不具有下列情形之一的，不构成抢劫罪：一是入户或在公共交通工具上实施盗窃、诈骗、抢夺的；二是使用暴力致人轻微伤以上后果的；三是使用凶器或以凶器相威胁的；四是有其他严重情节的。第二，根据司法解释②，已满 14 周岁不满 16 周岁的人盗窃、诈骗、抢夺他人财物，为窝藏赃物、抗拒抓捕或者毁灭罪证，当场使用暴力，故意伤害致人重伤或者死亡，或者故意杀人的，应当分别以故意伤害罪或者故意杀人罪定罪处罚。也就是说，对于已满 14 周岁不满 16 周岁的人，不能适用《刑法》第 269 条的规定。但是该解释是否符合《刑法》第 17 条第 2 款和第 269 条的立法精神，仍值得研究。

（2）《刑法》第 267 条第 2 款规定的转化型抢劫罪。《刑法》第 267 条第 2 款规定：“携带凶器抢夺的，依照本法第二百六十三条的规定定罪处罚。”该条规定的是由抢夺行为转化而成立的转化型抢劫罪的一种特殊情况。构成该种转化型抢劫罪应当具备以下条件：第一，必须实施了抢夺行为。这是构成该种转化型抢劫罪的前提条件。这里的抢夺行为并不以已构成抢夺罪为必要条件。第二，必须携带凶器实施抢夺行为，即行为人在实施抢夺行为时携带了凶器。根据司法解释③，所谓携带凶器，是指行为人随身携带枪支、爆炸物、管制刀具等国家禁止个人携带的器械进行抢夺或者为了实施犯罪而携带其他器械进行抢夺的行为。这表明，只有在行为人实施抢夺时，携带了凶器并且没有使用的（包括未向被害人显示的），才能适用《刑法》第 267 条第 2 款的规定，认定为抢劫罪。如果行为人公然携带凶器或者有意显示随身携带的凶器夺取财物的，则属于使用胁迫方法夺取财物的行为，应当适用《刑法》第 263 条的规定认定抢劫罪。如果行为人随身携带国家禁止个人携带的器械

① 2016 年最高人民法院《关于审理抢劫刑事案件适用法律若干问题的指导意见》和 2005 年最高人民法院《关于审理抢夺刑事案件具体应用法律若干问题的解释》。

② 2006 年最高人民法院《关于审理未成年人刑事案件具体应用法律若干问题的解释》。

③ 2000 年最高人民法院《关于审理抢劫案件具体应用法律若干问题的解释》。

以外的其他器械抢夺，但有证据证明该器械确实不是为了实施犯罪准备的，则不以抢劫罪定罪。

3. 本罪与他罪的界限。（1）本罪与故意杀人罪的界限。在司法实践中，以暴力手段强行劫取公私财物，常常会同时有故意杀人的行为和致人死亡的结果发生，这就涉及抢劫罪与故意杀人罪的界限。对这类案件的定罪，应当具体区分以下三种情况：第一，为劫取财物而预谋杀人，或者在劫取财物过程中，为制伏被害人而故意杀人的，以抢劫罪定罪处罚。第二，实施抢劫后，为灭口而故意杀人的，以抢劫罪和故意杀人罪定罪，实行数罪并罚。第三，对于在故意杀人后见财起意，乘机占有死者生前财物的行为，应当以故意杀人罪和盗窃罪定罪，实行数罪并罚。[①]（2）本罪与绑架罪的界限。本罪与以勒索财物为目的的绑架罪存在较多相似之处。但二者是性质不同的两种犯罪，有着本质的区别。二者的主要区别在于：第一，犯罪客体和所属类罪不同。本罪的犯罪客体是公私财产所有权和他人的人身权利，其中财产所有权是主要客体，故本罪属于侵犯财产的犯罪；而绑架罪的犯罪客体是他人的人身权利，公私财产所有权只是随机客体，绑架罪属于侵犯公民人身权利的犯罪。第二，侵犯的对象不完全相同。虽然二者的犯罪对象都是他人的人身和财物，但本罪的对象通常是同一被害人的人身和财物，即使少数情况下可能是某一被害人的人身和另一被害人的财物，但被加害的人和所劫取的财物都必须处于抢劫行为的当场，而且劫取的财物只限于动产；而绑架罪的对象却必须是被绑架者的人身和被绑架者以外的其他人的财物，勒索的财物既可以是动产也可以是不动产或者其他财产性利益。第三，犯罪行为不完全相同。本罪行为人通过使用暴力或者以暴力相威胁等方法，使被害人不敢反抗、不能反抗或者不知反抗，从而当场直接抢走被害人持有或者保管的财物，或者迫使被害人立即交出其持有或者保管的财物。即使是有两个不同的被害人的场合，行为人也是以加害某一被害人的人身，迫使财物持有人、保管人不敢抗拒；而绑架罪则是以暴力、胁迫等方法控制他人作为人质后，迫使第三者（主要是人质的亲友等与之有密切关系的人）交出财物以交换人质。第四，实施犯罪行为的时间、地点不同。本罪的使用暴力、胁迫等强制手段行为抢得财物的行为，一般应当在同一时间、同一地点，具有“当场性”；而绑架罪通常是先绑架人质，后勒索财物。绑架人质行为与勒索财物行为往往在时间上有间隔，地点一般也不相同，即一般不具有“当场性”。第五，犯罪主体的刑事责任年龄不完全相同。本罪主体的刑事责任年龄是已满 14 周岁；而绑架罪的主体的刑事责任年龄则是已满 16 周岁。

4. 本罪的既遂。抢劫罪既遂与未遂的标准一直是存有争议的问题，理论

---

① 2001 年最高人民法院《关于抢劫过程中故意杀人案件如何定罪问题的批复》。

界有不同的主张。根据司法解释[①]，抢劫行为只要具备劫取财物或者造成他人轻伤以上后果两者之一的，均属抢劫既遂；既未劫取财物，又未造成他人人身伤害后果的，属抢劫未遂。

5. 本罪的共犯。主要应当注意以下两个问题：第一，如果行为人事先与实施抢劫的行为人通谋，对抢劫所得财物予以窝藏、转移、收购或者代为销售的，应当以本罪共犯论处。因为行为人对抢劫所得财物予以窝藏、转移、收购或者代为销售的行为，只是基于共同犯罪人间的分工对抢劫所得的财物所作的具体处置。根据司法解释[②]的相关规定对此予以确认，即行为人事先与实施抢劫的犯罪分子通谋，而对抢劫所得机动车予以买卖、介绍买卖、典当、拍卖、抵押或者用其抵债，或者拆解、拼装或者组装，或者修改发动机号、车辆识别代号，或者更改车身颜色或者车辆外形，或者提供或者出售机动车来历凭证、整车合格证、号牌以及有关机动车的其他证明和凭证，或者提供或者出售伪造、变造的机动车来历凭证、整车合格证、号牌以及有关机动车的其他证明和凭证的，应当以抢劫罪的共犯论处。第二，转化型抢劫罪的共犯认定。根据司法解释[③]，两人以上共同实施盗窃、诈骗、抢夺犯罪，其中部分行为人为窝藏赃物、抗拒抓捕或者毁灭罪证而当场使用暴力或者以暴力相威胁的，对于其余行为人是否以抢劫罪共犯论处，主要看其对实施暴力或者以暴力相威胁的行为人是否形成共同犯意、提供帮助。基于一定意思联络，对实施暴力或者以暴力相威胁的行为人提供帮助或实际成为帮凶的，可以抢劫共犯论处。

（三）抢劫罪的处罚

根据《刑法》第263条的规定，犯本罪的，处3年以上10年以下有期徒刑，并处罚金。有下列情形之一的，处10年以上有期徒刑、无期徒刑或者死刑，并处罚金或者没收财产：（1）入户抢劫的。（2）在公共交通工具上抢劫的。（3）抢劫银行或者其他金融机构的。（4）多次抢劫或者抢劫数额巨大的。（5）抢劫致人重伤、死亡的。（6）冒充军警人员抢劫的。（7）持枪抢劫的。（8）抢劫军用物资或者抢险、救灾、救济物资的。

认定本罪加重处罚情节，应当注意以下问题：

第一，入户抢劫。所谓入户抢劫，是指为了非法目的而进入他人生活的与外界相对隔离的住所，包括封闭的院落、牧民的帐篷、渔民作为家庭生活场所的渔船、为生活租用的房屋等进行抢劫的行为。认定“入户抢劫”，应当注意审查三个方面的内容：一是“户”应当同时具有供他人家庭生活的功能

① 2005年最高人民法院《关于审理抢劫、抢夺刑事案件适用法律若干问题的意见》。

② 2007年最高人民法院、最高人民检察院《关于办理与盗窃、抢劫、诈骗、抢夺机动车相关刑事案件具体应用法律若干问题的解释》。

③ 2016年最高人民法院《关于审理抢劫刑事案件适用法律若干问题的指导意见》。

特征和与外界相对隔离的场所特征。对于部分时间从事经营、部分时间用于生活起居的场所，行为人在非营业时间强行入内抢劫或者以购物等为名骗开房门入内抢劫的，应认定为“入户抢劫”。对于部分用于经营、部分用于生活且之间有明确隔离的场所，行为人进入生活场所实施抢劫的，应认定为“入户抢劫”；如果场所之间没有明确隔离，行为人在营业时间入内实施抢劫的，不认定为“入户抢劫”，但在非营业时间入内实施抢劫的，应认定为“入户抢劫”。二是行为人入户的目的具有非法性。以侵害户内人员的人身、财产为目的入户，入户后实施抢劫的，包括入户实施盗窃、诈骗等犯罪而转化为抢劫的，应当认定为“入户抢劫”。如果因访友、办事等原因经户内人员允许而入户，入户后临时起意实施抢劫的，或者临时起意实施盗窃、诈骗等犯罪而转化为抢劫的，属于“在户内抢劫”，不应认定为“入户抢劫”。三是暴力或者暴力胁迫行为必须发生在户内。入户实施盗窃被发现或者实施诈骗被识破，为窝藏赃物、抗拒抓捕或者毁灭罪证，在户内当场使用暴力或者以暴力相威胁的，应认定为“入户抢劫”；如果暴力或者以暴力相威胁的行为发生在户外，则不应认定为“入户抢劫”。

第二，在公共交通工具上抢劫。这里的“公共交通工具”包括从事旅客运输的各种公共汽车、大中型出租车、火车、地铁、轻轨、轮船、飞机等，但不含小型出租车。另外，虽不具有营运执照但实际从事旅客运输等大中型交通工具，以及接送职工的单位班车、接送师生的校车等大中型交通工具，也视为“公共交通工具”。所谓“在公共交通工具上抢劫”，既包括在处于运营状态等公共交通工具上对旅客、司售人员、乘务人员实施抢劫，也包括拦截运营途中的公共交通工具对旅客、司售人员、乘务人员实施抢劫。但不包括在未运营的公共交通工具上对司售人员、乘务人员实施抢劫。对在公共交通工具上的特定人员实施抢劫的，也应认定为“在公共交通工具上抢劫”。

第三，抢劫银行或者其他金融机构。所谓“抢劫银行或者其他金融机构”，是指抢劫银行或者其他金融机构的经营资金、有价证券和客户的资金等。抢劫正在使用中的银行或者其他金融机构的运钞车的，应视为“抢劫银行或者其他金融机构”。

第四，抢劫数额巨大。“抢劫数额巨大”的认定，参照各地认定的盗窃罪数额巨大的认标准执行，即抢劫公私财物价值 3 万元至 10 万元以上[①]的，为抢劫数额巨大。对以数额巨大的财物为明确目标，由于意志以外的原因，未能抢到财物或实际抢得的财物数额不大的，应同时认定“抢劫数额巨大”和犯罪未遂的情节，结合未遂犯的处理原则量刑。应当注意，抢劫信用卡后使

① 2013 年最高人民法院、最高人民检察院《关于办理盗窃刑事案件适用法律若干问题的解释》。

用、消费的，应以行为人实际使用、消费的数额为抢劫数额。由于行为人意志以外的原因无法实际使用、消费的部分，虽然不计入抢劫数额，但应当作为量刑情节考虑。

第五，冒充军警人员抢劫。这里是指足以使他人误以为是军警人员。应当注重对行为人是否穿着军警制服、是否出示军警证件、是否携带枪支等情节综合审查、判断。如果行为人仅穿着类似军警制服的服装或仅以言语宣称系军警人员，但未携带枪支也未出示军警证件而实施抢劫的，则应当结合抢劫地点、时间、暴力或者威胁的具体情形，依照常人判断标准，确定是否为“冒充军警人员抢劫”。

第六，持枪抢劫。所谓“持枪抢劫”，是指行为人使用枪支或者向被害人显示持有、佩带的枪支进行抢劫的行为。这里的“枪支”的概念和范围，适用《枪支管理法》的规定。

【盗窃罪】

（一）盗窃罪的定义和特征

盗窃罪，是指以非法占有为目的，秘密窃取公私财物数额较大，或者多次盗窃、入户盗窃、携带凶器盗窃、扒窃的行为。本罪的构成特征是：

1. 犯罪客体是公私财产所有权。本罪的犯罪对象是公私财物，包括公共财物和个人私人所有的财物。从物的形态上看，本罪的对象主要是有形物，如货币、汽车等；但一些无形物，如电力、煤气、天然气等也可以成为本罪的对象。但是商业秘密、国家秘密等不能成为本罪的对象，如果盗窃商业秘密、国家秘密等构成犯罪的，应当分别按照侵犯商业秘密罪、非法获取国家秘密罪定罪处罚。

2. 犯罪客观方面表现为秘密窃取公私财物数额较大，或者多次盗窃、入户盗窃、携带凶器盗窃、扒窃的行为。具体包括两个要素：（1）必须实施了秘密窃取公私财物的行为。所谓秘密窃取，是指行为人采取自以为不易被财物所有人、保管人或者持有人发觉的平和手段，暗中取走财物的行为。秘密窃取的具体手段多种多样。例如，溜门撬锁、翻墙钻窗、潜入室内、院内窃取财物，在公共场所掏兜、割包窃取财物，等等。秘密窃取财物是本罪的手段特征，也是本罪区别于其他侵犯财产罪的本质特征。（2）必须盗窃公私财物数额较大，或者具有多次盗窃、入户盗窃、携带凶器盗窃、扒窃情节的。根据司法解释[①]，这里的“盗窃数额较大”，是指盗窃公私财物价值在1000元至3000元以上；这里的“多次盗窃”，是指二年内盗窃三次以上的；这里的“入户盗窃”，是指非法进入供他人家庭生活与外界隔离的住所实施盗窃的情

---

① 2013年最高人民法院、最高人民检察《关于办理盗窃刑事案件适用法律若干问题的解释》。

形；这里的“携带凶器盗窃”，是指携带枪支、爆炸物、管制刀具等国家禁止个人携带的器械，或者为了实施违法犯罪携带其他足以危害他人人身安全的器械实施盗窃的情形；这里的“扒窃”，是指在公共场所或者公共交通工具上盗窃他人随身携带的财物的情形。盗窃罪是结果犯，以窃取得公私财物为基本要件，但是其中，“盗窃数额较大”的是数额犯，“多次盗窃”的是情节犯。

3. 犯罪主体是一般主体，限于自然人，刑事责任年龄为16周岁以上。单位不能构成本罪。根据司法解释[①]，单位有关人员为谋取单位利益组织实施盗窃行为，构成犯罪的，应当以盗窃罪追究直接责任人员的刑事责任。

4. 犯罪主观方面只能出于直接故意，并具有非法占有公私财物的目的。如果不具有非法占有的目的，就不能构成本罪。例如，未经物主同意擅自使用其财物，用完归还的；私自使用代人保存的钱物，用后偿还的；误将公私财物当作自己的财物而拿走的，都不能构成本罪。应当注意的是，《刑法》第265条规定，盗接他人通信线路、复制他人电信码号或者明知是盗接、复制的电信设备、设施而使用的，必须以牟利为目的，才能按照盗窃罪定罪处罚。所谓以牟利为目的，是指盗接他人通信线路、复制他人电信码号或者明知是盗接、复制电信设备、设施而使用，是为了出售、出租、自用、转让等谋取经济利益。[②]

（二）认定盗窃罪应注意的问题

1. 盗窃数额的认定。盗窃公私财物的数额就是行为人窃取公私财物的价值。对被盗物品的数额认定，应当根据被盗物品的不同情况，按照不同的核价方法计算，司法解释[③]规定了以下几种主要情况：（1）被盗物品有有效价格证明的，按照有效证明认定。无有效证明的，或者根据价格证明认定的盗窃数额明显不合理的，应当按照有关规定委托估价机构估价。（2）被盗的是外币的，按照盗窃时中国外汇交易中心或者中国人民银行授权机构公布的人民币对该货币的中间价折合人民币计算；中国外汇交易中心或者中国人民银行授权机构未公布汇率中间价的外币，按照盗窃时境内银行人民币对该货币的中间价折算成人民币，或者该货币在境内银行、国际外汇市场对美元汇率，与人民币对美元汇率中间价进行套算。（3）盗窃电力、燃气、自来水等财物，盗窃数量能够查实的，按照查实的数量计算盗窃数额；盗窃数量无法查实的，以盗窃前6个月月均正常用量减去盗窃后计量仪表显示的月均用量推算盗窃数额；盗窃前正常使用不足6个月的，按照正常使用期间的月均用量减去盗

① 2002年最高人民法院《关于单位有关人员组织实施盗窃行为如何适用法律问题的批复》。

② 2000年最高人民法院《关于审理抢劫案件具体应用法律若干问题的解释》。

③ 2013年最高人民法院、最高人民检察院《关于办理盗窃刑事案件适用法律若干问题的解释》。

窃后计量仪表显示的月均用量推算盗窃数额。（4）明知是盗接他人通信线路、复制他人电信码号的电信设备、设施而使用的，按照合法用户为其支付的费用认定盗窃数额；无法直接确认的，以合法用户的电信设备、设施被盗接、复制后的月缴费额减去被盗接、复制前6个月的月均电话费推算盗窃数额；合法用户使用电信设备、设施不足6个月的，按照实际使用的月均电话费推算盗窃数额。（5）盗接他人通信线路、复制他人电信码号出售的，按照销赃数额认定盗窃数额。（6）盗窃有价支付凭证、有价证券、有价票证的，盗窃的是不记名、不挂失的有价支付凭证、有价证券、有价票证的，应当按票面数额和盗窃时应得的孳息、奖金或者奖品等可得收益一并计算盗窃数额；盗窃记名的有价支付凭证、有价证券、有价票证，已经兑现的，按照兑现部分的财物价值计算盗窃数额；没有兑现，但失主无法通过挂失、补领、补办手续等方式避免损失的，按照给失主造成的实际损失计算盗窃数额。（7）盗窃国有馆藏一件一般文物的。

2. 本罪与非罪的界限。司法解释[①]对本罪成立的条件作了相应的规定。（1）以盗窃公私财物是否达到“数额较大”为区分罪与非罪的界限。盗窃公私财物价值1000元至3000元以上的，应认定为“数额较大”，构成盗窃罪。具体的定罪标准，各省、自治区、直辖市高级人民法院、人民检察院可以根据本地区经济发展状况，并考虑社会治安状况，在前款规定的数额幅度内，确定本地区执行的具体数额标准，报最高人民法院、最高人民检察院批准。在跨地区运行的公共交通工具上盗窃，盗窃地点无法查证的，盗窃数额是否达到“数额较大”，应当根据受理案件所在省、自治区、直辖市高级人民法院、人民检察院确定的有关数额标准认定。（2）以盗窃数额和情节是否严重为区分罪与非罪的界限。盗窃公私财物价值达到前述“数额较大”标准的50%，并具有下列情形之一的，可以认定为盗窃罪：第一，曾因盗窃受过刑事处罚的；第二，一年内曾因盗窃受过行政处罚的；第三，组织、控制未成年人盗窃的；第四，自然灾害、事故灾害、社会安全事件等突发事件期间，在事件发生地盗窃的；第五，盗窃残疾人、孤寡老人、丧失劳动力人的财物的；第六，在医院盗窃病人或者其亲友财物的；第七，盗窃救灾、抢险、防汛、优抚、扶贫、移民、救济物的；第八，因盗窃造成严重后果的。（3）偷拿家庭成员或者近亲属的财物，获得谅解的，一般可不认为是犯罪。（4）多次盗窃、入户盗窃、携带凶器盗窃、扒窃的，原则上均可构成盗窃罪，但是如果情节显著轻微，危害不大的，根据《刑法》第13条的规定，可以不认为是犯罪。

---

① 2013年最高人民法院、最高人民检察院《关于办理盗窃刑事案件适用法律若干问题的解释》。

3. 对《刑法》第265条规定的理解与适用。《刑法》第265条规定，以牟利为目的，盗接他人通信线路、复制他人电信码号或者明知是盗接、复制的电信设备、设施而使用的行为，按盗窃罪定罪处罚。适用本条规定认定盗窃罪应当具备以下条件：第一，在客观方面，行为人必须实施了盗接他人通信线路、复制他人电信码号或者使用盗接、复制的电信设备、设施，给权利人造成较大的经济损失或者有其他严重情节的行为。所谓“盗接他人通信线路”，是指未经权利人许可，以秘密的方法暗中连接他人的通信线路无偿使用或者出租、出借、转让的行为。所谓“复制他人电信码号”，是指非法对他人的电信码号进行复制并无偿使用或者出租、出借、转让的行为。这里的电信码号是广义的，包括电话号码、长途电话账号、移动通信码号、用户密码、电话卡密码等。所谓“使用盗接、复制的电信设备、设施”，是指明知是盗接、复制的电信设备、设施而无偿使用的行为。盗接通信线路、复制电信码号及使用盗接、复制的电信设备、设施的行为，虽然并未直接表现为窃取财物，但该行为是在权利人不知道、未察觉的情况下秘密进行的，并直接造成了权利人的经济损失。从本质上讲，上述行为是非法取得他人财物的行为，并具有秘密性，因而属于盗窃行为。盗接通信线路、复制电信码号或者使用盗接、复制的电信设备、设施的行为，构成盗窃罪必须以给权利人造成数额较大的经济损失，或者多次盗接通信线路、复制电信码号或者使用盗接、复制的电信设备、设施为标准。第二，在主观方面，必须以牟利为目的。这里的“以牟利为目的”，是指意图非法地无偿使用，或者意图通过出售、出租、自用、转让盗接、复制的他人的电信设备、设施等以牟取非法的经济利益。

4. 对刑法以盗窃罪定罪处罚的其他有关规定的理解与适用。（1）对《刑法》第196条第3款规定的理解与适用。《刑法》第196条第3款规定：“盗窃信用卡并使用的，依照本法第二百六十四条的规定定罪处罚。”这是关于盗窃并使用信用卡构成盗窃罪的规定。这里的使用，包括用所盗窃的信用卡在银行、自动柜员机上支取现金，用所盗窃的信用卡支付结算所购买的商品、接受的服务等消费。盗窃信用卡并使用，必须给持卡人造成数额较大的经济损失的，才能适用该规定以盗窃罪定罪处罚。（2）对《刑法》第210条第1款规定的理解和适用。《刑法》第210条第1款规定：“盗窃增值税专用发票或者可以用于骗取出口退税、抵扣税款的其他发票的，依照本法第二百六十四条的规定定罪处罚。”这是关于盗窃增值税专用发票或者可以用于骗取出口退税、抵扣税款的其他发票构成盗窃罪的规定。虽然发票本身的经济价值非常有限，但由于增值税专用发票和可以用于骗取出口退税、抵扣税款的其他发票或者含有税额，或者具有退税、抵扣税款的功能，盗窃这些发票就能够非法占有发票所含的税额、非法取得退税款或抵扣的税款，从而达到非法占有公私财物的目的。盗窃上述发票的，也应当满足数额较大的标准，才能认定为盗窃罪（盗窃上述发票数量在25份以上的，为数额较大；数量在250份以上的，为数额巨大；数量在2500份以上的，为数额特别巨大）。

5. 偷开他人机动车认定。偷开他人机动车的，按照不同的情况做以下处理：（1）偷开他人机动车，导致车辆丢失的，以盗窃罪定罪处罚；如果将车辆送回未造成丢失的，不应以盗窃罪定罪处罚，情节严重构成其他犯罪的，以所构成的犯罪定罪处罚。（2）为了盗窃其他财物，偷开他人机动车作为犯罪工具，使用后非法占有车辆，或者将车辆遗弃导致丢失的，成立盗窃罪，被偷开车辆的价值计入盗窃数额。（3）为实施其他犯罪，偷开他人机动车作为犯罪工具，使用后非法占有车辆，或者将车辆遗弃导致丢失的，以盗窃罪和其他犯罪数罪并罚；将车辆送回未造成丢失的，按照其所实施的其他犯罪从重处罚。

6. 本罪的既遂。盗窃罪的成立，一般以窃取公私财物数额较大为必要条件，在司法实践中认定盗窃未遂犯的情况比较少，但这不意味着盗窃不存在未遂。盗窃未遂，是盗窃行为由于行为人意志以外的原因未得逞的情形。盗窃未遂情节严重的，可以认定为盗窃未遂犯，追究刑事责任。根据司法解释[①]，盗窃未遂，具有下列情形之一的，应当依法追究刑事责任：（1）以数额巨大的财物为盗窃目标的；（2）以珍贵文物为盗窃目标的；（3）其他情节严重的情形。如果一个行为人实施的盗窃既有既遂，又有未遂，分别达到不同量刑幅度的，依照处罚较重的规定处罚；达到同一量刑幅度的，以盗窃罪既遂处罚。对于盗窃罪既遂与未遂的区分标准，刑法学界存在着较大的分歧，主要有以下几种观点：一是“转移说”，即以行为人是否把财物从原处转移开为标准。二是“接触说”，即以行为人是否实际接触到财物为标准。三是“藏匿说”，即以行为人是否把所窃取的财物隐藏起来为标准。四是“失控说”，即以财产持有人是否失去对财产的控制为标准。五是“控制说”，即以行为人是否实际控制财产为标准。六是“失控加控制说”，即以财产持有人是否失去对自己财产的实际控制并且行为人是否实际控制该财产为标准。我们认为“控制说”较为合理，行为人的盗窃行为实际取得了被盗财物，即非法取得了公私财物，表明了行为人侵害了刑法保护的公私财产所有权，造成了实际危害结果，表明盗窃罪的客观要件已经齐备，应当成立盗窃罪既遂。如果行为人没有实际控制被盗财物，只能成立盗窃罪未遂。

7. 本罪的共犯。如果行为人事前与实施盗窃的犯罪分子通谋，而对盗窃所得财物予以窝藏、转移、收购或者代为销售的，应当以本罪共犯论处。

8. 本罪的一罪与数罪。（1）采取破坏性手段盗窃的处理。如果盗窃构成

---

① 2013年最高人民法院、最高人民检察《关于办理盗窃刑事案件适用法律若干问题的解释》。

犯罪，同时造成公私财物损毁的，以盗窃罪一罪从重处罚；但同时构成盗窃罪和其他犯罪的，择一重罪从重处罚。（2）如果行为人在实施盗窃犯罪后，为掩盖盗窃罪行或者出于报复等动机，故意实施破坏公私财物等行为而构成犯罪的，则应当以盗窃罪和所构成的其他犯罪实行数罪并罚。（3）本罪与相关危害公共安全犯罪的界限。如果盗窃的财物是刑法明文规定为某危害公共安全罪的对象，如输电设备、通信电缆、输油管道内的油品等，并且盗窃行为足以危害公共安全的，同时构成盗窃罪和相关危害公共安全罪（破坏电力设备罪、破坏易燃易爆设备罪、破坏公共电信设施罪等）等，应当择一重罪从重处罚。

9. 本罪与他罪的界限。本罪与盗窃枪支、弹药、爆炸物、危险物质罪的界限。在一定意义上，枪支、弹药、爆炸物、危险物质也属于财产的范畴，但是因《刑法》第127条将其特别规定为盗窃枪支、弹药、爆炸物、危险物质罪的对象，从而本罪与盗窃枪支、弹药、爆炸物、危险物资罪形成法条竞合关系。对此应当根据特别法优于普通法的原则，以盗窃枪支、弹药、爆炸物、危险物质罪定罪处罚。

（三）盗窃罪的处罚

根据《刑法》第264条的规定，犯本罪的，处3年以下有期徒刑、拘役或者管制，并处或者单处罚金；数额巨大或者有其他严重情节的，处3年以上10年以下有期徒刑，并处罚金；数额特别巨大或者有其他特别严重情节的，处10年以上有期徒刑或者无期徒刑，并处罚金或者没收财产。

根据司法解释①盗窃公私财物价值人民币1000元至3000元以上、3万至10万元以上、30万至50万元以上的，应当分别认定为盗窃公私财物“数额较大”“数额巨大”“数额特别巨大”。各省、自治区、直辖市高级人民法院可根据本地区经济发展状况，并考虑社会治安状况，在上述数额幅度内，确定本地区执行的具体数额标准。盗窃国有馆藏三级文物、二级文物的应当分别认定为盗窃数额巨大、盗窃数额特别巨大；盗窃不同等级国有馆藏文物的，三件同级文物可以视为一件高一级文物。盗窃数额达到巨大、特别巨大的50%，并具有下列情形之一的，应当分别认定为“其他严重情节”“其他特别严重情节”：第一，组织、控制未成年人盗窃的；第二，自然灾害、事故灾害、社会安全事件等突发事件期间，在事件发生地盗窃的；第三，盗窃残疾人、孤寡老人、丧失劳动力人的财物的；第四，在医院盗窃病人或者其亲友财物的；第五，盗窃救灾、抢险、防汛、优抚、扶贫、移民、救济物的；第六，入户盗窃的；第七，携带凶器盗窃的；第八，因盗窃造成严重后果的。

① 2013年最高人民法院、最高人民检察院《关于办理盗窃刑事案件适用法律若干问题的解释》。

虽然盗窃公私财物数额较大，但认罪、悔罪，退赃、退赔，且具有下列情形之一，情节轻微的，可以不起诉或者免予刑事处罚；必要时，由有关部门予以行政处罚：第一，具有法定从宽处罚情节的；第二，没有参与分赃或者获赃较少且不是主犯的；第三，被害人谅解的；第四，其他情节轻微、危害不大的。另外，偷拿家庭成员或者近亲属的财物，追究刑事责任的，应当酌情从宽。

【诈骗罪】

（一）诈骗罪的定义和特征

诈骗罪，是指以非法占有为目的，用虚构事实或者隐瞒真相的方法，骗取数额较大的公私财物的行为。本罪的构成特征是：

1. 犯罪客体是公私财产所有权。本罪的对象是公私财物，包括动产和不动产及其他财产性利益。如果骗取的不是公私财物或者财产性利益，而是其他非财产性利益，则不能以本罪论处。

2. 犯罪客观方面表现为用虚构事实或者隐瞒真相的方法，骗取公私财物，数额较大的行为。具体包括两个要素：（1）实施了用虚构事实或者隐瞒真相的方法，骗取公私财物的行为。所谓“骗取财物”，就是通过欺骗，使被害人受骗上当、信以为真，陷于错误的认识，从而“同意”或者“自愿”交付财物。骗取财物的基本方法有虚构事实和隐瞒真相两种。所谓“虚构事实”，是指捏造实际不存在的虚假事实，以骗取被害人信任，并使其“同意”或者“自愿”交付财物的行为。这里的虚构事实可以是虚构全部事实，也可以是在现已存在的事实基础上进行夸张和扩大。所谓“隐瞒真相”，是指掩盖客观存在的事实，以蒙蔽被害人，使被害人陷于错误的认识，不能作出正确的判断，从而使其“同意”或者“自愿”交付财物的行为。在实践中，这两种方法往往交替、重叠使用。具体骗取财物的手段则多种多样，如编造谎言、假冒身份骗取财物的，涂改单据、伪造证件冒领款物的，以帮助他人看管物品或者代购、代买商品为名骗取钱财的，等等。用欺骗的方法非法占有财物，是诈骗罪区别于其他侵犯财产罪的主要特征。（2）骗取公私财物数额较大。骗取公私财物数额较大是本罪成立的法定条件。根据司法解释[①]，这里的“数额较大”，是指诈骗公私财物价值3000元至1万元以上。另外，诈骗罪的客观方面还应当注意两种特殊情形：第一，组织和利用邪教组织以各种欺骗手段，收取他人财物的；第二，以虚假、冒用的身份证件办理入网手续并使用移动电话，造成电信资费损失数额较大的[②]。

---

① 2011年最高人民法院、最高人民检察院《关于办理诈骗刑事案件具体应用法律若干问题的解释》。

② 2000年最高人民法院《关于审理扰乱电信市场管理秩序案件具体应用法律若干问题的解释》。

3. 犯罪主体是一般主体，限于已满16周岁、具有辨认能力和控制能力的自然人。

4. 主观方面必须出于直接故意，并且具有非法占有公私财物的目的。

（二）认定诈骗罪应注意的问题

1. 本罪与非罪的界限。（1）以诈骗公私财物是否达到“数额较大”为区分诈骗行为罪与非罪的界限。根据司法解释①，诈骗公私财物价值3000至1万元以上的，应认定为“数额较大”。应当注意，诈骗近亲属的财物，近亲属谅解的，一般可不按犯罪处理。（2）区分本罪与民事债务纠纷的界限。在司法实践中，有些民事纠纷很容易与诈骗罪相混淆。例如，编造谎言骗借财物，到期不能偿还；代人购物取走货款擅自挪用后拖欠不还，等等。二者的主要区别在于行为人在主观上是否有非法占有公私财物的目的。凡是以非法占有为目的的，不论以何种名义骗取财物，均可能成立诈骗罪；如果没有非法占有的目的，即使采取了欺骗的方法，也属于民事欺诈而产生的民事债务纠纷，不应以诈骗罪论处。而判断是否有非法占有的目的，应当从双方当事人的关系、事情的起因，债务人在借贷时有无偿还能力，不能偿还债务的原因以及对偿还债务的态度和表现等方面综合分析。例如，借贷后因经营亏损而不能如期偿债或丧失偿债能力的；代人购物取走货款后未能买到所需货物或因货款被骗无法归还的；行为人违约挪用拖欠未还，但不赖账、不逃避，并有积极设法偿还的诚意和努力的，则都表明行为人没有非法占有的目的，应当属于民事债务纠纷，不能认定为诈骗罪。如果行为人以“借贷”为名骗取财物而根本没有偿还的意思，或者本无偿还能力而骗借钱物的，或者骗借钱物后用于非法活动或挥霍一空后逃匿的，则都表明行为人具有非法占有的目的，属于诈骗行为，如果骗取财物数额较大的，应当以本罪论处。

2. 电信网络诈骗犯罪的认定。电信网络诈骗犯罪，是指利用通信工具、网络等技术手段实施的诈骗犯罪活动，是诈骗罪的一种特殊表现形式。（1）利用电信网络技术手段实施诈骗，诈骗公私财物价值3000元以上的，应当认定为犯罪。两年内多次实施电信网络诈骗未经处理，诈骗数额累计。（2）诈骗数额难以查证，具有下列情形之一的，应当认定为“其他严重情节”，认定诈骗罪（未遂）：第一，发送诈骗信息5000条以上的，或者拨打诈骗电话500人次以上的。这里的“拨打诈骗电话”，包括拨出诈骗电话和接听被害人回拨电话。反复拨打、接听同一电话号码，以及反复向同一被害人发送诈骗信息的，拨打、接听电话次数，发送信息条数累计。因犯罪嫌疑人、被告人故意隐匿、毁灭证据等原因，致拨打电话次数、发送信息条数的证据难以收集的，可以

① 2011年最高人民法院、最高人民检察院《关于办理诈骗刑事案件具体应用法律若干问题的解释》。

根据经查证属实的日拨打人次数、日发送信息条数，结合犯罪嫌疑人、被告人实施犯罪的时间，犯罪嫌疑人、被告人的供述等相关证据，综合予以认定。第二，在互联网上发布诈骗信息，页面浏览量累计5000次以上的。

3. 本罪与他罪的界限。（1）本罪与金融诈骗罪的界限。本罪与金融诈骗罪具有以非法占有为目的，采取虚构事实、隐瞒真相的方法骗取公私财物的共同点，二者的主要区别在于：第一，犯罪客体有所不同。本罪的客体是公私财产所有权，是简单客体的犯罪；后者的客体是金融管理秩序和公私财产所有权，是复杂客体的犯罪。第二，属性不同。本罪属于侵犯财产罪中的一种具体犯罪；而后者则属于破坏社会主义市场经济秩序罪中的一类犯罪，它包括了集资诈骗罪、贷款诈骗罪、票据诈骗罪、金融凭证诈骗罪、信用证诈骗罪、信用卡诈骗罪、有价证券诈骗罪和保险诈骗罪等具体犯罪。第三，客观方面的表现不完全相同。虽然二者在客观方面的表现都可以概括为虚构事实、隐瞒真相，骗取公私财物的行为，但在具体表现形式上却有所不同。法律对本罪具体的行为方式、采取的手段并没有特别的限制；而后者则必须表现为采用法律特别规定的金融诈骗手段，如编造引进资金、项目等虚假理由骗取贷款的，冒用他人的汇票、支票、本票的，编造保险事故骗取保险金的，等等。第四，对犯罪主体的要求不完全相同。本罪只能由自然人构成；而后者不仅自然人可以构成，其中的集资诈骗罪、票据诈骗罪、金融凭证诈骗罪和信用证诈骗罪还可以由单位构成。应当指出的是，《刑法》第266条后段明确规定“本法另有规定的，依照规定”，规定金融诈骗罪的《刑法》第192条至第198条便属于“另有规定的”情形，应当依照刑法有关金融诈骗罪的具体规定定罪处罚。《刑法》第266条与第192~198条是法条竞合。（2）本罪与合同诈骗罪的界限。虽然二者都是以非法占有为目的骗取公私财物的行为，但本罪与合同诈骗罪具有法条竞合的关系。二者的主要区别在于：第一，犯罪客体有所不同。本罪的客体是公私财产所有权，是简单客体的犯罪；而后者的客体是国家对合同的管理制度、诚实信用的市场秩序以及公私财产所有权，是复杂客体的犯罪。第二，客观方面不尽相同。法律对本罪的具体诈骗方法并无任何限定，只要实施了虚构事实、隐瞒真相骗取公私财物的行为即可。后者则必须表现为在签订、履行经济合同过程中，以法定的具体诈骗方式，骗取对方当事人财物的行为。第三，对犯罪主体的要求不完全相同。本罪主体只能由自然人构成；而后者则既可以由自然人构成，也可以由单位构成。应当注意的是，利用合同进行诈骗的，也属于《刑法》第266条规定的“本法另有规定的，依照规定”的情形，应当以刑法有关合同诈骗罪的规定定罪处罚。（3）本罪与骗取出口退税罪的界限。二者的主要区别在于：第一，犯罪客体有所不同。本罪的客体是公私财产所有权，而后者的客体则是国家的出口退税制度和国家财产（即国家出口退税款）所有权。第二，客观方面有所不同。法律对本罪的具体诈骗方法并无任何限定，只要实施了虚构事实、隐瞒真相，骗取公私财物的行为即可；后者则必须表现为利用国家退税制度，采取假报出口或者其他欺骗手段，骗取国家的出口退税款的行为。第三，犯罪对象有所不同。本罪的对象可以是各种公私财物及财产性利益，而后者的对象则只能是国家出口退税款。第四，对犯罪主体的要求不完全相同。本罪的主体只能是自然人；而后者的主体则既可以是自然人，也可以是单位。（4）本罪与盗窃罪的界限。一般情况下区分本罪与盗窃罪并不困难，但是当盗窃行为与欺骗行为结合在一起时，就有必要区分二者的界限，以确保正确定性。二者的主要区别在于行为人非法占有公私财物的基本手段不同。本罪的基本手段是骗取，而盗窃罪的基本手段则是秘密窃取。因而在实践中，对于窃取行为与欺骗行为相结合的案件，如果行为人取得财物的基本手段是骗取，而窃取行为仅仅是为骗取财物创造条件的，则应定为诈骗罪。例如，盗窃空白支票后，用自填金额和伪造公章等方法取得财物的，就应认定为诈骗罪。但是如果取得财物的基本手段是窃取行为，而欺骗行为对于取得财物并不起主要作用的，则应当认定为盗窃罪。例如，盗窃不记名、不挂失并能立即兑现的有价证券或者票证后，冒名骗领、骗购财物的，应当认定为盗窃罪。

4. 本罪的既遂与未遂。本罪既遂与未遂的界限应当以行为人是否骗得财物作为判断标准。如果行为人已经着手实行诈骗行为，只是由于对方没有上当受骗，或者对方虽然信以为真，但却因没有可交付的钱财等行为人意志以外的原因而未获取财物的，就是诈骗未遂。诈骗未遂，有其他严重情节的，应当以诈骗罪定罪，结合未遂犯的规定处刑。根据司法解释[①]，以数额较大为诈骗目标的，或者具有其他严重情节的诈骗未遂，应当以诈骗罪（未遂）定罪处罚。这里的其他严重情节，包括属于诈骗集团首要分子，或者诈骗数额达到“数额较大”的80%以上，并具有下列情形之一的：第一，通过广播电视、报章杂志等发布虚假信息，对不特定多数人实施诈骗的；第二，诈骗救灾、抢险、防汛、优抚、扶贫、移民、救济、医疗款物的；第三，以赈灾募捐名义实施诈骗的；第四，诈骗残疾人、老年人或者丧失劳动能力人的财物的；第五，造成被害人自杀、精神失常或者其他严重后果的。第六，利用电信网络技术手段实施诈骗，诈骗数额难以查证，但发送诈骗信息5000条以上的、拨打诈骗电话500人次以上的，或者在互联网上发布诈骗信息，页面浏览量累计5000次以上的。诈骗既有既遂，又有未遂，分别达到不同量刑幅度的，依照处罚较重的规定处罚；达到同一量刑幅度的，以诈骗罪既遂处罚。

---

① 2011年最高人民法院、最高人民检察院《关于办理诈骗刑事案件具体应用法律若干问题的解释》和2016年最高人民法院、最高人民检察院、公安部《关于办理电信网络诈骗等刑事案件适用法律若干问题的意见》。

5. 本罪的一罪与数罪。在实施诈骗犯罪活动中，往往会同时涉及其他犯罪。同时构成诈骗罪与其他犯罪，应当择一重罪处罚情形有：第一，在实施电信网络诈骗活动中，非法使用“伪基站”“黑广播”，干扰无线电通信秩序，同时构成扰乱无线电通信管理秩序罪和诈骗罪的；第二，冒充国家机关工作人员实施诈骗犯罪，同时构成诈骗罪和招摇撞骗罪的；第三，网络服务提供者不履行法律、行政法规规定的信息网络安全管理义务，经监管部门责令采取改正措施而拒不改正，致使诈骗信息大量传播，或者用户信息泄露造成严重后果的，同时构成拒不履行信息网络安全管理义务罪和诈骗罪的；第四，利用信息网络为实施诈骗犯罪活动发布信息，同时构成非法利用信息网络罪和诈骗罪的；第五，明知他人利用信息网络实施诈骗犯罪，为其提供技术支持、广告推广、支付结算等帮助，同时构成帮助信息网络犯罪活动罪与诈骗罪的。但是违反国家规定，窃取或者以其他方法非法获取公民个人信息，使用非法获取的公民个人信息，实施电信网络诈骗犯罪行为，构成侵犯公民个人信息罪与诈骗罪的，应当并罚。

6. 本罪的共同犯罪。根据司法解释①，明知他人实施电信网络诈骗犯罪，具有下列情形之一的，以共同犯罪论处，但法律和司法解释另有规定的除外：第一，提供信用卡、资金支付结算账户、手机卡、通信工具的；第二，非法获取、出售、提供公民个人信息的；第三，制作、销售、提供“木马”程序和“钓鱼软件”等恶意程序的；第四，提供“伪基站”设备或相关服务的；第五，提供互联网接入、服务器托管、网络存储、通信传输等技术支持，或者提供支付结算等帮助的；第六，在提供改号软件、通话线路等技术服务时，发现主叫号码被修改为国内党政机关、司法机关、公共服务部门号码，或者境外用户改为境内号码，仍提供服务的；第七，提供资金、场所、交通、生活保障等帮助的；第八，帮助转移诈骗犯罪所得及其产生的收益，套现、取现的。这里的“明知他人实施电信网络诈骗犯罪”，应当结合被告人的认知能力，既往经历，行为次数和手段，与他人关系，获利情况，是否曾因电信网络诈骗受过处罚，是否故意规避调查等主客观因素进行综合分析认定。另外，在电信网络诈骗犯罪活动中，负责招募他人实施电信网络诈骗犯罪活动，或者制作、提供诈骗方案、术语清单、语音包、信息等的，也以诈骗共同犯罪论处。

（三）诈骗罪的处罚

根据《刑法》第266条的规定，犯本罪的，处3年以下有期徒刑、拘役或者管制，并处或者单处罚金；数额巨大或者有其他严重情节的，处3年以上10年以下有期徒刑，并处罚金；数额特别巨大或者有其他特别严重情节

① 2016年最高人民法院、最高人民检察院、公安部《关于办理电信网络诈骗等刑事案件适用法律若干问题的意见》。

的，处10年以上有期徒刑或者无期徒刑，并处罚金或者没收财产。法律另有规定的，依照规定。

根据司法解释①，诈骗数额较大、数额巨大、数额特别巨大。诈骗公私财物价值人民币3000元至1万元以上、3万元至10万元以上、50万元以上的，应当分别认定为“数额较大”“数额巨大”“数额特别巨大”。各省、自治区、直辖市高级人民法院、人民检察院可以结合本地区经济社会发展状况，在前款规定的数额幅度内，共同研究确定本地区执行的具体数额标准。诈骗数额分别达到“数额巨大”“数额特别巨大”的80%，并具有下列情形之一的，应当分别认定为“其他严重情节”“其他特别严重情节”：第一，通过发送短信、拨打电话或者利用互联网、广播电视、报章杂志等发布虚假信息，对不特定多数人实施诈骗的；第二，诈骗救灾、抢险、防汛、优抚、扶贫、移民、救济、医疗款物的；第三，以赈灾募捐名义实施诈骗的；第四，诈骗残疾人、老年人或者丧失劳动能力人的财物的；第五，造成被害人自杀、精神失常或者其他严重后果的；第六，属于诈骗集团首要分子的。诈骗公私财物虽已达到“数额较大”但具有下列情形之一，且行为人认罪、悔罪的，可以根据《刑法》第37条、《刑事诉讼法》第177条的规定，不起诉或者免予刑事处罚：第一，具有法定从宽处罚情节的；第二，一审宣判前全部退赃、退赔的；第三，没有参与分赃或者获赃较少且不是主犯的；第四，被害人谅解的；第五，其他情节轻微、危害不大的。另外，诈骗近亲属的财物，确有追究刑事责任必要的，具体处理也应酌情从宽。

【抢夺罪】

（一）抢夺罪的定义和特征

抢夺罪，是指以非法占有为目的，公然夺取公私财物，数额较大，或者多次抢夺公私财物的行为。本罪的构成特征是：

1. 犯罪客体是公私财产所有权。本罪的对象是各种公私财物，而且仅限于动产。

2. 客观方面表现为公然夺取公私财物，数额较大或者多次抢夺公私财物的行为。具体包括两个要素：（1）实施了公然夺取公私财物的行为。所谓公然夺取，是指在财物所有人、保管人、持有人在场的情况下，乘其未加防备或未有效防备之机，公开地针对财物实施强力，当面将财物夺走；抢夺行为一旦实施，被害人会即时发觉财物丧失。一般情况下，公然夺取多表现为对处于财物所有人、保管人、持有人直接控制之下的财物强拉硬拽、使劲撕扯、

① 2011年最高人民法院、最高人民检察院《关于办理诈骗刑事案件具体应用法律若干问题的解释》，2016年最高人民法院、最高人民检察院、公安部《关于办理电信网络诈骗等刑事案件适用法律若干问题的意见》和2017年最高人民法院《关于常见犯罪的量刑指导意见》。

猛抽等，也可以是虽然财物所有人、保管人、持有人不是直接持有、携带但人处于实际控制的财物，当面公开地夺走财物。公然夺取财物，是本罪区别于其他侵犯财产罪的重要特征。（2）抢夺公私财物数额较大或者多次抢夺。这是是构成抢夺罪的法定条件。根据司法解释①，抢夺公私财物价值人民币1000元至3000元以上的，为数额较大。两年内抢夺3次以上的，为多次抢夺。

3. 犯罪主体是一般主体，限于已满16周岁以上、具有辨认能力和控制能力的自然人。

4. 犯罪主观方面必须出于直接故意，并具有非法占有公私财物的目的。

（二）认定抢夺罪应注意的问题

1. 本罪与非罪的界限。根据《刑法》第267条的规定，本罪的成立以数额较大或者多次抢夺为条件，因此本罪与非罪的界限如下：（1）以抢夺公私财物数额较大。如果抢夺公私财物数额较大，则构成本罪。根据司法解释②，抢夺公私财物价值人民币1000元至3000元以上的，为数额较大。各省、自治区、直辖市高级人民法院、人民检察院可以根据本地区经济发展状况，并考虑社会治安状况，在前款规定的数额幅度内，确定本地区执行的具体数额标准，报最高人民法院、最高人民检察院批准。（2）抢夺公私财物，具有下列情形之一的，“数额较大”的标准按照1000元至3000元的50%确定：第一，曾因抢劫、抢夺或者聚众哄抢受过刑事处罚的；第二，一年内曾因抢夺或者哄抢受过行政处罚的；第三，驾驶机动车、非机动车抢夺的；第四，组织、控制未成年人抢夺的；第五，抢夺老年人、未成年人、孕妇、携带婴幼儿的人、残疾人、丧失劳动能力人的财物的；第六，在医院抢夺病人或者其亲友财物的；第七，抢夺救灾、抢险、防汛、优抚、扶贫、移民、救济款物的；第八，自然灾害、事故灾害、社会安全事件等突发事件期间，在事件发生地抢夺的；第九，导致他人轻伤或者精神失常等严重后果的。（3）多次抢夺。在抢夺公私财物未达到数额较大的情况下，属于多次抢夺的也成立本罪。根据司法解释，两年抢夺3次以上的，为多次抢夺。③ 这里应当注意，如果虽然属于多次抢夺，但是抢夺公私财物达到数额较大，应当以数额较大为定罪

---

① 2013年最高人民法院、最高人民检察院《关于办理抢夺刑事案件适用法律若干问题的解释》。

② 2013年最高人民法院、最高人民检察院《关于办理抢夺刑事案件适用法律若干问题的解释》。

③ 2016年最高人民法院《关于审理抢劫刑事案件适用法律若干问题的指导意见》和2013年最高人民法院、最高人民检察院《关于办理盗窃刑事案件适用法律若干问题的解释》中关于多次抢劫、多次盗窃的规定，均为“二年内三次以上……”，认为：二年内三次以上抢夺的，应当认定为多次抢夺。

标准，多次抢夺应作为量刑情节予以考虑。

2. 本罪与他罪的界限。（1）本罪与抢劫罪的界限。二者的主要区别在于：第一，犯罪客体不完全相同。本罪的客体是公私财产所有权，是简单客体；而抢劫罪的客体是公私财产所有权和人身权利，是复杂客体。第二，犯罪客观方面不相同。本罪表现为乘人不备，公然夺取公私财物的行为，而抢劫罪则表现为以暴力、胁迫或者其他方法当场强行劫取公私财物的行为。第三，犯罪成立的标准不同。本罪的成立必须抢夺公私财物数额较大或者多次抢夺的，而抢劫罪的成立则没有抢得财物数额的要求。第四，在主观内容上有所不同。本罪的行为人只有非法占有财物的目的，即使客观上造成伤害的结果，对伤害结果行为人也不是出于故意；而抢劫罪不仅具有非法占有财物的目的，还有侵犯被害人人身权利的故意，即使用暴力、胁迫或者其他方法致被害人不敢反抗、不能反抗或者不知反抗的故意。第五，强力作用的对象不同。本罪的强力只作用于财物，而抢劫罪的强力则作用于被害人的人身。第六，犯罪主体的刑事责任年龄不同。本罪的犯罪主体必须已满 16 周岁，而抢劫罪的犯罪主体已满 14 周岁即可。这里应当注意，根据司法解释①，驾驶机动车、非机动车夺取他人财物，具有下列情形之一的，应当以抢劫罪定罪处罚：第一，夺取他人财物时因被害人不放手而强行夺取的；第二，驾驶车辆逼挤、撞击或者强行逼倒他人夺取财物的；第三，明知会致人伤亡仍然强行夺取并放任造成财物持有人轻伤以上后果的。（2）本罪与聚众哄抢罪的界限。二者的主要区别在于：第一，犯罪客观方面表现不完全相同。本罪表现为乘人不备，公然夺取公私财物的行为；而聚众哄抢罪则表现为聚集多人（3 人以上）一哄而上，夺取公私财物的行为。第二，犯罪主体不完全相同。本罪由单个人独立构成，若 2 人以上共同故意实施抢夺的，则成立共同犯罪，每个共同犯罪人均应承担相应该共同犯罪的刑事责任；而聚众哄抢罪则是必要的共同犯罪，只能由多人共同实施才构成犯罪，但是只追究聚众哄抢的首要分子和积极参加者的刑事责任。

（三）抢夺罪的处罚

根据《刑法》第 267 条第 1 款的规定，犯本罪的，处 3 年以下有期徒刑、拘役或者管制，并处或者单处罚金；数额巨大或者有其他严重情节的，处 3 年以上 10 年以下有期徒刑，并处罚金；数额特别巨大或者有其他特别严重情节的，处 10 年以上有期徒刑或者无期徒刑，并处罚金或者没收财产。

根据司法解释②，抢夺数额较大、数额巨大、数额特别巨大。夺公私财物

① 2013 年最高人民法院、最高人民检察院《关于办理抢夺刑事案件适用法律若干问题的解释》。

② 2013 年最高人民法院、最高人民检察院《关于办理抢夺刑事案件适用法律若干问题的解释》和 2017 年最高人民法院《关于常见犯罪的量刑指导意见》。

价值1000元至3000元以上、3万元至8万元以上、20万元至40万元以上的，应当分别认定为“数额较大”“数额巨大”“数额特别巨大”。各省、自治区、直辖市高级人民法院、人民检察院可以根据本地区经济发展状况，并考虑社会治安状况，在前款规定的数额幅度内，确定本地区执行的具体数额标准。多次抢夺，即二年内抢夺3次。抢夺公私财物数额达到分别达到“数额巨大”“数额特别巨大”的50%，并具有下列情形之一的，应当分别认定为“其他严重情节”“其他特别严重情节”：第一，一年内抢夺3次以上的；第二，驾驶机动车、非机动车抢夺的；第三，组织、控制未成年人抢夺的；第四，抢夺老年人、未成年人、孕妇、携带婴幼儿的人、残疾人、丧失劳动能力人的财物的；第五，在医院抢夺病人或者其亲友财物的；第六，抢夺救灾、抢险、防汛、优抚、扶贫、移民、救济款物的；第七，自然灾害、事故灾害、社会安全事件等突发事件期间，在事件发生地抢夺的；第八，导致他人轻伤或者精神失常等严重后果的。另外，抢夺公私财物，导致他人重伤或者自杀的，应当认定为“其他严重情节”；抢夺公私财物，导致他人死亡的，应当认定为“其他特别严重情节”。抢夺公私财物数额较大，但未造成他人轻伤以上伤害，行为人系初犯，认罪、悔罪，退赃、退赔，且具有下列情形之一的，可以认定为犯罪情节轻微，不起诉或者免予刑事处罚；必要时，由有关部门依法予以行政处罚：第一，具有法定从宽处罚情节的；第二，没有参与分赃或者获赃较少，且不是主犯的；第三，被害人谅解的；第四，其他情节轻微、危害不大的。

【侵占罪】

（一）侵占罪的定义和特征

侵占罪，是指以非法占有为目的，将代为保管的他人财物或者他人的遗忘物、埋藏物非法占为己有，数额较大，拒不退还或者拒不交出的行为。本罪的构成特征是：

1. 犯罪客体是公私财产所有权。本罪的对象为公私财物，包括动产和不动产。但根据刑法的规定，作为本罪对象的财物，仅限于三类：（1）行为人代为保管的他人财物。所谓“代为保管的他人财物”，是指基于合法的委托关系或者事实上的管理而暂时控制并进行保管的他人财物。侵占罪中的“保管物”是否可以包括基于不法原因而为他人“保管”的财物（如为他人窝藏的赃物、帮行贿人转交的贿赂），尚存在争议，我们认为，应当包括在内。这里的“他人”，既可以是个人，也可以是单位。但是不包括行为人因职务而控制、管理的单位财物。（2）遗忘物。所谓“遗忘物”，是指财物所有人、持有人、保管人因疏忽不慎而遗落于某处从而暂时失去控制的财物。（3）埋藏物。所谓“埋藏物”，是指由于某种原因而埋藏于地下的财物、物品。根据我国有关法律规定，遗忘物的所有权属于该物的原所有人，拾得遗忘物的人有义务将拾得物返还原所有人。埋藏物的所有权也归该物的原所有人，如果所有权不明的，则归国家所有。因此对他人的遗忘物或者埋藏物的非法占有，也是对公私财产所有权的侵犯。

2. 犯罪客观方面表现为将保管物、遗忘物、埋藏物非法占为己有，数额较大，拒不退还或者拒不交出的行为。

（1）行为人事实控制了保管物、遗忘物、埋藏物。这是本罪成立的前提条件，也是本罪区别于盗窃、抢夺等侵犯财产罪的主要标志。这里的事实控制并不具有非法性，包括行为人对保管物的实际控制基于委托或者事实上的管理；行为人对遗忘物或埋藏物的实际控制是基于其偶然捡拾或偶然发现，行为人将保管物、遗忘物、埋藏物置于自己的实际控制之下。（2）实施了将保管物、遗忘物或埋藏物非法占为己有的行为。这里的“非法占为己有”，是指行为人有意将暂时处于自己实际控制下的保管物、遗忘物或埋藏物改变为非法控制并意图永久排除财物所有人的控制从而实际取得财物的情形。在没有法律依据的情况下，行为人擅自将置于自己实际控制之下的保管物、遗忘物、埋藏物以所有人的名义处分，或者转移财产所有权，如将保管物擅自赠予他人或者自行消费，将捡拾的遗忘物、发现的埋藏物擅自出售、抵债，则具有了非法性。（3）必须有拒不退还、拒不交出非法占有的财物的行为。这里的“拒不退还”，是指经所有权人或其委托人要求退还，行为人却不予退还其代为保管的财物的情形。根据有关法律规定，受委托保管他人财物或者事实上管理他人财物的，有义务返还保管物。拒不退还即为非法占为己有；这里的“拒不交出”，是指经所有权人或其委托人要求交出，行为人非法占有他人的遗忘物、埋藏物，却不予交出的情形。根据相关法律规定，拾得遗忘物或发现埋藏物并实际控制该物的，会发生不当得利之债，有交出遗忘物、埋藏物的义务。拒不交出、拒不退不仅是行为人有义务退还、交出其控制的保管物、遗忘物、埋藏物而不交出的不作为，也是“非法占为己有”的外在表现。因此行为人拒不退还保管物或者拒不交出遗忘物、埋藏物，是构成本罪的关键要素。如果行为人虽然自行处分了其事实控制的保管物、遗忘物、埋藏物，但一经所有权人或其委托人要求，便退还或者交出，则不构成犯罪。（4）非法占有的财物必须数额较大。至于数额较大的标准，通常参照职务侵占罪的数额较大的标准，根据司法解释①，侵占公私财物数额较大的标准可以确定为人民币 10 万元。

3. 犯罪主体是一般主体，限于已满 16 周岁、具有辨认能力和控制能力的自然人。

---

① 2016 年最高人民法院、最高人民检察院《关于办理贪污贿赂刑事案件适用法律若干问题的解释》。

4. 犯罪主观方面是直接故意，并且具有非法占有他人财物的目的。

(二) 认定侵占罪应注意的问题

1. 本罪与非罪的界限。(1) 本罪与不当得利的界限。所谓“不当得利”，是指无合法根据取得财物或利益而造成他人经济损失的法律事实，属于一种民事侵权行为。不当得利在当事人之间产生债权债务关系，不当得利人（受益人）有义务将所得利益返还给受损人（通常为所有权人）。本罪与不当得利都表现为行为人没有法律依据而占有（或获取）他人利益，但二者的主要区别在于：第一，行为对象不同。本罪的对象限于行为人代为保管的他人财物、捡拾的遗忘物或者所发现的埋藏物，而不当得利的对象则为保管物以外的财物或利益（包括知识产权）。第二，行为人控制或获取他人财物的原因不同。本罪行为人是基于代为保管、捡拾或者偶然发现的原因而暂时控制了他人财物；而不当得利的受益人取得财物或利益的原因则更加广泛，如由于权利人的疏忽、过错或第三人的行为而获取了他人财物或利益。第三，行为性质和法律后果不同。侵占数额较大的财物，是刑事犯罪行为，行为人应当承担刑事责任，同时也应退还赃款；而不当得利是一种民事违法行为，不当得利的受益人只需承担返还不该获取的利益的民事责任。应当注意的是，通常不当得利是侵占行为的前提，不当得利的受益人拒不履行其返还、交出获取的财物的，则可能构成侵占罪。(2) 本罪与其他民事行为的界限。主要有以下三个标准：第一，占有他人财物是否有法律依据。只有没有法律依据而占有他人财物的，才可能构成本罪；如果有法律依据而占有或者处分他人财物的，如行为人对留置物、质押物依法行使留置权、质押权的行为，就不是非法侵占，而是合法的民事行为，不构成犯罪。第二，侵占他人财物数额是否较大。只有侵占公私财物数额较大的，才构成本罪；如果非法侵占他人财物数额不大，则不构成犯罪，应作为民事侵权行为处理。第三，是否拒不退还或者拒不交出。只有控制甚至非法占有代为保管的他人财物、他人的遗忘物、埋藏物，数额较大，并拒不退还或者拒不交出的，才构成本罪；如果一经权利人要求退还、交出，便予以退还、交出的，则不构成犯罪。

2. 本罪与盗窃罪的界限。二者的主要区别在于：第一，犯罪对象不同。本罪的对象只能是行为人代为保管的他人财物、他人的遗忘物或者埋藏物；而盗窃罪的对象没有这个限制。第二，犯罪客观方面不同。本罪表现为行为人将实际处于自己控制下的保管物、遗忘物或埋藏物，非法占为己有，拒不退还或者拒不交出的行为。本罪行为人实际控制他人财物并不是非法占有行为所产生的不法状态，实际控制他人财物存在于非法占有他人财物行为之前。其违法性表现为拒不退还、拒不交出，为不作为犯罪；盗窃罪则表现为行为人以秘密窃取的方式，将自己并未控制的他人财物以平和手段暗中非法转为自己控制、支配行为。行为人实际控制他人财物是由于其实施的盗窃行为所引起的不法状态，盗窃行为与实际控制他人财物之间具有直接的因果关系。盗窃罪是作为犯罪。第三，犯罪故意形成的时间不同。本罪的故意是在行为人实际控制他人财物之后才产生的；而盗窃罪的故意则是在实际控制他人财物之前产生的。

（三）侵占罪的处罚

根据《刑法》第270条的规定，犯本罪的，处2年以下有期徒刑、拘役或者罚金；数额巨大或者有其他严重情节的，处2年以上5年以下有期徒刑，并处罚金。犯本罪的，告诉的才处理。本罪为自诉刑事案件，只有被害人提起自诉，才追究行为人的刑事责任；如果被害人不起诉，就不能追究刑事责任。

【职务侵占罪】

（一）职务侵占罪的定义和特征

职务侵占罪，是指公司、企业或者其他单位的工作人员，利用职务上的便利，将本单位的财物非法占为己有，数额较大的行为。本罪的构成特征是：

1. 犯罪客体是公司、企业或者其他单位的财产所有权。这里的“公司”，是指依《公司法》成立的有限责任公司和股份有限公司。这里的“企业”，是指除上述公司以外的，经国家工商行政管理机关批准设立，有一定数量注册资金和从业人员的营利性经济组织。这里的“其他单位”，是指上述公司、企业以外的事业单位、社会团体或者其他经济组织。本罪的对象是行为人所属公司、企业或者其他单位的财物，主要是指动产，但也包括不动产。

2. 犯罪客观方面表现为利用职务上的便利，将本单位的财物非法占为己有，数额较大的行为。具体包括三个要素：（1）必须有利用职务上的便利的行为。这是构成本罪的关键要素。所谓“利用职务上的便利”，是指行为人利用自己职务上主管、管理、经手本单位财物的便利条件。“主管”，是指审批、调拨、支配本单位财物等职权，如公司经理有调配本单位财物、支配一定数量款物的权力；“管理”，是指保管、监守本单位财物等职权，如仓库保管员有保管库存货物的职权和直接接触货物的方便；“经手”，是指领取、发放、使用、支出本单位财物等职权，如财会人员经手单位的账目、钱财的方便。如果行为人不是利用职务上的便利，只是利用其他方面的便利，如利用因自己是本单位的工作人员而熟悉环境、了解内情、便于出入本单位、较易接近作案目标或对象等与职务无关的方便条件，非法占有本单位财物的行为，则不能构成本罪，可以构成其他侵犯财产的犯罪。（2）必须实施了将本单位财物非法占为己有的行为。这里的“非法占有”是基于永久取得财物的意图而非法占有，非法占有的方式多种多样，主要表现为窃取、骗取、侵吞等。例如，监守自盗的窃取行为；伪造单据、涂改账目、虚报费用、假报支出、冒领单位财物等骗取行为；将自己依职权管理、使用的本单位财物扣留而据为己有或者将之转卖、转赠他人的，将单位资金存入银行，取息归己；巧立名目，私分单位财物等侵吞行为。（3）非法占有财物必须达到数额较大。这是构成本罪的法定条件。根据司法解释[①]，利用职务便利侵占单位财物数额达到6万元以上的为数额较大。

3. 犯罪主体是特殊主体，必须是公司、企业或者其他单位的工作人员，即在公司、企业或者其他单位中担任一定职务而主管、管理或者经手单位财物的人员，但是必须不是国家工作人员，不是国有公司、企业或者其他国有单位中从事公务的人员和国有公司、企业或者其他国有单位委派到非国有公司、企业以及其他单位从事公务的人员。[②] 根据司法解释[③]，村民小组组长和在国有资本控股、参股的股份有限公司中从事管理工作的人员，除受国家机关、国有公司、企业、事业单位委托、委派从事公务的以外，都不属于国家工作人员，都可以构成本罪。其利用职务上的便利，将村民小组集体财产非法占为己有，或者将公司财物非法占为己有，数额较大的，都应当以职务侵占罪定罪处罚。

4. 犯罪主观方面必须出于直接故意，并且具有非法占有本单位财物的目的。这里的“非法占有目的”，是指希望非法取得公私财物并意图永久排除财物所有人的控制的心理态度。不具有非法占有目的的，不构成本罪。

（二）认定职务侵占罪应注意的问题

1. 本罪与非罪的界限。根据《刑法》第271条的规定，本罪的成立以数额较大为条件，根据司法解释[④]，利用职务便利非法占有本单位财物数额在6万元以上的，应当认定为数额较大，构成本罪；未达到数额较大标准的，不构成犯罪，可以给予行政处分。

---

① 2016年最高人民法院、最高人民检察院《关于办理贪污贿赂刑事案件适用法律若干问题的解释》。

② 根据《刑法》第271条第2款的规定，国有公司、企业或者其他国有单位的国家工作人员，或者国有公司、企业或者其他国有单位中从事公务的人员，以及国有公司、企业或者其他国有单位委派到非国有公司、企业以及其他单位从事公务的人员利用职务上的便利，非法占有本单位财物的，应当以贪污罪定罪处罚。

③ 1999年最高人民法院《关于村民小组组长利用职务便利非法占有公共财物行为如何定性问题的批复》规定，村民小组组长利用职务上的便利，将村民小组集体财产非法占为己有，数额较大的行为，应当以职务侵占罪定罪处罚。2001年最高人民法院《关于在国有资本控股、参股的股份有限公司中从事管理工作的人员利用职务的便利非法占有本公司财物如何定罪问题的批复》规定，在国有资本控股、参股的股份有限公司中从事管理工作的人员，除受国家机关、国有公司、企业、事业单位委派从事公务的以外，不属于国家工作人员。对其利用职务上的便利，将本单位财物非法占为己有，数额较大的，应当以职务侵占罪定罪处罚。

④ 2016年最高人民法院、最高人民检察院《关于办理贪污贿赂刑事案件适用法律若干问题的解释》。

2. 本罪与他罪的界限。（1）本罪与侵占罪的界限。二者的主要区别在于：第一，侵犯的对象不同。本罪侵犯的对象是行为人任职的公司、企业或者其他单位所有的财物；而侵占罪侵犯的对象则是行为人代为保管的他人财物、拾得或发现的他人的遗忘物或者埋藏物。第二，犯罪主体不同。本罪的主体是特殊主体，只有公司、企业或者其他单位的人员才能构成本罪，而且必须不是国家工作人员，不是国有公司、企业或者其他国有单位中从事公务的人员和国有公司、企业或者其他国有单位委派到非国有公司、企业以及其他单位从事公务的人员；侵占罪的主体则是一般主体，任何已满16周岁并具备辨认和控制能力的自然人都可以构成。第三，客观方面的表现不同。本罪表现为利用职务上的便利，以侵吞、窃取、骗取或者其他手段将本单位财物非法占为己有的行为；而侵占罪则表现为将代为保管的他人财物、他人的遗忘物或者埋藏物非法占为己有，拒不退还或者拒不交出的行为。（2）本罪与盗窃罪、诈骗罪的界限。由于本罪可以通过窃取、骗取的方式实施，因而与盗窃罪、诈骗罪有相似之处。但在犯罪主体、犯罪客观方面等都有明显的不同，一般并不难区分。本罪与后两罪的主要区别在于行为人是否利用职务上的便利。如果行为人利用职务上的便利，窃取、骗取本单位的财物的，则构成本罪；如果行为人没有利用职务上的便利，而是利用在本单位工作而带来的其他方便条件窃取、骗取本单位的财物的，则应当认定为盗窃罪、诈骗罪。

3. 本罪的共犯。主要应当注意以下两个问题：（1）非公司、企业或者其他单位的工作人员不能单独构成本罪主体，但是如果与公司、企业或者其他单位的工作人员相勾结，利用公司、企业或者其他单位的工作人员职务上的便利，窃取、骗取、侵吞或者以其他手段非法占有公司、企业或者其他单位财物的，则成立本罪的共犯。①（2）国家工作人员利用职务上的便利非法占有公共财物的，应当认定为贪污罪。但是如果公司、企业或者其他单位中，国家工作人员与不具有国家工作人员身份的人相勾结，分别利用各自的职务便利，共同将本单位财物非法占为己有的，而非国家工作人员为主犯的，以本罪论处。②

（三）职务侵占罪的处罚

根据《刑法》第271条第1款的规定，犯本罪的，处3年以下有期徒刑或者拘役，并处罚金；数额巨大的，处3年以上10年以下有期徒刑，并处罚金；数额特别巨大的，处10年以上有期徒刑或者无期徒刑，并处罚金。根据

---

① 2000年最高人民法院《关于审理贪污、职务侵占案件如何认定共同犯罪几个问题的解释》。

② 2000年最高人民法院《关于审理贪污、职务侵占案件如何认定共同犯罪几个问题的解释》第3条规定。

司法解释①，占有本单位财物价值人民币100万元以上的，为“数额巨大”。

【挪用资金罪】

（一）挪用资金罪的定义和特征

挪用资金罪，是指公司、企业或者其他单位的工作人员，利用职务上的便利，挪用本单位资金归个人使用或者借贷给他人，数额较大、超过3个月未还的，或者虽未超过3个月，但数额较大、进行营利活动的，或者进行非法活动的行为。本罪的构成特征是：

1. 犯罪客体是复杂客体，即公司、企业或者其他单位的财产所有权和公司、企业或者其他单位的财务管理制度，其中公司、企业或者其他单位的财产所有权是指资金的使用权，是本罪的主要客体。这里的“公司”，是指依《公司法》而成立的有限责任公司和股份有限公司。这里的“企业”，是指除上述公司以外的，经国家工商行政管理机关批准设立，有一定数量注册资金和从业人员的营利性经济组织。这里的“其他单位”，是指上述公司、企业以外的事业单位、社会团体或者其他经济组织。本罪侵犯的对象是行为人任职的公司、企业或者其他单位的资金。

2. 犯罪客观方面表现为利用职务上的便利，挪用本单位资金归个人使用或者借贷给他人，数额较大、超过3个月未还，或者虽未超过3个月，但数额较大、进行营利活动的，或者进行非法活动的行为。具体包含三个要素：（1）必须利用职务上的便利。所谓“利用职务上的便利”，是指行为人利用自己在本单位担任的职务范围内的权力及其所形成的便利条件，即职务上的主管、管理、支配或者经手本单位资金的权力和方便条件，包括直接经手、管理、使用单位资金的便利条件和因职务关系而具有的调拨、审批、支配单位的便利条件。例如，公司经理有支配一定数额资金的权力，财会人员具有领取、发放、支出、管理资金等职权，购销业务人员有使用、经手资金的职权和便利。如果不是利用职务上的便利，则不能构成本罪。（2）必须实施了挪用本单位资金归个人使用或者借贷给他人的行为。这里的“挪用”，是指未经合法批准，擅自改变单位资金用途，暂归己用，意图事后归还的行为。挪用行为是本罪的实行行为，也是本罪违法性评价的关键。根据司法解释②，具有下列情形之一的，属于本罪的“归个人使用”：第一，将本单位资金供本人、亲友或者其他自然人使用的；第二，以个人名义将本单位资金供其他单位使用的；第三，个人决定以单位名义将本单位资金供其他单位使用，谋取

① 2016年最高人民法院、最高人民检察院《关于办理贪污贿赂刑事案件适用法律若干问题的解释》。

② 2000年最高人民法院《关于如何理解〈刑法〉第二百七十二条规定的“挪用本单位资金归个人使用或者借贷给他人”问题的批复》和2010年最高人民检察院、公安部《关于公安机关管辖的刑事案件立案追诉标准的规定（二）》。

个人利益的。属于本罪的“借贷给他人”是指以个人名义将所挪用的资金借给其他自然人和单位。（3）构成本罪必须符合刑法规定的三种情形之一。根据《刑法》第272条和相关司法解释①的规定，挪用本单位资金行为具有以下三种情形之一的，才能构成本罪：第一，挪用单位资金在10万元以上，超过3个月未还的。第二，挪用单位资金在10万元以上，进行营利活动的。这里的“营利活动”，是指将所挪用的资金用于国家法律所允许的经营或者其他获取利润的行为。例如，将挪用的资金用于合法的投资、集资，用于购买股票、国债，到金融机构存款获取利息，等等。虽然营利活动是合法的，但挪用资金归个人使用或者借贷给他人是非法的，如果挪用资金数额较大，也构成本罪，至于是否实际获得利润并不影响本罪的成立。第三，挪用本单位资金在6万元以上，进行非法活动的。这里的“非法活动”应当作广义的理解，既包括犯罪行为（如走私、贩卖毒品等），也包括一般违法行为（如赌博、嫖娼等）。

3. 犯罪主体是特殊主体，即公司、企业或者其他单位的工作人员。具体地说，是在本单位中担任一定的职务而主管、管理或经手资金的人员。但必须不是国家工作人员。② 在公司登记注册前，筹建公司的工作人员，可以构成本罪的主体。③

4. 犯罪主观方面必须出于故意，具有非法挪用单位资金的目的。这里的“非法挪用单位资金的目的”，是指违反规定，希望暂时占有并使用单位资金的心理态度。至于基于何种动机，不影响本罪的成立。

（二）认定挪用资金罪应注意的问题

1. 本罪与非罪的界限。对此应当综合考虑挪用资金的金额、时间和用途因素：（1）必须是挪用单位资金归个人使用或者借贷给他人。如果挪用单位资金不是归个人使用，而是仍然归单位使用，只是改变了原用途的，则不构成本罪。（2）挪用单位资金归个人使用或者借贷给他人，具备下列条件之一的，成立本罪：第一，挪用本单位资金归个人使用或者借贷给他人，数额较大，超过3个月未还的。根据司法解释④，挪用本单位资金数额在10万元以上的，应认定为数额较大。第二，挪用本单位资金归个人使用或者借贷给他

---

① 2016年最高人民法院、最高人民检察院《关于办理贪污贿赂刑事案件适用法律若干问题的解释》。

② 根据《刑法》第272条第2款的规定，国家工作人员，国有公司、企业或者其他国有单位中从事公务的人员和国有公司、企业或者其他国有单位委派到非国有公司、企业以及其他单位从事公务的人员，利用职务上的便利，挪用本单位资金归个人使用或者借贷给他人的，应以挪用公款罪定罪处罚。

③ 2000年最高人民法院《关于挪用尚未注册成立公司资金的行为适用法律问题的批复》。

④ 2016年最高人民法院、最高人民检察院《关于办理贪污贿赂刑事案件适用法律若干问题的解释》。

人，虽未超过3个月，但数额较大，进行营利活动的。这里的“营利活动”，是指将所挪用的资金用于国家法律所允许的经营或者其他获取利润的行为。第三，挪用本单位资金归个人使用或者借贷给他人，进行非法活动的。虽然刑法没有挪用的资金数额、挪用时间的规定，但是由于挪用资金数额的大小是衡量挪用资金行为的社会危害程度的重要标志，所以司法解释规定，挪用本单位资金数额在6万元以上的，构成本罪。具备上述三个条件之一的，才能成立本罪。

2. 本罪与他罪的界限。（1）本罪与职务侵占罪的界限。二者的犯罪主体完全相同，主观方面都是故意，客观方面都表现为利用职务上的便利，因而可能发生混淆。二者的主要区别在于：第一，犯罪对象不同。本罪的对象只能是行为人任职的公司、企业或者其他单位的资金；而职务侵占罪侵犯的对象则是行为人任职的公司、企业或者其他单位的财物，包括资金和其他财物。第二，侵犯的具体权益不同。虽然二罪的客体都是公司、企业或者其他单位的财产所有权，但是本罪具体侵犯的是财产的使用权，而职务侵占罪侵犯的却是财产所有权。第三，客观方面的表现有所不同。本罪表现为行为人擅自将本单位资金挪归个人使用或者借贷给他人使用，但只是对资金基于暂时不法使用的非法占有；而职务侵占罪则表现为以侵吞、盗窃、骗取等手段，基于对财物的永久控制而非法占有。第四，犯罪目的不同。本罪目的是短时间内的暂时使用，行为人有归还所挪用资金的意思；而职务侵占罪则是基于永久控制并排除所有人的控制的目的，行为人根本无意归还所侵占本单位的财物。（2）本罪与挪用特定款物罪的界限。本罪与挪用特定款物罪都是故意侵犯财产所有权的挪用行为，有很多相同或者相似之处。但二者是两种不同性质的犯罪，主要区别在于：第一，犯罪客体不完全相同。本罪侵犯的是公司、企业或者其他单位的财产所有权和财务管理制度，而挪用特定款物罪侵犯的是公私财产所有权和国家对特定款物专用的管理制度。第二，犯罪对象不同。本罪的对象必须是行为人所属的公司、企业或者其他单位的资金，而挪用特定款物罪的对象必须是用于救灾、抢险、防汛、优抚、扶贫、移民、救济的资金或者物品。第三，客观方面不完全相同。本罪在客观方面必须表现为利用职务上的便利，挪用所在单位的资金归个人使用或者借贷给他人的行为；而挪用特定款物罪则表现为挪用用于救灾、抢险、防汛、优抚、扶贫、移民、救济款物的行为，并不要求利用职务上的便利。此外，二罪成立的具体条件也不同。本罪由刑法明确规定了犯罪成立的三种法定情形和具体要求，即挪用所在单位的资金归个人使用或者借贷给他人，数额较大、超过3个月未还的，或者虽未超过3个月，但数额较大、进行营利活动的，或者进行非法活动的；而后者的成立则要求情节严重，致使国家和人民群众利益遭受重大损害的，才构成犯罪。第四，挪用的用途不同。本罪必须将所挪用的资金归个人使用或者借贷给他人使用；而挪用特定款物罪则是将所挪用的特定款物改变原特定用途，但仍为公用。第五，犯罪主体不同。本罪的主体是公司、企业或者其他单位的人员，而且必须不是国家工作人员；而后者的主体则是掌管、经手救灾、抢险、防汛、优抚、扶贫、移民、救济款物的直接责任人员，既可以是国家工作人员，也可以是非国家工作人员。

（三）挪用资金罪的处罚

根据《刑法》第272条的规定，犯本罪的，处3年以下有期徒刑或者拘役；挪用单位资金数额巨大的，处3年以上7年以下有期徒刑；数额特别巨大的，处7年以上有期徒刑。在提起公诉前将挪用的资金退还的，可以从轻或者减轻处罚。其中，犯罪较轻的，可以减轻或者免除处罚。

根据司法解释①，挪用资金罪的量刑情节应区分两种不同的情形：第一，挪用资金归个人使用或者借贷给他人使用，进行非法活动，数额在6万元以上的，应当以本罪追究刑事责任；挪用单位资金数额在200万元以上的，应当认定为"数额巨大"。第二，挪用公款归个人使用，进行营利活动或者超过3个月未还，数额在10万元以上的，应当认定为"数额较大"，以本罪追究刑事责任；挪用单位资金数额在400万元以上的，应当认定为"数额巨大"。

【敲诈勒索罪】

（一）敲诈勒索罪的定义和特征

敲诈勒索罪，是指以非法占有为目的，使用威胁或者要挟的方法，迫使他人交出财物，数额较大，或者多次敲诈勒索的行为。本罪的构成特征是：

1. 犯罪客体是公私财产所有权。犯罪对象是公私财物，包括动产、不动产以及财产性利益。

2. 犯罪客观方面表现为使用威胁或者要挟的方法，迫使他人交出财物，数额较大，或者多次敲诈勒索的行为。具体包括两个要素：（1）必须使用威胁或者要挟的方法，迫使他人交出财物。这里的"威胁、要挟"，是指通过对被害人施以精神上的强制，使其在心理上产生恐惧，形成压力，从而就范。威胁、要挟的具体方法多种多样。从威胁、要挟的内容上看，通常以危害被害人本人、其亲属或者其他利害关系人的生命健康、自由相威胁，也有以毁损其财产相威胁的；有以损害被害人的人格、名誉相要挟的，有以张扬隐私、揭发检举违法犯罪行为相要挟的，也有利用权势、利用被害人的弱点或者处于困境相要挟的。从威胁、要挟的方式看，可以是书面的，也可以是口头的；可以是当面直接向被害人提出的，也可以是通过第三人转达或者用书信、电话的方式发出的；可以是明示，也可以是暗示；可以是公开的，也可以是匿

① 2016年最高人民法院、最高人民检察院《关于办理贪污贿赂刑事案件适用法律若干问题的解释》。

名的。威胁、要挟内容所指向的对象可以是财物的所有人、保管人本人，也可以是其亲属等有利害关系的其他人或者其财产。不论采取什么方法、手段，其目的均是迫使他人交出财物。从取得财物的时间和地点来看，既可以是迫使被害人当场交出财物，也可以是迫使被害人在指定时间和地点交出财物。应当注意，迫使他人当场交出财物的，威胁的内容必须是当场使用暴力以外的。（2）必须敲诈勒索公私财物，数额较大，或者多次敲诈勒索。根据司法解释[①]，“数额较大”是指2000元至5000元；“多次敲诈勒索”是指二年内敲诈勒索3次以上。

3. 犯罪主体是一般主体，限于已满16周岁、具有辨认能力和控制能力的自然人。

4. 犯罪主观方面必须出于直接故意，并以非法占有公私财物为目的。如果行为人不具有非法占有的目的，如以威胁方法逼迫债务人偿还债务的，则不构成本罪。

（二）认定敲诈勒索罪应注意的问题

1. 本罪与非罪的界限。根据司法解释[②]，可以从三个方面进行把握：（1）敲诈勒索公私财物是否“数额较大”。敲诈勒索公私财物价值2000元至5000元以上的，应认定为“数额较大”，构成犯罪。各省、自治区、直辖市高级人民法院、人民检察院可以根据本地区经济发展状况和社会治安状况，在前款规定的数额幅度内，共同研究确定本地区执行的具体数额标准，报最高人民法院、最高人民检察院批准。（2）敲诈勒索情节是否严重。敲诈勒索公私财物达到前述“数额较大”标准的50%，并具有下列情形之一的，可以认定为本罪：第一，曾因敲诈勒索受过刑事处罚的；第二，一年内曾因敲诈勒索受过行政处罚的；第三，对未成年人、残疾人、老年人或者丧失劳动能力人敲诈勒索的；第四，以将要实施放火、爆炸等危害公共安全犯罪或者故意杀人、绑架等严重侵犯公民人身权利犯罪相威胁敲诈勒索的；第五，以黑恶势力名义敲诈勒索的；第六，利用或者冒充国家机关工作人员、军人、新闻工作者等特殊身份敲诈勒索的；第七，造成其他严重后果的。（3）敲诈勒索是否为多次。二年内敲诈勒索3次以上的，应认定为“多次敲诈勒索”，构成本罪。具有下列情形之一的，不认为是犯罪：第一，敲诈勒索近亲属的财物，获得谅解的，一般不认为是犯罪。第二，被害人对敲诈勒索的发生存在过错的，根据被害人过错程度和案件其他情况，情节显著轻微危害不大的，不认为是犯罪。

---

① 2013年最高人民法院、最高人民检察院《关于办理敲诈勒索刑事案件适用法律若干问题的解释》。

② 2013年最高人民法院、最高人民检察院《关于办理敲诈勒索刑事案件适用法律若干问题的解释》。

2. 本罪与他罪的界限。（1）本罪与绑架罪的界限。主要应区分本罪与以勒索财物为目的的绑架罪的界限。二者的主要区别在于：第一，犯罪客体不同。本罪的客体是财产所有权，人身权利和其他权益可能为随机客体；而绑架罪的客体是人身权利，财产所有权和其他权益可能为随机客体。第二，犯罪客观方面表现不同。本罪表现为使用威胁、要挟的方法，迫使被害人交出财物的行为。这里的威胁内容较为广泛，包括对被勒索者本人、其亲属或者其他利害关系人将要实施暴力、揭发隐私、破坏名誉、毁坏财产等。侵犯人身权利等的威胁、要挟内容并未实际实施，只可能会在被害人拒绝交出财物之后付诸实施；绑架罪则表现为以劫持、挟持他人扣押为人质的方法，并以人质的安全相威胁，逼迫人质的亲属或者其他利害关系人交出财物的行为。这里的侵犯人身权利的扣押他人为人质的行为已经实施，行为人以已经发生的实际侵害相威胁，威胁的强度更大、危害性也更大。第三，勒索财物的对象不同。本罪是直接向被威胁、被要挟的被害人勒索财物；而绑架罪则是向被扣押的人质的亲属或者其他利害关系人勒索财物。第四，成立犯罪的法定标准不同。成立本罪要求以敲诈勒索财物数额较大或者多次敲诈勒索作为要件；而绑架罪则无此要求。（2）本罪与抢劫罪的界限。主要应区分本罪与使用胁迫方法的抢劫罪的界限。二者的主要区别在于：第一，本罪对被害人所发出是威胁或者要挟，其既可以是危害被害人本人或其亲属等利害关系人的人身安全的威胁，也可以是对被害人本人或其亲属等利害关系人的名誉有损、或者其他使之处于不利境地的要挟；抢劫罪中的胁迫，则必须是以实施暴力危害被害人或在场的利害关系人人身安全的威胁。第二，本罪的威胁、要挟方式多种多样，可以是向被害人直接提出，也可以是通过第三人间接提出，可以是口头提出，也可以是书面提出，法律并没有特别的限定；而抢劫罪的胁迫只能当场向被害人直接提出，通常是口头提出或者其他明示。第三，本罪的威胁、要挟内容一般不会当场付诸实施，而多是在被害人不交出财物之后的将来才可能实施威胁、要挟的内容；而抢劫罪的胁迫内容则是在被害人不交出财物的当场便立即付诸实施，即胁迫方法会因被害人不交出财物而当场转为暴力行为。第四，本罪行为人通常是在发出威胁或要挟后在以后的某个时间才取得财物，只有少数是当场取得财物；抢劫罪行为人是在发出胁迫后当场取得财物。第五，本罪的犯罪对象既可以是动产，也可以是不动产，还可以包括一些财产性利益；而抢劫罪的犯罪对象一般限于动产。

（三）敲诈勒索罪的处罚

根据《刑法》第 274 条的规定，犯本罪的，处 3 年以下有期徒刑、拘役或者管制，并处或者单处罚金；数额巨大或者有其他严重情节的，处 3 年以上 10 年以下有期徒刑，并处罚金；数额特别巨大或者有其他特别严重情节的，处 10 年以上有期徒刑，并处罚金。

根据司法解释[①]，敲诈勒索公私财物价值2000元至5000元以上、3万元至10万元以上、30万元至50万元以上的，应当分别认定为“数额较大”“数额巨大”“数额特别巨大”。各省、自治区、直辖市高级人民法院、人民检察院可以根据本地区经济发展状况和社会治安状况，在前款规定的数额幅度内，共同研究确定本地区执行的具体数额标准，报最高人民法院、最高人民检察院批准。敲诈勒索公私财物数额达到前述“数额巨大”“数额特别巨大”的80%，并具有下列情形之一的，应当分别认定为“其他严重情节”“其他特别严重情节”：第一，对未成年人、残疾人、老年人或者丧失劳动能力人敲诈勒索的；第二，以将要实施放火、爆炸等危害公共安全犯罪或者故意杀人、绑架等严重侵犯公民人身权利犯罪相威胁敲诈勒索的；第三，以黑恶势力名义敲诈勒索的；第四，利用或者冒充国家机关工作人员、军人、新闻工作者等特殊身份敲诈勒索的；第五，造成其他严重后果的。虽然敲诈勒索数额较大，但行为人认罪、悔罪，退赃、退赔，并具有下列情形之一的，可以认定为犯罪情节轻微，不起诉或者免予刑事处罚，由有关部门依法予以行政处罚：第一，具有法定从宽处罚情节的；第二，没有参与分赃或者获赃较少且不是主犯的；第三，被害人谅解的；第四，其他情节轻微、危害不大的。有下列情形之一的，酌情从宽处罚：第一，敲诈勒索近亲属的财物，获得谅解的，应当酌情从宽处理；第二，被害人对敲诈勒索的发生存在过错的，根据被害人过错程度和案件其他情况，可以对行为人酌情从宽处理。

三、侵犯财产罪中的其他犯罪

【聚众哄抢罪】

聚众哄抢罪，是指以非法占有为目的，聚集多人，公然夺取公私财物，数额较大或者有其他严重情节的行为。本罪的构成特征是：（1）犯罪客体是公私财产所有权。犯罪对象是公私财物，仅限于动产。（2）犯罪客观方面表现为聚集多人，一哄而上，公然夺取公私财物，数额较大或者有其他严重情节的行为。（3）犯罪主体是一般主体。但是只对聚众哄抢的首要分子和积极参加者追究刑事责任。（4）犯罪主观方面必须出于故意，并具有非法占有公私财物的目的。

犯本罪的，依照《刑法》第268条的规定处罚。

【挪用特定款物罪】

挪用特定款物罪，是指违反国家专款专用的财经管理制度，挪用用于救灾、抢险、防汛、优抚、扶贫、移民、救济款物，情节严重，致使国家和人

---

① 2013年最高人民法院、最高人民检察院《关于办理敲诈勒索刑事案件适用法律若干问题的解释》和2017年最高人民法院《关于常见犯罪的量刑指导意见》。

民群众利益遭受重大损害的行为。本罪的构成特征是：（1）犯罪客体是公私财产所有权和国家特定款物专用的财务管理制度。犯罪对象限于用于救灾、抢险、防汛、优抚、扶贫、移民、救济的特定款物，多表现为资金和物资。（2）犯罪客观方面表现为违反国家特定款物专用的财务管理制度，挪用上述特定款物，情节严重，致使国家和人民群众利益遭受重大损失的行为。这里的"挪用"，是指未经合法批准，擅自将上述特定款物调拨，使用到其他方面的公用。（3）犯罪主体是一般主体，但实践中，多为主管、管理、经手上述特定款物的直接责任人员。（4）犯罪主观方面必须出于故意，即明知是上述特定款物应当专款专用，仍然挪作他用。

犯本罪的，依照《刑法》第 273 条的规定处罚。

【故意毁坏财物罪】

故意毁坏财物罪，是指故意毁坏公私财物，数额较大或者有其他严重情节的行为。本罪的构成特征是：（1）犯罪客体是公私财产所有权。犯罪对象是各种公私财物。但是如果破坏的是法律有特别规定的公私财物，侵犯了其他客体，如与公共安全相关的交通工具、交通设施、电力设备、公用电信设施等，则可能不构成本罪，而构成其他犯罪。（2）犯罪客观方面表现为毁坏公私财物，数额较大或者有其他严重情节的行为。（3）犯罪主体是一般主体。（4）犯罪主观方面必须出于故意，并且具有毁坏公私财物的目的。

犯本罪的，依照《刑法》第 275 条的规定处罚。

【破坏生产经营罪】

破坏生产经营罪，是指由于泄愤报复或者其他个人目的，毁坏机器设备、残害耕畜或者以其他方法破坏生产经营的行为。本罪的构成特征是：（1）犯罪客体是公私财产所有权和生产经营活动的正常秩序。（2）犯罪客观方面表现为毁坏机器、残害耕畜或者以其他方法破坏生产经营的行为。这里的"其他方法"，是指毁坏机器、残害耕畜以外任何破坏生产经营的方法，如切断电源、毁坏庄稼、破坏水源等。（3）犯罪主体是一般主体。（4）犯罪主观方面是故意，并且具有泄愤报复或者其他个人目的。

犯本罪的，依照《刑法》第 276 条的规定处罚。

【拒不支付劳动报酬罪】

拒不支付劳动报酬罪，是指以转移财产、逃匿等方法逃避支付劳动者的劳动报酬或者有能力支付而不支付劳动者的劳动报酬，数额较大，经政府有关部门责令支付仍不支付的行为。本罪的构成特征是：（1）犯罪客体是劳动者的财产所有权。犯罪对象是劳动报酬，包括工资、奖金、津贴、补贴、延长工作时间的工资报酬及特殊情况下支付的工资等。（2）犯罪客观方面表现为转移财产、逃匿等方法逃避支付劳动者的劳动报酬或者有能力支付而不支付劳动者的劳动报酬，数额较大，经政府有关部门责令支付仍不支付的行为。

这里的“经政府有关部门责令仍不支付”，是指经人力资源社会保障部门或者政府其他有关部门依法以限期整改指令书、行政处理决定书等文书责令支付劳动者的劳动报酬后，在指定的期限内仍不支付的情形。（3）犯罪主体是一般主体。自然人和单位均可构成。（4）犯罪主观方面是故意，并以逃避执法劳动者的劳动报酬为目的。

犯本罪的，依照《刑法》第276条之一的规定处罚。

第二十三章

妨害社会管理秩序罪

妨害社会管理秩序罪，是指故意或者过失妨害国家对社会的正常管理活动，严重破坏或者扰乱社会秩序的行为。本罪名属于类罪名。本类罪的特征是：

第一，客体是国家对社会的管理活动而形成的正常社会秩序。社会秩序又称为社会管理秩序。社会秩序有广义和狭义之分，广义的社会秩序通常是指社会方方面面的秩序，它包括社会政治秩序、经济秩序、公共安全秩序、生产生活秩序、工作科研秩序以及其他方面的社会秩序。因为本类犯罪侵犯的客体是指具有狭义性、特定性含义的社会秩序，即我国刑法分则第六章所规定的社会管理秩序，具体包括社会公共秩序、国家司法机关的正常活动秩序、国家对国（边）境的正常管理秩序、国家对文物的保护管理秩序、国家的公共卫生管理秩序、国家环境资源保护管理秩序、国家对毒品的管制秩序、国家对文化市场的管理秩序以及社会道德风尚等。相应地，我国刑法分则第六章又将妨害社会管理秩序的犯罪分为九节，即扰乱公共秩序罪，妨害司法罪，妨害国（边）境管理罪，妨害文物管理罪，危害公共卫生罪，破坏环境资源保护罪，走私、贩卖、运输、制造毒品罪，组织、强迫、引诱、容留、介绍卖淫罪，制作、贩卖、传播淫秽物品罪。

第二，客观方面表现为行为人违反国家对社会秩序的管理法规，妨害国家对社会的管理活动，严重破坏或者扰乱正常社会秩序的行为。本类犯罪行为方式呈现多样性，犯罪行为内容具有复杂性，且绝大多数是作为犯罪的，不作为犯罪的为数极少。对有的具体犯罪，法律规定了必须具有特定的对象才能成立，如故意损毁名胜古迹罪；对有的具体犯罪，法律还规定了必须发生在特定的时间、地点或者使用特定方法、手段才能成立犯罪，如非法捕捞水产品罪。

第三，主体是自然人或者单位。在自然人作为主体的犯罪中，除贩卖毒品罪的行为人负刑事责任的年龄为已满 14 周岁外，其他犯罪的行为人负刑事责任的年龄均必须已满 16 周岁。有的犯罪是特殊主体，即具有特殊身份的自然人，如伪证罪的犯罪主体只能是证人、鉴定人、记录人、翻译人。在单位作为主体的犯罪中，有的是自然人和单位均可以成为犯罪主体，如重大环境污染事故罪；还有的则只能是特殊的单位，如采集、供应血液，制作、供应血液制品事故罪的主体必须是经国家主管部门批准采集、供应血液或者制作、供应血液制品的部门。

第四，主观方面绝大多数是出于故意，少数为过失。在故意犯罪中，有些犯罪的成立要求行为人在主观上必须具备某种特定目的，如倒卖文物罪，要求行为人必须以牟利为目的。

第一节　扰乱公共秩序罪

一、扰乱公共秩序罪概述

扰乱公共秩序罪，是指行为人故意或者过失地破坏国家对社会的正常管理活动，严重扰乱公共秩序的行为。本罪名属于次类罪名。本类罪的特征是：

1. 客体是社会公共秩序，即由国家法律所确定和保护的社会公众生活秩序，也就是人们在社会生活中应予遵守的共同生活准则。

2. 客观方面表现为各种破坏国家对社会的正常管理活动，严重扰乱公共秩序的行为。

3. 主体除非法生产、买卖警用装备罪，扰乱无线电通信管理秩序罪的犯罪主体既可以是自然人也可以是单位外，其他具体犯罪的主体只能是自然人，其中有少数犯罪为特殊主体，如包庇、纵容黑社会性质组织罪的犯罪主体只能是国家机关工作人员，故意延误投递邮件罪的犯罪主体只能是邮政人员。

4. 主观方面绝大多数是出于故意，少数为过失。

二、扰乱公共秩序罪中的主要犯罪

【妨害公务罪】

（一）妨害公务罪的定义和特征

妨害公务罪，是指以暴力、威胁方法阻碍国家机关工作人员依法执行职务，或者以暴力、威胁方法阻碍全国人民代表大会和地方各级人民代表大会代表依法执行代表职务，或者在自然灾害和突发事件中，以暴力、威胁方法阻碍红十字会工作人员依法履行职责，或者故意阻碍国家安全机关、公安机关依法执行国家安全工作任务，未使用暴力、威胁方法，造成严重后果的行为。本罪的特征是：

1. 客体是国家机关工作人员、人民代表大会代表和红十字会工作人员依法从事的公务活动。所谓国家机关，是指国家各级权力机关、行政机关、司法机关和中国共产党的各级机关以及中国人民政治协商会议的各级机关。国家机关工作人员，是指国家各级权力机关、行政机关、司法机关和中国共产党的各级机关以及中国人民政治协商会议的各级机关中依法从事公务的人员，同时还包括在依照法律、法规规定行使国家行政管理职权的组织中从事公务的人员，或在受国家机关委托代表国家机关行使职权的组织中从事公务的人员，或虽未列入国家机关人员编制但在国家机关中代表国家机关行使职权时从事公务的人员。① 公务活动，是指国家机关工作人员、人民代表大会代表和红十字会工作人员依照法律、法规规定正在执行职务或者履行职责的活动。超越职权、滥用职权以及违法活动不属于本罪中的公务活动。

2. 客观方面表现为行为人实施了阻碍国家机关工作人员、人民代表大会代表和红十字会工作人员依法正在执行职务或履行职责的行为，具体包括四类行为：（1）以暴力、威胁方法阻碍国家机关工作人员依法执行职务的行为。这里的暴力，是指直接对正在依法执行职务的国家机关工作人员的人身或者执行公务的装备施以不法有形力，进行强制或损毁的行为。这里的威胁，是指以将实施杀害、伤害、毁坏财物等对正在依法执行职务的国家机关工作人员进行精神强制。（2）以暴力、威胁方法阻碍各级人民代表大会代表依法执行代表职务的行为。这里的执行代表职务，是指各级人民代表大会代表在大会开会或者闭会期间，根据《全国人民代表大会组织法》和《地方各级人民代表大会和地方各级人民政府组织法》的规定，依法执行与选民的联系，检查、视察工作的职务。（3）在自然灾害和突发事件中，以暴力、威胁方法阻碍红十字会工作人员依法履行职责的行为。（4）故意阻碍国家安全机关、公安机关依法执行国家安全工作任务，虽未使用暴力、威胁方法，但造成严重后果的行为。据司法解释，② 以暴力、威胁方法阻碍国家机关工作人员、红十字会工作人员依法履行为防治突发传染病疫情等灾害而采取的防疫、检疫、强制隔离、隔离治疗等预防、控制措施的，以本罪论处。

3. 主体是一般主体，已满16周岁的自然人可以构成。

4. 主观方面是故意，即明知国家机关工作人员、人民代表大会代表、红十字会工作人员正在依法执行公务，而决意进行阻碍。

（二）认定妨害公务罪应注意的问题

1. 本罪与非罪的界限。对于以暴力、威胁方法进行阻碍，致使国家机关

① 2002年全国人大常委会《关于〈中华人民共和国刑法〉第九章渎职罪主体适用问题的解释》。

② 2003年最高人民法院、最高人民检察院《关于办理妨害预防、控制突发传染病疫情等灾害的刑事案件具体应用法律若干问题的解释》。

工作人员、人民代表大会代表和红十字会工作人员依法正常执行职务或履行职责的活动中断或者不能进行的，应以本罪论处；对于故意阻碍国家安全机关、公安机关依法执行国家安全工作任务，未使用暴力、威胁方法，但造成严重后果的，也应以本罪论处。但以下三种情形不能认定为犯罪：（1）使用了轻微的暴力、威胁方法，客观上不足以或者不可能阻碍国家机关工作人员、人民代表大会代表和红十字会工作人员依法正常执行职务或者履行职责的。（2）阻碍国家安全机关、公安机关依法执行国家安全工作任务时未采取暴力、威胁方法，又未造成严重后果的。（3）阻止国家机关工作人员及上述其他人员滥用职权，违法从事公务活动的。

2. 本罪的一罪与数罪。以暴力方法妨害公务的，除阻碍依法正常执行职务或履行职责外，往往同时还给执行公务的人员造成身体伤害或者死亡的后果，一行为可能同时触犯妨害公务罪与故意伤害罪或故意杀人罪，成立想象竞合犯，对此应当从一重罪处断。具体而言，故意造成轻伤的，仍应以本罪论处；对于故意造成重伤、死亡的，应以故意伤害罪或者故意杀人罪论处。

（三）妨害公务罪的处罚

根据《刑法》第277条的规定，犯本罪的，处3年以下有期徒刑、拘役、管制或者罚金。

【招摇撞骗罪】

（一）招摇撞骗罪的定义和特征

招摇撞骗罪，是指冒充国家机关工作人员，骗取利益的行为。本罪的特征是：

1. 客体是社会公共秩序以及国家机关的威信。行为人利用社会公众对国家机关工作人员代表国家对社会行使管理职权的信任，冒充国家机关工作人员身份实施招摇撞骗的行为，不仅扰乱了社会公共秩序，而且还使国家机关的威信受到损害。

2. 客观方面表现为行为人实施了冒充国家机关工作人员身份，骗取各种利益的行为。所谓冒充国家机关工作人员身份，是指假冒国家立法机关、行政机关、司法机关、中国共产党各级机关以及中国人民政治协商会议各级机关中从事公务的人员。冒充军人招摇撞骗的，不构成本罪，应当依照《刑法》第372条的规定，以冒充军人招摇撞骗罪论处。冒充国家机关工作人员的主要行为方式包括：（1）非国家机关工作人员冒充国家机关工作人员。（2）某种国家机关工作人员冒充他种国家机关工作人员，如行政机关工作人员冒充司法机关工作人员。（3）低职务的国家机关工作人员冒充高职务的国家机关工作人员。骗取利益，是指以假冒的国家机关工作人员身份欺骗他人，取得某种职位、荣誉、资格、福利待遇、爱情或财物等。

3. 主体是一般主体，限于自然人，刑事责任年龄为16周岁以上。

4. 主观方面是出于直接故意，其目的是骗取各种利益。

（二）认定招摇撞骗罪应注意的问题

1. 本罪与非罪的界限。对于冒充非国家机关工作人员，或虽冒充国家机关工作人员进行招摇撞骗，但情节显著轻微危害不大的，不认为是犯罪。

2. 本罪与诈骗罪的界限。二者的主要区别在于：本罪的具体欺骗方式较为单一，只限于假冒国家机关工作人员的身份招摇撞骗，但所骗取的对象较为广泛，不仅包括他人的财物，而且包括荣誉、职务、职称、福利待遇甚至"爱情"等，而诈骗罪的具体欺骗方式则多种多样，但骗取对象只限于他人财物。因而二者在犯罪客体和犯罪的主观目的上不尽相同。在司法实践中，对于假冒国家机关工作人员骗取公私财物的，同时构成诈骗罪的，依照处罚较重的规定定罪处罚。

（三）招摇撞骗罪的处罚

根据《刑法》第 279 条的规定，犯本罪的，处 3 年以下有期徒刑、拘役、管制或者剥夺政治权利；情节严重的，处 3 年以上 10 年以下有期徒刑。冒充人民警察招摇撞骗的，从重处罚。

【伪造、变造、买卖国家机关公文、证件、印章罪】

（一）伪造、变造、买卖国家机关公文、证件、印章罪的定义和特征

伪造、变造、买卖国家机关公文、证件、印章罪，是指故意实施伪造、变造、买卖国家机关公文、证件、印章的行为。本罪的特征是：

1. 客体是国家机关的威信和社会公共管理秩序。犯罪对象是国家机关的公文、证件、印章。公文，是指以国家机关名义制作的处理公务的文件或者文书。证件，是指国家机关制作并颁发的能证明身份或者资格，具有一定权利义务关系内容的凭证。印章，是指以一定的物质作为载体可以表现国家机关名称或者国家机关用于某种特殊用途的图章或者印影。如果私人印章用于公务，在起到国家机关的证明作用时，也可属于本罪的犯罪对象。

2. 客观方面表现为行为人实施了伪造、变造、买卖国家机关公文、证件、印章的行为。这里的伪造，主要是指无制作权的人冒用国家机关的名义制作虚假的国家机关公文、证件、印章。至于所伪造的国家机关公文、证件、印章是否与真实的完全一样，并不影响本罪的成立。变造，是指对于真实的国家机关公文、证件、印章进行涂改、加工或者拼接，使其改变真实内容。买卖，是指出卖人与购买人之间有偿流转国家机关公文、证件、印章。所买卖的公文、证件、印章主要是真实的，但也可包括伪造的或者变造的。

3. 主体是一般主体，限于自然人，刑事责任年龄为 16 周岁以上。

4. 主观方面是故意。

（二）认定伪造、变造、买卖国家机关公文、证件、印章罪应注意的问题

1. 本罪与非罪的界限。对于伪造、变造、买卖国家机关公文、证件、印

章，情节显著轻微危害不大的，如伪造、变造国家机关公文、证件、印章仅仅是为了显示其技能或只是用于自己收藏并没有流入社会的，不宜以犯罪论处。

2. 本罪的一罪与数罪。如果行为人为了实施其他犯罪，如诈骗罪、招摇撞骗罪等，而伪造、变造、买卖国家机关公文、证件、印章，从而牵连触犯了其他罪名的，应按照牵连犯理论，择一重罪论处。

（三）伪造、变造、买卖国家机关公文、证件、印章罪的处罚

根据《刑法》第280条第1款的规定，犯本罪的，处3年以下有期徒刑、拘役、管制或者剥夺政治权利；情节严重的，处3年以上10年以下有期徒刑。

【非法侵入计算机信息系统罪】

（一）非法侵入计算机信息系统罪的定义和特征

非法侵入计算机信息系统罪，是指行为人违反国家规定，故意侵入国家事务、国防建设、尖端科学技术领域的计算机信息系统的行为。本罪的特征是：

1. 客体是国家对国家事务、国防建设、尖端科学技术领域的计算机信息系统管理秩序。犯罪对象是计算机信息系统，即由计算机及其相关和配套的设备、设施（包括网络）构成的，按照一定的应用目标和规则对信息进行采集、加工、存储、传输、检索等处理的人机系统。

2. 客观方面表现为行为人实施了违反国家规定，故意侵入国家事务、国防建设、尖端科学技术领域的计算机信息系统的行为。违反国家规定，是指违反有关计算机信息系统安全的法律、法规等规定。这里的侵入，是指行为人通过计算机终端非法进入国家事务、国防建设、尖端科学技术领域的计算机信息系统或者进行数据截收的行为，也称作非授权或非批准访问计算机信息系统的行为。侵入的方法有破解计算机安全系统、窃取进入系统口令等。侵入与国家事务、国防建设、尖端科学技术领域无关的其他计算机信息系统的行为，不构成本罪。

3. 主体是一般主体，限于自然人，刑事责任年龄为16周岁以上。

4. 主观方面是故意，动机如何，并不影响本罪的成立。

（二）认定非法侵入计算机信息系统罪应注意的问题

1. 本罪与非罪的界限。对于过失侵入国家事务、国防建设、尖端科学技术领域的计算机信息系统的，不能以犯罪论处。对于非法侵入国家事务、国防建设、尖端科学技术领域的计算机信息系统，情节显著轻微危害不大的，也不能以犯罪论处。

2. 本罪的牵连犯认定。非法侵入国家事务、国防建设、尖端科学技术领域的计算机信息系统后，又实施其他犯罪的，属于牵连犯，应当从一重罪处

断。如果侵入计算机信息系统后又窃取国家秘密的，应当以非法获取国家秘密罪论处；如果是为境外的机构、组织、人员窃取国家秘密的，则应当以为境外窃取国家秘密罪论处。

（三）非法侵入计算机信息系统罪的处罚

根据《刑法》第285条的规定，犯本罪的，处3年以下有期徒刑或者拘役。单位犯本罪的，对单位判处罚金，并对其直接负责的主管人员和其他直接责任人员，依照前述规定处罚。

【破坏计算机信息系统罪】

（一）破坏计算机信息系统罪的定义和特征

破坏计算机信息系统罪，是指违反国家规定，对计算机信息系统功能进行删除、修改、增加、干扰，造成计算机信息系统不能正常运行，或者对计算机信息系统中存储、处理或者传输的数据和应用程序进行删除、修改、增加的操作，或者故意制作、传播计算机病毒等破坏性程序，影响计算机系统正常运行，后果严重的行为。本罪的特征是：

1. 客体主要是计算机信息系统的正常运行秩序。这里的计算机信息系统可以是国家事务、国防建设、尖端科学技术领域的计算机信息系统，也可以是其他领域的计算机信息系统；可以是面向社会公众的计算机信息系统，还可以是专业计算机信息系统或者企业、事业单位内的计算机信息系统，以及各类通过专线进行国际联网的计算机信息网络系统。未联网的微型计算机信息系统也属于本罪的计算机信息系统。

2. 客观方面表现为行为人违反国家规定，实施了破坏计算机信息系统的行为，具体行为有以下三种：（1）违反国家规定，对计算机信息系统功能进行删除、修改、增加、干扰，即对计算机信息系统功能进行破坏。（2）违反国家规定，对计算机信息系统中存储、处理或者传输的数据和应用程序进行删除、修改、增加的操作，即对计算机信息系统中存储、处理或者传输的数据和应用程序进行破坏。（3）故意制作、传播计算机病毒等破坏性程序，影响计算机系统正常运行，即利用计算机病毒对计算机信息系统的功能或者程序进行破坏。应当指出的是，上述行为都必须造成严重后果，才构成本罪。

3. 主体是一般主体，限于自然人，刑事责任年龄为16周岁以上。

4. 主观方面是故意。

（二）认定破坏计算机信息系统罪应注意的问题

1. 本罪与非罪的界限。行为人实施破坏计算机信息系统的行为，如果没有造成严重后果，属于情节显著轻微危害不大的，不构成犯罪。

2. 本罪与故意毁坏财物罪的界限。二者的主要区别在于：（1）犯罪客体不同。本罪客体主要是计算机信息系统的正常运行秩序，后者是公私财产所有权。（2）犯罪对象有所不同。本罪对象是计算机信息系统，即由计算机及其相关和配套的设备、设施（包括网络）构成的，按照一定的应用目标和规则对信息进行采集、加工、存储、传输、检索等处理的人机系统。在一定意义上，也可属于财物的范畴，但又不同于传统意义上的财物。后者对象则是传统意义上的财物。（3）犯罪方法不同。本罪是利用对计算机信息系统或系统中存储、处理或者传输的数据和应用程序进行删除、修改、增加、干扰，或者制作、传播计算机病毒的方法，破坏计算机信息系统的功能和运行程序；后者则主要利用物理破坏的方法，使公私财物丧失其功能和经济价值。

3. 本罪的牵连犯认定。非法侵入国家事务、国防建设、尖端科学技术领域的计算机信息系统后又破坏有关计算机信息系统的，属于牵连犯，应当从一重罪处断，以本罪论处。

（三）破坏计算机信息系统罪的处罚

根据《刑法》第286条的规定，犯本罪的，处5年以下有期徒刑或者拘役；后果特别严重的，处5年以上有期徒刑。单位犯本罪的，对单位判处罚金，并对其直接负责的主管人员和其他直接责任人员，依照前述规定处罚。

【投放虚假危险物质罪】

（一）投放虚假危险物质罪的定义和特征

投放虚假危险物质罪，是指投放虚假的毒害性、放射性、传染病病原体等危险物质，严重扰乱社会秩序的行为。本罪的特征是：

1. 客体是社会公共秩序。行为人投放虚假危险物质，必然给社会公众心理造成恐惧，使之在生产、工作、经营、教学、科研和日常生活中失去安全感，从而扰乱社会公共秩序。

2. 客观方面表现为行为人实施了投放虚假的毒害性、放射性、传染病病原体等危险物质，严重扰乱社会秩序的行为。所谓虚假危险物质，是指不具有真实毒害性、放射性、传染病病原体等物质功能和作用的物质。这里的严重扰乱社会秩序，是指在一定范围内给社会公众造成恐慌心理，致使正常生产、工作、经营、教学、科研和日常生活秩序混乱、中断或者无法进行的情形。行为人虽然具有投放虚假的毒害性、放射性、传染病病原体等物质的行为，并未造成严重扰乱社会秩序的后果的，不构成本罪。

3. 主体是一般主体，限于自然人，刑事责任年龄为16周岁以上。

4. 主观方面是故意。动机如何，不影响构成本罪。

（二）认定投放虚假危险物质罪应注意的问题

1. 本罪与非罪的界限。投放虚假危险物质的行为是否构成本罪的关键在于该行为是否严重扰乱社会秩序。如果实施投放虚假危险物质行为，但并没有造成社会公共秩序混乱状态，危害不大的，不以犯罪论处，但可予以治安处罚。

2. 本罪与投放危险物质罪的界限。二者的主要区别在于：（1）犯罪客体不同。本罪妨害了社会公共秩序，后者危害了社会公共安全。（2）投放的对象不同。本罪所投放的是不具有真实毒害性、放射性、传染病病原体等物质功能和作用的虚假危险物质，后者投放的是真实的毒害性、放射性、传染病病原体等危险物质。（3）犯罪主体年龄不完全相同。本罪必须是已满16周岁的自然人，后者则可以是已满14周岁的自然人。

（三）投放虚假危险物质罪的处罚

根据《刑法》第291条之一的规定，犯本罪的，处5年以下有期徒刑、拘役或者管制；造成严重后果的，处5年以上有期徒刑。

【聚众斗殴罪】

（一）聚众斗殴罪的定义和特征

聚众斗殴罪，是指出于私仇宿怨、争霸一方或者其他不正当目的而纠集多人成帮结伙互相殴打、械斗的行为。本罪的特征是：

1. 客体是社会公共秩序。

2. 客观方面表现为行为人实施了聚众斗殴的行为。所谓聚众，在这里是指在首要分子的组织、策划、指挥下，3人以上纠集在一起，因而本罪是必要的共同犯罪。所谓斗殴，是指相互打斗。聚众斗殴多数情形在双方之间进行，但也不排除多方混斗的情形。

3. 主体是一般主体，限于自然人，刑事责任年龄为16周岁以上。本罪只追究首要分子和其他积极参加者的刑事责任。

4. 主观方面是故意。动机如何，不影响本罪的成立。

（二）认定聚众斗殴罪应注意的问题

1. 本罪与非罪的界限。根据司法解释①，组织、策划、指挥或者积极参加聚众斗殴的，应予立案追诉。但对于因民事纠纷矛盾激化引起的一般斗殴行为，或者对于聚众后双方对峙，尚未斗殴又未造成其他不良影响即被制止的，不应认定为犯罪。

2. 本罪的一罪与数罪。在聚众斗殴中致人重伤或者死亡的，不实行数罪并罚，应以故意伤害罪或者故意杀人罪论处。

（三）聚众斗殴罪的处罚

根据《刑法》第292条第1款的规定，犯本罪的，对首要分子和其他积极参加的，处3年以下有期徒刑、拘役或者管制。有下列情形之一的，对首要分子和其他积极参加的，处3年以上10年以下有期徒刑：（1）多次聚众斗殴的。（2）聚众斗殴人数多，规模大，社会影响恶劣的。（3）在公共场所或者交通要道聚众斗殴，造成社会秩序严重混乱的。（4）持械聚众斗殴的。

---

① 2008年最高人民检察院、公安部《关于公安机关管辖的刑事案件立案追诉标准的规定（一）》。

【寻衅滋事罪】

（一）寻衅滋事罪的定义和特征

寻衅滋事罪，是指随意殴打他人，追逐、拦截、辱骂、恐吓他人，强拿硬要或者任意损毁、占用公私财物，在公共场所起哄闹事，严重破坏社会公共秩序的行为。行为人为寻求刺激、发泄情绪、逞强耍横等，无事生非，实施《刑法》第293条规定的行为的，应当认定为“寻衅滋事”。行为人因日常生活中的偶发矛盾纠纷，借故生非，实施《刑法》第293条规定的行为的，应当认定为“寻衅滋事”，但矛盾系由被害人故意引发或者被害人对矛盾激化负有主要责任的除外。行为人因婚恋、家庭、邻里、债务等纠纷，实施殴打、辱骂、恐吓他人或者损毁、占用他人财物等行为的，一般不认定为“寻衅滋事”，但经有关部门批评制止或者处理处罚后，继续实施前列行为，破坏社会秩序的除外。本罪的特征是：

1. 客体是社会公共秩序。

2. 客观方面表现为行为人实施了寻衅滋事的行为。根据司法解释①，行为人为寻求刺激、发泄情绪、逞强耍横等，无事生非；因日常生活中的偶发矛盾纠纷，借故生非；因婚恋、家庭、邻里、债务等纠纷，实施殴打、辱骂、恐吓他人或者损毁、占用他人财物等行为，经有关部门批评制止或者处理处罚后，继续实施前列行为的，应当认定为“寻衅滋事”。但矛盾系由被害人故意引发或者被害人对矛盾激化负有主要责任的除外。

寻衅滋事具体行为表现为：（1）随意殴打他人，情节恶劣的。（2）追逐、拦截、辱骂、恐吓他人，情节恶劣的。根据司法解释②，利用信息网络辱骂、恐吓他人，情节恶劣，破坏社会秩序的。（3）强拿硬要或者任意损毁、占用公私财物，情节严重的。（4）在公共场所起哄闹事，造成公共场所秩序严重混乱的。

3. 主体是一般主体，限于自然人，刑事责任年龄为16周岁以上。

4. 主观方面是故意，往往具有寻求刺激、逞强好胜、填补精神空虚的动机。

（二）认定寻衅滋事罪应注意的问题

1. 本罪与非罪的界限。行为人寻衅滋事必须达到情节恶劣、情节严重或者造成公共场所秩序严重混乱的程度，才构成本罪，否则不能以犯罪论处。

2. 本罪与强迫交易罪的界限。在实践中，本罪中的“强拿硬要”易与强迫交易罪中的“强买强卖”“强迫他人提供服务或者强迫他人接受服务”相

---

① 2013年最高人民法院、最高人民检察院《关于办理寻衅滋事刑事案件适用法律若干问题的解释》。

② 2013年最高人民法院、最高人民检察院《关于办理利用信息网络实施诽谤等刑事案件适用法律若干问题的解释》。

混淆，二者的主要区别在于：（1）本罪是蛮横的“无偿拿要”，后者是强行进行的不公平的“有偿交易”。（2）本罪往往是出于寻求刺激、逞强好胜、填补精神空虚的动机，后者通常是为了牟取不当利益，或者是为了扰乱市场正常的交易或者管理秩序。

3. 本罪与抢劫罪的界限。以强拿硬要公私财物的方式实施的寻衅滋事罪容易与抢劫罪混淆。二者的区别在于：前者行为人主观上一般具有寻求刺激、逞强好胜和通过强拿硬要来填补其精神空虚等动机，后者行为人一般不具有此类动机；前者行为人客观上一般不以严重侵犯他人人身权利的方法强拿硬要财物，而后者行为人则以暴力、胁迫等方式作为劫取他人财物的手段。在司法实践中，对于未成年人使用或威胁使用轻微暴力强抢少量财物的行为，一般不宜以抢劫罪定罪处罚。其行为符合寻衅滋事罪特征的，可以寻衅滋事罪定罪处罚。[①]

4. 本罪的一罪与数罪。对于在寻衅滋事过程中，随意殴打他人造成轻伤程度以下伤害的，以本罪论处；对于造成重伤或者死亡的，以故意伤害罪或者故意杀人罪论处，不进行数罪并罚。

（三）寻衅滋事罪的处罚

根据《刑法》第293条的规定，犯本罪的，处5年以下有期徒刑、拘役或者管制。纠集他人多次实施前款行为，严重破坏社会秩序的，处5年以上10年以下有期徒刑，可以并处罚金。

【组织、领导、参加黑社会性质组织罪】

（一）组织、领导、参加黑社会性质组织罪的定义和特征

组织、领导、参加黑社会性质组织罪，是指组织、领导、参加各种黑社会性质组织的行为。本罪的特征是：

1. 客体是社会治安管理秩序。黑社会性质组织是不明显、不典型的黑社会组织。黑社会性质组织应当同时具备以下特征：（1）形成较稳定的犯罪组织，人数较多，有明确的组织者、领导者，骨干成员基本固定。（2）有组织地通过违法犯罪活动或者其他手段获取经济利益，具有一定的经济实力，以支持该组织的活动。（3）以暴力、威胁或者其他手段，有组织地多次进行违法犯罪活动，为非作恶，欺压、残害群众。（4）通过实施违法犯罪活动，或者利用国家工作人员的包庇或者纵容，称霸一方，在一定区域或者行业内，形成非法控制或者重大影响，严重破坏经济、社会生活秩序。

2. 客观方面表现为行为人实施了组织、领导和积极参加黑社会性质组织的行为。这里的组织，是指行为人出于违法犯罪的目的，发起、组建黑社会性质组织的行为。领导，是指行为人在黑社会性质组织中处于控制、支配地

---

① 2005年最高人民法院《关于审理抢劫、抢夺刑事案件适用法律若干问题的意见》。

位，对该组织的活动起到策划、决策、指挥、协调作用的行为。参加，是指行为人明知是黑社会性质组织而予以加入的情形。对于参加的形式，法律无明文规定，一般来说，行为人只要具备以下情形之一的，即应当认定已经参加了黑社会性质组织：一是以书面形式取得黑社会性质组织成员的资格。二是履行了加入黑社会性质组织的仪式。三是虽未通过一定的形式或仪式正式加入黑社会性质组织，但明知是黑社会性质组织而参加其违法犯罪活动，为黑社会性质组织所实际认可的。

3. 主体是一般主体，限于自然人，刑事责任年龄为16周岁以上。

4. 主观方面是故意。

（二）认定组织、领导、参加黑社会性质组织罪应注意的问题

1. 本罪与非罪的界限。行为人实施了组织、领导、积极参加黑社会性质组织行为的，即使没有实施其他违法犯罪活动，也不影响其犯罪的成立。但对于因受胁迫参加黑社会性质组织，没有参与其他违法犯罪活动，情节显著轻微危害不大的，不应作犯罪处理。如果属于不明真相而参加了黑社会性质组织，发现其组织性质后即退出，且未参与其他违法犯罪活动的，也不应作犯罪处理。

2. 本罪的一罪与数罪。组织、领导、参加黑社会性质组织又有其他犯罪行为的，根据《刑法》第294条第4款的规定，依照数罪并罚的规定处罚。

（三）组织、领导、参加黑社会性质组织罪的处罚

根据《刑法》第294条第1款的规定，犯本罪的，对组织、领导者处7年以上有期徒刑，并处没收财产；积极参加者，处3年以上7年以下有期徒刑，可以并处罚金或者没收财产；其他参加的，处3年以下有期徒刑、拘役、管制或者剥夺政治权利，可以并处罚金。根据司法解释①，国家机关工作人员组织、领导、参加黑社会性质组织的，从重处罚。

三、扰乱公共秩序罪中的其他犯罪

【袭警罪】

袭警罪，是指暴力袭击正在依法执行职务的人民警察的行为。本罪的特征是：（1）客体是人民警察依法从事公务的活动。（2）客观方面表现为暴力袭击正在依法执行职务的人民警察的行为。（3）主体是一般主体。（4）主观方面是故意。

犯本罪的，依照《刑法》第277条第5款的规定处罚。

---

① 2002年最高人民法院《关于审理黑社会性质组织犯罪的案件具体应用法律若干问题的解释》。

【煽动暴力抗拒法律实施罪】

煽动暴力抗拒法律实施罪，是指煽动群众暴力抗拒国家法律、行政法规实施，扰乱社会秩序的行为。本罪的特征是：（1）客体是国家运用法律对社会管理的秩序。（2）客观方面表现为行为人实施了煽动群众暴力抗拒国家法律、行政法规实施，扰乱社会秩序的行为。（3）主体是一般主体。（4）主观方面是故意。

犯本罪的，依照《刑法》第 278 条的规定处罚。

【盗窃、抢夺、毁灭国家机关公文、证件、印章罪】

盗窃、抢夺、毁灭国家机关公文、证件、印章罪，是指盗窃、抢夺、毁灭国家机关的公文、证件、印章的行为。本罪的特征是：（1）客体是国家机关的威信及其对社会的正常管理秩序。（2）客观方面表现为行为人实施了盗窃、抢夺、毁灭国家机关的公文、证件、印章的行为。（3）主体是一般主体。（4）主观方面是出于直接故意。

犯本罪的，依照《刑法》第 280 条第 1 款的规定处罚。

【伪造公司、企业、事业单位、人民团体印章罪】

伪造公司、企业、事业单位、人民团体印章罪，是指伪造公司、企业、事业单位、人民团体印章的行为。本罪的特征是：（1）客体是公司、企业、事业单位、人民团体的正常管理秩序和信誉。（2）客观方面表现为行为人实施了伪造公司、企业、事业单位、人民团体印章的行为。（3）主体是一般主体。（4）主观方面是故意。

犯本罪的，依照《刑法》第 280 条第 2 款的规定处罚。

【伪造、变造、买卖身份证件罪】

伪造、变造、买卖身份证件罪，是指违反国家对身份证件管理法律、法规，伪造、变造、买卖居民身份证、护照、社会保障卡、驾驶证等依法可以用于证明身份的证件的行为。本罪的特征是：（1）客体是国家对身份证件的管理秩序。（2）客观方面表现为行为人实施了伪造、变造、买卖身份证件的行为。（3）主体是一般主体。（4）主观方面是故意。

犯本罪的，依照《刑法》第 280 条第 3 款的规定处罚。

【使用虚假身份证件、盗用身份证件罪】

使用虚假身份证件、盗用身份证件罪，是指在依照国家规定应当提供身份证明的活动中，使用伪造、变造的或者盗用他人的居民身份证、护照、社会保障卡、驾驶证等依法可以用于证明身份的证件，情节严重的行为。本罪的特征是：（1）客体是国家对身份证件的管理秩序。（2）客观方面表现为在依照国家规定应当提供身份证明的活动中，使用伪造、变造的或者盗用他人的居民身份证、护照、社会保障卡、驾驶证等依法可以用于证明身份的证件，情节严重的行为。（3）主体是一般主体。（4）主观方面是故意。

犯本罪的，依照《刑法》第280条之一的规定处罚。

【冒名顶替罪】

使用虚假身份证件、盗用身份证件罪，是指在依照国家规定应当提供身份证明的活动中，使用伪造、变造的或者盗用他人的居民身份证、护照、社会保障卡、驾驶证等依法可以用于证明身份的证件，情节严重的行为。本罪的特征是：（1）客体是国家对高等学历教育、公务员录用和就业安置的管理秩序。（2）客观方面表现为盗用、冒用他人身份，顶替他人取得的高等学历教育入学资格、公务员录用资格、就业安置待遇，以及组织、指使他人实施前述行为的行为。（3）主体是一般主体。（4）主观方面是故意。

犯本罪的，依照《刑法》第280条之二的规定处罚。

【非法生产、买卖警用装备罪】

非法生产、买卖警用装备罪，是指非法生产、买卖人民警察制式服装、车辆号牌等专用标志、警械，情节严重的行为。本罪的特征是：（1）客体是国家对警用装备的管理秩序。（2）客观方面表现为行为人实施了非法生产、买卖人民警察制式服装、车辆号牌等专用标志、警械，情节严重的行为。（3）主体是一般主体，包括自然人和单位。（4）主观方面是故意。

犯本罪的，依照《刑法》第281条的规定处罚。

【非法获取国家秘密罪】

非法获取国家秘密罪，是指以窃取、刺探、收买方法，非法获取国家秘密的行为。本罪的特征是：（1）客体是国家对保密工作的管理秩序。犯罪对象是国家秘密。（2）客观方面表现为行为人以窃取、刺探、收买方法，非法获取国家秘密的行为。（3）主体是一般主体。（4）主观方面是故意。

犯本罪的，依照《刑法》第282条第1款的规定处罚。

【非法持有国家绝密、机密文件、资料、物品罪】

非法持有国家绝密、机密文件、资料、物品罪，是指非法持有属于国家绝密、机密的文件、资料或者其他物品，拒不说明来源与用途的行为。本罪的特征是：（1）客体是国家的保密工作秩序。（2）客观方面表现为行为人实施了非法持有属于国家绝密、机密的文件、资料或者其他物品，拒不说明来源与用途的行为。（3）主体是一般主体。（4）主观方面是故意。

犯本罪的，依照《刑法》第282条第2款的规定处罚。

【非法生产、销售专用间谍器材，窃听、窃照专用器材罪】

非法生产、销售间谍专用器材罪，是指非法生产、销售专用间谍器材或窃听、窃照专用器材的行为。本罪的特征是：（1）客体是国家对专用间谍器材或窃听、窃照专用器材的管理秩序。（2）客观方面表现为行为人实施了非法生产、销售专用间谍器材或窃听、窃照专用器材的行为。（3）主体是一般主体，单位也可以构成。（4）主观方面是故意。

犯本罪的，依照《刑法》第 283 条的规定处罚。

【非法使用窃听、窃照专用器材罪】

非法使用窃听、窃照专用器材罪，是指非法使用窃听、窃照专用器材，造成严重后果的行为。本罪的特征是：（1）客体是国家对窃听、窃照专用器材使用的管理秩序。（2）客观方面表现为行为人实施了非法使用窃听、窃照专用器材，造成严重后果的行为。（3）主体是一般主体。（4）主观方面是故意。

犯本罪的，依照《刑法》第 284 条的规定处罚。

【组织考试作弊罪】

组织考试作弊罪，是指在法律规定的国家考试中，组织作弊，以及为他人实施前款犯罪提供作弊器材或其他帮助的行为。本罪的特征是：（1）客体是国家对考试的管理秩序和他人公平参与考试的权利。（2）客观方面表现为在法律规定的国家考试中，组织作弊，以及为他人提供作弊器材或者其他帮助的行为。（3）主体是一般主体。（4）主观方面是故意。

犯本罪的，依照《刑法》第 284 条之一的规定处罚。

【非法出售、提供试题、答案罪】

非法出售、提供试题、答案罪，是指为实施考试作弊行为，向他人非法出售或者提供法律规定的国家考试的试题、答案的行为。本罪的特征是：（1）客体是国家对考试的管理秩序和他人公平参与考试的权利。（2）客观方面表现为向他人非法出售或者提供法律规定的国家考试的试题、答案的行为。（3）主体是一般主体。（4）主观方面是故意。

犯本罪的，依照《刑法》第 284 条之一的规定处罚。

【代替考试罪】

代替考试罪，是指代替他人或者让他人代替自己参加法律规定的国家考试的行为。本罪的特征是：（1）客体是国家对考试的管理秩序和他人公平参与考试的权利。（2）客观方面表现为代替他人或者让他人代替自己参加法律规定的国家考试的行为。（3）主体是一般主体。（4）主观方面是故意。

犯本罪的，依照《刑法》第 284 条之一的规定处罚。

【非法获取计算机信息系统数据、非法控制计算机信息系统罪】

非法获取计算机信息系统数据、非法控制计算机信息系统罪，是指违反国家规定，侵入国家事务、国防建设、尖端科学技术领域以外的计算机信息系统或者采用其他技术手段，获取该计算机信息系统中存储、处理或者传输的数据，或者对该计算机信息系统实施非法控制，情节严重的行为。本罪的特征是：（1）客体是计算机信息系统安全。（2）客观方面表现为违反国家规定，侵入国家事务、国防建设、尖端科学技术领域以外的计算机信息系统或者采用其他技术手段，获取该计算机信息系统中存储、处理或者传输的数据，或者对该计算机信息系统实施非法控制，情节严重的行为。（3）主体是一般主体，单位也可以构成。（4）主观方面是故意。

犯本罪的，依照《刑法》第 285 条第 2 款的规定处罚。

【提供侵入、非法控制计算机信息系统程序、工具罪】

提供侵入、非法控制计算机信息系统程序、工具罪，是指提供专门用于侵入、非法控制计算机信息系统的程序、工具，或者明知他人实施侵入、非法控制计算机信息系统的违法犯罪行为而为其提供程序、工具，情节严重的行为。本罪的特征是：（1）客体是计算机信息系统安全。（2）客观方面表现为提供专门用于侵入、非法控制计算机信息系统的程序、工具，或者明知他人实施侵入、非法控制计算机信息系统的违法犯罪行为而为其提供程序、工具，情节严重的行为。（3）主体是一般主体，单位也可以构成。（4）主观方面是故意。

犯本罪的，依照《刑法》第 285 条第 3 款的规定处罚。

【拒不履行信息网络安全管理义务罪】

拒不履行信息网络安全管理义务罪，是指网络服务提供者不履行法律、行政法规规定的信息网络安全管理义务，经监管部门责令采取改正措施而拒不改正，情节严重的行为。本罪的特征是：（1）客体是信息网络安全管理秩序。（2）客观方面表现为不履行法律、行政法规规定的信息网络安全管理义务，经监管部门责令采取改正措施而拒不改正，情节严重的行为。情节严重包括：致使违法信息大量传播的；致使用户信息泄露，造成严重后果的；致使刑事案件证据灭失的；有其他严重情节的。（3）主体是一般主体，单位也可以构成。（4）主观方面是故意。

犯本罪的，依照《刑法》第 286 条之一的规定处罚。

【非法利用信息网络罪】

非法利用信息网络罪，是指利用信息网络设立用于实施违法犯罪活动的网站、通讯群组，发布违法犯罪信息，或者为实施违法犯罪活动发布信息，情节严重的行为。本罪的特征是：（1）客体是信息网络安全管理秩序。（2）客观方面表现为利用信息网络设立用于实施违法犯罪活动的网站、通讯群组，发布违法犯罪信息，或者为实施违法犯罪活动发布信息，情节严重的行为。（3）主体是一般主体，单位也可以构成。（4）主观方面是故意。

犯本罪的，依照《刑法》第 287 条之一的规定处罚。

【帮助信息网络犯罪活动罪】

帮助信息网络犯罪活动罪，是指明知他人利用信息网络实施犯罪，为其犯罪提供互联网接入、服务器托管、网络存储、通信传输等技术支持，或者提供广告推广、支付结算等帮助，情节严重的行为。本罪的特征是：（1）客体是信息网络安全管理秩序。（2）客观方面表现为为他人犯罪提供互联网接入、服务器托管、网络存储、通信传输等技术支持，或者提供广告推广、支付结算等帮助，情节严重的行为。（3）主体是一般主体，单位也可以构成。（4）主观方面是故意。

犯本罪的，依照《刑法》第287条之二的规定处罚。

【扰乱无线电通信管理秩序罪】

扰乱无线电通信管理秩序罪，是指违反国家规定，擅自设置、使用无线电台（站），或者擅自占用频率，经责令停止使用后拒不停止使用，干扰无线电通信正常进行，造成严重后果的行为。本罪的特征是：（1）客体是国家对无线电通信的管理秩序。（2）客观方面表现为行为人实施了违反国家规定，擅自设置、使用无线电台（站），或者擅自占用频率，经责令停止使用后拒不停止使用，干扰无线电通信正常进行，造成严重后果的行为。（3）主体是一般主体，包括自然人和单位。（4）主观方面是故意。

犯本罪的，依照《刑法》第288条的规定处罚。

【聚众扰乱社会秩序罪】

聚众扰乱社会秩序罪，是指聚众扰乱社会秩序，情节严重，致使工作、生产、营业和教学、科研无法进行，造成严重损失的行为。本罪的特征是：（1）客体是社会的工作、生产、营业和教学、科研秩序。犯罪对象主要是国家机关、企业、事业单位、人民团体等。（2）客观方面表现为行为人实施了聚众扰乱社会秩序，情节严重，致使工作、生产、营业和教学、科研无法进行，造成严重损失的行为。（3）主体是一般主体。（4）主观方面是故意。

犯本罪的，依照《刑法》第290条第1款的规定处罚。

【聚众冲击国家机关罪】

聚众冲击国家机关罪，是指聚众冲击国家机关，致使国家机关工作无法进行，造成严重损失的行为。本罪的特征是：（1）客体是国家机关正常的工作秩序。（2）客观方面表现为行为人实施了聚众冲击国家机关，致使国家机关工作无法进行，造成严重损失的行为。（3）主体是一般主体。但承担刑事责任者只能是首要分子和其他积极参加者。（4）主观方面是故意。

犯本罪的，依照《刑法》第290条第2款的规定处罚。

【扰乱国家机关工作秩序罪】

扰乱国家机关工作秩序罪，是指多次扰乱国家机关工作秩序，经行政处罚后仍不改正，造成严重后果的行为。本罪的特征是：（1）客体是国家机关正常的工作秩序。（2）客观方面表现为多次扰乱国家机关工作秩序，经行政处罚后仍不改正，造成严重后果的行为。（3）主体是一般主体。（4）主观方面是故意。

犯本罪的，依照《刑法》第290条第3款的规定处罚。

【组织、资助非法聚集罪】

组织、资助非法聚集罪，是指多次组织、资助他人非法聚集，扰乱社会秩序，情节严重的行为。本罪的特征是：（1）客体是社会管理秩序。（2）客观方面表现为多次组织、资助他人非法聚集，扰乱社会秩序，情节严重的行为。（3）主体是一般主体。（4）主观方面是故意。

犯本罪的，依照《刑法》第 290 条第 4 款的规定处罚。

【聚众扰乱公共场所秩序、交通秩序罪】

聚众扰乱公共场所秩序、交通秩序罪，是指聚众扰乱车站、码头、民用航空站、商场、公园、影剧院、展览会、运动场或者其他公共场所秩序，聚众堵塞交通或者破坏交通秩序，抗拒、阻碍国家治安管理工作人员依法执行职务，情节严重的行为。本罪的特征是：（1）客体是国家对社会公共场所的管理秩序或者交通管理秩序。（2）客观方面表现为行为人实施了聚众扰乱车站、码头、民用航空站、商场、公园、影剧院、展览会、运动场或者其他公共场所秩序，聚众堵塞交通或者破坏交通秩序，抗拒、阻碍国家治安管理工作人员依法执行职务，情节严重的行为。（3）主体是一般主体，但只处罚首要分子。（4）主观方面是故意。

犯本罪的，依照《刑法》第 291 条的规定处罚。

【编造、故意传播虚假恐怖信息罪】

编造、故意传播虚假恐怖信息罪，是指编造爆炸威胁、生化威胁、放射威胁等恐怖信息，或者明知是编造的恐怖信息而故意传播，严重扰乱社会秩序的行为。本罪的特征是：（1）客体是社会公共秩序。（2）客观方面表现为行为人实施了编造爆炸威胁、生化威胁、放射威胁等恐怖信息，或者明知是编造的恐怖信息而故意传播，严重扰乱社会秩序的行为。所谓恐怖信息，是指足以造成公众心理恐惧、社会恐慌，从而严重扰乱社会秩序的信息，主要包括爆炸威胁、生化威胁、放射威胁的信息，也包括其他与爆炸威胁、生化威胁、放射威胁等信息在破坏程度、恐怖程度等方面具有相当性的恐怖信息。据司法解释，① 编造与突发传染病疫情等灾害有关的恐怖信息，或者明知是编造的此类恐怖信息而故意传播，严重扰乱社会秩序的，以本罪论处。（3）主体是一般主体。（4）主观方面是故意。

犯本罪的，依照《刑法》第 291 条之一的规定处罚。

【编造、故意传播虚假信息罪】

编造、故意传播虚假信息罪，是指编造虚假的险情、疫情、灾情、警情，在信息网络或者其他媒体上传播，或者明知是上述虚假信息，故意在信息网

---

① 2003 年最高人民法院、最高人民检察院《关于办理妨害预防、控制突发传染病疫情等灾害的刑事案件具体应用法律若干问题的解释》。

络或者其他媒体上传播，严重扰乱社会秩序的行为。本罪的特征是：（1）客体是社会公共秩序。（2）客观方面表现为编造虚假的险情、疫情、灾情、警情，在信息网络或者其他媒体上传播，或者在信息网络或者其他媒体上传播，严重扰乱社会秩序的行为。（3）主体是一般主体。（4）主观方面是故意。

犯本罪的，依照《刑法》第291条之一第2款的规定处罚。

【入境发展黑社会组织罪】

入境发展黑社会组织罪，是指我国大陆境外的黑社会组织的人员到大陆境内发展组织成员的行为。本罪的特征是：（1）客体是社会治安管理秩序。境外黑社会组织，是指被我国大陆境外的国家或地区确定为黑社会组织的犯罪组织，既包括外国的黑社会组织，也包括我国香港、澳门、台湾地区的黑社会组织。（2）客观方面表现为境外黑社会组织的人员入境发展黑社会组织成员的行为。（3）主体是特殊主体，即境外黑社会组织的人员。至于境外黑社会组织人员的国籍并不影响本罪主体的成立。（4）主观方面是直接故意。

犯本罪的，依照《刑法》第294条第2款的规定处罚。

【高空抛物罪】

高空抛物罪，是指从建筑物或者其他高空抛掷物品，情节严重的行为。本罪的特征是：（1）客体是国家对社会公共安全的管理秩序。（2）客观方面表现为从建筑物或者其他高空抛掷物品，情节严重的行为。（3）主体是一般主体。（4）主观方面为故意。

犯本罪的，依照《刑法》第291条之二的规定处罚。

【催收非法债务罪】

催收非法债务罪，是指以暴力、胁迫等方式，催收高利放贷等产生的非法债务、情节严重的行为。本罪的特征是：（1）客体是公共秩序，主要包括正常的催债秩序和公民生活安宁。（2）客观方面表现为采取暴力、胁迫，限制人身自由或侵入住宅，以及恐吓、跟踪、骚扰他人的方法，催收高利放贷等产生的非法债务，情节严重的行为。（3）主体为一般主体。（4）主观方面为故意。

犯本罪的，依照《刑法》第293条之一的规定处罚。

【包庇、纵容黑社会性质组织罪】

包庇、纵容黑社会性质组织罪，是指国家机关工作人员包庇黑社会性质组织，或者纵容黑社会性质组织进行违法犯罪活动的行为。本罪的特征是：（1）客体是社会治安管理秩序和国家机关的正常活动。（2）客观方面表现为国家机关工作人员实施了包庇、纵容黑社会性质组织的行为。（3）主体是特殊主体，即只能是国家机关工作人员。（4）主观方面是故意。

犯本罪的，依照《刑法》第294条第3款的规定处罚。

【传授犯罪方法罪】

传授犯罪方法罪，是指行为人故意用语言、文字、动作或者其他方式，把犯罪方法传授给他人的行为。本罪的特征是：（1）客体是社会公共管理秩序。（2）客观方面表现为用语言、文字、动作或者其他方式，把某种或者某几种犯罪的具体方法传授给他人的行为。（3）主体是一般主体。（4）主观方面是故意。

犯本罪的，依照《刑法》第 295 条的规定处罚。

【非法集会、游行、示威罪】

非法集会、游行、示威罪，是指未依照法律规定申请或者申请未获许可而举行集会、游行、示威，或者未按照主管机关许可的起止时间、地点、路线进行，又拒不服从解散命令，严重破坏社会秩序的行为。本罪的特征是：（1）客体是国家对集会、游行、示威活动的管理秩序。（2）客观方面表现为行为人实施了非法集会、游行、示威，又拒不服从解散命令，严重破坏社会秩序的行为。（3）主体是一般主体，但承担刑事责任的必须是非法集会、游行、示威的负责人和直接责任人员。（4）主观方面是故意。

犯本罪的，依照《刑法》第 296 条的规定处罚。

【非法携带武器、管制刀具、爆炸物参加集会、游行、示威罪】

非法携带武器、管制刀具、爆炸物参加集会、游行、示威罪，是指违反法律规定，携带武器、管制刀具或者爆炸物参加集会、游行、示威的行为。本罪的特征是：（1）客体是国家对武器、管制刀具、爆炸物的管理秩序和对集会、游行、示威的管理秩序。（2）客观方面表现为行为人实施了违反法律规定，携带武器、管制刀具或者爆炸物参加集会、游行、示威的行为。（3）主体是一般主体。（4）主观方面是故意。

犯本罪的，依照《刑法》第 297 条的规定处罚。

【破坏集会、游行、示威罪】

破坏集会、游行、示威罪，是指扰乱、冲击或者以其他方法破坏依法举行的集会、游行、示威，造成公共秩序混乱的行为。本罪的特征是：（1）客体是国家对集会、游行、示威的管理秩序。（2）客观方面表现为行为人实施了扰乱、冲击或者以其他方法破坏依法举行的集会、游行、示威，造成公共秩序混乱的行为。（3）主体是一般主体。（4）主观方面是故意。

犯本罪的，依照《刑法》第 298 条的规定处罚。

【侮辱国旗、国徽罪】

侮辱国旗、国徽罪，是指在公众场合故意以焚烧、毁损、涂划、玷污、践踏等方式侮辱中华人民共和国国旗、国徽的行为。本罪的特征是：（1）客体是国家的尊严和国家对国旗、国徽的管理秩序。（2）客观方面表现为行为人实施了在公众场合故意以焚烧、毁损、涂划、玷污、践踏等方式侮辱中华人民共和国国旗、国徽的行为。（3）主体是一般主体。（4）主观方面是故意。

犯本罪的，依照《刑法》第299条第1款的规定处罚。

【侮辱国歌罪】

侮辱国歌罪，是指在公共场合，故意篡改中华人民共和国国歌歌词、曲谱，以歪曲、贬损方式奏唱国歌，或者以其他方式侮辱国歌，情节严重的行为。本罪的特征是：（1）客体是国家的尊严和国家对国歌的管理秩序。（2）客观方面表现为在公共场合，篡改中华人民共和国国歌歌词、曲谱，以歪曲、贬损方式奏唱国歌，或者以其他方式侮辱国歌，情节严重的行为。（3）主体是一般主体。（4）主观方面是故意。

犯本罪的，依照《刑法》第299条第2款的规定处罚。

【侵害英雄烈士名誉、荣誉罪】

侵害英雄烈士名誉、荣誉罪，是指以侮辱、诽谤或者以其他方式侵害英雄烈士的名誉、荣誉，损害社会公共利益，情节严重的行为。本罪的特征是：（1）客体是社会公共利益。（2）客观方面表现为侮辱、诽谤或者以其他方式侵害英雄烈士的名誉、荣誉，损害社会公共利益，情节严重的行为。（3）主体是一般主体。（4）主观方面为故意。

犯本罪的，依照《刑法》第299条之一的规定处罚。

【组织、利用会道门、邪教组织，利用迷信破坏法律实施罪】

组织、利用会道门、邪教组织，利用迷信破坏法律实施罪，是指组织和利用会道门、邪教组织或者利用迷信破坏国家法律、行政法规实施的行为。本罪的特征是：（1）客体是国家实施法律、行政法规的活动。（2）客观方面表现为组织和利用会道门、邪教组织或者利用迷信破坏国家法律、行政法规实施的行为。（3）主体是一般主体。（4）主观方面是故意。

犯本罪的，依照《刑法》第300条第1款的规定处罚。

【组织、利用会道门、邪教组织，利用迷信致人重伤、死亡罪】

组织、利用会道门、邪教组织，利用迷信致人重伤、死亡罪，是指组织和利用会道门、邪教组织或者利用迷信蒙骗他人，致人重伤、死亡的行为。本罪的特征是：（1）客体是国家对社会的管理秩序和公民的生命权利。（2）客观方面表现为行为人实施了组织和利用会道门、邪教组织或者利用迷信蒙骗他人，致人重伤、死亡的行为。（3）主体是一般主体。（4）主观方面是出于过失。

犯本罪的，依照《刑法》第300条第2款的规定处罚。

【聚众淫乱罪】

聚众淫乱罪，是指纠集多人进行集体淫乱或者多次参加集体淫乱的行为。本罪的特征是：（1）客体是社会公共秩序。（2）客观方面表现为行为人实施了纠集多人进行集体淫乱或者多次参加集体淫乱的行为。（3）主体是一般主体。但承担刑事责任的必须是首要分子和多次参加者。（4）主观方面是故意。

犯本罪的，依照《刑法》第 301 条第 1 款的规定处罚。

【引诱未成年人聚众淫乱罪】

引诱未成年人聚众淫乱罪，是指引诱未成年人参加聚众淫乱活动的行为。本罪的特征是：（1）客体是社会公共秩序和未成年人的身心健康权利。（2）客观方面表现为引诱未成年人参加聚众淫乱活动的行为。未成年人是否实际参加了具体的淫乱活动，不影响本罪的成立。（3）主体是一般主体。（4）主观方面是故意。

犯本罪的，依照《刑法》第 301 条第 2 款的规定处罚。

【盗窃、侮辱、故意毁坏尸体、尸骨、骨灰罪】

盗窃、侮辱、故意毁坏尸体、尸骨、骨灰罪，是指秘密窃取、侮辱或者故意毁坏尸体、尸骨、骨灰的行为。本罪的特征是：（1）客体是社会公序良俗。对象包括尸体、尸骨、骨灰。（2）客观方面表现为行为人实施了秘密窃取、侮辱或者毁坏尸体、尸骨、骨灰的行为。（3）主体是一般主体。（4）主观方面是故意。

犯本罪的，依照《刑法》第 302 条的规定处罚。

【赌博罪】

赌博罪，是指以营利为目的，聚众赌博或者以赌博为业的行为。本罪的特征是：（1）客体是社会公共秩序。（2）客观方面表现为聚众赌博或者以赌博为业的行为。（3）主体是一般主体。（4）主观方面是故意。

犯本罪的，依照《刑法》第 303 条第 1 款的规定处罚。

【开设赌场罪】

开设赌场罪，是指开设赌场的行为。本罪的特征是：（1）客体是社会公共秩序。（2）客观方面表现为开设赌场的行为。以营利为目的，在计算机网络上建立赌博网站，或者为赌博网站担任代理，接受投注的，属于“开设赌场”。（3）主体是一般主体。（4）主观方面是故意，且以营利为目的。

犯本罪的，依照《刑法》第 303 条第 2 款的规定处罚。

【组织参与国（境）外赌博罪】

组织参与国（境）外赌博罪，是指组织中华人民共和国公民参与国（境）外赌博，数额巨大或者有其他严重情节的行为。本罪的特征是：（1）客体是社会公共秩序。（2）客观方面表现为组织我国公民参与国（境）外赌博行为，数额巨大或者有其他严重情节的行为。（3）主体为一般主体。（4）主观方面为故意。

犯本罪的，依照《刑法》第 303 条第 3 款的规定处罚。

【故意延误投递邮件罪】

故意延误投递邮件罪，是指邮政工作人员严重不负责任，故意延误投递邮件，致使公共财产、国家和人民利益遭受重大损失的行为。本罪的特征是：（1）客体是国家对邮政工作的管理秩序和公民、单位的通信自由权。（2）客观方面表现为行为人实施了故意延误投递邮件，致使公共财产、国家和人民利益遭受重大损失的行为。（3）主体是特殊主体，即只能是具有投递职责的邮政工作人员。（4）主观方面是故意。

犯本罪的，依照《刑法》第304条的规定处罚。

第二节 妨害司法罪

一、妨害司法罪概述

妨害司法罪，是指违反国家法律规定，以各种方法妨害国家司法机关正常活动，破坏国家行使司法权的行为。本罪名属于次类罪名。本类罪的特征是：

1. 客体是国家正常的司法活动。司法活动包括侦查、检察、审判、执行、监管等环节，只有正常的司法活动才能实现司法公正与公平。具体到每一个罪，有些可能发生在司法活动的多个环节，如伪证罪可以发生在侦查、审查起诉（检察）、审判任意一个环节中，有些罪只能发生在司法活动的一个环节中，如扰乱法庭秩序罪只能发生在审判环节，但不论哪一种妨害司法的犯罪，均必然妨害司法活动这一整体。

2. 客观方面表现为实施了违反国家法律规定，使用各种方法妨害司法机关正常活动，破坏国家行使司法权的行为。妨害司法行为的方法多种多样，如妨害作证的行为；窝藏、包庇犯罪分子的行为；破坏监管秩序的行为；扰乱法庭秩序，拒不执行判决、裁定的行为，等等。从行为方式上看，本类罪中的具体犯罪多数由作为构成，只有拒绝提供间谍犯罪、恐怖主义犯罪、极端主义犯罪证据罪等少数犯罪由不作为构成。

3. 主体只能是已满16周岁并具备辨认和控制能力的自然人。有的犯罪由一般主体构成，有的只能由特殊主体构成。

4. 主观方面都是出于故意。其中有的犯罪在主观方面要求行为人必须具有某种特定的犯罪目的，如伪证罪要求行为人必须具有意图陷害他人或者隐匿罪证的目的。

二、妨害司法罪中的主要犯罪

【伪证罪】

（一）伪证罪的定义和特征

伪证罪，是指在刑事诉讼中，证人、鉴定人、记录人、翻译人对与案件有重要关系的情节，故意作虚假证明、鉴定、记录、翻译，意图陷害他人或者隐匿罪证的行为。本罪的特征是：

1. 客体是司法机关的刑事诉讼活动。伪证犯罪行为，无论是陷害他人，使无罪的人受到刑事追究，还是隐匿罪证，放纵真正的犯罪分子，都必然妨害司法机关的刑事诉讼活动。在意图陷害他人的情形下，伪证行为往往又同时侵犯了公民的人身权利。

2. 客观方面表现为在刑事诉讼中，证人、鉴定人、记录人、翻译人对与案件有重要关系的情节，故意作虚假证明、鉴定、记录、翻译，意图陷害他人或者隐匿罪证的行为。具体可从以下几个方面理解：（1）行为人实施了作虚假的证明、鉴定、记录或翻译的行为。所谓虚假，就是无中生有，虚构犯罪事实或者伪造证据，或者掩盖事情真相，将应当提供或反映的事实不提供、不反映。这里的虚假一般包括两种情形：一是出于陷害他人的目的，捏造或夸大事实以陷人入罪；二是出于包庇犯罪分子的目的，掩盖或缩小事实以开脱罪责。判断是否虚假，应坚持主客观相结合的原则，即行为人主观上有作伪证的意图，客观上作出了与事实不符的证明、鉴定、记录、翻译，才能认定为虚假。（2）必须是针对与案件有重要关系的情节，作虚假的证明、鉴定、记录或翻译。与案件有重要关系的情节，是指对案件结论（包括实体结论与程序结论）有影响的情节，即对是否构成犯罪、犯罪的性质、罪行的轻重、量刑的轻重具有重要关系的情节。伪证行为只要足以影响案件结论即可，不要求实际上影响了案件结论。（3）伪证行为必须发生在刑事诉讼中，即从侦查机关对刑事案件立案到法院审判终结的过程中，或者从刑事案件的自诉人提起自诉到法院审判终结的过程中。但对“刑事诉讼”应略作扩大解释。例如，行为是否构成故意伤害罪，取决于其是否造成了轻伤以上的伤害。而公安机关在决定是否立案时，常常首先作伤情鉴定。在此阶段，鉴定人将轻微伤鉴定为重伤的，宜认定为伪证罪。如果在民事、行政诉讼或者仲裁、公证等非诉讼活动中作虚假证明等，不能构成本罪，构成其他犯罪的，按其他犯罪处理。

3. 主体是特殊主体，即只能是刑事诉讼中的证人、鉴定人、记录人、翻译人。证人，是指向司法机关陈述自己经历或知悉的案件事实情况的人；鉴定人，是指受司法机关聘请或指派对某些专门性问题进行鉴别判断，提供鉴定结论或者意见的人；记录人，是指在刑事诉讼中为司法机关的调查、搜查、询问证人、被害人或审问犯罪嫌疑人、被告人等活动中担任记录工作的人；翻译人，是指在刑事诉讼中受司法机关指派或委托担任外语、民族语言或哑语等翻译工作的人员。

4. 主观方面是故意，且具有陷害他人或者隐匿罪证的犯罪目的。

（二）认定伪证罪应注意的问题

1. 本罪与非罪的界限。正确区分本罪与非罪的界限，关键在于把握主客观相结合的原则，将“伪证”与“误证”区别开来，即查明行为人主观上是否具有陷害他人或者隐匿罪证的意图，客观上是否作了与事实不符的伪证。如果行为人故意作伪证，具有陷害他人或者隐匿罪证的意图，就构成本罪；如果是行为人因记忆错误而证词失实，或者是由于业务水平低下、粗心大意等造成鉴定、记录、翻译出错，而行为人又没有陷害他人或者隐匿罪证的意图，则不能构成本罪。

2. 本罪与诬告陷害罪的界限。诬告陷害罪的行为人为了达到使他人受到刑事追究的目的，虚构事实、伪造证据，在表现形式上与本罪有相同之处。二者的主要区别在于：（1）犯罪主体不同。本罪是特殊主体，仅限于刑事诉讼中的证人、鉴定人、记录人、翻译人；后者则是一般主体。（2）主观方面不同。本罪行为人的犯罪意图既可以是陷害无罪的人，也可以是包庇有罪的人；后者行为人的犯罪意图则是使无罪的人受刑事追究。（3）客观方面不同。本罪客观方面表现为对与案件有重要关系的情节作虚假证明、鉴定、记录、翻译，行为发生在刑事诉讼过程中；诬告陷害罪则是捏造他人犯罪事实并向有关机关作虚假告发，告发是构成诬告陷害罪的前提，发生于刑事诉讼活动开始之前。

3. 本罪的既遂。本罪属于行为犯，以法定的犯罪行为完成为犯罪既遂的标准，即行为人只要在刑事诉讼中对与案件有重要关系的情节故意作了虚假的证明、鉴定、记录或翻译，就成立犯罪既遂。至于是否使他人受到不应有的刑事追究或逃避应有的刑事制裁，都不影响本罪的成立。

（三）伪证罪的处罚

根据《刑法》第305条的规定，犯本罪的，处3年以下有期徒刑或者拘役；情节严重的，处3年以上7年以下有期徒刑。

【窝藏、包庇罪】

（一）窝藏、包庇罪的定义和特征

窝藏、包庇罪，是指明知是犯罪的人而为其提供隐蔽处所、财物，帮助其逃匿或者作假证明包庇的行为。本罪的特征是：

1. 客体是国家司法机关的正常活动。具体地讲，主要是司法机关对犯罪分子的刑事追诉和刑罚执行活动。窝藏、包庇罪的对象是犯罪分子，即已经实施了犯罪行为的人，不仅包括被法院宣告有罪的人还包括依法被追诉的人，即包括判决前的犯罪嫌疑人、被告人和判决后的犯罪分子。

2. 客观方面表现为实施了窝藏或包庇犯罪分子的行为。所谓窝藏，是指为犯罪分子提供隐蔽处所、财物，帮助其逃匿的行为。所谓包庇，是指为犯罪分子作假证明以掩盖其犯罪事实的行为。

3. 主体是一般主体，限于自然人，刑事责任年龄为16周岁以上。

4. 主观方面是故意，即明知是犯罪的人而实施窝藏、包庇行为。

（二）认定窝藏、包庇罪应注意的问题

1. 本罪与非罪的界限。重点把握本罪与知情不报的界限。所谓知情不报，是指知晓犯罪事实或犯罪嫌疑人的情况而不主动或不自觉向司法机关举报的行为。虽然这种行为在客观上起到了放纵犯罪分子的作用，但它与本罪有很大的区别：窝藏、包庇罪的行为人表现为以积极的行为帮助犯罪分子逃避刑事制裁，而知情不报的行为人只是消极地不反映有关犯罪事实和犯罪分子的信息。对于知情不报的行为一般不以犯罪处理。但是如果明知他人有间谍犯罪或者恐怖主义、极端主义犯罪行为，在司法机关向其调查有关情况、收集有关证据时，拒绝提供，情节严重的，则根据《刑法》第311条的规定，构成拒绝提供间谍犯罪、恐怖主义犯罪、极端主义犯罪证据罪。此外，窝藏、包庇实施了一般违法行为的人，通常不构成犯罪。但根据《刑法》第362条的规定，旅馆业、饮食服务业、文化娱乐业、出租汽车业等单位的人员，在公安机关查处卖淫、嫖娼活动时，为违法犯罪分子通风报信，情节严重的，构成本罪。

2. 本罪与伪证罪的界限。包庇罪的行为表现之一就是作假证明，与伪证罪有相似之处。二者的主要区别在于：（1）犯罪主体不同。本罪是一般主体；后者是特殊主体，即证人、鉴定人、记录人、翻译人。（2）实施犯罪的时间不同。本罪可以发生在刑事诉讼的任何阶段，包括刑罚执行中；而后者只能发生在刑事诉讼的过程中。（3）犯罪故意的内容不同。本罪的犯罪意图是使犯罪分子逃避法律的制裁，后者的犯罪意图既可以是隐匿罪证使犯罪分子逃避法律制裁，也可以是意图陷害他人而使无罪的人受到刑事追究。

3. 区分本罪与事前有同谋的共同犯罪。窝藏、包庇行为是在被窝藏、包庇的人犯罪后实施的，其犯罪故意也是在他人犯罪之后产生的，即只有在与犯罪人没有事前通谋的情况下，实施窝藏、包庇行为的，才成立本罪。如果行为人事前与犯罪人通谋，即进行了商议和谋划，商定待犯罪人实施犯罪后予以窝藏、包庇的，则成立共同犯罪，不以本罪论处。

（三）窝藏、包庇罪的处罚

根据《刑法》第310条的规定，犯本罪的，处3年以下有期徒刑、拘役或者管制；情节严重的，处3年以上10年以下有期徒刑。

【掩饰、隐瞒犯罪所得、犯罪所得收益罪】

（一）掩饰、隐瞒犯罪所得、犯罪所得收益罪的定义和特征

掩饰、隐瞒犯罪所得、犯罪所得收益罪，是指明知是犯罪所得及其产生的收益而予以窝藏、转移、收购、代为销售或者以其他方法掩饰、隐瞒的行为。本罪的特征是：

1. 客体是司法机关的正常活动，具体指司法机关追查犯罪、追缴犯罪所得及其收益的活动。犯罪所得及其产生的收益是揭露和证实犯罪事实的重要证据，也是挽回被害人损失的保证。掩饰、隐瞒犯罪所得、犯罪所得收益的行为则给司法机关追缴或查处犯罪所得、犯罪所得收益的活动增加了困难，甚至直接或间接帮助了犯罪，妨害了国家司法机关的正常活动。

2. 客观方面表现为行为人实施了窝藏、转移、收购、代为销售或者以其他方法掩饰、隐瞒犯罪所得及其产生的收益的行为。窝藏，是指为犯罪分子提供藏匿犯罪所得及其收益的处所，为其隐藏、保管等，使司法机关不能或难以发现赃物的行为。转移，是指搬动或者运输等改变赃物的存放地的行为。窝藏和转移均要求其犯罪程度达到足以影响司法机关正常的查明犯罪、追缴犯罪所得及其收益活动的程度。收购，是指收买不特定的犯罪人的赃物或者购买大量赃物的行为。在司法实践中主要是指有偿购入，然后再高价出卖的情况。对于购买特定少量赃物自用的，一般不构成犯罪。代为销售，是指受犯罪分子委托，帮助其销售犯罪所得及其收益的行为。根据司法解释的规定①，“其他方法”，是指窝藏、转移、收购、代为销售以外的方法，如居间介绍买卖，收受，持有，使用，加工，提供资金账户，协助将财物转换为现金、金融票据、有价证券，协助将资金转移、汇往境外等。“犯罪所得”，是指通过犯罪直接得到的赃款、赃物。“犯罪所得产生的收益”，是指上游犯罪的行为人对犯罪所得进行处理后得到的孳息、租金等。认定掩饰、隐瞒犯罪所得、犯罪所得收益罪，以上游犯罪事实成立为前提。上游犯罪尚未依法裁判，但查证属实的，不影响掩饰、隐瞒犯罪所得、犯罪所得收益罪的认定。上游犯罪事实经查证属实，但因行为人未达到刑事责任年龄等原因依法不予追究刑事责任的，不影响掩饰、隐瞒犯罪所得、犯罪所得收益罪的认定。根据司法解释②，知道或者应当知道是《刑法》第 341 条第 2 款规定的非法狩猎的野生动物而购买的，属于明知是犯罪所得而收购的行为。

3. 主体是一般主体，包括自然人和单位。但犯罪分子在实施某种犯罪之后处理犯罪所得而实施的掩饰、隐瞒行为，不另构成本罪。

---

① 2015 年最高人民法院《关于审理掩饰、隐瞒犯罪所得、犯罪所得收益刑事案件适用法律若干问题的解释》。

② 2014 年全国人民代表大会常务委员会《关于〈中华人民共和国刑法〉第三百四十一条、第三百一十二条的解释》。

4. 主观方面是出于直接故意，即明知是他人的犯罪所得及其产生的收益，而有意为其掩饰、隐瞒。行为人不知是赃物而保管的，不成立犯罪；但知道真相后继续保管的，成立本罪。但是如果行为人事前与本犯通谋，就事后窝藏、转移、收购、代为销售、掩饰、隐瞒犯罪赃物达成合意的，则以共同犯罪论处。例如，事前与盗窃、抢劫、诈骗、抢夺等犯罪分子通谋，掩饰、隐瞒犯罪所得及其产生的收益的，以盗窃、抢劫、诈骗、抢夺等犯罪的共犯论处。

这里的“明知”，包括明知肯定是赃物与明知可能是赃物。行为人对赃物的认识不要求是确定的，只要认识到或许是赃物、可能是赃物即可。根据2009年11月11日施行的最高人民法院《关于审理洗钱等刑事案件具体应用法律若干问题的解释》，对于“明知”，应当结合被告人的认知能力，接触他人犯罪所得及其收益的情况，犯罪所得及其收益的种类、数额，犯罪所得及其收益的转换、转移方式以及被告人的供述等主、客观因素进行认定。具有下列情形之一的，可以认定被告人明知系犯罪所得及其收益，但有证据证明确实不知道的除外：（1）知道他人从事犯罪活动，协助转换或者转移财物的；（2）没有正当理由，通过非法途径协助转换或者转移财物的；（3）没有正当理由，以明显低于市场的价格收购财物的；（4）没有正当理由，协助转换或者转移财物，收取明显高于市场的“手续费”的；（5）没有正当理由，协助他人将巨额现金散存于多个银行账户或者在不同银行账户之间频繁划转的；（6）协助近亲属或者其他关系密切的人转换或者转移与其职业或者财产状况明显不符的财物的；（7）其他可以认定行为人明知的情形。

（二）认定掩饰、隐瞒犯罪所得、犯罪所得收益罪应注意的问题

1. 罪与非罪的界限。行为人虽然明知是犯罪所得及其产生的收益，但掩饰、隐瞒的对象数额较小、危害不大的，可作一般违法行为处理，但不能以犯罪论处。根据司法解释的规定①，掩饰、隐瞒犯罪所得及其产生的收益，具有下列情形之一的，应以本罪论处：（1）掩饰、隐瞒犯罪所得及其产生的收益价值3000元至1万元以上的；（2）一年内曾因掩饰、隐瞒犯罪所得及其产生的收益行为受过行政处罚，又实施掩饰、隐瞒犯罪所得及其产生的收益行为的；（3）掩饰、隐瞒的犯罪所得系电力设备、交通设施、广播电视设施、公用电信设施、军事设施或者救灾、抢险、防汛、优抚、扶贫、移民、救济款物的；（4）掩饰、隐瞒行为致使上游犯罪无法及时查处，并造成公私财物损失无法挽回的；（5）实施其他掩饰、隐瞒犯罪所得及其产生的收益行为，妨害司法机关对上游犯罪进行追究的。根据司法解释②，明知是非法狩猎的野

---

① 2015年最高人民法院《关于审理掩饰、隐瞒犯罪所得、犯罪所得收益刑事案件适用法律若干问题的解释》。

② 2014年全国人民代表大会常务委员会《关于〈中华人民共和国刑法〉第三百四十一条、第三百一十二条的解释》。

生动物而收购，数量达到50只以上的，以掩饰、隐瞒犯罪所得罪定罪处罚。

2. 本罪与洗钱罪的界限。本罪与洗钱罪既有联系，也有区别。洗钱罪只限于掩饰、隐瞒毒品犯罪、黑社会性质的组织犯罪、恐怖活动犯罪、走私犯罪、贪污贿赂犯罪、破坏金融管理秩序犯罪、金融诈骗犯罪的所得及其产生的收益的来源和性质行为，而本罪包括对一切犯罪所得及其产生收益的掩饰与隐瞒。洗钱罪包括各种掩饰、隐瞒犯罪所得及其收益的来源和性质的行为，而本罪是对犯罪所得及其产生的收益本身的掩饰与隐瞒。洗钱罪与掩饰、隐瞒犯罪所得、犯罪所得收益罪的区分并不仅仅以上游犯罪的范围为准，还应当兼顾犯罪客体及行为方式、主观明知内容等因素综合判断。但是本罪与洗钱罪不是对立关系，一个行为完全可能同时触犯本罪的与洗钱罪，对此应按想象竞合犯从一重罪论处。

3. 本罪与窝藏、包庇罪的界限。二者的主要区别在于：（1）犯罪对象不同。本罪是犯罪所得及其产生的收益，后者的行为对象则是犯罪人。（2）犯罪行为方式不同。本罪表现为窝藏、转移、收购、代为销售或者以其他方法掩饰、隐瞒犯罪所得及其产生的收益的行为，后者则是为犯罪分子提供隐蔽处所、财物，帮助其逃匿或者作假证明包庇的行为。

（三）掩饰、隐瞒犯罪所得、犯罪所得收益罪的处罚

根据《刑法》第312条的规定，犯本罪的，处3年以下有期徒刑、拘役或者管制，并处或者单处罚金；情节严重的，处3年以上7年以下有期徒刑，并处罚金。单位犯本罪的，对单位判处罚金，并对其直接负责的主管人员和其他直接责任人员，依照上述规定处罚。

【拒不执行判决、裁定罪】

（一）拒不执行判决、裁定罪的定义和特征

拒不执行判决、裁定罪，是指对人民法院的判决、裁定有能力执行而拒不执行，情节严重的行为。本罪的特征是：

1. 客体是人民法院的执行活动。拒不执行判决、裁定罪的犯罪对象是判决、裁定。根据司法解释的规定①，“人民法院的判决、裁定”，是指人民法院依法作出的具有执行内容并已发生法律效力的判决、裁定。人民法院为依法执行支付令，生效的调解书、仲裁裁决、公证债权文书等所作的裁定，亦属本罪所指的裁定。

2. 客观方面表现为行为人实施了拒不执行判决、裁定的行为，即对于人民法院作出的已经发生法律效力的判决、裁定，行为人有能力执行而拒不执行，情节严重的行为。根据司法解释的规定②，所谓情节严重，是指下列情形

① 2002年全国人大常委会《关于〈中华人民共和国刑法〉第三百一十三条的解释》。

② 2002年全国人大常委会《关于〈中华人民共和国刑法〉第三百一十三条的解释》。

之一：(1) 被执行人隐藏、转移、故意毁损财产或者无偿转让财产、以明显不合理的低价转让财产，致使判决、裁定无法执行的；(2) 担保人或者被执行人隐藏、转移、故意毁损或者转让已向人民法院提供担保的财产，致使判决、裁定无法执行的；(3) 协助执行义务人接到人民法院协助执行通知书后，拒不协助执行，致使判决、裁定无法执行的；(4) 被执行人、担保人、协助执行义务人与国家机关工作人员通谋，利用国家机关工作人员的职权妨害执行，致使判决、裁定无法执行的；(5) 其他有能力执行而拒不执行，情节严重的情形。根据司法解释①，上述立法解释中的“其他有能力执行而拒不执行，情节严重的情形”包括：(1) 具有拒绝报告或者虚假报告财产情况、违反人民法院限制高消费及有关消费令等拒不执行行为，经采取罚款或者拘留等强制措施后仍拒不执行的；(2) 伪造、毁灭有关被执行人履行能力的重要证据，以暴力、威胁、贿买方法阻止他人作证或者指使、贿买、胁迫他人作伪证，妨碍人民法院查明被执行人财产情况，致使判决、裁定无法执行的；(3) 拒不交付法律文书指定交付的财物、票证或者拒不迁出房屋、退出土地，致使判决、裁定无法执行的；(4) 与他人串通，通过虚假诉讼、虚假仲裁、虚假和解等方式妨害执行，致使判决、裁定无法执行的；(5) 以暴力、威胁方法阻碍执行人员进入执行现场或者聚众哄闹、冲击执行现场，致使执行工作无法进行的；(6) 对执行人员进行侮辱、围攻、扣押、殴打，致使执行工作无法进行的；(7) 毁损、抢夺执行案件材料、执行公务车辆和其他执行器械、执行人员服装以及执行公务证件，致使执行工作无法进行的；(8) 拒不执行法院判决、裁定，致使债权人遭受重大损失的。

3. 主体是特殊主体，即负有执行人民法院判决、裁定义务的人，包括自然人和单位。被执行人、协助执行义务人、担保人等负有执行义务的人都可以成为本罪的主体。

4. 主观方面是出于直接故意。即行为人明知是人民法院已经生效的判决或裁定，而故意拒不执行。如果确因不知判决、裁定已生效而未执行的，或者因某种不能预见或无法抗拒的实际困难而无法执行的，不构成犯罪。

（二）认定拒不执行判决、裁定罪应注意的问题

主要注意区分本罪的一罪与数罪。暴力抗拒人民法院执行判决、裁定，杀害、重伤执行人员的，属于想象竞合犯，从一重罪处罚，即应以故意杀人罪、故意伤害罪论处。根据司法解释②，国家机关工作人员收受贿赂或者滥用职权，实施本罪行为，同时又构成受贿罪、滥用职权罪的，依照处罚较重的

---

① 2015 年最高人民法院《关于审理拒不执行判决、裁定刑事案件适用法律若干问题的解释》。

② 2015 年最高人民法院《关于审理拒不执行判决、裁定刑事案件适用法律若干问题的解释》。

规定定罪处罚。

（三）拒不执行判决、裁定罪的处罚

根据《刑法》第313条的规定，犯本罪的，处3年以下有期徒刑、拘役或者罚金；情节特别严重的，处3年以上7年以下有期徒刑，并处罚金。单位犯前款罪的，对单位判处罚金，并对其直接负责的主管人员和其他直接责任人员，依照前款的规定处罚。

三、妨害司法罪中的其他犯罪

【辩护人、诉讼代理人毁灭证据、伪造证据、妨害作证罪】

辩护人、诉讼代理人毁灭证据、伪造证据、妨害作证罪，是指在刑事诉讼中，辩护人、诉讼代理人毁灭、伪造证据，帮助当事人毁灭、伪造证据，威胁、引诱证人违背事实改变证言或者作伪证的行为。本罪的特征是：（1）客体是司法机关的刑事诉讼活动。（2）客观方面表现为在刑事诉讼中，毁灭、伪造证据，帮助当事人毁灭、伪造证据，威胁、引诱证人违背事实改变证言或者作伪证的行为。（3）主体是特殊主体，只能是刑事诉讼中的辩护人和诉讼代理人。（4）主观方面是故意。

犯本罪的，依照《刑法》第306条的规定处罚。

【妨害作证罪】

妨害作证罪，是指以暴力、威胁、贿买等方法阻止证人作证或者指使他人作伪证的行为。本罪的特征是：（1）客体是司法机关的正常活动。（2）客观方面表现为以暴力、威胁、贿买等方法阻止证人作证或者指使他人作伪证的行为。本罪既可发生在刑事诉讼中，也可发生在民事诉讼或行政诉讼中。（3）主体是一般主体。在司法实践中，多是与案件有利害关系的人。（4）主观方面是故意。

犯本罪的，依照《刑法》第307条第1款的规定处罚。

【帮助毁灭、伪造证据罪】

帮助毁灭、伪造证据罪，是指帮助当事人毁灭、伪造证据，情节严重的行为。本罪的特征是：（1）客体是司法机关的正常活动。（2）客观方面是行为人实施了帮助当事人毁灭、伪造证据，情节严重的行为。（3）主体是一般主体。（4）主观方面是故意。

犯本罪的，依照《刑法》第307条第2款的规定处罚。

【虚假诉讼罪】

虚假诉讼罪，是指以捏造的事实提起民事诉讼，妨害司法秩序或者严重侵害他人合法权益的行为。本罪的特征是：（1）客体是司法机关的正常活动。（2）客观方面是以捏造的事实提起民事诉讼，妨害司法秩序或者严重侵害他人合法权益的行为。（3）主体是一般主体，包括自然人和单位。（4）主观方面是故意。

犯本罪的，依照《刑法》第307条之一的规定处罚。

【打击报复证人罪】

打击报复证人罪，是指采用暴力、威胁方法，故意对证人打击报复的行为。本罪的特征是：（1）客体是司法机关的正常活动。（2）客观方面是行为人实施了采用暴力、威胁方法，故意对证人打击报复的行为。（3）主体是一般主体。（4）主观方面是故意。

犯本罪的，依照《刑法》第308条的规定处罚。

【泄露不应公开的案件信息罪】

泄露案件信息罪，是指司法工作人员、辩护人、诉讼代理人或者其他诉讼参与人，泄露依法不公开审理的案件中不应当公开的信息，造成信息公开传播或者其他严重后果的行为。本罪的特征是：（1）客体是司法机关的正常活动。（2）客观方面表现为行为人实施了泄露依法不公开审理的案件中不应当公开的信息，造成信息公开传播或者其他严重后果的行为。（3）主体是特殊主体，即司法工作人员、辩护人、诉讼代理人或者其他诉讼参与人。（4）主观方面是故意。

犯本罪的，依照《刑法》第308条之一的规定处罚。

【披露、报道不应公开的案件信息罪】

披露、报道不应公开的案件信息罪，是指公开披露、报道依法不公开审理的案件中不应当公开的信息，情节严重的行为。本罪的特征是：（1）客体是司法机关的正常活动。（2）客观方面表现公开披露、报道依法不公开审理的案件中不应当公开的信息，情节严重的行为。（3）主体是一般主体，包括自然人和单位。（4）主观方面是故意。

犯本罪的，依照《刑法》第308条之一的规定处罚。

【扰乱法庭秩序罪】

扰乱法庭秩序罪，是指以聚众哄闹、冲击法庭，殴打司法工作人员或者诉讼参与人等方式，严重扰乱法庭秩序、情节严重的行为。本罪的特征是：（1）客体是人民法院庭审活动的正常秩序。（2）客观方面是行为人实施了以下扰乱法庭秩序的行为：第一，聚众哄闹、冲击法庭的；第二，殴打司法工作人员或者诉讼参与人的；第三，侮辱、诽谤、威胁司法工作人员或者诉讼参与人，不听法庭制止，严重扰乱法庭秩序的；第四，有毁坏法庭设施，抢夺、损毁诉讼文书、证据等扰乱法庭秩序行为，情节严重的。（3）主体是一般主体。（4）主观方面是故意。

犯本罪的，依照《刑法》第309条的规定处罚。

【拒绝提供间谍犯罪、恐怖主义犯罪、极端主义犯罪证据罪】

拒绝提供间谍犯罪、恐怖主义犯罪、极端主义犯罪证据罪，是指明知他人有间谍犯罪或者恐怖主义、极端主义犯罪行为，在司法机关向其调查有关情况、收集有关证据时，拒绝提供，情节严重的行为。本罪的特征是：（1）客体是国家司法机关的正常活动。（2）客观方面是行为人实施了拒绝向司法机关提供间谍犯罪或者恐怖主义、极端主义犯罪证据，情节严重的行为。（3）主体是一般主体，但必须是知道有关间谍犯罪、恐怖主义犯罪、极端主义犯罪情况的人。（4）主观方面是故意。

犯本罪的，依照《刑法》第311条的规定处罚。

【非法处置查封、扣押、冻结的财产罪】

非法处置查封、扣押、冻结的财产罪，是指隐藏、转移、变卖、故意毁损已被司法机关查封、扣押、冻结的财产，情节严重的行为。

本罪的特征是：（1）客体是司法机关的正常执行活动。（2）客观方面表现为行为人实施了隐藏、转移、变卖、故意毁损已被司法机关查封、扣押、冻结的财产，情节严重的行为。（3）主体是一般主体。（4）主观方面是故意。

犯本罪的，依照《刑法》第314条的规定处罚。

【破坏监管秩序罪】

破坏监管秩序罪，是指依法被关押的罪犯破坏监管秩序，情节严重的行为。本罪的特征是：（1）客体是国家监所的管理秩序。所谓监所，是指监狱、看守所以及其他关押罪犯的场所。（2）客观方面表现为行为人实施了破坏监管秩序，情节严重的行为。所谓破坏监管秩序，是指下列情形之一：殴打监管人员的；组织其他被监管人破坏监管秩序的；聚众闹事，扰乱正常监管秩序的；殴打、体罚或者指使他人殴打、体罚其他被监管人的。上述行为必须情节严重，才能构成犯罪。（3）主体是特殊主体，即只能是依法被关押的罪犯。（4）主观方面是故意。

犯本罪的，依照《刑法》第315条的规定处罚。

【脱逃罪】

脱逃罪，是指依法被关押的罪犯、被告人、犯罪嫌疑人从被关押的处所逃离的行为。本罪的特征是：（1）客体是国家司法机关对罪犯、被告人、犯罪嫌疑人的正常监管活动。（2）客观方面表现为行为人实施了脱逃的行为，即从司法机关的监管处所逃离的行为。（3）主体是特殊主体，即依法被关押的罪犯、被告人、犯罪嫌疑人。（4）主观方面是故意。行为人明知自己的脱逃行为侵犯司法机关的正常监管秩序，并且希望或者放任这种结果发生。

犯本罪的，依照《刑法》第316条第1款的规定处罚。

【劫夺被押解人员罪】

劫夺被押解人员罪，是指采用暴力、威胁或者其他方法，劫夺押解途中的罪犯、被告人、犯罪嫌疑人的行为。本罪的特征是：（1）客体是国家监管机关的正常活动。(2) 客观方面是行为人实施了劫夺押解途中的罪犯、被告人、犯罪嫌疑人的行为，如果劫夺的是非法被带走的人员，则不构成犯罪。(3) 主体是一般主体。(4) 主观方面是故意。

犯本罪的，依照《刑法》第 316 条第 2 款的规定处罚。

【组织越狱罪】

组织越狱罪，是指依法被关押的罪犯、被告人、犯罪嫌疑人在首要分子的组织、策划、指挥下，有组织、有计划地集体越狱逃跑的行为。本罪的特征是：(1) 客体是国家监管机关的正常活动。(2) 客观方面表现为在首要分子的组织、策划、指挥下，3 人以上集体越狱逃跑的行为；其中既包括组织、策划、指挥越狱的行为，也包括参加有组织越狱的行为。(3) 主体是特殊主体，即依法被关押的罪犯、被告人或犯罪嫌疑人。(4) 主观方面是故意。

犯本罪的，依照《刑法》第 317 条第 1 款的规定处罚。

【暴动越狱罪】

暴动越狱罪，是指依法被关押的罪犯、被告人、犯罪嫌疑人在首要分子的组织、策划、指挥下，有组织、有计划地采取暴动的方式逃离羁押场所的行为。本罪的特征是：(1) 客体是国家监管机关的正常活动。(2) 客观方面是行为人实施了暴动越狱的行为。(3) 主体是特殊主体，即被关押的罪犯、被告人、犯罪嫌疑人。(4) 主观方面是故意。

犯本罪的，依照《刑法》第 317 条第 2 款的规定处罚。

【聚众持械劫狱罪】

聚众持械劫狱罪，是指关押场所以外的人在首要分子的组织、策划、指挥下，有组织、有计划地聚众持械劫夺被依法关押的罪犯、被告人、犯罪嫌疑人的行为。本罪的特征是：(1) 客体是国家监管机关的正常活动。(2) 客观方面是行为人实施了聚众持械劫夺被依法关押的罪犯、被告人、犯罪嫌疑人的行为。(3) 主体是一般主体。(4) 主观方面是故意。

犯本罪的，依照《刑法》第 317 条第 2 款的规定处罚。

第三节　妨害国（边）境管理罪

一、妨害国（边）境管理罪概述

妨害国（边）境管理罪是次类罪名，指所有违反国（边）境管理法规，严重妨害国（边）境正常管理秩序的一类犯罪的总称。本类罪属于次类罪名。本类罪的特征是：

1. 客体是国家对国（边）境的正常管理秩序。这里的国（边）境，既指国境，即我国与外国的疆界，又指边境，即我国大陆与台、港、澳地区在行政区划上的交界。为了实现国（边）境的正常管理秩序，我国制定了《外国人入境出境管理法》《出境入境管理法》《出境入境边防检查条例》等一系列法律和法规。根据这些法律法规，任何人出入我国国（边）境，必须履行相关手续，经相关管理部门批准，才能在规定的时间、地点入境或出境。

2. 客观方面表现为行为人实施了违反国（边）境管理法规，严重妨害国家对国（边）境的正常管理秩序的行为。从行为的表现形式上看，妨害国（边）境管理罪都是以作为方式进行的。

3. 主体是一般主体。除骗取出境证件罪既可以由自然人构成，也可以由单位构成外，其他犯罪都是只能由年满 16 周岁并且具有刑事责任能力的自然人构成。

4. 主观方面是故意。

二、妨害国（边）境管理罪中的主要犯罪

【组织他人偷越国（边）境罪】

（一）组织他人偷越国（边）境罪的定义和特征

组织他人偷越国（边）境罪，是指违反国（边）境管理法规，非法组织他人偷越国（边）境的行为。本罪的构成特征是：

1. 客体是国家对国（边）境的正常管理秩序。

2. 客观方面表现为行为人违反国（边）境管理法规，组织他人偷越国（边）境的行为。根据司法解释①，领导、策划、指挥他人偷越国（边）境或者在首要分子指挥下，实施拉拢、引诱、介绍他人偷越国（边）境等行为的，应当认定为组织他人偷越国（边）境罪。

3. 主体是一般主体，由年满 16 周岁的自然人构成。

4. 主观方面是故意。

（二）组织他人偷越国（边）境罪的认定

主要注意区分一罪与数罪。在组织他人偷越国（边）境过程中，造成被组织人重伤、死亡的；剥夺或者限制被组织人人身自由的；以暴力、威胁方法抗拒检查的；都只成立本罪一罪。但是对被组织人有杀害、伤害、强奸、拐卖等犯罪行为，或者对检查人员有杀害、伤害等犯罪行为的，依照数罪并罚的规定处罚。

（三）组织他人偷越国（边）境罪的刑事责任

根据《刑法》第 318 条的规定，组织他人偷越国（边）境的，处 2 年以

① 2012 年最高人民法院、最高人民检察院《关于办理妨害国（边）境管理刑事案件应用法律若干问题的解释》。

上7年以下有期徒刑，并处罚金；有下列情形之一的，处7年以上有期徒刑或者无期徒刑，并处罚金或者没收财产：（1）组织他人偷越国（边）境集团的首要分子；（2）多次组织他人偷越国（边）境或者组织他人偷越国（边）境人数众多的；（3）造成被组织人重伤、死亡的；（4）剥夺或者限制被组织人人身自由的；（5）以暴力、威胁方法抗拒检查的；（6）违法所得数额巨大的；（7）有其他特别严重情节的。根据司法解释，这里刑法的“人数众多”，一般是指组织他人偷越国（边）境人数在10人以上。

犯前款罪的，对被组织人有杀害、伤害、强奸、拐卖等犯罪行为，或者对检查人员有杀害、伤害等犯罪行为的，依照数罪并罚的规定处罚。

【偷越国（边）境罪】

（一）偷越国（边）境罪的定义和特征

偷越国（边）境罪，是指违反国（边）境管理法规，偷越国（边）境，情节严重的行为。本罪的构成特征是：

1. 本罪的客体是国家对出入国（边）境的管理制度。

2. 本罪的客观方面表现为违反国（边）境管理法规，偷越国（边）境，情节严重的行为。所谓偷越国（边）境，是指行为人没有获得合法批准的情况下，擅自出入国（边）境的行为。根据司法解释①，偷越国（边）境，具有下列情形之一的，应当认定为“情节严重”：（1）在境外实施损害国家利益行为的；（2）偷越国（边）境3次以上或者3人以上结伙偷越国（边）境的；（3）拉拢、引诱他人一起偷越国（边）境的；（4）勾结境外组织、人员偷越国（边）境的；（5）因偷越国（边）境被行政处罚后一年内又偷越国（边）境的；（6）其他情节严重的情形。

3. 主体是一般主体，由年满16周岁的自然人构成。可以是中国公民，也可以是外国人。

4. 主观方面是故意。

（二）偷越国（边）境罪的认定

主要注意一罪与数罪的区别。走私犯罪中偷越国（边）境的，按相关的走私犯罪处理，不另认定本罪。贩卖、运输毒品罪中如果偷越国（边）境的，也不另认定本罪。国家机关工作人员在履行公务期间，擅离岗位，叛逃境外或者掌握国家秘密的国家工作人员在境外叛逃的，构成叛逃罪一罪，不另认定本罪。

（三）偷越国（边）境罪的刑事责任

根据《刑法》第322条的规定，违反国（边）境管理法规，偷越国

---

① 2012年最高人民法院、最高人民检察院《关于办理妨害国（边）境管理刑事案件应用法律若干问题的解释》。

（边）境，情节严重的，处1年以下有期徒刑、拘役或者管制，并处罚金；为参加恐怖活动组织、接受恐怖活动培训或者实施恐怖活动，偷越国（边）境，处1年以上3年以下有期徒刑，并处罚金。

三、妨碍国（边）境管理罪中的其他犯罪

【骗取出境证件罪】

骗取出境证件罪，是指自然人或者单位以劳务输出、经贸往来或者其他名义，弄虚作假，骗取护照、签证等出境证件，为组织他人偷越国（边）境使用的行为。本罪的特征是：（1）客体是国家对出境证件的管理制度。（2）客观方面表现为以劳务输出、经贸往来或者其他名义，弄虚作假，骗取护照、签证等出境证件，为组织他人偷越国（边）境使用的行为。（3）主体是一般主体，单位可以构成。（4）主观方面是故意，并且有为组织他人偷越国（边）境使用的目的。

犯本罪的，依照《刑法》第319条的规定处罚。

【提供伪造、变造的出入境证件罪】

提供伪造、变造的出入境证件罪，是指为他人提供伪造、变造的护照、签证等出入境证件的行为。本罪的特征是：（1）客体是出入境证件的管理制度。（2）客观方面表现为为他人提供伪造、变造的护照、签证等出入境证件的行为。（3）主体是一般主体。（4）主观方面是故意。

犯本罪的，依照《刑法》第320条的规定处罚。

【出售出入境证件罪】

出售出入境证件罪，是指向他人出售护照、签证等出入境证件的行为。本罪的特征是：（1）客体是国家出入境证件的管理制度。（2）客观方面表现为向他人出售护照、签证等出入境证件的行为。（3）主体是一般主体。（4）主观方面是故意。

犯本罪的，依照《刑法》第320条的规定处罚。

【运送他人偷越国（边）境罪】

运送他人偷越国（边）境罪，是指违反国家国（边）境的管理法规，运送他人偷越国（边）境的行为。本罪的特征是：（1）客体是国家的国（边）境管理制度。（2）客观方面表现为运送他人偷越国（边）境的行为。（3）主体是一般主体。（4）主观方面是故意。

犯本罪的，依照《刑法》第321条的规定处罚。

【破坏界碑、界桩罪】

破坏界碑、界桩罪，是指明知是国家国（边）境的界碑、界桩而故意进行破坏的行为。本罪的特征是：（1）客体是国家对国（边）境界碑、界桩的管理制度。（2）客观方面表现为破坏国（边）境界碑、界桩的行为。（3）主

体是一般主体。(4) 主观方面是故意。

犯本罪的，依照《刑法》第 323 条的规定处罚。

【破坏永久性测量标志罪】

破坏永久性测量标志罪，是指明知是永久性测量标志而故意进行破坏的行为。本罪的特征是：(1) 客体是国家对永久性测量标志的管理制度。(2) 客观方面表现为破坏永久性测量标志的行为。(3) 主体是一般主体。(4) 主观方面是故意。

犯本罪的，依照《刑法》第 323 条的规定处罚。

第四节　妨害文物管理罪

一、妨害文物管理罪概述

妨害文物管理罪，是指违反国家有关文物保护法规，严重妨害国家文物管理秩序的行为。本类罪名属于次类罪名。本类罪的特征是：

1. 客体是国家对文物的管理秩序。本类罪的犯罪对象是国家保护的文物。根据《文物保护法》的规定，下列文物受国家保护：(1) 具有历史、艺术、科学价值的古文化遗址、古墓葬、古建筑、石窟寺和石刻、壁画；(2) 与重大历史事件、革命运动或者著名人物有关的以及具有重要纪念意义、教育意义或者史料价值的近代现代重要史迹、实物、代表性建筑；(3) 历史上各时代珍贵的艺术品、工艺美术品；(4) 历史上各时代重要的文献资料以及具有历史、艺术、科学价值的手稿和图书资料等；(5) 反映历史上各时代、各民族社会制度、社会生产、社会生活的代表性实物。具有科学价值的古脊椎动物化石和古人类化石同文物一样受国家保护。古文化遗址、古墓葬、古建筑、石窟寺、石刻、壁画、近代现代重要史迹和代表性建筑等不可移动文物，根据它们的历史、艺术、科学价值，可以分别确定为全国重点文物保护单位，省级文物保护单位，市、县级文物保护单位。历史上各时代重要实物、艺术品、文献、手稿、图书资料、代表性实物等可移动文物，分为珍贵文物和一般文物；珍贵文物分为一级文物、二级文物、三级文物。

2. 客观方面表现为行为人实施了违反国家有关文物保护法规，严重妨害国家文物管理秩序的行为。具体可分为以下几类：(1) 损毁行为，包括故意损毁文物罪，故意损毁名胜古迹罪，过失损毁文物罪。(2) 非法出售、赠予行为，包括非法向外国人出售、赠送珍贵文物罪，非法出售、私赠文物罪，倒卖文物罪，擅自出卖、转让国有档案罪。(3) 盗窃行为，包括盗掘古文化遗址、古墓葬罪，盗掘古人类化石、古脊椎动物化石罪，抢夺、窃取国有档案罪。

3. 主体多数是一般主体。有的犯罪只能由自然人构成，包括故意损毁文物罪，故意损毁名胜古迹罪，过失损毁珍贵文物罪，盗掘古文化遗址、古墓葬罪，盗掘古人类化石、古脊椎动物化石罪，抢夺、窃取国有档案罪，擅自出卖、转让国有档案罪。有的犯罪既可以由自然人构成，也可以由单位构成，包括非法向外国人出售、赠送珍贵文物罪。个别犯罪主体是特殊主体，倒卖文物罪，非法出售、私赠文物藏品罪的主体是特殊主体，只能由国有单位构成，非国有单位和个人不能成为本罪的主体。

4. 主观方面绝大多数是出于故意，只有过失损毁文物罪是过失。倒卖文物罪主观上还要求以牟利为目的。

二、妨害文物管理罪中的主要犯罪

【故意损毁文物罪】

（一）故意损毁文物罪的定义和特征

故意损毁文物罪，是指故意损毁国家保护的珍贵文物或者被确定为全国重点文物保护单位、省级文物保护单位的文物的行为。本罪的特征是：

1. 客体为国家的文物管理制度和文物所有权。本罪的犯罪对象为国家保护的珍贵文物或者被确定为全国重点文物保护单位、省级文物保护单位的文物。根据司法解释的规定①，具有科学价值的古脊椎动物化石和古人类化石也可以成为本罪的犯罪对象。

2. 客观方面表现为行为人实施了故意损毁珍贵文物的行为。具体损毁行为的表现形式是多种多样的，如拆卸、刻画、焚烧、砸烂等各种损毁文物的行为。

3. 主体是一般主体，由年满16周岁的自然人构成。

4. 主观方面是故意。

（二）认定故意损毁文物罪应注意的问题

认定该罪时，要注意该罪的立案标准。根据司法解释的规定②，故意损毁国家保护的珍贵文物或者被确定为全国重点文物保护单位、省级文物保护单位的文物的，应予以立案。没有达到立案标准的，不以犯罪论处。

（三）故意损毁文物罪的处罚

根据《刑法》第324条第1款的规定，犯本罪的，处3年以下有期徒刑

---

① 2005年全国人大常委会《关于〈中华人民共和国刑法〉有关文物的规定适用于具有科学价值的古脊椎动物化石和古人类化石的解释》。

② 2008年最高人民检察院、公安部《关于公安机关管辖的刑事案件立案追诉标准的规定（一）》。

或者拘役，并处或者单处罚金；情节严重的，处 3 年以上 10 年以下有期徒刑，并处罚金。

【倒卖文物罪】

（一）倒卖文物罪的定义和特征

倒卖文物罪，是指以牟利为目的，倒卖国家禁止经营的文物，情节严重的行为。本罪的特征是：

1. 客体是国家的文物管理制度。根据《文物保护法》和《文物保护法实施细则》等相关法律法规的规定，国家保护合法的文物买卖行为，同时也禁止非法的文物买卖行为。合法经营文物，要经过国家文物局或者省、自治区、直辖市人民政府文物行政管理部门批准，还要在国家工商行政管理部门办理相关手续。本罪的犯罪对象是国家禁止经营的文物。主要是指一、二、三级珍贵文物，以及国家文物主管部门核定公布的其他禁止买卖的文物。

2. 客观方面表现为行为人实施倒卖国家禁止经营的文物并且情节严重的行为。倒卖，通常是指为了营利而买进或卖出。情节严重是本罪成立的客观要件，判断情节是否严重需要根据倒卖文物的等级、数量、次数、获利数额等进行综合判断。多次倒卖国家禁止经营的文物、倒卖国家禁止经营的文物多件的或者违法所得数额较大、在倒卖文物中造成文物损毁的，都可以认定为情节严重。

3. 主体是一般主体，既包括自然人也包括单位。

4. 主观方面为故意，并且行为人具有牟利的目的。

（二）认定倒卖文物罪应注意的问题

1. 本罪与非罪的界限。行为人倒卖国家禁止经营的文物，但情节尚不严重的，不构成犯罪。

2. 行为人将国家禁止经营的文物倒卖给外国人的，是本罪与非法向外国人出售珍贵文物罪的想象竞合犯，从一重罪论处。

（三）倒卖文物罪的处罚

根据《刑法》第 326 条的规定，犯本罪的，处 5 年以下有期徒刑或者拘役，并处罚金；情节特别严重的，处 5 年以上 10 年以下有期徒刑，并处罚金。

单位犯本罪的，对单位判处罚金，并对其直接负责的主管人员和其他直接责任人员，依照前款的规定处罚。

【盗掘古文化遗址、古墓葬罪】

（一）盗掘古文化遗址、古墓葬罪的定义和特征

盗掘古文化遗址、古墓葬罪，是指盗掘具有历史、艺术、科学价值的古文化遗址、古墓葬的行为。本罪的特征是：

1. 客体是国家对古文化遗址、古墓葬的管理制度和国家对古文化遗址、

古墓葬的所有权。本罪的犯罪对象是古文化遗址、古墓葬。根据司法解释的规定①，古文化遗址、古墓葬，是指清代和清代以前的具有历史、艺术、科学价值的古文化遗址、古墓葬以及辛亥革命以后与某种历史事件有关的名人墓葬、遗址和纪念地。其中古文化遗址还包括石窟、地下城、古建筑、人类居住地遗址等；古墓葬包括历代皇帝及其嫔妃陵墓、历史上著名人物和革命烈士墓地等。

2. 客观方面表现为行为人实施了盗掘具有历史、艺术、科学价值的古文化遗址、古墓葬的行为。盗掘，是指未经国家有关主管部门批准而擅自挖掘。

3. 主体是一般主体。已满 16 周岁并且具备辨认和控制能力的自然人构成本罪的主体。

4. 主观方面是故意。

（二）认定盗掘古文化遗址、古墓葬罪应注意的问题

本罪属于行为犯，只要行为人实施了挖掘古文化遗址、古墓葬的行为，不论是否挖到文物，都足以成立本罪。在盗掘古文化遗址、古墓葬过程中，造成古文化遗址、古墓葬中珍贵文物毁坏的，宜从一重罪处罚。

（三）盗掘古文化遗址、古墓葬罪的处罚

根据《刑法》第 328 条的规定，犯本罪的，处 3 年以上 10 年以下有期徒刑，并处罚金；情节较轻的，处 3 年以下有期徒刑、拘役或者管制，并处罚金；有下列情形之一的，处 10 年以上有期徒刑或者无期徒刑，并处罚金或者没收财产：（1）盗掘确定为全国重点文物保护单位和省级文物保护单位的古文化遗址、古墓葬的；（2）盗掘古文化遗址、古墓葬集团的首要分子；（3）多次盗掘古文化遗址、古墓葬的；（4）盗掘古文化遗址、古墓葬，并盗窃珍贵文物或者造成珍贵文物严重破坏的。

三、妨害文物管理罪中的其他犯罪

【故意损毁名胜古迹罪】

故意损毁名胜古迹罪，是指故意损毁国家保护的名胜古迹，情节严重的行为。本罪的特征是：（1）客体是国家名胜古迹的管理制度。（2）客观方面表现为损毁国家保护的名胜古迹，情节严重的行为。（3）主体是一般主体。（4）主观方面是故意。

犯本罪的，依照《刑法》第 324 条第 2 款的规定处罚。

【过失损毁文物罪】

过失损毁文物罪，是指过失损毁国家保护的珍贵文物或者被确定为全国

① 1987 年最高人民法院、最高人民检察院《关于办理盗窃、盗掘、非法经营和走私文物的案件具体应用法律若干问题的解释》。

重点文物保护单位、省级文物保护单位的文物，造成严重后果的行为。本罪的特征是：（1）客体是国家的文物管理制度。（2）客观方面表现为损毁国家保护的珍贵文物或者被确定为全国重点文物保护单位、省级文物保护单位的文物，造成严重后果的行为。（3）主体是一般主体。（4）主观方面是过失。

犯本罪的，依照《刑法》第324条第3款的规定处罚。

【非法向外国人出售、赠送珍贵文物罪】

非法向外国人出售、赠送珍贵文物罪，是指违反文物保护法规，将收藏的国家禁止出口的珍贵文物私自出售或者私自赠送给外国人的行为。本罪的特征是：（1）客体是国家对珍贵文物的管理制度。（2）客观方面表现为违反文物保护法规，将收藏的国家禁止出口的珍贵文物私自出售或者私自赠送给外国人的行为。（3）主体是一般主体，单位可以构成。（4）主观方面是故意。

犯本罪的，依照《刑法》第325条的规定处罚。

【非法出售、私赠文物藏品罪】

非法出售、私赠文物藏品罪，是指违反文物保护法规，国有博物馆、图书馆等单位将国家保护的文物藏品出售或者私自送给非国有单位或者个人的行为。本罪的特征是：（1）客体是国家文物保护管理制度和国有文物藏品的所有权。（2）客观方面表现为违反文物保护法规，国有博物馆、图书馆等单位将国家保护的文物藏品出售或者私自送给非国有单位或者个人的行为。（3）主体是单位，只能由国有博物馆、图书馆等单位构成。（4）主观方面是故意。

犯本罪的，依照《刑法》第327条的规定处罚。

【盗掘古人类化石、古脊椎动物化石罪】

盗掘古人类化石、古脊椎动物化石罪，是指盗掘国家保护的具有科学价值的古人类化石和古脊椎动物化石的行为。本罪的特征是：（1）客体是国家文物保护管理制度和古人类化石、古脊椎动物化石的国家所有权。（2）客观方面表现为盗掘古人类化石、古脊椎动物化石的行为。（3）主体是一般主体。（4）主观方面是故意。

犯本罪的，依照《刑法》第328条的规定处罚。

【抢夺、窃取国有档案罪】

抢夺、窃取国有档案罪，是指抢夺、窃取国家所有的档案的行为。本罪的特征是：（1）客体是国家的档案管理制度和档案的国家所有权。（2）客观方面表现为抢夺、窃取国家所有的档案的行为。（3）主体是一般主体。（4）主观方面是故意。

犯本罪的，依照《刑法》第329条第1款、第3款的规定处罚。

【擅自出卖、转让国有档案罪】

擅自出卖、转让国有档案罪，是指违反档案法的规定，擅自出卖、转让国家所有的档案，情节严重的行为。本罪的特征是：（1）客体是国家的档案管理制度和档案的国家所有权。（2）客观方面表现为擅自出卖、转让国家所有的档案，情节严重的行为。（3）主体是一般主体。（4）主观方面是故意。

犯本罪的，依照《刑法》第329条第2款、第3款的规定处罚。

第五节　危害公共卫生罪

一、危害公共卫生罪概述

危害公共卫生罪，是指违反国家公共卫生管理法律、法规等制度，严重危害公共卫生的行为。本罪名属于次类罪名。本次类罪的特征是：

1. 客体是复杂客体，包括国家的公共卫生管理制度和公共卫生安全。所谓国家公共卫生管理制度，是指国家卫生行政管理部门依照有关公共卫生管理法律、法规所确立的规程和准则，并据以对国家公共卫生事业进行有效地管理。所谓公共卫生安全，是指不特定多数社会公众的卫生安全。危害公共卫生安全的行为，对社会不特定多数公众的生命和健康都将造成危害。

2. 客观方面表现为违反国家公共卫生管理法律、法规等制度，严重危害公共卫生的行为。这里的公共卫生管理法律、法规，是指除由全国人大常委会、国务院颁布实施的相关法律和行政法规外，还包括医疗卫生部门制定的具体规章、操作规则、标准等。目前，我国在规范公共卫生体系方面制定了《传染病防治法》《传染病防治法实施办法》《国境卫生检疫法》《国境卫生检疫法实施细则》《执业医师法》《进出境动植物检疫法》《血液制品管理条例》《医疗机构管理条例》《医疗事故处理条例》等一系列有关法律、法规以及规章和制度，已建立了较为完善的公共卫生管理体系。

3. 主体包括自然人和单位。其中，自然人主体包括一般主体和特殊主体。

4. 主观方面，有的犯罪是出于故意，有的犯罪是出于过失。

二、危害公共卫生罪中的主要犯罪

【妨害传染病防治罪】

（一）妨害传染病防治罪的定义和特征

妨害传染病防治罪，是指违反传染病防治法的规定，引起甲类传染病以及依法确定采取甲类传染病预防、控制措施的传染病传播或者有传播严重危险的行为。本罪的特征是：

1. 客体是复杂客体，包括国家对甲类传染病防治的管理制度和公共卫生安全。根据《传染病防治法》第3条的规定，我国的甲类传染病只限于鼠疫、霍乱两种。但是由于传染病具有传染性强、突发性快、扩散性广的特点，所以国务院卫生行政部门根据需要报经国务院批准，也可以增加其他需要按甲类管理的乙类传染病和突发原因不明的传染病，并及时公布。

2. 客观方面表现为违反传染病防治法的规定，引起甲类或者依法确定采取甲类传染病预防、控制措施的传染病传播或者有传播严重危险的行为。具体包括两个要素：（1）行为人必须实施了违反传染病防治法规定的行为。此处的传染病防治法，不仅指《传染病防治法》，还包括《传染病防治法实施办法》《生活饮用水卫生标准》等有关传染病防治的法律、法规及规章制度和具体操作规程。根据本条的规定，违反传染病防治法的行为具体表现为以下四种情形：第一，供水单位供应的饮用水不符合国家规定的卫生标准的，具体包括两种情形：一是集中式供水单位供应的饮用水不符合国家《生活饮用水卫生标准》的；二是单位自备水源，未经批准与城镇集中式供水系统相连接的。第二，拒绝按照疾病预防控制机构提出的卫生要求，对传染病病原体污染的污水、污物、场所和物品进行消毒处理的。所谓消毒处理，是指用化学、物理、生物的方法杀灭或者消除环境中的致病微生物，达到无害化。消毒处理应当按照《消毒管理办法》《消毒与灭菌效果的评价方法与标准》《医院消毒卫生标准》等规章制度，以及疾病预防控制机构的要求具体执行。拒绝消毒处理，既可以是指不按照疾病预防控制机构提出的卫生要求进行消毒处理，也可以是虽然进行了消毒处理，但未达到疾病预防控制机构的要求和有关法律、法规所规定的消毒标准的情形。第三，准许或者纵容传染病病人、病原携带者和疑似传染病病人从事国务院卫生行政部门规定禁止从事的易使传染病扩散的工作的。此处的传染病病人、疑似传染病病人，是指符合甲类传染病病人和疑似甲类传染病病人诊断标准的人；病原携带者，是指感染甲类传染病病原体无临床症状但能排出病原体的人。根据《传染病防治法实施办法》的有关规定，对患甲类传染病病人、病原体携带者应当予以必要的隔离治疗，直至医疗保健机构证明其不具有传染性时，方可恢复工作。对疑似甲类传染病病人，在排除患病嫌疑之前，不得从事易于传染病扩散的工作。第四，出售、运输疫区中被传染病病原体污染或者可能被传染病病原体污染的物品，未进行消毒处理的。第五，拒绝执行县级以上人民政府、疾病预防控制机构机构依照传染病防治法提出的预防、控制措施的。此处的拒绝，包括不接受、不执行，或者虽然接受但不按要求采取疾病预防控制机构提出的预防、控制措施。（2）必须引起甲类传染病或者依法确定采取甲类传染病预防、控制措施的传染病传播或者有传播的严重危险。所谓引起传播，是指行为人的违法行为造成了病原体和传染源的扩散，使较多的人被感染发病，并有蔓延的趋势。所谓有引起传播严重危险，是指行为人的违法行为造成病原体对环境和传播媒介的污染较为严重，造成了传染源引入、扩散，足以使不特定多数人被感染、发病的情形。

3. 主体是一般主体，既可以是已满16周岁的自然人，也可以是单位。

4. 主观方面是过失。

（二）认定妨害传染病防治罪应注意的问题

1. 本罪与非罪的界限。本罪在认定时，需要注意其与一般违反传染病防治法行为的界限。二者的主要区别在于：第一，是否实施了《刑法》第330条规定的五种法定行为之一。只有实施了该五种法定行为之一的，才能构成本罪。如果是该法定行为以外的其他违反传染病防治法的行为，则属于一般违反传染病防治法行为。第二，是否引起了甲类传染病或者依法确定采取甲类传染病预防、控制措施的传染病传播或者有传播严重危险。只有引起了传播或者有传播严重危险的，才能构成本罪，否则即使实施了法定的行为，也属于一般违反传染病防治法行为。

另外，在司法实践中需要注意本罪与次生自然灾害事故、技术事故的界限。次生自然灾害，是由于自然原生灾害所诱发出的一系列新的灾害和衍生灾害，如地震、洪水等引发的霍乱、鼠疫等传染病。技术事故，是指因技术条件或者设备条件的原因而导致的事故，如消毒设备突然出现故障而导致消毒未能达到国家规定的标准。区分能否由于这两种事故构成本罪的关键在于行为人的主观方面是否存在过失。如果行为人对于所发生的后果存在过失，则构成本罪；如果不存在过失，而是由于不能预见或者不可抗拒的原因所导致的，则属于刑法上的意外事件，不构成犯罪。

2. 本罪与过失投放危险物质罪的界限。过失投放危险物质罪中的“危险物质”，是指具有毒害性、放射性、传染病病原体的等物质。在司法实践中，行为人是以传染病病原体为行为对象时，便有可能与本罪发生混淆。本罪与后者的主要区别在于：（1）客体不同。本罪客体是国家甲类传染病防治的管理制度和公共卫生安全，后者的客体是公共安全。（2）行为对象范围不同。本罪的行为对象仅限于甲类传染病或者依法确定采取甲类传染病预防、控制措施的传染病病原体，后者除了传染病病原体外，还包括了具有毒害性、放射性的等物质。（3）行为表现不同。本罪表现为违反传染病防治法的规定，以《刑法》第330条所规定的特定行为，引起甲类传染病或者依法确定采取甲类传染病预防、控制措施的传染病传播或者有传播严重危险；后者则表现为投放传染病病原体危害公共安全的行为，具体行为方式没有特定限制。（4）犯罪成立标准不同。本罪的成立要求是，只要造成了甲类传染病或者依法确定采取甲类传染病预防、控制措施的传染病的传播或者引起甲类传染病传播严重危险的，即构成犯罪；而过失投放危险物质罪的成立，则是必须造成危害公共安全的严重后果。

（三）妨害传染病防治罪的处罚

根据《刑法》第 330 条的规定，犯本罪的，处 3 年以下有期徒刑或者拘役；后果特别严重的，处 3 年以上 7 年以下有期徒刑。单位犯本罪的，对单位判处罚金，并对其直接负责的主管人员和其他直接责任人员，依照上述规定处罚。

【非法组织卖血罪】

（一）非法组织卖血罪的定义和特征

非法组织卖血罪，是指违反国家规定，组织他人出卖血液的行为。本罪的特征是：

1. 客体是复杂客体，包括国家的采供血管理制度、公共卫生安全及卖血者的人身权利。由于血液的采集、供应和使用直接关系着卖血者和受血者的生命健康安全，因此国家制定了严格的采供血管理制度。非法组织他人出卖血液的行为不仅破坏了国家采供血管理制度，还有可能危及他人的生命健康权，极具严重的社会危害性。

2. 客观方面表现为非法组织他人出卖血液的行为。此处的非法，是指违反《采供血机构和血源管理办法》等国家有关采供血的规定，未经有关主管部门批准或者委托，擅自组织他人向依法从事血液采集工作的机构提供血液。所谓组织他人出卖血液，是指策划、指挥或者以各种方法招募、联络、安排、动员他人出卖血液的行为。此处的他人，是指自愿出卖血液的人。此处的血液，是指全血、成分血和特殊血液成分。

3. 主体是一般主体，由年满 16 周岁的自然人构成。

4. 主观方面是直接故意，多有非法牟利的目的。

（二）认定非法组织卖血罪应注意的问题

1. 本罪与非罪的界限。本罪在认定时，需注意其与一般违法行为的界限。根据司法解释①，非法组织他人出卖血液，涉嫌下列情形之一的，应予立案追诉：（1）组织卖血 3 人次以上的；（2）组织卖血非法获利累计 2000 元以上的；（3）组织未成年人卖血的；（4）被组织卖血的人的血液含有艾滋病病毒、乙型肝炎病毒、丙型肝炎病毒、梅毒螺旋体等病原微生物的；（5）其他非法组织卖血应予追究刑事责任的情形。没有达到该追诉标准的，不以本罪论处。另外，对于在经批准或者接受委托组织献血的过程中有违规行为，却不具有非法获利目的的，不能认定为构成本罪。

2. 本罪与故意伤害罪的界限。根据《刑法》第 333 条第 2 款的规定，非法组织他人卖血的行为造成他人伤害的，以故意伤害罪定罪处罚。需要注意

① 2008 年最高人民检察院、公安部《关于公安机关管辖的刑事案件立案追诉标准的规定（一）》。

的是，此处的伤害应当是重伤。如果仅造成轻伤的，则仍应以本罪定罪处刑。

3. 本罪的一罪与数罪。在司法实践中，由于非法组织他人卖血的行为通常会造成不特定多数人的生命健康安全，所以在认定时应当注意本罪的罪数问题，也即明确本罪与其他罪的想象竞合关系。具体而言，分为以下几种情形：（1）如果行为人明知组织他人出卖血液的行为会造成不特定多数受血者生命健康的，而依然为之，则属于非法组织他人卖血罪与以危险方法危害公共安全罪的想象竞合犯，应当择一重罪处断。（2）如果行为人对自己的行为造成的不特定的多数受血者伤害的结果，持过失的心理态度，则是非法组织他人卖血罪与过失以危险方法危害公共安全罪的想象竞合犯，应当择一重罪处断。（3）如果行为人造成被组织卖血者重伤害，应当根据《刑法》第333条第2款的内容确定为是故意伤害的行为，再将其与以危险方法危害公共安全的行为想象竞合，应当择一重罪处断。（4）如果行为人对自己的行为造成不特定的多数的受血者伤害的结果，持过失的心理态度，应当根据《刑法》第333条第2款的内容确定为是故意伤害的行为，再将其与过失以危险方法危害公共安全的行为想象竞合，应当择一重罪处断。

（三）非法组织卖血罪的处罚

根据《刑法》第333条第1款的规定，犯本罪的，处5年以下有期徒刑，并处罚金。

【医疗事故罪】

（一）医疗事故罪的定义和特征

医疗事故罪，是指医务人员由于严重不负责任，造成就诊人死亡或者严重损害就诊人身体健康的行为。本罪的特征是：

1. 客体是复杂客体，主要客体是医疗卫生工作的管理秩序，次要客体是就诊人的生命健康权。医疗卫生工作的性质就是通过治病救人，尽最大努力确保就诊人员的生命健康安全。为此，国家制定了一系列相关法律、法规、规章制度等对医疗卫生工作进行严格管理，以维护医疗安全。

2. 客观方面表现为严重不负责任，造成就诊人死亡或者严重损害就诊人身体健康的行为。具体包括两个要素：（1）医务人员严重不负责任，即医务人员没有按照国家有关医疗卫生工作的法律、法规、规章制度的要求履行医务人员应尽的责任。根据司法解释的相关规定①，具有下列情形之一的，属于本罪规定的“严重不负责任”：第一，擅离职守的；第二，无正当理由拒绝对危急就诊人实行必要的医疗救治的；第三，未经批准擅自开展试验性医疗的；第四，严重违反查对、复核制度的；第五，使用未经批准使用的药品、消毒

---

① 2008年最高人民检察院、公安部《关于公安机关管辖的刑事案件立案追诉标准的规定（一）》。

药剂、医疗器械的；第六，严重违反国家法律法规及有明确规定的诊疗技术规范、常规的；第七，其他严重不负责任的情形。（2）医务人员的严重不负责任行为造成了就诊人死亡或者严重损害就诊人身体健康。根据司法解释的相关规定,[①]“严重损害就诊人身体健康”，是指造成就诊人严重残疾、重伤、感染艾滋病、病毒性肝炎等难以治愈的疾病或者其他严重损害就诊人身体健康的后果。另外，就本罪的行为表现形式而言，既可以是作为也可以是不作为。

3. 主体是特殊主体，即只有医务人员才能构成本罪。医务人员，是指依法直接从事诊疗护理工作的人员，即经卫生行政机关批准、承认的，取得行医资格并从事医疗护理工作的各级各类专业人员，具体包括医生、护理人员、防疫人员、药剂人员、麻醉人员、医疗技术人员等。医疗机构中的不从事医务工作的其他人员，如专职党务人员和后勤服务人员不能成为本罪的主体。

4. 主观方面出于过失。

（二）认定医疗事故罪应注意的问题

1. 本罪与非罪的界限。本罪在认定时应当掌握两个条件：（1）造成医疗事故是构成本罪的前提。医疗事故的认定，应当以医务人员是否在诊疗护理工作中有违应遵守相关法律、法规和规章制度等的要求为基准。根据《医疗事故处理条例》第 33 条的规定，有下列情形之一的，不属于医疗事故：第一，在紧急情况下为抢救垂危患者生命而采取紧急医学措施造成不良后果的。第二，在医疗活动中由于患者病情异常或者患者体质特殊而发生医疗意外的。第三，在现有医学科学技术条件下，发生无法预料或者不能防范的不良后果的。第四，无过错输血感染造成不良后果的。第五，因患方原因延误诊疗导致不良后果的。第六，因不可抗力造成不良后果的。（2）必须造成就诊人死亡或者严重损害就诊人身体健康的危害结果。如果行为人虽然有严重不负责任的行为，但未造成该危害结果的，也不应以本罪论处。

2. 本罪与重大责任事故罪的界限。二者行为人在主观上都是过失，并且都造成了严重结果，都是责任事故性质的犯罪。但二者也存在着显著区别：（1）犯罪客体不同。本罪侵犯了医疗卫生工作的管理秩序和就诊人的生命健康权，而后者则侵犯了公共安全。（2）犯罪对象不同。本罪对象是特定的就诊人，而后者的对象是不特定多数人和公私财产。（3）事故的性质不同。本罪的事故是医疗事故，而后者则属于生产作业事故。（4）犯罪主体不同。本罪主体是医务人员，而后者的主体是企业、事业单位的职工。

（三）医疗事故罪的处罚

根据《刑法》第 335 条的规定，犯本罪的，处 3 年以下有期徒刑或者

---

① 2008 年最高人民检察院、公安部《关于公安机关管辖的刑事案件立案追诉标准的规定（一）》。

拘役。

【非法行医罪】

（一）非法行医罪的定义和特征

非法行医罪，是指未取得医生执业资格的人非法行医，情节严重的行为。本罪的特征是：

1. 客体是复杂客体，即国家对医疗工作的管理制度和就诊人的生命健康权。

2. 客观方面表现为未取得医生执业资格的人非法行医，情节严重的行为。根据司法解释的相关规定①，具有下列情形之一的，属于“未取得医生执业资格的人非法行医”：（1）未取得或者以非法手段取得医生资格从事医疗活动的；（2）个人未取得《医疗机构执业许可证》开办医疗机构的；（3）被依法吊销医生执业证书期间从事医疗活动的；（4）未取得乡村医生执业证书，从事乡村医疗活动的；（5）家庭接生员实施家庭接生以外的医疗行为的。非法行医行为必须是情节严重的，才能构成本罪。

3. 主体是一般主体，由年满16周岁的自然人构成。在实践中，一般是未取得医生执业资格的自然人。

4. 主观方面必须出于故意，即明知自己没有取得医生执业资格，仍然非法从事诊疗、护理等医疗活动。此外，行为人非法行医通常具有牟利的目的。

（二）认定非法行医罪应注意的问题

1. 本罪与非罪的界限。本罪在认定时应当掌握两个条件：（1）行为人未取得医生执业资格。能够取得医生执业资格的人，要求是既具有医生的技术资格，也取得医生执业许可证，而非法行医的人这两个条件都不具备。（2）情节严重是构成本罪的客观要件。如果未达到情节严重，则不构成犯罪，属于一般违法行为。根据司法解释的相关规定，② 未取得医生执业资格的人非法行医，具有下列情形之一的，属于“情节严重”：第一，造成就诊人轻度残疾、器官组织损伤导致一般功能障碍，或者中度以上残疾、器官组织损伤导致严重功能障碍，或者死亡的；第二，造成甲类传染病传播、流行或者有传播、流行危险的；第三，使用假药、劣药或不符合国家规定标准的卫生材料、医疗器械，足以严重危害人体健康的；第四，非法行医被卫生行政部门行政处罚两次以后，再次非法行医的；第五，其他情节严重的情形。这里所指的“轻度残疾、器官组织损伤导致一般功能障碍”“中度以上残疾、器官组织损伤导致严重功能障碍”，参照卫生部《医疗事故分级标准（试行）》认定。

2. 本罪与医疗事故罪的界限。由于本罪与医疗事故罪都可能在诊疗、护

① 2008年最高人民法院《关于审理非法行医刑事案件具体应用法律若干问题的解释》。

② 2008年最高人民法院《关于审理非法行医刑事案件具体应用法律若干问题的解释》。

理过程中造成就诊人死亡或者严重损害就诊人身体健康的危害后果，所以二者在认定时容易发生混淆。但是二者也存在着明显的区别：（1）客观方面不同。本罪表现为非法行医情节严重的行为；而后者则表现为工作严重不负责任，致就诊人死亡或者严重损害就诊人身体健康的行为。（2）犯罪主体不同。本罪的主体是一般主体，一般是指未取得医生执业资格的人，后者的主体是特殊主体，即医务人员。（3）主观方面不同。本罪在主观方面表现为故意，后者表现为过失。（4）犯罪成立的标准不同。本罪属于情节犯，即以行为人非法行医情节严重的为成立标准，后者要求必须以造成就诊人死亡或者严重损害就诊人身体健康的危害后果为成立标准。

3. 本罪的一罪与数罪。本罪的基本犯以情节严重为成立标准，如果造成了严重损害就诊人身体健康或者就诊人死亡的结果，则属于结果加重犯，应按本罪作一罪认定，不认定为数罪，并应依照《刑法》第 336 条第 1 款有关“严重损害就诊人身体健康的”“造成就诊人死亡的”这两种加重结果所规定的法定刑处罚。另外，根据司法解释的相关规定[①]，实施非法行医犯罪，同时构成生产、销售假药罪，生产、销售劣药罪，诈骗罪等其他犯罪的，依照刑法处罚较重的规定定罪处罚。

（三）非法行医罪的处罚

根据《刑法》第 336 条第 1 款的规定，犯本罪的，处 3 年以下有期徒刑、拘役或者管制，并处或者单处罚金；严重损害就诊人身体健康的，处 3 年以上 10 年以下有期徒刑，并处罚金；造成就诊人死亡的，处 10 年以上有期徒刑，并处罚金。

三、危害公共卫生罪中的其他犯罪

【传染病菌种、毒种扩散罪】

传染病菌种、毒种扩散罪，是指从事实验、保藏、携带、运输传染病菌种、毒种的人员，违反国务院卫生行政部门的有关规定，造成传染病菌种、毒种扩散，后果严重的行为。本罪的特征是：（1）客体是国家对传染病菌种、毒种的管理秩序。（2）客观方面表现为在从事实验、保藏、携带、运输传染病菌种、毒种的过程中，违反国务院卫生行政部门的有关规定，造成传染病菌种、毒种扩散，后果严重的行为。（3）主体是特殊主体，只有从事实验、保藏、携带、运输传染病菌种、毒种的人员才能成为本罪的主体。（4）主观方面是过失。

犯本罪的，依照《刑法》第 331 条的规定处罚。

---

① 2008 年最高人民法院《关于审理非法行医刑事案件具体应用法律若干问题的解释》。

【妨害国境卫生检疫罪】

妨害国境卫生检疫罪，是指违反国境卫生检疫规定，引起检疫传染病传播或者有传播严重危险的行为。本罪的特征是：（1）客体是国家对国境卫生检疫的管理秩序。（2）客观方面表现为违反国境卫生检疫规定，逃避或者拒绝对人身或物品的卫生检疫，引起检疫传染病传播或者有传播严重危险的行为。所谓检疫传染病，是指鼠疫、霍乱、黄热病、天花、艾滋病等。（3）主体是一般主体，自然人和单位均可构成。（4）主观方面是过失。

犯本罪的，依照《刑法》第332条的规定处罚。

【强迫卖血罪】

强迫卖血罪，是指以暴力、威胁方法强迫他人出卖血液的行为。本罪的特征是：（1）客体是复杂客体，即不仅侵犯了国家对血液采集、供应的管理秩序和公共卫生安全，还侵犯了卖血者的人身权利。（2）客观方面表现为以暴力、威胁方法强迫他人出卖血液的行为。（3）主体是一般主体，限于自然人。（4）主观方面是故意。

犯本罪的，依照《刑法》第333条第1款的规定处罚。对他人造成伤害的，依照《刑法》第234条故意伤害罪的规定定罪处罚。

【非法采集、供应血液，制作、供应血液制品罪】

非法采集、供应血液，制作、供应血液制品罪，是指非法采集、供应血液或者制作、供应血液制品，不符合国家规定的标准，足以危害人体健康的行为。本罪的特征是：（1）客体是复杂客体，即国家对采集、供应血液及制作、供应血液制品活动的管理秩序和不特定受血者的生命健康权。犯罪对象是人体血液及其制品。（2）客观方面表现为非法采集、供应血液或者制作、供应血液制品，不符合国家规定的标准，足以危害人体健康的行为。（3）主体是一般主体。（4）主观方面是故意。

犯本罪的，依照《刑法》第334条第1款的规定处罚。

【采集、供应血液，制作、供应血液制品事故罪】

采集、供应血液，制作、供应血液制品事故罪，是指经国家主管部门批准采集、供应血液或者制作、供应血液制品的部门，不依照规定进行检测或者违背其他操作规定，造成危害他人身体健康后果的行为。本罪的特征是：（1）客体是国家对采集、供应血液或者制作、供应血液制品活动的管理秩序以及受血者的健康权。（2）客观方面表现为在采集、供应血液或者制作、供应血液制品的过程中，不依照规定进行检测或者违背其他操作规定，造成危害他人身体健康后果的行为。（3）主体是特殊主体，只能是经国家主管部门批准采集、供应血液或者制作、供应血液制品的单位。（4）主观方面是过失。

犯本罪的，依照《刑法》第334条第2款的规定处罚。

【非法采集人类遗传资源、走私人类遗传资源材料罪】

非法采集人类遗传资源、走私人类遗传资源材料罪，是指违反国家有关规定，非法采集我国人类遗传资源或者非法运送、邮寄、携带我国人类遗传资源材料出境，危害公众健康或者社会公共利益，情节严重的行为。本罪的特征是：（1）客体是公共健康和公共（生物安全）利益。（2）客观方面包括非法采集人类遗传资源或者运送、邮寄、携带人类遗传资源材料出境，危害公众健康或者社会公共利益，情节严重的行为。（3）主体是一般主体。（4）主观方面是故意。

犯本罪的，依照《刑法》第334条之一的规定处罚。

【非法进行节育手术罪】

非法进行节育手术罪，是指未取得医生执业资格的人擅自为他人进行节育复通手术、假节育手术、终止妊娠手术或者摘取宫内节育器，情节严重的行为。本罪的特征是：（1）客体是国家对计划生育工作的正常管理秩序和受术人的生命健康安全。（2）客观方面表现为擅自为他人进行节育复通手术、假节育手术、终止妊娠手术或者摘取宫内节育器，情节严重的行为。（3）主体是特殊主体，即未取得医生执业资格的人，既包括根本未取得医生执业资格的人，也包括虽已取得医生执业资格但不具备实施节育手术的特定医疗资格的医务人员。（4）主观方面是故意。

犯本罪的，依照《刑法》第336条第2款的规定处罚。

【非法植入基因编辑、克隆胚胎罪】

非法植入基因编辑、克隆胚胎罪，是指将基因编辑、克隆的人类胚胎植入人体或者动物体内，或者将基因编辑、克隆的动物胚胎植入人体内，情节严重的行为。本罪的特征是：（1）客体是国家对基因编辑、克隆胚胎等生物医学或实验行为的管理秩序以及公共卫生安全。（2）客观方面表现为将基因编辑、克隆的人类胚胎植入人体或者动物体内，或者将基因编辑、克隆的动物胚胎植入人体内，情节严重的行为。（3）主体是一般主体。（4）主观方面是故意。

犯本罪的，依照《刑法》第336条之一的规定处罚。

【妨害动植物防疫、检疫罪】

妨害动植物防疫、检疫罪，是指违反有关动植物防疫、检疫的国家规定，引起重大动植物疫情的，或者有引起重大动植物疫情危险，情节严重的行为。本罪的特征是：（1）客体是国家对动植物防疫、检疫的管理秩序和公共卫生安全。（2）客观方面表现为违反有关动植物防疫、检疫的国家规定，引起重大动植物疫情的，或者有引起重大动植物疫情危险，情节严重的行为。（3）主体是一般主体，自然人和单位均可构成。（4）主观方面是过失。

犯本罪的，依照《刑法》第337条的规定处罚。

第六节　破坏环境资源保护罪

一、破坏环境资源保护罪概述

破坏环境资源保护罪，是指违反国家环境资源保护法律、法规，破坏环境资源，依照刑法应当受到刑事处罚的行为。本罪名属于次类罪名。本类罪的特征是：

1. 客体是国家环境资源保护管理制度，即国家以各种法律、法规所确立的保护生态环境和自然资源的管理制度。

2. 客观方面表现为违反国家环境资源保护法律、法规，污染生态环境或者破坏自然资源，情节严重的行为。违反国家环境资源保护法律、法规，主要是指违反《环境保护法》《大气污染防治法》《海洋环境保护法》《固体废物污染环境防治法》《水污染防治法》《矿产资源法》《森林法》《野生动物保护法》等。所谓“污染生态环境”，是指污染土地、水体、大气等生态环境；所谓“破坏自然资源”，是指破坏矿产、农用地、森林或者其他林木，野生动物、植物、水产品等自然资源。

3. 犯罪主体是一般主体，包括已满16周岁的自然人和单位。

4. 主观方面既有故意，也有过失。

二、破坏环境资源保护罪中的主要犯罪

【污染环境罪】

（一）污染环境罪的定义和特征

污染环境罪，是指违反国家规定，排放、倾倒或者处置有放射性的废物、含传染病病原体的废物、有毒物质或者其他有害物质，严重污染环境的行为。本罪的特征是：

1. 客体主要是国家环境保护和污染防治制度。犯罪对象为有放射性的废物、含传染病病原体的废物、有毒物质或者其他有害物质。根据司法解释①，“有毒物质”，是指：（1）危险废物，是指列入国家危险废物名录，或者根据国家规定的危险废物鉴别标准和鉴别方法认定的，具有危险特性的固体废物；（2）《关于持久性有机污染物的斯德哥尔摩公约》附件所列物质；（3）重金

① 2023年最高人民法院、最高人民检察院《关于办理污染环境刑事案件适用法律若干问题的解释》。

属含量超过国家或者地方污染物排放标准的污染物；（4）其他具有毒性，可能污染环境的物质。

2. 客观方面表现为行为人实施了违反国家规定，排放、倾倒、处置放射性的废物、含传染病病原体的废物、有毒物质或者其他有害物质，严重污染环境的行为。所谓“违反国家规定”，是指行为人违反了《环境保护法》《水污染防治法》《大气污染防治法》《固体废物污染环境防治法》等有关环境保护的法律法规。所谓“排放”，是指将各种危险废物以抽出、溢出、喷出等方式进入土壤、水体或大气；所谓“倾倒”，是指用运载工具或其他方式将危险废物倒入土壤、水体或大气；所谓“处置”，是指通过改变危险废物、有毒、有害物质特性的方法减少其数量、体积或危险程度，以焚烧、填埋或其他方式将危险废物置于特定场所或设施内并不再取回。

3. 主体是一般主体。已满16周岁的自然人和单位均可构成本罪。

4. 主观方面是故意。

（二）认定污染环境罪应注意的问题

1. 本罪与非罪的界限。违法排放、倾倒、处置有放射性的废物、含传染病病原体的废物、有毒物质或者其他有害物质的行为，必须是严重污染环境的，才能构成犯罪。根据司法解释①，涉嫌下列情形之一的，应予立案追诉：（1）在饮用水水源一级保护区、自然保护区核心区排放、倾倒、处置有放射性的废物、含传染病病原体的废物、有毒物质的；（2）非法排放、倾倒、处置危险废物3吨以上的；（3）排放、倾倒、处置含铅、汞、镉、铬、砷、铊、锑的污染物，超过国家或者地方污染物排放标准3倍以上的；（4）排放、倾倒、处置含镍、铜、锌、银、钒、锰、钴的污染物，超过国家或者地方污染物排放标准10倍以上的；（5）通过暗管、渗井、渗坑、裂隙、溶洞、灌注等逃避监管的方式排放、倾倒、处置有放射性的废物、含传染病病原体的废物、有毒物质的；（6）二年内曾因违反国家规定，排放、倾倒、处置有放射性的废物、含传染病病原体的废物、有毒物质受过2次以上行政处罚，又实施前列行为的；（7）重点排污单位篡改、伪造自动监测数据或者干扰自动监测设施，排放化学需氧量、氨氮、二氧化硫、氮氧化物等污染物的；（8）违法减少防治污染设施运行支出100万元以上的；（9）违法所得或者致使公私财产损失30万元以上的；（10）成生态环境严重损害的；（11）致使乡镇以上集中式饮用水水源取水中断12小时以上的；（12）致使基本农田、防护林地、特种用途林地5亩以上，其他农用地10亩以上，其他土地20亩以上基本功能丧失或者遭受永久性破坏的；（13）致使森林或者其他林木死亡50立方米以上，

① 2017年最高人民法院、最高人民检察院《关于公安机关管辖的刑事案件立案追诉标准的规定（一）的补充规定》。

或者幼树死亡2500株以上的；（14）致使疏散、转移群众5000人以上的；（15）致使30人以上中毒的；（16）致使3人以上轻伤、轻度残疾或者器官组织损伤导致一般功能障碍的；（17）致使1人以上重伤、中度残疾或者器官组织损伤导致严重功能障碍的；（18）其他严重污染环境的情形。

2. 本罪的共同犯罪。行为人明知他人无经营许可证或者超出经营许可范围，向其提供或者委托其收集、储存、利用、处置危险废物，严重污染环境的，以污染环境罪的共同犯罪论处。

3. 本罪与投放危险物质罪、过失投放危险物质罪的界限。实施本罪行为，同时触犯投放危险物质罪的，属于想象竞合犯，从一重罪论处。

过失排放、倾倒、处置有放射性的废物、含传染病病原体的废物、有毒物质或者其他有害物质，致人重伤、死亡或者使公私财产遭受重大损失的，以过失投放危险物质罪论处。

（三）污染环境罪的处罚

根据《刑法》第338条和第346条的规定，犯本罪的，处3年以下有期徒刑或者拘役，并处或者单处罚金；情节严重的，处3年以上7年以下有期徒刑，并处罚金；有下列情形之一的，处7年以上有期徒刑，并处罚金：（1）在饮用水水源保护区、自然保护地核心保护区等依法确定的重点保护区域排放、倾倒、处置有放射性的废物、含传染病病原体的废物、有毒物质，情节特别严重的；（2）向国家确定的重要江河、湖泊水域排放、倾倒、处置有放射性的废物、含传染病病原体的废物、有毒物质，情节特别严重的；（3）致使大量永久基本农田基本功能丧失或者遭受永久性破坏的；（4）致使多人重伤、严重疾病，或者致人严重残疾、死亡的。单位犯本罪的，对单位判处罚金，并对其直接负责的主管人员和其他直接责任人员，依照上述规定处罚。

【危害珍贵、濒危野生动物罪】

（一）危害珍贵、濒危野生动物罪的定义和特征

危害珍贵、濒危野生动物罪，是指违反野生动物保护法律法规，非法猎捕、杀害国家重点保护的珍贵、濒危野生动物，或者非法收购、运输、出售国家重点保护的珍贵、濒危野生动物及其制品的行为。本罪的特征是：

1. 客体是国家对珍贵、濒危野生动物的保护、管理制度。本罪的犯罪对象是国家重点保护的珍贵、濒危野生及其制品。根据司法解释[①]，“国家重点保护的珍贵、濒危野生动物”包括：（1）列入《国家重点保护野生动物名录》的野生动物；（2）经国务院野生动物保护主管部门核准按照国家重点保护的野生动物管理的野生动物。

---

① 2022年最高人民法院、最高人民检察院《关于审理办理破坏野生动物资源刑事案件具体应用适用法律若干问题的解释》。

2. 客观方面表现为行为人实施了违反野生动物保护法律法规，非法猎捕、杀害国家重点保护的珍贵、濒危的野生动物，或者非法收购、运输、出售国家重点保护的珍贵、濒危野生动物及其制品的行为。根据《野生动物保护法》的规定，因为科学研究、驯养繁殖、展览或者其他特殊情况，需要捕捉、捕捞国家一级保护的野生动物的，必须向国务院野生动物行政主管部门申请特许猎捕证；猎捕国家二级保护野生动物的，必须向省、自治区、直辖市政府的主管部门申请特许猎捕证。在经过许可以后，还必须根据猎捕证所规定的种类、数量、地点、期限和方法进行猎捕。如果未经许可，或者虽经许可，但没有按照猎捕证所规定的种类、数量、地点、期限和方法进行猎捕，即为非法。“收购”，是指以营利、自用等为目的的购买行为；“运输”，是指采用携带、邮寄、利用他人、使用交通工具等方法进行运送的行为；“出售”包括出卖和以营利为目的的加工利用行为。

在野生动物侵害人的生命、身体情况下，出于紧急避险而杀害野生动物的，不构成犯罪。

3. 主体是一般主体，包括已满16周岁的自然人和单位。

4. 主观方面是故意。行为人必须明知是国家重点保护的珍贵、濒危野生动物及其制品进而猎捕、杀害、收购、运输或出售，但不要求认识到野生动物的保护级别和具体名称。

（二）认定危害珍贵、濒危野生动物罪应当注意的问题

1. 使用爆炸、投毒、设置电网等危险方法破坏野生动物资源，构成危害珍贵、濒危野生动物罪，同时构成《刑法》第114条或者第115条规定之罪的，依照处罚较重的规定定罪处罚。

2. 实施本罪行为，又以暴力、威胁方法抗拒查处，构成其他犯罪的，依照数罪并罚的规定处罚。

3. 实施本罪行为，同时触犯盗窃罪的，属于想象竞合犯，应从一重罪论处。

（三）危害珍贵、濒危野生动物罪的处罚

根据《刑法》第341条第1款、第346条的规定，犯本罪的，处5年以下有期徒刑或者拘役，并处罚金；情节严重的，处5年以上10年以下有期徒刑，并处罚金；情节特别严重的，处10年以上有期徒刑，并处罚金或者没收财产。单位犯本罪的，对单位判处罚金，并对其直接负责的主管人员和其他直接责任人员，依照上述规定处罚。

【非法占用农用地罪】

（一）非法占用农用地罪的定义和特征

非法占用农用地罪，是指违反土地管理法规，非法占用耕地、林地等农用地，改变被占用土地用途，数量较大，造成耕地、林地等农用地大量毁坏

的行为。本罪的特征是：

1. 客体是国家对土地的管理秩序。犯罪对象是耕地、林地等农用地。

2. 客观方面表现为，违反土地管理法规，非法占用耕地、林地等农用地，改变被占用土地用途，数量较大，造成耕地、林地等农用地大量毁坏的行为。根据立法解释①，“违反土地管理法规”，是指违反土地管理法、森林法、草原法等法律以及有关行政法规中关于土地管理的规定。

3. 主体是一般主体，包括已满16周岁的自然人和单位。

4. 主观方面是故意。

（二）认定非法占用农用地罪应注意的问题

主要应区分本罪与非罪的界限。关键在于区分本罪与一般非法占用农用地的行为的界限。

根据司法解释②，违反土地管理法规，非法占用耕地、林地等农用地，改变被占用土地用途，造成耕地、林地等农用地大量毁坏，涉嫌下列情形之一的，应予立案追诉：（1）非法占用基本农田5亩以上或者基本农田以外的耕地10亩以上的；（2）非法占用防护林地或者特种用途林地数量单种或者合计5亩以上的；（3）非法占用其他林地10亩以上的；（4）非法占用本款第（2）项、第（3）项规定的林地，其中一项数量达到相应规定的数量标准的50%以上，且两项数量合计达到该项规定的数量标准的；（5）非法占用其他农用地数量较大的情形。违反土地管理法规，非法占用耕地建窑、建坟、建房、挖沙、采石、采矿、取土、堆放固体废弃物或者进行其他非农业建设，造成耕地种植条件严重毁坏或者严重污染，被毁坏耕地数量达到以上规定的，属于本条规定的“造成耕地大量毁坏”。违反土地管理法规，非法占用林地，改变被占用林地用途，在非法占用的林地上实施建窑、建坟、建房、挖沙、采石、采矿、取土、种植农作物、堆放或者排泄废弃物等行为或者进行其他非林业生产、建设，造成林地的原有植被或者林业种植条件严重毁坏或者严重污染，被毁坏林地数量达到以上规定的，属于本条规定的“造成林地大量毁坏”。

对于非法占用草原的，司法解释规定，③ 非法占用草原，改变被占用草原用途，数量在20亩以上的，或者曾因非法占用草原受过行政处罚，在三年内又非法占用草原，改变被占用草原用途，数量在10亩以上的，应当认定为《刑法》第342条规定的“数量较大”。非法占用草原，改变被占用草原用途，数量较大，具有下列情形之一的，应当认定为《刑法》第342条规定的“造

① 2001年全国人大常务委员会《关于〈中华人民共和国刑法〉第二百二十八条、第三百四十二条、第四百一十条的解释》。

② 2008年最高人民检察院、公安部《关于公安机关管辖的刑事案件立案追诉标准的规定（一）》。

③ 2012年最高人民法院《关于审理破坏草原资源刑事案件应用法律若干问题的解释》。

成耕地、林地等农用地大量毁坏”：（1）开垦草原种植粮食作物、经济作物、林木的；（2）在草原上建窑、建房、修路、挖沙、采石、采矿、取土、剥取草皮的；（3）在草原上堆放或者排放废弃物，造成草原的原有植被严重毁坏或者严重污染的；（4）违反草原保护、建设、利用规划种植牧草和饲料作物，造成草原沙化或者水土严重流失的；（5）其他造成草原严重毁坏的情形。

（三）非法占用农用地罪的处罚

根据《刑法》第342条、第346条的规定，犯本罪的，处5年以下有期徒刑或者拘役，并处或者单处罚金。单位犯本罪的，对单位判处罚金，并对其直接负责的主管人员和其他直接责任人员，依照上述规定处罚。

【非法采矿罪】

（一）非法采矿罪的定义和特征

非法采矿罪，是指违反矿产资源法的规定，未取得采矿许可证擅自采矿的，擅自进入国家规划矿区、对国民经济具有重要价值的矿区和他人矿区范围采矿，或者擅自开采国家规定实行保护性开采的特定矿种，情节严重的行为。本罪的特征是：

1. 客体是国家对矿产资源的管理制度。本罪的犯罪对象是矿产资源，包括煤矿资源、金矿资源、铝矿资源等各类矿产资源。

2. 客观方面表现为违反矿产资源法规定，未取得采矿许可证擅自采矿的，擅自进入国家规划矿区、对国民经济具有重要价值的矿区和他人矿区范围采矿，或者擅自开采国家规定实行保护性开采的特定矿种，情节严重的行为。

根据司法解释①，“未取得采矿许可证擅自采矿”，是指无许可证的；许可证被注销、吊销、撤销的；超越许可证规定的矿区范围或者开采范围的；超出许可证规定的矿种的（共生、伴生矿种除外）；其他未取得许可证的情形。

3. 主体是一般主体，包括已满16周岁的自然人和单位。

4. 主观方面是故意。

（二）认定非法采矿罪应注意的问题

1. 违反矿产资源法的规定，非法采矿，造成重大伤亡事故或者其他严重后果，同时构成本罪和《刑法》第134条或者第135条规定的犯罪的，依照数罪并罚的规定处罚。

2. 未取得采矿许可证擅自采矿的，擅自进入国家规划矿区、对国民经济具有重要价值的矿区和他人矿区范围采矿的行为，符合盗窃罪的，从一重罪论处。

---

① 2016年最高人民法院、最高人民检察院《关于办理非法采矿、破坏性采矿刑事案件适用法律若干问题的解释》。

（三）非法采矿罪的处罚

根据《刑法》第343条第1款、第346条的规定，犯本罪的，处3年以下有期徒刑、拘役或者管制，并处或者单处罚金；造成矿产资源严重破坏的，处3年以上7年以下有期徒刑，并处罚金。单位犯本罪的，对单位判处罚金，并对其直接负责的主管人员和其他责任人员，依照上述规定处罚。

【盗伐林木罪】

（一）盗伐林木罪的定义和特征

盗伐林木罪，是指盗伐森林或者其他林木，数量较大的行为。本罪的特征是：

1. 客体是国家林业管理制度和国家、集体或他人对林木的所有权。犯罪对象是正在生长中的森林和其他林木。森林，包括原始森林和人造林；其他林木，包括个人承包的属于国家或者集体所有的荒山、荒地上种植的林木及公民个人自留山上的成片林木等，但不包括居民房前屋后个人所有的零星林木。

2. 客观方面表现为盗伐森林或者其他林木，数量较大的行为。所谓盗伐，指以非法占有为目的，擅自砍伐森林或者其他林木的行为。根据司法解释①，盗伐行为包括：擅自砍伐国家、集体、他人所有或者他人承包经营管理的森林或者其他林木的；擅自砍伐本单位或者本人承包经营管理的森林或者其他林木的；在林木采伐许可证规定的地点以外采伐国家、集体、他人所有或者他人承包经营管理的森林或者其他林木。盗伐林木“数量较大”，以2至5立方米或者幼树100至200株为起点；盗伐林木“数量巨大”，以20至50立方米或者幼树1000至2000株为起点；盗伐林木“数量特别巨大”，以100至200立方米或者幼树5000至1万株为起点。对于一年内多次盗伐少量林木未经处罚的，累计其盗伐林木的数量，构成犯罪的，依法追究刑事责任。

3. 主体是一般主体，已满16周岁的自然人和单位均可构成本罪。

4. 主观方面是故意，行为人具有非法占有林木的目的，必须明知是国家、集体或者他人的林木而盗伐。

（二）认定盗伐林木罪应当注意的问题

1. 本罪与盗窃罪的界限。将国家、集体、他人所有并已经伐倒的树木窃为已有，以及偷砍他人房前屋后、自留地种植的零星树木，数额较大的，以盗窃罪定罪处罚。盗伐已经枯死、病死林木的，应认定为盗窃罪。非法实施采种、采脂、挖笋、掘根、剥树皮等行为，牟取经济利益数额较大的，依照《刑法》第264条的规定，以盗窃罪定罪处罚。盗伐林木的数量没有达到盗伐

---

① 2000年最高人民法院《关于审理破坏森林资源刑事案件具体应用法律若干问题的解释》。

林木罪的定罪标准但达到盗窃罪的定罪标准的，应按盗窃罪论处。盗伐林木罪的法益不同于盗窃罪的法益，因此盗伐林木行为同时触犯盗窃罪的，属于想象竞合犯，从一重罪论处。

2. 本罪与非法采伐、毁坏国家重点保护植物罪的界限。盗伐珍贵树木、保护植物的行为，实际上触犯了盗伐林木罪与非法采伐国家重点保护植物罪两个罪名，应从一重罪论处。对于盗伐林木数额较大，同时又有盗伐珍贵树木、保护植物的，应实行数罪并罚。

（三）盗伐林木罪的处罚

根据《刑法》第 345 条第 1 款、第 4 款和第 346 条的规定，犯本罪的，处 3 年以下有期徒刑、拘役或者管制，并处或者单处罚金；数量巨大的，处 3 年以上 7 年以下有期徒刑，并处罚金；数量特别巨大的，处 7 年以上有期徒刑，并处罚金。盗伐国家自然保护区内的森林或者其他林木的，从重处罚。单位犯本罪的，对单位判处罚金，并对其直接负责的主管人员和其他责任人员，依照上述规定处罚。

【滥伐林木罪】

（一）滥伐林木罪的定义和特征

滥伐林木罪，是指违反森林法的规定，滥伐森林或者其他林木，数量较大的行为。本罪的特征是：

1. 客体是国家林业管理制度。犯罪对象是本单位或者本人经营、管理的或者本人自留山上的森林或其他林木。

2. 客观方面表现为违反森林法的规定，滥伐森林或者其他林木，数量较大的行为。根据司法解释①，滥伐森林或者其他林木的行为包括：未经林业行政主管部门及法律规定的其他主管部门批准并核发林木采伐许可证，或者虽持有林木采伐许可证，但违反林木采伐许可证规定的时间、数量、树种或者方式，任意采伐本单位所有或者本人所有的森林或者其他林木的；超过林木采伐许可证规定的数量采伐他人所有的森林或者其他林木的；违反森林法的规定，在林木采伐许可证规定的地点以外，采伐本单位或者本人所有的森林或者其他林木的，除农村居民采伐自留地和房前屋后个人所有的零星林木以外，属于“未经林业行政主管部门及法律规定的其他主管部门批准并核发林木采伐许可证”规定的情形；林木权属争议一方在林木权属确权之前，擅自砍伐森林或者其他林木的行为。

3. 主体是一般主体，包括已满 16 周岁的自然人和单位。

4. 主观方面是故意。

---

① 2000 年最高人民法院《关于审理破坏森林资源刑事案件具体应用法律若干问题的解释》。

（二）认定滥伐林木罪应当注意的问题

主要是本罪与非罪的界限。本罪的成立，以滥伐林木数量较大作为重要条件。根据司法解释①，滥伐林木“数量较大”，以10至20立方米或者幼树500至1000株为起点；滥伐林木“数量巨大”，以50至100立方米或者幼树2500至5000株为起点。对于一年内多次滥伐少量林木未经处罚的，累计其滥伐林木的数量，构成犯罪的，依法追究刑事责任。

（三）滥伐林木罪的处罚

根据《刑法》第345条第2款、第4款和第346条规定，犯本罪的，处3年以下有期徒刑、拘役或者管制，并处或者单处罚金；数量巨大的，处3年以上7年以下有期徒刑，并处罚金。滥伐国家级自然保护区内的森林或者其他林木的，从重处罚。单位犯本罪的，对单位判处罚金，并对其直接负责的主管人员和其他责任人员，依照上述规定处罚。

三、破坏环境资源保护罪中的其他犯罪

【非法处置进口的固体废物罪】

非法处置进口的固体废物罪，是指违反国家规定，将我国境外的固体废物进境倾倒、堆放、处置的行为。本罪的特征是：（1）客体是国家对固体废物污染防治的管理秩序。（2）客观方面表现为违反《固体废物污染环境防治法》等法律、法规的规定，将我国境外的固体废物运入境内倾倒、堆放、处置的行为。（3）主体是一般主体，包括自然人和单位。（4）主观方面是故意。

犯本罪的，依照《刑法》第339条第1款、第346条的规定处罚。

【擅自进口固体废物罪】

擅自进口固体废物罪，是指未经国务院有关主管部门许可，擅自进口固体废物用作原料，造成重大环境污染事故，致使公私财产遭受重大损失或者严重危害人体健康的行为。本罪的特征是：（1）客体主要是国家对固体废物污染防治的管理秩序。（2）客观方面表现为不经国务院主管部门许可，擅自进口固体废物用作原料，造成重大环境污染事故，致使公私财产遭受重大损失或者严重危害人体健康的行为。以原料利用为名，进口不能用作原料的固体废物的，依照《刑法》第155条的走私废物罪论处。（3）主体是一般主体，包括自然人和单位。（4）主观方面是过失。

犯本罪的，根据《刑法》第339条第2款、第346条的规定处罚。

【非法捕捞水产品罪】

非法捕捞水产品罪，是指违反水产资源法规，在禁渔区、禁渔期或者使用

---

① 2000年最高人民法院《关于审理破坏森林资源刑事案件具体应用法律若干问题的解释》。

禁用的工具、方法捕捞水产品，情节严重的行为。本罪的特征是：（1）客体是国家对水产资源的管理秩序。犯罪对象是水产品，包括具有经济价值的水生动物和水生植物产品。（2）客观方面表现为违反水产资源法规，在禁渔区、禁渔期或者使用禁用的工具、方法，非法捕捞水产品，情节严重的行为。（3）主体是一般主体，自然人和单位均可构成本罪。（4）主观方面是故意。

犯本罪的，依照《刑法》第340条、第346条的规定处罚。

【非法狩猎罪】

非法狩猎罪，是指违反狩猎法规，在禁猎区、禁猎期或者使用禁用的工具、方法进行狩猎，破坏野生动物资源，情节严重的行为。本罪的特征是：（1）客体是国家对野生动物资源保护的管理秩序。（2）客观方面表现为违反狩猎法规，在禁猎区、禁猎期或者使用禁用的工具、方法进行狩猎，破坏野生动物资源，情节严重的行为。（3）主体是一般主体，包括自然人和单位。（4）主观方面是故意。

犯本罪的，依照《刑法》第341条第2款、第346条的规定处罚。

【非法猎捕、收购、运输、出售陆生野生动物罪】

非法猎捕、收购、运输、出售陆生野生动物罪，是指违反野生动物保护管理法规，以食用为目的非法猎捕、收购、运输、出售国家重点保护的珍贵、濒危野生动物以外的在野外环境自然生长繁殖的陆生野生动物，情节严重的行为。本罪的特征：（1）客体是国家对陆生野生动物资源保护的管理秩序。犯罪对象为国家重点保护的珍贵、濒危野生动物之外的在野外环境自然生长繁殖的陆生野生动物，不包括已列入人工繁育国家重点保护野生动物名录和人工繁育技术成熟、已成规模，作为宠物买卖、运输的动物。（2）客观方面表现为，违反野生动物保护管理法规，以食用为目的非法猎捕、收购、运输、出售国家重点保护的珍贵、濒危野生动物之外的在野外环境自然生长繁殖的陆生野生动物，情节严重的行为。（3）主体是一般主体，包括自然人和单位。（4）主观方面是故意。

犯本罪的，依照《刑法》第341条第3款、第346条的规定处罚。

【破坏自然保护地罪】

破坏自然保护地罪，是指违反自然保护地管理法规，在国家公园、国家级自然保护区进行开垦、开发活动或者修建建筑物，造成严重后果或者有其他恶劣情节的行为。本罪的特征是：（1）客体是国家对自然保护地的保护管理秩序。保护对象包括国家公园和国家级自然保护区，不包括地方级自然保护区和自然公园等。（2）客观方面表现为违反自然保护地管理法规，在国家公园、国家级自然保护区进行开垦、开发活动或者修建建筑物，造成严重后果或者有其他恶劣情节的行为。（3）主体为一般主体，包括自然人和单位。（4）主观方面为故意。

犯本罪的，依照《刑法》第342条之一、第346条的规定处罚。

【破坏性采矿罪】

破坏性采矿罪，是指违反矿产资源法的规定，采取破坏性的开采方法开采矿产资源，造成矿产资源严重破坏的行为。本罪的特征是：（1）客体是国家对矿产资源的保护和管理。（2）客观方面表现为违反矿产资源法的规定，采取破坏性的开采方法开采矿产资源，造成矿产资源严重破坏的行为。（3）主体是一般主体，包括自然人和单位。后者必须是取得采矿许可证的单位，如果没有取得采矿许可证，应以非法采矿罪追究刑事责任。（4）主观方面是故意。

犯本罪的，依照《刑法》第343条第2款、第346条的规定处罚。

【危害国家重点保护植物罪】

危害国家重点保护植物罪，是指违反国家规定，非法采伐、毁坏国家重点保护的珍贵树木或国家重点保护的其他植物，非法收购、运输、加工、出售珍贵树木或者国家重点保护的其他植物及其制品的行为。本罪的特征是：（1）客体是国家对重点保护植物的管理秩序。犯罪对象是珍贵树木或者国家重点保护的其他植物及其制品。（2）客观方面表现为违反国家规定，非法采伐、毁坏国家重点保护植物，非法收购、运输、加工、出售珍贵树木或者国家重点保护的其他植物及其制品的行为。（3）主体是一般主体，包括自然人和单位。（4）主观方面是故意。

犯本罪的，依照《刑法》第344条、第346条的规定处罚。

【非法引进、释放、丢弃外来入侵物种罪】

非法引进、释放、丢弃外来入侵物种罪，是指违反国家规定，非法引进、释放或者丢弃外来入侵物种，情节严重的行为。本罪的特征是：（1）客体是国家对外来入侵物种的管理秩序和生物安全。（2）客观方面表现为违反国家规定，非法引进、释放或者丢弃外来入侵物种，情节严重的行为。（3）主体为一般主体，包括自然人和单位。（4）主观方面是故意。

犯本罪的，依照《刑法》第344条之一、第346条的规定处罚。

【非法收购、运输盗伐、滥伐的林木罪】

非法收购、运输盗伐、滥伐的林木罪，是指非法收购、运输明知是盗伐、滥伐的林木，情节严重的行为。本罪的特征是：（1）客体是国家有关林业保护的管理秩序。（2）客观方面表现为，非法收购、运输盗伐、滥伐的林木，情节严重的行为。（3）主体是一般主体，包括自然人和单位。（4）主观方面是直接故意，即明知是盗伐、滥伐的林木而仍予以收购、运输。根据司法解释①，明知就是指知道或者应当知道。具有下列情形之一的，可以视为应当知

① 2000年最高人民法院《关于审理破坏森林资源刑事案件具体应用法律若干问题的解释》。

道（但是有证据证明确属被蒙骗的除外）：在非法的木材交易场所或者销售单位收购木材的；收购以明显低于市场价格出售的木材的；收购违反规定出售的木材的。

犯本罪的，依照《刑法》第 345 条、第 346 条的规定处罚。

第七节　走私、贩卖、运输、制造毒品罪

一、走私、贩卖、运输、制造毒品罪概述

走私、贩卖、运输、制造毒品罪，是指违反国家毒品管制制度，走私、贩卖、运输、制造毒品，非法持有毒品，非法种植毒品原植物或者实施其他与毒品直接有关的各种危害行为。本罪名属于次类罪名。本类罪的特征是：

1. 客体主要是国家对毒品的管制制度，即国家对麻醉药品和精神药品的生产、供应、运输、使用和进出口等方面进行严格管制的制度。但本类罪中某些具体犯罪的客体是复杂客体，如走私毒品罪，既侵害了国家对毒品的管制，又侵害了国家的对外贸易管理制度。犯罪对象是毒品，包括鸦片、海洛因、甲基苯丙胺（冰毒）、吗啡、大麻、可卡因以及国家规定管制的其他能够使人形成瘾癖的麻醉药品和精神药品。麻醉药品，是指对中枢神经有麻醉作用，连续使用后易产生身体依赖性、能形成瘾癖的药品。精神药品，是指直接作用于中枢神经系统，使之兴奋或抑制，连续使用能产生依赖性的药品。

2. 客观方面表现为违反国家毒品管制制度，走私、贩卖、运输、制造毒品，非法持有毒品，非法种植毒品原植物或者实施其他与毒品直接有关的各种危害行为。

3. 主体既包括自然人，也包括单位。刑事责任年龄一般要求 16 周岁以上，但已满 14 周岁不满 16 周岁的，对于贩卖毒品的犯罪行为应当承担刑事责任。多数犯罪为一般主体，只有非法提供麻醉药品、精神药品罪的犯罪主体是特殊主体。

4. 主观方面是故意。

二、走私、贩卖、运输、制造毒品罪中的主要犯罪

【走私、贩卖、运输、制造毒品罪】

（一）走私、贩卖、运输、制造毒品罪的定义和特征

走私、贩卖、运输、制造毒品罪，是指违反国家对毒品的管制制度，走私、贩卖、运输、制造毒品的行为。本罪的特征是：

1. 客体是复杂客体，主要侵犯的是国家对毒品的管制制度，但就走私毒品的犯罪行为而言，则不仅侵犯了国家对毒品的管制制度，还侵犯了国家对外贸易管理制度。

2. 客观方面表现为走私、贩卖、运输、制造毒品的行为。根据司法解释的规定[①]，这里的“走私”，是指明知是毒品而非法将其运输、携带、寄递进出国（边）境的行为，如果直接向走私人非法收购走私进口的毒品，或者在内海、领海、界河、界湖运输、收购、贩卖毒品的，以走私毒品论处。“贩卖”，是指明知是毒品而非法销售或者以贩卖为目的而非法收买的行为。“运输”，是指明知是毒品而采用携带、寄递、托运、利用他人或者使用交通工具等方法非法运送毒品的行为。“制造”是指非法利用毒品原植物直接提炼或者用化学方法加工、配制毒品，或者以改变毒品成分和效用为目的，用混合等物理方法加工、配制毒品的行为。为了便于隐蔽运输、销售、使用、欺骗购买者，或者为了增重，对毒品掺杂使假，添加或者去除其他非毒品物质，不属于制造毒品的行为。《刑法》第347条第1款规定：“走私、贩卖、运输、制造毒品，无论数量多少，都应当追究刑事责任，予以刑事处罚。”因此只要认定案件中的物品是刑法规制的对象毒品，不管其质量如何、药理作用的程度如何、含有量多少等，都应当认定为毒品。但对于查获的毒品有证据证明大量掺假，经鉴定查明毒品含量极少，确有大量掺假成分的，在处刑时应酌情考虑。

3. 主体是一般主体，包括自然人和单位。走私、运输、制造毒品罪的刑事责任年龄为16周岁以上，贩卖毒品罪的刑事责任年龄为14周岁以上。

4. 主观方面是直接故意，即行为人明知行为对象是毒品而决意实施走私、贩卖、运输、制造行为。本罪只要求行为人认识到是毒品，不要求行为人认识到毒品的名称、化学成分、效用等具体性质。对毒品种类产生错误认识的，不影响本罪的成立，而且不管行为人是认识到肯定是毒品，还是认识到可能是毒品，都属于认识到是毒品，不影响犯罪的成立。

根据司法解释的规定[②]，走私、贩卖、运输、制造毒品罪主观故意中的“明知”，是指行为人知道或者应当知道所实施的是走私、贩卖、运输毒品行为。具有下列情形之一的，结合行为人的供述和其他证据综合审查判断，可以认定其“应当知道”，但有证据证明确属被蒙骗的除外：（1）执法人员在口岸、机场、车站、港口、邮局和其他检查站点检查时，要求行为人申报携带、运输、寄递的物品和其他疑似毒品物，并告知其法律责任，而行为人未如实申报，在其携带、运输、寄递的物品中查获毒品的；（2）以伪报、藏匿、

---

① 2012年最高人民检察院、公安部《关于公安机关管辖的刑事案件立案追诉标准的规定（三）》。

② 2012年最高人民检察院、公安部《关于公安机关管辖的刑事案件立案追诉标准的规定（三）》。

伪装等蒙蔽手段逃避海关、边防等检查，在其携带、运输、寄递的物品中查获毒品的；（3）执法人员检查时，有逃跑、丢弃携带物品或者逃避、抗拒检查等行为，在其携带、藏匿或者丢弃的物品中查获毒品的；（4）体内或者贴身隐秘处藏匿毒品的；（5）为获取不同寻常的高额或者不等值的报酬为他人携带、运输、寄递、收取物品，从中查获毒品的；（6）采用高度隐蔽的方式携带、运输物品，从中查获毒品的；（7）采用高度隐蔽的方式交接物品，明显违背合法物品惯常交接方式，从中查获毒品的；（8）行程路线故意绕开检查站点，在其携带、运输的物品中查获毒品的；（9）以虚假身份、地址或者其他虚假方式办理托运、寄递手续，在托运、寄递的物品中查获毒品的；（10）有其他证据足以证明行为人应当知道的。制造毒品主观故意中的“明知”，是指行为人知道或者应当知道所实施的是制造毒品行为。有下列情形之一的，结合行为人的供述和其他证据综合审查判断，可以认定其“应当知道”，但有证据证明确属被蒙骗的除外：（1）购置了专门用于制造毒品的设备、工具、制毒物品或者配制方案的；（2）为获取不同寻常的高额或者不等值的报酬为他人制造物品，经检验是毒品的；（3）在偏远、隐蔽场所制造，或者采取对制造设备进行伪装等方式制造物品，经检验是毒品的；（4）制造人员在执法人员检查时，有逃跑、抗拒检查等行为，在现场查获制造出的物品，经检验是毒品的；（5）有其他证据足以证明行为人应当知道的。

（二）认定走私、贩卖、运输、制造毒品罪应注意的问题

1. 本罪与非罪的界限。主要区分本罪与合法行为的界限。这里所指的合法行为，即基于医疗、教学或科研等正当用途的需要，依照国家有关法律、法规的规定，经国家有关主管部门审查批准，进出口麻醉药品和精神药品，或经国家有关主管部门指定或者批准的经营单位、供应单位、运输部门和生产单位，按照有关规定和计划进行收购、销售、运输和生产麻醉药品和精神药品的行为。如果不按照国家有关法律、法规的规定，未经国家主管部门审查批准或者未经国家有关主管部门指定或批准，非法进出口麻醉药品和精神药品，或者非法生产、运输、销售麻醉药品和精神药品的，都应按本罪论处。

2. 本罪的既遂。本罪属于行为犯，应当以行为的进程作为既遂的判断标准。对于走私毒品行为而言，凡是行为人已经着手实行非法运输、携带、邮寄毒品进出国（边）境的行为，并且已经逃避了海关监管，使毒品非法进出国（边）境的，即成立走私毒品罪的既遂；对于贩卖毒品行为而言，凡是行为人已经着手实施向他人出售毒品的行为，并且已经与购毒者成交并出手毒品的，即成立贩卖毒品罪的既遂；对于运输毒品行为而言，一般应以行为人已经开始起运毒品作为既遂的标准；对于制造毒品行为而言，如果行为人已经着手制造毒品，并且在案发前制成了毒品，即应认定为制造毒品罪的既遂。

3. 本罪共犯的认定。两人以上同行运输毒品的，应当从是否明知他人带

有毒品，有无共同运输毒品的意思联络，有无实施配合、掩护他人运输毒品的行为等方面综合审查认定是否构成共同犯罪。受雇于同一雇主同行运输毒品，但受雇者之间没有共同犯罪故意，或者虽然明知他人受雇运输毒品，但各自的运输行为相对独立，既没有实施配合、掩护他人运输毒品的行为，又分别按照各自运输的毒品数量领取报酬的，不应认定为共同犯罪。受雇于同一雇主分段运输同一宗毒品，但受雇者之间没有犯罪共谋的，也不应认定为共同犯罪。雇用他人运输毒品的雇主，及其他对受雇者起到一定组织、指挥作用的人员，与各受雇者分别构成运输毒品罪的共同犯罪，对运输的全部毒品数量承担刑事责任。

4. 居间介绍买卖毒品和居中倒卖毒品行为的区分。2015 年 5 月 18 日最高人民法院《关于印发〈全国法院毒品犯罪审判工作座谈会纪要〉的通知》，办理贩卖毒品案件，应当准确认定居间介绍买卖毒品行为，并与居中倒卖毒品行为相区别。居间介绍者在毒品交易中处于中间人地位，发挥介绍联络作用，通常与交易一方构成共同犯罪，但不以牟利为要件；居中倒卖者属于毒品交易主体，与前后环节的交易对象是上下家关系，直接参与毒品交易并从中获利。居间介绍者受贩毒者委托，为其介绍联络购毒者的，与贩毒者构成贩卖毒品罪的共同犯罪；明知购毒者以贩卖为目的购买毒品，受委托为其介绍联络贩毒者的，与购毒者构成贩卖毒品罪的共同犯罪；购毒者同时与贩毒者、购毒者共谋，联络促成双方交易的，通常认定与贩毒者构成贩卖毒品罪的共同犯罪。居间介绍者实施为毒品交易主体提供交易信息、介绍交易对象等帮助行为，对促成交易起次要、辅助作用的，应当认定为从犯；对于以居间介绍者的身份介入毒品交易，但在交易中超出居间介绍者的地位，对交易的发起和达成起重要作用的被告人，可以认定为主犯。

5. 本罪罪名的适用。在司法实践中，走私、贩卖、运输、制造这四种行为往往包含在一个整体的犯罪行为中。有的犯罪分子在制造毒品后，又实施贩卖、走私、运输毒品的行为，几种行为相互联系，形成一个整体的犯罪过程。当然，有的犯罪人也可能只实施其中一种行为，因此本罪名又可以作为选择性罪名分解使用。根据 2008 年 12 月 1 日最高人民法院《关于印发〈全国部分法院审理毒品犯罪案件工作座谈会纪要〉的通知》的规定，走私、贩卖、运输、制造毒品罪是选择性罪名，对同一宗毒品实施了两种以上犯罪行为并有相应确凿证据的，应当按照所实施的犯罪行为的性质并列确定罪名，毒品数量不重复计算，不实行数罪并罚。对同一宗毒品可能实施了两种以上犯罪行为，但相应证据只能认定其中一种或者几种行为，认定其他行为的证据不够确实充分的，则只按照依法能够认定的行为的性质定罪。如涉嫌为贩卖而运输毒品，认定贩卖的证据不够确实充分的，则只定运输毒品罪。对不同宗毒品分别实施了不同种犯罪行为的，应对不同行为并列确定罪名，累计毒品数量，不实行数罪并罚。对被告人一人走私、贩卖、运输、制造两种以上毒品的，不实行数罪并罚，量刑时可综合考虑毒品的种类、数量及危害，依法处理。罪名不以行为实施的先后、毒品数量或者危害大小排列，一律以刑法条文规定的顺序表述。如对同一宗毒品制造后又走私的，以走私、制造毒品罪定罪处罚。

（三）走私、贩卖、运输、制造毒品罪的处罚

根据《刑法》第347条的规定，犯本罪的，有下列情形之一的，处15年有期徒刑、无期徒刑或者死刑，并处没收财产：（1）走私、贩卖、运输、制造鸦片1000克以上、海洛因或者甲基苯丙胺50克以上或者其他毒品数量大的。（2）走私、贩卖、运输、制造毒品集团的首要分子。（3）武装掩护走私、贩卖、运输、制造毒品的。（4）以暴力抗拒检查、拘留、逮捕，情节严重的。（5）参与有组织的国际贩毒活动的。走私、贩卖、运输、制造鸦片200克以上不满1000克、海洛因或者甲基苯丙胺10克以上不满50克或者其他毒品数量较大的，处7年以上有期徒刑，并处罚金。走私、贩卖、运输、制造鸦片不满200克、海洛因或者甲基苯丙胺不满10克或者其他少量毒品的，处3年以下有期徒刑、拘役或者管制，并处罚金；情节严重的，处3年以上7年以下有期徒刑，并处罚金。单位犯本罪的，对单位判处罚金，并对其直接负责的主管人员和其他直接责任人员，依照上述规定处罚。利用、教唆未成年人走私、贩卖、运输、制造毒品，或者向未成年人出售毒品的，从重处罚。

【非法持有毒品罪】

（一）非法持有毒品罪的定义和特征

非法持有毒品罪，是指违反国家对毒品的管制制度，明知是毒品而非法持有，数量较大的行为。本罪的特征是：

1. 客体是国家对毒品的管制制度。

2. 客观方面表现为违反国家对毒品的管制制度，非法持有毒品，数量较大的行为。根据司法解释的规定[①]，“非法持有”，是指违反国家法律和国家主管部门的规定，占有、携带、藏有或者以其他方式持有毒品。通常表现为：随身携带毒品，将毒品暗中藏匿于某个处所，将毒品公开放置于某个处所，委托他人携带或保存毒品，等等。此外，行为人为他人携带、存放毒品，或者为吸食、注射毒品者代买毒品，或者捡拾毒品而留存，也都属于对毒品的持有。本罪是一种特殊形式的犯罪，一般来说，只要行为人已经着手对毒品的控制或支配，并且已经在一定时间内事实上形成了对毒品控制或支配的状态，即应认定为既遂。根据《全国法院毒品犯罪审判工作座谈会纪要》的规

① 2012年最高人民检察院、公安部《关于公安机关管辖的刑事案件立案追诉标准的规定（三）》。

定，吸毒者在购买、存储毒品过程中被查获，没有证据证明其是为了实施贩卖毒品等其他犯罪，毒品数量达到《刑法》第348条规定的最低数量标准的，以非法持有毒品罪定罪处罚。吸毒者在运输毒品过程中被查获，没有证据证明其是为了实施贩卖毒品等其他犯罪，毒品数量达到较大以上的，以运输毒品罪定罪处罚。

非法持有的毒品必须数量较大才能构成犯罪，所谓数量较大，根据司法解释的规定①，具体指非法持有鸦片200克以上、海洛因或者甲基苯丙胺10克或者非法持有其他毒品数量较大的，才成立非法持有毒品罪。2016年4月11日施行的《最高人民法院关于审理毒品犯罪案件适用法律若干问题的解释》，对“其他毒品数量大”的认定标准作出了具体规定。非法持有两种以上毒品，每种毒品均没有达到规定的数量标准，但按立案追诉数量比例折算成海洛因后累计相加达到10克以上的，应予立案追诉。

3. 主体是一般主体，限于自然人，刑事责任年龄为16周岁以上。

4. 主观方面是直接故意，即行为人明知是毒品而决意非法持有。非法持有毒品主观故意中的“明知”，是指行为人知道或者应当知道所实施的行为是非法持有毒品行为，但不要求明知毒品的具体种类。

（二）认定非法持有毒品罪应注意的问题

1. 本罪与非罪的界限。（1）凡是基于医疗、教学、科研等方面的需要，或者基于其他正当理由，依照有关法律、法规的规定，经法定手续批准而持有毒品的，是合法行为，不属于非法持有毒品。例如，医生因病人病情的需要，为使用毒品而持有毒品的，经过有权机关批准从事毒品管理职业的，经过有权机关批准制造毒品后持有毒品或依法运输毒品的，都是合法行为，不构成非法持有毒品罪。（2）行为人虽然非法持有毒品，但毒品数量较小，不应认定构成非法持有毒品罪。除应当依法收缴行为人所持有的毒品外，如果符合治安处罚条件的，则还应当对行为人给予治安处罚。（3）在查处吸毒案件时，如果发现吸食、注射毒品者在购买、运输、储存用于自己吸食的毒品时被抓获，数量较小，且无证据证明其实施有其他毒品犯罪行为的，不应对其非法持有毒品的行为定罪处罚。但是如果发现其控制或可支配的毒品数量较大的，则应以非法持有毒品罪论处。对于为吸食、注射毒品者代买用于吸食的毒品的，代买者不是为了获利，且其代买的毒品数量不大，也不以犯罪论处，但是如果代买的毒品数量较大，则应认定为非法持有毒品罪。

2. 本罪的一罪与数罪。在走私、贩卖、运输、制造毒品的犯罪案件中，行为人非法持有毒品是其走私、贩卖、运输、制造毒品行为的必经阶段或当

① 2012年最高人民检察院、公安部《关于公安机关管辖的刑事案件立案追诉标准的规定（三）》。

然结果，属于刑法理论中的吸收犯，对此，只应以走私、贩卖、运输、制造毒品罪作一罪处罚，不能再认定非法持有毒品罪并作数罪并罚。同理，盗窃、抢夺、抢劫毒品的，应当分别以盗窃罪、抢夺罪或者抢劫罪定罪（但不计犯罪数额，根据情节轻重予以定罪量刑），不另认定为非法持有毒品罪。行为人盗窃财物的同时盗窃了毒品后，非法持有毒品的，应当以盗窃罪与非法持有毒品罪实行并罚。

3. 代购毒品行为的定性。根据司法解释的规定①，有证据证明行为人以牟利为目的，为他人代购仅用于吸食、注射的毒品，对代购者应以贩卖毒品罪论处。不以牟利为目的，为他人代购仅用于吸食、注射的毒品，毒品数量达到非法持有毒品罪的数量标准的，对托购者和代购者以非法持有毒品罪论处。明知他人实施毒品犯罪而为其居间介绍、代购代卖的，无论是否牟利，都应以相关毒品犯罪的共犯论处。根据《全国法院毒品犯罪审判工作座谈会纪要》的规定，行为人为吸毒者代购毒品，在运输过程中被查获，没有证据证明托购者、代购者是为了实施贩卖毒品等其他犯罪，毒品数量达到较大以上的，对托购者、代购者以运输毒品罪的共犯论处。行为人为他人代购仅用于吸食的毒品，在交通、食宿等必要开销之外收取“介绍费”“劳务费”，或者以贩卖为目的收取部分毒品作为酬劳的，应视为从中牟利，属于变相加价贩卖毒品，以贩卖毒品罪定罪处罚。

4. 关于接收物流寄递毒品行为的定性。根据《全国法院毒品犯罪审判工作座谈会纪要》的规定，购毒者接收贩毒者通过物流寄递方式交付的毒品，没有证据证明其是为了实施贩卖毒品等其他犯罪，毒品数量达到《刑法》第348条规定的最低数量标准的，一般以非法持有毒品罪定罪处罚。代收者明知是物流寄递的毒品而代购毒者接收，没有证据证明其与购毒者有实施贩卖、运输毒品等犯罪的共同故意，毒品数量达到《刑法》第348条规定的最低数量标准的，对代收者以非法持有毒品罪定罪处罚。

（三）非法持有毒品罪的处罚

根据《刑法》第348条的规定，犯本罪的，非法持有鸦片1000克以上、海洛因或者甲基苯丙胺50克以上或者其他毒品数量大的，处7年以上有期徒刑或者无期徒刑，并处罚金；非法持有鸦片200克以上不满1000克、海洛因或者甲基苯丙胺10克以上不满50克或者其他毒品数量较大的，处3年以下有期徒刑、拘役或者管制，并处罚金；情节严重的，处3年以上7年以下有期徒刑，并处罚金。

---

① 2012年最高人民检察院、公安部《关于公安机关管辖的刑事案件立案追诉标准的规定（三）》。

【非法生产、买卖、运输制毒物品，走私制毒物品罪】

（一）非法生产、买卖、运输制毒物品，走私制毒物品罪的定义和特征

非法生产、买卖、运输制毒物品，走私制毒物品罪，是指违反国家规定，非法生产、买卖、运输醋酸酐、乙醚、三氯甲烷或者其他用于制造毒品的原料、配剂，或者携带上述物品进出境，情节较重的行为。本罪的特征是：

1. 客体是国家对制毒物品的管制制度，其中走私制毒物品罪还侵犯了国家对外贸易管理制度。犯罪对象是制毒物品，根据司法解释①，“制毒物品”，是指醋酸酐、乙醚、三氯甲烷或者其他用于制造毒品的原料或者配剂。其他用于制造毒品的原料或者配剂，具体品种范围按照国家关于易制毒化学品管理的规定确定。

2. 客观方面表现为违反国家规定，非法生产、买卖、运输醋酸酐、乙醚、三氯甲烷或者其他用于制造毒品的原料、配剂，或者携带上述物品进出境，情节较重的行为。本罪具体包括四种行为方式：第一，非法生产制毒物品；第二，非法买卖制毒物品；第三，非法运输制毒物品；第四，走私制毒物品。非法生产制毒物品，是指违反国家规定，加工、提炼、制造制毒物品的行为。买卖，即购买或者出卖，根据司法解释的规定②，违反国家规定，实施下列行为之一的，认定为《刑法》第350条规定的非法买卖制毒物品行为：（1）未经许可或者备案，擅自购买、销售易制毒化学品的；（2）超出许可证明或者备案证明的品种、数量范围购买、销售易制毒化学品的；（3）使用他人的或者伪造、变造、失效的许可证明或者备案证明购买、销售易制毒化学品的；（4）经营单位违反规定，向无购买许可证明、备案证明的单位、个人销售易制毒化学品的，或者明知购买者使用他人的或者伪造、变造、失效的购买许可证明、备案证明，向其销售易制毒化学品的；（5）以其他方式非法买卖易制毒化学品的。运输、走私制毒物品中的运输和走私与走私、贩卖、运输、制造毒品罪中的走私、运输含义相同。

3. 主体是一般主体，即已满16周岁的自然人和单位均可以构成本罪。

4. 主观方面是直接故意，即行为人明知是醋酸酐、乙醚、三氯甲烷或者其他经常用于制造麻醉药品和精神药品的原料或者配剂，而决意违反国家规定，非法生产、买卖、运输或者携带进出境。过失不构成本罪。根据司法解释③，对于走私或者非法买卖制毒物品行为，有下列情形之一，且查获了易制

---

① 2009年最高人民法院、最高人民检察院、公安部《关于办理制毒物品犯罪案件适用法律若干问题的意见》。

② 2009年最高人民法院、最高人民检察院、公安部《关于办理制毒物品犯罪案件适用法律若干问题的意见》。

③ 2009年最高人民法院、最高人民检察院、公安部《关于办理制毒物品犯罪案件适用法律若干问题的意见》。

毒化学品，结合犯罪嫌疑人、被告人的供述和其他证据，经综合审查判断，可以认定其“明知”是制毒物品而走私或者非法买卖，但有证据证明确属被蒙骗的除外：（1）改变产品形状、包装或者使用虚假标签、商标等产品标志的；（2）以藏匿、夹带或者其他隐蔽方式运输、携带易制毒化学品逃避检查的；（3）抗拒检查或者在检查时丢弃货物逃跑的；（4）以伪报、藏匿、伪装等蒙蔽手段逃避海关、边防等检查的；（5）选择不设海关或者边防检查站的路段绕行出入境的；（6）以虚假身份、地址办理托运、邮寄手续的；（7）以其他方法隐瞒真相，逃避对易制毒化学品依法监管的。

（二）认定非法生产、买卖、运输制毒物品，走私制毒物品罪应注意的问题

1. 本罪与非罪的界限。（1）经过国家授权的主管部门批准，取得了有关准许证，办理了相关手续，而生产、买卖制毒物品或者运输、携带、邮寄特殊化学物品出入国（边）境的行为，是合法的，不能认定为犯罪。（2）根据司法解释①，易制毒化学品生产、经营、购买、运输单位或者个人未办理许可证明或者备案证明，生产、销售、购买、运输易制毒化学品，确实用于合法生产、生活需要的，不以制毒物品犯罪论处。（3）如果行为人非法生产、买卖、运输制毒物品，走私的制毒物品没有达到“情节较重”程度的，不能认定为犯罪，应以一般违法行为处理，该解释对“情节较重”的具体认定标准作出了规定。

2. 本罪共犯的认定。根据司法解释的规定②，明知他人实施非法生产、买卖、运输、走私制毒物品犯罪，而为其运输、储存、代理进出口或者以其他方式提供便利的，可以非法生产、买卖、运输制毒物品，走私制毒物品罪的共犯论处。

3. 本罪与制造毒品罪的界限。根据司法解释的规定③，如果行为人明知他人制造毒品而为其提供制毒物品的，应当以制造毒品罪的共犯论处。为了制造毒品而采用生产、加工、提炼等方法非法制造易制毒化学品的，以制造毒品罪（预备）立案追诉。购进制造毒品的设备和原材料，开始着手制造毒品，尚未制造出毒品或者半成品的，以制造毒品罪（未遂）立案追诉。明知他人制造毒品而为其生产、加工、提炼、提供醋酸酐、乙醚、三氯甲烷等制毒物品的，以制造毒品罪的共犯立案追诉。根据司法解释④，为了制造毒品或

---

① 最高人民法院 2016 年《关于审理毒品犯罪案件适用法律若干问题的解释》。

② 2012 年最高人民检察院、公安部《关于公安机关管辖的刑事案件立案追诉标准的规定（三）》。

③ 2012 年最高人民检察院、公安部《关于公安机关管辖的刑事案件立案追诉标准的规定（三）》。

④ 2009 年最高人民法院、最高人民检察院、公安部《关于办理制毒物品犯罪案件适用法律若干问题的意见》。

者走私、非法买卖制毒物品犯罪而采用生产、加工、提炼等方法非法制造易制毒化学品的，根据《刑法》第22条的规定，按照其制造易制毒化学品的不同目的，分别以制造毒品、走私制毒物品、非法买卖制毒物品的预备行为论处。

（三）非法生产、买卖、运输制毒物品，走私制毒物品罪的处罚

根据《刑法》第350条和第356条的规定，犯本罪的，处3年以下有期徒刑、拘役或者管制，并处罚金；情节严重的，处3年以上7年以下有期徒刑，并处罚金；情节特别严重的，处7年以上有期徒刑，并处罚金或者没收财产。单位犯本罪的，对单位判处罚金，并对其直接负责的主管人员和其他直接责任人员，依照上述规定处罚。因走私、贩卖、运输、制造、非法持有毒品罪被判过刑，又犯本罪的，从重处罚。

【非法种植毒品原植物罪】

（一）非法种植毒品原植物罪的定义和特征

非法种植毒品原植物罪，是指违反国家对毒品原植物的管制制度，明知是罂粟、大麻、古柯等毒品原植物而非法种植，数量较大，或者经公安机关铲除后又种植，或者抗拒铲除的行为。本罪的特征是：

1. 客体是国家对毒品原植物的管制制度。犯罪对象为毒品原植物，即有较高含量麻醉性植物碱，能够用于提炼、加工成鸦片、海洛因、吗啡、可卡因等麻醉药品和精神药品的原植物，主要包括罂粟、大麻、古柯等。

2. 客观方面表现为违反国家对毒品原植物的管制制度，明知是罂粟、大麻、古柯等毒品原植物而非法种植，数量较大，或者经公安机关铲除后又种植，或者抗拒铲除的行为。所谓非法种植，具体包括两种情形：一是没有经过国家主管部门审查批准，而擅自种植罂粟、大麻、古柯等毒品原植物的。二是虽然经过国家主管部门审查批准，可以合法种植罂粟、大麻、古柯等毒品原植物，但是擅自超量种植的。根据司法解释[①]，“种植”，是指播种、育苗、移栽、插苗、施肥、灌溉、割取津液或者收取种子等行为。非法种植毒品原植物的株数一般应以实际查获的数量为准。因种植面积较大，难以逐株清点数目的，可以抽样测算每平方米平均株数后按实际种植面积测算出种植总株数。根据司法解释[②]，种植毒品原植物的行为，具有下列情节之一的才能构成犯罪：（1）非法种植毒品原植物数量较大的，如非法种植大麻5000株以上不满3万株、非法种植罂粟200平方米以上不满1200平方米、大麻2000平方米以上不满12000平方米，尚未出苗，等等。（2）经公安机关处理后又种

① 2012年最高人民检察院、公安部《关于公安机关管辖的刑事案件立案追诉标准的规定（三）》。

② 最高人民法院2016年《关于审理毒品犯罪案件适用法律若干问题的解释》。

植的；（3）抗拒铲除的。非法种植毒品原植物后，利用自己种植的原植物制造毒品的，认定为制造毒品罪，不实行数罪并罚。但是既非法种植毒品原植物，又利用其他毒品原植物制造毒品的，则应当实行数罪并罚。

3. 主体是一般主体，限于自然人，刑事责任年龄为16周岁以上。

4. 主观方面是故意，即行为人明知所种植的对象是罂粟、大麻、古柯等毒品原植物而决意非法种植。

（二）认定非法种植毒品原植物罪应注意的问题

1. 本罪与非罪的界限。主要应注意两种情形：（1）为了医疗药用或者科学研究等正当目的，经过严格的程序，由国家有关主管部门审查批准，并抄报公安部后，由专门指定的单位种植限定面积并限定数量的毒品原植物的，是合法种植毒品原植物的行为，不构成犯罪。（2）对于情节较轻的非法种植毒品原植物的行为，不能以犯罪论处，但应当根据《治安管理处罚法》的有关规定，由公安机关给予治安处罚。

2. 本罪与制造毒品罪的界限。二者的主要区别在于：（1）犯罪对象不同。本罪的犯罪对象是罂粟、大麻、古柯等毒品原植物，本身并非毒品；后者的犯罪对象则是毒品。（2）客观方面不同。本罪是非法种植毒品原植物的行为；后者则是非法用毒品原植物直接提炼、提取，或者用化学合成方法加工、配制毒品的行为。（3）构成犯罪的标准不同。本罪必须情节严重才能构成犯罪；后者则无论所制造的毒品数量多少，原则上都要定罪处罚。（4）犯罪主体不同。本罪的主体限于自然人；后者的主体既包括自然人，也包括单位。

（三）非法种植毒品原植物罪的处罚

根据《刑法》第351条的规定，犯本罪的，有下列情形之一的，处5年以下有期徒刑、拘役或者管制，并处罚金：（1）种植罂粟500株以上不满3000株或者其他毒品原植物数量较大的。（2）经公安机关处理后又种植的。（3）抗拒铲除的。非法种植罂粟3000株以上或者其他毒品原植物数量大的，处5年以上有期徒刑，并处罚金或者没收财产。非法种植罂粟或者其他毒品原植物，在收获前自动铲除的，可以免除处罚。

【引诱、教唆、欺骗他人吸毒罪】

（一）引诱、教唆、欺骗他人吸毒罪的定义和特征

引诱、教唆、欺骗他人吸毒罪，是指以各种方法故意引诱、教唆、欺骗他人吸食、注射毒品的行为。本罪的特征是：

1. 客体是复杂客体，即引诱、教唆、欺骗他人吸毒的行为不仅侵犯了国家对毒品的管制制度，还严重地危害了他人的身心健康。所谓吸毒，是指非法吸食、注射毒品的行为，即为了追求所谓“快乐”、满足瘾癖，以口吸、鼻吸、吞服、饮用、皮下或静脉注射等方式，非法使用鸦片、海洛因、甲基苯

丙胺、吗啡、大麻、可卡因或者国务院规定管制的其他能够使人形成瘾癖的麻醉药品和精神药品的行为。如果是为了治疗疾病的需要，根据专门医疗部门医生的医嘱和处方服用、注射限定量的麻醉药品和精神药品的，均不属于吸毒行为。根据我国法律的规定，吸毒行为本身并非犯罪，而属于一般违法行为，但引诱、教唆、欺骗他人吸毒的行为则不仅侵犯了国家对毒品的管制制度，还严重地危害了他人的身心健康，因而应当作为犯罪以刑罚手段予以严厉禁止。本罪的犯罪对象是被引诱、教唆、欺骗吸毒的他人。所谓他人，一般要求必须是没有吸食、注射毒品经历，或者虽然有过吸食、注射毒品的经历但已戒除毒瘾的人。已有吸食、注射毒品的恶习并未进行戒除的人，不能成为本罪的对象。

2. 客观方面表现为行为人以各种方式引诱、教唆、欺骗他人吸食、注射毒品的行为。具体地说，引诱、教唆、欺骗他人吸毒有以下三种形式：（1）引诱他人吸毒，即以故意宣扬吸毒后的“快感”为手段，或者以吸毒后将获得某种利益作为诱饵，诱使无吸毒恶习的人产生吸毒的欲望，进而自愿地吸食、注射毒品，或者诱使虽有吸毒恶习但已戒除的人自愿地重新吸食、注射毒品。（2）教唆他人吸毒，即采取引诱以外的其他鼓动、怂恿、劝说、示范、传授吸毒方法等方式，促使无吸毒恶习的人自愿吸食、注射毒品，或者促使有吸毒恶习但已戒除的人自愿地重新吸食、注射毒品。（3）欺骗他人吸毒，即以捏造事实或者隐瞒真相的方式，使无吸毒恶习的人或者虽有吸毒恶习但已戒除的人，在不知所吸食、注射的物品为毒品的情形下，被动地吸食、注射毒品。本罪的成立，并未要求必须情节严重。因此行为人一般只要实施了引诱、教唆或欺骗他人吸毒这三种行为之一的，无论情节是否严重，也无论他人是否在引诱、教唆、欺骗下而吸毒，抑或因此染上了毒瘾，均不影响本罪的成立。当然，他人已经吸食、注射毒品是本罪的既遂标志。

3. 主体是一般主体，限于自然人，刑事责任年龄为16周岁以上。

4. 主观方面是故意。行为人的动机多种多样，但并不影响故意的成立。

（二）认定引诱、教唆、欺骗他人吸毒罪应注意的问题

1. 本罪与非罪的界限。主要应注意以下几种情形：（1）行为人由于不可预见的原因，在无法认识所提供的物品是毒品的情形下，将毒品提供给他人吸食、注射的，不能作为犯罪处理。（2）行为人并非属于可以开具国家管制的精神药品、麻醉药品用于医疗活动的专业医务人员，但由于本地医疗条件极差、交通极为不便等原因，又遇有突患急病的病人，为了缓解患者病痛，非法劝说患者吸食、注射少量毒品，或者在患者不知情的情形下非法给其吸食、注射毒品的，虽然仍然属于引诱、教唆、欺骗他人吸毒的行为，但是从全案分析，情节显著轻微危害不大的，不能以犯罪论处。（3）已经染有吸毒恶习的人之间相互宣扬吸毒后的“快感”“奇妙体验”，或相互介绍、炫耀自

己的吸毒方法、技巧的，不属于引诱、教唆、欺骗他人吸毒的行为，不能作为犯罪处理。

2. 本罪与教唆犯罪的界限。二者的主要区别在于：（1）行为性质不同。本罪是刑法分则规定的独立罪名，具有独立的法定刑；教唆犯罪则是由刑法总则规定的共同犯罪人中的教唆犯或者非共同犯罪的教唆犯所实施的犯罪行为，不是独立的罪名。（2）教唆内容的性质不同，本罪的行为人所引诱、教唆的是吸毒行为，而吸毒行为并非犯罪行为，属于一般违法行为；教唆犯罪所教唆的是各种故意犯罪行为。（3）行为人与被教唆者的关系不同。第一，本罪行为人在实施引诱、教唆他人吸毒后，无论他人是否被引诱、被教唆而吸食、注射毒品，双方都不构成共同犯罪，只由行为人独立地构成犯罪。而在教唆犯罪的情形下，如果被教唆人实行所教唆的犯罪，行为人与被教唆人之间便形成共同犯罪关系；如果被教唆人没有实行所教唆的犯罪，则教唆行为人独立构成所教唆的犯罪，教唆人与被教唆人之间并不存在共同犯罪关系。第二，在本罪中，无论被引诱、教唆吸毒的人是否达到刑事责任年龄或者是否具备辨认和控制能力，行为人均独立构成引诱、教唆他人吸毒罪；而在教唆犯罪的情形下，如果被教唆者没有达到刑事责任年龄或者不具备辨认和控制能力，无论被教唆者是否实施了所教唆的行为，二者都不形成共同犯罪关系，教唆行为人只独立构成所教唆的犯罪。（4）犯罪客体不同。本罪的客体是确定的，即侵犯了国家对毒品的管制制度和他人的身心健康；而教唆犯罪的客体则是不确定的，在具体的教唆犯罪中，其具有何种客体，应当以所教唆的是何种具体犯罪确定。

（三）引诱、教唆、欺骗他人吸毒罪的处罚

根据《刑法》第 353 条第 1 款、第 3 款和第 356 条的规定，犯本罪的，处 3 年以下有期徒刑、拘役或者管制，并处罚金；情节严重的，处 3 年以上 7 年以下有期徒刑，并处罚金。引诱、教唆、欺骗未成年人吸食、注射毒品的，从重处罚。因走私、贩卖、运输、制造、非法持有毒品罪被判过刑，又犯本罪的，从重处罚。

【非法提供麻醉药品、精神药品罪】

（一）非法提供麻醉药品、精神药品罪的定义和特征

非法提供麻醉药品、精神药品罪，是指依法从事生产、运输、管理、使用国家管制的麻醉药品、精神药品的单位或人员，违反国家规定，向明知是吸食、注射毒品的人提供国家规定管制的能够使人形成瘾癖的麻醉药品、精神药品的行为。本罪的特征是：

1. 客体是国家对毒品的管制制度。犯罪对象必须是处于合法生产、运输、管理、使用单位或人员的控制支配之下，来源正当，并且应当用途正当（如用于医疗、科研和教学等）的麻醉药品和精神药品。如果是通过走私、贩卖

或非法制造，或者以盗窃、抢夺、抢劫等犯罪而非法获取的麻醉药品和精神药品，不属于本罪的犯罪对象。

2. 客观方面表现为行为人违反国家规定，向明知是吸食、注射毒品的人提供国家规定管制的麻醉药品、精神药品的行为，即行为人违反国家有关麻醉药品、精神药品的生产、运输、管理、使用等规定，在未经有关部门的审批许可下，将处于自己合法控制支配之下，原本来源正当，且应当用途正当的麻醉药品和精神药品，提供给吸食、注射毒品的人。所谓提供，必须不以牟利为目的，而用各种方式（如赠予、供给、批准、许可使用等）进行的。如果以牟利为目的而非法提供的，应当以贩卖毒品罪定罪处罚。提供的对象必须是吸食、注射毒品的人。如果行为人向明知是走私、贩卖毒品的犯罪分子提供麻醉药品、精神药品的，则属于走私、贩卖毒品的共犯，应当以走私、贩卖毒品罪论处。

根据《毒品案件解释》规定，具有下列情形之一的，应当以非法提供麻醉药品、精神药品罪定罪处罚：（1）非法提供麻醉药品、精神药品达到刑法第 347 条第 3 款或者本解释第 2 条规定的“数量较大”标准最低值的 50%，不满“数量较大”标准的；（2）二年内曾因非法提供麻醉药品、精神药品受过行政处罚的；（3）向多人或者多次非法提供麻醉药品、精神药品的；（4）向吸食、注射毒品的未成年人非法提供麻醉药品、精神药品的；（5）非法提供麻醉药品、精神药品造成严重后果的；（6）其他应当追究刑事责任的情形。

3. 主体是特殊主体，即依法从事生产、运输、管理、使用国家管制的麻醉药品和精神药品的自然人和单位。

4. 主观方面是故意，即行为人明知对方是吸食、注射毒品的人，而决意向其提供国家管制的麻醉药品、精神药品。

（二）认定非法提供麻醉药品、精神药品罪应注意的问题

1. 本罪与非罪的界限。主要应注意以下两种情形：（1）行为人在严格遵守有关规定的情形下，向麻醉药品、精神药品的合法使用者（如正当使用麻醉药品、精神药品的医疗、科研、教学等单位或人员）提供麻醉药品、精神药品的，是合法的正当业务行为，不能认定为犯罪。（2）行为人没有严格遵守有关规定，如手续不全或超量、超品种等，向正当使用麻醉药品、精神药品的医疗、科研、教学等单位或人员提供麻醉药品、精神药品的，属于违反行政规定的行为，可予以行政处理，但不能认定为犯罪。

2. 本罪与贩卖毒品罪的界限。二者的主要区别在于：（1）主体不同。本罪是特殊主体，即依法从事生产、运输、管理、使用国家管制的麻醉药品和精神药品的自然人和单位；而后者的主体则是一般主体。（2）客观方面表现不同。第一，本罪是以非经济利益交易的方式提供毒品，后者则是以经济利

益交易的形式出售毒品。第二，本罪所提供的毒品，限于在合法生产、运输、管理、使用中的麻醉药品和精神药品；后者则没有上述限制。第三，本罪中麻醉药品、精神药品限于提供给吸食、注射毒品的人，后者的出售对象则没有上述限制。（3）主观方面不同。本罪行为人在主观上只具有非法提供麻醉药品、精神药品的故意，不具有牟利的目的；后者行为人在主观上则具有出售麻醉药品、精神药品从而非法牟利的目的。根据《全国法院毒品犯罪审判工作座谈会纪要》的规定，行为人向走私、贩卖毒品的犯罪分子或者吸食、注射毒品的人员贩卖国家规定管制的能够使人形成瘾癖的麻醉药品或者精神药品的，以贩卖毒品罪定罪处罚。行为人出于医疗目的，违反有关药品管理的国家规定，非法贩卖上述麻醉药品或者精神药品，扰乱市场秩序，情节严重的，以非法经营罪定罪处罚。

（三）非法提供麻醉药品、精神药品罪的处罚

根据《刑法》第355条和第356条的规定，犯本罪的，处3年以下有期徒刑或者拘役，并处罚金；情节严重的，处3年以上7年以下有期徒刑，并处罚金。单位犯本罪的，对单位判处罚金，并对其直接负责的主管人员和其他直接责任人员，依照上述规定处罚。因走私、贩卖、运输、制造、非法持有毒品罪被判过刑，又犯本罪的，从重处罚。

三、走私、贩卖、运输、制造毒品罪中的其他犯罪

【包庇毒品犯罪分子罪】

包庇毒品犯罪分子罪，是指明知是走私、贩卖、运输、制造毒品的犯罪分子，而为其向司法机关作假证明或帮助湮灭罪证的行为。本罪的特征是：（1）客体是国家司法机关追究犯罪人的刑事司法活动。犯罪对象仅限于走私、贩卖、运输、制造毒品的犯罪分子。（2）客观方面表现为以向司法机关作假证明或者帮助湮灭罪证等方式包庇走私、贩卖、运输、制造毒品的犯罪分子的行为。（3）主体是一般主体。（4）主观方面是故意。事先通谋的，以走私、贩卖、运输、制造毒品罪的共犯论处。

犯本罪的，依照《刑法》第349条和第356条的规定处罚。

【窝藏、转移、隐瞒毒品、毒赃罪】

窝藏、转移、隐瞒毒品、毒赃罪，是指为毒品犯罪分子窝藏、转移、隐瞒毒品或者犯罪所得财物的行为。本罪的特征是：（1）客体是国家司法机关追究犯罪人的刑事司法活动。犯罪对象是毒品犯罪分子的毒品或犯罪所得财物。（2）客观方面表现为为毒品犯罪分子窝藏、转移、隐瞒毒品或犯罪所得财物的行为。（3）主体是一般主体。（4）主观方面是故意。事先通谋的，以走私、贩卖、运输、制造毒品罪的共犯论处。

犯本罪的，依照《刑法》第349条和第356条的规定处罚。

【非法买卖、运输、携带、持有毒品原植物种子、幼苗罪】

非法买卖、运输、携带、持有毒品原植物种子、幼苗罪，是指非法买卖、运输、携带、持有未经灭活的毒品原植物种子或者幼苗，数量较大的行为。本罪的特征是：（1）客体是国家对毒品原植物的管制制度。本罪的对象，是未经灭活的毒品原植物种子、幼苗。所谓毒品原植物种子、幼苗，是指可用于制造麻醉药品和精神药品的罂粟、大麻、古柯等毒品原植物的种子、幼苗。未经灭活，是指此类种子、幼苗尚未经过特殊的杀灭处理，不是死种死苗，能够种植成活和繁殖。（2）客观方面表现为非法买卖、运输、携带、持有未经灭活的毒品原植物种子、幼苗，数量较大的行为。（3）主体是一般主体。（4）主观方面是故意，即明知是未经灭活的毒品原植物种子或幼苗，而决意非法买卖、运输、携带或持有。

犯本罪的，依照《刑法》第352条和第356条的规定处罚。

【强迫他人吸毒罪】

强迫他人吸毒罪，是指违背他人意志，以暴力、威胁或者其他方法，强迫他人吸食、注射毒品的行为。本罪的特征是：（1）客体是国家对毒品的管制制度和他人的人身权利。（2）客观方面表现为以暴力、威胁或者其他方法，强迫他人吸食、注射毒品的行为。（3）主体是一般主体。（4）主观方面是故意。

犯本罪的，依照《刑法》第353条第2款、第3款和第356条的规定处罚。

【容留他人吸毒罪】

容留他人吸毒罪，是指为吸食、注射毒品的人提供吸食、注射毒品的场所的行为。本罪的特征是：（1）客体是复杂客体，即不仅侵犯了国家对毒品的管制制度，而且还危害了公民的身体健康。（2）客观方面表现为为吸食、注射毒品的人提供吸食、注射毒品的场所的容留行为。（3）主体是一般主体。（4）主观方面是故意。

犯本罪的，依照《刑法》第354条和第356条的规定处罚。

【妨害兴奋剂管理罪】

妨害兴奋剂管理罪，是指组织、强迫、引诱、教唆、欺骗运动员使用兴奋剂参加国内、国际重大体育竞赛，或者明知运动员参加上述竞赛而向其提供兴奋剂，情节严重的行为。本罪的特征是：（1）客体是国家对兴奋剂的管理制度、重大体育竞赛公平公正的管理秩序和运动员的健康权利。（2）客观方面表现组织、强迫、引诱、教唆、欺骗运动员使用兴奋剂参加国内、国际重大体育竞赛，或者向参加上述竞赛的运动员提供兴奋剂，情节严重的行为。（3）主体是一般主体。（4）主观方面为故意。

犯本罪的，依照《刑法》第355条之一的规定处罚。

第八节　组织、强迫、引诱、容留、介绍卖淫罪

一、组织、强迫、引诱、容留、介绍卖淫罪概述

组织、强迫、引诱、容留、介绍卖淫罪，是指行为人组织、强迫、引诱、容留、介绍他人卖淫，或者明知患有严重性病而进行卖淫嫖娼，依照刑法应当受到刑罚的行为。本罪名属于次类罪名。本类罪的特征是：

1. 客体是良好的社会风尚。有的犯罪同时还侵犯了公民的人身权利，如强迫卖淫罪还侵犯了他人的性自由权；传播性病罪还侵犯了他人的身体健康。

2. 客观方面表现为组织、强迫、引诱、容留、介绍他人卖淫，或者明知患有严重性病而进行卖淫嫖娼的行为。

3. 主体大多数是一般主体。只有传播性病罪的主体是特殊主体，要求必须是患有严重性病的卖淫者或者嫖娼者。

4. 主观方面是故意。

二、组织、强迫、引诱、容留、介绍卖淫罪中的主要犯罪

【组织卖淫罪】

（一）组织卖淫罪的定义和特征

组织卖淫罪，是指以招募、雇用、引诱、容留等手段，控制多人从事卖淫活动的行为。本罪的特征是：

1. 客体是良好的社会风尚。本罪的犯罪对象主要是指女性，但也包括男性。

2. 客观方面表现为组织卖淫的行为。所谓组织卖淫，即采用招募、雇用、引诱、容留等方法控制多人从事卖淫活动。所谓招募，是指将自愿卖淫者招集或募集到卖淫集团或者其他卖淫组织之内进行卖淫活动。雇用，是指以出资为条件雇请自愿卖淫者参加卖淫集团或者其他卖淫组织进行卖淫活动。引诱，是指以金钱、物资、色相等为诱饵，诱使他人参加卖淫集团或者其他卖淫组织进行卖淫活动。容留，是指容纳、收留自愿卖淫者参加卖淫集团或者其他卖淫组织进行卖淫活动。上述具体手段，可以是同时使用，也可以是使用其中一种。

卖淫，是指以营利为目的，满足不特定对方（不限于异性）的性欲的行为，包括与不特定的对方发生性交和类似性交行为。但是组织他人单纯为异性手淫的，组织女性用乳房摩擦男性生殖器的，组织女性被特定人包养的，

不应认定为组织卖淫罪。

3. 主体是一般主体，即已满16周岁的自然人。但必须指出，本罪行为人必须是多人卖淫活动的组织者，其可以是一人，也可以是数人。

4. 主观方面是直接故意。行为人是否具有营利的目的，不影响本罪的成立。

（二）认定组织卖淫罪应当注意的问题

组织卖淫并有杀害、伤害、强奸、绑架等犯罪行为的，依照数罪并罚的规定处罚。

（三）组织卖淫罪的处罚

根据《刑法》第358条的规定，犯本罪的，处5年以上10年以下有期徒刑，并处罚金；情节严重的，处10年以上有期徒刑或者无期徒刑，并处罚金或者没收财产。组织未成年人卖淫的，从重处罚。

此外，根据《刑法》第361条的规定，旅馆业、饮食服务业、文化娱乐业、出租汽车业等单位的人员，利用本单位的条件，组织他人卖淫的，依照本罪定罪处罚。上述单位的主要负责人犯本罪的，从重处罚。

【强迫卖淫罪】

（一）强迫卖淫罪的定义和特征

强迫卖淫罪，是指违背他人意志，以暴力、胁迫或者其他强制手段逼迫他人卖淫的行为。本罪的特征是：

1. 客体是良好的社会风尚以及公民的人身权利。犯罪对象既可以是女性，也可以是男性。

2. 客观方面表现为违背他人意志，以暴力、胁迫或者其他强制手段，逼迫他人卖淫的行为。所谓“违背他人意志”，是指在他人不自愿的前提下，逼迫他人违心卖淫。“暴力”，是指直接对被害人采取殴打、捆绑、伤害等手段。“胁迫”，是指对被害人进行威胁、恫吓，达到精神上的强制，使其不敢抗拒的手段。“其他手段”，是指使用暴力、胁迫以外的其他强制手段。

3. 主体是一般主体，即已满16周岁的自然人。

4. 主观方面是直接故意。行为人是否以营利为目的，以及出于何种动机，不影响犯罪的成立。

（二）认定强迫卖淫罪应注意的问题

1. 本罪与组织卖淫罪的界限。两者的主要区别是：本罪是在违背他人意志的前提下，以暴力、胁迫或者其他强制手段逼迫他人卖淫，后者则是在没有违背他人意志的前提下；与此相关联，本罪需要以暴力、胁迫或者其他强制手段来强迫他人卖淫活动，而后者则是以招募、雇用、引诱、容留等非强制手段纠集、控制多人从事卖淫活动。

2. 强迫卖淫并有杀害、伤害、强奸、绑架等犯罪行为的，依照数罪并罚的规定处罚。

（三）强迫卖淫罪的处罚

根据《刑法》第358条的规定，犯本罪的，处5年以上10年以下有期徒刑，并处罚金；情节严重的，处10年以上有期徒刑或者无期徒刑，并处罚金或者没收财产。强迫未成年人卖淫的，依照前述规定从重处罚。

此外，根据《刑法》第361条的规定，旅馆业、饮食服务业、文化娱乐业、出租汽车业等单位的人员，利用本单位的条件，强迫他人卖淫的，依照本罪定罪处罚。上述单位的主要负责人犯本罪的，从重处罚。

【引诱、容留、介绍卖淫罪】

（一）引诱、容留、介绍卖淫罪的定义和特征

引诱、容留、介绍卖淫罪，是指引诱、容留、介绍他人卖淫的行为。本罪的特征是：

1. 客体是良好的社会风尚。

2. 客观方面表现为引诱、容留、介绍他人卖淫的行为。这里的引诱，是指以金钱、物质等利益，诱使他人卖淫的行为。容留，是指为卖淫者提供卖淫场所的行为。容留行为可以是主动的，也可以是被动的。介绍，是指在卖淫者和嫖娼者之间进行撮合，促使卖淫活动实现。行为人只要实施了上述三种行为之一，即符合本罪客观方面的要求。同时实施上述行为的，也只认定为一罪，不实行数罪并罚。

3. 主体是一般主体，即已满16周岁的自然人。

4. 主观方面是故意。行为人是否具有营利的目的，不影响本罪的成立。

（二）认定引诱、容留、介绍卖淫罪应当注意的问题

在组织卖淫的犯罪活动中，对被组织的人有引诱、容留、介绍卖淫行为的，应认定为组织卖淫罪，不实行数罪并罚。如果被组织者与被引诱、容留、介绍者不具有同一性时，则应分别定罪，实行数罪并罚。

（三）引诱、容留、介绍卖淫罪的处罚

根据《刑法》第359条第1款的规定，犯本罪的，处5年以下有期徒刑、拘役或者管制，并处罚金；情节严重的，处5年以上有期徒刑，并处罚金。所谓情节严重，是指多次引诱、容留、介绍他人卖淫；引诱、容留、介绍多人卖淫，或者具有其他严重情节。

此外，根据《刑法》第361条的规定，旅馆业、饮食服务业、文化娱乐业、出租汽车业等单位的人员，利用本单位的条件，引诱、容留、介绍卖淫的，依照本罪定罪处罚。上述单位的主要负责人犯本罪的，从重处罚。

三、组织、强迫、引诱、容留、介绍卖淫罪中的其他犯罪

【协助组织卖淫罪】

协助组织卖淫罪，是指为组织卖淫的人招募、运送人员或者有其他协助组织他人卖淫的行为。本罪的特征是：（1）客体是良好的社会风尚。（2）客观方面表现为为组织卖淫者提供招募、运送人员或者其他协助的行为。（3）主体是一般主体。（4）主观方面是故意。

犯本罪的，依照《刑法》第358条第4款的规定处罚。

【引诱幼女卖淫罪】

引诱幼女卖淫罪，是指引诱不满14周岁的幼女卖淫的行为。本罪的特征是：（1）客体是良好的社会风尚和幼女的身心健康。犯罪对象是不满14周岁的幼女。（2）客观方面表现为引诱不满14周岁的幼女卖淫的行为。以物质引诱幼女与行为人或者其他特定人发生性关系的，应认定为强奸罪。（3）主体是一般主体。（4）主观方面是故意。

犯本罪的，依照《刑法》第359条第2款、第361条的规定处罚。

【传播性病罪】

传播性病罪，是指明知自己患有梅毒、淋病等严重性病而卖淫、嫖娼的行为。本罪的特征是：（1）客体是良好的社会风尚和他人的身体健康。（2）客观方面表现为行为人明知自己有梅毒、淋病等严重性病而卖淫、嫖娼的行为。如果行为人明知自己有梅毒、淋病等严重性病而仍与他人同居或者实施强奸行为的，不构成本罪。构成故意伤害罪等其他犯罪的，按其他犯罪定罪处罚。本罪是行为犯，只要行为人明知自己有梅毒、淋病等严重性病而实施了卖淫或嫖娼的行为，就符合本罪客观方面的要求。至于该行为是否使他人患上性病，不影响本罪的成立。（3）主体是特殊主体，即必须是患有严重性病的人。（4）主观方面是故意，行为人必须明知自己患有梅毒、淋病等严重性病。

犯本罪的，依照《刑法》第360条的规定处罚。

第九节　制作、贩卖、传播淫秽物品罪

一、制作、贩卖、传播淫秽物品罪概述

制作、贩卖、传播淫秽物品罪，是指违反有关法律、法规，制作、贩卖、传播淫秽物品，或者组织进行淫秽表演的行为。本罪名属于次类罪名。本类罪的特征是：

1. 客体是国家对社会主义文化市场的管理秩序和社会的良好风尚。本类罪的犯罪对象是淫秽物品。根据《刑法》第367条的规定，所谓淫秽物品，是指具体描绘性行为或者露骨宣扬色情的诲淫性的书刊、影片、录像带、录音带、图片及其他淫秽物品。根据司法解释①，其他淫秽物品，是指包括具体描绘性行为或者露骨宣扬色情的诲淫性的视频文件、音频文件、电子刊物、图片、文章、短信息等互联网、移动通信终端电子信息和声讯台语音信息。有关人体生理、医学知识的科学著作不是淫秽物品，包含有色情内容的有艺术价值的电子文学、艺术作品不视为淫秽物品。

2. 客观方面表现为违反有关法律、法规，制作、贩卖、传播淫秽物品，或者组织进行淫秽表演的行为。本类罪中各种犯罪的成立，一般均以情节严重或者达到一定的数量标准作为重要条件。

3. 主体是一般主体，即已满16周岁的自然人和单位均可以构成本类罪。

4. 主观方面，除了为他人提供书号出版淫秽书刊罪是过失以外，其他犯罪都是故意。

二、制作、贩卖、传播淫秽物品罪中的主要犯罪

【制作、复制、出版、贩卖、传播淫秽物品牟利罪】

（一）制作、复制、出版、贩卖、传播淫秽物品牟利罪的定义和特征

制作、复制、出版、贩卖、传播淫秽物品牟利罪，是指以牟利为目的，制作、复制、出版、贩卖、传播淫秽物品的行为。本罪的特征是：

1. 客体是复杂客体，即国家对社会主义文化市场的管理秩序和社会的良好风尚。

2. 客观方面表现为行为人实施了制作、复制、出版、贩卖、传播淫秽物品牟利的行为，具体表现为：（1）制作淫秽物品，是指以编写、翻译、录制、印刷等方式创作、生产淫秽物品。（2）复制淫秽物品，是指以翻印、翻拍、翻录等方式将原已存在的淫秽物品重复制作。（3）出版淫秽物品，是指将淫秽作品编辑加工、复制后，向公众发行。②（4）贩卖淫秽物品，是指出售淫秽物品，包括有偿转让。（5）传播淫秽物品，是指以播放、出租、邮寄等方式，使淫秽物品在社会上流传或者为多数人感知。根据司法解释③，以牟利为目的，制作、复制、出版、贩卖、传播淫秽物品，涉嫌下列情形之一的，应

---

① 2004年最高人民法院、最高人民检察院《关于办理利用互联网、移动通讯终端、声讯台制作、复制、出版、贩卖、传播淫秽电子信息刑事案件具体应用法律若干问题的解释》。

② 关于淫秽出版物的范围，参见1988年新闻出版署《关于认定淫秽及色情出版物的暂行规定》第2条以及1989年《关于部分应取缔出版物认定标准的暂行规定》。

③ 2008年最高人民检察院、公安部《关于公安机关管辖的刑事案件立案追诉标准的规定（一）》。

予立案追诉：第一，制作、复制、出版淫秽影碟、软件、录像带 50 至 100 张（盒）以上，淫秽音碟、录音带 100 至 200 张（盒）以上，淫秽扑克、书刊、画册 100 至 200 副（册）以上，淫秽照片、画片 500 至 1000 张以上的；第二，贩卖淫秽影碟、软件、录像带 100 至 200 张（盒）以上，淫秽音碟、录音带 200 至 400 张（盒）以上，淫秽扑克、书刊、画册 200 至 400 副（册）以上，淫秽照片、画片 1000 至 2000 张以上的；第三，向他人传播淫秽物品达 200 至 500 人次以上，或者组织播放淫秽影、像达 10 至 20 场次以上的；第四，制作、复制、出版、贩卖、传播淫秽物品，获利 5000 元至 1 万元以上的。以牟利为目的，利用互联网、移动通信终端制作、复制、出版、贩卖、传播淫秽电子信息，涉嫌下列情形之一的，应予立案追诉：第一，制作、复制、出版、贩卖、传播淫秽电影、表演、动画等视频文件 20 个以上的；第二，制作、复制、出版、贩卖、传播淫秽音频文件 100 个以上的；第三，制作、复制、出版、贩卖、传播淫秽电子刊物、图片、文章、短信息等 200 个以上的；第四，制作、复制、出版、贩卖、传播的淫秽电子信息，实际被点击数达到 1 万次以上的；第五，以会员制方式出版、贩卖、传播淫秽电子信息，注册会员达 200 人以上的；第六，利用淫秽电子信息收取广告费、会员注册费或者其他费用，违法所得 1 万元以上的；第七，数量或者数额虽未达到第一项至第六项规定标准，但分别达到其中两项以上标准 50%以上的；第八，造成严重后果的。利用聊天室、论坛、即时通信软件、电子邮件等方式，实施本条第 2 款规定行为的，依据本罪定罪和处罚。以牟利为目的，通过声讯台传播淫秽语音信息，涉嫌下列情形之一的，应予立案追诉：第一，向 100 人次以上传播的；第二，违法所得 1 万元以上的；第三，造成严重后果的。明知他人用于出版淫秽书刊而提供书号、刊号的，应予立案追诉。

3. 主体是一般主体，即已满 16 周岁的自然人和单位均可以构成本罪。

4. 主观方面是故意，并且以牟利为目的。

（二）认定制作、复制、出版、贩卖、传播淫秽物品牟利罪应注意的问题

1. 本罪与非罪的界限。主要应当注意的是：（1）有关人体生理、医学知识的科学著作，以及包含有色情内容的有艺术价值的文学、艺术作品，均不属于淫秽物品。（2）行为人主观上并非出于牟利的目的，只是为了自己观看、收藏而制作、复制淫秽物品的，不能以犯罪论处。（3）制作、复制、出版、贩卖、传播淫秽物品牟利的行为，如果未达到司法解释所规定的标准的，也不能以犯罪论处，但可由公安机关予以治安处罚。

2. 本罪与传播淫秽物品罪的界限。二者的主要区别在于主观方面有所不同。二者虽然都出于故意，但本罪行为人有特定的犯罪目的，即通过传播淫秽物品牟利的目的；后者则无此目的。

（三）制作、复制、出版、贩卖、传播淫秽物品牟利罪的处罚

根据《刑法》第 363 条第 1 款和第 366 条的规定，犯本罪的，处 3 年以

下有期徒刑、拘役或者管制，并处罚金；情节严重的，处3年以上10年以下有期徒刑，并处罚金；情节特别严重的，处10年以上有期徒刑或者无期徒刑，并处罚金或者没收财产。单位犯本罪的，对单位判处罚金，并对其直接负责的主管人员和其他直接责任人员，依照上述规定处罚。

情节严重，主要是指：第一，制作、复制、出版、贩卖、传播淫秽物品数量较大或影响范围较广的。第二，制作、复制、出版、贩卖、传播淫秽物品获利较多的。第三，制作、复制、出版、贩卖、传播淫秽物品的组织、策划、指挥者。第四，制作、复制和出版以青少年为对象的淫秽物品，或向未成年人贩卖、传播淫秽物品。情节特别严重，主要是指：第一，制作、复制、出版、贩卖、传播淫秽物品数量巨大或影响范围极广的。第二，制作、复制、出版、贩卖、传播淫秽物品获利巨大的。第三，长期制作、复制、出版、贩卖、传播淫秽物品的。第四，制作、复制、出版、贩卖、传播淫秽物品的犯罪集团的首要分子。

【为他人提供书号出版淫秽书刊罪】

（一）为他人提供书号出版淫秽书刊罪的定义和特征

为他人提供书号出版淫秽书刊罪，是指违反出版管理法规，为他人提供书号，出版淫秽书刊的行为。本罪的特征是：

1. 客体是复杂客体，即国家对出版业的管理秩序和社会的良好风尚。本罪的犯罪对象主要是书号。书号，在广义上包括刊号、版号，是国家新闻出版管理部门出具的允许书刊出版的凭证。狭义上的中国标准书号由“国际标准书号”（ISBN）和“图书分类—种次号”两部分组成，国际标准书号（ISBN）是中国标准书号的主体，它由13位数组成，数字分成五个部分，之间用连字符号“-”隔开。书号是把一本书同另一本图书区分开来的字母和数字，是合法出版书籍的统一编号，只能由核定的出版单位自己使用，除规定协作出版外，不得提供给他人使用。这里的协作出版，是指根据国家有关规定，对一些具有学术、科学和技术价值且达到出版要求的书籍，由于读者范围较少，发行量有限，在经济上可能亏损，出版社无力负担，而采取由出版单位提供书号并由作者单位承担经济风险的一种出版发行方式。

2. 客观方面表现为违反国家出版管理法规，为他人提供书号出版淫秽书刊的行为。违反国家出版管理法规，提供书号给他人使用，且他人用提供的书号出版了淫秽书刊，是本罪客观方面必须具备的条件。如果行为人虽然违反国家出版管理法规，提供书号给他人使用，但他人没有用书号出版淫秽书刊的，则不构成本罪。

3. 主体是一般主体，即已满16周岁的自然人和单位均可以构成本罪。一般应当是具有管理书号、刊号、版号职权的人员和单位，即出版行业主管部门及其领导以及出版社及其社长、总编、编辑等工作人员。

4. 主观方面是过失，即行为人对于自己违反国家出版管理法规，为他人提供书号是有意的，但对于所提供的书号被用于出版淫秽书刊这一结果是过失的。如果明知他人用于出版淫秽书刊而提供书号、刊号、版号的，则属于出版淫秽物品牟利罪的共犯，应当以出版淫秽物品牟利罪定罪处罚。

（二）认定为他人提供书号出版淫秽书刊罪应注意的问题

1. 本罪与非罪的界限。如果行为人违反国家出版管理法规，为他人提供书号，而他人将书号用于非淫秽书刊出版的，不能以犯罪论处。

2. 本罪与出版淫秽物品牟利罪的界限。二者的主要区别在于：（1）客观方面不同。本罪表现为行为人违反国家出版管理法规，为他人提供书号出版淫秽书刊的行为；后者则表现为行为人自己出版淫秽书刊、音像制品的行为。如果行为人明知他人出版淫秽书刊而故意提供书号、刊号、版号的，则属于出版淫秽物品牟利罪的共犯，应当以出版淫秽物品牟利罪定罪处罚。（2）主观方面不同。本罪是过失；后者则是故意，并且具有牟利的目的。

（三）为他人提供书号出版淫秽书刊罪的处罚

根据《刑法》第363条第2款和第366条的规定，犯本罪的，处3年以下有期徒刑、拘役或者管制，并处或者单处罚金；明知他人用于出版淫秽书刊而提供书号的，依照出版淫秽物品罪的规定处罚。单位犯本罪的，对单位判处罚金，并对其直接负责的主管人员和其他直接责任人员，依照上述规定处罚。

【组织淫秽表演罪】

（一）组织淫秽表演罪的定义和特征

组织淫秽表演罪，是指组织他人进行淫秽表演的行为。本罪的特征是：

1. 客体是复杂客体，即国家对文化娱乐活动的管理秩序和社会的良好风尚。

2. 客观方面表现为组织他人进行淫秽表演的行为。这里的组织，是指为进行淫秽表演进行策划、编排、安排有关节目，以及纠集、招募、雇用、训练淫秽表演的演出人员的行为，同时也包括引诱、召集他人观看淫秽表演等行为。

3. 主体是一般主体，即已满16周岁的自然人和单位均可以构成本罪。

4. 主观方面是故意。行为人通常是为了牟利，但是否出于牟利而组织淫秽表演，并不影响本罪的成立。

（二）认定组织淫秽表演罪应注意的问题

主要应注意区分本罪与非罪的界限。本罪只追究淫秽表演的组织者的刑事责任，对于一般表演者不能以犯罪论处，但可依法予以行政处罚。此外，根据司法解释①，以策划、招募、强迫、雇用、引诱、提供场地、提供资金等

---

① 2008年最高人民检察院、公安部《关于公安机关管辖的刑事案件立案追诉标准的规定（一）》第18条。

手段，组织进行淫秽表演，涉嫌下列情形之一的，应予立案追诉：（1）组织表演者进行裸体表演的；（2）组织表演者利用性器官进行诲淫性表演的；（3）组织表演者半裸体或者变相裸体表演并通过语言、动作具体描绘性行为的；（4）其他组织进行淫秽表演应予追究刑事责任的情形。

（三）组织淫秽表演罪的处罚

根据《刑法》第365条和第366条的规定，犯本罪的，处3年以下有期徒刑、拘役或者管制，并处罚金；情节严重的，处3年以上10年以下有期徒刑，并处罚金。所谓情节严重，主要是指：第一，多次组织淫秽表演。第二，组织淫秽表演规模较大。第三，组织淫秽表演牟利数额巨大。第四，组织淫秽表演向未成年人开放。第五，组织未成年人进行淫秽表演。第六，以暴力、胁迫的方式迫使他人进行淫秽表演的。单位犯本罪的，对单位判处罚金，并对其直接负责的主管人员和直接责任人员，依照上述规定处罚。

三、制作、贩卖、传播淫秽物品罪中的其他犯罪

【传播淫秽物品罪】

传播淫秽物品罪，是指不以牟利为目的，在社会上传播淫秽的书刊、影片、音像、图片或者其他淫秽物品，情节严重的行为。本罪的特征是：（1）客体是国家对社会主义文化市场的管理秩序和社会的良好风尚。（2）客观方面表现为行为人实施了在社会上传播淫秽的书刊、影片、音像、图片或者其他淫秽物品，情节严重的行为。（3）主体是一般主体，包括自然人和单位。（4）主观方面是故意，行为人不以牟利为目的。

犯本罪的，依照《刑法》第364条第1款、第4款和第366条的规定处罚。

【组织播放淫秽音像制品罪】

组织播放淫秽音像制品罪，是指不以牟利为目的，组织播放淫秽的电影、录像等音像制品的行为。本罪的特征是：（1）客体是复杂客体，即国家对社会主义文化市场的管理秩序和社会的良好风尚。（2）客观方面表现为组织、纠集或聚集一定数量的人，组织播放淫秽的电影、录像等音像制品的行为。（3）主体是一般主体，包括自然人和单位。（4）主观方面是故意，但是不具有牟利的目的。

犯本罪的，依照《刑法》第364条第2款、第3款和第366条的规定处罚。

第二十四章

危害国防利益罪

一、危害国防利益罪概述

危害国防利益罪，是指故意或过失危害国防利益，依法应受刑事处罚的行为。本罪名属于类罪名。本类罪的特征是：

第一，客体是国防利益。国防利益，是指国家为捍卫国家主权、领土完整和安全，防备和抵御侵略与颠覆，维护部队声誉而进行的军事以及与军事有关的建设和斗争等方面的利益。国防利益具体包括作战利益与军事行动利益、国防自身安全、武装力量建设、国防物质基础、军事斗争、国防管理秩序等。

第二，客观方面表现为行为人实施了危害作战和军事行动，危害国防物质基础和国防建设活动，妨害国防管理秩序，拒绝或者逃避履行国防义务，损害部队声誉的行为。从形式上看，大部分犯罪是作为，如阻碍军人执行职务罪，破坏武器装备、军事设施、军事通信罪等；但也有些犯罪是不作为，如拒绝、逃避服役罪，拒绝军事征用罪等。有些犯罪要求必须是在“战时”，如战时故意提供虚假敌情罪、战时造谣扰乱军心罪等；有些犯罪则要求必须在特定的地点实施，如聚众冲击军事禁区罪、聚众扰乱军事管理区秩序罪等。

第三，主体多为一般主体，即已满 16 周岁的自然人，且一般都是非军人。如果军人实施同样的行为，则一般构成军人违反职责罪中的具体犯罪。但也有少数罪，只能由特殊主体构成，如《刑法》第 374 条规定的接送不合格兵员罪。此外，单位也可成为某些危害国防利益罪的犯罪主体，如《刑法》第 370 条第 1 款规定的故意提供不合格武器装备、军事设施罪等。

第四，主观方面多为故意，但有个别犯罪由过失构成，如过失提供不合格武器装备、军事设施罪。

二、危害国防利益罪中的主要犯罪

【阻碍军人执行职务罪】

（一）阻碍军人执行职务罪的定义和特征

阻碍军人执行职务罪，是指以暴力、威胁方法，阻碍军人依法执行职务的行为。本罪的特征是：

1. 客体是军职人员的正常职务活动。犯罪对象是正在执行职务的军人。根据《刑法》第450条的规定，军人包括中国人民解放军的现役军官、文职干部、士兵及具有军籍的学员和中国人民武装警察部队的现役警官、文职干部、士兵及具有军籍的学员以及执行军事任务的预备役人员和其他人员。

2. 客观方面表现为行为人采用暴力或者威胁手段，阻碍军人依法执行职务的行为。对此，应从以下方面来理解：首先，行为人采用了暴力或者胁迫手段。“暴力”，是指行为人对依法执行职务的军人的身体实施打击或者强制。“威胁”，是指行为人以伤害、杀害、毁坏财产等对军人实行精神强制，使军人产生心理恐惧，不能或者无法履行职责、执行任务。其次，行为人必须阻碍了军人依法执行职务。阻碍，是指行为人通过各种方法使军人不能正常地行使自己的职权、履行自己的职责，如使军人被迫停止、放弃自己所正在执行或需要执行的职务，或者被迫变更依法应当执行或从事职务的内容。再次，只有阻碍军人依法执行职务的活动，才能构成犯罪。如果阻碍军人不合法的行为，则不能构成本罪。

3. 主体是特殊主体，即必须是非军人才能构成。如果是军人阻碍指挥人员和值班、值勤人员执行职务的，依照《刑法》第426条规定，以阻碍执行军事职务罪定罪处刑。

4. 主观方面是故意，要求行为人明知对方系正在执行任务的军人。

（二）认定阻碍军人执行职务罪应当注意的问题

1. 本罪与妨害公务罪的界限。主要区别在于侵害的对象不同。阻碍军人执行职务罪侵害的对象是军人；妨害公务罪侵害的对象则主要是国家机关工作人员，同时还包括全国和地方各级人大代表以及红十字会工作人员。如果行为人发生错误认识，将军人误认为是其他国家机关工作人员，以妨害公务罪论处。

2. 本罪的一罪与数罪。因使用暴力方法犯本罪的，致使军人重伤、死亡的，是本罪与故意伤害罪、故意杀人罪的想象竞合，应当从一重罪处断。

（三）阻碍军人执行职务罪的处罚

根据《刑法》第368条第1款的规定，犯本罪的，处3年以下有期徒刑、拘役、管制或者罚金。

【破坏武器装备、军事设施、军事通信罪】

（一）破坏武器装备、军事设施、军事通信罪的定义和特征

破坏武器装备、军事设施、军事通信罪，是指故意破坏武器装备、军事设施、军事通信的行为。本罪是选择性罪名，在定罪中应根据行为的破坏对象确定具体罪名。本罪的特征是：

1. 客体是军队战斗力的物质保障。本罪的犯罪对象包括三类：一是武器装备，即部队用于实施和保障作战行动的武器、武器系统和军事技术器材的统称，包括备用的武器装备重要零件和部件。二是军事设施，即国家直接用于军事目的的建筑、场地和设备。三是军用通信，是指军队为实施指挥、运用通信工具或其他方法进行的信息传递。

2. 客观方面表现为破坏武器装备、军事设施或军事通信的行为。所谓破坏，是指使武器装备、军事设施、军事通信全部或部分地丧失其正常功能的一切行为，并不限于物理上的损坏。破坏既可以表现为作为，又可以表现为不作为。后者如故意不履行保管、维修义务而使其遭受破坏。根据司法解释①，建设、施工单位直接负责的主管人员、施工管理人员，明知是军事通信线路、设备而指使、强令、纵容他人予以损毁的，或者不听管护人员劝阻，指使、强令、纵容他人违章作业，造成军事通信线路、设备损毁的，以破坏军事通信罪定罪处罚。

3. 主体是一般主体，即已满 16 周岁的自然人。

4. 主观方面是故意。

（二）认定破坏武器装备、军事设施、军事通信罪应当注意的问题

主要是本罪的一罪与数罪。破坏、过失损坏军事通信，并造成公用电信设施损毁，危害公共安全，同时构成《刑法》第 124 条和第 369 条规定的犯罪的，依照处罚较重的规定定罪处罚。盗窃军事通信线路、设备，不构成盗窃罪，但破坏军事通信的，依照《刑法》第 369 条第 1 款的规定定罪处罚；同时构成《刑法》第 124 条、第 264 条和第 369 条第 1 款规定的犯罪的，依照处罚较重的规定定罪处罚。违反国家规定，侵入国防建设、尖端科学技术领域的军事通信计算机信息系统，尚未对军事通信造成破坏的，依照《刑法》第 285 条的规定定罪处罚；对军事通信造成破坏，同时构成《刑法》第 285 条、第 286 条、第 369 条第 1 款规定的犯罪的，依照处罚较重的规定定罪处罚。违反国家规定，擅自设置、使用无线电台、站，或者擅自占用频率，经责令停止使用后拒不停止使用，干扰无线电通信正常进行，构成犯罪的，依照《刑法》第 288 条的规定定罪处罚；造成军事通信中断或者严重障碍，同

① 2007 年最高人民法院《关于审理危害军事通信刑事案件具体应用法律若干问题的解释》。

时构成《刑法》第288条、第369条第1款规定的犯罪的，依照处罚较重的规定定罪处罚。

（三）破坏武器装备、军事设施、军事通信罪的处罚

根据《刑法》第369条的规定，犯本罪的，处3年以下有期徒刑、拘役或者管制；破坏重要武器装备、军事设施、军事通信的，处3年以上10年以下有期徒刑；情节特别严重的，处10年以上有期徒刑、无期徒刑或者死刑。战时从重处罚。

【冒充军人招摇撞骗罪】

（一）冒充军人招摇撞骗罪的定义和特征

冒充军人招摇撞骗罪，是指假冒军人身份进行招摇撞骗的行为。本罪的特征是：

1. 客体是复杂客体，主要是侵犯军队的声誉及其正常活动。

2. 客观方面表现为假冒军人身份进行招摇撞骗的行为。冒充军人主要包括四种情况：一是非军人冒充军人；二是级别较低的军人冒充级别较高的军人（不排除相反情形）；三是一般部门的军人冒充要害部门的军人（不排除相反情形）；四是此类军人冒充彼类军人。招摇撞骗，是指假借军人身份进行炫耀、蒙骗，不以骗取财物为要件。冒充军人使用伪造、变造、盗窃的武装部队车辆号牌，造成恶劣影响的，以冒充军人招摇撞骗罪论处。

3. 主体是一般主体，即已满16周岁的自然人。非军人和军人都可以成为本罪主体。

4. 主观方面是故意。

（二）认定冒充军人招摇撞骗罪应当注意的问题

1. 本罪与招摇撞骗罪的关系。本罪与招摇撞骗罪存在着法条竞合的关系，对于行为人冒充军人招摇撞骗的，应当以特别法优于普通法的原则以本罪论处。

2. 本罪与诈骗罪的关系。二者都表现为欺骗行为，而且冒充军人招摇撞骗罪也可以如诈骗罪那样骗取财物，因而容易混淆。冒充军人骗取数额较大以上财物的，属于本罪与诈骗罪的想象竞合犯，从一重罪论处。

3. 本罪的一罪与数罪。行为人实施冒充军人招摇撞骗的行为，往往牵连触犯了伪造公文、证件罪等其他罪名，对此，应当按照处理牵连犯的原则，从一重罪处断。

（三）冒充军人招摇撞骗罪的处罚

根据《刑法》第372条的规定，犯本罪的，处3年以下有期徒刑、拘役、管制或者剥夺政治权利；情节严重的，处3年以上10年以下有期徒刑。

三、危害国防利益罪中的其他犯罪

【阻碍军事行动罪】

阻碍军事行动罪，是指故意阻碍武装部队的军事行动，造成严重后果的行为。本罪的特征是：（1）客体是武装部队的军事行动。（2）客观方面表现为阻碍军事行动，造成严重后果的行为。阻碍方法包括暴力、威胁手段，但不限于暴力、威胁手段。（3）主体是一般主体。（4）主观方面是故意。

犯本罪的，依照《刑法》第 368 条第 2 款的规定处罚。

【过失损坏武器装备、军事设施、军事通信罪】

过失损坏武器装备、军事设施、军事通信罪，是指过失损坏武器装备、军事设施、军事通信，造成严重后果的行为。本罪的特征是：（1）客体是军队战斗力的物质保障。（2）客观方面是损坏武器装备、军事设施、军事通信，造成严重后果的行为。（3）主体是一般主体。（4）主观方面是过失。

犯本罪的，依照《刑法》第 369 条第 2 款的规定处罚。

【故意提供不合格武器装备、军事设施罪】

故意提供不合格武器装备、军事设施罪，是指明知是不合格的武器装备、军事设施而提供给武装部队的行为。本罪的特征是：（1）客体是国家的武器装备、军事设施的管理制度。（2）客观方面表现为明知为不合格的武器装备、军事设施，而将其提供给武装部队的行为。（3）主体是特殊主体，即武器装备、军事设施的生产者和销售者，包括自然人和单位。（4）主观方面是故意。

犯本罪的，依照《刑法》第 370 条第 1 款的规定处罚。

【过失提供不合格武器装备、军事设施罪】

过失提供不合格武器装备、军事设施罪，是指由于过失而向武装部队提供了不合格的武器装备、军事设施，并且造成严重后果的行为。本罪的特征是：（1）客体是国家的武器装备、军事设施的管理制度。（2）客观方面表现为将不合格的武器装备、军事设施提供给武装部队，造成严重后果的行为。（3）主体是特殊主体，即武器装备、军事设施的生产者和销售者，但限于自然人。（4）主观方面是过失。

犯本罪的，依照《刑法》第 370 条第 2 款的规定处罚。

【聚众冲击军事禁区罪】

聚众冲击军事禁区罪，是指聚众冲击军事禁区，严重扰乱军事禁区秩序的行为。本罪的特征是：（1）客体是军事禁区的秩序。（2）客观方面表现为聚众冲击军事禁区、扰乱军事禁区正常秩序的行为。（3）主体是一般主体，但只对聚众冲击军事禁区的首要分子和其他积极参加者追究刑事责任。（4）主观方面是故意，即明知是军事禁区，仍然聚众冲击，对其危害国防利益的后果持希望或者放任态度。

犯本罪的，依照《刑法》第 371 条第 1 款的规定处罚。

【聚众扰乱军事管理区秩序罪】

聚众扰乱军事管理区秩序罪，是指聚众扰乱军事管理区秩序，情节严重，致使军事管理区工作无法进行，造成严重损失的行为。本罪的特征是：（1）客体是军事管理区的管理秩序。（2）客观方面表现为聚众扰乱军事管理区正常秩序，情节严重，致使军事管理区工作无法进行，造成严重损失的行为。（3）主体是一般主体。但只对首要分子和其他积极参加者追究刑事责任。（4）主观方面是故意。

犯本罪的，依照《刑法》第 371 条第 2 款的规定处罚。

【煽动军人逃离部队罪】

煽动军人逃离部队罪，是指唆使、鼓动军人逃离部队，情节严重的行为。本罪的特征是：（1）客体是部队兵员管理秩序。犯罪对象是现役军人。（2）客观方面表现为煽动军人逃离部队，情节严重的行为。（3）主体是一般主体。（4）主观方面是故意。

犯本罪的，依照《刑法》第 373 条的规定处罚。

【雇用逃离部队军人罪】

雇用逃离部队军人罪，是明知对方是逃离部队的军人而雇用，情节严重的行为。本罪的特征是：（1）客体是部队兵员管理秩序，犯罪对象是逃离部队的军人。（2）客观方面表现为雇用逃离部队的军人，情节严重的行为。（3）主体是一般主体。（4）主观方面是故意。

犯本罪的，依照《刑法》第 373 条的规定处罚。

【接送不合格兵员罪】

接送不合格兵员罪，是指征兵工作人员在征兵工作中徇私舞弊，接送不合格兵员，情节严重的行为。本罪的特征是：（1）客体是国家征兵工作的正常活动。（2）客观方面表现为在征兵工作中徇私舞弊，接送不合格兵员，情节严重的行为。（3）主体是特殊主体，即必须是负责或者参与征兵工作的人员。（4）主观方面是故意。

犯本罪的，依照《刑法》第 374 条的规定处罚。

【伪造、变造、买卖武装部队公文、证件、印章罪】

伪造、变造、买卖武装部队公文、证件、印章罪，是指伪造、变造、买卖武装部队的公文、证件、印章的行为。本罪的特征是：（1）客体是武装部队的正常管理活动和信誉，犯罪对象是武装部队的公文、证件、印章。（2）客观方面表现为伪造、变造、买卖武装部队的公文、证件、印章的行为。（3）主体是一般主体。（4）主观方面是直接故意。

犯本罪的，依照《刑法》第 375 条第 1 款的规定处罚。

【盗窃、抢夺武装部队公文、证件、印章罪】

盗窃、抢夺武装部队公文、证件、印章罪，是指盗窃或抢夺武装部队公文、证件、印章的行为。本罪的特征是：（1）客体是武装部队的正常管理活动和信誉，犯罪对象是武装部队的公文、证件、印章。（2）客观方面表现为盗窃或抢夺武装部队公文、证件或印章的行为。（3）主体是一般主体。（4）主观方面是直接故意。

犯本罪的，依照《刑法》第 375 条第 1 款的规定处罚。

【非法生产、买卖武装部队制式服装罪】

非法生产、买卖武装部队制式服装罪，是指非法生产、买卖武装部队制式服装，情节严重的行为。本罪的特征是：（1）客体是武装部队制式服装的管理秩序。（2）客观方面表现为非法生产、买卖武装部队制式服装，情节严重的行为。（3）主体是一般主体，单位可以构成本罪。（4）主观方面是直接故意。

犯本罪的，依照《刑法》第 375 条第 2 款的规定处罚。

【伪造、盗窃、买卖、非法提供、非法使用武装部队专用标志罪】

伪造、盗窃、买卖、非法提供、非法使用武装部队专用标志罪，是指伪造、盗窃、买卖、非法提供、非法使用武装部队车辆号牌等专用标志，情节严重的行为。本罪的特征是：（1）客体是武装部队专用标志的管理秩序。（2）客观方面表现为伪造、盗窃、买卖、非法提供、非法使用武装部队车辆号牌等专用标志，情节严重的行为。（3）主体是一般主体，单位可以构成本罪。（4）主观方面是直接故意。

犯本罪的，依照《刑法》第 375 条第 3 款的规定处罚。

【战时拒绝、逃避征召、军事训练罪】

战时拒绝、逃避征召、军事训练罪，是指在战时，预备役人员拒绝、逃避征召或者拒绝、逃避军事训练，情节严重的行为。

本罪的特征是：（1）客体是国家兵役管理制度。（2）客观方面表现为在战时拒绝、逃避征召或拒绝、逃避军事训练，情节严重的行为。所谓“战时”，根据《刑法》第 451 条的规定，是指国家宣布进入战争状态、部队受领作战任务或者遭敌突然袭击时。部队执行戒严任务或者处置突发性暴力事件时，以战时论。（3）主体是特殊主体，即只能是预备役人员，包括编入民兵组织或者经过登记服预备役的人员。（4）主观方面是故意。

犯本罪的，依照《刑法》第 376 条第 1 款的规定处罚。

【战时拒绝、逃避服役罪】

战时拒绝、逃避服役罪，是指公民战时拒绝、逃避服役，情节严重的行为。本罪的特征是：（1）客体是国家兵役制度。（2）客观方面表现为在战时拒绝、逃避服役，情节严重的行为。（3）主体是特殊主体，即必须是在战时有义务服兵役的人员。（4）主观方面是故意。

犯本罪的，依照《刑法》第376条第2款的规定处罚。

【战时故意提供虚假敌情罪】

战时故意提供虚假敌情罪，是指战时故意向武装部队提供虚假敌情，造成严重后果的行为。本罪的特征是：（1）客体是部队的作战利益。（2）客观方面表现为战时故意向武装部队提供虚假敌情，造成严重后果的行为。（3）主体是一般主体。（4）主观方面是故意。

犯本罪的，依照《刑法》第377条的规定处罚。

【战时造谣扰乱军心罪】

战时造谣扰乱军心罪，是指战时造谣惑众，扰乱军心的行为。本罪的特征是：（1）客体是部队的作战利益。（2）客观方面表现为战时造谣惑众，扰乱军心的行为。（3）主体是特殊主体，即非军职人员。军人战时造谣扰乱军心的，则构成《刑法》第433条的战时造谣惑众罪。（4）主观方面是直接故意。

犯本罪的，依照《刑法》第378条的规定处罚。

【战时窝藏逃离部队军人罪】

战时窝藏逃离部队军人罪，是指战时明知是逃离部队的军人而为其提供隐蔽处所、财物，情节严重的行为。本罪的特征是：（1）客体是战时部队兵员管理秩序。（2）客观方面表现为战时明知是逃离部队的军人而为其提供隐蔽处所、财物，情节严重的行为。（3）主体是一般主体。（4）主观方面是故意。

犯本罪的，依照《刑法》第379条的规定处罚。

【战时拒绝、故意延误军事订货罪】

战时拒绝、故意延误军事订货罪，是指单位战时拒绝、故意延误军事订货，情节严重的行为。本罪的特征是：（1）客体是部队的作战利益。（2）客观方面表现为战时拒绝或故意延误军事订货，情节严重的行为。（3）主体是特殊主体，即负有军事订货义务的生产、销售单位。（4）主观方面是故意。

犯本罪的，依照《刑法》第380条的规定处罚。

【战时拒绝军事征用罪】

战时拒绝军事征用罪，是指战时拒绝军事征收、征用，情节严重的行为。本罪的特征是：（1）客体是军事征收、征用管理制度。（2）客观方面是战时拒绝征收、征用，情节严重的行为。（3）主体是一般主体。（4）主观方面是故意。

犯本罪的，依照《刑法》第381条的规定处罚。

第二十五章

贪污贿赂罪

一、贪污贿赂罪概述

贪污贿赂罪，是指国家工作人员利用职务上的便利，贪污、受贿、挪用公款、拥有来源不明的巨额财产、隐瞒不报境外存款，国家机关和其他国有单位受贿、私分国有资产或罚没财物，以及其他人员行贿、介绍贿赂的行为。本罪名属于类罪名，本类罪的特征是：

第一，犯罪客体是复杂客体。本类犯罪主要侵犯的是国家的廉政制度。所谓国家的廉政制度，是指国家通过法律、法规等一系列规范建立起来的，关于国家工作人员和国家机关以及其他国有单位必须克勤克俭、廉洁奉公，杜绝各种腐败，保持职务廉洁性的法律制度。贪污贿赂行为主要由国家工作人员和国家机关等国有单位实施，因而不仅严重侵犯了国家的廉政制度，还败坏了国家工作人员和国家机关等国有单位的声誉，损害了党和政府在人民心目中的威信。

第二，犯罪客观方面表现为贪污贿赂等各种破坏国家廉政制度，情节严重的行为。这类犯罪的具体行为方式可以分为两类：一类是行为人利用职务上的便利，贪污、受贿、挪用公款、拥有不能说明来源的巨额财产、隐瞒境外存款、私分国有资产或罚没财物的行为。这些行为与国家工作人员和国家机关等国有单位的职务密切相关，严重侵犯了国家廉政制度。另一类是向国家工作人员和国家机关等国有单位行贿、介绍贿赂的行为，这些行为虽然与国家工作人员和国有单位的职务没有直接的联系，但是会使国家工作人员和国有单位接受贿赂并利用其职务上的便利为行为人谋利。

本类犯罪在行为表现形式上，绝大多数是作为，只有巨额财产来源不明罪是不作为。

破坏国家廉政制度的行为必须情节严重，才能构成本类犯罪，这里的“情节严重”，主要是指行为人非法获得财物，数额较大，或者手段恶劣，或者造成严重后果、恶劣影响的等情形。如果行为人的行为并非情节严重，则属于违纪或者一般违法行为，不构成犯罪。

第三，犯罪主体绝大多数是特殊主体，即国家工作人员，如贪污罪、受贿罪、挪用公款罪、巨额财产来源不明罪和隐瞒境外存款罪。所谓“国家工作人员”，根据《刑法》第 93 条的规定，是指国家机关中从事公务的人员。国有公司和企业、事业单位、人民团体中从事公务的人员和国家机关、国有公司和企业、事业单位委派到非国有公司、企业、事业单位、社会团体从事公务的人员，以及其他依照法律从事公务的人员。少数犯罪的主体是一般主体，即年满 16 周岁并具备辨认和控制能力的自然人均可构成，如行贿罪、介绍贿赂罪。还有少数犯罪的主体是由单位构成，其中单位受贿罪、私分国有资产罪和私分罚没财物罪则只能由国有单位构成，而对单位行贿罪则可由自然人和单位构成。

第四，犯罪主观方面均由直接故意构成，即行为人明知自己的行为会破坏国家廉政制度而故意为之。有的犯罪还具有特定目的，如贪污罪必须以非法占有为目的，挪用公款罪也必须以非法使用为目的，而行贿罪则必须以谋取不正当利益为目的。

二、贪污贿赂罪中的主要犯罪

【贪污罪】

（一）贪污罪的定义和特征

贪污罪，是指国家工作人员或者受国家机关、国有公司和企业、事业单位、人民团体委托管理、经营国有财产的人员，利用职务上的便利，侵吞、窃取、骗取或者以其他手段非法占有公共财物的行为。本罪的特征是：

1. 客体是复杂客体，主要客体是国家的廉政制度，次要客体是公共财产所有权。犯罪对象是公共财产。根据《刑法》第 91 条的规定，公共财产包括：国有财产，劳动群众集体所有的财产，用于扶贫和其他公益事业的社会捐助或者专项基金的财产；在国家机关、国有公司和企业、集体企业和人民团体管理、使用或者运输中的私人财产。

2. 客观方面表现为利用职务上的便利，以各种手段非法占有公共财物，达到法定数额或者情节较重的行为。具体包括三方面要素：（1）必须实施了非法占有公共财物的行为。这里的“非法占有”，是指非法取得公共财物并意图永久性排除所有人的控制。这是构成本罪的基本行为要素。非法占有的手段多种多样，刑法将其概括为侵吞、窃取、骗取以及其他手段。所谓“侵吞”，是指行为人将自己主管、经手、管理的公共财物擅自占为己有。例如，将自己合法管理、使用的公共财物擅自扣留为己所用，或者应上交不上交、应支付不支付、应入账不入账，从而据为己有行为。“窃取”，是指采用自认为不易被他人察觉的平和手段，将自己合法管理、经手、看护的公共财物暗中占为已有，即所谓的监守自盗。“骗取”，是指采用虚构事实或者隐瞒真相的方法，非法占有公共财物，如伪造单据、涂改账目、虚报费用、假报支出、冒领公共财物的行为。所谓“其他手段”，是采用侵吞、窃取、骗取以外的方法，非法占有公共财物。例如，利用职务之便，将公款存入银行，取息归已；巧立名目，私分公款、公物，等等。另外，根据《刑法》第394条的规定，国家工作人员在国内公务活动或者对外交往中接受礼物，依照国家规定应当交公而不交公的，也是贪污行为。（2）必须是利用职务上的便利实施非法占有公共财物的行为。这是构成本罪的关键要素，也是区分本罪与盗窃、诈骗等侵犯财产罪的主要界限。所谓“利用职务上的便利”，是指行为人利用其因担任的职务而具有的主管、经手、管理公共财物的权力和所形成的方便条件。这里的“主管”，是指对公共财物的审查、批准、调拨、支配等职权。这里的“经手”，是指领取、发放、使用、支出公共财物等职权。这里的“管理”，是指保管、监守公共财物等职权。应当注意的是，利用职务上的便利与利用工作上的便利不同。利用工作上的便利，一般是指行为人利用因其从事的工作而便于出入其工作单位、熟悉环境、了解内情，较易接近犯罪目标或对象等与自己职务无关的便利条件。如果行为人利用工作上的便利非法占有公共财物，则不能构成贪污罪，但可能构成相应的侵犯财产犯罪，如盗窃罪、诈骗罪等。（3）利用职务上的便利非法占有公共财物，必须达到数额较大或者有其他较重情节的，才能构成本罪。多次贪污未经处理的，按照累计贪污数额处罚。

3. 主体是特殊主体，具体包括两类人员：（1）国家工作人员。根据《刑法》第93条和相关立法解释、司法解释，本罪的国家工作人员包括：第一，国家机关中从事公务的人员，即国家各级权力机关、行政机关、审判机关、检察机关、军事机关中从事公务的人员。在依照法律、法规规定行使国家行政管理职权的组织中从事公务的人员，或者在受国家机关委托代表国家行使职权的组织中从事公务的人员，或者虽未列入国家机关人员编制但在国家机关中从事公务的人员，视为国家机关工作人员。在乡（镇）以上中国共产党机关、人民政协机关中从事公务的人员，也应当视为国家机关工作人员。① 第二，国有公司、企业、事业单位、人民团体中从事公务的人员。第三，国家机关，国有公司、企业、事业单位委派到非国有公司、企业、事业单位、社会团体从事公务的人员。所谓委派，即委任、派遣。不论被委派的人身份如何，只要是接受国家机关，国有公司、企业、事业单位委派，代表国家机关，

---

① 2002年全国人大代表常务委员会《关于〈中华人民共和国刑法〉第九章渎职罪主体适用问题的解释》和2003年最高人民法院《全国法院审理经济犯罪案件工作座谈会纪要》。

国有公司、企业、事业单位在非国有公司、企业、事业单位、社会团体中从事组织、领导、监督、管理等工作，都可以认定为国家机关，国有公司、企业、事业单位委派到非国有公司、企业、事业单位、社会团体从事公务的人员，如国家机关，国有公司、企业、事业单位委派在国有控股或者参股的股份有限公司从事组织、领导、监督、管理等工作的人员，应当以国家工作人员论。[①] 第四，其他依照法律从事公务的人员。此类人员应当具有两个特征：一是在特定条件下行使国家管理职能；二是依照法律法规从事公务，包括：依法履行职责的各级人民代表大会代表；依法履行审判职责的人民陪审员；协助乡镇人民政府、街道办事处从事行政管理工作的村民委员会、居民委员会等农村和城市基层组织人员；其他由法律授权从事公务的人员。[②] 应当注意，这里的“从事公务”，是指代表国家机关，国有公司、企业、事业单位、人民团体等履行组织、领导、监督、管理等职责。公务主要表现为与职权相联系的公共事务以及监督、管理国有财产的职务活动。如国家机关工作人员依法履行职责，国有公司的董事、经理、监事、会计、出纳人员等管理、监督国有财产等活动，属于从事公务。不具备职权内容的劳务活动、技术服务工作，如售货员、售票员等所从事的工作，一般不认为是公务。[③]（2）受国家机关，国有公司、企业、事业单位、人民团体委托管理、经营国有财产的人员。这类人员不是国家工作人员，而是受国家机关，国有公司、企业、事业单位、人民团体委托，以承包、租赁、聘用等方式管理、经营国有财产的人员。上述以外的其他人员不能成为本罪的主体。

4. 主观方面必须出于直接故意，并且以非法占有公共财物为目的。这里的非法占有的目的，是指意图永久排除所有人的控制，并非法取得公共财物。包括非法占为己有，也包括非法转归他人占有。

（二）认定贪污罪应注意的问题

1. 本罪与非罪的界限。根据《刑法》第 383 条第 1 款的规定，具备下列条件之一的，成立本罪。（1）贪污数额较大的。根据司法解释[④]，贪污数额在 3 万元以上的，应当认定为达到“数额较大”，应当认定为犯罪；（2）贪污虽然未达到“数额较大”，但有其他较重情节的。根据司法解释[⑤]，贪污数额

---

① 2000 年全国人民代表大会常务委员会《关于〈中华人民共和国刑法〉第九十三条第二款的解释》和 2003 年最高人民法院《全国法院审理经济犯罪案件工作座谈会纪要》。

② 2003 年最高人民法院《全国法院审理经济犯罪案件工作座谈会纪要》。

③ 2003 年最高人民法院《全国法院审理经济犯罪案件工作座谈会纪要》。

④ 2016 年最高人民法院、最高人民检察院《关于办理贪污贿赂刑事案件适用法律若干问题的解释》。

⑤ 2016 年最高人民法院、最高人民检察院《关于办理贪污贿赂刑事案件适用法律若干问题的解释》。

在1万元以上不满3万元，具有下列情形之一的，应当认定为本罪的“其他较重情节”：第一，贪污救灾、抢险、防汛、优抚、扶贫、移民、救济、防疫、社会捐助等特定款物的；第二，曾因贪污、受贿、挪用公款受过党纪、行政处分的；第三，曾因故意犯罪受过刑事追究的；第四，赃款赃物用于非法活动的；第五，拒不交代赃款赃物去向或者拒不配合追缴工作，致使无法追缴的；第六，造成恶劣影响或者其他严重后果的。对多次贪污未经处理的，贪污数额应当累计。贪污数额未达到较大的标准，又未达到情节较重程度的，则不构成犯罪。

2. 本罪与他罪的界限。(1) 本罪与职务侵占罪的界限。二者都表现为利用职务上的便利非法占有财物的行为方式，但却存在着重要的区别。二者的主要区别在于：第一，犯罪主体不同。本罪主体是国家工作人员和受国家机关，国有公司、企业、事业单位、人民团体委托管理、经营国有财产的人员；而职务侵占罪的主体是公司、企业或者其他单位中的工作人员，但必须具有国家工作人员身份。例如，在国有资本控股、参股的股份有限公司中从事管理工作的人员，除受国家机关，国有公司、企业、事业单位委派从事公务的以外，不属于国家工作人员，对其利用职务上的便利，将本单位财物非法占为己有，数额较大的，应当以职务侵占罪定罪处罚。① 第二，犯罪对象不同。本罪的犯罪对象是公共财物；而职务侵占罪的犯罪对象是行为人所在单位的财物，不限于公共财物。第三，犯罪客体不同。本罪客体是复杂客体，即国家的廉政制度和公共财产所有权；而职务侵占罪的客体则是简单客体，即公私财产所有权。(2) 本罪与盗窃罪、诈骗罪、侵占罪的界限。本罪与后三种罪的行为方式和犯罪目的均有相同之处，其主要区别在于：第一，犯罪客体不同。本罪的犯罪客体是复杂客体，即国家的廉政制度和公共财产所有权；后三种罪的客体是简单客体，即都是公私财产所有权。犯罪主体不同。本罪主体必须是特殊主体，只有国家工作人员和受国家机关，国有公司、企业、事业单位、人民团体委托管理、经营国有财产的人员，才能构成本罪；而后三种罪的主体都是一般主体。第二，客观方面不完全相同。构成本罪必须是利用职务上的便利；而后三种罪则不存在利用职务上的便利的问题。第三，犯罪对象不同。本罪的犯罪对象是公共财物；后三种罪的犯罪对象不仅包括公共财物，还包括公民个人所有的财物。

3. 本罪的共犯。根据《刑法》第382条第3款的规定，与国家工作人员或者与受国家机关，国有公司、企业、事业单位、人民团体委托管理、经营

---

① 2001年最高人民法院《关于在国有资本控股、参股的股份有限公司中从事管理工作的人员利用职务便利非法占有本单位财物如何定罪问题的批复》。

国有财产的人员勾结，伙同贪污的，以贪污罪共犯论处。另据司法解释①，非国家工作人员与国家工作人员相勾结，利用国家工作人员职务上的便利共同非法占有公共财物的，按贪污罪的共同犯罪处理；国家工作人员与非国家工作人员相勾结，分别利用各自的职务便利，共同将本单位财物非法占为己有的，按主犯的犯罪性质定罪。

（三）贪污罪的处罚

根据《刑法》第383条和司法解释②的规定，犯本罪的，根据情节轻重，分别进行处罚。

1. 贪污数额较大或者有其他较重情节的，判处3年以下有期徒刑或者拘役，并处罚金。贪污数额在3万元以上不满20万元的，应当认定为“数额较大”。贪污数额在1万元以上不满3万元，具有下列情形之一的，应当认定为“其他较重情节”：第一，贪污救灾、抢险、防汛、优抚、扶贫、移民、救济、防疫、社会捐助等特定款物的；第二，曾因贪污受过党纪、行政处分的；第三，曾因故意犯罪受过刑事追究的；第四，赃款赃物用于非法活动的；第五，拒不交代赃款赃物去向或者拒不配合追缴工作，致使无法追缴的；第六，造成恶劣影响或者其他严重后果的。

2. 贪污数额巨大或者有其他严重情节的，判处3年以上10年以下有期徒刑，并处罚金或者没收财产。贪污数额在20万元以上不满300万元的，应当认定为“数额巨大”。贪污数额在10万元以上不满20万元，具有前述六种情形之一的，应当认定为“其他严重情节”。

3. 贪污数额特别巨大或者有其他特别严重情节的，判处10年以上有期徒刑、无期徒刑或者死刑，并处罚金或者没收财产。贪污数额在300万元以上的，应当认定为“数额特别巨大”。贪污数额在150万元以上不满300万元，具有前述六种情形之一的，应当认定为“其他特别严重情节”。

犯本罪的，在提起公诉前如实供述自己罪行、真诚悔罪、积极退赃，避免、减少损害结果的发生，有《刑法》第383条第1款第1项规定情形，可以从轻、减轻或者免除处罚；有第1款第2项、第3项规定情形的，可以从轻处罚。

犯本罪的，有第1款第3项规定情形被判处死刑缓期执行的，人民法院根据犯罪情节等情况可以同时决定在其死刑缓期执行二年期满依法减为无期徒刑后，终身监禁，不得减刑、假释。

---

① 2000年最高人民法院《关于审理贪污、职务侵占案件如何认定共同犯罪几个问题的解释》和2003年《全国法院审理经济犯罪案件工作座谈会纪要》。

② 2016年最高人民法院、最高人民检察院《关于办理贪污贿赂刑事案件适用法律若干问题的解释》。

【挪用公款罪】

（一）挪用公款罪的定义和特征

挪用公款罪，是指国家工作人员利用职务上的便利，挪用公款归个人使用，进行非法活动，或者挪用公款数额较大、进行营利活动，或者挪用公款数额较大、超过3个月未还的行为。本罪的特征是：

1. 客体是复杂客体，即国家的廉政制度和公共财产所有权（具体指公共财产的使用权）。犯罪对象一般是公款。公有或本单位的国库券，失业保险金和下岗职工基本生活保障资金，可以成为本罪的犯罪对象。[①] 根据《刑法》第384条第2款的规定，用于救灾、抢险、防汛、优抚、扶贫、移民、救济款物，也可以成为本罪的犯罪对象。但非特定公物不能成为本罪的犯罪对象。[②]

2. 客观方面表现为行为人利用职务上的便利，挪用公款归个人使用，进行非法活动，或者挪用公款数额较大、进行营利活动，或者挪用公款数额较大、超过3个月未还的行为。即构成本罪在客观上必须具备以下要素：（1）必须实施了挪用公款归个人使用的行为。这里的“挪用”，是指未经合法批准，擅自改变公款用途，暂归己用，意图事后归还的行为。挪用行为是本罪的实行行为，也是本罪违法性评价的关键。所谓挪用公款“归个人使用”，是指下列情形之一：第一，将公款供本人、亲友或者其他自然人使用的；第二，以个人名义将公款供其他单位使用的；第三，个人决定以单位名义将公款供其他单位使用，谋取个人利益的。[③]（2）挪用公款的行为必须利用职务上的便利。这里的“利用职务上的便利”，是指行为人利用自己担任的职务范围内的权力及其形成的便利条件，即在职务上的主管、管理、支配、经手公款的方便条件，包括直接经手、管理、使用公款的便利条件和因职务关系而具有的调拨、审批、支配公款的便利条件。如果不是利用职务上的便利，则不能构成本罪。（3）构成本罪必须达到一定的数额标准。根据司法解释[④]，具体是：第一，挪用公款归个人使用进行非法活动的，数额在3万元以上的。这里的“非法活动”，是指违反国家法律、法规的行为，既包括犯罪行为（如走私、贩卖毒品），也包括一般违法行为（如嫖娼、吸毒）。第二，挪用公款归个人使用进行营利活动的，数额在5万元以上。这里的“营利活动”，是指国家法律所允许的谋利活动，如将款项存入到金融机构获取利息，

---

① 1997年最高人民法院《关于挪用国库券如何定性问题的批复》、2003年《关于挪用失业保险基金和下岗职工基本生活保障资金的行为适用法律问题的批复》。

② 2000年最高人民检察院《关于国家工作人员挪用非特定公物能否定罪的请示的批复》。

③ 2002年全国人大常委会《关于〈中华人民共和国刑法〉第三百八十四条第一款的解释》。

④ 2016年最高人民法院、最高人民检察院《关于办理贪污贿赂刑事案件适用法律若干问题的解释》。

或将款项用于合法的集资以及购买股票、国债等从中获取收益。需要注意的是，这种情形下所获取的利息、收益等违法所得，不计入挪用公款的数额，但应当追缴。[①] 第三，挪用公款归个人使用，用于非法活动、营利活动以外的事项，超过3个月未还的，数额在5万元以上。

3. 犯罪主体是特殊主体，只有国家工作人员才能构成本罪。

4. 犯罪主观方面必须出于直接故意，并具有非法挪用公款归个人使用的目的。这里的“非法挪用公款归个人使用的目的”，是指希望暂时占有公款并归个人使用的心理态度。至于行为人基于何种动机，则不影响本罪的成立。应当注意的是，对挪用公款供他人或者其他单位使用的，还应当考察行为人对所挪用公款的具体用途的主观心理态度。如果挪用人明知使用人用于营利活动或者非法活动的，就应当认定为挪用人挪用公款进行营利活动或者进行非法活动；如果行为人挪用公款给他人或者其他单位使用，并不知道使用人用公款进行营利活动或者用于非法活动，则必须数额较大、超过3个月未还的，才构成本罪。[②]

（二）认定挪用公款罪应注意的问题

1. 本罪与非罪的界限。主要可以从两个方面进行考察：（1）挪用公款是否归个人使用。只有挪用公款归个人使用的，才可能成立本罪。如果挪用公款不是归个人使用，而是挪作其他公用，则不构成犯罪。（2）挪用公款归个人使用的具体用途和挪用数额、时间。如果挪用公款归个人使用进行非法活动未达到一定数额，进行营利活动未达数额较大，用于个人其他用途未达数额较大或未超过3个月的，不构成犯罪。

2. 本罪与他罪的界限。（1）本罪与贪污罪的界限。二者都是利用职务上的便利，侵犯公共财产所有权的行为，但又有着重要的区别。二者的主要区别在于：第一，犯罪对象不同。本罪的对象一般仅限于公款，以及挪用用于救灾、抢险、防汛、优抚、扶贫、移民、救济款物等特定款物；而贪污罪的对象则是包括公款、特定款物在内的一切公共财物。第二，行为方式不同。本罪具体表现为利用职务上的便利，挪用公款归个人使用的行为；后者则表现为利用职务上的便利，以侵吞、窃取、骗取或者其他手段非法占有公共财物的行为。应当注意的是，如果行为人携带挪用的公款潜逃，则应当以贪污罪定罪处罚。[③] 第三，犯罪主体的范围不同。虽然犯罪主体都是国家工作人员，但是贪污罪主体的范围更大，还包括受国家机关，国有公司、企业、事业单位、人民团体委托管理、经营国有财产的人员。第四，犯罪目的不同。

---

① 1998年最高人民法院《关于审理挪用公款案件具体应用法律若干问题的解释》。

② 1998年最高人民法院《关于审理挪用公款案件具体应用法律若干问题的解释》。

③ 1998年最高人民法院《关于审理挪用公款案件具体应用法律若干问题的解释》。

本罪的犯罪目的是非法挪用，即希望暂时不法使用公款，且具有用后归还所挪用公款的心理态度；而贪污罪的犯罪目的则是非法占有，即希望不法取得公共财物，且永久排除所有人对该财物的控制的心理态度。应当注意的是，如果挪用公款行为可以认定行为人具有非法占有公款的目的，则应当认定为贪污罪。在司法实践中，具有下列情形之一的，可以认定行为人具有非法占有公款的目的：第一，携带挪用的公款潜逃的；第二，行为人挪用公款后采取虚假发票平账、销毁有关账目等手段，使所挪用的公款难以在单位财务账目上反映出来，且没有归还行为的；第三，行为人截取单位收入不入账，非法占有，使所占有的公款难以在单位财务账目上反映出来，且没有归还行为的；第四，有证据证明行为人有能力归还所挪用的公款而拒不归还，并隐瞒挪用的公款去向的。（2）本罪与挪用资金罪的界限。二者的主要区别在于：第一，犯罪客体不同。本罪客体是复杂客体，包括国家廉政制度和公共财产所有权；而挪用资金罪的客体是简单客体，即公司、企业或者其他单位的财产所有权。第二，犯罪对象不同。本罪的犯罪对象是公款和用于救灾、抢险、防汛、优抚、扶贫、移民、救济款物等特定款物；而挪用资金罪的犯罪对象是公司、企业或者其他单位所有的资金，既可以是国有资金（公共资金），也可以是私营公司企业、个体经营户的资金。第三，犯罪主体不同。本罪主体是国家工作人员；而挪用公款罪的主体是公司、企业或者其他单位的工作人员，而且必须是不具有国家工作人员身份的工作人员。对于受国家机关，国有公司、企业、事业单位、人民团体委托管理、经营国有财产的非国家工作人员，利用职务上的便利，挪用国有资金归个人使用构成犯罪的，应当以挪用资金罪定罪处罚。[①]（3）本罪与挪用特定款物罪的界限。二者的主要区别在于：第一，犯罪客体不同。本罪的客体是国家廉政制度和公共财产所有权；而挪用特定款物罪的客体是公共财产所有权和国家专款专用的财经管理制度。第二，犯罪对象不同。本罪的犯罪对象一般是公款，至于公款的用途没有特定限制；而挪用特定款物罪的犯罪对象则是国家用于救灾、抢险、防汛、优抚、扶贫、移民、救济款物，包括资金和其他财物。第三，客观方面不完全相同。本罪表现为利用职务上的便利，挪用公款归个人使用的行为，而且本罪的成立具有法定标准，即挪用公款进行非法活动的；挪用公款进行营利活动、数额较大的；挪用公款数额较大、超过 3 个月未还的。行为人的行为符合这三个标准之一的，才构成本罪。挪用特定款物罪则表现为违反国家专款专用的财经管理制度，挪用救灾、抢险、防汛、优抚、扶贫、移民、救济款物的行为，而且挪用特定款物罪的成立必须符合情节严重，致使国家和人民

---

① 2000 年最高人民法院《关于对受委托管理、经营国有财产人员挪用国有资金行为如何定罪问题的批复》。

群众利益遭受重大损失的标准。至于挪用特定款物作何用途、挪用的时间期限等，法律没有限制性规定。但是根据《刑法》第 384 条第 2 款的规定，国家工作人员利用职务上的便利，挪用用于救灾、抢险、防汛、优抚、扶贫、移民、救济款物归个人使用的，构成挪用公款罪。也就是说，如果国家工作人员违反特定款物专用制度，将用于救灾、抢险、防汛、优抚、扶贫、移民、救济款物挪作其他方面公用，而不是归个人使用，且情节严重，致使国家和人民群众利益遭受重大损害的，则构成《刑法》第 273 条规定的挪用特定款物罪。第四，犯罪主体不同。本罪主体是国家工作人员；而挪用特定款物罪的主体是直接责任人员。

3. 本罪的共同犯罪。如果非国家工作人员与国家工作人员共谋，指使或者参与策划取得挪用款的，以挪用公款罪的共犯定罪处罚。①

4. 本罪的一罪与数罪。由于挪用公款可能用于非法活动等，因而涉及一罪与数罪的认定。根据司法解释②，主要有两种情形应当数罪并罚：第一，行为人挪用公款归个人使用，进行赌博、走私等非法活动，构成相应其他犯罪的，应当以挪用公款罪与所构成的其他犯罪，依照数罪并罚的规定进行处罚；第二，行为人因挪用公款索取、收受贿赂构成犯罪的，应当以挪用公款罪和受贿罪，依照数罪并罚的规定进行处罚。

（三）挪用公款罪的处罚

根据《刑法》第 384 条的规定，犯本罪的，处 5 年以下有期徒刑或者拘役；情节严重的，处 5 年以上有期徒刑。挪用公款数额巨大不退还的，处 10 年以上有期徒刑或者无期徒刑。挪用用于救灾、抢险、防汛、优抚、扶贫、移民、救济款物归个人使用的，从重处罚。

根据司法解释③，挪用公款归个人使用，进行非法活动，数额在 300 万元以上的，应当认定为“数额巨大”。具有下列情形之一的，应当认定为“情节严重”：（1）挪用公款数额在 100 万元以上的；（2）挪用救灾、抢险、防汛、优抚、扶贫、移民、救济特定款物，数额在 50 万元以上不满 100 万元的；（3）挪用公款不退还，数额在 50 万元以上不满 100 万元的；（4）其他严重的情节。挪用公款归个人使用，进行营利活动或者超过 3 个月未还，数额在 500 万元以上的，应当认定为“数额巨大”。具有下列情形之一的，应当认定为“情节严重”：（1）挪用公款数额在 200 万元以上的；（2）挪用救灾、抢险、防汛、优抚、扶贫、移民、救济特定款物，数额在 100 万元以上不满 200 万

① 1998 年最高人民法院《关于审理挪用公款案件具体应用法律若干问题的解释》。

② 1998 年最高人民法院《关于审理挪用公款案件具体应用法律若干问题的解释》。

③ 2016 年最高人民法院、最高人民检察院《关于办理贪污贿赂刑事案件适用法律若干问题的解释》和 1998 年最高人民法院《关于审理挪用公款案件具体应用法律若干问题的解释》。

元的；（3）挪用公款不退还，数额在100万元以上不满200万元的；（4）其他严重的情节。

应当注意的是：多次挪用公款不还，挪用公款数额累计；多次挪用公款，并以后次挪用的公款归还前次挪用的公款，挪用公款数额以案发时未还的实际数额认定。挪用公款数额巨大不退还的，是指挪用公款数额巨大，因客观原因在一审宣判前不能退还的。

【受贿罪】

（一）受贿罪的定义和特征

受贿罪，是指国家工作人员利用职务上的便利，索取他人财物，或者非法收受他人财物，为他人谋取利益的行为。本罪的构成特征是：

1. 客体是复杂客体，本罪既侵犯国家的廉政制度，又侵犯了国家机关的正常活动。其中国家廉政制度是本罪的主要客体。

2. 客观方面表现为利用职务上的便利，索取他人财物，或者非法收受他人财物，为他人谋取利益的行为。构成本罪应当具备以下三个具体要素：（1）实施了具有索取他人财物，或者非法收受他人财物而为他人谋取利益的行为。本罪具体包括两种行为方式：一种是索取他人财物，即索贿，是指行为人主动向他人索要财物；另一种是非法收受他人财物，即收贿，是指行为人非法收受他人主动给付的财物。索贿是行为人主动索要，收贿是行为人被动接受，两种行为方式表明了行为本身的社会危害性的不同。索贿的社会危害性更大，这决定了索贿行为可以直接构成本罪，即只要行为人实施了索取他人财物的行为，无论是否为他人谋取利益，都可以构成犯罪。而收贿的社会危害性相对较小，因而刑法规定，收受他人财物的，必须同时为他人谋取利益，才能构成犯罪。如果行为人只收受他人财物而没有为他人谋取利益的，或者只为他人谋取利益而没有收受请托人财物的，则不能构成本罪。但二者在时空上没有限制，这里的“为他人谋取利益”，应当包括承诺、实施和实现为他人谋求利益三个阶段的行为，具体包括已经为他人谋取到利益、已经着手为他人谋取利益但尚未实现以及许诺为他人谋取利益但尚未着手；也包括先行实施为他人谋取利益的行为，约定在其离退休、离职后再收受请托人财物的情形。[①] 至于为他人谋取的是正当利益还是不正当利益，则不影响本罪的成立。本罪中索取、收受的对象只能是财物。收受贿赂可以是自己收取请托人给予的财物，也可以是授意请托人将财物给予其特定关系人。收受贿赂的方式则多种多样，除了收取货币等财物，还包括由请托人出资以“合作”投资的名义、以委托请托人理财的名义、以赌博的形式、以特定关系人挂名领取薪酬

① 2000年最高人民法院《关于国家工作人员利用职务上的便利为他人谋取利益离退休后收受财物行为如何处理问题的批复》。

的名义等收受贿赂。[①]（2）索取、收受他人财物必须利用职务上的便利。所谓“利用职务上的便利”，是指行为人利用本人职务范围内的权力，既包括利用本人职务上主管、负责、承办某项公共事务的职权，也包括利用职务上有隶属、制约关系的其他国家工作人员的职权。担任单位领导职务的国家工作人员通过不属自己主管的下级部门的国家工作人员的职务为他人谋取利益的，应当认定为“利用职务上的便利”为他人谋取利益。[②]这里的“利用”，可以是积极利用，即依职权当为而为（例如，工商管理机关工作人员依职权审批符合手续的公司申请予以登记），或者不当为而为之的情形（例如，质量监督机关工作人员为不合格产品发放合格证）；也可以是消极利用，即依职权当为而不为的情形（例如，公安机关依职权应当查处娱乐场所的“黄”“赌”“毒”等违法犯罪现象而不予查处）。（3）利用职务上的便利索取或者收受他人财物必须达到数额较大或者有其他较重情节的，才能成立本罪。根据司法解释[③]，受贿数额在3万元以上不满20万元的，应认定为“数额较大”；受贿数额在1万元以上不满3万元，并具有下列情形之一的，应认定为“其他较重情节”：第一，曾因受贿公款受过党纪、行政处分的；第二，曾因故意犯罪受过刑事追究的；第三，赃款赃物用于非法活动的；第四，拒不交代赃款赃物去向或者拒不配合追缴工作，致使无法追缴的；第五，多次索贿的；第六，为他人谋取不正当利益，致使公共财产、国家和人民利益遭受损失的；第七，为他人谋取职务提拔、调整的；第八，造成恶劣影响或者其他严重后果的。应当注意，对多次受贿未经处理的，按照累计数额处罚。

3. 主体是特殊主体，只有国家工作人员才能构成本罪。应当注意，本罪的主体应当是在职的国家工作人员，已经离退休或者离职的国家工作人员不能成为本罪的主体，但国家工作人员利用职务上的便利为请托人谋取利益，并与请托人事先约定，在其离退休或者离职后收受请托人财物，构成犯罪的，以受贿罪定罪处罚。[④]

4. 主观方面必须出于直接故意。并且具有利用职权非法为个人谋取财物的目的。对于索贿的，行为人必须具有主动利用其职权上的主导、制约地位，向下属或者被管理人员索要财物的心理态度；对于收受贿赂的，行为人则具

---

① 2007年最高人民法院、最高人民检察院《关于办理受贿刑事案件适用法律若干问题的意见》。

② 2003年最高人民法院《关于印发〈全国法院审理经济犯罪案件工作座谈会纪要〉的通知》。

③ 2016年最高人民法院、最高人民检察院《关于办理贪污贿赂刑事案件适用法律若干问题的解释》。

④ 2000年最高人民法院《关于国家工作人员利用职务上的便利为他人谋取利益离退休后收受财物行为如何处理问题的批复》。

有利用其职务上的主导、制约地位，通过为请托人谋求利益“对价”非法获取请托人财物的心理态度。不论哪一种，行为人都具有利用职权非法为个人谋取财物的意图。应当注意，特定关系人索取、收受他人财物，国家工作人员知道后未退还或者上交的，应当认定国家工作人员具有受贿故意。①

（二）认定受贿罪应注意的问题

1. 本罪与非罪的界限。（1）本罪与取得合法报酬的界限。所谓合法报酬，是指行为人在法律、法规、政策和组织纪律允许的范围内，利用自己的知识技能，为他人提供服务、付出劳务而获得的财物回报。例如，科技人员利用业余时间向社会提供技术服务而获取的报酬。二者的主要区别在于行为人是否利用了职务上的便利和是否付出了劳务，如果行为人获取的财物是在未利用自己职务上便利的前提下付出劳务所得，则是取得合法报酬，不构成犯罪。（2）本罪与接受馈赠的界限。所谓馈赠，是指亲友之间出于亲情、友谊而赠予的财物。受贿和接受馈赠表面上都是收受他人财物，有时很难区分。关键要看收受财物人是否利用自己职务上的便利为赠予财物者谋取利益。如果是利用职务上的便利为赠予财物者谋取利益的，则构成本罪；否则属于接受馈赠，不构成犯罪。（3）本罪与一般受贿行为的界限。区分二者主要看受贿数额的大小和情节的轻重。如果受贿未达到数额较大，也不具有其他较重情节，则不能以受贿罪论处，应由行为人所在单位或者上级主管机关酌情给予行政处分。

2. 贿赂犯罪中的“财物”的认定。根据我国刑法规定，贿赂的对象只能是财物。这里的“财物”，应当包括货币、物品和财产性利益。物品的数额认定可以参考盗窃数额的认定；财产性利益包括两种情形：一是可以折算为货币的物质利益，如房屋装修、债务免除等；二是需要支付货币的其他利益，如会员服务、旅游等，这种财产性利益的犯罪数额应当以实际支付或者应当支付的数额计算。

3. 本罪中“为他人谋取利益”的认定。“为他人谋取利益”是收受贿赂型受贿罪在客观方面的要素，这里是指行为人作为收受请托人财物的“对价”，利用其职务上的便利为请托人谋取利益的行为。从“谋取”行为的表现来看，应当包括承诺、实施和实现为他人谋求利益三个阶。根据司法解释②，具有下列情形之一的，应当认定为“为他人谋取利益”：第一，实际或者承诺为他人谋取利益的；第二，明知他人有具体请托事项的；第三，履职时未被请托，但事后基于该履职事由收受他人财物的。应当注意，虽然不具有上述

① 2016 年最高人民法院、最高人民检察院《关于办理贪污贿赂刑事案件适用法律若干问题的解释》。

② 2016 年最高人民法院、最高人民检察院《关于办理贪污贿赂刑事案件适用法律若干问题的解释》。

情形，但国家工作人员索取、收受具有上下级关系的下属或者具有行政管理关系的被管理人员的财物价值3万元以上，可能影响职权行使的，视为承诺为他人谋取利益。从“利益”的内容来看，应当既包括谋取的经济利益、政治利益，也包括要求国家工作人员提供帮助或方便条件，以及在经济、组织人事管理等活动中谋取竞争优势。这里的利益既包括合法利益，也包括不正当利益。

4. 对《刑法》第385条第2款的理解。《刑法》第385条第2款规定了一种以受贿论处的行为，即“国家工作人员在经济往来中，违反国家规定，收受各种名义的回扣、手续费，归个人所有的”，以受贿论处。这里的“经济往来”，是指行为人所在单位的经济业务往来，不包括个人的非公务经济往来。所谓“回扣”，是指在商品交易中，卖方在收取的价款中扣出一部分返还给买方或者买方经办人的金钱。所谓“手续费”，是指单位或个人进行经济活动时给予对方单位或者推销、采购等有关人员的好处费、辛苦费、介绍费、酬劳费、活动费、信息费等各种费用的总称。在市场经济活动中，给付、接受回扣、手续费等是正常的。但是《反不正当竞争法》等有关法律、法规明确规定禁止账外暗中收受回扣、手续费，中饱私囊的行为。因而接受回扣、手续费便有合法与非法之分。如果行为人接受回扣、手续费后，如实向单位申报或者如实入账，则是合法的，即使行为人按照单位的约定从回扣、手续费中提成，或者单位按约定将所接受的回扣、手续费奖励给个人，也不能以受贿论处；如果行为人接受回扣、手续费后，不入账且擅自归个人所有，则为非法行为，数额较大的，以受贿论处。

5. 对《刑法》第388条的理解。《刑法》第388条的规定，“国家工作人员利用本人职权或者地位形成的便利条件，通过其他国家工作人员职务上的行为，为请托人谋取不正当利益，索取请托人财物或者收受请托人财物的，以受贿论处。”这种情形称为斡旋受贿。斡旋受贿的成立应当具备以下条件：第一，国家工作人员利用本人职权或者地位形成的便利。即行为人与被其利用的国家工作人员之间在职务上虽然没有隶属、制约关系，但是行为人利用了本人职权或者地位产生的影响和一定的工作联系。① 例如，有工作联系的不同单位的国家工作人员之间便具有这种可利用的职权或地位形成的便利条件，但是如果行为人利用本人与其他国家工作人员之间的亲友关系，则不属于这里可利用的职权或地位形成的便利条件。第二，通过其他国家工作人员职务上的行为，为请托人谋取不正当利益。所谓“通过其他国家工作人员职务上的行为”，是指行为人让因本人的职权或地位产生一定影响和工作联系的其他国家工作人员利用职务上的行为为请托人谋取不正当利益。这里的“不正当

① 2003年最高人民法院《全国法院审理经济犯罪案件工作座谈会纪要》。

利益”，是指请托人谋取的利益违反法律、法规、规章或政策规定，或者要求国家工作人员违反法律、法规、政策、行业规范的规定，提供帮助或者方便条件，或者违背公平、公正原则，在经济、组织人事管理等活动中，谋取竞争优势的。第三，索取或者收受请托人的财物。

6. 本罪与他罪的界限。（1）本罪与单位受贿罪的界限。二者的主要区别在于：第一，犯罪主体不同。本罪的主体是自然人，必须是国家工作人员；而单位受贿罪的主体是单位，是国家机关，国有公司、企业、事业单位、人民团体。第二，本罪要求行为人必须利用自己职务上的便利；而对单位受贿罪刑法没有规定这一要求，尽管在实践中单位受贿通常是利用该特殊单位掌握的国家权力所形成的对相对人的利益制约作用。第三，以索贿行为构成本罪的，不以为他人谋取利益为要素；而单位受贿罪的成立，不论索贿还是收贿，均以为他人谋取利益为要素。第四，是否中饱私囊也是区别二者的关键。如果索取、收受他人财物归个人所有，即使以单位名义，也构成本罪；如果索取、收受他人财物归单位所有，则构成单位受贿罪。（2）本罪与非国家工作人员受贿罪的界限。二者在主观方面都是故意，客观方面都有利用职务上的便利，索取或者非法收受他人财物的行为。二者的主要区别在于：第一，犯罪客体不同。本罪的主要客体是国家的廉政制度，而非国家工作人员受贿罪的客体是公司、企业的管理秩序和公平竞争的市场交易秩序。第二，犯罪客观方面不完全相同。本罪中的索取他人财物的，并不以为他人谋取利益为要素；而非国家工作人员受贿罪则索取他人财物与收受他人财物都以为他人谋取利益为要素。第三，犯罪成立的标准不完全相同。本罪的成立的标准是受贿数额较大或者有其他较重情节的；而非国家工作人员受贿罪的成立标准为受贿数额较大。第四，犯罪主体不同。本罪主体必须是国家工作人员；而后者的主体是公司、企业或其他单位的工作人员，而且必须不是国家工作人员，也不是受国家机关，国有公司、企业、事业单位委托从事公务的人员。（3）本罪与贪污罪的界限。二者的客体要件、主体要件、主观方面要件基本相同，在客观方面利用职务之便谋取财物的行为也有相同之处。但二者有着重要的区别，主要表现在：第一，犯罪的手段不同。本罪表现为行为人利用职务上的便利，索取他人财物或者非法收受他人财物，为他人谋取利益的行为；而贪污罪则表现为行为人利用职务上的便利，采用侵吞、窃取、骗取或者其他方法非法占有公共财物的行为。第二，行为人利用职务上的便利的具体内容有所不同。本罪中，行为人主要是利用自己所掌握的职权所形成的对他人利益的制约作用；而贪污罪的行为人则主要是利用自己直接主管、管理、经手公共财物的方便条件。第三，犯罪对象不同。本罪的对象是公私财物，而贪污罪的对象必须是公共财物。第四，犯罪目的不完全相同。本罪以非法获取公私财物为目的，收受他人财物的，行为人还须明知为他人谋取利益；

而贪污罪则是以非法占有公共财物为目的。（4）本罪与敲诈勒索罪的界限。以索贿方式构成的受贿罪有时容易与敲诈勒索罪相混淆。二者的主要区别在于：第一，犯罪主体不同。本罪的主体是特殊主体，只能由国家工作人员构成；而敲诈勒索罪则是一般主体。第二，犯罪客体不同。本罪是复杂客体，主要客体是国家的廉政制度；而后者是简单客体，即公私财产所有权。第三，客观方面不同。本罪中的索贿行为必须利用职务上的便利，主要是利用自己所掌握的职权对他人利益的制约作用，乘他人有求于己之机，主动向其索要财物；而敲诈勒索罪则表现为对公私财物的所有人、保管人使用威胁或者要挟的方法，给被害人造成精神上的恐惧，强行索取财物的行为。

7. 本罪的共犯。根据刑法关于共同犯罪的规定，国家工作人员与国家工作人员或者非国家工作人员与国家工作人员相勾结，伙同受贿的，应当以受贿罪的共犯追究刑事责任。非国家工作人员是否构成受贿罪的共同犯罪，取决于其与国家工作人员有无共同受贿的故意和行为。下列情形应当认定为本罪的共犯：第一，非国家工作人员与国家工作人员通谋，国家工作人员利用职务上的便利为请托人谋取利益，索取他人财物或者收受请托人财物后，双方共同占有的。这是本罪的共犯与介绍贿赂罪的主要界限。第二，国家工作人员明知其近亲属收受了他人财物，仍按照近亲属的要求利用职权为他人谋取利益的，该国家工作人员应认定为受贿罪，其近亲属应以受贿罪共犯论处。

8. 本罪的一罪与数罪。国家工作人员利用职务上的便利，收受他人财物，为他人谋取利益，同时构成受贿罪和刑法分则第三章第三节、第九章规定的渎职犯罪的，除刑法另有规定外，以受贿罪和渎职犯罪数罪并罚。① 行为人因挪用公款索取、收受贿赂构成犯罪的，应当以挪用公款罪和受贿罪，依照数罪并罚的规定进行处罚。②

（三）受贿罪的处罚

根据《刑法》第 386 条的规定，犯本罪的，根据受贿所得数额及情节，依照《刑法》第 383 条的规定处罚。索贿的从重处罚。

1. 受贿数额在 3 万元以上不满 20 万元的，应认定为“数额较大”；受贿数额在 1 万元以上不满 3 万元，并具有下列情形之一的，应认定为“其他较重情节”：第一，曾因受贿公款受过党纪、行政处分的；第二，曾因故意犯罪受过刑事追究的；第三，赃款赃物用于非法活动的；第四，拒不交代赃款赃物去向或者拒不配合追缴工作，致使无法追缴的；第五，多次索贿的；第六，为他人谋取不正当利益，致使公共财产、国家和人民利益遭受损失的；第七，

① 2016 年最高人民法院、最高人民检察院《关于办理贪污贿赂刑事案件适用法律若干问题的解释》。

② 1998 年最高人民法院《关于审理挪用公款案件具体应用法律若干问题的解释》。

为他人谋取职务提拔、调整的；第八，造成恶劣影响或者其他严重后果的。应当注意，对多次受贿未经处理的，按照累计数额处罚。

2. 受贿数额巨大或者有其他严重情节的，判处 3 年以上 10 年以下有期徒刑，并处罚金或者没收财产。受贿数额在 20 万元以上不满 300 万元的，应当认定为“数额巨大”。受贿数额在 10 万元以上不满 20 万元，具有前述八种情形之一的，应当认定为“其他严重情节”。

3. 受贿数额特别巨大或者有其他特别严重情节的，判处 10 年以上有期徒刑、无期徒刑或者死刑，并处罚金或者没收财产。受贿数额在 300 万元以上的，应当认定为“数额特别巨大”。受贿数额在 150 万元以上不满 300 万元，具有前述八种情形之一的，应当认定为“其他特别严重情节”。

犯本罪的，在提起公诉前如实供述自己罪行、真诚悔罪、积极退赃，避免、减少损害结果的发生，有第 383 条第 1 项规定情形的，可以从轻、减轻或者免除处罚；有第 2 项、第 3 项规定情形的，可以从轻处罚。

犯本罪的，有第 3 项规定情形被判处死刑缓期执行的，人民法院根据犯罪情节等情况可以同时决定在其死刑缓期执行 2 年期满依法减为无期徒刑后，终身监禁，不得减刑、假释。

【行贿罪】

（一）行贿罪的定义和特征

行贿罪，是指为谋取不正当利益，给予国家工作人员财物的行为。本罪的构成特征是：

1. 客体是复杂客体，包括国家的廉政制度和国家工作人员所在国家机关，国有企业、事业单位、人民团体的正常工作秩序。行贿对象是国家工作人员。行为人通过贿赂收买、腐蚀国家工作人员，使他们丧失原则，为其谋取利益，尤其是谋取不正当利益，必然从外部侵犯国家的廉政制度，并扰乱国家机关的正常管理秩序，破坏国家工作人员所在单位的正常活动。因此行贿行为具有严重的社会危害性，应当以刑罚予以惩处。

2. 客观方面表现为给予国家工作人员财物的行为，即行贿行为。行贿行为可以分为三种类型：第一，为谋取不正当利益，给予国家工作人员财物的行为。第二，在经济往来中，违反国家规定，给予国家工作人员财物，数额较大的行为。第三，在经济往来中，违反国家规定，给予国家工作人员各种名义的回扣、手续费的行为。其中第一种是典型的行贿行为，后两种是特殊形式的行贿行为。另外，根据《刑法》第 393 条的规定，单位行贿的直接负责的主管人员和其他直接责任人员，因行贿取得的违法所得归个人所有的，也以本罪论处。在实践中，行贿行为的具体表现多种多样，如有主动行贿与被动行贿（即被索贿）之分，有事先行贿与事后行贿之分，有公开、直接行贿与秘密、间接行贿之分，等等。行贿行为的具体表现方式一般不影响行贿罪的成立。根据司法解释[①]，符合以下两种标准之一的，成立本罪：（1）行贿数额在 3 万元以上；（2）行贿数额在 1 万元以上不满 3 万元，但具有以下情形之一的，都应当追究刑事责任：第一，向 3 人以上行贿的；第二，将违法所得用于行贿的；第三，通过行贿谋取职务提拔、调整的；第四，向负有食品、药品、安全生产、环境保护等监督管理职责的国家工作人员行贿，实施非法活动的；第五，向司法工作人员行贿，影响司法公正的；第六，造成经济损失数额在 50 万元以上不满 100 万元的。

3. 主体是一般主体，即已满 16 周岁并具备辨认和控制能力的自然人均可构成本罪。

4. 主观方面必须出于直接故意，并且具有谋取不正当利益的目的。这里的“谋取不正当利益”是指以下三种情形：一是谋取违反法律、法规、规章、政策的利益；二是要求国家工作人员违反法律、法规、政策、行业规范的规定，为自己提供帮助或者方便条件；三是违背公平、公正原则，在经济、组织人事管理等活动中，谋取竞争优势。[②] 如果行为人为了获得正当利益而给予国家工作人员财物的，则不能构成行贿罪。至于是否达到犯罪目的，即行为人实际上是否获取了所谋取的不正当利益，并不影响本罪的成立。

（二）认定行贿罪应注意的问题

1. 本罪与非罪的界限。本罪与非罪的区分，应当从行为人在主观上是否以谋取不正当利益为目的，客观上行贿数额大小、是否具有其他严重情节两个基本方面来把握。凡是以谋取不正当利益为目的，行贿数额较大的，或者行贿数额虽未达到较大标准，但有其他严重情节的，应当认定为犯罪。如果行为人为谋取不正当利益而给予国家工作人员少量财物又不具有其他严重情节的，则不构成行贿罪。此外，根据刑法的规定，因被勒索给予国家工作人员财物，没有获得不正当利益的，不构成行贿罪。但是因被勒索给予国家工作人员财物，已经获得不正当利益的，以行贿罪追究刑事责任。[③]

2. 本罪与他罪的界限。（1）本罪与对单位行贿罪的界限。二者的主要区别在于：第一，犯罪主体不同：本罪的主体只能是自然人，对单位行贿罪的主体包括自然人和单位。应当注意的是，根据《刑法》第 393 条的规定，单位为谋取不正当利益而行贿，因行贿取得的违法所得归个人所有的，应以本罪定罪处罚。第二，行贿的对象不同。本罪的对象是国家工作人员，而对单位行贿罪的对象是国家机关，国有公司、企业、事业单位、人民团体。（2）本罪

---

① 2016 年最高人民法院、最高人民检察院《关于办理贪污贿赂刑事案件适用法律若干问题的解释》。

② 2012 年最高人民法院、最高人民检察院《关于办理行贿刑事案件具体应用法律若干问题的解释》

③ 2000 年最高人民检察院《关于行贿罪立案标准的规定》。

与对非国家工作人员行贿罪的界限。二者的主要区别在于：第一，犯罪客体不同。本罪客体是国家的廉政制度和国家工作人员所在国家机关，国有企业、事业单位、人民团体的正常活动；对非国家工作人员行贿罪的客体是公司、企业或者其他单位的正常活动和公司、企业、其他单位工作人员业务行为的廉洁性。第二，犯罪对象不同。本罪的行贿对象是国家工作人员；而对非国家工作人员行贿罪的对象只能是公司、企业、其他单位的工作人员，而且必须不是公司、企业、其他单位中的国家工作人员或者受委托从事公务的人员。第三，犯罪主体不完全相同。本罪的主体只能是自然人，而对国家工作人员行贿罪的主体则既可以是自然人也可以是单位。

3. 本罪的一罪与数罪。行贿人谋取不正当利益的行为构成犯罪的，应当与行贿犯罪实行数罪并罚。

（三）行贿罪的处罚

根据《刑法》第390条的规定，犯本罪的，处5年以下有期徒刑或者拘役；因行贿谋取不正当利益，情节严重的，或者使国家利益遭受重大损失的，处5年以上10年以下有期徒刑；情节特别严重的，或者使国家利益遭受特别重大损失的，处10年以上有期徒刑或者无期徒刑，可以并处没收财产。行贿人在被追诉前主动交代行贿行为的，可以从轻或者减轻处罚。其中，犯罪较轻的，对侦破重大案件起关键作用的，或者有重大立功表现的，可以减轻或者免除处罚。

根据司法解释①，具有下列情形之一的，应当认定为“情节严重”：（1）行贿数额在100万元以上不满500万元的；（2）行贿数额在50万元以上不满100万元，并具有本解释第7条第2款第1项至第5项规定的情形之一的；（3）其他严重的情节。为谋取不正当利益，向国家工作人员行贿，造成经济损失数额在100万元以上不满500万元的，应当认定为“使国家利益遭受重大损失”。

具有下列情形之一的，应当认定为“情节特别严重”：（1）行贿数额在500万元以上的；（2）行贿数额在250万元以上不满500万元，并具有本解释第7条第2款第1项至第5项规定的情形之一的；（3）其他特别严重的情节。为谋取不正当利益，向国家工作人员行贿，造成经济损失数额在500万元以上的，应当认定为“使国家利益遭受特别重大损失”。

【介绍贿赂罪】

（一）介绍贿赂罪的定义和特征

介绍贿赂罪，是指向国家工作人员介绍贿赂，情节严重的行为。

---

① 2016年最高人民法院、最高人民检察院《关于办理贪污贿赂刑事案件适用法律若干问题的解释》。

本罪的构成特征是：

1. 犯罪客体是国家廉政制度和国家机关，国有公司、企业、事业单位、人民团体的正常管理活动。犯罪对象只能是国家工作人员。

2. 犯罪客观方面表现为介绍贿赂，情节严重的行为，具体包括以下两个要素：（1）必须实施介绍贿赂的行为。所谓“介绍贿赂”，是指在行贿人和受贿人之间牵线搭桥、沟通联系、撮合条件、进行引见，促使贿赂行为得以实现的行为。[①] 介绍贿赂一般表现为两种情况：一是受行贿人之托，疏通行贿渠道，向国家工作人员介绍、引荐行贿人，或者转述行贿人的请托事项，转交贿赂物等。二是受索贿人之托，向其引荐、介绍索贿对象，为其代收索取的财物等。（2）必须情节严重，才能成立本罪。根据司法解释[②]，具有以下情形之一的，为介绍贿赂“情节严重”，应当追究刑事责任：第一，介绍个人向国家工作人员行贿，数额在 2 万元以上的；介绍单位向国家工作人员行贿，数额在 20 万元以上的。第二，介绍贿赂数额不满上述标准，但具有下列情形之一的：其一，为使行贿人获取非法利益而介绍贿赂的；其二，3 次以上或者为 3 人以上介绍贿赂的；其三，向党政领导、司法工作人员、行政执法人员介绍贿赂的；其四，致使国家或者社会利益遭受重大损失的。

3. 犯罪主体是一般主体，已满 16 周岁并具备辨认和控制能力的自然人可以构成本罪。

4. 犯罪主观方面必须出于直接故意，并具有促成行贿和受贿的犯罪目的。即行为人明知自己的行为会使行贿和受贿得以实现，仍以沟通、引见、撮合等方式向国家工作人员介绍贿赂。如果行为人不具有介绍贿赂的故意，则不能构成本罪。至于行为人是否具有从中获得利益的意图，或者基于何种动机，均不影响本罪的成立。

（二）认定介绍贿赂罪应注意的问题

1. 本罪与非罪的界限。区分本罪与非罪的界限，应当重点考察以下两个方面：第一，在主观上，行为人是否具有介绍贿赂等故意。如果行为人具有介绍贿赂的故意，在行贿人与受贿人之间进行介绍的，就构成介绍贿赂罪；如果行为人不具有介绍贿赂的故意，只是在双方之间进行引荐、介绍，使他们互相认识的，则不构成犯罪。第二，介绍贿赂行为是否属于情节严重，如果情节严重，则构成犯罪；否则不构成犯罪。

2. 本罪与受贿罪的界限。二者的主要区别在于：第一，犯罪客观方面不同。本罪在客观方面表现为向国家工作人员介绍贿赂的行为，不要求利用职

---

① 1999 年最高人民检察院《关于人民检察院直接受理立案侦查案件立案标准的规定（试行）》。

② 1999 年最高人民检察院《关于人民检察院直接受理立案侦查案件立案标准的规定（试行）》。

务上的便利；而受贿罪则表现为利用职务上的便利，索取他人财物，或者收受他人财物而为其谋取利益的行为。第二，犯罪主体不同。本罪的主体是一般主体；受贿罪的主体则是特殊主体，即国家工作人员。第三，犯罪主观内容不同。虽然二者都必须出于故意，但是本罪的目的在于在行贿人与受贿人之间进行介绍，从而使贿赂行为得以实现；而对于受贿罪来讲，行为人是出于索取或者收受他人财物的目的。

（三）介绍贿赂罪的处罚

根据《刑法》第392条的规定，犯本罪的，处3年以下有期徒刑或者拘役。介绍贿赂人在被追诉前主动交代介绍贿赂行为的，可以减轻处罚或者免除处罚。根据司法解释[①]，介绍贿赂人在被追诉后如实交代介绍贿赂行为的，也可以酌情从轻处罚。

【巨额财产来源不明罪】

（一）巨额财产来源不明罪的定义和特征

巨额财产来源不明罪，是指国家工作人员的财产、支出明显超过合法收入，差额巨大，且不能说明来源的行为。

本罪的构成特征是：

1. 犯罪客体是复杂客体，即国家廉政制度和国家工作人员的财产申报制度。

2. 犯罪客观方面表现为不能说明其明显超过合法收入的巨额财产的来源的行为，具体包括以下三个要素：（1）国家工作人员的财产、支出明显超过合法收入，且差额巨大。这是构成本罪的前提。所谓“国家工作人员的财产”，是指国家工作人员实际拥有的房屋、车辆、存款、现金、有价证券、生活用品等的总和。所谓“国家工作人员的支出”，是指国家工作人员的各种消费及其他开支。这里的“合法收入”，是指国家工作人员依法获得的财物，包括工资、奖金、津贴、补贴、福利费、劳务所得、稿酬、承包经营所得、继承等法律和政策允许的各种收入。[②] 这里的“差额”，是指国家工作人员的全部财产与能够认定的所有支出的总和减去能够证实的有真实来源的所得。但是并不是只要存在差额就构成本罪，而是必须差额巨大才能构成犯罪。这里的“差额巨大”，是指超出其合法收入的数额在30万元以上的情形。[③]

---

① 最高人民法院、1999年最高人民检察院《关于在办理受贿犯罪大要案的同时要严肃查处严重行贿犯罪分子的通知》。

② 1995年中共中央办公厅、国务院办公厅《关于党政机关县（处）级以上领导干部收入申报的规定》和2003年最高人民法院《全国法院审理经济犯罪案件工作座谈会纪要》。

③ 1999年最高人民检察院《关于人民检察院直接受理立案侦查案件立案标准的规定（试行）》。

(2) 必须具有经责令说明而本人不能说明与其合法收入差额巨大的财产或者支出的来源的行为。这是本罪成立的实质要素。所谓"责令说明",是指有关机关要求、指令国家工作人员对自己的明显超出其合法收入的财产状况、支出情况,尤其是其来源予以说明。国家工作人员有义务说明事实上也能够说明自己财产、支出的来源。所谓"不能说明来源",是指行为人拒不说明或者不如实说明其超出合法收入的巨额财产的真实来源。应当注意的是,这里的不能说明,也包括虽然对其来源进行了说明,但是并不能查证该来源的合法性。例如,行为人说明自己的财产是继承遗产所得,但是并不能提供相关的证据。如果行为人能够说明并有证据证明其来源是合法的,就不构成犯罪。如果行为人说明了其真实来源,而其来源是非法的,也不构成本罪。如果行为人获取该财产的行为构成犯罪的,应当以所构成的其他犯罪定罪处刑。例如,行为人说明自己的财产是受贿所得,若符合受贿罪的犯罪构成的,则应依法以受贿罪论处。(3) 司法机关无法查明行为人超出合法收入的巨额财产的真实来源。这也是构成本罪不可缺少的要素。只有当行为人有明显超出其合法收入的财产或者支出,不能说明其来源的,而且司法机关经侦查确实无法查明其真实来源的,才能认定为本罪的非法所得,才能构成本罪。如果司法机关经侦查,确有证据证明该巨额财产系贪污、受贿等犯罪所得,则应当以贪污罪、受贿罪等犯罪论处,而不构成本罪。如果行为人自己无法说明该巨额财产的来源是合法的,但司法机关经侦查,有证据证明其来源是合法的,则行为人不构成犯罪。

3. 犯罪主体是特殊主体,只有国家工作人员才能构成本罪。

4. 犯罪主观方面必须出于直接故意,即行为人明知自己拥有明显超过合法收入的巨额财产,并且具有说明来源的义务,却在被责令说明时不予说明。在实践中,行为人通常具有隐瞒其明显超过其合法收入的巨额财产的非法来源,逃避法律制裁的目的。

(二) 认定巨额财产来源不明罪应注意的问题

1. 本罪行为人不能说明巨额财产来源的认定。不能说明巨额财产的来源,是指行为人拒不说明或者无法说明其超出合法收入的巨额财产的真实来源。根据司法解释[①],以下情况应当认定为这里的"不能说明":第一,行为人拒不说明财产来源;第二,行为人无法说明财产的具体来源;第三,行为人所说的财产来源经司法机关查证并不属实;第四,行为人所说的财产来源因线索不具体等原因,司法机关无法查实,但能排除存在来源合法的可能性和合理性的。

---

① 2003 年最高人民法院《全国法院审理经济犯罪案件工作座谈会纪要》。

2. 本罪“非法所得”数额的计算。根据司法解释①，本罪的“非法所得”，是指行为人的全部财产与能够认定的所有支出的总和减去能够证实的有真实来源的所得。在具体计算时，应注意以下问题：第一，应把国家工作人员个人财产和与其共同生活的家庭成员的财产、支出等一并计算，而且一并减去他们所有的合法收入以及确属与其共同生活的家庭成员个人的非法收入。第二，行为人所有的财产包括房产、家具、生活用品、学习用品及股票、债券、存款等动产和不动产；行为人的支出包括合法支出和不合法的支出，包括日常生活、工作、学习费用、罚款及向他人行贿的财物等；行为人的合法收入包括工资、奖金、稿酬、继承等法律和政策允许的各种收入。第三，为了便于计算犯罪数额，对于行为人的财产和合法收入，一般可以从行为人有比较确定的收入和财产时开始计算。

3. 本罪与非罪的界限。区分本罪与非罪，应当考虑以下几个方面：(1) 正确区分来源不明的巨额财产是国家工作人员本人的收入，还是其家庭其他成员的收入。如果是国家工作人员的家庭其他成员的不合法收入，即使该国家工作人员不能说明其来源，也不能对其以犯罪论处。(2)“非法所得”的数额是否巨大是划分本罪与非罪的数额标准。“非法所得”即不能说明来源并不能证实有真实来源的超出合法收入的差额。根据司法解释②，该差额超过30万元的，才能构成犯罪。如果差额没有超过30万元的，则不构成犯罪。应当给予相应的党纪、政纪处分。

4. 本罪与贪污罪、受贿罪等犯罪的界限。在实践中，国家工作人员的来源不明的“非法所得”绝大多数是贪污、受贿等经济型职务犯罪所得，也可能是其参与走私、非法经营等其他违法犯罪活动的非法所得。本罪与这些犯罪的区别界限在于是否能够确定超出行为人合法收入的差额的来源。如果司法机关经侦查，已经查明超出其合法收入的差额确实是行为人实施贪污、受贿等犯罪所得，即使行为人不能说明该差额的来源，也应当以所查明的贪污罪、受贿罪等犯罪论处，而不能认定为巨额财产来源不明罪。只有在行为人不能说明超出其合法收入的巨额财产的来源，而司法机关也无法查明其真实来源（包括合法来源和非法来源）的情况下，才应当认定为巨额财产来源不明罪。另外，在查处国家工作人员的贪污、受贿案件中，对于行为人所拥有的超出其合法收入的巨额财产，确已查明为贪污、受贿所得的财物的部分，达到犯罪标准的，应认定为贪污罪、受贿罪；而对其他不能查明真实来源的那部分财物，达到数额巨大（超过30万元）的，则应当以巨额财产来源不明

① 2003年最高人民法院《全国法院审理经济犯罪案件工作座谈会纪要》。

② 1999年最高人民检察院《关于人民检察院直接受理立案侦查案件立案标准的规定（试行）》。

罪论处。

（三）巨额财产来源不明罪的处罚

根据《刑法》第395条第1款的规定，犯本罪的，处5年以下有期徒刑或者拘役；差额特别巨大的，处5年以上10年以下有期徒刑。财产的差额部分予以追缴。

三、贪污贿赂罪中的其他犯罪

【单位受贿罪】

单位受贿罪，是指国家机关，国有公司、企业、事业单位、人民团体，索取、非法收受他人财物，为他人谋取利益，情节严重的行为。本罪的构成特征是：（1）客体是国家的廉政制度和国家机关，国有公司、企业、事业单位、人民团体的正常工作秩序。（2）客观方面表现为索取、非法收受他人财物，为他人谋取利益，情节严重的行为。国家机关，国有公司、企业、事业单位、人民团体，在经济往来中，在账外暗中收受各种名义的回扣、手续费的，以受贿论。（3）主体是特殊主体，并且是单位，只有国家机关，国有公司、企业、事业单位、人民团体才能构成本罪。（4）主观方面是故意。

犯本罪的，依照《刑法》第387条的规定处罚。

【利用影响力受贿罪】

利用影响力受贿罪，是指国家工作人员的近亲属或者其他与该国家工作人员关系密切的人，通过该国家工作人员职务上的行为，或者利用该国家工作人员职权或者地位形成的便利条件，通过其他国家工作人员职务上的行为，为请托人谋取不正当利益，索取请托人财物或者收受请托人财物，数额较大或者有其他较重情节的行为。本罪的构成特征是：（1）客体是国家的廉政制度和国家机关，国有公司、企业、事业单位、人民团体的正常工作秩序。（2）客观方面表现为通过国家工作人员职务上的行为，或者利用该国家工作人员职权或者地位形成的便利条件，通过其他国家工作人员职务上的行为，或者利用离职的国家工作人员原职权或者地位形成的便利条件，为请托人谋取不正当利益，索取请托人财物或者收受请托人财物，数额较大或者有其他较重情节的行为。也包括具体定罪标准与受贿罪的定罪标准相同。（3）主体是国家工作人员的近亲属或者其他与该国家工作人员关系密切的人，也可以是离职的国家工作人员或者其近亲属以及其他与其关系密切的人。这里的"关系密切的人"，主要是指与国家工作人员或者离职的国家工作人员有情妇（夫）或者其他共同利益关系的人。（4）主观方面只能是故意。

犯本罪的，依照《刑法》第388条之一的规定处罚。

【对有影响力的人行贿罪】

对有影响力的人行贿罪，是指为谋取不正当利益，向国家工作人员的近亲属或者其他与该国家工作人员关系密切的人，或者向离职的国家工作人员或者其近亲属以及其他与其关系密切的人行贿的行为。本罪的构成特征是：（1）客体是国家的廉政制度和国家机关，国有公司、企业、事业单位、人民团体的正常工作秩序。（2）客观方面表现为向国家工作人员的近亲属或者其他与该国家工作人员关系密切的人，或者向离职的国家工作人员或者其近亲属以及其他与其关系密切的人行贿的行为。（3）主体是一般主体，单位也可以构成本罪。（4）主观方面是故意。

犯本罪的，依照《刑法》第390条之一的规定处罚。

【对单位行贿罪】

对单位行贿罪，是指为谋取不正当利益，给予国家机关，国有公司、企业、事业单位、人民团体以财物的，或者在经济往来中，违反国家规定，给予各种名义的回扣、手续费的行为。本罪的构成特征是：（1）客体是国家的廉政制度和国家机关，国有公司、企业、事业单位、人民团体的正常工作秩序。行贿的对象只能是国家机关，国有公司、企业、事业单位、人民团体。（2）客观方面表现为为了谋取不正当利益，给予国家机关，国有公司、企业、事业单位、人民团体财物的行为，或者在经济往来中，违反国家规定，给予其各种名义的回扣、手续费的行为。（3）主体是一般主体，既可以是自然人，也可以是单位。（4）主观方面是故意，并且具有谋取不正当利益的目的。

犯本罪的，依照《刑法》第391条的规定处罚。

【单位行贿罪】

单位行贿罪，是指公司、企业、事业单位、机关、团体为谋取不正当利益而行贿，或者违反国家规定，给予国家工作人员回扣、手续费，情节严重的行为。本罪的构成特征是：（1）客体是国家的廉政制度和国家机关，国有公司、企业、事业单位、人民团体的正常工作秩序。（2）客观方面有两种表现形式：第一，为谋取不正当利益而向国家工作人员行贿的行为；第二，违反国家规定，给予国家工作人员回扣、手续费，情节严重的行为。（3）主体是单位，自然人不能构成本罪。（4）主观方面是故意。

犯本罪的，依照《刑法》第393条的规定处罚。

【隐瞒境外存款罪】

隐瞒境外存款罪，是指国家工作人员违反国家规定，故意隐瞒不报在境外的存款，数额较大的行为。本罪的构成特征是：（1）客体是复杂客体，包括国家的廉政制度和国家工作人员收入申报制度。（2）客观方面表现为国家工作人员违反国家规定，隐瞒不报在境外的存款，数额较大的行为。（3）主体是特殊主体，即国家工作人员。（4）主观方面是故意。

犯本罪的，依照《刑法》第395条第2款的规定处罚。

【私分国有资产罪】

私分国有资产罪，是指国家机关，国有公司、企业、事业单位、人民团体，违反国家规定，以单位名义将国有资产集体私分给个人，数额较大的行为。本罪的构成特征是：（1）客体是复杂客体，即国家的廉政制度和国有资产所有权。犯罪对象是国有资产，主要包括国家的专项拨款和补贴、应当上缴国库的税款以及国家给予国有公司、企业的生产经营性贷款、生产性资金、固定资产等。（2）客观方面表现为违反国家规定，以单位名义将国有资产集体私分给个人，数额较大的行为。（3）主体是特殊主体，并且是单位，即国家机关，国有公司、企业、事业单位、人民团体等单位。但本罪的责任主体是有关单位的直接负责的主管人员和其他直接责任人员。（4）主观方面是故意。

犯本罪的，依照《刑法》第396条第1款的规定处罚。

【私分罚没财物罪】

私分罚没财物罪，是指司法机关、行政执法机关违反国家规定，将应当上缴国家的罚没财物，以单位名义集体私分给个人的行为。本罪的构成特征是：（1）客体是国家的廉政制度和国家罚没财物的管理制度。犯罪对象是罚没财物。（2）客观方面表现为违反国家规定，将应当上缴国家的罚没财物，以单位名义集体私分给个人的行为。私分罚没财物数额较大的才能构成犯罪。（3）主体是特殊主体，即国家司法机关和行政执法机关。但是本罪的责任主体是其直接负责的主管人员和其他直接责任人员。（4）主观方面是故意。

犯本罪的，依照《刑法》第396条第2款的规定处罚。

第二十六章

渎职罪

一、渎职罪概述

渎职罪，是指国家机关工作人员亵渎职务，在履行职责或者行使职权过程中，玩忽职守、滥用职权或者徇私舞弊，妨害国家机关的正常活动，致使公共财产、国家和人民利益遭受重大损失的行为。本罪名属于类罪名。本类罪的特征是：

第一，客体是复杂客体，主要是妨害国家机关的正常活动，同时也亵渎了国家机关工作人员的职务。所谓国家机关的正常活动，是指国家各级权力机关、行政机关、司法机关、军事机关以及中国共产党的各级机关、中国人民政治协商会议的各级机关根据宪法和法律，为正确执行国家对内、对外职能所进行的正常活动。

第二，客观方面表现为在履行职责或者行使职权过程中，玩忽职守、滥用职权或者徇私舞弊，致使国家和人民利益遭受重大损失的行为。玩忽职守、滥用职权和徇私舞弊，是本类犯罪客观方面行为的三种基本表现形式。本类犯罪的成立，在客观方面除了必须具备上述行为外，通常还要求行为对公共利益或者国家和人民利益造成了重大的损失。

第三，主体，绝大多数犯罪是特殊主体。根据《刑法》的规定，本类罪中，除故意泄露国家秘密罪和过失泄露国家秘密罪可以由国家机关工作人员或非国家机关工作人员构成外，其他只能由国家机关工作人员构成。据立法解释①，在依照法律、法规规定行使国家行政管理职权的组织中从事公务的人员，或者在受国家机关委托代表国家机关行使职权的组织中从事公务的人员，或者虽未列入国家机关人员编制但在国家机关中从事公务的人员，在代表国家机关行使职权时，有渎职行为，构成犯罪的，依照刑法关于渎职罪的规定

① 2002年全国人大常委会《关于〈中华人民共和国刑法〉第九章渎职罪主体适用问题的解释》。

追究刑事责任。

第四，主观方面既有故意，也有过失。

二、渎职罪中的主要犯罪

【滥用职权罪】

（一）滥用职权罪的定义和特征

滥用职权罪，是指国家机关工作人员超越职权，违法决定、处理其无权决定、处理的事项，或者虽未超越职权，但违反规定处理公务，致使公共财产、国家和人民利益遭受重大损失的行为。本罪的特征是：

1. 客体主要是国家机关的正常活动。

2. 客观方面表现为超越职权，违法决定、处理其无权决定、处理的事项，或者虽未超越职权，但违反规定处理公务，致使公共财产、国家和人民利益遭受重大损失的行为。滥用职权有两种表现：（1）超越职权，违法决定、处理其无权决定、处理的事项。（2）虽未超越职权，但违反规定处理公务。滥用职权的行为只有造成公共财产、国家和人民利益遭受重大损失的，才成立犯罪。根据最高人民检察院的有关规定①，滥用职权，涉嫌下列情形之一的，应予立案：（1）造成死亡1人以上，或者重伤2人以上，或者重伤1人、轻伤3人以上，或者轻伤5人以上的；（2）导致10人以上严重中毒的；（3）造成个人财产直接经济损失10万元以上，或者直接经济损失不满10万元，但间接经济损失50万元以上的；（4）造成公共财产或者法人、其他组织财产直接经济损失20万元以上，或者直接经济损失不满20万元，但间接经济损失100万元以上的；（5）虽未达到（3）、（4）两项数额标准，但这两项合计直接经济损失20万元以上，或者合计直接经济损失不满20万元，但合计间接经济损失100万元以上的；（6）造成公司、企业等单位停业、停产6个月以上，或者破产的；（7）弄虚作假，不报、缓报、谎报或者授意、指使、强令他人不报、缓报、谎报情况，导致重特大事故危害结果继续、扩大，或者致使抢救、调查、处理工作延误的；（8）严重损害国家声誉，或者造成恶劣社会影响的；（9）其他致使公共财产、国家和人民利益遭受重大损失的情形。根据司法解释②，国家机关工作人员滥用职权，具有下列情形之一的，应当认定为致使公共财产、国家和人民利益遭受重大损失的：（1）造成死亡1人以上，或者重伤3人以上，或者轻伤9人以上，或者重伤2人、轻伤3人以上，或者重伤1人、轻伤6人以上的；（2）造成经济损失30万元以上的；（3）造成恶劣社会

① 2006年最高人民检察院《关于渎职侵权犯罪案件立案标准的规定》。

② 2013年最高人民法院、最高人民检察院《关于办理渎职刑事案件适用法律若干问题的解释（一）》。

影响的；（4）其他致使公共财产、国家和人民利益遭受重大损失的情形。

3. 主体是特殊主体，即只能由国家机关工作人员构成。

4. 主观方面是故意。

（二）认定滥用职权罪应注意的问题

1. 本罪与非罪的界限。（1）本罪与一般滥用职权行为的界限。二者的主要区别在于国家机关工作人员滥用职权的行为是否致使公共财产、国家和人民利益遭受重大损失。如果滥用职权行为没有致使公共财产、国家和人民利益遭受损失，或者虽然造成了一定的损失，但损失没有达到重大的程度，则属于一般滥用职权行为，应给予必要的党纪、政纪处分。如果滥用职权行为致使公共财产、国家和人民利益遭受了重大损失，则属于滥用职权罪，依法应予刑事追究。（2）本罪与工作失误的界限。本罪与工作失误在客观上都表现为行为人没有正确行使职权，而且都致使公共财产、国家和人民利益遭受一定的损失。二者的主要区别在于行为人主观上是否有罪过。本罪的行为人是出自直接故意或间接故意而实施滥用职权行为的，其主观上存在着罪过；而工作失误一般是由于政策规定不明确，或者行为人业务水平、工作能力有限等原因，以致行为人决策不当，没能正确行使职权，事与愿违，好心办了错事，但行为人在主观上没有罪过。工作失误虽然也使公共财产、国家和人民利益遭受一定的损失，应给予批评教育，或者党纪、政纪处分，但不能以滥用职权罪追究刑事责任。

2. 本罪与他罪的界限。（1）本罪与本章所规定的其他滥用职权性质的犯罪的界限。除本罪外，《刑法》另有规定的特定的滥用职权（徇私舞弊）的犯罪有：第 399 条第 1 款之徇私枉法罪，第 399 条第 2 款之民事、行政枉法裁判罪，第 400 条第 1 款之私放在押人员罪，第 401 条之徇私舞弊减刑、假释、暂予监外执行罪，第 402 条之徇私舞弊不移交刑事案件罪，第 404 条之徇私舞弊不征、少征税款罪，第 405 条第 1 款之徇私舞弊发售发票、抵扣税款、出口退税罪，第 405 条第 2 款之违法提供出口退税凭证罪，第 407 条之违法发放林木采伐许可证罪，第 410 条之非法批准征收、征用、占用土地罪和非法低价出让国有土地使用权罪，第 411 条之放纵走私罪，第 412 条第 1 款之商检徇私舞弊罪，第 413 条第 1 款之动植物检疫徇私舞弊罪，第 414 条之放纵制售伪劣商品犯罪行为罪，第 415 条之办理偷越国（边）境人员出入境证件罪和放行偷越国（边）境人员罪，第 416 条第 2 款之阻碍解救被拐卖、绑架妇女、儿童罪，第 417 条之帮助犯罪分子逃避处罚罪，等等。本罪与上述其他具有滥用职权（徇私舞弊）性质的犯罪是一般与特别的法条竞合关系，根据司法解释[①]，国家机关工作人员滥用职权，符合《刑法》第九章所规定的特殊渎

---

① 2006 年最高人民检察院《关于渎职侵权犯罪案件立案标准的规定》。

职罪构成要件的，按照该特殊规定追究刑事责任；主体不符合《刑法》第九章所规定的特殊渎职罪的主体要件，但滥用职权的行为达到前述滥用职权罪的立案标准的，按照《刑法》第397条的规定以滥用职权罪追究刑事责任。(2) 本罪与非法经营同类营业罪，为亲友非法牟利罪，徇私舞弊低价折股、低价出售国有资产罪的界限。非法经营同类营业罪，为亲友非法牟利罪，徇私舞弊低价折股、低价出售国有资产罪都是破坏社会主义市场经济秩序的犯罪，都具有滥用职权（徇私舞弊）的性质，与本罪十分相似。本罪与它们的主要区别在于：第一，主体不同。本罪主体为国家机关工作人员，后几种罪的主体为国有公司、企业、事业单位的负责人或者工作人员。第二，行为人职务的性质不同。本罪行为人的职务是国家机关的公务性职务，后几种罪行为人的职务是国有公司、企业、事业单位的经营、管理业务性职务。第三，客体不同。本罪客体主要是国家机关的正常活动，后几种罪则主要是国有公司、企业的管理秩序。

（三）滥用职权罪的处罚

根据《刑法》第397条的规定，犯本罪的，处3年以下有期徒刑或者拘役；情节特别严重的，处3年以上7年以下有期徒刑。刑法另有规定的，依照规定。徇私舞弊犯本罪的，处5年以下有期徒刑或者拘役；情节特别严重的，处5年以上10年以下有期徒刑。刑法另有规定的，依照规定。

【玩忽职守罪】

（一）玩忽职守罪的定义和特征

玩忽职守罪，是指国家机关工作人员严重不负责任，不履行或者不认真履行职责，致使公共财产、国家和人民利益遭受重大损失的行为。本罪的特征是：

1. 客体主要是国家机关的正常活动。

2. 客观方面表现为严重不负责任，不履行或者不认真履行职责，致使公共财产、国家和人民利益遭受重大损失的行为。不履行职责一般表现为不作为，即应为而不为，包括在执行职务过程中擅自脱离工作岗位，也包括虽在工作岗位但不履行法律或其职务要求其履行的义务；不正确履行职责则一般表现为作为，既包括在履行职责中出现严重差错，也包括在执行职务活动中决策失误。玩忽职守的行为只有造成公共财产、国家和人民利益重大损失的，才能构成犯罪。根据最高人民检察院的有关规定[①]，玩忽职守，涉嫌下列情形之一的，应予立案：(1) 造成死亡1人以上，或者重伤3人以上，或者重伤2人、轻伤4人以上，或者重伤1人、轻伤7人以上，或者轻伤10人以上的；(2) 导致20人以上严重中毒的；(3) 造成个人财产直接经济损失15万元以上，

---

① 2006年最高人民检察院《关于渎职侵权犯罪案件立案标准的规定》。

或者直接经济损失不满 15 万元，但间接经济损失 75 万元以上的；（4）造成公共财产或者法人、其他组织财产直接经济损失 30 万元以上，或者直接经济损失不满 30 万元，但间接经济损失 150 万元以上的；（5）虽未达到（3）、（4）两项数额标准，但这两项合计直接经济损失 30 万元以上，或者合计直接经济损失不满 30 万元，但合计间接经济损失 150 万元以上的；（6）造成公司、企业等单位停业、停产 1 年以上，或者破产的；（7）海关、外汇管理部门的工作人员严重不负责任，造成 100 万美元以上外汇被骗购或者逃汇 1000 万美元以上的；（8）严重损害国家声誉，或者造成恶劣社会影响的；（9）其他致使公共财产、国家和人民利益遭受重大损失的情形。根据司法解释①，国家机关工作人员玩忽职守，具有下列情形之一的，应当认定为致使公共财产、国家和人民利益遭受重大损失的：（1）造成死亡 1 人以上，或者重伤 3 人以上，或者轻伤 9 人以上，或者重伤 2 人、轻伤 3 人以上，或者重伤 1 人、轻伤 6 人以上的；（2）造成经济损失 30 万元以上的；（3）造成恶劣社会影响的；（4）其他致使公共财产、国家和人民利益遭受重大损失的情形。

3. 主体是特殊主体，只能是国家机关工作人员。

4. 主观方面是过失。

（二）认定玩忽职守罪应注意的问题

1. 本罪与滥用职权罪的界限。二者在犯罪主体、犯罪客体、罪过的性质、犯罪结果、加重情节等方面是相同的。二者的主要区别在于：（1）渎职的客观行为方式不同。本罪主要表现为以不作为的方式不履行职责或者怠于履行职责，滥用职权罪主要表现为以作为的方式超越权限处理无权处理的事务或者不顾职责的程序和宗旨随心所欲地处理事务。（2）主观方面有所不同。本罪是过失，滥用职权罪则是出于直接故意或间接故意。

2. 本罪与《刑法》中规定的其他玩忽职守性质的犯罪的界限。除本罪外，《刑法》另有规定的具有玩忽职守性质的渎职犯罪有：第 398 条之过失泄露国家秘密罪，第 400 条第 2 款之失职致使在押人员脱逃罪，第 406 条之国家机关工作人员签订、履行合同失职被骗罪，第 408 条之环境监管失职罪，第 408 条之一食品监管渎职罪，第 409 条之传染病防治失职罪，第 412 条第 2 款之商检失职罪，第 413 条第 2 款之动植物检疫失职罪，第 419 条之失职造成珍贵文物损毁、流失罪，等等。本罪与上述有关犯罪是一般与特殊的法条竞合关系，根据司法解释②，国家机关工作人员玩忽职守，符合《刑法》第九章所规定的特殊渎职罪构成要件的，按照该特殊规定追究刑事责任；主体不符

① 2013 年最高人民法院、最高人民检察院《关于办理渎职刑事案件适用法律若干问题的解释（一）》。

② 2006 年最高人民检察院《关于渎职侵权犯罪案件立案标准的规定》。

合《刑法》第九章所规定的特殊渎职罪的主体要件，达到玩忽职守罪的立案标准的，按照《刑法》第397条的规定以玩忽职守罪追究刑事责任。

（三）玩忽职守罪的处罚

根据《刑法》第397条的规定，犯本罪的，处3年以下有期徒刑或者拘役；情节特别严重的，处3年以上7年以下有期徒刑。刑法另有规定的，依照规定。徇私舞弊犯本罪的，处5年以下有期徒刑或者拘役；情节特别严重的，处5年以上10年以下有期徒刑。刑法另有规定的，依照规定。

【故意泄露国家秘密罪】

（一）故意泄露国家秘密罪的定义和特征

故意泄露国家秘密罪，是指违反保守国家秘密法的规定，故意泄露国家秘密，情节严重的行为。本罪的特征是：

1. 客体主要是国家的保密制度。

2. 客观方面表现为违反保守国家秘密法的规定，故意泄露国家秘密，情节严重的行为。所谓国家秘密，是指关系国家安全和利益，依照法定程序确定，在一定时间内只限一定范围的人员知悉的事项。下列涉及国家安全和利益的事项，泄露后可能损害国家在政治、经济、国防、外交等领域的安全和利益的，应当确定为国家秘密：（1）国家事务重大决策中的秘密事项；（2）国防建设和武装力量活动中的秘密事项；（3）外交和外事活动中的秘密事项以及对外承担保密义务的秘密事项；（4）国民经济和社会发展中的秘密事项；（5）科学技术中的秘密事项；（6）维护国家安全活动和追查刑事犯罪中的秘密事项；（7）经国家保密行政管理部门确定的其他秘密事项。政党的秘密事项中符合前款规定的，属于国家秘密。① 泄露国家秘密的行为方式可以是多种多样，既可以是公开泄露，也可以是秘密泄露；既可以是口头泄露，也可以是书面泄露；既可以是用交付原物的方式泄露，也可以是采用密写、影印、摄影、复印、通过互联网予以发布等方式泄露。故意泄露国家秘密的行为必须情节严重，才能构成犯罪。根据最高人民检察院的有关规定②，故意泄露国家秘密，具有下列情形之一的，应予立案：（1）泄露绝密级国家秘密1项（件）以上的；（2）泄露机密级国家秘密2项（件）以上的；（3）泄露秘密级国家秘密3项（件）以上的；（4）向非境外机构、组织、人员泄露国家秘密，造成或者可能造成危害社会稳定、经济发展、国防安全或者其他严重危害后果的；（5）通过口头、书面或者网络等方式向公众散布、传播国家秘密的；（6）利用职权指使或者强迫他人违反国家保守秘密法的规定泄露国家秘密的；（7）以牟取私利为目的泄露国家秘密的；（8）其他情节严重的情形。

---

① 2010年《保守国家秘密法》。

② 2006年最高人民检察院《关于渎职侵权犯罪案件立案标准的规定》。

3. 主体是一般主体，即可以由已满16周岁的自然人构成本罪。国家机关工作人员和非国家机关工作人员均可以构成本罪。

4. 主观方面是故意。

（二）认定故意泄露国家秘密罪应注意的问题

1. 本罪与非罪的界限。故意泄露国家秘密的行为能否构成故意泄露国家秘密罪，关键在于情节是否严重。如果情节严重，即构成故意泄露国家秘密罪，并追究刑事责任；如果没有达到情节严重，则属于一般泄露国家秘密的行为，不应认定构成本罪并追究刑事责任。

2. 本罪与他罪的界限。（1）本罪与为境外非法提供国家秘密罪的界限。二者的主要区别在于：第一，客体不同。本罪为国家保密制度，后者为国家安全。第二，客观方面不同。本罪泄密对象不分何人，后者则限于为境外机构、组织、人员非法提供国家秘密。第三，罪与非罪的标准不同。本罪必须情节严重才构成犯罪，后者则无此限制。（2）本罪与非法获取国家秘密罪的界限。二者在某些情况下有一定相似之处，但主要区别在于：本罪是将知悉的国家秘密故意泄露于不应知悉者的行为，后者则是通过窃取、刺探、收买的方法获取国家秘密的行为。如果行为人出于故意泄露国家秘密的目的，先非法获取国家秘密，后又故意泄露该秘密的，属于吸收犯，应以本罪作一罪从重处罚；如果行为人并非以泄露国家秘密的目的非法获取国家秘密，之后才产生泄露国家秘密的故意并实际实施的，则应以非法获取国家秘密罪和故意泄露国家秘密罪作数罪并罚。

（三）故意泄露国家秘密罪的处罚

根据《刑法》第398条的规定，国家机关工作人员犯本罪的，处3年以下有期徒刑或者拘役；情节特别严重的，处3年以上7年以下有期徒刑。非国家机关工作人员犯本罪的，依照上述规定酌情处罚。

【徇私枉法罪】

（一）徇私枉法罪的定义和特征

徇私枉法罪，是指司法工作人员徇私枉法、徇情枉法，对明知是无罪的人而使他受追诉、对明知是有罪的人而故意包庇不使他受追诉，或者在刑事审判活动中故意违背事实和法律作枉法裁判的行为。本罪的特征是：

1. 客体主要是国家司法机关的正常活动。

2. 客观方面表现为徇私枉法、徇情枉法，对明知是无罪的人而使他受追诉、对明知是有罪的人而故意包庇不使他受追诉，或者在刑事审判活动中故意违背事实和法律作枉法裁判的行为。根据最高人民检察院的有关规定①，徇私枉法，涉嫌下列情形之一的，应予立案：（1）对明知是没有犯罪事实或者

① 2006年最高人民检察院《关于渎职侵权犯罪案件立案标准的规定》。

其他依法不应当追究刑事责任的人，采取伪造、隐匿、毁灭证据或者其他隐瞒事实、违反法律的手段，以追究刑事责任为目的立案、侦查、起诉、审判的；（2）对明知是有犯罪事实需要追究刑事责任的人，采取伪造、隐匿、毁灭证据或者其他隐瞒事实、违反法律的手段，故意包庇使其不受立案、侦查、起诉、审判的；（3）采取伪造、隐匿、毁灭证据或者其他隐瞒事实、违反法律的手段，故意使罪重的人受较轻的追诉，或者使罪轻的人受较重的追诉的；（4）在立案后，采取伪造、隐匿、毁灭证据或者其他隐瞒事实、违反法律的手段，应当采取强制措施而不采取强制措施，或者虽然采取强制措施，但中断侦查或者超过法定期限不采取任何措施，实际放任不管，以及违法撤销、变更强制措施，致使犯罪嫌疑人、被告人实际脱离司法机关侦控的；（5）在刑事审判活动中故意违背事实和法律，作出枉法判决、裁定，即有罪判无罪、无罪判有罪，或者重罪轻判、轻罪重判的；（6）其他徇私枉法应予追究刑事责任的情形。

3. 主体是特殊主体，即只能由司法工作人员构成。司法工作人员，是指有侦查、检察、审判、监管职责的工作人员。

4. 主观方面是故意。

（二）认定徇私枉法罪应注意的问题

1. 本罪与非罪的界限。如果行为人并非出于徇私枉法的故意，而是由于业务能力不强、工作不够细致、思想方法片面等原因，导致错误追诉无罪者、不当放纵有罪者或者对刑事案件误判、错判的，不能以犯罪论处。

2. 本罪与他罪的界限。（1）本罪与诬告陷害罪的界限。二者都具有使无罪的人受到追诉的内容，但它们的主要区别在于：第一，客观方面不同。本罪中使无罪的人受追诉，是利用承办刑事案件的便利条件直接追诉无罪人的行为；后者则表现为捏造他人犯罪的事实并向有关机关告发，利用司法机关追诉无罪人的行为。第二，犯罪主体不同。本罪主体是特殊主体，只能由司法工作人员构成；后者的主体则是一般主体。（2）本罪与包庇罪的界限。二者都具有使有罪的人不受追诉的内容，但它们的主要区别在于：第一，犯罪主体不同。本罪的主体是特殊主体，只能由司法工作人员构成；后者的主体则是一般主体。第二，客观方面不同。其一，在本罪中，使有罪的人不受追诉的行为，表现为采用各种方式故意包庇以使其不受追诉，或者在刑事审判活动中故意违背事实和法律作枉法裁判；后者的行为则只表现为作假证明。其二，行为实施的时间不同。在本罪中，使有罪的人不受追诉的行为只能发生在刑事案件的侦查、审查起诉、审判过程中；后者则无此限制。第三，本罪行为人必须利用自己直接办理主管案件的便利条件，后者则无此要求。（3）本罪与帮助毁灭、伪造证据罪的界限。司法工作人员在徇私枉法行为过程中，可能采取毁灭、伪造证据的方法进行枉法追诉、裁判，这与帮助毁灭、伪造证据罪相似。二者的主要区别在于：第一，本罪的毁灭、伪造证据行为是作为徇私枉法犯罪的方法行为，并在实行徇私枉法犯罪过程中实施的；而后者则不是在徇私枉法犯罪过程中实施的。第二，本罪毁灭、伪造证据的行为必须利用司法职权，而后者则无此限制。在徇私枉法的犯罪过程中，利用司法职权毁灭、伪造证据的，实质属于方法行为牵连到帮助毁灭、伪造证据罪，应择较重的罪即本罪论处。（4）本罪与伪证罪的界限。二者均为特殊主体，均有陷害或包庇的目的，均发生于刑事诉讼过程中，均可能有妨害证据的行为。二者的主要区别在于：第一，犯罪主体不同。本罪的主体限于负有侦查、起诉、审判等司法职责的人员，通常为公安人员、国家安全人员、检察员、审判员及陪审员；而后者的主体为证人、鉴定人、翻译人和记录人。第二，客观方面不同。本罪限于利用司法职务之便，而后者则无利用司法职务之便的行为特征。

3. 本罪的一罪与数罪。司法工作人员因受贿而枉法裁判的，应择一重罪定罪处罚，不实行数罪并罚。

（三）徇私枉法罪的处罚

根据《刑法》第399条第1款和第3款的规定，犯本罪的，处5年以下有期徒刑或者拘役；情节严重的，处5年以上10年以下有期徒刑；情节特别严重的，处10年以上有期徒刑。司法工作人员贪赃枉法，有本罪行为，同时又构成受贿罪的，依照处罚较重的规定定罪处罚。

【民事、行政枉法裁判罪】

（一）民事、行政枉法裁判罪的定义和特征

民事、行政枉法裁判罪，是指司法工作人员在民事、行政审判活动中，故意违背事实和法律作枉法裁判，情节严重的行为。本罪的特征是：

1. 客体主要是国家司法机关的正常活动。

2. 客观方面表现为在民事、行政审判活动中，故意违背事实和法律作枉法裁判，情节严重的行为。这里的民事、行政审判活动，是指由《民事诉讼法》《行政诉讼法》规范的民事诉讼、行政诉讼中的各种审判活动。其中，民事审判活动是广义的，不仅指民事案件的审判活动，还包括经济纠纷、海事等案件的审判活动。本罪的成立必须以情节严重作为重要条件。根据最高人民检察院的有关规定①，民事、行政枉法裁判，涉嫌下列情形之一的，应予立案：（1）枉法裁判，致使当事人或者其近亲属自杀、自残造成重伤、死亡，或者精神失常的；（2）枉法裁判，造成个人财产直接经济损失10万元以上，或者直接经济损失不满10万元，但间接经济损失50万元以上的；（3）枉法裁判，造成法人或者其他组织财产直接经济损失20万元以上，或者直接经济

① 2006年最高人民检察院《关于渎职侵权犯罪案件立案标准的规定》。

损失不满20万元，但间接经济损失100万元以上的；（4）伪造、变造有关材料、证据，制造假案枉法裁判的；（5）串通当事人制造伪证，毁灭证据或者篡改庭审笔录而枉法裁判的；（6）徇私情、私利，明知是伪造、变造的证据予以采信，或者故意对应当采信的证据不予采信，或者故意违反法定程序，或者故意错误适用法律而枉法裁判的；（7）其他情节严重的情形。

3. 主体是特殊主体，只能由司法工作人员构成。

4. 主观方面是故意。

（二）认定民事、行政枉法裁判罪应注意的问题

1. 本罪与非罪的界限。对于不是有意枉法裁判，而是由于认识水平、工作能力的原因而作出显失公平裁判的，或者由于工作隶属关系，迫于上级的压力而作出显失公平裁判的，不能以犯罪论处。对于虽然有意徇私作出了枉法裁判，但综合其动机、手段及后果考虑，尚未达情节严重程度的，也不应以犯罪论处。

2. 本罪与徇私枉法罪的界限。二者均有徇私的动机和枉法裁判的行为。二者的主要区别在于：（1）行为发生的场合不同。本罪限于发生在民事、行政诉讼的审判活动中，而后者则限于发生在刑事诉讼活动中。（2）构成犯罪的条件不同。构成本罪以情节严重为要件，而后者则无此要求。

3. 本罪的一罪与数罪。负有审判职责的人利用职务之便，在民事、行政枉法裁判的过程中采取了毁灭、伪造证据的手段，应视为牵连犯，只需以民事、行政枉法裁判罪一罪定罪处罚。犯民事、行政枉法裁判罪同时又构成受贿罪的，也应择一重罪定罪处罚，不实行数罪并罚。

（三）民事、行政枉法裁判罪的处罚

根据《刑法》第399条第2款和第3款的规定，犯本罪的，处5年以下有期徒刑或者拘役；情节特别严重的，处5年以上10年以下有期徒刑。司法工作人员贪赃枉法，有本罪行为，同时又构成受贿罪的，依照处罚较重的规定定罪处罚。

【徇私舞弊减刑、假释、暂予监外执行罪】

（一）徇私舞弊减刑、假释、暂予监外执行罪的定义和特征

徇私舞弊减刑、假释、暂予监外执行罪，是指司法工作人员徇私舞弊，对不符合减刑、假释、暂予监外执行条件的罪犯予以减刑、假释、暂予监外执行的行为。本罪的特征是：

1. 客体主要是国家司法机关的正常活动。

2. 客观方面表现为对不符合减刑、假释、暂予监外执行条件的罪犯予以减刑、假释或暂予监外执行的行为。根据最高人民检察院的有关规定①，徇私

---

① 2006年最高人民检察院《关于渎职侵权犯罪案件立案标准的规定》。

舞弊减刑、假释、暂予监外执行，涉嫌下列情形之一的，应予立案：（1）刑罚执行机关的工作人员对不符合减刑、假释、暂予监外执行条件的罪犯，捏造事实，伪造材料，违法报请减刑、假释、暂予监外执行的；（2）审判人员对不符合减刑、假释、暂予监外执行条件的罪犯，徇私舞弊，违法裁定减刑、假释或者违法决定暂予监外执行的；（3）监狱管理机关、公安机关的工作人员对不符合暂予监外执行条件的罪犯，徇私舞弊，违法批准暂予监外执行的；（4）不具有报请、裁定、决定或者批准减刑、假释、暂予监外执行权的司法工作人员利用职务上的便利，伪造有关材料，导致不符合减刑、假释、暂予监外执行条件的罪犯被减刑、假释、暂予监外执行的；（5）其他徇私舞弊减刑、假释、暂予监外执行应予追究刑事责任的情形。

3. 主体是特殊主体，即司法工作人员，主要是具有减刑、假释或者暂予监外执行决定权的司法工作人员。

4. 主观方面是故意。如果过失予以不当减刑、假释或者暂予监外执行的，不能构成本罪，符合玩忽职守罪的构成的，应以玩忽职守罪论处。

（二）认定徇私舞弊减刑、假释、暂予监外执行罪应注意的问题

1. 本罪与非罪的界限。主要是看行为人主观上是否存在故意。如果司法工作人员将不符合条件的罪犯予以减刑、假释或者监外执行，不是由于徇私、徇情的故意而为，而是由于政策观念不强，工作不深入、不细致，调查研究不够，一般应认为属于工作失误，应总结经验，吸取教训，提高政策与业务水平，改进工作，避免再犯类似错误，如果有必要的话，可给予党纪、政纪处分，不能认定为本罪并追究刑事责任。对于个别情节严重的，如果符合玩忽职守罪的构成要件，应以玩忽职守罪定罪处罚。

2. 本罪与他罪的界限。（1）本罪与滥用职权罪的界限。司法工作人员徇私舞弊减刑、假释、暂予监外执行的行为可以以滥用职权的形式进行，而滥用职权的行为也可以具有徇私舞弊的性质，因此本罪与滥用职权罪具有法条竞合的关系。对于以滥用职权的形式实施徇私舞弊减刑、假释、暂予监外执行的，应当根据特别法优于普通法的原则，以本罪论处。（2）本罪与玩忽职守罪的界限。二者的主要区别在于：第一，主观方面不同。本罪在主观上是出于故意，而后者在主观上则出于过失。第二，客观方面不同。本罪表现为徇私舞弊，对不符合减刑、假释、暂予监外执行条件的罪犯，予以减刑、假释或者暂予监外执行的行为；而后者则表现为严重不负责任，不履行或者不认真履行其职责，致使公共财产、国家和人民利益遭受重大损失的行为。（3）主体有所不同。虽然二者主体均为特殊主体，但本罪主体限于国家机关工作人员中的司法工作人员；而后者的主体则是国家机关工作人员，没有更进一步的限定。对于基于过失而将不符合条件的罪犯予以减刑、假释或者监外执行，情节严重的，如果符合玩忽职守罪的构成要件，应以玩忽职守罪定罪处罚。

3. 本罪的既遂。本罪是行为犯，只要行为人实施了徇私舞弊对不符合减刑、假释、暂予监外执行条件的罪犯报请、裁定、决定减刑、假释、暂予监外执行的行为，即使罪犯没有实际得到减刑、假释、暂予监外执行，依法也构成本罪。

（三）徇私舞弊减刑、假释、暂予监外执行罪的处罚。

根据《刑法》第401条的规定，犯本罪的，处3年以下有期徒刑或者拘役；情节严重的，处3年以上7年以下有期徒刑。

【徇私舞弊不移交刑事案件罪】

（一）徇私舞弊不移交刑事案件罪的定义和特征

徇私舞弊不移交刑事案件罪，是指行政执法人员徇私舞弊，对依法应当移交司法机关追究刑事责任的刑事案件，不移交司法机关处理，情节严重的行为。本罪的特征是：

1. 客体主要是国家行政机关的行政执法活动和司法机关的正常活动。

2. 客观方面表现为徇私舞弊，对依法应当移交司法机关追究刑事责任的刑事案件，不移交司法机关处理，情节严重的行为。本罪成立必须以情节严重作为重要条件。根据最高人民检察院的有关规定①，徇私舞弊不移交刑事案件，涉嫌下列情形之一的，应予立案：（1）对依法可能判处3年以上有期徒刑、无期徒刑、死刑的犯罪案件不移交的；（2）不移交刑事案件涉及3人次以上的；（3）司法机关提出意见后，无正当理由仍然不予移交的；（4）以罚代刑，放纵犯罪嫌疑人，致使犯罪嫌疑人继续进行违法犯罪活动的；（5）行政执法部门主管领导阻止移交的；（6）隐瞒、毁灭证据，伪造材料，改变刑事案件性质的；（7）直接负责的主管人员和其他直接责任人员为牟取本单位私利而不移交刑事案件，情节严重的；（8）其他情节严重的情形。

3. 主体是特殊主体，只能是行政执法人员，即工商、税务、监察等行政机关中具有行政执法职权和职责的工作人员。

4. 主观方面是故意。

（二）认定徇私舞弊不移交刑事案件罪应注意的问题

1. 本罪与非罪的界限。徇私舞弊不移交刑事案件的行为是否构成犯罪，应以情节是否严重为认定标准。情节严重的，应依法认定构成本罪；情节没有达到严重程度的，不能以犯罪论处。行政执法人员不移交刑事案件，如果不是由于徇私舞弊，而是由于政策不清、法律观念淡薄，或者业务能力不强等原因造成的，一般也不能以犯罪论处。但是对于造成重大危害后果，且又符合玩忽职守罪构成要件的，应依法以玩忽职守罪论处。

2. 本罪与他罪的界限。（1）本罪与玩忽职守罪的界限。二者的主要区别

① 2006年最高人民检察院《关于渎职侵权犯罪案件立案标准的规定》。

在于：第一，主观方面不同。本罪在主观上只能出于故意，而后者在主观上则是过失。第二，客观方面不同。本罪表现为徇私舞弊，对依法应当移交司法机关追究刑事责任的刑事案件，不移交司法机关处理，情节严重的行为；而后者则表现为严重不负责任，不履行或者不认真履行其职责，致使公共财产、国家和人民利益遭受重大损失的行为。第三，主体有所不同。虽然二者主体均为特殊主体，但本罪主体限于国家机关工作人员中的行政执法人员；而后者的主体则是国家机关工作人员，没有更进一步的限定。（2）本罪与徇私枉法罪的界限。二者均属于特殊主体的职务犯罪，在主观方面和犯罪的结果上有较为相同之处，容易混淆。二者的主要区别在于：第一，犯罪主体有所不同。本罪的主体是国家机关工作人员中的行政执法人员，而后者的主体则是国家机关工作人员中的司法工作人员。第二，客体不完全相同。本罪的客体主要是国家行政机关的执法活动和司法机关的正常活动，而后者的客体则主要是国家司法机关的正常活动。第三，客观方面有所不同。本罪表现为工商、税务、监察等行政机关的行政执法人员，徇私舞弊，对依法应当移交司法机关追究刑事责任的刑事案件，不移交司法机关处理，情节严重的行为；而后者则表现为司法工作人员徇私枉法、徇情枉法，对明知是无罪的人而使他受追诉、对明知是有罪的人而故意包庇不使他受追诉，或者在刑事审判活动中故意违背事实和法律作枉法裁判的行为。

（三）徇私舞弊不移交刑事案件罪的处罚

根据《刑法》第402条的规定，犯本罪的，处3年以下有期徒刑或者拘役；情节严重的，处3年以上7年以下有期徒刑。

【国家机关工作人员签订、履行合同失职被骗罪】

（一）国家机关工作人员签订、履行合同失职被骗罪的定义和特征

国家机关工作人员签订、履行合同失职被骗罪，是指国家机关工作人员在签订、履行合同过程中，因严重不负责任，不履行或者不认真履行职责被诈骗，致使国家利益遭受重大损失的行为。本罪的特征是：

1. 客体主要是国家机关的正常活动。

2. 客观方面表现为在签订、履行合同过程中，因严重不负责任，不履行或者不认真履行职责被诈骗，致使国家利益遭受重大损失的行为。这里的严重不负责任，主要是指：不了解对方资信情况，盲目同无资金、无货源者签订合同；对对方不合要求之供货应检查而未检查，不按合同验收，而擅自支付货款；擅自作经济担保，等等。本罪的成立必须以致使国家利益遭受重大损失作为重要条件。根据最高人民检察院的有关规定①，国家机关工作人员签订、履行合同失职被骗，涉嫌下列情形之一的，应予立案：（1）造成直接经

① 2006年最高人民检察院《关于渎职侵权犯罪案件立案标准的规定》。

济损失30万元以上，或者直接经济损失不满30万元，但间接经济损失150万元以上的；（2）其他致使国家利益遭受重大损失的情形。

3. 主体是特殊主体，必须是国家机关工作人员。如果是国有公司、企业、事业单位的直接负责的主管人员在签订、履行合同过程中因严重不负责任被诈骗，则成立《刑法》第167条规定的签订、履行合同失职被骗罪。

4. 主观方面是过失。

（二）认定国家机关工作人员签订、履行合同失职被骗罪应注意的问题

1. 本罪与非罪的界限。如果行为人所签订、履行的合同虽然对国家利益造成重大损失，但是行为人主观上并无过失，客观上也无严重不负责任的行为，而是由于国家政策、国际市场行情变化、决策风险、不可抗力等原因所造成的，不能以犯罪论处；如果行为人主观上虽有过失，客观上也有严重不负责任的行为，但并未致使国家利益遭受重大损失的，也不能以犯罪论处。

2. 本罪与玩忽职守罪的界限。国家机关工作人员签订、履行合同失职被骗的行为，实质上属于玩忽职守的行为。但是《刑法》第406条关于本罪的规定属于特殊法条，第397条关于玩忽职守罪的规定则属于普通法条，即二者具有法条竞合的关系。对于国家机关工作人员签订、履行合同失职被骗的行为，应当按照特别法优于普通法的原则适用罪名，即认定为本罪。

（三）国家机关工作人员签订、履行合同失职被骗罪的处罚

根据《刑法》第406条的规定，犯本罪的，处3年以下有期徒刑或者拘役；致使国家利益遭受特别重大损失的，处3年以上7年以下有期徒刑。

【不解救被拐卖、绑架妇女、儿童罪】

（一）不解救被拐卖、绑架妇女、儿童罪的定义和特征

不解救被拐卖、绑架妇女、儿童罪，是指对被拐卖、绑架的妇女、儿童负有解救职责的国家机关工作人员，接到被拐卖、绑架的妇女、儿童及其家属的解救要求或者接到其他人的举报，而对被拐卖、绑架的妇女、儿童不进行解救，造成严重后果的行为。本罪的特征是：

1. 客体主要是国家机关解救被拐卖、绑架的妇女、儿童的正常活动。这里的被拐卖、绑架的妇女、儿童，包括已被拐卖、绑架但尚未收买的妇女、儿童，还包括已被拐卖、绑架并被收买的妇女、儿童。

2. 客观方面表现为在接到被拐卖、绑架的妇女、儿童及其家属的解救要求或者接到他人的举报后，对被拐卖的妇女、儿童不进行解救，造成严重后果的行为。本罪的成立必须以造成严重后果作为重要条件。根据最高人民检察院的有关规定①，不解救被拐卖、绑架妇女、儿童，涉嫌下列情形之一的，应予立案：（1）导致被拐卖、绑架的妇女、儿童或者其家属重伤、死亡或者

① 2006年最高人民检察院《关于渎职侵权犯罪案件立案标准的规定》。

精神失常的；（2）导致被拐卖、绑架的妇女、儿童被转移、隐匿、转卖，不能及时进行解救的；（3）对被拐卖、绑架的妇女、儿童不进行解救 3 人次以上的；（4）对被拐卖、绑架的妇女、儿童不进行解救，造成恶劣社会影响的；（5）其他造成严重后果的情形。

3. 主体是特殊主体，即对被拐卖、绑架的妇女、儿童负有解救职责的公安、司法等国家机关工作人员。

4. 主观方面一般表现为过失，但在个别情况下也不能排除间接故意的存在。

（二）认定不解救被拐卖、绑架妇女、儿童罪应注意的问题

1. 本罪与非罪的界限。不解救被拐卖、绑架妇女、儿童的行为是否构成犯罪，关键看是否造成严重后果。如果造成严重后果，应依法认定构成不解救被拐卖、绑架妇女、儿童罪；如果未造成严重后果，则不应作犯罪处理。

2. 本罪与他罪的界限。主要区分本罪与玩忽职守罪的界限。本罪与玩忽职守罪具有法条竞合的关系，因此对于对被拐卖、绑架的妇女、儿童负有解救职责的国家机关工作人员，接到被拐卖、绑架的妇女、儿童及其家属的解救要求或者接到其他人的举报，而对被拐卖、绑架的妇女、儿童不进行解救，造成严重后果的行为，应当按照特别法优于普通法的原则，以本罪论处。

3. 本罪的一罪与数罪。如果对被拐卖、绑架的妇女、儿童负有解救职责的国家机关工作人员与拐卖、绑架妇女、儿童的犯罪分子相互勾结，在接到被拐卖、绑架妇女、儿童及其家属的解救要求或者接到其他人的举报后，对被拐卖、绑架的妇女、儿童不进行解救，无论是否造成严重后果，均应以拐卖妇女、儿童罪的共犯作一罪处罚，不作数罪并罚。

（三）不解救被拐卖、绑架妇女、儿童罪的处罚

根据《刑法》第 416 条第 1 款的规定，犯本罪的，处 5 年以下有期徒刑或者拘役。

【帮助犯罪分子逃避处罚罪】

（一）帮助犯罪分子逃避处罚罪的定义和特征

帮助犯罪分子逃避处罚罪，是指有查禁犯罪活动职责的国家机关工作人员，向犯罪分子通风报信、提供便利，帮助犯罪分子逃避处罚的行为。本罪的特征是：

1. 客体是国家机关追究刑事犯罪的正常活动。

2. 客观方面表现为向犯罪分子通风报信、提供便利，帮助犯罪分子逃避处罚的行为。根据最高人民检察院的有关规定①，帮助犯罪分子逃避处罚，涉嫌下列情形之一的，应予立案：（1）向犯罪分子泄露有关部门查禁犯罪活动

① 2006 年最高人民检察院《关于渎职侵权犯罪案件立案标准的规定》。

的部署、人员、措施、时间、地点等情况的；（2）向犯罪分子提供钱物、交通工具、通信设备、隐藏处所等便利条件的；（3）向犯罪分子泄露案情的；（4）帮助、示意犯罪分子隐匿、毁灭、伪造证据，或者串供、翻供的；（5）其他帮助犯罪分子逃避处罚应予追究刑事责任的情形。本罪是行为犯，以行为人实施了向犯罪分子通风报信、提供便利，帮助犯罪分子逃避处罚的行为作为构成犯罪既遂的标准，并不要求实际发生了犯罪分子逃避处罚的结果。

3. 主体是特殊主体，即只能由有查禁犯罪活动职责的国家机关工作人员构成，主要包括司法及公安、国家安全、海关、税务等国家机关的工作人员。

4. 主观方面是故意。

（二）认定帮助犯罪分子逃避处罚罪应注意的问题

1. 本罪与非罪的界限。在司法实践中，有的具有查禁犯罪活动职责的国家机关工作人员出于过失，将有关部门查禁犯罪活动的部署、人员、措施、时间、地点等情况泄露出去，而被有关犯罪分子及其亲属知悉。对于此种情形，如果情节轻微，未造成严重后果的，不应以犯罪论处；如果情节严重，危害较大，符合玩忽职守罪或过失泄露国家秘密罪构成要件的，可以玩忽职守罪或过失泄露国家秘密罪立案查处。

2. 本罪与他罪的界限。（1）本罪与窝藏、包庇罪的界限。二者犯罪对象相同，且在行为方式上有许多共同之处，主要区别在于主体不同。本罪主体是特殊主体，即有查禁犯罪活动职责的国家机关工作人员；后二者是一般主体。因而凡是有查禁犯罪活动职责的国家机关工作人员向犯罪分子通风报信、提供便利，帮助犯罪分子逃避处罚的，均应以本罪定罪处罚，不能认定为窝藏、包庇罪。（2）本罪与私放在押人员罪的界限。二者的主要区别在于：第一，客观方面不同。本罪表现为向正在被查禁中的犯罪分子通风报信、提供便利的行为，后者则表现为私自释放正处于监管之下的犯罪嫌疑人、被告人或者罪犯的行为。第二，主体不同。本罪的主体是有查禁犯罪活动职责的国家机关工作人员，主要包括司法及公安、国家安全、海关、税务等国家机关的工作人员；后者的主体只能是司法工作人员。

3. 本罪的共犯。关键看行为人与所帮助的犯罪分子事先是否有通谋。如果行为人在犯罪分子犯罪前与其通谋，事后为其通风报信、提供便利的，即与所帮助的犯罪分子成立共同犯罪，应以犯罪分子所构成之罪论处。事先未通谋的则构成本罪。

（三）帮助犯罪分子逃避处罚罪的处罚

根据《刑法》第417条的规定，犯本罪的，处3年以下有期徒刑或者拘役；情节严重的，处3年以上10年以下有期徒刑。

【招收公务员、学生徇私舞弊罪】

（一）招收公务员、学生徇私舞弊罪的定义和特征

招收公务员、学生徇私舞弊罪，是指国家机关工作人员在招收公务员、

省级以上教育行政部门组织招收的学生工作中徇私舞弊，情节严重的行为。本罪的特征是：

1. 客体是国家机关、教育行政部门有关招收公务员、学生的正常管理活动。

2. 客观方面表现为国家机关工作人员在招收公务员、省级以上教育行政部门组织招收的学生工作中徇私舞弊，情节严重的行为。这里的徇私舞弊，是指利用职权、弄虚作假，将不合格的人冒充合格的人予以招收、录用，或者将合格的人不予招收、录用的行为，具体行为方式是多种多样的，如伪造、篡改履历表、体检表，伪造立功受奖记录，私改考试分数，等等。本罪的成立以情节严重作为重要条件。根据最高人民检察院的有关规定①，招收公务员、学生徇私舞弊，涉嫌下列情形之一的，应予立案：（1）徇私舞弊，利用职务便利，伪造、变造人事、户口档案，考试成绩或者其他影响招收工作的有关资料，或者明知是伪造、变造的上述材料而予以认可的；（2）徇私舞弊，利用职务便利，帮助5名以上考生作弊的；（3）徇私舞弊，招收不合格的公务员、学生3人次以上的；（4）因徇私舞弊招收不合格的公务员、学生，导致被排挤的合格人员或者其近亲属自杀、自残造成重伤、死亡，或者精神失常的；（5）因徇私舞弊招收公务员、学生，导致该项招收工作重新进行的；（6）其他情节严重的情形。

3. 主体是特殊主体，即国家机关工作人员。

4. 主观方面是故意。

（二）认定招收公务员、学生徇私舞弊罪应注意的问题

1. 本罪与非罪的界限。招收公务员、学生徇私舞弊能否成立本罪，关键看情节是否严重。如果情节严重，应依法认定构成本罪；如果情节尚未达到严重程度，则不构成犯罪。对于一般的招收公务员徇私舞弊行为，应根据《国家公务员法》第106条的规定，对负有责任的领导人员或直接责任人员，根据情节轻重，给予批评教育、责令检查、诫勉、组织调整、处分。对于一般的招收学生徇私舞弊行为，根据《教育法》第77条的规定，对直接负责的主管人员和其他直接责任人员，依法给予行政处分。

2. 本罪与玩忽职守罪的界限。国家机关工作人员在招收公务员、学生工作中，如果是出于过失而招收了不合格的公务员、学生的，不能以本罪论处。如果因此致使公共财产、国家和人民利益遭受重大损失，并符合玩忽职守罪构成要件的，应依法以玩忽职守罪定罪处罚。

3. 本罪的一罪与数罪。国家机关工作人员在招收公务员、学生工作中徇私舞弊犯罪过程中，可能同时具有索取、收受贿赂的行为。如果索取、收受

---

① 2006年最高人民检察院《关于渎职侵权犯罪案件立案标准的规定》。

的财物符合《刑法》第 385 条规定的受贿罪的构成标准的，应当从一重罪处断，即以受贿罪一罪从重处罚，不作数罪并罚。

（三）招收公务员、学生徇私舞弊罪的处罚

根据《刑法》第 418 条的规定，犯本罪的，处 3 年以下有期徒刑或者拘役。

三、渎职罪中的其他犯罪

【过失泄露国家秘密罪】

过失泄露国家秘密罪，是指国家机关工作人员或者非国家机关工作人员违反保守国家秘密法的规定，过失泄露国家秘密，情节严重的行为。本罪的特征是：（1）客体是国家的保密制度。（2）客观方面表现为违反国家保密法规，过失泄露国家秘密，情节严重的行为。（3）主体是一般主体。（4）主观方面是过失。

犯本罪的，依照《刑法》第 398 条的规定处罚。

【执行判决、裁定失职罪】

执行判决、裁定失职罪，是指司法工作人员在执行判决裁定活动中，严重不负责任，不依法采取诉讼保全措施、不履行法定执行职责，或者违法采取诉讼保全措施、强制执行措施，致使当事人或者其他人的利益遭受重大损失的行为。本罪的特征是：（1）客体是国家司法机关的正常活动。（2）客观方面表现为在执行判决、裁定活动中，严重不负责任，不依法采取诉讼保全措施、不履行法定执行职责，或者违法采取诉讼保全措施、强制执行措施，致使当事人或者其他人的利益遭受重大损失的行为。（3）主体是特殊主体，即司法工作人员，通常是人民法院的执行人员。（4）主观方面是过失。

犯本罪的，依照《刑法》第 399 条第 3 款的规定处罚。

【执行判决、裁定滥用职权罪】

执行判决、裁定滥用职权罪，是指在执行判决、裁定活动中，滥用职权，不依法采取诉讼保全措施、不履行法定执行职责，或者违法采取诉讼保全措施、强制执行措施，致使当事人或者其他人的利益遭受重大损失的行为。本罪的特征是：（1）客体主要是国家司法机关的正常活动。（2）客观方面表现为在执行判决、裁定活动中，滥用职权，不依法采取诉讼保全措施、不履行法定执行职责，或者违法采取诉讼保全措施、强制执行措施，致使当事人或者其他人的利益遭受重大损失的行为。（3）主体是特殊主体，即司法工作人员，通常是人民法院的执行人员。（4）主观方面是故意。

犯本罪的，依照《刑法》第 399 条第 3 款的规定处罚。

【枉法仲裁罪】

枉法仲裁罪，是指依法承担仲裁职责的人员，在仲裁活动中故意违背事实和法律作枉法裁决，情节严重的行为。本罪的特征是：(1) 客体是仲裁制度的公正性。(2) 客观方面表现为在仲裁活动中故意违背事实和法律作枉法裁决，情节严重的行为。(3) 主体是特殊主体，只能由依法承担仲裁职责的人员构成。(4) 主观方面是故意。

犯本罪的，依照《刑法》第 399 条之一的规定处罚。

【私放在押人员罪】

私放在押人员罪，是指司法工作人员私放在押的犯罪嫌疑人、被告人或者罪犯的行为。本罪的特征是：(1) 客体是国家司法机关的监管制度。(2) 客观方面表现为私放在押的犯罪嫌疑人、被告人或者罪犯的行为。(3) 主体是特殊主体，只能由司法工作人员构成。(4) 主观方面是故意。

犯本罪的，依照《刑法》第 400 条第 1 款的规定处罚。

【失职致使在押人员脱逃罪】

失职致使在押人员脱逃罪，是指司法工作人员由于严重不负责任，不履行或者不认真履行职责，致使在押的犯罪嫌疑人、被告人或者罪犯脱逃，造成严重后果的行为。本罪的特征是：(1) 客体是司法机关的监管制度。(2) 客观方面表现为由于严重不负责任，不履行或者不认真履行职责，致使在押的犯罪嫌疑人、被告人或者罪犯脱逃，造成严重后果的行为。(3) 主体是特殊主体，即司法工作人员。(4) 主观方面是过失。

犯本罪的，依照《刑法》第 400 条第 2 款的规定处罚。

【滥用管理公司、证券职权罪】

滥用管理公司、证券职权罪，是指国家有关主管部门的国家机关工作人员，徇私舞弊，滥用职权，对不符合法律规定条件的公司设立、登记申请或者股票、债券发行、上市申请予以批准或者登记，致使公共财产、国家和人民利益遭受重大损失的行为，以及上级部门强令登记机关及其工作人员实施上述行为的行为。本罪的特征是：(1) 客体是国家对公司设立、登记和股票、债券发行、上市的管理制度。(2) 客观方面表现为徇私舞弊，滥用职权，对不符合法律规定条件的公司设立、登记申请或者股票、债券发行、上市申请予以批准或者登记，致使公共财产、国家和人民利益遭受重大损失的行为。(3) 主体是特殊主体，由国家有关主管部门的国家机关工作人员和上级部门直接负责的主管人员构成。(4) 主观方面是故意。

犯本罪的，依照《刑法》第 403 条的规定处罚。

【徇私舞弊不征、少征税款罪】

徇私舞弊不征、少征税款罪，是指税务机关的工作人员徇私舞弊，不征或者少征应征税款，致使国家税收遭受重大损失的行为。本罪的特征是：(1) 客体是国家的税收征收管理制度。(2) 客观方面表现为徇私舞弊，不征或者少征税款，致使国家税收遭受重大损失的行为。(3) 主体是特殊主体，即税务机关的工作人员。(4) 主观方面是故意。

犯本罪的，依照《刑法》第 404 条的规定处罚。

【徇私舞弊发售发票、抵扣税款、出口退税罪】

徇私舞弊发售发票、抵扣税款、出口退税罪，是指税务机关的工作人员违反法律、行政法规的规定，在办理发售发票、抵扣税款、出口退税工作中，徇私舞弊，致使国家利益遭受重大损失的行为。本罪的特征是：(1) 客体是国家的税收征收管理制度。(2) 客观方面表现为违反法律、行政法规的规定，在办理发售发票、抵扣税款、出口退税工作中，徇私舞弊，致使国家利益遭受重大损失的行为。(3) 主体是特殊主体，即税务机关的工作人员。(4) 主观方面是故意。

犯本罪的，依照《刑法》第 405 条第 1 款的规定处罚。

【违法提供出口退税凭证罪】

违法提供出口退税凭证罪，是指海关、外汇管理等国家机关工作人员违反国家规定，在提供出口货物报关单、出口收汇核销单等出口退税凭证的工作中，徇私舞弊，致使国家利益遭受重大损失的行为。本罪的特征是：(1) 客体是国家的税收征收管理制度。(2) 客观方面表现为违反国家规定，在提供出口货物报关单、出口收汇核销单等出口退税凭证的工作中，徇私舞弊，致使国家利益遭受重大损失的行为。(3) 主体是特殊主体，即税务机关的工作人员以外的，负责对进出口货物检验、出具进出口货物证明的其他国家机关工作人员。(4) 主观方面是故意。

犯本罪的，依照《刑法》第 405 条第 2 款的规定处罚。

【违法发放林木采伐许可证罪】

违法发放林木采伐许可证罪，是指林业主管部门的工作人员违反森林法的规定，超过批准的年采伐限额发放林木采伐许可证或者违反规定滥发林木采伐许可证，情节严重，致使森林遭受严重破坏的行为。本罪的特征是：(1) 客体是国家的林业管理制度。(2) 客观方面表现为违反森林法的规定，超过批准的年采伐限额发放林木采伐许可证或者违反规定滥发林木采伐许可证，情节严重，致使森林遭受严重破坏的行为。(3) 主体是特殊主体，即林业主管部门的工作人员。(4) 主观方面是故意。

犯本罪的，依照《刑法》第 407 条的规定处罚。

【环境监管失职罪】

环境监管失职罪，是指负有环境保护监督管理职责的国家机关工作人员严重不负责任，不履行或不认真履行环境保护监管职责，导致发生重大环境污染事故，致使公私财产遭受重大损失或者造成人身伤亡的严重后果的行为。本罪的特征是：(1) 客体是国家对环境保护工作的正常管理活动。(2) 客观方面表现为严重不负责任，不履行或不认真履行环境保护监管职责，导致发生重大环境污染事故，致使公私财产遭受重大损失或者造成人身伤亡的严重后果的行为。（3）主体是特殊主体，即对环境保护负有监督管理职责的国家机关工作人员。（4）主观方面是过失。

犯本罪的，依照《刑法》第408条的规定处罚。

【食品、药品监管渎职罪】

食品、药品监管渎职罪，是指负有食品、药品安全监督管理职责的国家机关工作人员，滥用职权或者玩忽职守，造成严重后果或者有其他严重情节的行为。本罪的特征是：（1）客体是国家对食品药品安全的监督管理活动。（2）客观方面表现为滥用职权或者玩忽职守，造成严重后果或者有其他严重情节的行为。（3）主体是特殊主体，即对食品安全负有监督管理职责的国家机关工作人员。（4）主观方面可能是故意或者也可能是过失。

犯本罪的，依照《刑法》第408条之一的规定处罚。

【传染病防治失职罪】

传染病防治失职罪，是指从事传染病防治的政府卫生行政部门的工作人员严重不负责任，不履行或者不认真履行传染病防治监管职责，导致传染病传播或者流行，情节严重的行为。本罪的特征是：（1）客体是国家对传染病防治工作的正常管理活动。（2）客观方面表现为严重不负责任，不履行或者不认真履行传染病防治监管职责，导致传染病传播或者流行，情节严重的行为。（3）主体是特殊主体，即从事传染病防治的政府卫生行政部门的工作人员。（4）主观方面是过失。

犯本罪的，依照《刑法》第409条的规定处罚。

【非法批准征收、征用、占用土地罪】

非法批准征收、征用、占用土地罪，是指国家机关工作人员徇私舞弊，违反土地管理法规，滥用职权，非法批准征收、征用、占用土地，情节严重的行为。本罪的特征是：（1）客体是国家的土地管理制度。（2）客观方面表现为违反土地管理法规，滥用职权，非法批准征收、征用、占用土地，情节严重的行为。（3）主体是特殊主体，即国家机关工作人员。（4）主观方面是故意。

犯本罪的，依照《刑法》第410条的规定处罚。

【非法低价出让国有土地使用权罪】

非法低价出让国有土地使用权罪，是指国家机关工作人员徇私舞弊，违反土地管理法规，滥用职权，非法低价出让国有土地使用权，情节严重的行为。本罪的特征是：（1）客体是国家的土地管理制度。（2）客观方面表现为违反土地管理法规，滥用职权，非法低价出让国有土地使用权，情节严重的行为。（3）主体是特殊主体，即国家机关工作人员。（4）主观方面是故意。

犯本罪的，依照《刑法》第410条的规定处罚。

【放纵走私罪】

放纵走私罪，是指负有监管义务的海关工作人员徇私舞弊，利用职权，放任、纵容走私犯罪行为，情节严重的。本罪的特征是：（1）客体是海关监管活动。（2）客观方面表现为徇私舞弊，利用职权，放任、纵容走私，情节严重的行为。（3）主体是特殊主体，即海关工作人员。（4）主观方面是故意。

犯本罪的，依照《刑法》第411条的规定处罚。

【商检徇私舞弊罪】

商检徇私舞弊罪，是指出国家商检部门、商检机构的工作人员徇私舞弊，伪造检验结果的行为。本罪的特征是：（1）客体是国家对进出口商品检验的管理活动。（2）客观方面表现为徇私舞弊，伪造检验结果的行为。（3）主体是特殊主体，由国家商检部门、商检机构的工作人员构成。（4）主观方面是故意。

犯本罪的，依照《刑法》第412条第1款的规定处罚。

【商检失职罪】

商检失职罪，是指国家商检部门、商检机构的工作人员，严重不负责任，对应当检验的物品不检验，或者延误检验出证、错误出证，致使国家利益遭受重大损失的行为。本罪的特征是：（1）客体是国家对进出口商品的正常管理活动。（2）客观方面表现为严重不负责任，对应当检验的物品不检验，或者延误检验出证、错误出证，致使国家利益遭受重大损失的行为。（3）主体是特殊主体，由国家商检部门、商检机构的工作人员构成。（4）主观方面是过失。

犯本罪的，依照《刑法》第412条第2款的规定处罚。

【动植物检疫徇私舞弊罪】

动植物检疫徇私舞弊罪，是指动植物检疫机关的检疫人员徇私舞弊，伪造检疫结果的行为。本罪的特征是：（1）客体是国家对进出口动植物检疫的正常管理活动。（2）客观方面表现为徇私舞弊，伪造动植物检疫结果的行为。（3）主体是特殊主体，由动植物检疫机关的检疫人员构成。（4）主观方面是故意。

犯本罪的，依照《刑法》第413条第1款的规定处罚。

【动植物检疫失职罪】

动植物检疫失职罪，是指动植物检疫机关的检疫人员严重不负责任，对应当检疫的检疫物不检疫，或者延误检疫出证、错误出证，致使国家利益遭受重大损失的行为。本罪的特征是：（1）客体是国家对进出口动植物检疫的正常管理活动。（2）客观方面表现为严重不负责任，对应当检疫的检疫物不检疫，或者延误检疫出证、错误出证，致使国家利益遭受重大损失的行为。

（3）主体是特殊主体，由动植物检疫机关的检疫人员构成。（4）主观方面是过失。

犯本罪的，依照《刑法》第 413 条第 2 款的规定处罚。

【放纵制售伪劣商品犯罪行为罪】

放纵制售伪劣商品犯罪行为罪，是指对生产、销售伪劣商品犯罪行为负有追究责任的国家机关工作人员徇私舞弊，不履行法律规定的追究职责，情节严重的行为。本罪的特征是：（1）客体主要是国家机关对商品生产、销售的正常管理活动。（2）客观方面表现为徇私舞弊，不履行法律规定的追究生产、销售伪劣商品犯罪行为的职责，情节严重的行为。（3）主体是特殊主体，即对生产、销售伪劣商品犯罪行为负有追究责任的国家机关工作人员。（4）主观方面是故意。

犯本罪的，依照《刑法》第 414 条的规定处罚。

【办理偷越国（边）境人员出入境证件罪】

办理偷越国（边）境人员出入境证件罪，是指负责办理护照、签证以及其他出入境证件的国家机关工作人员，对明知是企图偷越国（边）境的人员，予以办理出入境证件的行为。本罪的特征是：（1）客体是国家机关对出入国（边）境的正常管理活动。（2）客观方面表现为负责办理护照、签证以及其他出入境证件的国家机关工作人员，在办理护照、签证以及其他出入境证件的过程中，对明知是企图偷越国（边）境的人员，予以办理出入境证件的行为。（3）主体是特殊主体，由负责办理护照、签证以及其他出入境证件的国家机关工作人员构成。（4）主观方面是故意。

犯本罪的，依照《刑法》第 415 条的规定处罚。

【放行偷越国（边）境人员罪】

放行偷越国（边）境人员罪，是指边防、海关等国家机关工作人员，对明知是偷越国（边）境的人员，予以放行的行为。本罪的特征是：（1）客体是国家机关对出入国（边）境的正常管理活动。（2）客观方面表现为边防、海关等国家机关工作人员，在履行职务过程中，对明知是偷越国（边）境的人员，予以放行的行为。（3）主体是特殊主体，由海关、边防等国家机关工作人员构成。（4）主观方面是故意。

犯本罪的，依照《刑法》第 415 条的规定处罚。

【阻碍解救被拐卖、绑架妇女、儿童罪】

阻碍解救被拐卖、绑架妇女、儿童罪，是指对被拐卖、绑架的妇女、儿童负有解救职责的国家机关工作人员利用职务阻碍解救被拐卖、绑架的妇女、儿童的行为。本罪的特征是：（1）客体是国家机关解救被拐卖、绑架的妇女、儿童的正常活动。（2）客观方面表现为利用职务阻碍解救被拐卖、绑架的妇女、儿童的行为。（3）主体是特殊主体，即负有解救被拐卖、绑架的妇女、儿童职责的国家机关工作人员。（4）主观方面是故意。

犯本罪的，依照《刑法》第416条第2款的规定处罚。

【失职造成珍贵文物损毁、流失罪】

失职造成珍贵文物损毁、流失罪，是指国家机关工作人员严重不负责任，造成珍贵文物损毁或者流失，后果严重的行为。本罪的特征是：（1）客体是国家文物管理的正常活动。（2）客观方面表现为严重不负责任，造成珍贵文物损毁或者流失，后果严重的行为。（3）主体是国家机关工作人员。（4）主观方面是过失。

犯本罪的，依照《刑法》第419条的规定处罚。

第二十七章

军人违反职责罪

一、军人违反职责罪概述

根据《刑法》第420条的规定，军人违反职责罪是指军人违反职责，危害国家军事利益，依照法律应当受刑事处罚的行为。本罪名属于类罪名。本类罪的特征是：

第一，客体是国家的军事利益。国家军事利益，是指国家在国防建设、作战行动、军队物质保障、战备值勤、军事秘密、军事科研等方面的利益。国家的军事利益直接关系到国家的主权、领土完整和安全，并对国家的内部社会秩序的稳定与发展产生重要影响。危害国家军事利益的犯罪必然对一个国家产生巨大的危害性，因此必须要予以严惩。

第二，客观方面表现为军职人员违反军人职责，危害国家军事利益，应当受到刑事处罚的行为。军事职责，是指依军事法律、法规和规章的规定和要求，每一名军职人员必须履行的职责，分为一般职责和具体职责。军职人员的一般职责，是指每名军职人员都具有的职责。《中国人民解放军内务条令》第三章“军人职责”和《中国人民解放军纪律条令》关于纪律的基本要求，对军人的一般职责都作了明确的规定。军职人员的具体职责，是指各种军职人员在执行各种不同任务中的职责。中央军委、中国人民解放军各总部、国防科工委、各军兵种制定和发布的各种条令和条例对军职人员的具体职责都分别作出了规定。军人违反职责罪的行为形式，在本类罪中都有明确的规定。另外，2013年最高人民检察院、解放军总政治部也颁布了《军人违反职责罪案件立案标准的规定》。需要注意的是，构成军人违反职责罪，除违反相关的军事法律、法规和规章外，还必须是依照刑法应当受到刑事处罚的行为，如果情节显著轻微危害不大，不认定为构成犯罪的，应当按有关的军纪处理。

第三，主体是特殊主体，仅限于军职人员。根据《刑法》第450条的规定，军职人员的范围包括两类：一类是现役军人，即中国人民解放军的现役军官、文职干部、士兵及具有军籍的学员和中国人民武装警察部队的现役警官、文职干部、士兵及具有军籍的学员；另一类是执行军事任务的预备役人员和其他人员。预备役人员和其他人员虽不具有现役军人身份，但在执行军事任务时，有可能成为军人违反职责罪的主体。所谓执行军事任务，是指担负与军事活动有直接关系的参战、参训、支前、战场救护等具体任务工作。

第四，主观方面多为故意，但少数犯罪由过失构成，如武器装备肇事罪、过失泄露军事秘密罪即属于过失犯罪。在有的故意犯罪中，还要求具有特定的目的才能成立犯罪，如战时自伤罪必须是以逃避军事义务为目的才能成立。

二、军人违反职责罪中的主要犯罪

【投降罪】

(一) 投降罪的定义和特征

投降罪，是指军职人员在战场上贪生怕死，自动放下武器投降敌人的行为。本罪的特征是：

1. 客体是军职人员的作战义务和军事利益。作战是军人的天职，当国家进入战争状态时，军人就应当服从命令、履行作战的义务。如果军职人员在战场上贪生怕死而投降敌方，这不仅严重违反了军职人员应尽的职责义务，而且还将打击作战部队的士气，以致给国家的军事利益造成严重损失。因此对于军职人员的投降行为应当严厉处罚。

2. 客观方面表现为在战场上贪生怕死，自动放下武器投降敌人的行为。此处的贪生怕死，是指军职人员为了保全个人性命而放弃战斗。此处的自动放下武器，是指军职人员有作战的能力而故意不作战，所以对此在理解时，不应简单地认为就是指军职人员丢弃武器，只要是军职人员有能力但却主动放弃战斗的，都属于自动放下武器。此处的投降敌人，是指军职人员向正在与我方交战的敌对方屈服。

3. 主体是特殊主体，即参战的军职人员。

4. 主观方面是故意，并且行为人通常具有贪生怕死、畏惧作战的动机。

(二) 认定投降罪应注意的问题

1. 本罪与非罪的界限。本罪在认定时，应当注意的是，本罪的主体是作战时有战斗能力的军职人员。如果军职人员是由于在作战时因负伤失去了作战能力，而成为敌方俘虏的，不能以本罪论处。

2. 本罪与投敌叛变罪的界限。由于本罪与投敌叛变罪都具有投降敌方的情节，所以较为容易混淆，因此应当注意二者之间的区别：（1）客体不同。本罪的客体是军职人员的作战义务和军事利益；而投敌叛变罪的客体是国家安全。（2）客观方面的表现不同。本罪表现为军职人员贪生怕死，自动放下武器投降敌人；投敌叛变罪表现为投奔敌方，或者是在被敌人俘获后投降。（3）主体不同。本罪的主体是战时有战斗力的军职人员；投敌叛变罪的主体是中国籍公民。

（三）投降罪的处罚

根据《刑法》第423条的规定，犯本罪的，处3年以上10年以下有期徒刑；情节严重的，处10年以上有期徒刑或者无期徒刑。投降后为敌效劳的，处10年以上有期徒刑、无期徒刑或者死刑。其中，“情节严重”，是指指挥人员率部投降敌人，或者有重要作战任务的军职人员在紧要关头投降敌人等情形；“为敌人效劳”，是指投降后为敌人提供我方情报信息，或者被编入敌方部队与我方作战等情形。

【擅离、玩忽军事职守罪】

（一）擅离、玩忽军事职守罪的定义和特征

擅离、玩忽军事职守罪，是指指挥人员和值班、值勤人员擅离职守或者玩忽职守，造成严重后果的行为。本罪的特征是：

1. 客体是军队中的指挥和值班、值勤等岗位制度。在军队中执行指挥和值班、值勤等岗位制度是军队指挥职能、内务秩序、内部安全等方面的重要保证。指挥人员和值班、值勤人员擅离职守或者玩忽职守，将直接破坏指挥和值班、值勤制度，导致军令不畅通、任务无法下达落实，甚至贻误战机，对国防和军队建设造成严重危害。

2. 客观方面表现为擅离职守或者玩忽职守，造成严重后果的行为。此处的擅离职守，是指指挥人员和值班、值勤人员，违反指挥和值班、值勤等规章制度的有关规定，擅自离开正在履职的岗位。此处的玩忽职守，是指指挥人员和值班、值勤人员在履行职责的岗位上，严重不负责任，不履行或者不正确履行职责。所谓造成严重后果，通常是指贻误战机、造成部队人员伤亡，武器装备的丢失、被盗、毁损或者影响部队完成重要任务等严重情形。另外，本罪是选择性罪名，行为人只要实施了擅离军事职守或者是玩忽军事职守中的行为之一，即构成本罪；如果行为人实施了本罪的这两个行为，也只构成本罪一罪，而不实施数罪并罚。

3. 主体是特殊主体，即军队中的指挥人员和值班、值勤人员。专业主管人员在其业务管理范围内，视为指挥人员。

4. 主观方面是过失，即行为人应当预见自己擅离职守或者玩忽职守的行为可能会造成严重后果，但因为疏忽大意而没有预见，或者已经预见而轻信能够避免，以致发生这种严重后果。

（二）认定擅离、玩忽军事职守罪应注意的问题

1. 本罪与非罪的界限。认定本罪与非罪问题时，应当注意的是，军队指挥人员和值班、值勤人员擅离职守或者玩忽职守，只有造成严重后果的，才构成犯罪。如果没有造成严重后果的，不构成犯罪，但可以按照有关的军纪处理。

2. 本罪与玩忽职守罪的界限。本罪与玩忽职守罪都是渎职性质的犯罪，行为人都给自己的本职工作造成了严重危害结果，但正是因为本罪具有的特定渎职性质，所以其与玩忽职守罪存在法条竞合关系。具体而言，本罪与玩忽职守罪是特殊与一般的关系。当行为人是军队中的指挥人员或者值班、值勤人员，由于擅离、玩忽军事职守，并造成严重后果的，应按照特别法优于普通法的原则，以擅离、玩忽军事职守罪论处。因此本罪与渎职罪存在着以下区别：（1）犯罪客体不同。本罪客体是军队中的指挥和值班、值勤制度，而后者的客体则是国家机关的正常活动。（2）犯罪主体不同。本罪的主体是特指军队的指挥人员和值班、值勤人员，而后者的主体则是国家机关工作人员，不包括军职人员。

（三）擅离、玩忽军事职守罪的处罚

根据《刑法》第425条的规定，犯本罪的，处3年以下有期徒刑或者拘役；造成特别严重后果的，处3年以上7年以下有期徒刑。战时犯本罪的，处5年以上有期徒刑。

【军人叛逃罪】

（一）军人叛逃罪的定义和特征

军人叛逃罪，是指军职人员在履行公务期间，擅离岗位，叛逃境外或者在境外叛逃，危害国家军事利益的行为。本罪的特征是：

1. 客体是国家的军事利益和军职人员永不背叛祖国的义务。保卫国家和人民的安全是军职人员的神圣职责，而永不背叛国家是军职人员应尽的义务之一。为了保护国家和人民的安全，军职人员就应当服从命令、听从指挥、认真履行职责、坚守岗位，军职人员叛逃不仅是其违反个人义务的表现，也将会造成国家军事利益的严重损失。因此军职人员的叛逃行为具有严重的社会危害性。

2. 客观方面表现为在履行公务期间，擅离岗位，叛逃境外或者在境外叛逃，危害国家军事利益的行为。本罪在客观方面的表现具有两个要素：（1）在履行公务期间，擅离岗位。这是本罪成立的前提条件。据此，要求军职人员的叛逃行为必须是发生在其履行公务期间，擅自脱离岗位，逃越国（边）境。如果军职人员的叛逃行为不是发生在其履行公务期间，不能以本罪论处。此处的公务，既可以是军职人员正在履行某种职责（如执行军事任务、命令），也可以是身负某种职责准备履行之时（如前往某地出差的途中）。（2）叛逃境外或者在境外叛逃，危害国家军事利益的行为。此处的叛逃，是指军职人员逃往国外、境外，或者是利用公务出境之机故意滞留在国外、境外不归，以及叛逃至外国驻我国的使领馆等行为。

3. 主体是特殊主体，即正在履行公务的军职人员。

4. 主观方面是故意，行为人具有背叛祖国的目的。此外，行为人还通常具有一定的犯罪动机，如为了钱财等，但无论行为人的动机如何都不影响本罪的成立。

（二）认定军人叛逃罪应注意的问题

1. 本罪与非罪的界限。本罪在认定时，需要注意的是，军职人员叛逃必须是在其在履行公务期间，才能以本罪论处；如果军职人员在非履行公务期间（如休假、因私旅游等）滞留境外不归等，不能以本罪论处。

2. 本罪与叛逃罪的界限。本罪与叛逃罪都具有背叛国家的性质，二者之间存在着法条竞合的关系。具体而言，是特别法和普通法的关系，即军人叛逃罪属于特别法，叛逃罪属于普通法。如果行为人是具有军职人员的特殊身份，而且叛逃行为是发生在其履行公务期间，并对国家的军事利益造成了一定的危害，则应当以本罪论处；如果仅是一般的国家机关工作人员或掌握国家秘密的国家机关工作人员叛逃的，则应以叛逃罪论处。

（三）军人叛逃罪的处罚

根据《刑法》第430条的规定，犯本罪的，处5年以下有期徒刑或者拘役；情节特别严重的，处5年以上有期徒刑。驾驶航空器、舰船叛逃的，或者有其他特别严重情节的，处10年以上有期徒刑、无期徒刑或者死刑。

【战时自伤罪】

（一）战时自伤罪的定义和特征

战时自伤罪，是指在战时为了逃避军事义务，故意伤害自己身体的行为。本罪的特征是：

1. 客体是军人的军事义务和部队的作战利益。犯罪对象是行为人本人的身体。此处的军事义务，是指临战准备、作战行动、战场勤务和其他作战保障任务等与作战有关的义务。军人在战场上作战时，应当服从命令、听从指挥，积极履行自己的军事义务。如果军人在战时因为贪生怕死，不愿意、不敢上战场，而自伤身体的，这不仅是个人战斗意志力差的表现，而且将会导致部队军心涣散、士气低落，从而削弱部队的战斗力，严重危害部队的作战利益。

2. 客观方面表现为战时自伤身体的行为。对此应当把握以下内容：（1）行为的时间必须是发生在战时。所谓战时，根据《刑法》第451条的规定，是指国家宣布进入战争状态、部队受领作战任务或者遭敌突然袭击时。部队执行戒严任务或者处置突发暴力事件时，以战时论。（2）行为人实施了自伤身体的行为。所谓自伤身体，是指行为人故意伤害自己身体的行为。自伤行为的表现形式是多种多样的，既可以是行为人用枪支或者其他器械、工具，致自己身体的某一部位受伤害，也可以是行为人故意借助他人的行为致自己的身体受到伤害。

3. 主体是特殊主体，即执行参战任务的军职人员。

4. 主观方面是故意，且行为人必须具有逃避军事义务的目的。

（二）认定战时自伤罪应注意的问题

1. 本罪与非罪的界限。本罪在认定时，应注意以下两种不认定为构成本罪情形：（1）如果行为人在战时，是由于某种原因误伤自己，并非故意自伤，不应以本罪论处。（2）本罪在要求行为人误伤自己是主观上具有逃避军事义务的目的，如果行为人虽有故意自伤身体的行为，但不是出于逃避军事义务，而是出于其他犯罪目的（如以自伤身体的方式诬告陷害上级或战友等），则不能以本罪论处。

2. 本罪与军人违反职责罪中其他犯罪的认定。在司法实践中，行为人可能会采取故意自伤身体的方式，实施投降、战时违抗命令、战时临阵脱逃、违令作战消极等犯罪。实际上，这时本罪与其他犯罪具有了牵连关系，即故意自伤身体是其他犯罪的手段行为或方法行为。例如，行为人故意自伤身体，以此为由放弃抵抗、向敌人投降，等等。对此，应按处理牵连犯“从一重从重处”的原则，以较重的罪从重处罚，不实行数罪并罚。

（三）战时自伤罪的处罚

根据《刑法》第 434 条的规定，犯本罪的，处 3 年以下有期徒刑；情节严重的，处 3 年以上 7 年以下有期徒刑。

【逃离部队罪】

（一）逃离部队罪的定义和特征

逃离部队罪，是指违反兵役法规，逃离部队，情节严重的行为。本罪的特征是：

1. 客体是国家的兵役制度。国家的兵役制度是为了确保国家安全，作出的要求公民依法服兵役和军人服从命令、听从指挥、忠于职守，为保卫国家和人民而英勇战斗的义务规定。我国的兵役制度是通过宪法、兵役法、国防法以及军队的军事法规对兵役问题作出了具体规定。军人违反兵役法律、法规，逃离部队，是对国家兵役制度的严重破坏。

2. 客观方面表现为行为人违反兵役法规，逃离部队，情节严重的行为。本罪在客观方面的表现具有三个要素：（1）行为人必须违反兵役法规，这是构成本罪的前提。所谓违反兵役法规，是指行为人违反了宪法、兵役法、国防法以及其他军事法规要求现役军人切实履行兵役义务的规定。（2）行为人实施了逃离部队的行为。所谓逃离部队，是指行为人为了逃避继续服兵役而离开部队。在司法实践中，逃离部队的形式较多，如未经批准就擅自离开部队，或者乘外出执行任务、开会等机会离开部队，以及正常请假离队后逾期不归，等等。（3）行为人逃离部队必须情节严重的，才能构成本罪。所谓情节严重，主要是指以下情形：指挥人员或者担负重要职责的人员逃离部队的；策动多人逃离部队的；携带武器逃离部队的；逃离部队后在社会上违法犯罪的；多次逃离部队、屡教不改的，等等。另外，一般逃离部队情节显著轻微、没有造成严重后果的，可以按照有关的军纪给予处分。

3. 主体是特殊主体，即现役军人，包括中国人民解放军的现役军官、文职干部、士兵及具有军籍的学员和中国人民武装警察部队的现役警官、文职干部、士兵及具有军籍的学员。

4. 主观方面是故意，且行为人主观上具有逃避服兵役的目的。

（二）认定逃离部队罪应注意的问题

1. 本罪与非罪的界限。本罪在认定时，应主要注意逃离部队的行为情节是否严重。只有情节严重的，才能构成本罪；对于情节显著轻微危害不大的，不应以本罪定罪处罚，可以按照有关的军纪给予处分。

2. 本罪与他罪的界限。主要是要注意本罪与军人叛逃罪的界限。本罪与军人叛逃罪都有军职人员擅自逃离部队的情节，所以容易发生混淆，因此应当注意二者之间的区别：（1）客体不同。本罪的客体是我国的兵役制度，而后者的客体是国家的军事利益和军人永不背叛祖国的义务。（2）客观方面不同。本罪表现为军职人员逃离部队情节严重的行为，至于在何处逃离部队不影响本罪的成立；后者则表现为在履行公务期间，擅离岗位并叛逃至境外或者在境外叛逃的行为。（3）主观方面不同。本罪在主观上表现为行为人具有逃避服兵役的目的，而后者在主观上表现为行为人具有背叛祖国的目的。

（三）逃离部队罪的处罚

根据《刑法》第435条的规定，犯本罪的，处3年以下有期徒刑或者拘役。战时犯本罪的，处3年以上7年以下有期徒刑。

【武器装备肇事罪】

（一）武器装备肇事罪的定义和特征

武器装备肇事罪，是指违反武器装备使用规定，情节严重，因而发生责任事故，致人重伤、死亡或者造成其他严重后果的行为。本罪的特征是：

1. 客体是国家关于武器装备的管理制度。武器装备，是军队保卫国家安全、维护社会安定秩序、完成各类军事任务的物资保障。武器装备的肇事行为，直接导致武器装备的毁损、公私财产的重大损失甚至是人员伤亡等严重后果，对国家军事利益具有严重的危害性。本罪的犯罪对象是武器装备，包括军队用于实施和保障作战使用的武器、武器系统和技术装备。

2. 客观方面表现为违反武器装备使用规定，情节严重，因而发生责任事故，致人重伤、死亡或者造成其他严重后果的行为。本罪在客观方面包括两个要素：（1）行为人违反武器装备的使用规定，情节严重。武器装备的使用规定，是国家确保正常安全使用、管理、维护武器装备所制定的安全和操作规范。中央军委、中国人民解放军各总部、各军兵种都对此制定和颁布实施了一系列相关规定。行为人违反武器装备使用规定的表现方式是多样的，如不按照规范操作，随意拆装武器设备等。（2）发生责任事故，致人重伤、死亡或者造成其他严重后果。此处的责任事故，是指因行为人违反武器装备的使用规定所造成的事故。所谓其他严重后果，主要是指重要或者是大量武器装备严重毁损，因武器装备肇事引起爆炸、火灾等严重后果，直接影响了部队的军事行动。

3. 主体是特殊主体，即军职人员，在司法实践中多为武器装备的管理、使用人员。

4. 主观方面是过失。

（二）认定武器装备肇事罪应注意的问题

1. 本罪与非罪的界限。本罪是过失犯罪，在认定时应注意以下主要问题：（1）本罪的成立必须是行为人造成了严重后果，如果行为人违反武器装备使用规定的行为没有发生致人重伤、死亡或者造成其他严重后果的，不能以犯罪论处。（2）如果行为人在武器装备的使用、操作或养护过程中，不是出于过失，而是由于不能抗拒或者不可预见的原因造成了一定的损害结果，应当属于意外事件，不能以本罪论处。

2. 本罪与他罪的界限。主要是应当区分本罪与重大责任事故罪之间的界限：（1）客体不同。本罪的客体是国家关于武器装备的管理制度；重大责任事故罪的客体是生产、作业安全。（2）违反的管理制度不同。本罪是行为人违反武器装备使用规定；重大责任事故罪是行为人违反有关生产、作业的安全管理规定。（3）主体不同。本罪的主体是特殊主体，即军职人员；重大责任事故罪的主体是一般主体。另外，还需要注意的是，本罪造成的严重后果中包括了致人重伤或死亡，这些后果是由于武器装备肇事所引起的。如果行为人不是由于武器装备肇事，而是由于其他原因致人重伤或死亡的，也不能以本罪论处。

（三）武器装备肇事罪的处罚

根据《刑法》第436条的规定，犯本罪的，处3年以下有期徒刑或者拘役；后果特别严重的，处3年以上7年以下有期徒刑。

【盗窃、抢夺武器装备、军用物资罪】

（一）盗窃、抢夺武器装备、军用物资罪的定义和特征

盗窃、抢夺武器装备、军用物资罪，是指以采取秘密窃取或者公然夺取的方法，非法占有武器装备或者军用物资的行为。本罪的特征是：

1. 客体是部队武器装备、军用物资的所有权。本罪的犯罪对象是武器装备、军用物资。武器装备，是军队保卫国家安全、维护社会安定秩序、完成各类军事任务的物资保障。军用物资，是指除武器装备以外供军队作战、训练，以及后勤保障等方面所使用的物资。

2. 客观方面表现为采取秘密窃取或者乘人不备、公然夺取的方法，非法

占有武器装备或者军用物资的行为。本罪是选择罪名，行为方式包括两种，即盗窃和抢夺武器装备、军用物资。其中，“盗窃”，是指采取秘密的方法，非法占有武器装备、军用物资。“抢夺”，是指采取乘人不备、公然夺取的方法，非法占有武器装备、军用物资。

3. 主体是特殊主体，即军职人员。如果行为人仅是一般的社会人员，且盗窃、抢夺部队的武器装备、军用物资构成犯罪的，应根据刑法的规定，以盗窃、抢夺枪支、弹药、爆炸物罪或盗窃罪、抢夺罪等罪名论处。

4. 主观方面是故意，且行为人具有非法占有武器装备、军用物资的目的。

（二）认定盗窃、抢夺武器装备、军用物资罪应注意的问题

1. 本罪与盗窃、抢夺枪支、弹药、爆炸物、危险物质罪的关系。本罪与盗窃、抢夺枪支、弹药、爆炸物、危险物质罪在客体、作案手段及主观方面相同或相似，所以容易发生混淆，因此应当注意二者之间的区别：（1）犯罪对象不同。本罪盗窃、抢夺的对象只能是属于部队的武器装备和军用物资；后者对象除包括本罪的对象外，还包括了非部队的武器装备，如民用的枪支、弹药、爆炸物等。（2）主体不同。本罪的主体是特殊主体，即只能是军职人员；而后者的主体则是一般主体。因此本罪与盗窃、抢夺枪支、弹药、爆炸物、危险物质罪具有法条竞合的关系，但需要注意的是，根据《刑法》第438条第2款的规定，军职人员盗窃、抢夺枪支、弹药、爆炸物的，应当依照《刑法》第127条的规定处罚。所以在认定时应当注意：军职人员盗窃、抢夺枪支、弹药、爆炸物以外的属于部队武器装备的，应以本罪论处；而但凡军职人员只要是盗窃、抢夺枪支、弹药、爆炸物的，则应根据重法优于轻法的原则，以盗窃、抢夺枪支、弹药、爆炸物、危险物质罪论处。

2. 本罪的既遂。本罪属于结果犯，在认定既遂时，应以其是否实际非法占有武器装备、军用物资为标准。如果行为人已经实际占有了武器装备、军用物资，即属于本罪的既遂犯；如果行为人虽已着手实施盗窃、抢夺行为，但由于其意志以外的原因，尚未实际占有武器装备、军用物资的，则属于本罪的未遂犯。

（三）盗窃、抢夺武器装备、军用物资罪的处罚

根据《刑法》第438条的规定，犯本罪的，处5年以下有期徒刑或者拘役；情节严重的，处5年以上10年以下有期徒刑；情节特别严重的，处10年以上有期徒刑、无期徒刑或者死刑。盗窃、抢夺枪支、弹药、爆炸物的，依照《刑法》第127条的规定处罚。

【虐待部属罪】

（一）虐待部属罪的定义和特征

虐待部属罪，是指滥用职权，虐待部属，情节恶劣，致人重伤或者造成其他严重后果的行为。本罪的特征是：

1. 客体是军队的管理秩序和部属的人身权利。犯罪对象是与行为人有上下级隶属关系的军职人员。

2. 客观方面表现为滥用职权，虐待部属，情节恶劣，致人重伤或者造成其他严重后果的行为。本罪在客观方面包括两个要素：（1）行为人滥用职权，即超越了军队的条例、条令所规定的职责范围和权限，不正当地使用职权。（2）行为人虐待部属，情节恶劣，致人重伤或者造成其他严重后果。这是本罪成立的关键。在实践中，虐待的方式多种多样，如经常殴打、体罚、侮辱人格等。此处的情节恶劣，一般是指长期虐待部属、虐待人数较多、虐待手段残忍等。此处的其他严重后果，一般是指部属因受虐待而外逃、精神失常，或是不堪忍受虐待而自杀的，造成特别恶劣的社会影响的，由于虐待部属导致部队军心涣散、丧失战斗力的，等等。

3. 主体是特殊主体，即有一定职级、处于领导地位的军职人员。

4. 主观方面是故意。通常行为人虐待被害人有一定的犯罪动机（如报复等），但这不影响本罪的成立。

（二）认定虐待部属罪应注意的问题

1. 本罪与非罪的界限。本罪的成立以虐待行为情节恶劣，致人重伤或者造成其他严重后果作为重要条件。如果是在部队军事训练中，指挥人员要求过于严格或者指挥不当，造成部属身体受伤害的，一般不以本罪论处。另外，对于行为人虽有虐待行为，但情节一般，且未造成致人重伤或者其他严重后果的，也不以本罪论处，但应当按照有关军纪对其给予必要的处分。

2. 本罪与他罪的界限。主要是注意区分本罪与故意伤害罪的界限。由于本罪的虐待行为通常表现为故意伤害，所以容易发生混淆，因此应当注意二者之间的区别：（1）犯罪对象不同。本罪犯罪对象要求被害人是军职人员，且与行为人具有上下级的隶属关系；后者的犯罪对象则无此要求。（2）客观表现有所不同。本罪表现为行为人经常性地对被害人进行肉体或者精神上的摧残、折磨的虐待行为。后者则表现为以暴力或其他手段直接伤害他人身体，造成被害人身体的组织完整性或者器官的正常功能遭到损害的行为。（3）主体不同。本罪主体是特殊主体，即处于领导地位、与被害人之间具有上下级的隶属关系的军职人员；后者为一般主体，不要求行为人与被害人之间有特定关系。

（三）虐待部属罪的处罚

根据《刑法》第443条的规定，犯本罪的，致人重伤或者造成其他严重后果的，处5年以下有期徒刑或者拘役；致人死亡的，处5年以上有期徒刑。

【战时残害居民、掠夺居民财物罪】

（一）战时残害居民、掠夺居民财物罪的定义和特征

战时残害居民、掠夺居民财物罪，是指战时在军事行动地区，残害无辜

居民或者掠夺无辜居民财物的行为。本罪的特征是：

1. 客体是军队的军事利益、声誉以及军事行动地区居民的人身权利和财产权利。早在战争年代，我军就非常注重军队和人民群众之间的团结相处关系，对军职人员在这一方面有着严格的纪律要求。本罪的犯罪对象是无辜居民及其财产。所谓无辜居民，是指在战区居住的，对我方武装力量无敌对行动的国内或国外居民。

2. 客观方面表现为战时在军事行动地区，残害无辜居民或者掠夺无辜居民财物的行为。对此应当注意以下内容：（1）行为必须发生在战时军事行动地区。根据《刑法》第451条的规定，战时，是指国家宣布进入战争状态、部队受领作战任务或者遭敌突然袭击时。部队执行戒严任务或者处置突发暴力事件时，以战时论。所谓军事行动地区，是指进行战争或采取特殊军事措施的区域。军事行动地区既可以是在国内，也可以是在国外。（2）必须具有残害无辜居民或者掠夺无辜居民财物的行为。此处的残害，是指烧杀、伤害、侮辱、强奸无辜居民等行为。此处的掠夺财物，是指抢劫、抢夺、敲诈勒索无辜居民的财物。

3. 主体是特殊主体，即在军事行动地区参与军事行动的军职人员。

4. 主观方面是故意。

（二）认定战时残害居民、掠夺居民财物罪应注意的问题

由于本罪的客观表现有残害居民、掠夺居民财物等方式，所以在实践中主要应注意区分本罪与故意杀人罪、故意伤害罪、强奸罪、抢劫罪、抢夺罪等其他犯罪之间的界限。区分本罪与其他犯罪的关键在于：（1）犯罪场合。构成本罪必须是战时在军事行动地区，如果行为时间不是在战时，或行为地点不是在军事行动地区，则不能以本罪论处。（2）犯罪对象。本罪的犯罪对象必须是无辜居民及其财产，如果不是针对无辜居民及其财产（如俘虏、战犯等），则不构成本罪。如果行为人的行为不具备以上条件，则应以与之相适应的罪名，如故意杀人罪、故意伤害罪、强奸罪、抢劫罪、抢夺罪等定罪处罚。

（三）战时残害居民、掠夺居民财物罪的处罚

根据《刑法》第446条的规定，犯本罪的，处5年以下有期徒刑；情节严重的，处5年以上10年以下有期徒刑；情节特别严重的，处10年以上有期徒刑、无期徒刑或者死刑。

三、军人违反职责罪中的其他犯罪

【战时违抗命令罪】

战时违抗命令罪，是指战时故意违背并抗拒执行上级的命令，对作战造成危害的行为。本罪的特征是：（1）客体是作战指挥秩序。（2）客观方面表

现为在战时违背并抗拒执行上级的命令，对作战造成危害的行为。（3）主体是特殊主体，即军职人员。（4）主观方面是故意。

犯本罪的，依照《刑法》第421条的规定处罚。

【隐瞒、谎报军情罪】

隐瞒、谎报军情罪，是指故意隐瞒、谎报军情，对作战造成危害的行为。本罪的特征是：（1）客体是作战指挥秩序。（2）客观方面表现为隐瞒、谎报军情，对作战造成危害的行为。（3）主体是特殊主体，即军人。通常是各级指挥人员和情报工作人员，但在特殊情况下，其他军人也可成为本罪的主体。（4）主观方面是故意。

犯本罪的，依照《刑法》第422条的规定处罚。

【拒传、假传军令罪】

拒传、假传军令罪，是指拒绝传递军令或者假传军令，对作战造成危害的行为。本罪的特征是：（1）客体是作战指挥秩序。（2）客观方面表现为拒绝传递军令或者假传军令，对作战造成危害的行为。（3）主体是特殊主体，即军人。（4）主观方面是故意。

犯本罪的，依照《刑法》第422条的规定处罚。

【战时临阵脱逃罪】

战时临阵脱逃罪，是指战时面临战斗而脱离岗位，逃避参加战斗的行为。本罪的特征是：（1）客体是部队的作战秩序和军人的作战义务。（2）客观方面表现为战时临阵脱逃的行为。（3）主体是特殊主体，即所有领受作战任务的军职人员。（4）主观方面是故意。

犯本罪的，依照《刑法》第424条的规定处罚。

【阻碍执行军事职务罪】

阻碍执行军事职务罪，是指以暴力、威胁方法，阻碍指挥人员或者值班、值勤人员执行职务的行为。本罪的特征是：（1）客体是部队指挥和值班、值勤秩序。（2）客观方面表现为以暴力、威胁方法，阻碍指挥人员或者值班、值勤人员执行职务的行为。（3）主体是特殊主体，即军职人员。（4）主观方面是故意。

犯本罪的，依照《刑法》第426条的规定处罚。

【指使部属违反职责罪】

指使部属违反职责罪，是指滥用职权，指使部属进行违反职责的活动，造成严重后果的行为。本罪的特征是：（1）客体是部队的管理秩序。（2）客观方面表现为滥用职权，指使部属进行违反职责的活动，造成严重后果的行为。（3）主体是特殊主体，即军队中的各级指挥人员。行为人与部属之间存在指挥与被指挥的隶属关系。（4）主观方面是故意。

犯本罪的，依照《刑法》第427条的规定处罚。

【违令作战消极罪】

违令作战消极罪，是指指挥人员违抗命令，临阵畏缩，作战消极，造成严重后果的行为。本罪的特征是：（1）客体是作战指挥秩序和军人的作战义务。（2）客观方面表现为指挥人员违抗命令，临阵畏缩，作战消极，造成严重后果的行为。（3）主体是特殊主体，即部队各级指挥人员。（4）主观方面是故意。

犯本罪的，依照《刑法》第428条的规定处罚。

【拒不救援友邻部队罪】

拒不救援友邻部队罪，是指指挥人员在战场上明知友邻部队处境危急请求救援，能救援而不救援，致使友邻部队遭受重大损失的行为。本罪的特征是：（1）客体是部队的作战利益。（2）客观方面表现为在战场上明知友邻部队处境危急请求救援，能救援而不救援，致使友邻部队遭受重大损失的行为。（3）主体是特殊主体，即作战部队的指挥人员。（4）主观方面是故意。

犯本罪的，依照《刑法》第429条的规定处罚。

【非法获取军事秘密罪】

非法获取军事秘密罪，是指以窃取、刺探、收买方法，非法获取军事秘密的行为。本罪的特征是：（1）客体是军事秘密的安全。所谓军事秘密，是指在一定时间内，只限一定范围人员知悉的关系国防和军队安全利益的事项，其具体内容由《中国人民解放军保密条例》加以规定。（2）客观方面表现为以窃取、刺探、收买方法，非法获取军事秘密的行为。（3）主体是特殊主体，即军职人员。（4）主观方面是故意。

犯本罪的，依照《刑法》第431条第1款的规定处罚。

【为境外窃取、刺探、收买、非法提供军事秘密罪】

为境外窃取、刺探、收买、非法提供军事秘密罪，是指为境外的机构、组织、人员窃取、刺探、收买、非法提供军事秘密的行为。本罪的特征是：（1）客体是军事秘密的安全。（2）客观方面表现为为境外的机构、组织、人员窃取、刺探、收买、非法提供军事秘密的行为。（3）主体是特殊主体，即军职人员。（4）主观方面是故意。

犯本罪的，依照《刑法》第431条第2款的规定处罚。

【故意泄露军事秘密罪】

故意泄露军事秘密罪，是指违反国家保守秘密法规，故意泄露军事秘密，情节严重的行为。本罪的特征是：（1）客体是军事秘密的安全。（2）客观方面表现为违反国家保守秘密法规，泄露军事秘密，情节严重的行为。（3）主体是特殊主体，即军职人员。（4）主观方面是故意。

犯本罪的，依照《刑法》第432条的规定处罚。

【过失泄露军事秘密罪】

过失泄露军事秘密罪，是指违反国家保守秘密法规，过失泄露军事秘密，情节严重的行为。本罪的特征是：（1）客体是军事秘密的安全。（2）客观方面表现为违反国家保守秘密法规，泄露军事秘密，情节严重的行为。（3）主体是特殊主体，即军职人员。（4）主观方面是过失。

犯本罪的，依照《刑法》第432条的规定处罚。

【战时造谣惑众罪】

战时造谣惑众罪，是指战时造谣惑众，动摇军心的行为。本罪的特征是：（1）客体是战时军队的管理秩序。（2）客观方面表现为战时造谣惑众，动摇军心的行为。（3）主体是特殊主体，即军职人员。（4）主观方面是故意。

犯本罪的，依照《刑法》第433条的规定处罚。

【擅自改变武器装备编配用途罪】

擅自改变武器装备编配用途罪，是指违反武器装备管理规定，擅自改变武器装备的编配用途，造成严重后果的行为。本罪的特征是：（1）客体是武器装备的管理制度。（2）客观方面表现为违反武器装备管理规定，擅自改变武器装备的编配用途，造成严重后果的行为。（3）主体是特殊主体，即军职人员。（4）主观方面是故意。

犯本罪的，依照《刑法》第437条的规定处罚。

【非法出卖、转让武器装备罪】

非法出卖、转让武器装备罪，是指非法将部队的武器装备出卖或者转让他人的行为。本罪的特征是：（1）客体是部队武器装备的管理秩序。（2）客观方面表现为非法出卖、转让部队武器装备的行为。（3）主体是特殊主体，即军职人员。（4）主观方面是故意。

犯本罪的，依照《刑法》第439条的规定处罚。

【遗弃武器装备罪】

遗弃武器装备罪，是指违抗命令，擅自抛弃武器装备的行为。本罪的特征是：（1）客体是部队武器装备的管理制度。（2）客观方面表现为违抗命令，擅自遗弃武器装备的行为。（3）主体是特殊主体，即军职人员。（4）主观方面是故意。

犯本罪的，依照《刑法》第440条的规定处罚。

【遗失武器装备罪】

遗失武器装备罪，是指遗失武器装备，不及时报告或者有其他严重情节的行为。本罪的特征是：（1）客体是部队武器装备的管理制度。（2）客观方面表现为遗失武器装备不及时报告或有其他严重情节的行为。（3）主体是特殊主体，即军职人员。（4）主观方面是过失。

犯本罪的，依照《刑法》第441条的规定处罚。

【擅自出卖、转让军队房地产罪】

擅自出卖、转让军队房地产罪，是指违反规定，擅自出卖、转让军队房地产，情节严重的行为。本罪的特征是：(1) 客体是军队房地产的管理制度。(2) 客观方面表现为违反规定，擅自出卖、转让军队房地产，情节严重的行为。(3) 主体是特殊主体，即军队各单位的主管人员和负有军队房地产管理职责的人员。(4) 主观方面是故意。

犯本罪的，依照《刑法》第 442 条的规定处罚。

【遗弃伤病军人罪】

遗弃伤病军人罪，是指在战场上故意遗弃伤病军人，情节恶劣的行为。本罪的特征是：(1) 客体是军队的作战利益和伤病军人的人身权利。(2) 客观方面表现为遗弃伤病军人，情节恶劣的行为。(3) 主体是特殊主体，即战场上负有救护、输送伤病军人责任的军职人员。本罪只追究遗弃伤病军人的直接责任人员的刑事责任。(4) 主观方面是故意。

犯本罪的，依照《刑法》第 444 条的规定处罚。

【战时拒不救治伤病军人罪】

战时拒不救治伤病军人罪，是指战时在救护治疗职位上，有条件救治而拒不救治危重伤病军人的行为。本罪的特征是：(1) 客体是战时救护秩序。(2) 客观方面表现为战时有条件救治，而拒不救治危重伤病军人的行为。(3) 主体是特殊主体，即战时在救护治疗职位上的军职人员。(4) 主观方面是故意。

犯本罪的，依照《刑法》第 445 条的规定处罚。

【私放俘虏罪】

私放俘虏罪，是指私自放走俘虏的行为。本罪的特征是：(1) 客体是对俘虏的管理秩序。(2) 客观方面表现为私自放走俘虏的行为。(3) 主体是特殊主体，即军职人员。在司法实践中，多为负有看押、管理俘虏职责的军人。(4) 主观方面是故意。

犯本罪的，依照《刑法》第 447 条的规定处罚。

【虐待俘虏罪】

虐待俘虏罪，是指虐待俘虏，情节恶劣的行为。本罪的特征是：(1) 客体是我军的声誉和俘虏的人身权利。俘虏，是指在战争或武装冲突中被我方俘获的敌方武装人员及其他为敌方武装部队服务的人员。(2) 客观方面表现为虐待俘虏，情节恶劣的行为。(3) 犯罪主体是特殊主体，即军职人员。(4) 主观方面是故意。

犯本罪的，依照《刑法》第 448 条的规定处罚。

主要参考文献

[1] 陈兴良．刑法学（第三版）．复旦大学出版社，2016.

[2] 陈兴良．本体刑法学（第三版）．商务印书馆，2017.

[3] 高铭暄．新编中国刑法学．中国人民大学出版社，2004.

[4] 高铭暄，马克昌．刑法学（第五版）．北京大学出版社，高等教育出版社，2010.

[5] 马克昌．犯罪通论（根据1997年刑法修订）．武汉大学出版社，1999.

[6] 马克昌．刑罚通论（根据1997年刑法修订）．武汉大学出版社，1999.

[7] 赵秉志．刑法新教程（第四版）．中国人民大学出版社，2012.

[8] 张明楷．刑法学（第五版）．法律出版社，2016.

[9] 张明楷．刑法分则的解释原理（第二版）．中国人民大学出版社，2011.

[10] 周道鸾，张军．刑法罪名精释（第4版）．人民法院出版社，2013.